唐君毅作品

中国哲学原论·原教篇

宋明儒学思想之发展

唐君毅 著

九州出版社
JIUZHOUPRESS

图书在版编目（CIP）数据

中国哲学原论. 原教篇 / 唐君毅著. -- 北京 ： 九
州出版社，2020. 11
ISBN 978-7-5108-8846-5

Ⅰ. ①中… Ⅱ. ①唐… Ⅲ. ①古典哲学－研究－中国
②理学－研究③新儒学－研究 Ⅳ. ①B215

中国版本图书馆CIP数据核字（2020）第238439号

中国哲学原论·原教篇

作　　者	唐君毅　著
出版发行	九州出版社
地　　址	北京市西城区阜外大街甲 35 号（100037）
发行电话	(010) 68992190/3/5/6
网　　址	www. jiuzhoupress. com
电子信箱	jiuzhou@jiuzhoupress. com
印　　刷	三河市兴博印务有限公司
开　　本	650 毫米 ×950 毫米　16 开
印　　张	37. 75
字　　数	460 千字
版　　次	2021 年 5 月第 1 版
印　　次	2021 年 5 月第 1 次印刷
书　　号	ISBN 978-7-5108-8846-5
定　　价	128. 00 元

目 录

自序：释名、内容、论述之方式及本书之限极

一 释名

此所谓《原教篇》，实即吾著《原道篇》之续篇，乃专论宋明以降儒学发展者。《原道篇》乃与《原性篇》之述唐以前之心性之论，互相交涉；此篇则与《原性篇》述宋明儒心性之论，互相交涉。故初本拟定名为"续原道篇"，又拟定名为"辨道篇"。反覆思量，久而不决，终乃定为"原教篇"。此乃取于《中庸》"修道之谓教"之义。修道之道，固原是道，而凡对人说道，亦皆是教。故原教原道，本为一事，则二名固可互用。唯以《原道篇》既已先行出版，为避重复，故今改用"原教篇"，以名此论宋明儒学之著。《中庸》言"率性之谓道，修道之谓教"，吾之原论，既有名"原性"与"原道"者，亦宜有名"原教"者，以上契于《中庸》兼重"性""道""教"之旨。而今标此教之名，以说宋明儒所言之道，归在修道之道，亦固有与宋明儒学之精神，更能相应之处在也。

原此宋明之儒学，皆意在复兴先秦之儒学。此乃由于宋明儒先感此儒学之经秦汉魏晋至隋唐，而日益衰败，其道若已荒芜，故须重加修治，以求复兴。宋明儒者之复兴儒学，又皆不只重一人著书，以发明此道，而尤重启发后之学者，共形成学术风气，

以见于教化风俗，而转移天下世运。故宋明儒者自宋初三先生，即以师道自任。周濂溪《通书》明谓"师为天下善"。程朱陆王诸儒继兴，共于君道所在之当世之政统以外，更树立一"道贯古今"之道统，以尊严此师道。孔子亦自宋明以降，单称为至圣先师，遂不同于在汉唐时，称为素王或封文宣王者。故谓宋明儒之学，重在为世立教，正与诸儒本怀相应。复次，宋明儒之学，虽重明天道人道之大本大原所在，然尤重学者之如何本其身心，以自体道、自修道之工夫，以见诸行事，非但于此道之本原作思辨观解也。此体道修道工夫，恒须由面对种种非道之事物而用，如对身心中之种种邪暗之塞、气质之偏，私欲、意见、习气、意气之蔽等，以及博闻强记、情识、想象、拟议、安排、格套、气魄、光景等似道非道者，而用。若非对此种种非道之物，则道自恒为道，亦不待修也。如世间之道路，无破烂阻塞，亦不须更修也。反之，则人愈能认识此种种非道之物之存在，亦愈须修道。依吾之意，则对此种种非道之物，如邪暗之塞、气质之偏，意见、私欲等之存在，其认识之深切，其对治工夫之鞭辟入里，正为宋明儒者之进于先秦儒学之最大之一端，而亦正有类于佛家之求化除人之生命中之杂染无明，以归纯净之旨者。此皆在吾书，随处加以说明，而后可见宋明儒者之反本开新、其与佛家离合之义。故宋明儒者之言道，大皆可说是面对非道之物以修道，由非彼"非道"者，以使此道遍满天下，而无乎不在。故宜说其所言之道归在修道之教，以成此儒者之道之"非非道以为道，反反以为正"之发展。此固非谓其是教，便不是道也。

二　内容大旨

此《原教篇》之文，皆论述宋明儒学之发展之文。此诸文有为吾三十年前所写《中国哲学史稿》之章，今除核正所征引文句外，无多改动者。如论述王船山、罗近溪之学之文是也。此论船山之文，尝发表于《学原》第一至第三卷，论近溪文尝发表于《民主评论》百期纪念号。此外则论朱陆阳明之三章，乃九年前所写，尝发表于《新亚学报》第八、九卷者。其分述宋明理学之章，则一年来据约廿年前以"弘之"笔名发表于《原泉月刊》之哲学史旧稿重写而成。其余诸章，则近月所补作。此即大不同吾《原性篇》《原道篇》之书，皆是于二三年内一气呵成之著。今重将此不同时期所写诸文，整理编辑，使略具一系统，合为一书，其繁简轻重之间，自难一一配合停当，亦时不免重复之处。然此书亦非杂凑而成，而实意在合此诸文，以彰显吾所见之整个宋明儒学之发展。此吾之所见，三十年来固无大变，而与他人所见，固有不相雷同，而与吾于《中国哲学原论·导论篇》中《原太极》《原命》诸文，及《原性篇》述及宋明儒言太极性命之论，互有详略，足相发明参证者在也。

依吾之所见，世之谓宋明理学家言，乃直接由儒学佛学之混合而生，其说最为无据。然宋明理学亦自有所自起。此其所自起之学，初当说是与宋理学家如周张二程等并世或其前之其他之宋代儒者之学。此理学家外之宋代儒者之学，则初为经史之学。于经学中则特重《春秋》《易》，更及于《诗》《书》《礼》之学，至其天道性命之论，则初近汉唐儒者，亦带道家色彩。由此中之经史之学及道家色彩之天道性命之论之发展，乃归于理学家之周张二程之诸儒之兴起。此则略见于本书之前二章。

在理学家之宋儒中，周濂溪、张横渠之论，皆由言天道以及于人道、圣道。此与并世之带道家色彩之邵康节，承扬雄言"观乎天地，则见圣人"之旨者，尚不相远。然濂溪、横渠观天道之思想方式，已与佛家之观宇宙之方式迥别，与康节大不同。康节重两两横观天地万物与古今历史之变。濂溪则以人极上承太极，纵通上下；以《中庸》诚明之工夫，去邪暗之塞。横渠则言太和，以纵横通贯天人之道；以存神与敦化之两面工夫，变化气质之性。至程明道之直下言合内外而天人不二之一道，以识仁、定性、下学上达为教。又与横渠之合天人内外之"两"以为"一"者，不同其思路。故明道于横渠多有微辞。伊川承明道言天人不二，而重"敬义立而德不孤"，"敬以直内，义以方外"之旨；更于一心之内外两面分性情，由性情之分，以别理气；更开工夫为内之主敬，与外之穷理致知两者，以相辅为功。则又是将明道之一本之道，重开为二，则又有似横渠之立两以见一。唯横渠之学初用心在天人之际，以存神知化、尽性至命，为乾坤孝子，以成天人之纵通；而伊川之学，则初用心在性情理气之际，仍意在承明道之学之"尽性至命必本于孝弟，穷神知化由通于礼乐"，以顺通此心身之内外耳。

宋学至南宋，而有朱陆之分流。朱陆之学，乃缘周张之言天人之际，二程之言内外之际，而直下措思于一心中之明觉与天理之际。陆子发明本心，自近明道之言一本。陆子谓"孟子十字打开，更无隐遁"乃本孟子言"万物皆备于我"之旨，以言宇宙即吾心；亦犹明道之亟称"孟子之发挥出浩然之气，可谓尽矣"，乃本孟子之"浩然之气塞乎天地"之旨，以言仁者之浑然与物同体也。朱子之主敬存养省察致知格物之功，以兼致中和，则明出于伊川之"涵养须用敬，进学在致知"之两端并进之功。然伊川之学，亦原本明道之学，而朱陆之学亦自有通途。明代阳明致良知之学，缘朱子之格物致知之论转手，而化朱子之知理之知为天理良知，以还契陆之本心，则由阳明学亦可得此缘朱通陆之途。若详论之，则朱陆与阳明之言为学工夫，互有异同，宜相观而善，不当只如罗整庵、陈清澜及清之为程朱学者，以程朱与陆王为对垒；更当如明之东林学派与刘蕺山之求识其会通。吾此书之论朱陆阳明三贤之学，皆重述三贤之依心性本体，而有之修道工夫，则宜与吾《原性篇》文重在直显三贤之心性本体之论者，及附录之《朱陆异同探源》，重在直辨此中心性本体之问题者，合参而读。阳明以后，良知之学遍天下，别而观之，则大率不出"悟此良知或心性之本体即工夫"，及"由工夫以悟本体"二流。此二流之别，亦并可说为学者入门下手工夫之先后次第之别，更无不可通之矛盾。大率浙中之王龙溪，泰州王心斋、罗近溪，皆属悟本体即工夫之一流。浙中之钱绪山，江右聂双江、罗念庵，则由工夫以悟本体之一流。又大率言由工夫以悟本体者，在江右之传，恒于致知之外，兼重"格物"或"敬"之义，以通于朱子；而言悟本体即工夫者，如泰州亦自另有其格物之义。至于东林学派，乃更重格物以明善之义，以补王学专言致知之失，更求会通朱子阳明之教。东林学派既讲求自家性命，亦关心天下世道，而重明是非、尚节义。刘蕺山既感晚明王学之弊，亦以东林人虽多君子，而其是非未必皆能本于好恶之正，而倡诚其一己之好恶之诚意之学。此即一摄动察于於穆不已之心性之本体之自存，以成一慎独而致中即致和之圣学。蕺山既谓宋五子及阳明之学，皆谓其得其统于濂溪，更本濂溪之承太极而立人极之旨，以作《人极图》为《人谱》，归宗于立人极。而宋明理学之传由濂溪以至蕺山，其终始相生，如一圆之象，于是乎见矣。

至于明末之王船山，则上承张横渠言客观之天道，而重论民族历史文化，更还重《易》与《春秋》二经之义。遂颇同于宋初儒者之尊尚此二经，及本《春秋》别夷夏之旨者。此又为一终始相生如一圆之象。上之一圆，如宋明儒学之内城之圆，此则如外郭之圆。姑为此二喻，读者读全书后自可见得。至于与船山并世之黄梨洲、顾亭林，则上接阳明朱子之学之流，下开清儒之学。此顾黄王与其后之学者，皆不同于宋明理学之儒，只重天理、性理、义理者。乃转而重言天下事势之理、古今文物之理；亦不专言内圣之学，而志在于外王之事功。沿此而有清代之颜李之重六艺，清代学者之重文字、器物之理、史学与经世之学。此则非吾书所详及。唯综论之于最后之二章，以见宋明儒学之流委。此即本书之内容之大旨也。

三 论述方式

至于就此书之论述方式而说，亦与《原道篇》之为"即哲学史以论哲学"之方式无殊。所谓即哲学史以论哲学者，即就哲学义理之表现于哲人之言之历史秩序，以见永恒的哲学义理之不同型态，而合以论述此哲学义理之流行之谓。既曰流行，则先后必有所异，亦必相续无间，以成其流，而其流亦当有其共同之所向。唯此宋明儒除专门之著外，其所传之语录、书信，亦皆其心血所在，志业所存，而初无组织。故如何选取其要语，连属为论，大可人各不同。又此宋明诸儒，于先秦经传既所同习，于儒者相传之义理，亦共许者多，其论学所用之名辞，复大率相类；故其所陈之说，多初看亦似皆相差不远者，如黄茅白苇，一望皆是。

而人于诸家思想面目，亦最易混同而观。今欲于同中辨异，其事不易。而自另一面言，则宋明儒者之并世而生，共坐论道，或以书信讲学，又时有口舌笔墨之辩争。其所以辩争，盖多由诸儒之气质有殊，观点有别，所欲救正之学者之病、时风之弊，有所不同，而立言遂不欲雷同，而必"通其变，使民不倦"。此未必皆碍其百虑一致，殊途同归。今欲于言之异者，会其旨之同，其事亦难。依吾平日之见，尝以为凡哲人之所见之异者，皆由哲学义理之世界，原有千门万户，可容人各自出入；然既出入其间，周旋进退，还当相遇；则千门万户，亦应有其通。故今本历史秩序，以论此宋明儒学中哲学义理之流行，亦当观其义理流行之方向，如何分开而齐出，又如何聚合而相交会；不先存增益减损之见，以于同观异，于异见同，方得其通。然后得于此哲学义理之流行，见古今慧命之相续。故此观同异之事，宜当循诸儒思想之先后衍生，而次第形成之序，由原至流，再穷流竟委，以观之。如专于其流之既分异之已成处，加以对比平观，则将只见思想义理型态之相对成别，以为方以智之论述，其极固可至于在义理之世界，见天开图画；然尚未必能见其义理型态之相摄之通，而为圆而神之论述，以极至于在义理之世界，如闻天音天乐之流行也。此二境固皆未及企及。然吾于此宋明儒之学，以先有平生涵濡浸润之功，于论述之际，多顺笔直书，不假一意安排，亦不须多言帮补，而时有王维诗所谓"遥爱林木秀，初疑路不同，安知清流转，偶与前山通"之感。此则略得由方之异，以得圆之通之意。故吾望读吾书者，亦须顺文而读，以得此义理之流行之趣。至于体之于身心，见之于行事，固治宋明儒学之最后之目标。依吾所见，此宋明儒诸贤之言，皆可分别对不同之气质之人，于其工夫之不同阶段，当机得其受用。更以世风之偏尚、学敝之所在，种种不同；

其语皆足补偏救弊以为廉顽立懦、兴教成化之资。吾对其言，亦如颜回于孔子之言，初无所不悦。读者若唯以求受用、应用为归，则其单文只句，亦有可终身受用不尽，应用无穷者。庄子言"焦鹩巢于深林，不过一枝；偃鼠饮河，不过满腹"，固无取乎多言。此则宜随意直读宋明儒之书，亦不必将其遗言，编列为系统，如练兵排队，翻成冒渎之罪，亦非必读吾之此书。吾书固亦不免将昔贤之言，编列排队之罪也。原此吾之书之所以著，对吾之一己而言，乃由吾既尝观义理之世界之门户之不同，又欲出入其中，冀得其通，更守其至约；亦使吾之心，得多所上契于昔贤之心，更无今古之隔。对当世之学风言，则吾之《原道篇》与此书之所以著，唯意在展示中国哲学义理流行之不息，以使人对此中国之绿野神州上下数千年之哲学之慧命相续，由古至今未尝断，有如实之观解，以助成其亦将不息不已于未来世，而永无断绝之深信。此亦即吾书之论述之方式，必不安于只为一机械排比之卤莽灭裂之论，而必勉求如上所述之故也。

至于吾书之限极，则吾亦自知之。此论述之方式之本身，即为一限极。吾有所论述，亦必有所不论述，此亦成吾书之限极。此皆显然易见。若克实言之，则吾之论述宋明儒之每家之学，皆只提示吾所视为有较特殊之承先启后之哲学意义者为止。然一家之学，固不以此而止也。又对此特殊义，吾亦多只略引其一二言为据，未尝于其言加以尽举。再则吾于《原道篇》末，尝谓宋以后之儒者为守道明道而立教，遂有种种儒学内部之辩，亦与佛教及耶稣教士有种种之辩。然今兹此书，则只略及朱陆之间、阳明与朱子间、阳明与同时之学者间、王门诸子之间之辩，及东林、蕺山、船山对王学之评论。其余则未能一一加以详析。对儒与佛耶二教间之辩，及佛道二教自身之发展，及其内部之辩，更未能及。又吾书对各家思想之师友渊原，与时代问题之关系，亦几全无所论述。此则由吾书原不全同世之哲学史，唯重在即哲学史以见哲学义理之故。至于吾书之论述未当之处，为吾书之限极所在，又更不待言。要之，学问无穷，义理无穷，论述之方式亦无穷。《庄子·齐物论》言"知止其所不知，至矣"。则论止于其所不论，亦至矣。至于读者，若谓此吾二书已所论太多，正当求约，以化繁为简，则吾此书更有后序一篇，以言将此书与《原论》之其余五卷所述，及一切学术义理化繁为简之道，亦可并此序，加以合观，以为守约之资。

癸丑四月唐君毅自序于南海香洲

第一章　北宋之儒学发展之方向

一　宋儒之经学与义理之学

中国学术，历南北朝至隋唐之佛学之大盛，中国政治，历晚唐五代之乱、北方夷狄之患，而有宋代之儒学之复兴，以树华夏文教之统之一大运动。由宋至明，历六百年之久，而宋终之于元，明终亡于清。此整个言之，似仍为一大悲剧。然自其中之学者所表现之明道、守道、辨道、殉道之精神，及其由此精神而有之对中国学术之发明言，则又精光四溢，通于千百世之上，亦通于千百世之下，而无所谓悲剧者也。

大率吾人本哲学观点，以论宋明儒之学者，宜以周濂溪为始。其故在濂溪乃以立人极为宗，而直承《易传》《中庸》之旨，以上希孔颜之学，为后世所共推尊。然欲言宋学之渊原，则与其前或与濂溪并世之儒者之学，亦不可一笔抹杀。而由学术史之眼光观之，宋代之儒学，亦次第发展而成。此亦当先加以通观也。

宋学之初起，乃是以经学开其先。在经学之中，则先是《春秋》与《易》之见重，然后及于《诗》《书》之经学；再及于《易传》《中庸》《大学》及《孟子》《论语》等汉唐人所谓五经之传记；终乃归至于重此传记之书，过于重五经。此则始于周张之重《易传》《中庸》，二程之重编《大学》，并重《论》《孟》。伊川遂言"《论语》《孟子》既治，则六经可不治而明矣"（《二程遗书》二十五）；乃有朱子之编订《论》《孟》《大学》《中庸》，为四书。

后之学者重四书，而忽五经，更不重汉人唐人之注疏。直至明末清初，如顾亭林等，乃再重之。至宋学初起时所推尊之先贤，则初为唐之韩愈、文中子，更上及于扬雄。司马光、邵康节尤尊扬雄。邵康节以皇、帝、王、霸言政，以秦汉以来之政，皆承五霸而来。苏轼乃讥扬雄为以艰深文浅陋。张横渠《理窟·自道》篇，乃以扬雄、王通不见道，韩愈只尚闲言辞。二程更贬汉唐儒者，谓荀扬非韩愈所谓大醇"而是大驳"（《遗书》十六），又谓"韩愈之学华，华则涉道浅"（《二程遗书》六）。程子于文中子之"古之学者聚道"之言，则谓"道如何聚得？"（《遗书》十七）程子于扬雄则讥其"规模狭窄，言性已错，更何所得？"（《遗书》一）由此而程子遂直以颜曾思孟，为孔学正宗。朱子既承程子，而推尊颜曾思孟，更以汉唐之政，为牵补过日。乃为永康永嘉之叶适、陈亮所不满，谓孔子之道不应单属曾子之传（叶适《习学记言》），二千年之间亦不应有眼皆盲（陈亮《与朱子书》）云云。然此朱子之论，亦由宋初之重汉唐儒者之论，逐渐演变而致。至于宋代儒者之论哲学义理，则自始不愿自附于佛。然与道家之学术之流，又初颇相接近，然后渐归于纯正之儒学之传。若自宋儒所论之哲学义理而言之，则初重：观乎历史，观乎天地；然后有邵康节之"观乎天地，以见圣人"（《皇极经世》卷五，尝本此扬雄《法言》语，以言欲知仲尼，当知天地）；更有二程之"观乎圣人，以见天地"（《二程遗书》《外书》十一）；朱陆之特重"观乎心性，以见圣人"。今若专以宋明儒所重之心性之学言之，则始于疑荀子之言性恶，然初仍信扬雄善恶混，与告子之性无善恶之论。后乃及于信孟子之性善之论。于此心性之说明，则初未将心性与气情欲等分别而论。程朱乃别此心之性于情，以理言性。陆象山更于此心言本心。明之王阳明，乃于本心中指出良知。至刘蕺山，又于良知中指出至善之意根。此整个言之，乃于此心性之义，次第加以抉择、拣别，以向于精微。下文即拟本此上所述数端，加以交织而论，以先通观宋明儒学之发展。

于宋代儒学，《宋元学案》盖本朱子言程伊川有"不敢忘三先生"之语，及黄东发《日钞》论宋学渊源于三先生之论（参考《宋元学案》之《东发学案》）；故首列三先生之三学案，即《安定（胡安定）学案》《泰山（孙明复）学案》《徂徕（石介）学案》。此三先生，乃在野而讲学于下者。次为《高平》《庐陵》两学案，述欧阳修、范仲淹之学。此乃取于欧、范在朝，能奖励人才，端正学风。于苏氏之学及王荆公之新学，则列于卷末，视同杂学。然苏东坡兄弟与王荆公，固皆受知于欧阳修者也。《宋元学案》在《庐陵学案》之后，有《涑水学案》，与《百源学案》，述司马光、邵康节之学。司马光、邵康节，乃朱子所推尊之六先生之二。此诸人中，司马光、苏东坡兄弟，及王荆公，皆与周张二程并世。《宋元学案》述胡安定之讲学重经术，故录其说《论语》《春秋》之语数则，更记其著有《易》书与《中庸》书。今按《四库全书总目提要》有倪天隐《周易口义》，即谓是记安定所讲者；又有安定所著之《洪范口义》，然非讲《书经》全书云云。《宋元学案》于胡安定弟子徐积，更特录其辨荀子性恶之文。至孙明复讲学泰山，则著《春秋尊王发微》。石介从之游，而辟佛为夷狄之教，又极尊韩愈孟子之辟异端，并称文中子与扬雄。此即证吾上所谓宋学之起，乃由《春秋》《易》之经学而起，于昔贤则由推尊韩愈、文中子、扬雄而始，于心性之论，则由斥荀子性恶之论而始也。

此宋学之始于讲《春秋》与《易》，亦犹汉代经学之以《易》与《春秋》为大宗。然由汉至晋，讲《春秋》者，有三传之家之分。三传中之公羊学，虽有内诸夏外夷狄之义，然亦有由夷狄进至于爵之义。《左传》中虽有"义深君父"之旨，而杜预亦言"弑君称君，君无道也"。唐啖助、赵匡讲《春秋》，乃废传尊经。孙明复之《春秋尊王发微》，则专重尊王攘夷之义，谓《春秋》自隐公始者，"以天下不复有王也"。故又谓《春秋》之书，乃圣人诛罪贬恶之书。《宋元学案·泰山学案》附录中有王得臣，谓孙明复之《春秋》书，以"凡经所书，皆变古乱常，则书"。故曰"《春秋》之书，有贬无褒"云云。朱子谓孙明复书"推言治道，凛凛然可畏"。此即见其书乃依一极严格之政治上之理想主义而作。其重尊王之义，乃重"天子之有道"，使夷狄不得乱华夏。此犹今所谓文化的民族主义之精神。孙之弟子石介继之，而辟佛为夷狄之教，兼斥信佛之文学家杨亿之"淫巧浮伪之辞"。(《宋元学案·泰山学案》)此石介之言，更为峻厉。孙明复、石介之学术造诣，较胡安定为如何，盖亦难言。宋人之为春秋学者，后之胡安国，当更为大宗。然在宋学草创之时代，则盖必当有如孙明复、石介之坚苦刚介，而无所假借，重辨是非之精神，以导夫先路。宋代之史学中，如欧阳修之为《新五代史》《新唐书》，皆寓褒贬。司马光之《资治通鉴》，始于《春秋》以后事，亦意谓《春秋》以后之治乱之事，足资今世之治之鉴。此皆未尝无《春秋》辨是非之精神之贯注。以整个之学术而论，宋人之史学，自亦有迈越前代者在，而溯其原始，则亦可说即在此宋初三先生之春秋学也。

《宋元学案》载胡安定亦讲《中庸》与《易》，不知其如何讲法。然安定盖以其为人师而见称，未必于经学特有所宗主发明。宋人之言《易》者，欧阳修有《易童子问》一书，于《易传》之文，有所解释。然欧阳修不视《易传》为孔子之书，并以为《易传》之文，多"自相抵牾"，"自相乖戾"，"大抵学《易》者，莫不欲尊其书，故务为奇说以神之"，"曲为牵合而不能通"。邵康节之取陈抟、穆修、李之才之所传之学，以成其易学，则更大别于汉人所传之易学。此外，则司马光亦有《易说》之书，然又仿《太玄》为《潜虚》。此与南宋蔡沈之《洪范皇极》、明黄道周之《易象正》等，皆各自成一套之象数之学，以观天地之变易。宋儒之能实得《易传》之意，以论易道易理，而不拘拘于易之象数，亦不另造一套象数论以代之者，则为濂溪与横渠之会通《中庸》与《易传》所成之易学。凡此宋人之易学，皆可谓继宋人之春秋学与史学而兴。由宋人之易学，多自成一家言，则其易学之为经学，亦同时为子学也。

宋人之经学，乃先重《春秋》《易》之学，而渐及于《诗》《书》《礼》之学。欧阳修修史，而未讲《春秋经》，于《易传》亦有疑。然尝为《毛诗本义》。欧阳修原为文章之家，其论及《诗》之经学固宜。欧阳修所拔取之苏氏兄弟中，则苏轼尝为《易》作传，乃一任己意为之。朱子尝斥之为杂学。然东坡又为《书传》，朱子尝以为《书》传中最好者。苏辙尝为《诗集传》，其疑《诗小序》，在朱子之先。后吕祖谦更为《书说》。至邵康节之《皇极经世》，乃平列《易》《春秋》《诗》《书》四者，为圣经。康节于经，最重《易》，次为《春秋》，然其"皇极"之名，则固取诸《书经》也。周濂溪、张横渠及二程，则虽仍重《易》，然其言亦多征引《诗》《书》之语。濂溪本《书经》之"思曰睿"言学圣工夫。明道则谓圣人用意深处，全在《系辞》，《诗》《书》为格言（《遗书》二言），然明道则深契于《诗经》"维天之命，於穆不已，於乎不显，文王之德之纯"之言，及《书经》言人心道心之语。周张二程，又皆重《礼》《乐》。濂溪之《通书》，横渠之《正蒙》，并有论礼乐之章。明道未为经注。《伊川易传》亦未成书。二人亦皆无意为经学家，亦不同于康节、横渠、濂溪之各自著书，如诸子之成一家言者。明道伊川唯以口讲兴教，重下学上达之功，尤重兴礼乐之化。故伊川为《明道行状》（《伊川文集》卷七）谓明道之学，以"尽性至命，必本于孝弟；穷神知化，由通于礼乐"。更谓其学与明道同，后人求其学，即可求之于其所为之《明道行状》云云。（《二程遗书》附录《伊川先生年谱》）故二程语录中多言及礼乐者，如谓"理义以养心，礼乐以养其血气"（《外书》七）。明道并尝欲为《乐书》。朱子尝疑其此书如何可作。程子于《诗》《书》《易》《春秋》四经，则尝言《诗》《书》《易》"圣人之道备矣，《春秋》圣人之用"（《外书》九及《遗书》二上）。此无异谓

《诗》《书》《易》之学，当为《春秋》之学之本。其时之王安石，为《三经新义》，有《诗》《书》《礼》，更无《易》与《春秋》；传其尝以《春秋》为断烂朝报云。此皆可见宋代之经学，先重在《春秋》《易》，而后乃渐重《诗》《书》《礼》也。盖《春秋》重辨史事之是非，《易》重天人之道，而《诗》之言志，《书》之纪言，《礼》主行，《乐》主声，则皆切于人之性情与生活者。《书经》之二帝三王之道统之传，则为理学家之言圣贤心法或内圣之学所重，亦为永嘉永康之言事功与外王之学者之所重。至于对经之传记，则欧阳修、苏东坡、周濂溪、张横渠皆重《易传》。濂溪、横渠更以《中庸》《易传》合参。此皆要在言天人之道。明道伊川乃重《大学》《论语》《孟子》。伊川更明言"先读《论语》《孟子》……先识得义理，方可看《春秋》"。（《二程遗书》十五）南宋之陆象山，则特重《孟子》。朱子则尤重《大学》与《论语》，故其《语类》中以《论语》《大学》之问答为最多。《孟子》重心性。《大学》之教，重格当前之物，而致其知。《论语》则重在日常生活中之言行上指点。此皆正较《易传》《中庸》之言天人之道，偏自广大高明处去说者，尤切近人之心知性情与生活。后王阳明言良知之是是非非，亦原是人人当下所可自得，而切近于其日常生活之学。宋明儒于五经，由重《易》《春秋》，而重《诗》《书》《礼》，于传记，由重《易传》《中庸》，而重《大学》《孟子》《论语》。此即由重历史是非之评判，天道人道之互参，而趋向于以人之性情与生活，为学问之中心。然阳明之学亦自有其高明之一面，而王门诸子更多喜向上推说。至晚明之王船山，则又再大重《易传》《中庸》之书，及《易》与《春秋》二经之旨，以论天人之道，古今历史之变。此则又如再回到宋初之重《易》与《春秋》之学之精神矣。

二　欧阳修之《本论》，王安石、苏东坡之性论

欧阳修既擅文史，亦论及中华文教之复兴之道，及人性之问题。欧阳修为《本论》（《文集》卷十七），论佛之所以入中国，由中国之"王政阙、礼义废"，"佛所以为吾患者，乘其阙废之时而来"。故今唯有"补其阙、修其废，使王政明而礼义充，则虽有佛，无所施于吾民矣"；又谓："汉之时，百家并兴，董生患之，而退修孔氏。故孔子之道明，而百家息。"故谓"礼义者，胜佛之本也"。其《本论》下更谓"今佛之教，患深势盛，难与敌，非驯致而为之，莫能也"。此即谓只如石介之论，不足以辟佛。唯有反求诸己，以自补阙修废，乃能自然胜佛。此正为后之宋儒所以竭力于发明儒学之故。故程子亦谓"释氏盛……自难与之力争，唯当自明吾理，吾理自立，则不必与彼争"。（《遗书》二上）欧阳修之此文，亦可谓开风气于先者也。

欧阳修于《本论》下，并论及荀子性恶之说，自谓初信其说，"及见世人之归佛者，然后知荀卿之说谬"。其下文更言人之归佛，乃由佛有为善之说，此即见人之性自好善云云。今能"使吾民晓然知礼义之为善，则民自相率而从此礼义之教"。此即谓不可如荀卿之只言性恶，当顺人之慕佛之为善之心以导之，使其知礼义之为善。此欧阳修之非荀子性恶之说，与徐积之斥荀子之论同。然其自谓由见人之慕佛之为善，方知人性非只是恶，则见其初非真先自得于儒者言性善之义者。其言人知慕为善，亦未尝确立人性善之旨。故在其答刘敞之问，又曰："以人性为善，道不可废；以人性为恶，道不可废；以人性为善恶混，道不可废；以人性为上者善、下者恶、中者善恶混，道不可废。然则学者虽毋言性可也。"（《宋元学案》之《庐陵学案》附录引刘敞《公是先生弟子记》）此即见欧阳修所重者，唯是修道之事，而不重言性，更未尝确立性为

善之义也。故刘敞《公是先生弟子记》下文更非之曰："仁义，性也。情者，礼乐之本也。以人性为仁义，犹以人情为礼乐也。非人情无所作礼乐，非人性无所明仁义。性者，仁义之本；情者，礼乐之本也。圣人惟欲道之达于天下，是以贵本。今本在性而勿言，是欲导其流而塞其源，食其实而伐其根也。"此刘敞之论，明较欧阳修之论进一层，故以仁义礼乐之道之本在性情为说。欧阳修之学，盖只及于《中庸》所谓"修道之谓教"之一句，而尚未至于"率性之为道"之一句也。刘敞之言，则渐进至此一句矣。然刘敞"以人性为仁义"之一句，乃告子之言。其言人性为仁义之本，涵仁义为人性之末之意。此又尚无后之宋明理学家以人性即具此仁义之旨，更未及于人性之原于天命之旨，以识得《中庸》所谓"天命之谓性"之一句也。

王安石苏轼，皆初出欧阳修之门，并是一世之奇才。安石于文章政事之外，亦能论学。其文集中，亦有《原性》一文。此文首称孟荀扬韩之四子，为古之有道仁人。又谓其论性，乃以"性者，有生之大本"。此可谓能知欧阳修所谓中华文教之本，乃以性为大本，而更能知本矣。然王安石于孟、荀、扬、韩之说，尚有所不以为然，而以孔子之言，为其所安。其所谓孔子之言，则以《论语》之言"性相近，习相远"之说，及《易传》之言太极者，并为孔子说。故又谓韩愈以仁义礼智信之五常言性，尚未能推本于太极。自太极言性，则性超善恶之上。故孟荀之言性善性恶者，皆未及于性之本之在太极者也。王又谓善恶乃依情依习而立之名。扬雄之言性善恶混者，亦只是情习上事。故谓："夫太极者，五行之所由生，而五行非太极也。性者，五常之太极也，而五常不可以谓之性。……夫太极生五行，然后利害生焉；而太极不可以利害言也。性生乎情，有情然后善恶形焉；而性不可以善恶言也。"又谓人情有"怨毒忿戾之心"，为荀子言性恶所据；人情亦有"恻隐之心"，为孟子言性善之所据。而此二者，则皆"情之成名而已"。至于人之知此善恶与否，则有所谓智愚之分，以至有上智下愚之不可移者。此王安石之以性为超善恶、善恶之名依情立，乃意在正名，并谓正名为圣人之教云云。此其《原性》篇之大旨也。

今观此安石之溯五常之性之原，于其所谓太极之性，于此更谓此性之不可以善恶名，《朱子语类》尝以之与后之胡五峰之以"性不可以善恶名"之说并称；因其并是超善恶之相对以言性之思想也。其以性原于太极，与濂溪《太极图说》之论，亦相似。盖皆可谓能知性之原于天，而似几于《中庸》之言"天命之谓性"之旨矣。然安石以善恶依情而立，则善纯为后天之名。其只以天之太极，为五行之本；太极之性，为仁义礼智信五常之本，则又尚全未识濂溪所谓"五行一阴阳，阴阳一太极"，太极在五行之中，性即在五常之中之旨者。至对性与天命之关系，更为王安石思想之不及。王安石尝谓"天命不足畏"，其天命乃外在之命运；则固不能言其知《中庸》"天命之谓性"之旨也。至于后如胡五峰之言性为天地鬼神之奥，王龙溪之言性之无善无恶，并是自心或良知以见性之超善恶之义说，更与安石之由天之太极之无善恶，以言人性之原无善恶者不同。唯自思想史之发展而观之，则安石之言性为有生之大本，而溯其原于天，自亦较欧阳修、刘敞之论，为又进一步矣。

与安石同时之苏东坡，亦文才盖世。其所为之《书传》，为朱子所称。其所为之《易传》，则为朱子所评斥。然亦见朱子之重其言。今于其《易传》之文，可不讨论其是否合原经之旨，而可唯视之代表其思想之文以观，则东坡之言性之溯原于天道，与王安石正同。而其以性为"卒不可得而言"，则又不只于以性不可以善恶言为止；而是以此性之真，为超出人之一切名言所及者之外。人于此性之表现之可见者，固可有言；然以"可见者言性，皆性之似也，非性之真也"。至于此性之真所在，则只可由人为善为恶之事，所不能更加消除之处，以反显之；而不能正见之，正说之，则性终不可正言。故曰："君子者日修其善，以消其不善；不善者日消，有不可得而消者焉。小人者日修其不善，以消其善；善者日消，有不可得而消者焉。夫不可得而消者，尧舜不能加焉，桀纣不能逃焉。是则性之所在也。"又曰"性之所在，庶几近之，而性卒不可得而言也"。东坡之自不可消者之所在，指为性之所在，不能谓其无所见。既自此不可消者之所在，指为性之所在，则可以见此性之为天之所命所令。故曰："圣人以为有性者，存乎吾心，……又推其至者，而假之曰命。命，令也。君之命曰令，天之令曰命。性之至者，非命也。无以名之，而寄之命耳。"此言性之至者曰命，即言人生于天，其性之不能消、不能去，而极至无可移，只有加以承奉者，为天之命。此即可用之以释《易传》之"乾道变化，各正性命"之言，与《中庸》"天命之谓性"之语矣。此王安石之言性所不及者也。然东坡以不能消者言性，谓小人为不善，则其所不能消者，当指人之性之善之处。故东坡又著《荀卿论》（《东坡文集》卷七），深责荀子"桀纣，性也；尧舜，伪也"之性恶之说，谓其必致"李斯以其学乱天下"。其责荀卿之言性恶，固与徐积、欧阳修之论同也。然其所谓"君子修其善，不善者日消，不可得而消"者，又为何物乎？朱子谓其所谓不可得而消者，"则疑若谓太极本然之至善"，又谓其实是"特假于浮屠，非幻不灭，得无所还"者，而为是说。然就苏氏之文而观，盖未必即有此二意。今于其上下文，对称而观，则其谓小人不可消者，是性之善；则君子之不可消者，似当是性之恶。则苏氏之说，即当归于扬雄善恶混之说。然今于其上下文，不对称以观，则君子之所不消者，亦可是超善恶非善恶之性。观其后文评孟子之说，谓"善，性之效也。孟子未及见性，而见其性之效，……犹见火之能熟物也"。此即谓性为超善恶之言也。谓性超善恶，善唯是性之效，此正类王安石之以性超善恶，而以善为依情而立之名也。善既是性之效，则修善以消不善，即性之效之善。则其所谓不可消者，盖当是说：即将不善消尽，仍有超于善恶之上之性之自在。此性之自在，乃由其不属消上之事，而见其不可消；亦唯由其不可消，以反指之，而终不可正面言之。则此苏氏之言性，即当是由性超善恶，以言性之自身非善非恶、无善无恶之说，而与王安石之论大同者，然亦未必即朱子所谓浮屠非幻不灭之说也。

此王安石与苏东坡之言性，皆指向于一超善恶之性而言之，而东坡更谓性之终不可言。此则近于一般之道佛二家之言性，趣向于超道德境界之观照境界，与文艺境界者。此即二人之所以皆为文章之雄，亦皆深契于道家之学。王安石虽志在功业，然其初为三圣人之论，固以学伯夷之圣之清，而近道家者，为学问之本也。东坡之近道家，更不必论。二人之论性之善恶，自情习上言，自性之效上言，即皆不知情出于性，性之效用出于性之体，亦不真知性善之义。此则必至周张二程，方能有此更进一步之见者也。

三　司马光著《潜虚》之旨趣

与王安石、苏东坡及周张二程并世者，有司马光与邵康节，为较近于纯儒。故二人并为二程与朱子所称。司马光之为人，笃实正大。论学则亟称扬雄，故仿《太玄》著《潜虚》。其《潜虚》首言："万物皆祖于虚，生于气。气以成体，体以受性，性以辨名，名以立行，行以俟命。故虚者，物之府也；气者，生之户也；体者，质之具也；性者，神之赋也；名者，事之分也；行者，人之务也；命者，时之遇也。"此以虚气为万物之本，颇似张横渠之说，乃兼通道家之重虚，及汉儒重气之论，以为本。司马光谓有虚、气、体，乃有性、名、行、命，则性命皆后体而有。又命纯自遇上言，则不能连命以言性，亦不能如横渠之直就虚气以言性命，更不能如二程朱子之直就理以言性命。其所谓虚气体，盖指自然世界中之天之虚气与形体。人则依其形体而有性、有名言、有行为，更有其所遭遇之命。故其《潜虚·行图》之第一图，即言人在岁、月、时之始，为好学力行之事，乃其智与道德之始；而任人则为治乱之始。此则类似扬雄于人性之善恶混者之中，教人"修其善者以为善"之说。其《潜虚》之著，亦自有一构造组织之功。然其整个理论，唯建基于一道家或汉儒之自然主义之宇宙观或天道观，以人之性、名、行、命，乃后于天之虚、气、形而有者。其所倡之学，亦整个是一"后天而奉天时"之学。其言性，则谓"才不才，性也"。又谓告子之无善不善指中人，性之生而善恶异者，如瞽叟生舜，舜之生商，均不可移。即见其为主性三品说者，故非难孟子性善之说。司马光于心性之论，固甚粗疏。其言行固可法，程子尝谓其"忠孝诚实，只是天资"。（《二程遗书》二上）唯程子又谓其患"思虑纷乱不定，而常以'中'为念"。（《遗书》二上）则又见其未尝不有一内心之功。其所著书，除《资治通鉴》之外，于《潜虚》一书，最为自负。扬子云为《太玄》，韩愈谓后世有扬子云者当好之。司马光则自谓好扬子云者，更言后世亦当有好其《潜虚》者。吾则对此二书，皆愧未能好，然亦不谓其无构造组织之功。读者如有兴趣，可读《宋元学案·涑水学案》所载之《潜虚》。此外，司马光所著书有关义理之学者，又有《注太玄》八卷、《注扬子》十三卷、《文中子》一卷、《易说》三卷、《注系辞》二卷、《注老子道德论》二卷、《大学中庸义》一卷，足见其非忽义理之学者。然其《易》与《大学》《中庸》之注，皆不为人所重。《二程外书》十二记："温公作《中庸》解，不晓处阙之。或语明道，明道曰：阙甚处？曰如强哉矫之类。明道笑曰：由自得里，将谓从天命之谓性处，便阙却。"由此记亦可见明道言之风趣。今观温公之《潜虚》，由虚气体方有性，再由名行方有命；又将此性与命分开，更不识性善之义；诚将于《中庸》之第一句"天命之谓性"，便差阙也。司马光讲《中庸》《大学》与《易》之义，盖不特不可与周张二程之言人性天道，能上达义理之高明与精微者，相提并论，亦与同时之邵康节，能由此后天之学者，以转手至其所谓先天之学，尚不足以相提并论也。司马光虽为史学之大师，然在义理之学，则犹是俗儒。然自思想史之发展而观，则司马光能由一自然主义之天道论上，求立人道，以扬雄为法，而著《潜虚》，亦自是宋儒之学，由唐之韩愈文中子，而上溯先秦儒者之论之途中，所当经之一环节。今亦不可对其地位，一笔加以抹杀。更不可以谓其书有道家之义，即谓其非儒。如二程虽反佛老，然明道亦谓佛有"敬以直内"之义，伊川亦有取于老子言"玄牝之门，是谓天地根，绵绵若存，用之不勤"之语也。故程子虽不慊于司马光与邵康节二人之学，仍尝谓"某接人多矣，不杂者三人，张子厚、邵尧夫、司马君实"也。（《遗书》二上）后之《朱子语类》记朱子语，乃谓尧夫为杂，唯周张二程为纯。盖此纯杂，亦程度之分。若以周子之取于由道士所传之图，横渠之重言天之太虚，谓其杂道家义，亦可谓之杂也。实则观一家思想之义理纯否，只当观其能否自相一致。能自相一致，则未尝不纯，而杂亦正所以成其大也。

第二章　邵康节之易学与心学

一　邵康节《皇极经世书》历史地位

邵康节与司马光同称扬雄，上文已言司马光尝注《老子》、著《潜虚》，以虚为万物之祖。邵康节则尝言："扬雄作元（《太玄》）可谓见天地之心者也。"（卷八上）其于《皇极经世书》卷八下称"老子得易之体"，与孟子之善用易者对言。卷五引老子"我无为而自化"语，而谓之"圣人有言"云云；其于孔孟荀所言王霸之道上，加皇道、帝道，亦出于庄子管子；又称"庄子雄辩，数千年一人而已"。康节更取扬雄"观乎天地，则见圣人"之言，谓"欲知仲尼，当先知天地"。（《皇极经世》卷五）扬雄作《太玄》拟《易》，司马光作《潜虚》，唯以拟《太玄》。在康节之易学中，则其六十四卦之排列次第，虽近《太玄》之八十一首之排列次第，然其易学，则大有进于扬雄，亦大不同于汉易。邵康节受学于李之才。李之才之学，谓传自陈抟。康节之《皇极经世书》以汉易所传之易图，只是文王之后天图，此外更有伏羲之先天图；由此以言八卦、六十四卦所自生之太极、两仪、四象。此则不仅求超过汉易，亦欲超过现有之《易经》之卦爻文中之所有，以更探此易之原，以成其观天地、观万物之论。其《皇极经世》一书，不只可用以观天地之一年之时序，亦可用以观古今之世运。故其书兼将由皇而帝而王而霸之史事，亦排列于其依易理以言古今世运之论中，而成一套历史哲学；再由观物之道，以及于人之尽性至命之道。此则不同于司马光之以《资治通鉴》述史，以《潜虚》言天人之道，二者互不相涉者。故吾人亦可谓宋学发展至邵康节，而于其先之宋人所尚之《春秋》之经学与史学，皆摄入于一大哲学系统中而论之。在邵康节之观天地万物之论中，并及于天文、历法、算数、律吕声音之唱和等。此即汉代易学原所重之问题。康节书将过往之史事，排列于此世运之中，以藏往，亦可用之于占卜以知来。如后人之《河洛理数》之书，即本康节书而作，用以算命与占卜者。此即入于术数。康节言数，固在言"天下之数出于理"。程伊川亦谓"尧夫之数法，出李挺之，尧夫推数，方及理"。（《二程遗书》十八）故康节亦谓"世人以数而入于术，故失于理也"。（卷七下）然亦固知言数亦可入于术也。故后之朱子仍谓康节之学为术数。（《语类》九九卷）邵康节之有其先天图之易学，则由其学于李之才，而得道教之思想之传。此传，可上述至汉末魏伯阳之《参同契》。故此康节之学，其来源与性质，皆似甚为驳杂。故程子谓"尧夫道偏驳"（《遗书》七），"于儒术未见有得"（《遗书》十）。后人对之之毁誉亦不一。司马光及二程，皆与康节友善，然皆学不相师。明道尝谓康节"欲传其学于某兄弟，某兄弟那得工夫，要学须二十年"。（《二程外书》十二）而伊川于康节，更多微辞。后之朱子，为易学启蒙，乃盛称康节之易学。皮锡瑞《易学通论》谓：元陈应润作《爻变义蕴》，始指先天诸图，为道家借易理，以为修炼之术。吴澄、归有光亦不信图、书。明清之际，毛奇龄作《图书原舛》，黄梨洲作《易学象数论》，黄晦木著《图书辩惑》，乃大评斥康节之易学。清初胡渭《易图明辨》，及后之张惠言《易图条辨》，皆详考康节之易图，周濂溪之太极图，以及后之河图洛书之说，并出于道教之传，皆非儒者之易学。然学术思想之相互摄取，原为人所不能免。宋儒之学，初原有取于道家者流之论。以学术史而观，则清人所宗之汉易，亦固取于阴阳家之说，而非《易经》与《易传》之所原有。实则即《易传》

之思想，亦非即原始之《易经》中所具有之思想。则邵康节之易学，有取于道教之传，与周濂溪之太极图，初原自道教，皆未为不可。至于邵康节之学，是否以其来源之多，即归于驳杂，则依吾人前所说，当看其思想义理，有无一定之线索，而自相一致以观。至其学在历史之地位，则当与其前与同时之学，加以比较而见。依上文所述，则康节之学之历史地位，当说在由汉人之即卦言之易学，以上探，而求知易卦之原始；更自成一套易学，以论天文历法音律，而以之代替汉人之易学所为天文历法音律之论；同时将宋初所传之《春秋》之学、历史之学，与易学，打并归一，而特称《易》为顺性命之理之书，《春秋》亦循自然之理而尽性之书。（卷八下）然康节乃以《易》为《春秋》之本。其思想在儒道之间，而先求知天；则其本意，在"观乎天地以见圣人"，亦即由知天以知人，而援道以入儒。此亦不仅康节如是，即濂溪之《太极图说》，先论太极，后及人极，与横渠之先言天之太和，以太虚与气言道体，亦同为由知天以知人，亦皆有援道入儒之意。唯康节于道教所传之图、书，所取者更多，其思想与生活情调，皆更近道家耳。

二 邵康节之象数之学

至于就康节之学之内容而论，则《皇极经世》一书，为其学术思想之代表。至其所为之诗，则为其学术思想之自得处，而表现于其生活情调者。至传为其所著之《渔樵问答》，则黄震《日钞》已疑非其所自著，其中之义，已皆见其《皇极经世书》中之《观物》内外篇中。其《皇极经世书》之标皇极之名，出于《尚书》，乃大中之义。经世之名，原是以"以元经会，以会经运，以运经世"之约减。简言之，即经世运以言一大中之道也。

《皇极经世书》先言世运，后方有《观物》内外篇。然《宋元学案》，则先录其《观物》内外篇与《渔樵问答》之文，而后述其言世运之论，更附以梨洲兄弟等之评论其易图之非之文。此则将其学之首尾，加以颠倒。今既述其学，不先言其所长，而径加非毁，亦非吾今兹之论述昔贤之学之道。此康节之《皇极经世》之书，前数卷，皆是排列易卦易数，于岁历与历史之世代中，成种种之表格，不免使人见而生畏。然今本明黄粤州注释之《皇极经世绪言》（四部备要本），略加披览，亦不难得其用心之所在，见其易学之根本观念，实亦甚简单。并非如明道所谓必学二十年而后解也。

此康节书之用心之所在，即在以易之八卦系统，代替汉代易学中之五行系统，以论天文、历法、音律与历史之变。此易之八卦，原可分为两两相对之四组，更观此为两者之相易、相化，而统于一道、一太极；即可由物之形体象数，而更超此物之形体象数；见此吾人之有形体象数之"身"，"一身还有一乾坤"，即"能知万物备于我，肯向三才别立根"；而观彼"天向一中分造化，人于心上起经纶"（皆见《观易吟》）。一切造化皆在一中，而万物之形体象数，亦皆一心上之经纶。由此而有康节之学之自得自在之一面，表现于其诗者。康节喜言其"先天之学，心也"。（卷七下）然必先观乎天地，乃知有此能观之心；而观乎天地，则须先经此以易卦、易理，囊括天地万物之一思路。康节遂有其一套复杂之说法矣。

此易卦易理，如何可囊括天地万物？此由汉儒之易学，原有一思路。即将天地万物，放在易卦所表之岁时之始终历程中看。天地万物之自身之种类，无论如何不同，在此始终历程中看，则其消长生死，即统于岁时之周而复始之一纵的圆圈之中；而人即可以此圆圈，加以囊括，而自升其心灵于天地万物之上。此岁时之成，乃依于天之日月星辰之轮转。故日月星辰之轮转之空间上所形成之圆圈，即岁时所经之时间上的圆圈，而皆为易卦所表。

然此中有一问题，即日月星辰之运行，绕天一周，所经时间，各不一致，亦不成一定之倍数。如年有岁差，而有闰日，月亦有闰月。五星之金木水火土之绕天一周，其所经之年月日亦不同。今如何加以配合对应，即成天文历法之学一专门问题。然此日月星辰之运行于天，无论其运行速度如何不同，历长时间，终当有其同在一经度、一纬度上交会之时。今克在其交会之时，观其交会，则可得其配合对应之道。此中之重要之点，在人能自立一参考系统，以表状此日月星辰之交会之时间与空间。此参考系统，原有多种之可能，如五行系统与八卦系统，即初不同。扬雄之《太玄》，与其他汉代易学家之系统，亦不同。邵康节，则为能依易卦，以自形成一系统，而其所用之基本观念，又为最简者也。

此邵康节之系统之基本观念之所以最简，在其初只有一阳爻一阴爻所表之动静二观念之相对，是为两仪；而由其次第自相交，即衍生四象、八卦，与六十四卦。阴爻表偶数，阳爻表奇数。奇偶之数，次第自相加乘，即可衍生一切数。此康节之由阴阳二爻，相对为两仪，次第自相交，以衍生之四象之说，自不必是《易经》所谓两仪四象之原义。其所谓先天图之八卦方位，亦不必合于《易经》《易传》中，原所谓八卦方位之义。其依先天图之八卦方位，而分为数往而顺行与知来而逆行之二组，更将六十四卦，亦分为此二组，亦皆不合于汉易之传。其以乾坤二卦，及其中爻互交而为坎离，为四正卦，即与孟氏易之以坎离震兑为四正卦之传不合。胡渭考其乃原于《参同契》之炼丹之图。又邵氏依其所谓六十四卦之衍生之序，所排成之六十四卦之圆图与方图，亦与孟氏易之六十四卦之排列之序不合。然亦与《易图明辨》卷三所载，《参同契》金丹鼎器、药物火候、万殊一本之图，及《易图明辨》卷九所载之李挺之六十四卦相生图，皆不同。则又不能谓康节之易图，纯由《参同契》与李挺之道家之学而来。今观康节之所谓先天图，为乾南、坤北、离东、坎西、震东北、兑东南、巽西南、艮西北；此自是意在由此方位，以表八卦之两两相对，而于此相对中，见其可相交，以成其相易相化。其分八卦之为顺行、逆行之二组，即所以表此相易相化之历程。此明较后天图之方位，尚不足见此两两相对者，与《易传》"帝出乎震、齐乎巽"一节言八卦之行，只有一次序，而无顺逆二次序之两两相对者，为有所进。其所进者，则正在于此两两相对之中，人更易见此"天向一中分造化"，乃"由此两两相对之'中'，两面展开，以次第造、次第化"之历程。是即康节用以囊括天地万物之图所由成。其图即将此次第造、次第化之经纶，表之于图。图由人心作，故此经纶亦即一心上所起之经纶。故康节言其"先天之学，心法也，故图皆从中起，万化万事，生乎心也"。（卷七上）

依邵康节之易学，其基本观念，初只有阴"▬▬"阳"▬"二爻所表示之动静。由阴阳爻之自相交，而有"▬▬""▬▬""▬▬""▬▬"之四象。四象各有阴阳，而成八卦。阴阳之在天者，名阴阳；在地者，则名柔刚。分天之阴阳，为太阳、太阴、少阳、少阴；分地之柔刚为太刚、太柔、少刚、少柔，即可各以八卦之一表之。而天上之物，则日象太阳，月象太阴，星象少阳，辰象少阴；地上之物，则水象太柔，火象太刚，土象少柔，石象少刚。康节又以天之寒暑昼夜，人物之性情形体，及皇帝王霸之政，与天之日月星辰相配。更以地之风雨露雷、物之草木飞走，及《诗》《书》《易》《春秋》四经，与火水土石相配。此种配应之说，显然类似汉儒五行配五物之论。此只能取其所象征之意义，不必如黄宗炎之更问："何天无霜雪雷雹虹霜也？地无城隍田井海岳都鄙也？"（《宋元学案·百源学案》下附录）此只表示康节欲以四象之论，代替汉儒五行之论，而见上天下地间之物，其阴阳刚柔皆可两两相对而观耳。能两两相对而观，则可于其相交相会，而相易相化之处，于两见一，即见"天向一中分造化"，以使此观物之心，得囊括万物之造化矣。至于此可相对应者为何物，则本可依人之观点而变。康节于此所罗列者，或不免机械。然知其意，则亦不必多加责难也。

至于康节之言时运，则是连易卦以配应于日月星辰之运而说，亦初要在言岁时之运。其《皇极经世》一书之卷一，即依乾坤并此二卦之相交所成之坎离之四卦，为四正卦，以表一年之运，而依此四正卦之六爻之变，成二十四卦。即以此二十四卦，表一年中二十四气之变。由此二十四卦之六爻之次第变，衍生其余六十卦。即以此二十四卦，并此所衍生之六十卦，次第表一年之岁时之运。此中一年有十二月，一月有三十日，一日有十二时，时有三十分，此皆可分别以六十甲子名之，亦皆可以次第衍生之六十卦名之。由年上推，三十年为一世，十二世为一运，三十运为一会，十二会为一元，共十二万九千六百年。亦可以六十甲子，与次第衍生之六十卦名之。吾人如设定一年为元，则十二月为十二会，三十日为三十运，十二时为十二世。以元、会、运、世自相配，则有元之元、元之会、元之运、元之世，会之元、会之会、会之运、会之世等，以至元之元之元之元、元之元之元之会……亦皆一一各有其数。此则纯是机械之推算。其中数理，亦只是一极简单之相乘之数理，并无甚深微妙之义。读者可看康节之书，或《宋元学案》所撮录。然此中之根底观念，唯是一年之时运，或一元之十二万九千六百年之时运，皆依易卦之圆图，而处处有阴阳之相对，以次第进行。此中之元会运世之数，依十二、三十之数而开合，可由大而小，或由小而大，以至无穷，即可合为一参考系，以纪天文时历日月星辰之变，以及世代之史事之变，而合以见天地之事与人事，开闭于一易卦之圆圈之中。而此圆圈之形成，则初只由表动静阴阳二爻之自交、相交而成；而阴阳之相对，更可合为一以观，以归于一太极。而人心即能观此阴阳动静之相对，游心于其间，亦超越于其上，以见此相对者之可合为一，亦原于一者。此即康节所谓太极之所在，亦即其所谓"道"之所在也。

对邵康节之何以必用三十与十二之数之相乘，成其元会运世之数与易卦之数之说，吾人亦可纯视为一排比凑合之论，而康节之言数，更另有其对六十四卦之爻数，为三百八十四，易之大衍之数之五十，所为之种种凑合之论。此种种凑合之论，或未必能再自相凑合。然吾人若循上文所说，以知其作此凑合之事之目标所在，唯在见凡以数所表之有形事物，其数之差别者，皆可对其数，加以分合，以使其数归于齐一，而不见其数之差别；便可使人于此数与其所表之有形事物，相易相化之处，见此数与事物，俱由有形而无形。于是此一术数之学，亦即可导人至于超此形、超此数之境。则吾人对其种种凑合之论，或不自相凑合者，亦不必加以深责。此亦康节之学之"迹"之所在，而非其心之所在。康节尝言"先天之学，心也；后天之学，迹也"。（卷七下）其易学之先天图，以及其他之图，亦仍是其学之迹；而其学之心之所在，固亦非必用此迹以表之者也。而由康节之《皇极经世书》中之《观物》内外篇，及其所为之诗，固更易得康节之学之心之所在也。

三　邵康节之论人在天地间之地位及观物之道

今如吾人纯由康节之《观物》内外篇，与其诗，以观康节之学，则吾人所首当注意者，是其由人能观天地万物，以见此人与其心性情等，在天地间之地位。康节以日月星辰言天，以水火土石言地。于人与天地万物之接触，则以耳目口鼻与声色嗅味之接触言之。在康节，耳目口鼻属人，亦属人之天者。声色嗅味则属地，亦属人所感于人外之天地万物者。故人之以其耳目口鼻，与声色嗅味相触，即已是人之贯通天地万物之事。康节更言：在此中，乃以"色声嗅味，为万物之体"，"耳目口鼻，为万物之用"，"体无定用，唯变是用；用无定体，唯化是体"。此乃自耳目口鼻之能用此色声嗅味，以成人之生言。体在色声香味，属所知、所感；用在耳目口鼻，属能知、能感。由此知与感，以成此中之体用之变化（《皇极经世》卷五《观物篇》五十二），即合此体用之二为一。此中之用，能自变，以与体之化俱行，如天运之变，与地上之物之变化俱行。人之所以高于其他之动植之物者，康节亦初自此人之耳目口鼻之用，见于声色嗅味者言之。故谓人之所以灵于万物者，谓"目能收万物之色，耳能收万物之声，鼻能收万物之气，口能收万物之味"。自人之耳目口鼻，对天下之色声嗅味，皆能发生兴趣，而加以感受认知言，亦实见人之别于其他之物之一特性之所在。康节自人之感觉上，言人物之别，固远不如孟子自四端之有无，言人禽之别，荀子之自义之有无，与心知之有无，言人禽之别等论之高。此只是谓人之耳目鼻口之五官之用，能遍感一切声色嗅味；便不同于其他之物如禽兽之耳目五官之用，限在感某一类与其生存相关之物者。故曰："如禽兽之声以类，而各能其一。无所不能者，人也；推之他事，莫不然。"（卷七上）此即谓禽兽之感知，只及一类之物，而人之感知，能及于一切类之物也。此亦正是将此人与他物之别，直建基于一最切近之感知之事之上之论也。此康节之言人之耳目口鼻，能收一切物之声色嗅味，而别于其他之物，不是谓人非物。人固亦为天地间之物之一。故谓"人亦物也"。唯人之为物，能收一切物之声色嗅味，则人不只为一物，而同时为一切物之物。一切物之所以为物，在其声色嗅味；而人之耳目口鼻，能收之；即一切物，皆在人之耳目口鼻之中。故人为"物之物"，而"为物之至者也"。（《观物篇》五十）人之耳目口鼻之感知物，而不限于一定之物，乃由人之有心，能自变化，自转易其感知之事。人有心亦能自知其所感知，更自思其所感知，与其能感知之能，以及更自思其有心、有思等。而圣人，则为能以一切人之心思之所思，为其心之所思者。故圣人之心，即以"一心观万心，一身观万身，一世观万世"者。圣人之为人，亦即可名之为一切人之人，或"人之人"，而"为人之至者也"。（上皆见《皇极经世》卷五《观物篇》五十二）若此人可为物之物，则康节之圣人亦可谓之"物之物"之"物之物"。圣人固亦天地之间之一人一物，而在人之中、物之中，然自其为"人之人"言之，则又未尝不在一切人之上，亦更在一切物之上也。

此康节之观物之论，归至于观人为"物之物"，圣人则为"人之人"。此中之能观者，自是此人之心。吾人若直在此能观之人之心上立根，亦可从此中之一切所观，并属此心，而直下见得此中能观与所观者之内外之合。然康节之思想，则未进至此义，而只用此能观之心，以遍观一切物，并将此人之自身，亦先只视作所观之一物，而观其有心；观其更能以一心观万心，以一切人之心为心，而成圣人之心。由是而此心与圣人之心，亦只是一所观之客观存在，亦并存在于客观之物中者。则亦不可谓康节之思想为唯物论也。此所观之心，既为一能观物、观心之心，而此心之观物，虽始于以耳目口鼻，感知物之声色嗅味，然亦能更知此声色嗅味之种种象、种种数、种种理、种种性，与其性其理之原于道等，而此等等亦皆以此心为客观存在，而与之俱为客观存在，则亦不可说康节之思想，以客观世界只有声色嗅味，而为一感觉经验论也。此康节之言观物，并将此能观之心，亦化为所观之物，其意乃在免人之由"以我观物"，以成其"以物观物"之观。康节尝言："以物观物，性也；以我观物，情也。性公而明，情偏而暗。"（卷八下）物与人，固皆有性情形体，观物与人之事，固亦当兼观其性情形体。故谓："夫意也者，尽物之性也；言也者，尽物之情也；象也者，尽物之形也；数也者，尽物之体也。仁也者，尽人之圣（性）也；礼也者，尽人之贤（情）也；义也者，尽人之才（形）也；智也者，尽人之术（体）也。尽物之性者谓之道，尽物之情者谓之德，尽物之形者谓之功，尽物之体者谓之力。尽人之圣者谓之化，尽人之贤者谓之教，尽人之才者谓之劝，尽人之术者谓之率。"（《观物篇》五十四）然吾之观物观人，而欲尽物与人之性情形体，则不能只本于我之情以观物，而当忘我，以物观物。此方是尽我之性以观物，而后以意之全向在物，而能"尽物之性"。能尽物之性，乃能穷物之理，至物之命，知物之道。此中所谓物之性，乃自此性之原于天而说。所谓物之理者，乃自此理之属于地上之物而说。所谓命者，则自此理此性之处于物，而赋于物说。故又曰："天使我有是之谓命，命之在我之谓性，性之在物之谓理。"（《观物外篇》六）而所谓道者，则自"所以能处此理此性"者而说。亦即自天地间、人物之能各次第赋得其理其性之全部历程说。此道即可称为天地之本。故曰："道为天地之本，天地为万物之本。以天地观万物，则万物为万物；以道观天地，则天地亦为万物。道之道，尽于天矣；天之道，尽于地矣；天地之道，尽于物矣。"然人能以物观物，亦能以地观地，以天观天、以道观道。则"天地万物之道，尽之于人矣"。（皆见《观物篇》五十三）"人能知天地万物之道，所以尽于人者，然后能尽民也。"尽民，即一人以"一心观万心，一身观万身，一世观万世"，而成其为人之人之圣。故曰"人之能尽民，谓之圣人"。然为圣人，必自人不以我之情观物，而以物观物，而自尽其能观之性，以意向于物，而忘我之情始。忘我之情，即由以心观，而忘心。纯以物观物，即就物性、物理以观物。故曰："夫所以谓之观物者，非以目观之，而观之以心也；非观之以心，而观之以理也。天下之物，莫不有理焉，莫不有性焉，莫不有命焉。所以谓之理者，穷之而后可知也；所以谓之性者，尽之而后可知也；所以谓之命者，至之而后可知也。"（卷六《观物篇》六十二）观康节所谓性、理、命之别，乃自天言，曰性；自物言，曰理；自性理之处于物言，曰命。故穷理、尽性、至命，亦一事之异名。必言穷、尽、至者，皆在表示人之观物，必忘我而意向于客观之物，以穷之、至之、尽之，然后能不以我观物，而以物观物。此即康节所谓"反观"（同上）。反观者，反此一我之观物之情，然后能观得其他人物之情，更如圣人之"一万物之情"（同上）而尽物之性，穷物之理，亦至物之命也。

四　道、神、太极、阴阳与诚及康节之心学

然天地间之人物之有其理、其性、其命，皆以一道为本，如上所说。故观物之事，即当循道而观物，乃可见天地万物之体乃不滞于一方，亦非定体，而为能变化变通者。无定体之谓神，能变通之谓易。故观物，亦不能止于观物之性，更当循道，以观物之变化之神、变通之易。康节言："神者，易之主也，所以无方；易者，神之用也，所以无体。……神无方，而性有质。"（卷七下）此即谓性犹属定体之有定质者，必由无体而化质，乃见神见易，而显此"无声无形不可得而见"之道。故就一切阴阳之原于太极，而克指太极之一是太极之一说，而不自其显发为阴阳之二变化说，则亦不足言神，只可言其有性。故曰："太极，一也，不动；生二，二则神也。"（卷八下）"太极不动，性也；发则神。"（卷七下）神见于阴阳之变化，则可依其次第，以言其数、其象、其器。然器、象、数，在变化中，亦自变化其器、其象、其数，于此中见神之不测。故下文更曰："神则数，数则象，象则器，器则变，复归于神也。"（卷七下）此中所谓"太极""阴阳"及"神""道"之义之分别，在太极之一，乃自其兼涵阴阳动静说。道即自此阴阳动静之互交而更迭上立名。故曰"一动一静交，而天地之道尽之矣"（卷五）。又曰"出入、有无、死生者，道也"（《观物外篇》第五）。出、有、生，动也；入、无、死，静也。故道之实际内容，亦不外此太极中之阴阳动静。故谓"道为太极"（卷七上）。然阴阳可互为用，故又言阳用阴，阴用阳，于此阴静与阳动，以体用分言之，则可谓"阳者道之用，阴者道之体"（卷七上）。阴阳动静为

二。阴阳动静,交迭为用,而无方不测,即见神。故谓"神故藏用"(卷七上)。神原于阴阳之二,故可说由二乃有神。然自此二者之交迭处说,则阴阳动静,又不可分,故神亦不可分,而为一;其内容亦只是此道。故又谓"道与一,神之强名也"(卷八下)。此康节言"道""神""太极"之第一义,自是由天地言。然此天地之道之具于人,即为人之性,而在人之心中;心又在身中,身又与其他之物相接;而心能观物,以知天地之道,与此道之具于人,为其性。故曰:"性者,道之形体也;心者,性之郭廓也;身者,心之区宇也;物者,身之舟车也。"(《伊川击壤集》自序)此数语,亟为朱子所喜言(《语类》百十一)。

此上所述康节之论,与周濂溪、张横渠之言道、太极、神等之义,似不甚相远。但康节乃由观物之象数之变,而见相对之阴阳动静之交迭,更总此相对之两面,而平铺地横观之,以见一绝对之道或太极或神;则不同于周濂溪之直下先立一绝对的太极与神,更由上至下,竖观其化生为万物者;亦不同于张横渠之先立一太和之道,谓其包涵阴阳之性,以竖观其为万物所自始自生,亦横观万物之升降沉浮于其中者。此康节之由观物之象数之变,而由平铺地横观,所见得之太极、道、神,亦可说只为一平铺而横陈于物之象数之变之中之太极、道、神。此中之太极,只为相对之阴阳动静之总原。故在"一动一静之间",而非静亦非动。故曰"太极不动"。唯在此阴阳动静,依太极之道而交迭处,乃见有无方之神之运动。则"不动之太极",与"有动之神"为二,而不相即。然周濂溪之太极,则自始具自动自静,"一动一静,互为其根"之义。此"一动一静,互为其根",即太极自身之神用;则太极与神,乃不二而相即。横渠之太和之道,亦自具清通之神,以成其内在之絪缊相荡之动用,而与此动用为不二。此则康节之论与濂溪、横渠之论之不同。而其原则在康节之观物之论,原重在平铺地横观物之象数之故耳。

　　康节于言太极、道、阴阳、神之外，亦言及诚。此不同于濂溪之以太极即是诚，亦不同于横渠之以诚为天人合一之道。康节之言诚，乃唯在其书《心学》第十二章言之。在此章中，首言"心为太极，人心当如止水则定，定则静，静则明"。更言先天之学，"主乎诚，至诚可以通神明，不诚则不可以得道"。此皆与濂溪横渠之言似同而实义异。盖此所谓心为太极，即指人心自具动静阴阳之道，与天之动静阴阳之道同而言，盖道即太极也。① 其言人心当如止水，以求定静，而有明，乃意在以此成其心之不以我观物，而唯以物观物。其所谓诚者，则是诚有此如止水之定静之心，以有明而通于神、得于道之谓。此诚乃纯属工夫。其谓之为先天之学，实则唯是后天之事。此固大不同濂溪之谓诚，即是性，亦即太极，其用即为神，而为人之心之原者也。故此康节之心学，虽言诚，其所欲诚有者，实只是一定静而明，以物观物之心。心能以物观物，更可忘我，亦忘心；而其观物之事，依道依神，而无方无端，则内无所累，以得自由自在。此亦即此心之观物之性之自主。此中之诚，亦即诚有此自主之性，以见于无方无端、自由自在的观物之事而已。故曰"诚者主性之具，无端无方者也"。而此诚之所成者，则康节又名之为至理之学。所谓至理之学，即"循天理"者，"造化在我"者。所谓造化在我者，即先忘我，而以物观物，于物之造化，观物之造化。此心之"观"，与物之"造化"俱运，则造化还在此观、此心中，亦即在我也。康节又谓"君子之学，以润身为本；其治人应物，皆余事也"。更谓"得天理者，不独润身，亦能润心；不独润心，至于性命亦润"。循天理动，自是心，而心自有性命，心亦连于身。则循天理动，自能润身，兼

---

① 《皇极经世》卷五谓："夫一动一静者，天地之妙用也。一动一静之间者，天地人之妙用也。"则盖言人心之妙，即在更能知一动一静之有"之间"。天地与人心，同有此动静之道，而人能知此"之间"，即能知动静之"交"之"中"，亦即能知太极也。

润心与性命。然此身则唯指己身而言，而治人应物之事，在康节乃为余事。则康节之学言诚，亦只以润身为本。此亦明与濂溪、横渠、明道之言诚为合内外，成己亦成物之道者不同。而于诚与明、神与化、天道与天德、性与命、仁与义之相对而相涵之种种义，康节更多未之能及。而其论乃与《庄子·让王》篇"道之精，以治身，其绪余以为国家，其土苴以治天下者"，相差不远。康节之学之重在自求安乐，而带道家情调，亦可由其《心学》之首数节之文，而尽见矣。

然康节之心学，纯自润身、润心之效而言，亦自达到一极高之境界。康节能顺以物观物之道，而先将吾人一般之意必固我，全部撤空。故其《心学》章下文，又特申孔子言"毋意、毋必、毋固、毋我"之旨。由此而人即能"虚心而不动"，知"事无巨细，皆有天人之理"，而能"安分"，以"得失不动心"，是为道，亦为"顺天"。反之，则为非道、为"逆天理"。故谓"能安分，则谓之道；不能安分，则谓之非道"，"强取必得，为逆天性"。能安分，则能至孟子所谓"大行不加，穷居不损"之境，而自然得其乐。故康节五律诗有"静里乾坤大，闲中日月长，若能安得分，都胜别思量"。康节自谓"自年三十余居洛，数十年未尝攒眉"，而自名其居为安乐窝；临死，亦谈笑而去；又言"学不至于乐，不足谓之学"。康节之学，亦诚能无分之不安，而至于无所不乐矣。此境亦固未易企及。此则可由其诗中之自得之意，最可见之。如其诗句之"梧桐月向怀中照，杨柳风来面上吹"，"满目云山俱是乐，一毫荣辱不须惊"，"天根月窟闲来往，三十六宫都是春"。程子谓康节之"坦夷无思虑纷扰之患，亦只是天资自美尔，皆非学之功也"。（《二程遗书》二上）然康节亦自有其出自天资之学，见于书与诗者。唯其诗只当由吟诵加以领会，非此所论。至于其由观物而观人历史中之世运之变，以道、德、功、力之分，言皇、帝、王、霸之辨，而加以评论者，则亦自有其微至之论。此可见其观物之论，乃合观"自然界之物"与"历史界之物"，以成一系统，如前文所说及。然非今所欲更加详说者。至其观物之论之至极，则其《击壤集》序有"以道观性，以性观心，以心观身，治则治矣，犹未离于言也。若以道观道，以性观性，以心观心，以身观身，以物观物，虽欲相伤，其可得乎"。则上所谓"性者道之形体，心者性之郛廓，身者心之区宇，物者身之舟舆"之言，盖尚非康节之究极之义。唯一切顺观，而道如其道，心如其心，身如其身，物如其物以观，乃为其究极之义。此其学之归止义，与佛家之如如现观之别，盖亦微矣。此盖即朱子之谓"康节之学，近似释氏"也（《语类》卷百一十）。

第三章　周濂溪之立人极以言太极之道

一　契入濂溪横渠之学之道路

上来所述邵康节之学，若就其始于观物之象数言，则近术数家或阴阳家；就其归在个人之润身以应人接物为余事言，则近道家。唯其所宗，仍在孔子；其所论者，是易学；其思想之主要概念，如太极、诚、神、易、道、性情、道德等，并原自儒家。故亦不能谓其非儒。然以其学与周濂溪、张横渠之学相较，则濂溪横渠，自更为纯儒。此非谓濂溪、横渠与康节无相类处之谓。如自濂溪、横渠之书，亦先言天道，而后及于人道、圣道而言，亦与康节之"欲知仲尼，当知天地"之路数为近，而与程子之直下言"一天人、合内外"之道者有间。然自濂溪、横渠之天道论，乃直下承《易传》《中庸》之言太极、乾元、诚、太和旨，以立一太极与太和为道体，而言万物之由之而化生；即不同于康节之由横观物之象数之变化，以见其当依一太极或道或神，以为此变化之根据者。此在上文已言及。故濂溪之立人极以合太极，希贤希圣以希天；横渠之言人之仁义、诚明之道，以合天之太和中之神化之道，以为乾坤之孝子，皆是上合；而不同康节之以此心旷观万物，唯是一横合者。上合，则必勉力以自拔于下降之途，以立己、立人，而见一强度的道德精神。故濂溪横渠之言易，皆能与《中庸》之言率性修道之功，互相发明。横合，则可由观物而玩物，以归于一广度的艺术性之欣赏态度，则不必合于儒学以道德为本之原旨。康节之学唯限于观物、玩物，而观易、玩易；虽偶及于中庸之言，实不能真通《中庸》之率性修道之学以为论。故康节之学终不免为歧出之儒学；而濂溪横渠之学，即不必能至于尽善、尽美，然要更为宋代儒学之正宗，而非康节之所能比者也。

　　然吾人今欲论濂溪、横渠之学，而顺二人之书之论说之次序，而自其天道论入，则将较论康节之学，多感一困难。康节之天道论，乃是由观物之象数中之阴阳动静之相对、相交处，见有"统相对"者，更依之以言道或太极或神。由此相对者有此相交处，而谓有一统之者，实无异今所谓形上学的分析命题。人于此只须有平观此相对者之心思，固不难直下见得此相对之阴阳动静，必有其交处为统此相对者也。然濂溪之《太极图说》，却直下言一太极，而谓"太极动而生阳……静而生阴……二气交感"，以至"化生万物"；《通书》直下言一"大哉乾元，万物资始"，为"诚之原也"，"乾道变化"而有万物之"各正性命"，为"诚斯立焉"。横渠直下言一太和，谓其"中涵浮沉、升降、动静相感之性，是生絪缊相荡、胜负屈伸之始"，为万物所自始生与归终。然二人如何建立此太极、乾元、诚、太和之根据，初未自说。今直下谓有此太极、乾元、诚、太和，并谓万物由之而始、而生，则因此太极乾元或太和之概念中，初不涵其所生之"万物"之义，便为一形上学之综合命题。此则不易了悟。《宋元学案》之谓濂溪得千载不传之秘，亦恒使学者糊涂。于此，人至少可依吾人所已述之佛家之理论，谓此所谓太极、乾元或太和，同于印度婆罗门教之言大自在天，或西方宗教中之神，乃一妄执，因其皆非吾人对万物之经验中所有故。如以濂溪之乾元为例，则依佛家大乘般若宗之论可问：所谓乾元为万物所由之而始生，以各正性命者，此乾元中有万物否？如其已有，则不待更始更生。如其无有，则万物如何能由之而始而生？如依法相唯识宗之理论，则当说一一物各有其所由生之因缘，而各有其种子，藏在赖耶识中，为物所由生之亲因。依华严宗义，更可言物由此种子与其他之缘，以其力用，相入相即而生。即皆必不能说万物是由一万物之上之乾元而生。今如将此乾元改说为太极或诚或太和，亦可同依此佛家义，以兴同样之问难。

对此上之问难，如将此"乾元"或"太极""诚""太和"等，扣紧于吾人之道德生活或心灵生活中之性理之呈现于心知之健行不息、真实无妄处去讲，此尚不难讲。此即程朱以后学者之所为。然克就濂溪横渠之书言，乃直下说有此一"乾元"或"太极""诚""太和"为天道，则殊不易讲。因离人之心知性理以言天道，初唯有吾人感觉所见之自然界之有形象之万物，可为把柄。邵康节即循此而进，以观万物中之道。此亦易为。今如不循邵康节之思路，而直下说有此无形象之乾元等为万物由之而始而生者，则难免于此乾元等中毕竟有万物、无万物一类之问题。故今当问是否吾人可另循一思想方向，直由此感觉所见之自然界之有形象之万物，以直接观得其当有无形之乾元等，为万物之所自始自生。如此事不能作到，则濂溪、横渠由天道论开始，即不免为一独断论之论法，而只能改为缘程朱以后之连性理心知等以为论，方能使此天道论之言有意义。今欲作到此事，确甚困难。故程朱以后皆转而直由性理心知以见天道。然吾以为此事，非不可能。此要在对于自然万物之始生，自另形成一观法，而此观法，则为异于佛家之观法者。

佛家对于物之始生之观法，初乃就当前之物，而观其所据之因缘，在已成之宇宙者。此与常识及科学中之因果观，亦相近。此因缘观或因果观，乃始于人见物而着念之后，于物更返溯其原于所着念之已成之他物；遂由此以言此已成他物，可为当前之物之因缘，亦即为当前之物所自始自生之原。但在大乘般若宗，则虽言物无因缘则不生，然又谓于一物之因缘中，求此物不可得。如缘芽生叶，缘叶生花，而芽中无叶，叶中无花。故叶不由为其"他"之芽生，花不由为其"他"之叶生。然叶、花亦不由"自"

生。以不能先有自，以生自故。若先有自，不须更生故。由此不他生、不自生，故亦不共生。然又非无因缘生。此即般若宗之四句。如前论佛家处所详及。此般若宗所欲空者，只此自生他生等执，而即以空此诸执，成就对当前之法之如实现观。法相唯识宗之因缘论中，加一种子，为一法或一物之生之亲因。此是另一说。但依般若宗义，人如以此种子之为他，现见之物之为自，谓此他能生自，亦同可破。故更有华严之义，以会通唯识宗与般若宗之义。此亦如前所已述。然此华严唯识之义，并是依已成已有之因缘，以说明现见之物之所由生，亦并是返溯现见之物于已成已有之因缘，以言缘生；并同时承认此已成已有之因缘中，无此现见之物；亦承认人如求此现见之物于其因缘中乃不可得；而与般若宗同归在成就人对现见之物，有一如其所如之"现观"。此佛家之言如其所如之现观，亦原有种种深义，即儒者亦不能否认。佛家之言缘起性空，乃破一般之自生、他生等妄执，以成就此现观。不可谓其为言缘起而言缘起，其所成就者只是明于缘起之知识，如一般常识科学之知识；亦不可谓其为言性空而言性空，更无其所真实成就之现观之生活也。

　　然此佛家之成此现观，乃由先观所现见者之因缘，更于此因缘中，观此现见者之空；方回至对现见者之现观。则尚未有直接对此所现见者"如何降于吾人之心灵生活之前"之一观法。如以一叶缘芽生，花缘叶生之例而论。依常人之见，谓叶由芽出，花由叶出，固是妄执。此执，乃由常人之念先着于芽后，方见叶、见花而起。此执固当破。人再自反观芽中之无叶，叶中之无花，亦自能破此执。然吾人若自始不着念于先见之芽，以观叶，亦不着念于先见之叶，以观花，则可自始无此妄执，亦不待对此执更破。则吾人之见芽叶花之相继而现，亦未尝不可视此叶如天外飞来，以自降于芽之上；花如天外飞来，以自降于叶之上。循此以观自然宇宙间一切"云行雨施，品物流形"之事，无不可一一视为天外飞来，以一一相继自降于其前之事物之上、之后，而全部宇宙已成已有之事物之生，即皆初是由天外飞来，以为其始。此所谓天外飞来，自非谓其先在天外之某处。如其先在，则是已有。此所谓天外飞来，只是谓在先前之现见中无有者，得相继有于此现见之中，而其来无来处。故喻为天外飞来。此一将此所现见之物，观为天外飞来之一观法，则与观此物依已成之因缘生，更观因缘中无此物，以成就对此物之现观之观法，迥然不同。此乃人之心灵向另一方向进行，而有之对物之始生之观法。此一观法，吾将谓其为人类之一原始的哲学宗教道德之智慧之所存，吾人之所以恒自然的说一切人物由天生、天降之理由之所在，亦周濂溪、张横渠之可直接由之以建立一天道论者。

由上所述，即知吾人可视吾人所见之物之始生，为天外飞来，而相继降于吾人之现见之前。此现见，可只是吾人之感觉中对自然物之现见。对此，吾人亦不须对此所谓自然物，更作分解的说明。如谓其形象为如何，谓其由地水火风或五行所形成，或谓其为色法之和合等。亦不须更分析此所现见者，与此现见之自身之关系。然吾人总可谓：有此自然物之次第降落于吾人之现见之前，方有此生生不已之自然宇宙之可说。今对此现见之自身，如人要反而自观，亦可言此现见亦是相继降落于此反观之观之前。今如谓此现见为心之灵明精神之表现，则亦可由观此灵明精神之表现之相继降落，即同时观得此所见之自然物，皆为在此灵明精神之表现中之自然物。要之，观此所见之自然物及其如次第由天外飞来，而次第降落于吾人此现见之前，为吾人之一观生生不已之自然宇宙之观法。此一观法，为有独立意义，而为人所可有，亦无理由谓其必不应有者。吾人亦不能说：只有佛家之由观因缘更观空以成现观之观法，方为人所应有。因此皆平等各为一观法，亦初不相碍，亦皆人之心灵所自发出之一观法也。

由此一"观自然物如次第由天外飞来，以降落于吾人之现见之前"之观法，所直接启示之一智慧，即所观之自然物，皆由上而降，非由下而出。其生皆不直接由先前之已成物为因缘而生，而皆是空前，而自其先之寂然无形以始以生。魏晋之王弼即以此而谓，万物万形，皆经由此寂无以生，而复归于此寂无。此乃一对万物之生之纯现象学的观法；而非谓其未生前之寂无中，定已有此物，或无此物。则王弼之言，即不可以佛家之"已有，则不须更生；无，则不能生有"之论破之。因其只是依一纯现象学之观法，以言物之经由此寂无生，而还归此寂无也。

然周濂溪以及张横渠，本易以言万动万形之所自生，又与王弼本老子以言易者不同。其不同之关键，在依易教之终更有始之义，更"要终"以"原始"，便不可只以单纯之寂无，为万动万形之所归与所自始。万动万形，自恒是有，则其所自始之寂无，亦当内涵此一"有"之义，以创始此万动万形之有者，而为一原始之真实有。此即濂溪所谓乾元，横渠之太和中之"起知于易者，乾乎"。元即原始之真实有，乾即所以状此元之创始万动万形之事之相续不断，而健行不息也。对此乾元，亦如对王弼之寂无，人同不可问其中有无其所创始之万动万形。因其虽是一原始之有，亦是一无形之寂无，则不可说其中已有万动万形。然亦不可因其是无形，而无此万动万形，即说其不能为万动万形之有所自创始，因其亦是真实有故。于此原始之无形或形而上之真实之有，如以有无之范畴问其中有万物否，应说其非有亦非无。如佛家之佛性、法性、真如、法界，同不可问其中之有无万物，而可说其非有非无。佛家固亦不应于此儒家所说之乾元等，定问其中有无万物，而逼之落向一边，以更加破斥，方为以恕待人之道也。

二　濂溪之言天道与其纯粹至善

上来之文只在说明：此濂溪横渠之天道论，乃循一不同于佛家之思想方向，或对自然宇宙之观法，而建立一无形之真实有，如乾元太极；尚未及于其对乾元太极之如何说明。古今人于其所谓乾元太极，亦正有不同之解释。吾今更当先说明此中何以有不同解释之故。此即在吾人之由万动万形之相继呈现于吾人之现见之前，以更观得一为其元或原始之寂然无形，或形而上真实有，为万动万形所自始，而名之为乾元或太极时，并未规定此乾元太极之性相，毕竟为如何，其与万动万形之关系，毕竟为如何。吾人之说之为如何，恒与吾人如何观万动万形之能观之心，与所观之万动万形如何相连，而可对此乾元或太极及其万动万形之关系，作不同之说法。在中国哲学史中，于此亦明有不同之说法。如汉儒亦承认有无形之乾元太极，而说此乾元太极为元气。此乃由于其视万动万形为一气之化之流行，遂即本此气之观念，以倒说为其原之乾元太极而来。朱子之说此乾元或太极为理，则由其重性理与万物之理而来。又吾人如由见此所观之万形万动，皆在此能观之心之灵明或精神中呈现，如上文所提及，则吾人亦可说：为其本原者，只是一充塞天地之神明。而在中国哲学史中，亦有以神或心说濂溪之太极之流。此吾皆尝论之于《原太极》一文。然此种种之说，是否与濂溪之意相合，濂溪对此乾元太极，毕竟如何说法，则只能以其明文之所及者如何为据，更分析辨明之。

兹按濂溪之《通书》第一章曰："大哉乾元，万物资始，诚之原也。乾道变化，各正性命，诚斯立焉；纯粹至善者也。元亨，诚之通；利贞，诚之复。大哉易也，性命之原乎！"又其《太极图说》曰："无极而太极。太极动而生阳，动极而静；静而生阴，静极复动。一动一静，互为其根。分阴分阳，两仪立焉。阳变阴合，而生水火木金土；五气顺布，四时行焉。五行，一阴阳也；阴阳，一太极也；太极，本无极也。五行之生也，各一其性。无极之真，二五之精，妙合而凝；乾道成男，坤道成女。二气交感，化生万物；万物生生，而变化无穷焉。惟人也，得其秀而最灵；形既生矣，神发知矣，五性感动，而善恶分，万事出矣。圣人定之以中正仁义，而主静（自注：无欲故静），立人极焉。"此即为其天道论之最主要之文。而为吾人须先就文绎义，以指出其要点所在者。

于此吾人如先看《通书》之第一章，则此中之乾元是诚之原，乃以《中庸》说易。前文已说其以乾元为万物所资始，即谓有形之万物，以无形之乾元为其形上之根原。然未说此乾元为理、为气或为心。于其《太极图说》之"无极而太极"之太极，吾昔尝以《通书》文句对勘，说其即诚道，但亦可同时说其即《通书》之乾元。于此太极或诚道或乾元，濂溪只说其是至善，是大，是无极之极至，亦无形之极至。在濂溪之明文中，于气只连阴阳说；于理只言"理曰礼、阴阳理、万物得理而后和"；于灵性与神知，则连于太极阴阳五行，妙合所生之人说；于善恶之分，则连五性感动而有之人事说。故凡以此"气""理""灵""性""神""知"等观念，说濂溪之乾元或诚道或太极，皆第二义以下之说。在第一义上说，濂溪之用乾元、诚道、太极之名，表形上之真，并说其为"大"，或"至善"等，乃只对此形上真实之形式上的性质，有所说；而对其内容的性质之为"气""理""灵""性""神""知"之内容，则无所说。此中之说其是大，乃自万物之多，以反说其所自始者之大。说其是乾元，是自一切万物之生生变化无穷，以反说其原之健行不息。说其是极至，是自其至大，无穷不息，更无其外之者，无上之者，亦无更较之长久者说。因其为一切无穷不息之万物之生生之原故。然于濂溪之说其为诚道与纯粹至善，则更当注意。

此中之说其为诚道之诚，不只是一真实之意，亦是一真实而能表现之义，因诚之原义即指人之言之诚。人之言能表现其内心中之真实谓之诚。故诚具内在之真实而能表现之义。故说乾元是诚之原，乃克就其为一内在之真实而言。说乾道变化，方是言此内在之真实之表现于外。内在之真实必表现，方见其真实，亦完成其为真实。故必有乾道变化，而有万物之生生，以各正其性命，然后可说此诚之立。此一由内在之真实而表现，即见一道路，故此诚同时是道。如此内在之真实为体，则其表现为用。而此诚之道，则于此体用之贯彻处见，不专属体或用。今以此体用之名释诚道或太极，如朱子以后之所为，亦尚非濂溪之明言所及。然于此万物之原始之真实，必由表现，而后得完成而成立，则由濂溪之用此诚之一名，已可见其意。其说"元亨诚之通，利贞诚之复"，即谓此元必通亨其自己于外，以顺利成就，而贞定其表现，方是复归于自己，以完成建立其自己。此通亨，在《太极图说》，为太极之动或阳之动；此顺利成就，而有所贞定，则为其阴之静。此阳动阴静之往复，而动静互为根据，以静中有动，动中有静，而流行不已，则为阴阳之变合而为五行，而亦初不出于阴阳之外，亦不出于原始之无形之太极之外。此亦如《通书》之诚道或乾元之真实，由变化而表现其自己、建立其自己，于生生不穷之万物之各正性命中，乃所以成其为健行不息之乾元或诚道，而未尝出于其自己之外也。则《通书》与《太极图说》之论，固可配应而说也。

依此乾元诚道之真实，由其表现而建立其自己于生生无穷之万物中而见，故此生生无穷之万物，亦即内在于"其变化表现，而建立其自己之事"之中。而此乾元或诚道，即为一至极无外无上而悠久永恒之"元"、之"道"。故可说其为纯粹至善。何以说其是一纯粹至善？吾人岂不见世间之有恶？濂溪岂不亦言人之五性感动而善恶分？然吾人之所以说世间有恶，要不外自世间之人物生后有种种互贼其生之事说。然此皆不可用以说一切人物之始生。一切人物之始生，固各成其生，以各正其性命。如互贼其生是恶，则一切人物之始生，是各成其生，即非恶，而为善。故于此宇宙生物之道，只能就其能始生一切人物，而说为纯粹至善。今就已生之人物之有互贼其生之事，而有恶处看，则此人物之恶，亦必与此人物之化、之终，而俱化、俱终。然终更有始，其始必善。故原始要终，以观此道之表现为万物之生生而变化无穷，只能说其是一至善之流行。此是儒家之古义，而亦为宋明儒者所共承者也。

然此上之说乾元诚道为至善，乃通其表现之全体，而自外部观之。此亦可说是肤廓而不切。若自此全体中所生人物，其生后有互贼其生，而人有种种善恶事看，则亦非此一至善之语所可了。何以依一至善之道而生人物，会有互贼其生与种种恶事？此为依上述之至善之义，作直线推论，所不能说明者。此为宇宙间之一大吊诡，亦可动人之大悲悯、大疑惑，而觉其不可解者。于此吾人初只能就此所生之人物之恶之发生之所依，加以叙述。是即在此所生之人物，为一有定形定限之存在，而只求其自身之存在时，便可贼害他生，而对他有恶事。故此人物之存在为有定形定限，即其一切恶事之所依。而吾人亦可说此有定形定限，即为人物之存在之根本恶。如西哲来布尼兹所谓形上学的恶是也。

然在此天所生之人物中之"人"，则又知有此恶，而求化除此恶。此则由于其自知其为一有定形定限之存在，而求不只为一定形定限之存在；以上契于其存在所自始之无此限定之形上真实或乾元诚道。此即为人之求上希于天之事。此为宇宙间之又一大吊诡。而人果能希贤希圣希天而成人德，以与天合德，则此上所述之二大吊诡，即相销而俱泯，遂亦更无吊诡之可说，亦更不容人于此谈玄；而唯有人如何希贤、希圣、希天之道可说。此方为濂溪之学之核心所在。吾人今即当循此而更说濂溪所言之希贤希圣之道之要点。

三　希贤希圣之工夫及圣德

此濂溪之言人之希贤希圣之道，在《太极图说》见于其上引"圣人定之以中正仁义，而主静"之一句。此一句，则承人为天所生之万物中，"得其秀者而最灵"，有"神发知"，以知"五性感动而善恶分"者而来。此中，人之为有灵、有神、有知、有性，以知有善恶，而能定于仁义中正、能主静，立人极，即为人之所以为人之重要之义。此在《太极图说》之文义次序中，属第二义。然此人之生，固原于太极，则人之有此种种，亦即可还用以说太极之内蕴中，有此种种。太极之道，即天之诚道；则又可还用以说天之诚道之内蕴中，有此种种。然此仍必俟人之自在其人道中，深知此种种，然后可更以之透视此天之诚道、太极之内蕴之种种，以还契天道。欲于人道中，深知此种种，则《图说》之所言者，皆在《通书》之第二章以后，方有更多之发明。吾人今亦即当本此《通书》第二章以后之文，以知濂溪之由立人道、立人极，以还契天道之道。

濂溪之《通书》之文不多，今将就其要者，而为下文所拟涉及者，先照抄于下。按《通书》第二章为继上所引之言天道之诚之章，而言圣人之诚。上所引之章标名诚上，此章标名诚下。其言曰："圣，诚而已矣。诚，五常之本，百行之源也。静无而动有，至正而明达也。五常百行非诚，非也，邪暗塞也。故诚则无事矣，至易而行难。果而确，无难焉。故曰一日克己复礼，天下归仁焉。"

第三章标名"诚几德"，其言曰："诚无为，几善恶。德：爱曰仁，宜曰义，理曰礼，通曰智，守曰信；性焉安焉之谓圣，复焉执焉之谓贤，发微不可见、充周不可穷之谓神。"

第四章标名"圣"，其言曰："寂然不动者，诚也；感而遂通者，神也；动而未形、有无之间者，几也。诚精故明，神应故妙，几微故幽。诚神几，曰圣人。"

第五章名"慎动"："动而正曰道，用而和曰德。匪仁、匪义、匪礼、匪智、匪信，悉邪也。邪动，辱也；甚焉，害也。故君子慎动。"

第六章名"道"："圣人之道，仁义中正而已矣。守之贵，行之利，廓之配天地；岂不易简？岂为难知？不守、不行、不廓耳。"

第七章名"师"："或问曰：曷为天下善？曰：师。曰：何谓也？曰：性者，刚柔善恶中而已矣。不达。曰：刚善，为义、为直、为断、为严毅、为干固；恶为猛、为隘、为强梁。柔善为慈、为顺、为巽；恶为懦弱、为无断、为邪佞。唯中也者，和也，中节也，天下之达道也，圣人之事也。故圣人立教，俾人自易其恶，自至其中而止矣。故先觉觉后觉，暗者求于明，而师道立矣。"

第九章名"思"："《洪范》曰：思曰睿，睿作圣。无思，本也；思通，用也。几动于彼，诚动于此，无思而无不通为圣人。不思则不能通微，不睿则不能无不通。是则无不通生于通微；通微生于思。故思者，圣功之本，而吉凶之几也。《易》曰：君子见几而作，不俟终日。故曰：知几其神乎。"

第十章名"志学"："圣希天，贤希圣，士希贤……志伊尹之所志，学颜子之所学。"

第十一章名"顺化"："天以阳生万物，以阴成万物。生，仁也；成，义也。故圣人在上，以仁育万物，以义正万民。天道行而万物顺，圣德修而万民化。大顺大化，不见其迹，莫知其然之谓神。"

第十六章名"动静"："动而无静，静而无动，物也；动而无动，静而无静，神也。动而无动，静而无静，非不动不静也。物则不通，神妙万物。水阴根阳，火阳根阴。五行阴阳，阴阳太极。四时运行，万物终始；混兮辟兮，其无穷兮。"

第二十章名"圣学"："圣可学乎？曰：可。曰：有要乎？曰：有。请问焉。曰：一为要。一者，无欲也。无欲，则静虚动直。静虚则明，明则通；动直则公，公则溥。明通公溥，庶矣乎。"

第二十二章名"理性命"："厥彰厥微，匪灵弗莹。刚善刚恶，柔亦如之，中焉止矣。二气五行，化生万物。五殊二实，二本则一；是万为一，一实万分；万一各正，小大有定。"

第二十四章名"师友上"："天地间，至尊者道，至贵者德而已矣。至难得者人。人而至难得者，道德有于身而已矣。求人至难得者有于身，非师友则不可得也已。"

第二十九章名"圣蕴"："不愤不启，不悱不发，举一隅不以三隅反，则不复也。子曰：予欲无言，天何言哉，四时行焉，百物生焉。然则圣人之蕴，微颜子殆不可见。发圣人之蕴，教万世无穷者，颜子也。圣同天，不亦深乎！"

第三十章名"精蕴"："圣人之精，画卦以示；圣人之蕴，因卦以发。卦不画，圣人之精不可得而见；微卦，圣人之蕴殆不可悉得而闻。《易》何止五经之原，其天地鬼神之奥乎！"

第三十一章名"乾损益动"："君子乾乾不息于诚，然必惩忿窒欲，迁善改过而后至。"

由上文所抄濂溪语，所用之名言而观，皆不出《易传》《中庸》二书。濂溪特称颜子之好学，以发圣人之无言之蕴，而见圣同天之深，盖亦本《易传》之称颜子之知几。至言圣学之要，在能知几，[①] 并以诚神几为圣人。乃意谓圣学之要，在知几之善与恶而去其恶。此亦如《易传》言颜子之庶几，在有不善未尝不知，知之未尝复行。濂溪又言迁善改过，惩忿窒欲，更言无欲，皆本《易传》而言。其第二章则言人之不能诚，由邪暗塞也，于性之偏刚

_____

① 《易传》言颜子知几，重在"有不善未尝不知"。几，《说文》训"危也"。《尔雅》：几，犹殆也。《书经·皋陶谟》："一日二日万几。"古注：几，微也。今本《易传》，有"几者动之微，吉之先见者也"，郑注云"吉凶之彰，始于微兆"。《说文》段注作："吉凶之先见。"看来原文当如段说。濂溪言几善恶，即几兼吉凶之旨。然其言圣人之诚神几之几，又似当只有吉与善。故朱子注《通书》，为调停之说。谓"几者动之微，善恶之所由分"。然其《语类》卷九十四则谓圣人之"诚神几"是一"几"，"几善恶"又是一"几"。后儒如罗念庵、王龙溪，则自此朱子所谓圣人之诚神几之几，以言人之心性之寂感之几，而以此几中无恶。然此则非《易传》之几之本意，而与濂溪言几善恶之几不合。朱子谓濂溪之"几善恶"之几，为善恶所由分，则亦涵几有向善向恶之二义。濂溪之知几，亦即能知此几是向善或向恶。其言圣人之诚神几，则当是自圣人之由先有知几之工夫，自去其恶几说。恶几既去，其所存者自纯是善几。然此非知几之几初无恶之谓也。

偏柔，则言其皆有善有恶，唯自致其中，而后定于中正中和。此皆见其既尚《中庸》之诚与中和，而又能言人之所以不诚之故，在有邪暗与性之刚柔之偏，为其碍。此则与《中庸》之只直顺正面之诚立教者不同。此乃同时重视反面之不诚之故，而求有以化除之之教。此即实说一切人之由希贤而希圣、希天，以成其为至难得之人，得其至难得之道德之方。而非只泛说人之为得天地之灵秀，便可"与天地合其德，与四时合其序，与鬼神合其吉凶"而已者也。

　　濂溪之言人之成其德行之道，同时见及为其德行之碍者，而求有以化除之，即见其用心之已能面对吾人之道德生活中之病痛艰难所在。此实非其前之儒者所能及，亦吾人论后此之宋明儒之学所当正视之一点，而后对其切实之教中所包涵之似高远阔大之言，亦皆可有一切实之理解，而不流于玩弄。此中专就上所引《通书》之第二章而说。则其谓"圣，诚而已矣，五常百行非诚，非也"，即谓一切五常百行，皆赖诚而成就，亦即谓其赖其为一内心之真实之表现而成就，如天之万物之赖其为天之内在的真实之表现而成就。然自天而言，其表现皆如其表现，而见其所表现之真实，亦如其所能表现、所当表现而表现。此中无不诚。然人则可有不诚，而不表现其能表现、当表现者。于是其所表现者，即亦可与其内蕴之真实，不相一致。其所以致此，正由于人之秀与灵，而能于万物无所不感，而感之又不必能本其内心之真实，以应之而当。此不能应之而当，即其内心之真实未表现，而昭明通达于外，此即有不诚。此不诚，即是虽"感"而不"通"。缘此人之能无所不感，即见人原有一自发之能感之能。此能感之能之所运，亦原即其感之所通。然此运于所感之通，恒只是一向外之横通或广通。于此横通之所及，若无当然之应，自内在之真实而出，则无此内在之真实，昭明通达于外之纵通或深通。于此不能有纵通深通之处，吾人即可照见吾人生命之内部，有邪暗之塞，为此内在真实，不能昭明通达之障隔。此实亦与佛家所谓无明无殊。然吾人能照见此邪暗之本身，又为吾人之能化除此邪暗之始，亦如佛家之以照见无明，即为菩提之始也。

吾人之生命何以有邪暗？此如自天道说下来，则当如前所说，此乃由人物之生而为有定形有定限之存在；即以其形限，限制此天之诚道之表现于吾人者，同时使吾人与其他有形限之存在，互相对峙，亦互相障隔。此障隔，即吾人生命中之邪暗所自起。然人在道德生活中，可不讨论此生命中之邪暗自何而起之问题。吾人之生命中之有此邪暗之塞，可使吾人内在之真实，不得昭明通达于外，而使人于其所感，不能如其所自视为实当有之应以应之，而致有内外之不合一之不诚，要为一事实。今如何去此邪暗，以至正翻邪，以明达翻暗，以求无不诚，是为吾人之为学之工夫之所在。[1]故濂溪于第二章中以至正而明达，言圣人之诚也。其所谓静无而动有，亦即谓此内在之真实之诚，由无形而动出，以成其有之谓。非泛说之玄言也。

吾人如识得第二章之"静无而动有"之句之旨，则于第三章之诚神几之句，亦即不难解。此所谓"诚无为"，非泛说之无为，乃自诚之静无一面，或未表现而只为人心内在之真实一面，说其是无为。若自诚之表现而动有言，则固是有为。然此表现在常人，不可说是直接表现，而恒须通过"几善恶"之知，而后表现。由人之生命中可有邪暗，即见诚之为人心内在之真实，恒有其非至正而明达之表现，故有恶几。此恶之为恶，依他章所说，其始点只原于不中，而不免于偏。偏即是邪。偏由于对另一偏之不见，即是暗。故邪即是暗。翻偏邪之中正，亦即是明达。此明达，由

---

① 《二程遗书》承《宋元学案·濂溪学案》附录程明道尝曰："吾年十六七，好田猎。既见茂叔，则自谓已无此好矣。茂叔曰：何言之易也？但此心潜隐未发。一日萌动，复如初矣。后十二年，复见猎者，不觉有喜心。乃知果未也。"由此一故事，可见濂溪之学之着目点，正在吾人之心灵生命之内部之潜隐未发处也。

翻偏邪而见，亦即由翻恶而见。而此翻恶，则赖于人之兼知此善恶之几，而于此知善恶之几处，为善去恶。此即为一至简易至切近之工夫也。

由此以了解此第三章"发微不可见，充周不可穷"之一句，及第四章之言诚神几之关系，则第四章中之"寂然不动者，诚也"，即第三章中之"诚无为"。其"动而未形，有无之间者，几也"之几，即第三章之"几善恶"之几；"感而遂通"之神，即去邪暗之塞，而使"寂然不动"之诚，明达于外，以自化其邪恶之几于未形，"自致其中"，以求成第三章中仁义礼智之善德；而由"执焉复焉"之贤，至于"性焉安焉"之圣者。此中之寂然不动之诚，乃自诚之为体而言；而此体之昭明通达于外，则为其神用。此神用，即表现于其对善恶之几之动，无不知，而化邪恶之几于未形，以复归于善。几微故幽，而此神用之发，亦发微不可见，而于善恶之几无不知，遂能充遍周满地妙应于一切善恶之几，而不可穷极。故曰"发微不可见，充周不可穷之谓神"，"神应故妙，几微故幽"。圣人有此神用，而寂然不动之诚，乃直接表见于此神用，而精光朗照，故曰"诚精故明"。此上引第九章之以思为通微之道，亦即以思为知几。其言"几动于彼，诚动于此"，即言由知几之神之发，而化其邪恶之几于未形，即使此诚动显。亦犹此言"诚精故明"也。濂溪本诚神几之义，以言圣人，其所谓诚之寂然、神之感通、几之幽微，皆各有其分属之义，唯在圣人之生命中合而为一。非泛说之诚神几之即寂即感之三位一体也。

至于第五章之慎动，第六章之言仁义中正，与第二章之学圣之要，以无欲为要，则与《太极图说》之言"圣人定之以中正仁义而主静"，"无欲故静"，及上章之知几之义，皆相通。慎动，即知动之始几而慎之，不陷于偏邪，而自定于中正。朱子谓此中正为礼智，盖不必是濂溪之意。中正乃对偏邪而言，亦对邪暗而言。人之欲，恒自限于特定之所向，即是偏邪。而濂溪所谓欲，亦即指此而言。故须无之。至于欲之合于仁义中正者，固不可无也。然人有陷于特定偏向之欲，乃一事实。对此欲之存在，乃濂溪所视为人所当自加正视，而于其几之始动处，即当求知之转之化之；然后人之动，乃得合于仁义中正。故不可不慎此动，而于动之先，有一无欲，以致静虚之功。此静虚即所以去邪暗之几，同时使寂然不动之诚，得明通于外，而其动更无私曲，唯是明通而公溥者。故曰："静虚则明，明则通；动直则公，公则溥。"

此中之明通，使吾人之生命内外不二，一方见吾人自己之诚，无私曲以间之，一方亦即使吾人之生命，对所接之人物无偏私，如天之以阴阳生成万物，而能以仁育万物，以义正万民；而吾人之神，亦充周于万民万物，而至于大顺大化，不见其迹，莫知其然之境矣。

四 天道人道中之诚与神

至于上所引之第十六章，则为更及于妙于万物与阴阳四时中之神者。按濂溪言神，一为其《太极图说》所言之人"形既生矣，神发知矣"之神。此只是主观之神知之"神"。一为"诚神几曰圣人"之神。此乃道德意义之"神"。三为圣人之以仁义成政教之文化意义之"神"。四为此十六章所言妙于万物与阴阳四时五行中之宇宙意义之"神"。然皆是自"定限之超化，而成一遍运处"言神。如《太极图说》中之言"形既生矣，神发知矣"之主观的神知，即自始为人心之能超出于其定形之限制，而能遍运及于其外之神知。圣德之神，则由其恒知几，而超化其偏邪有定向之欲或邪恶之几于未形，以复于中正中和，而成其诚之明通公溥之表现，而遍运处言。圣人以仁义成政教之神，则自其以义正万民，而化除其不善之偏者，以成大化；以仁育万物，而顺成其善且正者，以成大顺处言也。

　　由此以观，自然世界中之阴阳四时五行，则由其"水阴根阳，火阳根阴"，春夏秋冬之代行，万物之由始而终，由终而始，即见此自然世界之恒自化其偏向之表现，以成其运化。于此中即亦见一神之遍运。此中阴归于静，阳归于动。春夏阳，而秋冬阴；物之由始而终者阴，由终而始者阳。合言之，即阴阳之互为其根，以更迭表现，以见此神之遍运。《太极图说》之言"一动一静，互为其根"，即无异言太极之神也。此中之自动是动、静是静而观，则动静各有定向，动静之事物亦各异，而不相为通。故曰物则不通。然自此动静之互为其根，以更迭表现而言，则动者不自有其动，静者不自有其静。故曰："动而无动，静而无静，神也。"此乃可直自所观之自然宇宙看，而见得之神也。

　　至于能观此自然宇宙之动而无动，静而无静之神者，则为吾人之神明。此神明自身，原在此所观之动静之上一层面。更必于其观动时不定限在动，观静时不定限在静，然后能妙运于所观之动静之中，故亦当是动而无动，静而无静者。此神明即人之生而有之心之神知之明通。此明通依于此心之无邪暗，而唯是一诚之真实。唯依此一诚之真实，而有真实之明通，成其神明之妙运。故吾人前说诚是体，神是用。如《中庸》之由诚而明，可说诚是体，明是用也。今就此心之神明所观之阴阳四时五行中之神之遍运言，则其原乃在天道之诚或乾元太极之真实，为阴阳五行万物之形上根原者。吾人之神知只须能不着于或动或静之物，而观此阴阳五行万物之流行终始，皆如从天而降；则蕴于天之真实中者，固当包涵其所表现之一切，然后能为一切或动或静之物所资始，以表现为阴阳五行万物之流行终始，而于其中得见一妙运之神也。故自天道而观，亦当说诚是体，其神运是用；其诚是天道之寂然不动，其神是天道之感而遂通。此犹以诚神几言圣人之诚无为，乃其寂然不动；其恒知几而恒化偏向之几，以直行于中道，乃其感而遂通之神。又此犹圣人之仁有育万物之义、正万民之道，为圣人之寂然不动之诚；其大顺大化，为其道之感而遂通之神也。然人原始之"形生而神发知"之神，则由其形之限，而其知之及于或动或静之物；亦即恒定限其知于此物；而此知亦物化。此即形成人之生命中之邪暗闭塞之原，而使其生命之内在真实不得表现。此内在真实不得表现，自亦是寂然不动，然却不能感而遂通，而内外遂不一。故必济以无欲主静之工夫，然后可一。人之学圣希天，以成人之道德之尊贵之事，即落在此工夫上。有此工夫，然后得如圣人之寂然不动之诚之体之隐微，皆彰著于其"感而遂通"之神用之中。上引第二十二章有"厥彰厥微"之句。其下句之"匪灵弗莹"，即言有"感而遂通"之灵，然后有其神用之莹明于外；方得于其下文所谓二气五行万物中，见"是万为一，一实万分"。此一者何？即此神用之遍运是一。此神用所彰之诚体之微，亦原只是"一"真实也。

总上所述，则濂溪自是甚重此神之义，此乃本于《易传》，其第十六章"动静"所言之神，乃归向在所观之阴阳五行四时之运中，动者不自有其动，静者之不自有其静，以见动而无动，静而无静之神。然此动而无动，静而无静，亦可用以说此能观之神知之妙运于动静。则人可直下自见此神知之妙运之一层面，其所依者则在此神知之明通，亦当是依一诚而发。由此而人更当说此自然宇宙之神，亦依于天道之诚而发。而其二十二章之言"厥彰厥微，匪灵弗莹"，乃连于人之"自止于中"，以"彰"其诚而见；其神之"莹"，则初当是自人道说。至其后文又归于见二气五行万物之"是万为一，一实万分"，则当是言天道之神运之一。则此全章，无异谓：人必彰其诚，见其神之莹，然后能见天道之神运。天道之神运即见于人之神之莹之中，而天人二者即可不二。唯此章之言"是万为一，一实万分"，虽是自神运说，其最后一句"万一各正，小大有定"，则又当是从神运中所见之一一物之各正性命，以各自为一真实之存在，亦各有其诚说。此则相当于第一章中所引"乾道变化，各正性命"，《太极图说》中"万物生生"之句。故此濂溪之言神，有自所观之客观面说者，有自能观之主观面说者。其所依者，则或在天道之诚，或在人道之诚。亦有自人之彰其诚，见其神之莹，而见天道之神运说者。至于见天道之神运，亦当同时见万物之"各正性命"，而各有其诚，以各表现天道之诚之一面。然要归在由诚见寂然之体，由神见感通之用。自人而言，则邪暗，可为诚神间之间隔；故必由工夫以知几，化此邪暗，方可成诚神合一，亦人道与天道合一之圣人生命。故不可只泛说诚神体用之不二。此濂溪之本旨也。

此周濂溪之学之言神，乃本在《易传》，言诚，则本在《中庸》。诚为体，神为用；则以《中庸》为体，《易》为用。然在濂溪之自觉所及，则又是用《中庸》之义以说《易》。故其书名"易通书"。皆上引之三十章言"唯易卦能示圣人之蕴"，"《易》何止五经之原，其天地鬼神之奥乎"。然其二十九章言圣蕴，又谓"不愤不启，不悱不发"。则颜子与孔子为师友，而能发圣人之蕴，乃原于其愤悱。此愤悱，即人内在之诚之自静无而动有，以明通于外，成充周不可穷之神之始，而亦能"教万世于无穷"者。然此颜子所发之圣人之蕴，亦原是圣人内在而深隐之同天之蕴。故曰"圣同天，不亦深乎"。《易》示人以天地鬼神之奥，而圣之同天蕴之深，唯愤悱可以发之。所发者，寂然不动之诚，发而见于外者，其感而遂通，而见为遍运于万物之神用。此神用之所在，即易之所在也。濂溪之书名"易通书"，其何以有此名不可知，盖即通《中庸》之诚体，以言其神用之所在即易之所在耶？

第四章　张横渠之以人道合天道之道（上）

一　《正蒙》一书各篇之大旨

张横渠之学，要见于《正蒙》一书，其语录之言天道，大旨亦不出《正蒙》。其书文字谨严，论义极密，须费功力，方能实解。《正蒙·乾称篇》言"自佛学入中国千五百年，自非独立不惧，精一自信，有过人之才，何以正立其间，与之较是非，计得失"，亦夫子自道之辞。其《理窟》第八篇又言其为学三十年，于所见义理，乃不肯复出，天下莫能易。又谓其时学者，则"譬之如有物而不肯舍去者有之，以为难入不济事而去者有之"。即当时之二程，对其学已多不能相契。二程固亟称横渠之《西铭》，备言万物一体之旨，然亦疑其偏言清虚一大，乃言器非言道（《二程遗书》十一）。然横渠言"虚、实也，清、浊也；其究一而已。两不立，则一不可见"。《诚明篇》所谓"诚、明者，性与天道，不见乎小大之别也"。则清虚一大，未必可尽横渠之学也。后之朱子于横渠言"心统性情"及"气质之性"诸义，极为重视，而于横渠之言太虚即气，亦谓其只及于形而下，而未及于形而上之理。至陆王之徒，则于横渠之学几全置诸不理。直至王船山乃于横渠大加推尊。近人乃更以横渠之书之博大，较濂溪文之精约，二程言多只为语录者，更易见一系统，而加以重视。然横渠之《正蒙》，乃以天道之论为先，其第二篇《参两篇》，言天之日月五星，地之五行之物，与寒暑昼夜朔望之分，云雨风雷、霜雪雨露之变。本此以观其第一篇《太和篇》之言太和之道，"中涵浮沉、升降、动静之性。……散殊而可象为气"等，亦似当初是说自然之物质宇宙之事，故人遂恒以唯物论或唯气论解之。此则自明末清初之耶稣会士如利玛窦、孙璋等，已谓横渠之天道论同西方之唯物论之说，与中国古儒真教之以天为一神明者不类。然反此者，则又可由横渠之于《太和篇》中亦说"起知于易者乾乎"，"清通而不可象为神"，其《天道篇》尝言"天之知物，不以耳目心思；然知之之理，过于耳目心思"，及其《王禘篇》之言祭天之礼，《乾称篇》之言人当视乾坤为父母，而谓横渠之天乃具神知之泛神论之神，或超神论之神；而其言虚为气之本体，一实未尝重气，亦不重气所化之物，其旨归乃在由虚以见天之神。此上二释，亦皆有横渠之明言足据，亦皆不能谓其无所见于横渠之学。然二说，则相矛盾，须有说以通其所谓气物、虚神之本义。吾昔年为文论横渠之学，尝重其言心知之义，后更约之为吾《原性篇》论横渠之心性论之一节。然此固亦尚不足概横渠之学之全貌也。

　　吾以为欲见横渠之学之全貌，宜顺观《正蒙》之书之各章次第，先得其大旨。兹按其第一章，言太和之道，此自是以天之太和之道为主。然《太和》章于言天道后，即继以言"圣人尽道其间，兼体不累者者，存神其至矣"。即已是归在言圣人之人道。至其《参两篇》虽言天地日月、昼夜寒暑之天象，然亦谓此天象中之"屈伸无方，运行不息，莫或使之，不曰性命之理，谓之何哉"；又谓"日月得天，得自然之理也，非苍苍之形也"。则其言天象，乃所以见性命之理。故其第三篇为《天道篇》，专言此理此道，谓天道之"四时行、百物生，无非至教；圣人之动，无非至德。……天体物不遗，犹仁体事无不在也。……圣人有感无隐，正犹天道之神"。此即谓人之观天之四时行、百物生，当视为天对人之教。而圣人之动中之至德所依之仁道，与天体物不遗之道同，故其有感无隐，与天道之神同也。至于其第四篇《神化篇》，则首分天德天道为二，以说"神天德，化天道。德其体，道其用，一于气而已"，而终之以"仁敦化则无体，义入神则无方"之言，以谓人之仁义之道之德，即人之道德之同于天之神化之道德者。至于下之《动物篇》，则是就天地间之物言，如动、植、鬼、神、事、物，人之痼、梦等，事物之两气两形之相感相轧之事。此则非就天而言，亦非就圣人而言，而只是言天地间之万事万物之理之章也。

至于《诚明篇》则王船山《正蒙注》谓："前篇统人物而言，原天所降之命也。此篇专就人而发性之蕴，于人所受而切言之也。"故此篇以下皆以人道为主。此篇始于"诚明所知，乃天德良知，非闻见小知而已"。盖前此言天地万物之道，皆初缘闻见契入。此人之天德良知，则必由人之反躬而自见。故不同于缘闻见而有之小知，亦不同于缘闻见小知，而契入之天道之论也。然人果能自有此诚明，而自见之，亦可同时见得此人之诚明，即人之性之所以得合天道，使天人不异用亦不异知者。故《诚明篇》虽是言人道，亦还契天道。此"诚"，即仁人孝子之所以事天成身，以合于天之所以长久不已之道者。人之由诚而发之明，则为人之所以能穷理而明天道者。诚所以尽性；尽性必变化其气质之性，有穷理之明，遂能知命而成其正命。然人欲有此诚明之道德，以尽性立命，则工夫当在：心之自知其大于见闻之知所得物之象，以合内外于耳目之外，乃能更不"大于我而大于道"。此即为其《大心篇》之所论者也。

至于其《中正篇》，则首言"中正然后贯天下之道，此君子之所以大居正也"。此则非就君子之道大而合于天之大说，而是说君子之道之贯于天下万事万物之中，而其学则志在"中道而立"，以"体正"。故不正必矫。矫而得中，然后可大。此则言上篇之大心之大，亦当由其学之得中而后致。故曰"极其大而后中可求，止其中而后大可有"。此即与前篇之旨相辅为用。此章要在言学问工夫，而归于学以成教，故亦言教育人才之道也。

再下之《至当篇》，则为依大中之道，以言有德者之应事接物，必归至当至顺，以见此道德之用。故于此章言及人之道德之不当偏，更言"流于义者，于仁或伤，……过于仁者，于义或害"，及道德之"志大则才大、事业大"，及"君子所以立多凶多惧之世，乾乾德业，不少懈于趋时"，而"动静不失其时"之道。此则君子之明体而达用之学也。

至于《作者篇》则言古伏羲、神农、黄帝、尧、舜、禹、汤之制法兴王之道。此乃言古圣之政道足为今之所法者。《三十篇》言孔子之圣学，归在七十与天同德，老而安死，及孔子弟子颜渊子路之贤。《有德篇》言学者之欲为有德者，当"言有教，动有法；昼有为，宵有得；息有养，瞬有存"，使其日常生活中之接人处世，能"恕而无怨、敬而无失、恭而有礼"，以及事君亲、出处取与进退、对人之称毁及克己乐己之道。此皆自日常生活中言修己之道。至于下之《有司篇》，则言士之出而为政时之举贤而讨伐不贤及赏罚，与薄赋节用以生财之道。再下之《大易篇》，则于经中，特论《易》之为书之义。《乐器篇》则言《诗》《书》《乐》之义。《王禘篇》言礼之禘礼、祭礼、命官师之礼与射礼，并附及《春秋》之褒贬之义。此二篇即横渠之以其天道人道之论，说六经者。此不如其《理窟》十一篇言《诗》《书》《礼》《乐》者之详，宜合参以看。

至其书最后一篇《乾称篇》，则可说为横渠言天与人之究竟关系之论。此中之上一篇之《西铭》，归在人当为乾坤之孝子，而继天之志、述天之事，而重在"事"。其下篇则为总摄其言天道人道之理者。吾尝细看此下篇第一节，即总《太和篇》《参两篇》之要义而述之。第二节"至诚天性也"，至"学未至知化，非真得也"，即总摄《天道篇》《神化篇》要义而说之。第三节自"有无虚实，通为一物者性也"，至"人能尽性知天……"则就《诚明篇》之要义而说之。第四节言"有无一、内外合"，至"不专以闻见为用"，则就《大心篇》要义而说之。第五节自"无所不感者虚也"，至"乾坤，阴阳也，二端故有感，本一故能合"，而归于"妙万物而谓之神，通万物而谓之道，体万物而谓之性"，则正是综合《太和篇》之气之相感依于虚，而于感中即见此《天道篇》之"道"、《神化篇》之"神"与《诚明篇》之"性"而言之。第六节"至虚之实"以下八句，则言此上所说之感依于虚实动静之不二。第七节"性通极于无，气其一物尔"，则言性之由气之有，以通极于虚，而天命同于性，故语性与语气不同，语命与语遇不同。此是综合《诚明篇》言性命者而说。其第八九节即言此儒者之学与佛学之不同。此中第八节言佛之直语太虚，不以昼夜阴阳累其心。第九节言儒者之道则能兼体此二者而无累。故既有一阴一阳之义，又有阴阳之不测之义。第十节则言天之虚而善应之神，其义之通乎老子之"况诸谷"。第十一节则言太虚为气之体，气之屈伸相感无穷，其散无数，即神应之无穷无数，而此无穷则其实湛然，无数其实一，"阴阳之气，散则万殊，人莫知其一也。合则混然，人不见其殊也。形聚为物，形溃反原。"反原为变，而变者乃"对聚散存亡为文，非如萤雀之化，指前后身而为说也"。则变非变而为他，只超乎聚散存亡之相对，而见其湛然混然而已。此对佛道二家而言儒家之天道：变即不变，一即无数之万殊，湛然即无穷，气之有即太虚之无，以明儒者之道之究竟义也。

至于下文之"益物必诚"一节，及"戏言出于思也"二节，与上文不相属。此上一节以《易》之益卦为言，当属于《大易篇》。"戏言出于思也"一节，即张之《东铭》。疑当属于《有德篇》之论言动之第二节之上。读者可更细参之。

二 如何契入横渠之学之道

此上撮述横渠一书各篇之内容所及，即可见其书乃一系统之论述。各篇之问题实次第相连。在王船山之《正蒙注》中，亦大皆于篇首述各篇大意，而指明其相连属之处。但船山对《中正篇》《至当篇》《作者篇》《有德篇》所言者，则不切；对《三十篇》《有司篇》无述；对《乾称篇》下，亦忽其为《大心篇》以前各篇之撮要之旨。然船山要能知此《正蒙》为一系统之著者。今如依吾人于《乾称篇》下之分节而观之办法，以观其每章中诸节义之相连属，当可见其非任意之编排。大率其每章居前之节所说之义，恒以后节之义，加以补足。此或是后节就前节中之诸义，分别更说；或是后节就前一节之某一义，更特加阐明，以祛误解；或是后节缘前节义以另绎新义。吾人若能如此细看其书，可不管他人于同一之问题，先如何说，后人对横渠之评论如何说；更可不待吾人代为之假借帮补，"抗之使高，凿之使深"，而自然见得其言之由低下至高大，由浅易至深密之种种之义。横渠自言其书"如枯株。根本枝叶，莫不悉备。充荣之者，皆在人功而已"（苏昺《正蒙》序），固不误也。由此细看其书，更可见其于义理之安排，亦复可以朱子所谓"枝枝相对，叶叶相当"称之。则吾人亦不难对横渠之此书，为一章句之学，当更可见其书实乃煞废苦思力索、刻意经营之工夫，而成之有法有序之书，而有不容吾人之任意割裂，前后颠倒，以论其学者在。然吾今只能略本此意以论其书。下文之所论，若或不能全免于割裂颠倒之弊，则吾所愧对横渠者也。

　　横渠书之所以煞废苦思力索、刻意经营之功夫以成书之故，盖首在其书所用之名言概念与有关之义理，初不出自一原。如诚明合言，出于《中庸》；神化合言，出于《孟子》与《易》。濂溪已能通诚明与神化之义而论，而为说与横渠不同。如神化在濂溪乃依诚之明而说，并当属诚之用。横渠则以神为天德，属体，化为天道，属用。横渠又以《中庸》之诚、明、性，通于《易传》穷理尽性至命而说，其义亦多先儒所未及。至于"参两""中正"

之名，则原出《易传》；横渠之合天德良知为言，则天德出《易传》，良知又出于《孟子》。至于"太和"之名，则出《易传》"保合太和"之语。其以虚气言天道，则似同出于道家之徒。如《乾称篇》言天之虚而善应，横渠亦引老氏"况诸谷"之言是也。横渠将此异原之名辞概念，与有关义理，融铸在一起，后之学者，耳熟能详，视若自然，然实则初非易事。横渠之借此诸名言概念以说之义，更多有在《中庸》《易传》之书之原义之外者。学者遂亦恒易由其辞之同，而忽其新义之所存及苦心极力、刻意经营之所在矣。

大率横渠之融《中庸》《易传》之言之义，更自立新义，以成其书，多是合两义相对者，以见一义。所谓两义相对者，如以诚与明相对，性与命相对，神与化相对，仁与义相对，中正与大相对，太虚与气之实相对，无形与象相对，至静无感与有感相对，天与人对。凡于此两义相对者，横渠皆欲见其可统于一义。横渠言"两不立，则一不可见；一不可见，则两之用息"。此语亦正可还用以说横渠所立之义之两者若不立，则其义之一亦不可见；其义之一不可见，则其所立之两义，亦并成无用。则吾人于横渠之言凡有两处只知其一，如只知其虚而不知其气，只知其气而不知其虚，只知其言神而不知其言化，只知其言化而不知其言神，固不足以知横渠。而不知其言中凡义有两处，亦皆用两以见为两者之不二而为一，亦不足以知横渠也。故吾人述其学之言，一有畸轻畸重于两者之任一，或于此"两"与"一"之二者中，畸轻畸重于其一，即皆吾人论横渠之学之失中正之道，而不足见其义之"和"，而亦非吾人之本"大心"以知横渠之学之全之道，此即横渠之学之所以难论，人论之恒不免于有所差也。吾昔尝一再为文以讲述其学，皆初不自觉其有差，后乃更自见其差。今乃得此所以免于有差之道，乃在"于其两义中见一义"。则吾此下之所论，或庶几乎少差。然亦不能保其毫无畸轻畸重之差。今亦唯将吾之所见者述之于下云尔。

三 《大心篇》贯义

上述横渠所言之两义相对，以天与人之相对者为大。于横渠之书，舍其论六经之三篇及末二篇为全书总结者不论，自《中正篇》以下至《有司篇》六篇，并言人道。前三篇，则并重在言天道。《动物篇》则泛言天地间之人物之道。唯《神化》《诚明》《大心》三篇，乃通天人之道以为论。此中之《大心篇》所论者，尤为人由大心，而得以人道合天道之枢纽。则吾人欲知横渠之学，所以通天人之相对者，宜当由《大心》一篇始，更及其《诚明》《神化》二篇之言，方为得论横渠学之正道。由此再下通至其《中正篇》以后各篇言人道者，则其旨易见。今可不更释，读者可次第自观之。由此以上通至其前之《太和》《参两》之篇重言天道者，则可知其虽言天道，实亦以能合天道之人道、圣道，为其背景，亦即以人大心穷理，有其对天道之明为背景，则不致以其言天道，只是为成立一单纯之宇宙论，亦不致由其言天道之重日月四时之事，天之太虚与气之事，遂以之为一自然主义唯物论之哲学矣。此即通《正蒙》全书，而以其言天人之道之合一处为中，以执其两端之分言人道与天道者，而使吾人之述横渠之学，直下得一平衡，而少偏倚者也。

今先将其《大心篇》之全文照抄如下，后文更释之。

大其心，则能体天下之物。物有未体，则心为有外。世人之心，止于闻见之狭。圣人尽性，不以闻见梏其心；其视天下，无一物非我。孟子谓尽心则知性知天，以此。天大无外，故有外之心，不足以合天心。见闻之知，乃物交而知，非德性所知。德性所知，不萌于见闻。

由象识心，徇象丧心，知象者心。存象之心，亦象而已，谓之心可乎？人谓己有知，由耳目有受也。人之有受，由内外之合也。知合内外于耳目之外，则其知也过人远矣。

天之明莫大于日，故有目接之，不知其几万里之高也。

天之声莫大于雷霆，故有耳属之，莫知其几万里之远也。

天之不御莫大于太虚，故心知廓之，莫究其极也。人病其以耳目闻见累其心，而不务尽其心。故思尽其心者，必知心之所从来而后能。耳目虽为性累，然合内外之德，知其为启之之要也。

成吾身者，天之神也。不知以性成身，而自谓因身发智，贪天之功为己力，吾不知其知也。民何知哉？因物同异相形，万变相感，耳目内外之合。贪天之功，而自谓己知尔。

体物体身，道之本也。身而体道，其为人也大矣。道能物身故大；不能物身，而累于身，则藐乎其卑矣。能以天体身，则能体物也，不疑。成心忘，然后可与进于道。化则无成心矣。无成心者，时中而已矣。

心（成心）存，无尽性之理，故圣不可知谓神。

以我视物，则我大，以道体物我，则道大。故君子之大也大于道。大于我者容不免狂而已。

烛天理，如向明，万物无所隐；穷人欲，如专顾影间，区区于一物之中尔。

释氏不知天命，而以心法起灭天地。以小缘大，以末缘本，其不能穷，而谓之幻妄，真所谓疑冰者欤。释氏妄意天性，而不知范围天用；反以六根之微，因缘天地；明不能尽，则诬天地日月为幻妄。蔽其用于一身之小，溺其志于虚空之大，此所以语大语小，流遁失中。其过于大也，尘芥六合；其蔽于小也，梦幻人世。谓之穷理，可乎？不知穷理，而谓尽性，可乎？谓之无不知，可乎？尘芥六合，谓天地为有穷也；梦幻人世，明不能究其所从也。

对此篇之文，今拟予以次第之解释，以见其义之次第相贯，并为上所说横渠书之各章，皆为一有组织之文之一例证。此横渠《大心篇》，首言人不以闻见梏其心，然后能体天下之物，而见无一物非我，使心成为无外之心。则此所谓大其心之道，非是：充吾人之闻见之经验，以接无尽之物，为使心大至无外之谓。此乃正是求超此一切闻见之知，而更知有一"不萌于见闻"之德性之知，能合内外者。然此合内外之德性之知，如何可说为有，正为人初不易解者。故下文更由一般人之知心之道，次第说来。其说"由象识心"，即言一般人之自识其有心，乃由心中有象而识心。此即言一般人之自心中有种种物象或印象观念，以谓其有心。其说"徇象丧心"，即言一般人之心，恒只意向于此物象，而使其心同化于此物象，而沿物象以生种种欲望，而其心以丧。此"徇象丧心"，当与后之"穷人欲，如专顾影间，区区于一物之中尔"之句，合并了解。此即是言人心之缘物象之影迹而逐物，以自同化于物。此正略如孟子言"耳目之官，不思而蔽于物，物交物，则引之而已矣"之旨。然横渠于此不直说"耳目之官，不思而蔽于物"，而说人之心之自同化于所知之物象，而存之，更徇之，以有人欲，乃使人心陷落于区区一物中。此则较孟子之说，为切于人心所以蔽于物，而陷落于物中之实事；而亦见人心之知物象之事，同时有一使人心陷落于物，以化出无穷之人欲之几。此人欲，固初不直由单纯之耳目之官而起。耳目之官使人能接物，而有物象之存于心，亦初不任成此人欲之咎。唯心之只由此物象识心，更存象而徇之，乃有人欲。此乃心自己之事。去此人欲之工夫，亦惟当在心上用。人亦当面对此心之存象徇象，以陷落物中之几，而转化之，以成此心之上达，然后人欲可去。此则固较孟子之言，其义为切合人心之兼有下降与上达之二几，而亦合乎吾人言宋明儒者之恒面对反面之事物，以成人之道德工夫之旨者也。

此人心之上达之道，即在知此物象，乃原于耳目之官之接物而有；此耳目之官接物之知，即合内外之事。则人之成其此知，初乃所以成其合内外。此合内外之事，若更有出于耳目之知之外者，则其合内外，所成之知，即超过只有此以耳目之知之合内外者。此即意指前文所谓"不萌于闻见"之合内外之德性之知也。

然此不萌于见闻之合内外之知，果是何知？则下节首言：目之接天之日，耳之闻天之雷霆，虽能及数万里之外，然皆不能闻见此天之太虚；唯人之心知，超于耳目之所见闻，而自开自廓，以及于此所见闻者外，方能知此莫究其极而无限无穷之太虚。而心之知此天之太虚，心即与之合而为一，亦即直下是一合内外于耳目之外之知。此亦即一德性之知。唯因此心知之有自开自廓之德性，乃能顺此莫究其极之太虚，而自合于太虚。此知，由人心之德性而成，亦由人心之自觉而见，固非由耳目之闻见而见。故即横渠所谓德性之知之一也。

由人之心知能及于太虚，故人或遂如后文所谓"溺其志于虚空之大"，"病其以耳目闻见累其心"。此在横渠观之，即佛家尘芥六合，梦幻人世之本。此佛家之教，固亦有其人心之立根处。人心由知有太虚，直向太虚而思，亦必溺其志于虚空之大。然此又是人心之一歧出。此与上述之人心之徇物象而丧心，以穷人欲者，其为人心之一歧出，乃一上、一下，一有实无虚、一有虚无实，而互相反对者。由此二歧出，而有人心之二大歧途。其《太和篇》所谓"彼语寂灭者，往而不返；徇生执有者，物而不化"，此即就此人心之二大歧途，更以说人生态度之二大歧途之言也。

然人心更有既非徇象丧心，亦复非溺其志于虚空之大，而有之一正当之用心之道。此即"尽其心"之道。所谓尽其心者，则下非徇象丧心，上非病耳目闻见累其心，而废耳目之闻见。然此"思尽其心者，必知心所从来而后能"。

今问此心之所从来，则还当自耳目所形成之一合内外之知为心知之始讲来。由耳目而心知物象，固可为能知太虚之心之累；然此由耳目而有之心知，仍有其合内外之德，足启发此超耳目之太虚之知者。故亦不可直加厌弃，而当于此先知：人之有此耳目之知，乃由吾人之有身；而成吾人之身者，则初为天之神。此身之有所知，则由于一切天生之物之有同异以相形，万变以相感，更与身之耳目有内外之合。则吾之心知之所从来，乃来原于天之生吾之身、天生之物有同异万变。是即见此心知之原，乃出于天。故人不可谓此智属于此身，自谓"因身发智"，"贪天之功为己力"；而唯当尽吾人心之性，以成吾人之身。此中人之自谓其有心知而有智，即同时将智属于此身，视为此身所发。依后文观，此即人之自谓"我"有智有知，而见我之大于物之故。然此仍是人之有身之后，其心之下降落于此身，而自此身之躯壳起念，而形成之颠倒见；却非"此心之自知其身之原于天，其所知之物亦原于天，而成之正见"，即非"此心之自尽其心，以自思其知之原于天而成之正见"。此心果自尽其心，以自思其知之原，则必底于知："其知之原于天之使之有身，与天生之物有同异万变，而知其知乃由天降，其心亦由天降也。"

人能尽心以自知其知、其心乃由天降，则将不以此心、此知，属于我之一身，亦同时知尽此心，以知同由天降之一切物，而体物体身，以为此心知之进行所循之道路。故曰"体物体身，道之本也"。克就此体物体身之身，循此道而言，即为此身之体道，亦即人之大其心以体道。吾人之心固与吾人之身不可分也。此身之体道，亦即道之为主宰于此身，而运用此身，以见道之大，亦见身之大。故曰"道能物身，故大"。此物乃动词，如"物物而不物于物"之"物"，故有主宰运用义。其下文言"不能物身，而累于身"，则言道为身所累。盖人以所知之道，私属于其身所发之智，谓道为我所私有，即道之累于身。道为我所私有，而道亦"藐乎其卑"矣。

今不以道为我所私有，则道即属于天，而不属于我。人身之体此天之道，亦即与天为一体，以自体其身。故下文谓之"能以天体身"。天兼体万物，则与天为一体，而自体其身者，亦兼"能体物也不疑"矣。此上所说以天体身而体物、体道尽心之事，皆初由人之先能知心之所从来之天之道而致。欲尽此心，则须人之忘其过去之成心，更加以超化，而后其心乃得在当下之时中，顺道以进行，而不偏向于其前之成心之所限定。故曰"成心忘，然后可与进于道"。"化则无成心"，无成心者，"时中而已矣"。此尽心即道，而道即性，故尽心即尽性。尽性尽心，则不复有此成心之存。有此成心之存，亦无尽心尽性之理。无此成心之存，则亦无此成心之知。是即达于一超知而不可知之神，而可直契于吾人之身所自生之天之神矣。

此上所谓忘成心，"化则无成心"，一方有此心之顺道而行，以体道、体物之事，亦同时有对物之闻见之知，以合内外。此合内外之事，依于身之耳目之感受同异万变之物。此身与物，皆天之所生，其由相感而有吾人之闻见之知，亦并是天之用，乃本于天道，而出于天性。以天体身，则吾人之身之性，即天性。其谓释氏妄意天性，而不知范围天用，即言释氏不知于此天性、天道之表现，与天所生之身与物所成之天用，而即之以知天知性。乃一方诬天地日月为幻妄，一方以身之用为小；遂离此二者，以别意一天性，如虚空之大者；乃不能穷"此身与物之内外相合以成知"之理，亦不能穷"此身与物及知之所由来，皆在于天"之理；则亦不能"知尽此天性，以成天用"，而范围之于其所学之内也。

由吾人上对《大心篇》之全文之章句之解说，即可知横渠之学有大心以知天一面，亦有尽心尽性之一面。此大心以知天一面，不由于闻见之知，而须有德性之知，然亦不废此闻见之知。合此二知以知天，则除其第一篇之统言天道之太和之篇，有兼用二知之文外，《参两篇》则有偏在由闻见所及之天之日月星辰、四时五行，以见天道之文；其《动物篇》更有偏在由闻见所及之天地间之万物，以见天道之文。至其《神化篇》之言神天道，化天德，更言人之仁义，使人敦化入神，是为由知天以知人，而"圣人之事备"之论。其《诚明篇》言尽心尽性，而变化气质以至命，以成其诚明所知之天德良知，亦契天之神化之道之德，则是由知人以知天而事天之论。此中之《神化篇》与《诚明篇》，则互相呼应成文，皆要在本于德性之知而说，以见天人之道之德之合一者也。

四　《动物篇》《参两篇》之宇宙论：物、事、形、象、秩、序、时、鬼神、化、虚、气、阴、阳与心知性命之关系

吾人今本上所述，以观横渠言天道，则当由浅入深。所谓由浅入深者，即由吾人见闻之知及于万物之物象为始点，而由知物象，以知有物。此固人人所能明。然即一物之象亦有种种方面，以相续呈于吾人之闻见之前。在《动物篇》，横渠尝言："物无孤立之理，非同异、屈伸、终始以发明之，则虽物非物也。事有始卒乃成，非同异有无相感，则不见其成。不见其成，则虽物非物。"又其《神化篇》曰："苟健顺、动止、浩然、湛然之得言，皆可名之象尔。"则物之同异、屈伸、终始、动静、浩然而充实、湛然若虚无，皆物之象也。此象之义，较形之义为宽，乃连形之动静等而说象。然象必连形说，有象必有形，有形亦必有象，故义可相涵。依横渠意，吾人即由此种种物象以知物，而物亦即表现此种种象者。离种种象而物非物，则物之所以为物之概念，乃依此种种象而立。便不可径说横渠之论是唯物论。此中所谓物之同异，

即一物与他物恒互有同异。同则互有其所有，异则互无其所无。物依同异而相感，亦即依其所有所无以相感。相感而物原有之性质数量，或增而伸，或减而屈。其死、其终，为其屈，其始、其生，为其伸。凡物皆在此与他物有同异、有无之处，更互相感以成事。不能如是者，即非物。此即物之所以不能孤立也。物与物能相感以成事，即更有其事其物之屈伸终始，而物与其事，即皆在此一屈伸终始历程中存在。其由始而伸为浩然，其由屈而终则为湛然。此二者并是一物之象。于是此一物之象，即一流行之物象，一方为浩然有象，一方亦兼为湛然无象，以无象为象者。而此中之存在之物，即应说为流行的存在或存在的流行。其象在此流行中，为乍有还无。其有非定有，故浩然者可化为湛然；其无亦非定无，故湛然者亦可化为浩然。即其实者可虚，而虚者亦可实。故其《语录》谓"天地之道，无非以至虚为实"。常言物，乃自其定实而存在者而言。今谓此定实者非定实者，存在者亦是流行，则不当更名之为物，而当名之气之兼具虚实之义者。此即横渠之以虚气言物之所以为物，与其象之所以为象之故也。故《动物篇》又曰："物之初生，气日至而滋息；物生既盈，气日反而游散。"此即以气之息散，言物之始生与终盈也。《神化篇》曰："象若非气，指何为象？"物有始终，象有更易，乃有其时，有其序；物有象，即有形而有秩。故《神化篇》下更言"时若非象，指何为时？"《动物篇》曰："天之生物也有序；物之既形也有秩。"则物之时与秩序，依于物象而有；而物象又依气之息散，即气之流行而有。则物乃第二义以下之存在概念。唯此气之流行为第一义之存在概念。气之流行中之气，依吾人前所论，其意义固只是一流行的存在或存在的流行而已。今吾人若能大吾人之心，循以上之义，以先见天地间一切依时而呈其形象秩序之事物，根底上只是一浩然而湛然、亦实亦虚之气之流行，或存在的流行、流行的存在，则对此一切万物之生而始，即可视为一气之伸，是为阳气；

而其死而终，则为一气之屈，是为阴气。此在《动物篇》，则名前者为神，后者为鬼，而谓"鬼神者，二气之良能"。此中之气亦即是能也。由此而吾人即可销化"万物之始终生死之多"之观念，而于天地万物中，唯见此阴阳鬼神之气之充塞。由此以更观其《动物篇》之言动植物等生长变化，其《参两篇》之言太虚之天中之日月星辰、风雨雷云、霜雪雨露，以及地上之金木火水土之五行之物，在四时寒暑岁历中之运行变化；则横渠于此之种种分别说，亦可视为一自然科学知识之论，亦似见横渠极重此种种自然物之存在，而近自然主义唯物论之说。然复当知：横渠于此所论，若作自然科学知识而观，则亦甚简单幼稚，而不出常识之仰观俯察之所见。在《参两篇》，横渠则明言人当于自然之"屈伸无方、运行不息"中，知性命之理，谓"能穷神化所从来，德之盛者欤"。《太和篇》亦言天地间之阳浮阴降，"其感遇聚散，为风雨、为雪霜，万品之流形，山川之融结，糟粕煨烬，无非教也"。《动物篇》更言万物之自伸而始、自屈而终为鬼神。又言其相感之性，即此伸于彼，彼屈于此之鬼神施受之性，其不相感而自伸自屈为鬼神，亦即为"鬼神亦体之而化矣"。则此中之要旨，乃在由人之大心，以仰观俯察天上之日月五星风雨云雷及地上之万物之屈伸无方、运行不息中，见其充体是鬼神，是神化，是性命之理于此表现。神是神，化是鬼；其浩然中之屈伸不已之事中之理，是命之流行；其湛然中之能屈伸不已之理之自在，即是性也。唯人能大心，以仰观俯察此有形象之天地万物之屈伸运行，更能见及其中只是气之流行，或流行之气，而于其中见得鬼神、神化、性命之理之无形无象者，方是横渠所以于此得言穷神知化，并于《太和篇》谓"天地法象，皆神化之糟粕……万物形色，神之糟粕"之故。此穷神知化之知，乃由此心之超形象，而自伸达于其形象之化、形象之外，方有者。故此穷神知化之知，虽缘见闻之知而始，亦以超见闻之知而终。自此知之出于人之自伸达于形象之外言，即为上述之德性之知。故横渠于穷神知化之下有"德盛"之语也。

吾人今能循上所说，知横渠于《动物篇》《参两篇》言"仰观俯察天地万物"之微旨所在，则不得再以横渠为唯物论，亦不得以之为唯气论，乃可更了解其《太和篇》之义。《太和篇》自是谓一切天地万物，皆气之所成，凡充实于太虚者，亦只是气。故谓"太虚不能无气，气不能不聚为万物，万物不能不散为太虚，循是出入，是皆不得已而然也"。又曰："太虚无形，气之本体；其聚其散，变化之客形尔。知太虚即气，则无无。"于此如对此气，作空气、以太、物能去理解，则横渠之学亦可说为一唯物论。依此以观其谓天之太虚即气，则亦可说为似笛卡儿所谓虚空即物质之说；而其《参两篇》之言"太虚无体，则无以验其迁动于外"一节，乃意谓所见之日月星辰皆相对运动，而太虚之自身不作相对运动，即不动，便成一永恒之虚、永恒之物质之说。然如此去理解横渠之论，首则忽视此所观得之太虚与气，乃依于人之大心之仰观俯察而见得；故其观察之所得，亦不能离此人之大心而说。今姑不论。其次是忽视横渠之观此太虚与气，乃意在观天地万物中之鬼神、神化，与性命之理；而在其《太和篇》言太和，亦言有"神化""性命""乾知""性""心""明"等存于其中。其《天道篇》，亦言天之有超于耳目心思之"知"。凡此等等今所谓精神意义之名言概念，皆横渠用之以说明太虚之气聚而有象成形者。则横渠之以"虚""气""形象"为真实不虚，固无问题。然其所以说明其真实不虚，则赖此诸具精神意义之概念。而此诸概念，与虚气形象之概念之似只具物质意义者，乃相互为用，以互相转化、互相涵摄，以成其义，则又不可径谓其以"虚""气""形象"等，说其太和之道，即是唯物论也。

第五章　张横渠之以人道合天道之道（下）

五　《太和篇》《天道篇》对天道之总述

对上节所述横渠之以虚气形象与心知、性命、神化相互说明之旨，如要理会亲切，当说其气只是一流行的存在或存在的流行，而不更问其是吾人所谓物质或精神。此气乃一无色彩之纯粹存在、纯粹流行，或西方哲学中之纯粹活动、纯粹变化。说其即是虚，则是自其可显可隐、可感可寂、可动可静而说。其隐、寂、静，即实而虚；其显、感、动，即虚而实。前者为一流行存在之创生创始，后者为其终成。然尤要者，在对此流行的存在或存在的流行，自其散而观之为多者，亦可于其聚而相感通处见一；而于其聚而相感通而见一之后，又可更观其散而为多。于此相感通处，即见气之有清通之神。神之清通，为通两之一，为绝对、不可见，亦无形无象。则自气之散为多处看，便为一之两，为相对，亦为有象而有形之始。故《太和篇》言"散殊可象为气，清通不可象为神"也。依此清通之神，而一存在有对其他存在之虚明照鉴。故曰"虚明照鉴，神之明也"。于此亦同时有此其他存在者之呈其形象于此一存在之前，而此存在对其他存在者，亦即可说有对之之明与知。此明与知，即心。此一存在之能有此清通之神，能明能知，以使之能感通于其他存在，即其性。故谓"感者性之神，性者感之体"。然此清通之神或明知心性等，乃自一存在者之感通于其他存在之事之内部观，而说其有者。若自此事之外部而

观，则此存在者之相感而通，即只是其聚合，亦即二存在之气之
聚合。在此聚合之际，能感者受所感者，居阴位而静，其气为阴。
所感者往感彼能感者，居阳位而动，其气为阳。然能感者，以其
清通之神，感所感者，而呈现其形象，则其神超越于所感者以自
伸，而成其为一洋溢于所感者之上之高位之存在，则又为阳气之
动。所感者之自变化其原来存在，而自失其原来之存在，以入于
能感者，而屈居其下位，以为有一定形象之所感，则又为阴之静。
合而言之，即可称为一阴阳之气之往来、动静、施受，亦即"兼
有神之依虚通而伸与气之自变化其实"之一神化之历程。而自外
看，则亦可只说为"二气之依虚而成气化，或气之聚散，而出入
于虚中"之历程。其气之依清通之神而相感通，以有之内在的对
形象之明与知之心性，亦只是此气之聚于虚中之事。故《太和篇》
谓："气聚则离明得施而有形，气不聚则离明不得施而无形。……
文理之察非离不相睹。"又谓"有识有知，物交之客感尔"。更谓
"由太虚有天之名，由气化有道之名，合虚与气有性之名，合性与
知觉，有心之名"。此在《太和篇》，皆未尝专指人而言。然人之
于他物之形象，有知有明，在《大心篇》尝说其为原于一合内外
之道，则亦可说为一由"人身之气与物之气相聚，而成变化"之
气化之道。此人之知物之形象，原于人能有清通之神，以感通于
物，是为人之性。由此性亦即见人之气，能依此清通中之虚，以
往与物相感通之能。故曰"合虚与气，有性之名"。然必人之实已
依清通之神以感通于物，而呈现物之形象，以有知觉，然后见人
有心。故曰"合性与知觉，有心之名"。由此诸名言初非专指人而
言，则于凡有存在者之气，有聚而相感，而有变化或气化之处，
即同当有一存在者之依清通之神，而有其离明之施；以感知其他
存在之形象之事，内在于其中；而亦皆可于此说其有神、有性、
有明、有知、有心也。

　　识得上来所说之义，今再抄《太和篇》第一节如下，略加解

释："太和所谓道，中涵浮沉、升降、动静、相感之性，是生绸缊、相荡、胜负、屈伸之始。其来也几微易简；其究也广大坚固。起知于易者，乾乎；效法于简者，坤乎。散殊而可象为气；清通而不可象为神。不如野马绸缊，不足谓之太和。语道者知此，谓之知道；学易者见此，谓之见易。不如此，虽周公才美，其智不足称也已。"

此《太和》章之第一节中，所谓"太和所谓道"，自是就总体宇宙而言其中具此太和之道。此中所谓浮沉、升降、动静相感之性，自是后文所谓散殊可象之气，依清通之神而相聚相感之性。其言绸缊相荡，亦即气之聚而相感时之互相施受。施则阳伸，而浮起升起，而居胜；受则阴屈，而沉下降下，而居负。此一施一受之无间，即绸缊相荡。其言"来也几微易简"亦即自阴阳之始言。言"其究也广大坚固"，则自阴阳之著而盛大言。其言"起知于易者乾乎"，即言相感而有清通之神，以起知，为其相感而生变易之事之起也。其言"效法于简者坤乎"，即言由起此知，而即以其所知者为法，以实有为其效应之变易之事也。"不如野马绸缊"中，野马之名出《庄子·逍遥游》，初指空中游气；游气之密密无间，即所以状上文之一施一受之无间之绸缊也。故于此《太和》章之首节，缘上文所说，固皆不难解也。

然此横渠之言天道最重要之问题，在横渠之如何说天。横渠谓由太虚有天之名，物依清通之神以相感，即依虚以相感。然此虚只属于物，而此虚亦不同于天之太虚之无限。物依虚而即有清通之神以有知，则天之无限之太虚，当为一无限之清通之神所充满，而有一无限虚明照鉴之神用，以与天中之万物相感者，亦对之有所知者。此即为横渠所谓"天之知物，过于耳目心思之知物"。由此天之神，亦即见天之性。然天之性不同人物之性，虽有而不必皆表现为神者。天之太虚恒在，天之性乃恒表现为神而恒在。故神外无性。此文之神则横渠《神化篇》称之为天德。天之与万物相感而成之变化之道，则为天道。有如人物与他人物之相感而成之变化之道，即人道、物道也。故又曰："化天道。"天之性见于其神之常在，故于此可不须另说性。天之神常在，而其对物之感知常在，即其心皆见于其感、其知之中，而亦不须另说心。总之，天之德之"神"，即天之性，其明知之能与物相感，而成变化之"化"，即天之心。故于人物须言性，亦可自其性为天生，而称天性；亦须由其次第之感知以言心。然于天则全性是神，全心是依虚明照鉴之明，以成化，故可不须更说心性。此当注意者一。

其次横渠之言天是清通之神，是照鉴之明，固非即指吾人所见之苍苍之天，有万物之横陈于中者之全体；亦非去此万物，而以此虚空之空间为天；更非以天为万物之和之总名。然亦非离此苍苍之天或虚空与万物而言天。天之虚明照鉴之神，自是充塞于此苍苍之天或虚空与万物者。而人亦固初由耳目内外之合，以知有此苍苍之天与其中有日月之运行，风雨云雷霜雪之降，及地上万物之横陈于天之虚空中，以见天之广大，方更由其虚以知有天之神明充满于其间。然人之知天，更当由昼夜寒暑四时岁历之运中知天，而缘此以见天之深度。是为横渠所特重。由此而知天之神亦不只有其明一面，亦有其幽一面。昼是明，夜是幽；暑是明，寒是幽；春夏是明，秋冬是幽。万物之正生成是明，原其始而反其终是幽。明则万物皆照而呈形，幽则万物皆藏而无形。能知万物呈形于太虚，只及于天之明而有形，尚未及其幽而无形。必如《太和篇》所谓"方其形也，有以知幽之因；方其不形也，有以知明之故"。见天之大明终始于天之幽深，乃见天之深度。此则非只横观天之广度之所及，必缘时运，以更纵观此有万物之形横陈于太虚之广度之天，其全体之大明，亦始终于"上天之载，无声无臭而无形"之一大幽，乃能深度的知天之所以为天也。然此为大明大幽之天，虽初由万物之在空间时间而知，却又不可说此天即是此无限之空间时间。因此无限之空间，在时间之昼夜中转运，其始终于幽夜，而幽夜中即无空间可见可说故。至于此时间乃依有此由幽至明、由明至幽中万物之形象之更迭而立，所谓"时若非象，指何为时？"故若只自此中无形无象之幽之自身观，亦无时可说。此"时"，乃出于天之幽明之相继而成象，则天之幽明，为时间之观念之所依以立，乃后出之概念，而非天之幽明之实事。故亦不可说此天即是时间也。此应注意者二。

此天之有幽有明，须于天作纵深观乃知之。然此须如明观明，如幽观幽，不得幽明夹杂而观，方得天之实。如人在夜中仍谓万物有形，此乃缘其昼所见之万物有形，而谓其形于夜犹在。此即夹杂明以观幽，非如幽观幽也。如幽观幽，则夜时万籁俱寂，万形俱隐。此寂是真寂，此隐是真隐。而由夜至昼之有形可见，即以此真寂真隐之无形之幽为其因。此"真寂真隐之无形之幽"，亦即"有形可见之明"所由生之"故"。此中不夹杂幽明以观幽明，而又知其相因为故，以幽明不已，是为真知幽明之故，通乎昼夜之道而知。依此以观一切有形万物之始终，则其始即始于天之一真幽真寂，其终亦终于天之真幽真寂。此真幽中，万物非有形，然此真幽自是万物之自生自始之"因"之"故"，亦为万物之所息所终。在万物既生既有形象之后，固"有象斯有对，对必反其为，有反斯有仇，仇必和而解。故爱恶之情，同出于太虚，而卒归于物欲"。（《太和篇》）然自其所自来而观，则无此对反与相仇，而初只在一太和中，其既终既息，亦"仇必和而解"。故"卒归于物欲"者，亦还由其同出太虚，而还归于太虚，以和解。如至深夜，则世界无处不和平，更无战争也。于此天地之真幽真寂，见得分明，更通此幽明，知不和出于和，归于和，方能更合此不和与和，为一太和之道，以观天地。而圣人乃更有于此对反相仇之世界中致中和，求于不和而使之和之道，以贯彻此幽明也。然此非先不如幽观幽、如明观明，更夹杂明以观幽之谓也。人夹杂明以观幽，遂谓万物未始，仍各有形，以相对反相仇，其终亦然。此乃人心之夜梦不宁，致使天地有感无寂，有对反无和融，亦人之智尚未足以真知幽明之故，通乎昼夜之道而知，其智之明尚不足以通幽明，以成其智之明也。然人之此通幽明之智之明，自亦出于幽、息于幽，圣人之老而安死，即亦安于其明之更入于幽也。此当注意者三。

由此天之有幽明，见天之深度，即见天之非只一其中横陈有形万物之空间。此横陈有形万物之空间，自是吾人有大心者其明之所及，亦天之虚明照鉴之神之所及，而于此可更言天之感知此一切有形万物者。然人于此所见之横陈有形万物之空间，当透过时间中之万物之终始以观，而知上天之载，自有一无形、无声、无臭之幽。以此幽为明之故，则此明有其所依而有之幽，即不只是一虚明，而为有实之幽。此天之虚明自常在，以为万物之始于幽而归于幽者，在其有生之时，皆得为天之明之所照鉴者。此天之虚明所依之幽之实，亦常在。其依此实，而有其虚明，即见一清通之神德，是为天德。此神之天德，亦常在。克就此幽之实之为实言，即一真实之存在。气之义，原可只是一真实存在之义。故可说此天即气。天之神德之见于其虚明，其所依之"实"，即此气也。故横渠言"太虚，一实者也"。（《性理拾遗》）又言"虚空即气"。于此吾人应高看此气，而视之如孟子之浩然之气之类，以更视其义同于一形上之真实存在，其虚明即以此一形上真实存在或此气之神德为体，所显之用。故说"由太虚有天之名"，即是说：由"太虚即气"有天之名。不可离气以言此太虚，亦如不可离此天之为形上之真实存在、有其神德为体，以言其有虚明照鉴之用也。故《神化篇》谓"神天德，化天道。一于气而已"。又谓"气有阴阳，推行有渐为化，合一不测为神"。此化为天道之义，下文当更及之。然此天道与天德之神，固皆不可离气而言也。此当注意者四。

此天之虚明照鉴之用，一方依天之真实存在之神德为体，一方对所照鉴之有形万物而施。此即天对万物之阳明之道，或天之乾道。然天之施明于物，而照之，乃如物之为物，亦顺万物之为物之为如何，而照之。是即天之阴受之道，天之坤道。此皆天对已生之物之事。然天另有其创生新物之事。此创生新物，乃依于天之自开其幽，开其藏，以生物。是为天之阳生之事，而见天之阳道乾道者。然天之生新物，使之自成其为如何之一新物，则又为天之阴成之事，而见天之阴道坤道者。故无论天之明照之知与生物之行，皆有此阴阳乾坤之二道。在一般之见，以天地间之有新生之物，乃由已成物之依因缘或因果关系而生。此在横渠，亦可说新生之物由已成之物之自依其动静阴阳，以相感而生。但今若肯定一天之真实存在，则当更说此天对已成物，先有一虚明之照鉴或感知，更自创生新物。不可说在已成物与其相感中，先有此新物。因已成物与其相感，只是已成物之事，而已成物中固无此新物。此已成物之聚合或相感，可只视为新物降生之场合。而此新物之由无而有，则当说为其自由幽而明，亦天之自开其幽之所创生者。然天之生物也有序，必依其先之已成物之聚，所成之场合之为如何，以次第创生一如何之物，而不于任何处，任何时，生任何物。天恒只是顺已成物之为如何之聚，而更生物，以应之。依天之为一神明，则其顺已成物，而更生物，即必同时有对其所顺之物之感知，以成其明，而后应之，以自开幽出藏，更生新物，以见其诚。此天之由感知已成物，而更生新物，为一变化。此变化之道，即天之道。天之有此道，则依于其感知已成物，而对之有明，更有其应之以生物之诚。天固亦不能不依其明，循已成物所形成之场合，以任意创生万物，以见其万能也。此即横渠之天之道，不同西方宗教家之上帝之全能，乃可于任何时任何地创造奇迹，以生任何物者也。

然就吾人之纵观此天为万物化生之原，见万物之生，皆由一有纵深度之天之无形而流出言，此万物之生也无穷，则天之生物之能，自是无穷；其幽隐秘藏者，亦无穷；天固亦当是无所不能者。然今再济以横观万物之已生者之横陈于太虚，乃各居其处，则继每一处之已成物而更生之新物，便只为依一定秩序而生之物。此天之于此每一处，皆只能次第生一定之物，此天即若自限其所能以生物，而不复为全能。其所以自限其全能，乃由此每一处之先之已成物为限定，亦由天之感知其为一限定，故亦即只应之以生一限定之物，为其继，以见其乾道。此又不当说为此天之为物所限定。就天观天，天既能生无穷之万物，固仍当说其能为无穷，亦可说为无所不能也。则其于已成物为限定处，只生限定之物为其继，以成所谓自然秩序，便只能说为此天之自限定。此天之自限定，则由天之对已成物之限定，有所感知时，即自依坤道而顺承之；更只为一限定之应，以生一定之新物。故不可说此"天之应"为某处之已成物所限，亦不可说天之"感知"为此已成物所限。此天之感知，只如其物之为物而感知。物易而天之感知随之易，其应之而生之新物，亦随之易。此即正见天之神化之不测，亦见天之明、天之感知之自身之无限定，其应感而生物之无限定，如善战者之水来土掩，兵至将迎，即见其能战之能之无限定。不必水来而不以土掩，兵至而不以将迎，或撒豆成兵，呵水水去，方见其能战之能之无限定也。天亦不必于任一已成物之后，创生任何新生物，方见其能之无限也。今若天于一已成物之后，皆可创生任何物以继之，则天于此已成物，无异视若无睹，对此已成物无所明，而以其无明对物，则天之神明，反非神明矣。神明必明，故必依所明之已成物，以对之为相应之"神应"，以创生一定之物，而成一自然之秩序。横渠之天，自是万物所自生，自始而先于物，亦超于物，似超神论。然天必顺其虚明照鉴之神之所感知、所明者，方得继创生创始新物，则天又如后于物，亦内在于物之中，似泛神论。合而言之，则二者皆非。此当注意者五。

由上所说，则横渠《天道篇》言皆可解。其首言"天体物不遗……昊天曰明，及尔出王，昊天曰旦，及尔游衍，无一物之不体"，即言天之神明，遍照一切出生之万物也。其次言："上天之载，有感必通。天不言而四时行……诚于此，动于彼，神之道欤。"此谓"上天之载"，即言其自为真实存在，而具载其真实内容。其谓"有感必通"，即谓天有所感知，其神明即通，更有其神应。此天之神应，乃天自开其内在真实或诚之内藏，以应于其神明所感知之物者也。其下言"天不言而信"，即依天之直感直知，而即有其诚应真应，而不须间之以言语思虑之谓。至所谓"神不怒而威……无私故威"者，则由天乃随已成物之所如而应之以创生新物，而无偏私，物亦不能对天生物之事，作徇私之求，故威也。

其下文言"天之不测谓神，神而有常谓天"，即谓天之随感而应，乃感易而应易，故为不测。其恒是不测，即见其贞常。于此不测，名之为神；于此贞常，即名之为天也。至于其下文言"运于无形谓之道，形而下者，不足以言之"，则是谓天之感知有形之物，而更应之，以成变化，为其道。变化则已成物之有形者归于无形，而新生物则由无形而有形。道则自此"无形而形，形而无形"之运上说，亦即自此形之运于无形处说。形运于无形，则唯在形之运于形之上，乃可说道；不可只在形之中、形之下说道也。此与其后文"形而上者，得意斯得名，得名斯得象"可合观，以知此形上之道只为意之所得。然亦须得此意于形之运于无形，所成之象之中。因道非即形象，亦不离形象也。其上文云"天之知物，不以耳目心思，然知之之理，过于耳目心思"，则是谓耳目之知，必待人之身与其外之合，其心思必由不知而知。而此天之神明之知，其虚涵万物，即知之，故非二物相接而知。天之知亦恒知，非是由不知而知。故其知过于耳目心思也。再下文云："圣人之神惟天，故能周万物而知。圣人有感无隐，正犹天道之神。"此则自圣人之同天说。而人如不知此横渠所谓天之义，亦可自本其诚，以思圣人之心之周万物与有感无隐，以知此天之所以为天也。

其余言天道语，皆较不重要，不复更释。

六 《神化篇》之言神化与仁义

《正蒙》之《天道篇》末，言"圣人有感无隐，正犹天道之神"，而《神化篇》则进而言"神天德，化天道，德其体，道其用"，更言："推行有渐为化，合一不测为神。其在人也，知义用利，则神化之事备矣。"更引《中庸》言至诚为能大，并引申孟子之大而化之言，谓其德合阴阳，与天地同流而无不通。再言此神化乃天之良能，非人能。故人必位天德，然后能穷神知化。此皆是就人之成圣而合天德天道之理想说。然此人之至于神化之境，则由人之工夫而至。此工夫，则正首在前《大心篇》所说之大心，而知天之有此神化之良能，初非人能，乃"德盛仁熟"，而后自至于此神化之境，故"非思勉之所能强"。而此人之工夫要在自求大其心，此是人之所能为，而其所至之化境，则工夫至，自然成，非人力所及。故曰"大可为也，大而化，不可为也"。因此"化"乃果上之境地。此境地乃同于天之良能之境。天不可为，则此化境，亦不可为也。此为横渠之言神化之义所当注意者一。

此中人之求大心之道，乃在由大心，以观自然之天之神化之表现之道。此即《大心篇》所谓体道而大于道。故观天之日月四时寒暑之中之天之神化之道，亦是人之大心之学。此即《神化篇》之前诸篇之所以皆论天道，而言观天道也。然此人之自大其心以体道，则在人之能先不"大于我"，如《大心篇》所说。而《神化篇》则继天之神化，而言："无我而后大，大成性而后圣，圣位天德，不可致知谓神。故神也者，圣而不可知。"此则是谓由大心无我以成性，至圣之位天德之神，为学者之工夫之所在。而此工夫之落实，则在"见几则义明，动而不括（滞限）则用利"。此前者实即人之义之事，后者即人之仁之事。义之由"精义入神，事豫吾内，求利吾外"，及仁之"利用安身，素利吾外，致养吾内"者，即仁义之养盛，以自致穷神知化之境地之实际。人有"存虚明"之神，以久于此至德之天德；"顺变化以达时中"，"顺乎时"而化，以同于天道之化，即仁之至、义之尽。此即人之"知微知彰，不舍而继其善"以"成性"之事也。此中之知微，即存虚明而知几；知彰，即顺变化而用利也。此为横渠言神化之义所当注意者二。

至于再后一节，即直由存虚明之神以知几，为人之知变化之道之本而说。故引"知几其神"，而言"几者，象见而未形也"。又言"形则涉乎明，不待神而后知也"。则神之知几，在明之知形之先，而更微。此知几之功，则在于几之不正者，即反于己，不徇物丧心，而忘物累以存神，而性性。此即精义之事。故曰："义以反经为本。经正则精。"能精义，而更大德敦化，顺道成变化，以"过化"而"物物"，即敦仁之事。故曰"仁以敦化为深，化行则显"。合言之，即"性性为能存神，物物为能过化"，以为人之顺性命，而成人性之事也。此"义"乃由动之不正者，以反经，为由动以一于静。故曰"义入神，动一静也"。此"仁"乃依内在之敦笃而发，即为由静以一于动。故曰"仁敦化，静一动也"。动返于静而义，即一于神之虚明，而无定向。故曰"义入神则无方"。静显为动而仁，即一于化之无尽，而无定体。故曰"仁敦化则无体"也。此义之入神、仁之敦化，归在动静合一，而无方无体，乃《神化篇》之归止义。此为吾人于横渠之言神化应注意者三。

此横渠之言神化，乃以"神""天德""体""合一不测""义之反经而入神"为一串之概念；更以"化""天道""用""推行有渐""仁之敦化而化行"为另一串之概念。互相对应，以各有其义，不可混滥。故朱子尝谓："神化二字，程子说得亦不甚分明。唯是横渠推出来。"（《语类》九十八）此中横渠除在天与圣上，言其于神化道德，皆兼备外，于学者之工夫，则以知不正之几而正之以精义为先，亦即以不徇物丧心，忘物累以大心，而存虚明之神为先。人必先存虚明而后仁。故其《语录》谓"虚者生仁","虚者仁之原"。在《正蒙》即以"精义入神""存虚明"之"神",为仁之原。此重精义,即同濂溪之重知善恶邪正之几,而去邪恶之几,以归正为先。亦即以一由反"为道德生活之反面者",以归正为先。故与孔孟之先教人以仁孝,扩充善端,与后之程明道言学者须先识仁,皆不同其说。此乃由濂溪、横渠于人之邪恶之几之存在,及物累与气质之性之偏,先有一真切之认识之故。由此真切之认识,而横渠更以不丧心,求存虚明之神为言,以尽心存神为至德、为体。此则与濂溪之未标出此尽心之义,而唯以神为由诚之明而有之用者不同。横渠于此,乃于此神之为用,求先存之于心,即其用而见之为体。此神为至德,亦即可视之为体。此体者何?即一虚明不测之体也。虚则恒静,明则恒动。故其《诚明篇》,更言"动静合一存乎神"。此于横渠之言神化当注意者四。

七 诚明与尽性至命

横渠之《神化篇》,乃以天之神化为主,而言本大心,以穷神知化,而达天德、合天道。其《诚明篇》则以人之诚明为主,而言人既大心,由诚而明,以达天德、合天道;则于人性与天道,当更不见小大之别。故此篇首谓"诚明所知,乃天德良知,非闻见小知"。此即谓诚明之知,乃由《大心篇》所谓"大心以合内外于耳目之外"而致。其次言:"天人异用,不足以言诚;天人异知,不足以尽明。所谓诚明者,性与天道,不见乎小大之别也。"下更言:"义命合一存乎理,仁智合一存乎圣,动静合一存乎神,阴阳合一存乎道,性与天道合一存乎诚。"此中之明,即神之虚明。虚明之虚即静,明即动,故于神言动静合一。此犹《神化篇》言"神,动一静也"。"阴阳合一存乎道",乃即化言道。化者化已成之物,以生新物。前者为阴,后者为阳。由此已成物之化,亦即见神之虚涵新生之物，而于其生，更有神之明以应之。故神与化不离，亦与道不离。神有动静合一义，化亦有动静合一义。已成物之化，即其静；新生物之生，即其动也。故《神化篇》谓："化，静一动也。"然此处之特以阴阳合一为说者，则要在将此动静连气而言。连气，则气之动即阳，气之静即阴也。其所以于此必连气而说者，则以化而生之事，乃"推行有渐"之事，即见实有一动静之道在。气为实，故必连气于动静，乃可说实有一阴阳之合一之道。此即不同于在神之虚明上言，可不更说一实有此虚明，便可只说动静合一者也。然此一阴阳合一之道中，亦固同有此动静合一之义在。此应注意者一。

又此仁智合一中之智，即明。仁智合一，即仁与"神"之虚明之合一。精义即入神，故此仁智合一，亦仁与义之合一。至于义命合一，则命即天命，亦即天道之见于变化，而命人顺其变化而行者。故义与命之合一，即义与化之"推行有渐"之次序之合一。人之以仁利用安身，即人之敦化之事。故义与命之合一，即义与仁之合一。以仁智合一言圣，则专取圣为"知之明"之义。于义命合一言理，则专取理为"顺天道天命之当然之义"之义。因此理既为吾当然之义，又是顺天道天命者，故后文又名之为天理也。至于云"性与天道合一存乎诚"者，此性即虚明之神之所自出，即天德良知之所自出，亦人之能顺天命而行义之事之良能之所自出。依此虚明之神，而更穷此"天道天命之当然之义"之理，更顺此理而尽此性，以实至于此天命天道，以与之合一，即人之诚之功。此中，人之更知有人道天道之合，即是由诚而致之"于天人不见小大"之明；而先知此人道天道之能合，以穷理尽性至命而有此诚，即由明而诚也。此中仁智、义命及性与天道诸名，各有其义，亦相通而互摄。此应注意者二。

此《诚明篇》之下文，则为分论尽性穷理之工夫，以自达于至命之事。此中之尽性，即由诚而明；穷理，即由明而诚。此皆有实工夫。人对此命，则只是至，而非工夫。此乃由于至命，即至于顺天命天道，而与之俱化，以合为一。此乃果地上事。如《神化篇》言"大可为，化不可为"，乃"养盛自致"。故至命，亦尽性穷理之功之所自致，而亦不可为者也。此应注意者三。

此《诚明篇》之言性命之义，甚重要，兹照抄原文之大半如下：

"性者万物之一源，非有我之得私也。惟大人为能尽其道，是故立必俱立，知必周知，爱必兼爱，成不独成。彼自蔽塞，而不知顺吾理者，则亦未如之何矣。

"天能为性，人谋为能。大人尽性，不以天能为能，而以人谋为能。故曰天地设位，圣人成能。

"尽性，然后知生无所得，死无所丧。未尝无之谓体，体之谓性。

"天所性者，通极于道；气之昏明，不足以蔽之。天所命者，通极于性；遇之吉凶，不足以戕之。不免乎蔽之、戕之者，未之学也。性通乎气之外，命行乎气之内。气无内外，假有形而言尔。故思知人不可不知天，尽其性然后能至于命。"

"天性在人，正犹水性之在冰。凝释虽异，为物一也。受光有小大昏明，其照纳不二也。天良能本吾良能，顾为有我所丧尔。上达反天理，下达徇人欲者也。

"性，其总，合两也；命，其受，有则也。不极总之要，则不至受之分。尽性穷理而不可变，乃吾则也。天所自不能已者，谓命；不能无感者，谓性。虽然，圣人犹不以所可忧，而同其无忧者，有相之之道，存乎我也。

"湛一，气之本；攻取，气之欲。口腹于饮食，鼻舌于臭味，皆攻取之性也。知德者，属厌而已，不以嗜欲累其心，不以小害大，末丧本焉尔。

"心能尽性，人能弘道也；性不知检其心，非道弘人也。

"尽其性，能尽人物之性；至于命者，亦能至人物之命。莫不性诸道，命诸天。

"我体物未尝遗，物体我，知其不遗也。至于命，然后能成己成物，而不失其道。"

"性于人无不善，系其善反、不善反而已。过天地之化，不善反者也。命于人无不正，系其顺与不顺而已。行险以徼幸，不顺命者也。

"形而后有气质之性；善反之，则天地之性存焉。故气质之性，君子有弗性者焉。

"人之刚柔缓急，有才与不才，气之偏也。天本参和不偏，养其气，反之本而不偏，则尽性而天矣。性未成则善恶混，故亹亹而继善者，斯为善矣。恶尽去而善因以亡，故舍曰善，而曰成之者性。

"德不胜气，性命于气；德胜其气，性命于德。穷理尽性，则性天德、命天理。气之不可变者，独死生修夭而已。"

"风雷有象，不速于心；心御见闻，不弘于性。"

"天理者，时义而已。君子教人，举天理以示之而已；其行己也，述天理而时措之也。

"和乐，道之端乎？和则可大，乐则可久。天地之性，久大而已矣。

"莫非天也，阳明胜则德性用，阴浊胜则物欲行。"

又《乾称篇》下有文言性命处，皆可与此《诚明篇》言命、性、遇者，合并理解，其言曰：

"性通极于无，气其一物尔，命禀同于性，遇乃适然焉。

"人一己百，人十己千，然有不至，犹难语性，可以言气。行同报异，犹难语命，可以言遇。"

由上所抄，以观横渠言尽性穷理至命之旨，则见其既言性为万物之一原，而体万物，又言性"通极于无"，"通极于道"。既言

"至诚，天性也"，又言有攻取之性、气质之性，以言欲与人欲，亦由性出。既言性无不善，又言性善恶混，言恶尽去则善因以亡。于性命关系，则或自其异说，或自其同说。于心性关系，既言心能尽性，性不知检其心，又言心御见闻，不弘于性。于命，既言其不同于时遇，又言命即时义；更由义命合一言天理，以天理通天道。于性命与气之关系，则既言"性通气外，命行气内，气无内外"，又言"性命于气"与"性命于德"之不同。既言"气其一物尔"，又言"湛一气之本"，"天所命者，通极于性"。此皆言非一端，各具义旨，若不通而观之，则将唯见其矛盾错杂；乃或只取一端，以臆测其旨，而宰割以求通，则皆不能当于横渠之心也。

于此首当知横渠之言性，有自其来源说者，有自其具于我而就其德说者，有自其当前之表现说者，有自尽性之极说者。由是而其与心、命、气、理、德、欲等之关系，亦即有不同方面之说。此中所谓自来源说者，即上引首节文所谓"性者，万物之一原，非有我之所得私也"，"性为天能"之说。此当与前引《大心篇》所谓"成吾身者天之神"，及其《乾称篇》"感者性之神"之义，合并理解。此乃谓人之生，原于天之神，此性亦依神以成感。谓人之生原于天之神，而此神为天德，即原于天之德。吾人通常说吾人之身由已成之父母与自然之物，依因缘关系，和合感通而生，此依前所说之横渠意，则应言一切存在物由已成物之和合感通而生者，皆有天之神明对此已成物之照鉴，而更开幽出藏，以创生此物，以入于明，而化成其为物。则吾人之身，亦即缘天之神明变化而创生，以自别于已有之父母及其他自然之物者。一切物皆如此创生，即皆源于天之神化，其性亦皆源于天之神化。故性初为天能。人物同源天之神化，亦即同本于此天之神德、化道，而以此德、此道为其性。人物乃有其性之神，以与其他之人物相感，而依神发知，为其良知；更有应其他人物之行，以形成变化之能，为其良能。此人之良知良能之所在，即其性之所在。一切人物皆有一义之能感而能应之知能，故皆分别同有性。而自其同源于天德之神、天道之化言，即可说其性为一源。此固不碍其既生之后，各别具有其性，而异其性之流也。然人之性中既有知，亦知其性与万物之同源，人即可本此同源之知，以知我之知能之性当尽，以自求成性；更知一切人物知能之性当尽，以亦求成其性。故言"立必俱立，知必周知，爱必兼爱，成不独成"。此乃由人之知之性中，原能知一切人物之性之同源，而依此同源之知，以周知兼知此异流之一切人物，而更兼成之之故。此即为人之知之性之特质所在，而非其他万物之知之性之所能有者。此吾人之于一切人物，能周知兼知而兼成之性，则本在成吾身之天之虚明之神之原能兼知，天之变化之道之原能兼成。此人所有之兼知兼成之性，亦源于天。是即人之所以得直接本天道天德，以为其性之故，而使其尽性，即能继天之志，述天之事，以为天之孝子者也。此人之尽性，即为天之孝子以合天。既合天，更不恋生，其所得者即得于天德天道者，故生无所得。得天德天道为至得，则死亦无所丧。此则尽性之终之言。此横渠先出此二节之文，即原性之始而要尽性之终，以说性之论也。此当注意者一。

　　至于其下一节"未尝无之谓体，体之谓性"，则是就人有生有身以后之现有之性说。直就此人身，而言其有此良知良能之性德，即谓之体。是即《神化篇》所谓"德其体"也。此人之性之见于其能感知其外之物之形象，此乃依于其身之耳目所由成之气之虚，故能对其外之物有所受，遂对其形象，有所感知。此即人性之始见。然人性除依其虚而神，以感知物之形象之外，更能超此形象，而知天之太虚，以合内外于耳目之外。此即见人性之通极于无。由此天之太虚，而更知一切形物之"由虚而实，以显、以动，及由实反虚，以隐、以静"之道。此即天之生物、成物之道。于此即见天赋与吾人之此性之知，能依其虚，以通极于天之虚、天之道。由此遂更有人之所以合天，而生物成物之人之道。人之合天之道行，而知义、用利。故横渠又有"天所性者，通极于道"之言。此人之知依其虚以知物，即以其知体物。人之以行生物、成物，即以行体物。人之知恒依虚以知物，于物无不能知之，即其知之于物，无不能体；而继知之行亦然。故此人之性即能体万物之性。故曰"体万物之谓性"也。凡此言性通极于无，于道能体，皆就此人现有之能知能行，而尚未必尽之性说。此性虽尚未尽而可尽。故下文言"气之昏明，不足以蔽之也"。此当注意者二。

下节文以性命对言，谓"天所命者，通极于性"，"性通乎气之外，命行乎气之内"。此乃别性于命，又别性与气，以性命、性气对言之语。此亦须善解。此性之所以通于气之外，乃由性原从气之虚，而能感知其他之气所成之形物之德上说。气自有虚，以有此感知之能。此感知之能，则固超于其原来之气，而行于其外。此所谓"行于气外"，其所指之实，即就人之感知之能，超于吾人之身之形之外，亦同时超越于所感知之他物之气之形之外说。此是"假有形"而超此形，以言外也。此初固由此人之形之气，原有其虚而神之性，能超此形此气，以自向于此形气之外，方得言"性行乎气之外"，气为性所超之一物耳。至于此与性相对之命，则依性与其所感知之外面的形物之相对而立。此所感知之外面的形物，皆属于天，同在变化中，即可说为共属于一天之气化之历程。于是此外面的形物为人所感知，即此天之气化历程为人之所受。此天之气化之历程之不能自已，即为天之命之不能自已。亦可说天命之不已，即行于此天之气化之历程之不已中，以为人之依性而加以感知承受者。故谓"命行于气之中"，又谓"命为人所受"也。唯此人依性而感知之形物之气化历程之不已者，不特包涵在吾之身外之形物；即吾人之此身之寿夭、生壮老死之气化历程之不得已者，亦为吾人所能自依性而感知之，而更自受之者。故皆属于命或天命。唯吾人于天之命，加以承受之感知之能，与感知后之应之之行，与其行依理而有法有则，方本于性也。故在此性中，既包括其所承受所感知之形物气化之一面，又包括此能承受感知之能，与应之之行，及其行之理与法则之一面。故性为合此能所主客之两者，而命则只是人所受之分。人既于命有所受，更能尽性穷理，使应之之行合理而有则，其行即贞定而不移。故曰："性其总，合两也；命其受，有则也。尽性穷理而不可变，乃吾则也。"于此性命之别，在何处说，乃当注意者三。

此性包括吾人之感知其他形物之气之能，及应之之行之理则。然人之此感知之能，有其不同昏明之程度，其应之之行之表现理则，亦有其不同昏明之程度。此即所谓气之昏明。盖性原依气之虚，亦即依气之清通而立。唯由此清通，乃能于其外之形物之气，有所感知。则凡有性，必有一范围内之气之清通、气之虚。故言"天性在人，受光有大小、昏明，其照纳不二也"。然此清通或虚之范围，则实际上亦自有大小，而气亦实有昏明、清浊之不同。昏于彼，明于此，浊于彼，清于此，则有偏。人之气质遂有偏柔偏刚、偏缓偏急等之不同。此即所谓气质之性也。人之气昏者，其清虚自有限，则其于形物之气之感知，只限于耳目之知，而不能知其形外之无形；而其应之之行，亦只限于取此有形之物，为自养其形气之身之欲之用。此即人之口腹鼻舌、饮食男女之感性之欲也。此感性之欲，即《诚明篇》所谓攻取气之欲，亦即《乾称篇》所谓"饮食男女皆性也"之性。此皆人之所以自养生、存生而续其生之性也。然言性，则不当止于此。故横渠诋告子生之谓性之说。此人性之不限于此之切证，则在人心之更有虚与清通，以知天之太虚，而知天德天道，以仁义之行合天德天道之良知良能。于此而人若只自肆其攻取之气之欲或性之欲，以徇人欲，此即其"德不胜气"之攻取之欲，是即"性命于气"，"阴浊胜则物欲行"也。反是，而人更能自敛其气，以归于虚明纯一，此即其所谓"湛一"而为气之本德者也。此亦即"德胜其气"，"性命于德"，"阳明胜则德性用"也。人之只肆其攻取气之欲，即人之下降而下达。至其更能反于气之湛一，不以嗜欲累其心，不以小害大，末害本，以知求合天德天道，即为人之上达而合天理之事。合天理者何？即其于感知天之形物气化之历程之命之不已者时，更能应之以合义之行；亦即于感知天道之行于此天命之不已中时，更能自尽其心之虚明，以知义而行之也。此即所谓"义命合一存乎理"也。此吾人所当注意者四。

此人之性可止于下达，亦可更上达以合天理。能上达者之谓能尽性，不能上达者之谓不能尽性。此非谓下达之事不出于性。唯其事虽出于性，而其事非尽性之事。故人虽不必废欲，而尽性之事固有超此欲者存。此当注意者五。

此人之求上达而尽性之事，乃一历程。天命天道之见于天之形物之气化历程，又是一历程。此二者之交会于吾人之心性之当下之感知之中，则称为遇。在此遇中，吾人心性之所求所向者在此，而天命之不得已者，其所向亦在此。则此遇为吉。反之，如天命之不得已者，其所向在彼，而与吾人心性之所求所向之在此者相反，则此遇为凶。一般人恒于其遇之吉，而谓此天命为正，而人乃乐天；又恒于其遇之凶，而谓此天命为不正，而人或怨天。然孔孟以降之儒者，皆不以此人之遇之吉凶，言天命之正不正；亦不视此遇之吉凶，足碍吾人之尽性之事。此即由于无论现有之遇之吉凶为何，吾人皆可更有所以处此吉凶之合理之道，为吾之义之所当行。此即横渠之所以言遇之吉凶，不足以戕吾人之性也。此吉凶之遇，乃只就天命之不已者，为吾人所当下感知者而言。此遇之吉凶之意义，与此天命之不已之全幅意义，尚有不同。人更当知此天命不已者，与吾人之心性所求所向者相遭遇，而有之顺逆、吉凶，亦在流行中，而可转化。则不可以此吉凶，言天命之正与不正。人之只自求尽性者，亦可不问此遇之顺逆、吉凶，而唯求自尽其性，以自行其义所当然之道，以处此不已之天命之流行于其前者。人于此命，唯须先知之。此知之，固所以尽吾人之心之能知之性；既知之而应之，以自行其义之行，亦所以尽性也。此人之自行其义之行，与天命之不已者相遇，固亦仍有其顺逆。然于其逆之极，足致吾人之死者，吾人能自"尽其道而死"，仍是未尝不完成吾人之尽性之功；则此所谓逆吾人之行之命，实未尝逆吾人之尽性之功，而吾人即仍与天命之不已者相顺；天命对吾人，仍莫非正。吾人知此天命之莫非正，而不怨天，以顺受之，亦即吾人之"义所当然，以至于天命之所至，而顺天道"之道；使吾人既成其尽性之功，而又至天命、合天道，成为乾坤之孝子；更有人德，以达于天德者也。此则必人有仁智合一之至明、至圣、求性与天道合之至诚者，然后能之。此亦即人之诚明之极之事。此中固有一人之道德生活之至庄严肃穆之意旨，为孔孟以下之儒者所传，而由横渠之《诚明篇》，依次第相连之义，以成其必然之论者也。此吾人所当注意者六。

在人之尽性以至命之事中，重要者在于所知之命之所在，知应之之义之当然者之所在。此即为理之所在。此理乃人在此天命之前，所视为当然者，即为能通天下之志，为人所共悦之理，故名天理。至谓此天理为时义，是则就天理之义，乃顺随时所感之天命之不已，而"动静不失其时"，为"义之极也"（《至当篇》）说。在尽性之历程中，性初不能全尽而全显。其工夫要在以心知之明，知天理所在而行之。此即所以自尽其性。尽性之工夫，即在尽心。故言"心能尽性，性不知检其心"。然而在心未能超闻见之知，以有其德性之知以尽性时，则性大于心。故曰"心御见闻，不弘于性"。尽性之事在尽此心知之明以知理。理有未知，则须穷。故尽性必穷理。唯穷理、知理，而行皆合天理，乃能至于命。穷理而行合于理，必去知行之偏蔽，亦即须变化性之气质之偏，而去此有气质之偏之性。去此有气质之偏之性，则亦即无此一气质之性。故"气质之性，君子有弗性者焉"。在未去此气质之偏之性时，人之行不合于中道，其性之表现，即可下达徇人欲，而不能上达；其上达而见天理，亦不能由于"中正"，以见其全；则人性之表现，不能无不正，而不免有恶。于此即可言人之性善恶混。必化此有气质之偏之性，使其知行皆中正而不偏，人乃尽性而恶尽去；而后性完全实现自己，而"性成"。恶去而善亦不立，则可只言"成之者性"，不更言善。此中，就性之本源言，固善。然此本原义之善性，在其实现之途程中，则可或尽或不尽；即或中正而全尽，或有所偏蔽，而不能全尽，遂有善恶混之情形。此为中间一段之情形。至于性得全尽而全善，而更不与恶对，则为其终。在始、中、终三者中，性之地位不同，而言其为善、为善恶混或超善恶、无善恶，即皆在一义上可说。此即所以和融昔之性之善、恶、无善恶之争。然其根本义，自在由性之本原，以言其为善，更由尽性，以见此善之全尽，则又吾人所不可不知者也。此吾人所当注意者七。

吾人如识得此横渠之由言神化，至言诚明之义，则吾人可于其《西铭》篇之义，更无困惑，亦不难解。然《西铭》篇之文笔至健，更辅以具体之历史故事为佐证，故最堪诵读。今照引于下，间注数字于文中，以配合前文所释，不更详解。读者可只由其文以自契其旨，涵泳所陈之义理于不言之中可也。

"乾称父，坤称母（乾坤之道为父母）；予兹藐焉，乃混然中处（人初由天生，而中处于混然为一之天）。故天地之塞，吾其体（天地之形气之所充塞，即吾之体之所在），天地之帅，吾其性（天地之帅其形气者，即吾之性之所在）。①民，吾同胞（人民）；物，吾与也（万物）。大君者，吾父母宗子（天子）；其大臣，宗子之家相也。尊高年，所以长其长；慈孤弱，所以幼其幼。圣，其合德；贤，其秀也。凡天下疲癃残疾，茕独鳏寡，皆吾兄弟之颠连而无告者也（民皆吾同胞义）。于时保之，子之翼也（成性成身，

---

① 《朱子语类》卷九十三于横渠此"吾其"二字，有承当之义。甚佳。读者可自会之。

以成其为子）；乐且不忧，纯乎孝者也（事天乐天，以成其孝）。违曰悖德，害仁曰贼，济恶者不才（皆所当戒）；其践形，惟肖者也。知化，则善述其事（化），穷神，则善继其志（神）。不愧屋漏（消极说道德）为无忝，存心养性（积极说道德）为匪懈。恶旨酒（使人民不以嗜欲累其心，存虚明之神，以绝恶），崇伯子之顾养；育英才（养人民中之英才，成教化而长善），颖封人之锡类。不弛劳而底豫，舜其功也（以人相天）；无所逃而待烹，申生其恭也（受命尽道而死）；体其受而归全者，参乎（尽性成终，即以成始）；勇于从而顺令者，伯奇也（义命合一）。富贵福泽，将厚吾之生也；贫贱忧戚，庸玉汝于成也（遇之吉凶，不足以戒之）。存，吾顺事（生无所得）；殁，吾宁也（死无所丧）。"

第六章　程明道之无内外、彻上下之天人不二之道（上）

一　二程之学与横渠之学之异同问题

世言宋明儒学，恒以程朱并称，而程明道、程伊川之学，亦实在北宋居一中心之地位。此可先自学术史上言之。二程受学胡安定，伊川尝言不敢忘三先生。二程更与欧阳修、王安石、苏东坡、司马光、邵康节、周濂溪、张横渠并世，而相与上下其议论。明道伊川之学，不同于王、苏、司马三人之学之重在文史；亦不同于邵康节、周濂溪之学，皆唯有自得之功，行同隐逸者；再不同于横渠之僻处关中，以著述为业者。明道、伊川，居伊洛中原之地，既关心当时之政，更存心讲学兴教于当世。故谓："以书传道，与口相传，煞不相干。相见而言，因事发明，则并意思一时传了；书虽言多，其实不尽。"（《二程遗书》卷二上）二程以口传学，故多及门之学者。而伊洛渊源，其流最广，为一代人师。明道伊川之重讲学兴教于当世，故其所传之著述不多。明道欲作《乐书》未成，伊川作《易传》亦未毕。此不同康节之有《皇极经世》，濂溪之有《通书》，横渠之有《正蒙》，皆为一家之传世之著，其体裁类周秦诸子者。明道又尝言"咫尺天颜，尚不能少回天意，文字更复何用"。伊川著《易传》，亦于寝疾时，乃以授门人。尹和靖欲读伊川文，伊川谓："某在，何必观此。若不得某心，只是记得他意。"（并见《宋元学案·伊川学案》附录）由此可见二程乃有意以直接之对语，讲学明道于当世，而不重以著述传世者。故其学术思想，今唯可由学者所记之语录，及若干书信之文中得之。此正类似佛家至禅宗而不重著述，唯重以口语直接教学者，而只有学者所记之语录传世。自二程之门人如谢上蔡、杨龟山以降，直至朱子、陆象山，至明代之学者，其学术思想，大皆见于其语录与书信之中。在对语与书信中论学，恒有言者与闻言者之觌面相看，故其所论之学术思想，亦皆初只为存在于此言者与闻言者之生命心灵之交通中，而未尝先虚悬为一客观之所对。此固可使人于学术思想之义理，倍感亲切。然事过境迁，后人之徒由此语录书信，以反观其学术思想者，则又恒不见系统，而难得其要领；而重加解释之事，亦以此而多歧。此自论宋代儒学言，则首见于后人之解释明道伊川之学之不免多歧。

抑吾人于明道伊川之学，更有难论者，即自朱子兼推尊濂溪横渠与二程之学，而融之于其系统中，后人之论此诸人之学者，亦恒不免透过朱子之学以为论。陆王之徒，多喜明道之言之浑合者，而不喜伊川之言多分辨者，则恒重明道伊川之异处，而忽其同处，与其共异于濂溪横渠之学之处。此依后贤之论以观先贤之学，恒为后后之人所不能免，而此则足乱昔贤之学之真，而使后后之人不能如实以观学术史中之慧命之相续，与其道之次第流行，而"通其变，使民不倦"者也。

今吾人欲求昔贤之学术之真，此亦难言有一必得其真之道。然吾人若能暂舍此后贤对前贤之论，以观此前贤对其更前之贤，或并世之贤之评论，及其所自言之异同所在，则当可更见其学术思想所循之路道方向。此非谓其评论皆当，亦非谓其自言之异同，皆实有之异同。然要可见其学术思想之自循何路道方向而进。今本此以观二程之学，则当说其学之入路，初与康节、濂溪、横渠之学之不同，皆尝自言之。二程于康节，固称为豪杰之士，亦时及其言。然《二程全书·外书》卷十二载伊川言"与康节同里巷，居三十余年，世间事无所不论，惟未尝一语及数"。《遗书》卷七又谓"邵尧夫犹空中楼阁"。二程之不契于康节之学，前于论康节处已及之。至于周濂溪，则二程于十余岁时，即与之同游。濂溪命其寻孔颜乐处。《二程遗书》中亦载其事，并偶及濂溪之他言。然未尝一语道及濂溪《太极图说》及《通书》。此或由未尝见之，然要可说二程之学，非承濂溪之学而来。故伊川为《明道行状》，唯言与周茂叔游，"遂厌科举之业，慨然有求道之志，而未得其要。泛滥于诸家，出入于老释数十年，反求诸六经，而后得之。"则二程固不自谓其学之来自濂溪也。又《二程遗书》卷六有"周茂叔穷禅客"一语，亦甚怪。今亦不知其当作何解。明道尝言"某接人多矣，不杂者三人……张子厚、邵尧夫、司马君实"，而未及于濂溪。则在其心目中，濂溪之地位，亦决不如朱子之视为"道丧千载"后之"先觉"也（朱子《濂溪像赞》）。

至于张横渠，则与二程有亲姻之谊，尝讲《易》，程子至，遂撤皋比（《全书·外书》十二）；或更谓横渠尝学于二程。然伊川则谓横渠之学，"谓颐兄弟有同处则可，若谓学于颐兄弟，则无是事"（《全书·外书》十一）。二程更尝言"张子厚、邵尧夫，善自开大"（《遗书》三），"子厚则高才，其学更先从杂博中过来"（《遗书》二上）。伊川尝言："某接人治经论道者，亦甚多。肯言及治体者，诚未有如子厚。"（《遗书》十）明道尝与横渠"在兴国寺曾讲论终日，而曰：不知旧日曾有甚人，于此处讲此事"（《遗书》二上）。此后一故事，尤见其相讲论，已至无古今人我之境。于横渠《西铭》一文，二程尤盛加称道。如谓"《订顽》（即《西铭》）立心，便达得天德"（《遗书》五）。明道又谓《西铭》某得此意，只是须得他子厚有如此笔力，他人无缘做得，孟子以后未有人及此"（《遗书》二上）。又伊川并尝为人疑《西铭》之旨近墨氏者，代横渠辩解（《答杨时论〈西铭〉书》，《伊川文集》卷五）。然明道又谓《西铭》："意极完备，乃仁之体也，学者其体此意，令有诸己，其地位已高；到此地位，自别有见处。又言不可穷高极远，恐于道无补也。"（《二程遗书》二上）此则虽称《西铭》，又意谓到横渠所言之地位，尚可别有见处，非由穷高极远而至者。又谓："横渠教人，只是谓世学胶固，故说一个清虚一大，而人可又更别处走。今日且只道敬。"更谓"立清虚一大为万物之源，恐未安"（《遗书》二上），"以清虚一大为天道，则乃以器言，而非道也"（《遗书》十一）。此盖谓横渠言清虚一大，只导人向穷高极远之别处走，乃只及器，未及道，不如言敬之切实也。《二程遗书》又记"横渠著《正蒙》时，处处置笔砚，得意即书"，明道云"子厚却如此不熟"。其答横渠《定性书》，亦即意谓横渠未免"非外而是内，不若内外之两忘"。又《遗书》中言"穷理、尽性，以至于命，三事一时并了，元无次序"（《遗书》二上，此语当初为明道所说）。更记横渠之言穷理、尽性、至命，"譬命是源，穷理与尽性，如穿渠引源，然则渠与源是两物，后来此议，必改来"（同上）。此即明以横渠之穷理、尽性、至命有次第之说，为当改。此外横渠恒有"体天地之化"之意，而《遗书》又记："言体天地之化，已剩一体字。只此便是天地之化，不可对此个，别有天地。"（《遗书》二上）此亦盖对横渠而说。《朱子语类》卷九十九亦谓"或者别立一天，疑即是横渠"云云。横渠重诚明而次心知，《遗书》又以"或谓以心包诚，不若以诚包心"为"非是"（《遗书》十一）。此并当是疑横渠之论。《遗书》再记横渠自言"吾十五年，学个恭而安不成"。明道曰："可知是学不成，有多少病在。"（《外书》十二）至于伊川，则其答横渠书尝谓："吾叔之见，志正而谨严，深探远迹……然以大概气象言之，则有苦心极力之象，而无宽裕温和之气，非明睿所照，而考索至此，故意屡偏而言多窒。小出入，时有之。更愿完养思虑，涵泳义理，他日自当条畅。"其答杨时书，亦谓"横渠立言，诚有过者，乃在《正蒙》"。再如《遗书》二上记伊川言："以体会为非心，故有心小性大之说。"其下时本注云：

此乃指横渠"心御见闻，不弘于性"之说。此外伊川又谓："横渠言由明以至诚，此句是。由诚以至明，不然，诚即明也。"(《宋元学案》附录)此外《遗书》再记："谓清者神，浊者非神乎。"(《遗书》十一)此亦明道或伊川疑横渠言神语。至于伊川之言"虚"中皆"实理"，则除意在对佛家之论外，亦在对横渠之论。此外二程之言中，隐对横渠者，尚不止此。是即见二程于横渠之学，多有不相契。横渠自言"出于佛氏之门者，千五百年……自非精一自信，有大过人之才，何以正立其间，与之较是非计得失"(《乾称篇》下)亦夫子自道之语。然伊川则谓：明道生于"孟轲死……千四百年之后，得不传之学于遗经"。(《伊川文集》卷七《明道墓表》)是其心中，固无濂溪、横渠在。此中吾人若落入俗见，谓其意在各树道统，更为之代争道统，则无可与论。今唯当就其各有其自信不疑之言，以观其自信不疑之处何在，斯为吾人居后学之位者之任。盖并世之人，各自为学，各有其道，虽皆大贤，亦未必能相喻于一朝。吾尝喻如一时并肩齐步之人，皆只互见其侧面。故其互相评论之言，不足皆据之以说其所评论者。然要可借之以观此评者之意之所在，道之所存，其入道之门缘何而异，方可更观其由何而出，由何而通，以终归于道并行而不悖耳。

二　横渠之言知心之所从来与二程之学之言心具天德

大抵二程与濂溪横渠之学之不同，在二程全不取"观乎天地，以见圣人"之路数。邵康节明谓其作《皇极经世》，由"欲知仲尼，当知天地"。濂溪横渠，同不免此意。而在时代意义上看，则皆为儒学初起，而对治佛家之以心为主，并以天地为因缘幻化之论时，所宜有之论，亦遥与汉儒之尊天之论相承接者。故濂溪横渠之书，皆以太极太和之论为先，而更立人极，以合太极，以人之仁义诚明，合天德之神、天道之化，由人之尽性穷理，以至天

命。此以人合天之道，在横渠之言中，尽见有次第。于天，必先
重其清虚一大①中之神、之明、之化、之诚。今自此心以上观于
天，则此天之神化诚明，即如此心。心之尽性之功未至，则性大
而心小；尽性穷理之功未极，则不足言至命。尽性穷理之事在内，
至天命，乃通达于外。故必先是内，而后合内外。唯天与心，皆
由其虚，以有清通之神，更有明以感知万物。故唯以清为神，而
浊则只为此虚而清通之神之所虚涵，而更当依天道之化，而加以
变化者。横渠之书，欲于此中之天人、神化、诚明、仁义、性命、
内外之名义，一一分说，而使之各有界分，则为文不可不谨严。
然欲谨严，则不能无苦心极力气象，而多考索之功，亦缺宽裕温
和之气。其欲使此诸名义，各有界分，而相限，则人循名之旧义，
以观其义者，则自将觉其多有出入，而见其多所滞碍，说义理似
生而不熟。此皆正如明道、伊川之所评论。然实则此任何人之欲
言人之次第合天之道，更使此中之种种名义，各有界分，同不可
免者。明道、伊川循此途以用思著书者，亦同不可免。唯明道伊
川重随学者之问，以讲学兴教，而意不在著书传世耳。

　　然横渠之书之于天人、神化、诚明、仁义、性命、内外等名
义，一一使之各有界分，又志在使性与天道合一、仁智合一、动
静合一、阴阳合一，而于此一切相对者，兼体而无累。故《正
蒙·乾称篇》谓："以其兼体，故曰一阴一阳，又曰一阖一辟，又
曰通乎昼夜。语其推行，故曰道；语其不测，故曰神；语其生生，
故曰易。其实一物，指事异名尔。"横渠之论，既最后归于只说此

---

① 所谓清虚一大者，《朱子语类》卷九十九论横渠之一卷，谓横渠初言清虚一大，
为伊川诘难，乃云清兼浊，虚兼实，一兼二，大兼小。此以清虚一大，形容道体
云云。按《正蒙》之旨，本是清兼浊、虚兼实。盖非伊川诘难而后如此说。又此
以清虚一大言道体，即指天之道之为人所当合者言。但此清虚一大之言，亦可即
是概括横渠《正蒙》书之要义而说。《正蒙》书《神化篇》重言天之清虚之神，《诚
明篇》始标五个"合一"义，《大心篇》则由心之大，以合天之大。此三篇，即
横渠最重要之文也。

一物，则人亦固可直下认取此一物。此一物既唯是指事异名，则人亦可不将诸名义界分，先加排列，而分别论述；而可就其为一物，随人之问而自由用名，加以指点，使闻者得其所指。又可说凡界分之物，其界分，皆一方所以成其别，一方所以见其通。如二田边之界，即通此二田地者也。故凡可依界分以成别者，亦可依界分以成通。则表学术之义理之名言，可各定其界分，以成别者，亦无不可更缘此界分之理解，以更观其通。既已通矣，则界分即泯于此通之中。如横渠既已言天与人之别，更言人能合天以成其通。则人亦可克就此人既已合天，更无天可合，而直下会此天人为"一而不二"，即不须先由二以成此合与不二矣。今于横渠所言之一切义理之相对成二者，皆作如是观，即成另一思想言说之道路。此正为明道之所循之道，而伊川初亦承明道而行于此道者也。今本此以观横渠言合天人之语，则明道伊川于横渠之言，自必一方有所契，一方亦有所不契。其所契者，在横渠之学之所归，即合天人之一境，如其《西铭》之所言，人为乾坤孝子，而视"民为吾同胞，物吾与也"所展示之万物一体，天人一体，及前所引《订顽》立心，便达得天德"之意。其所不契者，则在横渠之学之所始，乃先分天人，后方言合。故谓横渠之"此合天人，已是为不知者，引而致之"，"天人本不二，不必言合"（《遗书》六，《二先生语》）。当直下说"天人无间断"（《遗书》十一），"人与天地一物也，而人特自小之，何耶？"（《遗书》十一）则亦不可离人而言天，更言以人赞天之化育。故谓"夫不充塞则不能化育，言赞化育，已是离人而言之"（《遗书》二上）。则此程子之学无论其自觉不自觉，吾人皆可说之为乃以横渠之学之所终，为其学之所始，而转以疑横渠之学之所自始者。此即由横渠之学至程子之学之一历史发展，足见程张之学之同而异，异而未尝不通，而程亦更有进于张者。此即程子之既称《西铭》，而更言到此地位，别有见处也。所见在何处，观后文自明。

此上所说，唯是言由横渠之人合天之论，自有发展为程子之"天人不二""天人无间"之论之理由。此理由，亦即程子所以有疑于横渠之论之理由。然此只是吾人之推述，未必为程子所自觉及，而更加以言及者。就程子之明言所及者而论，则程子之直下言天人不二、天人无间，其所立根处，在其直就人当下之此心，以见此心之即天，与心具天德，而于此即可直下不见天人之间隔或二，以言此心之自尽之道。故谓"只心便是天，尽之便知性，知性便知天，当处便认取，不可更外求"。此语见《遗书·二先生语》，盖明道伊川所同契，然当是发于明道。此语之意，即明与横渠言"思尽其心者，必知此心之所从来而后能"（《大心篇》）之说，大不同者也。

由《正蒙》之系统，以观横渠之谓"思尽此心，必知此心之所从来"之语，其意是谓人之身由天生，其能感知之性，亦由天生。依此性，更由耳目之有受，以有内外之合，乃有一原始义之心。此即所谓"合性与知觉有心之名"也。人之有此知觉，乃由其气之虚，而有清通之神之表见。此神则初为天之神之成吾身，而成为此人之性之神者。故此心之知觉所从来，当远溯至天之神，近溯至耳目有受，而有内外之合。是即谓此心初不属于人，此心之知觉，亦内之耳目有受于外，而以虚受实、以无受有之结果。此即《乾称篇》下所谓"有无一，内外合，此心所自来也"。缘此以说人心之进而知太虚之天，亦由心之神之虚，与太虚之天合。此即其所谓合内外于耳目之外，以为人之德性之知之始者也。然此说，由人心之先自将其心视为一所对之物，方更问其所从来；乃将人心之知觉溯其始于耳目有受，更将此知觉溯其原于人此身所具之性之神，再至"成吾身"之"天之神"，以成。然于此人之心，是否必须如此自视为一所对之物，而更如此问其所从来，以归于其后之种种结论，则亦可成一问题。人固可不循此途以思想，而另循他途以思想，则无此种种之可说。此非谓若人如此问时，此种种之不可说；而是人可自始不如此问，则无此种种可说也。

此横渠之问心之所从来，而谓其初来自耳目之有受，乃一历史事实之陈述。其说心由耳目之有受于外，而有心之知觉，乃视此耳目为先有之一物，外物为先有之另一物。更由此内外二物合，以有对物之知觉。谓人有虚通之神，天有太虚，二者内外合，而有对天之太虚之知，亦是对此人之"知"作一分解之说明。然克就吾人之现有之知觉而观，则吾人固可说其当下只是一有能所主客两面之一整个知觉。而人心之知太虚之天，其知处即虚，虚处即知，更当言是一整个之"知虚"或"虚知"；故虽更可姑分为能所主客二面以观，而初不见其先为二物，而后有此合者。则横渠所谓由耳目与外物合，而有知觉，此合，亦可只是我之整个知觉自呈现之条件或场合，而非必此整个知觉之所由生。而人对太虚之知觉中，更只有此整个之"能知觉之心"与此"太虚"之俱呈俱现。因此中之内外，原只为一体之两面，非更必谓此一体乃由先有两体，而更合一之所成也。

吾人今如只就吾人之知觉为整个之知觉，对天之太虚之心知，为一整个之心知以观，则此中吾人并非必须问此心之所从来，而后知此心知之所以为心知。吾人固可直下自觉此心知，以知此心知之所以为心知，有其内外之主客能所之两面。此心知自可由小而大，以扩充至于无极，亦时时处处是一整个之心知。自此心知之可扩充至无极言，则不可视之为所对之一物，而问其所从来。因此心知若自知"其所从来"，即此心知之已扩充至"其所从来"。"此所从来"与"知此所从来"之"知"，仍为一整个之心知。自问此心之所从来之问，亦出于此心知；而此问亦固在此心知中，而不能自超于此心知之外。今若更问此自问之所从来，则其问无穷。而此无穷之问之所从来，亦仍自在此心知中。则人亦即可不有此一切之问，而唯直下自觉其当前心知之呈现，乃时时处处呈现为一有内外之主客能所之两面之一整个心知也。此上是吾人之一方便之说法，以指出人可有不问心所从来以知心之道路，以便更由此以言人可有一不问心所从来，而只自循心之道，以尽心之为学之道。此固不必如横渠言，必先知心所从来，如由耳目有受等内外之合而来，然后有此尽心为学之道可说也。此即已见另一哲学思想之方向之可能。而在此方向中看，则横渠之言皆可不说，说之亦必换一意义而说。如说内外合，即不须先分别有内外两者，更兼体此两者，以合之为一体；而可直下说一体之全，而言其内外之两面是也。此正即程明道所循之思想方向也。此一思想方向，自与横渠之思想方向不同，而各有其立根处。此二思想方向，自亦可互相环抱，以归于交会。然此则非今所及，而好学深思者，亦不难自得之者也。

三　横渠学中之定性问题与明道《定性书》之核心义

此明道之未尝问心之所从来，而直下就此心以言心即天，以合内外为一体，自始无内外之相对，亦不由内外之合以合天人，盖于其著《定性书》以答横渠之问时，已有此意。此《定性书》之文皆言心。其何以又名定性书，昔朱子已尝疑之。吾亦初不解。今乃知其由横渠之问"定性未能不动，犹累于外物"而来。而横渠之所以问此，则由横渠思想中原有定性一问题。依横渠说，人性本有虚而清通之神，以生感而有知之明，则存此神，即所以定性，故曰"存神其至矣"。其言"精义入神"之工夫，在仁之"敦化"之工夫之先，即以存此神之虚而清通，为人之上达天德之本。人能精义入神以达天德，乃有仁之敦化，以合天道。今欲恒存此虚而清通之神，以定性，即有"如何不为外物所累，以失其定静"之一问题。此"外物"由吾人闻见之知而知者，因恒与吾人之气之攻取之欲相连，即可以动性。故如何使性不为外物所累而不动，在横渠学中即为一真问题。横渠《正蒙》书解决此问题之道，则在有形气之物相续不已以呈于前，而见天命之不已时，随时求尽心以尽性，以知义之所在，而即以此义之合于命者为天理；并随时穷此理，以至于此天命之不已者。然在其与明道问答时，是否已形成此《正蒙》之思想，则未可知。而其《正蒙》所言之尽性穷理至命之工夫，是否足够解决此问题，今亦不讨论。然观明道之在《定性书》之答横渠之问，则明以横渠之只求内自定其性，以求去外物之累为非是。亦即以其只求存此神之虚而清通之工夫为非是。其所以"非是"，在其先有此内外之对待。则此内之应外，即是牵己而从之。既是牵己以从外，则外亦还累内。今于此欲去外之累，则外之来至内者无穷，亦永不能保证此内之长能定静。是即谓有此内外之对待，即不能成就此定性之工夫。而此定性问题，亦无解决之道。唯有忘此内外之对待，此问题乃可不更生，而自然解决。此即谓人能忘此内外，亦忘内之静与应外之动之分，则亦无应外之动中，对外物之"将执""迎待"等，以使外物为心之累之事。由此心之"动亦定，静亦定，无将迎，无内外"，则心定，而性亦定。此即明道答横渠书之旨。今就此书以观，亦正可见横渠心中，原有此内外之分，而求其合一之问题。明道则是直下忘此内外之分，亦更无此中之分者如何得合之问题。此即是本此忘内外之道，以自然解决横渠之如何合内外之问题也。

此明道之《定性书》直下言忘内外之分，非谓无此心性之应物之事，唯不以物为外，于此外物与内心之应，不以之为相对待；而知其为一体之一感一应之两面，而感应无间，亦无二耳。知此，则可读《定性书》全文，其文曰：

"所谓定者，动亦定，静亦定；无将迎，无内外。苟以外物为外，牵己而从之，是以己性为有内外也。且以性为随物于外，则当其在外时，何者为在内？是有意于绝外诱，而不知性之无内外也。既以内外为二本，又安可遽语定哉。夫天地之常，以其心普万物而无心；圣人之常，以其情顺万事而无情。故君子之学，莫若廓然而大公，物来而顺应。《易》曰：'贞吉悔亡，憧憧往来，朋从尔思。'苟规规于外诱之除，将见灭于东而生于西也。非惟日之不足，顾其端无穷，不可得而除也。人之情各有所蔽，故不能适道。大率患在于自私而用智。自私则不能以有为为应迹，用智则不能以明觉为自然。今以恶外物之心，而求照无物之地，是返鉴而索照也。《易》曰：'艮其背，不获其身；行其庭，不见其人。'孟氏亦曰：'所恶于智者，为其凿也。'与其非外而是内，不若内外之两忘也。两忘则澄然无事矣。无事则定，定则明，明则尚何应物之为累哉？圣人之喜，以物之当喜；圣人之怒，以物之当怒。是圣人之喜怒，不系于心，而系于物也。是则圣人岂不应于物哉？恶得以从外者为非，而更求在内者为是也？今以自私用智之喜怒，而视圣人喜怒之正为如何哉？夫人之情易发而难制者，惟怒为甚，第能于怒时，遽忘其怒，而观理之是非，亦可见外诱之不足恶，而于道亦思过半矣。"（《明道文集》卷三）

此明道之答横渠书之问，其原问如何不可知。如以今之《正蒙》书观之，则横渠自是以人在感知外物时，此能感知之性在内，外物在外。此感知只是依一虚而清通之性之神而有，故初不必谓此感知外物，乃牵己性而从外物之事。唯在此所感知之外物，连于人之气之攻取之欲时，乃觉此性为物所牵引，而物为性累。此则正为横渠所欲去。又明道之问：当性感知外物时，何者为在内？在横渠亦易答。即此能感知之性仍在内，唯在感知外物时，兼有内外之合耳。又明道之谓"天地之常，普万物而无心；圣人之常，顺万事而无情"，亦合于横渠之言"上天之载，有感必通，天体物不遗，圣人之神惟天，故能周万物而知。无心之妙，非有心所及也"（《天道篇》）之意。唯明道于此特就圣人之心之情言，则天地之心亦应有此情，而横渠未重此情之义。然在天与圣人上说，其心既体万物不遗，即已是合内外，而亦在无内外之境；则明道与横渠之旨，似应不殊。唯横渠盖以此圣人之合内外，乃由次第工夫而致。人必先有在内或对外之工夫，然后方有此合内外。在明道，则直由天地圣人之体万物而无内外，以言吾人之为学者，亦当直以内外两忘为工夫，更不先是内而非外，以直下至澄然无事，而定而明之境。此则与横渠谓人当先存内之虚而清通之神以定性，而更本之以应外之说不同。此中，人是否可皆以直下忘内外为工夫，而直至澄然无事之境，而定而明，则可非一言而决。此在人之天资高者，固能之，然未必人人皆能。又明道言圣人之喜，以物之当喜，圣人之怒，以物之当怒，圣人之喜怒不系于心而系于物。此言系于物，乃所以遮其系于心。实则圣人之心于物来顺应，实亦不系于物。此物来顺应之境，如何能致，如何知物之当喜，物之当怒，以知理之是非，亦皆非易事。横渠于此，则先言穷理，后伊川朱子亦以格物穷理，补此明道之所未及，则又正是还同于横渠之先穷理，然后能合内外，以尽性至命之论。至于明道之言怒时遽忘其怒，实亦乃非天资高者不能为。若在常人，则先无工夫，于怒时亦未必能遽忘其怒也。故此明道之《定性书》之文之义，尚可有种种补充，亦不可据之以薄横渠之见。此中唯明道之直下标出"内外两忘"，为学圣之工夫，则固有深旨。而人真能直下"廓然大公""内外两忘"，亦可当下"澄然无事"。又吾人虽可本横渠伊川朱子之说，谓人于若干事上，必须先有格物穷理之功，然人亦自有种种更不待格物穷理之功，而理已明白，自能直心而发之物来顺应之事。然人之先有内外之见者，则即在此情形下，仍不能物来顺应。此其故则不在物理之未明，或物之当喜当怒之理之不见，而在其不能直心顺理以成其即感即应。此中之病痛，纯在人心之自身。此时人之内外之见，正足增益此病痛。此病痛原于人之缘其知有内而自私，更以外为外而用智，以成其穿凿。人以心知为内，为我之内之所有，亦即自私此心知为我有。自私此心知为我有而属内，则阻塞其应感之机，乃用智以成其穿凿，则反不见已呈现于前，而实已明白之物之当喜当怒之理，遂不能顺理以喜怒，而更无喜怒之留滞。有此自私用智二病，人不能达于物来顺应之境，则人唯有此先直下忘此内外之分，方能一时直下兼拔去此二病之根。此固是一鞭辟近里之工夫。于此处，亦不须更言穷理，而言穷理或正成其用智之凿，亦未可知。此一直下忘内外，而物来顺应，诚为不易，或只天资高者，方能一念契入，而当下澄然无事。然此亦天资高者之实学所存。若天资不及者，则虽不能至，亦当心向往之者也。

四　明道之识仁与《定性书》中之心与情

此明道之言内外两忘，乃消极说。至于欲积极说此内外两忘之境之内容，则在圣人，只是以心普万物之心，情顺万事之情。此心此情，即明道所谓仁。明道言仁[①]之语，散见其书，要在下列三段语：

"学者须先识仁，仁者浑然与物同体，义礼智信，皆仁也。识得此理，以诚敬存之而已；不须防检，不须穷索。若心懈则有防，心苟不懈，何防之有？理有未得，故须穷索；存久自明，安待穷索？此道与物无对，大不足以明之。天地之用，皆我之用。孟子言万物皆备于我，须反身而诚，乃为大乐。若反身未诚，则犹是二物有对；以己合彼，终未有之，又安得乐？《订顽》意思，乃备言此体。以此意存之，更有何事？必有事焉而勿正，心勿忘，勿助长，未尝致纤毫之力。此其存之之道。若存得，便合有得。

---

① 若离此识仁之义，而单看《定性书》之文，亦可作歧出之想，而其言有弊。《宋元学案·明道学案》附录引叶适文，谓明道《定性书》多用老佛语。"老佛处身过高，故以德业为应世，其偶可为者，则为之云云。所立未毫发，而自夸甚于丘山。"此言未为无见。兹按应迹之说，出魏晋之玄学佛学。明道"以有为为应迹"之语，确亦可使人作轻功业之想。但《定性书》之本旨，在两忘以合内外，则于迹不得不应，亦必当应，则功业自当重。而能成此功业者，则在仁。两忘、合内外所显者，亦正是此仁。故连明道之识仁之义，以观《定性书》之意，自可无弊。

盖良知良能，元不丧失，以昔日习心未除，却须存习此心，久则可夺旧习。此理至约，惟患不能守，既能体之而乐，亦不患不能守也。"（《遗书》二上）

此外《遗书》二上又载有一段，为朱子《近思录》所录。细观此段，实亦较上段尤为切实。其言曰："医书言手足痿痹为不仁，此言最善名状。仁者以天地万物为一体。认得为己，何所不至。若不有诸己，自不与己相干。如手足不仁，气已不贯，皆不属己。故博施济众，乃圣人之功用。仁至难言，故止曰：己欲立而立人，己欲达而达人，能近取譬，可谓仁之方已。欲令如是观仁，可以得仁之体。"

又一段曰："刚毅木讷，质之近乎仁也；力行，学之近乎仁也。若夫至仁，则天地为一身，而天地之间，品物万形，为四肢百体。夫人岂有视四肢百体而不爱者哉。圣人，仁之至也，独能体是心而已。曷尝支离多端，求之自外乎？故能近取譬，仲尼所以示子贡求仁之方也。医书以手足风顽，谓之四体不仁，为其疾痛不以累（不关切）其心故也。夫手足在我，而疾痛不与知也，非不仁而何。世之忍心无恩者，其自弃亦若是而已。"（《遗书》四《二先生语》，此与上一节意同，盖一语之别记）

此明道言仁，后二段语由疾痛相感说，最为亲切。此乃顺孟子之恻隐之心之意说仁，亦顺孔子以生命之感通之意说仁。前一段语言仁者以天地万物为一体，则承孟子"万物皆备于我矣""上下与天地同流"之说。依其时代意义说，则明道之言仁，与横渠之《订顽》（即《西铭》）言"民，吾同胞，物，吾与也"，以至"凡天下疲癃残疾，茕独鳏寡，皆吾兄弟之颠连而无告者也"之言，与民物疾痛相感之旨合。故明道称《西铭》。然此中明道之学与横渠不同者，即在横渠《正蒙》一书言为学之要，在先存虚明之神以去物累，而变化气质。此即精义以入神之事，由此义方有仁。如前所说。故此《西铭》之言仁，乃横渠学之结论而非其前提。

明道则直下忘内外，以正面识得此"无对"之仁之道之理为先。缘此理此道而能近取譬，以己立立人，己达达人，即为体仁之体。近取譬者，如知一身之手足之气不相贯，疾痛不相感，为不仁；则知己与人之气不相贯，疾痛不相感，亦为不仁。一身之有麻木不仁，乃人可亲切的知之者，此一身自是一体。此即谓无仁，则此一身不体，亦不成仁所贯注之体。今于此一身体之不仁中，知求其仁，即知于己与人物之气不相贯、不相感中，亦须求仁。是即于己与人物之不成一体处，求其成为一仁所贯注之体。而学者之工夫，则要在于此己与人物气不相贯不相感处，随处使一己之气与之相感通，而随处见此仁所贯注之体，于吾人之生命心灵之中。此即明道言体仁之体之本旨。盖人时时与他人相接，以至与天地万物相接，人乃随时可觉其己与人物之间有隔阂，而不关痛痒之情形，即处处见有一彼此间之麻木不仁而不相感之情形。仁者则恒欲通此隔阂，以求以己之气与人相感，即以己之仁心仁情，行乎其中，以成其相感；而随时随处，体会得此相感之事中，所形成之一体，即体此仁之体。此中，人随时随处以气与人物相贯，以仁心、仁情行于此相感之事中，则此仁自贯于此一切相感之事中。故此仁即是一道一理，而非只是一事一气。然必须于一一以己之气去贯通所感，以仁心仁情成此相感之事中，识此仁之理之道，而不可望空怀想此体仁之体，或仁之道之理，而识仁也。

此一明道之直下由己与人物之气相贯，疾痛相感之处，体仁之体，言仁之理、仁之道，正同于横渠之由民胞物与之感，言人为天地立心，为生民立命之道。然横渠乃由此民物与我，皆由乾坤之大父母所生说来，则是由先立此与民物之同一形上本原说来。此即无异以此形上本原之同，为人当有民胞物与之感之理由。有如人念其兄弟为同父母所生，故爱其兄弟。则在理论上说，若非我与民物同原，则我亦可不爱其他民物。然人在有其仁心之发，而对人对物，动恻隐之心之时，人乃直接有此物我同体之感，而不待念其同原共本者。此同原共本，毋宁是对此一体之感，向上推述体会其所以可能之根据，而成之一形上学之义理。此乃后起之义。今由识此形而上之同原共本以识仁，即隔一层而不亲切。如宗教家由人同为上帝之子而言爱人如一体之不亲切也。然明道则正不先上溯此我与民物之同原共本，为同一乾坤父母所生，以识仁；而是直下忘内外，而于我或己身与其他人物之疾痛相感处识仁，则其言自亲切直接而无隔。故亦不须如横渠《正蒙》之书，先建立一乾坤天道之论以言仁矣。

此明道之自同气相贯、疾痛相感以言仁，即直接自心之能感通之道之理言仁。此心自能外知有天地万物。然此天地，则初不在我心之上，而在我心所感之中。故于此可言"天地之用皆我之用"。能视天地之用为我之用，则我已不自私，已不限我于我；则亦不须如横渠之《大心篇》之言：必无我以合内外于耳目之外，以体天道而后大。因知"天地之用为我之用"之我，即"以天地与我为一体"之我也；而此心亦自是一己大其心之心也。故此明道言先识仁，而直下见得天地之用皆我之用之为学工夫，与横渠之必先无我者之不同，即如先由消极工夫下手，与直下由一积极工夫下手之不同。先由消极工夫下手，即渐教，乃中下之资之所能为。然直下由一积极工夫下手，亦非必即是直下有一"如圣人之以天地万物为一体，而其仁无所不运，于天地万物之疾痛无不感"之谓。此中重要者，只在人于其所正有之疾痛相感之处，识此中之有仁，则可缘此中之道之理，以及于至仁之以天地为一身，天地间之品物万形为四肢百体。此固学者之所能为。顿悟此境，固亦人于一念廓然而大公时之所能也。然对此境，必须有真情实感以实之；否则可只是一艺术性之观照境界，或形上学中思虑境界，而非道德生活中真实境界。今以真情实感，真实化吾人一般心知所对所观所思之天地万物，于此心知之前，即明道所谓"诚"也。泛言仁，只是一浑然与物同体之感。然此感之是否真实，则有不同之程度。而一般所谓与物同体，恒可是观照性、思虑性之与物同体。此皆非真实之与物同体。盖此中所思虑之人物义理，只是一所思、所观照者，亦只平铺于观照心、思虑心之前者，而未尝实入于此心，以彻入吾人之生命，而与此生命，疾痛相感，以实为一体。则此所谓与物同体之感，尚未真实，其中尚有不诚者在。故明道必于言识得此浑然与物同体之理之后，更言以诚敬工夫存之也。诚是真实化，敬则明道尝言"敬则无间断"。则敬犹言使此真实化者，更无间断。既无间断，则亦不须防索，不须穷检。若心懈而间断，则须防此懈。敬而无间断以不懈，则何防之有。若理未得，固须穷索；然于此仁之理既已识得，更知诚此理，以使之真实化，而恒存之；愈存，自愈明；则于此理，固不须穷索也。

第七章　程明道之无内外、彻上下之天人不二之道（下）

五　仁者之乐与诚及天地之用皆我之用

此所引明道之言识仁第二段文，要在教人于所感知之人物或天地万物，能见其真实存在于吾人生命心灵，而一气相贯，疾痛相感。此中似非如上引其言仁第一段文所谓只有一大乐者。然此中亦实有一乐。此乃依孟子所谓"万物皆备于我矣，反身而诚，乐莫大焉"来。盖吾人能于所感知之天地万物，皆不只向外以视为客观之所对，而反之于身，以使之真实化、内在化于吾人之生命心灵中，则天地万物之生成，即我之生成，天地万物之化育，即我之化育，天地万物之生几洋溢，即我之生几洋溢；即见天地之用皆我之用。此中即有我之生命心灵存在之充实，而向于无穷。此即大乐也。然人若真识得天地之化育即我之化育，则不须如横渠之更言体天地之化。故明道谓："言体天地之化，已剩一体字，此便是天地之化。"（《遗书》二上）又于《中庸》所谓至诚赞天地之化，亦不须作人之赞助天地之化育解。故曰："非谓赞助，只是一个诚，何助之有？"（《遗书》十一）又谓："赞化育之赞，则直养之而已。"（《遗书》五）体天地之化、赞助天地之化育，皆将人与天相对而说之语，则天人犹是二本。以明道观横渠，即尚未脱此二本之义。然明道则全超化此二本之义。而其所以能超化此二本之义，则在人诚能以天地之化育，即我之化育，即真实化此天地之化育于我之生命之中，而见其此即我之生命之化育。未能实有此诚之工夫，则不能说"只此便是天地之化"，亦不能说"天地之用皆我之用"，不能言与天地万物为一体也。此中必已实有诚为先行之工夫，而后见天地之用即我之用，更见天地万物之实为一体，亦一体而化，只为一诚体之流行。在人未能实有此由"诚"之工夫，或人自感此工夫尚有不足之时，人仍将只能说天是天，人是人，而只有以人之体天地之化、赞天地化育之教，如横渠所说。如此立教，亦自是始教。横渠之说，亦初不得谓为非，抑或更合于《中庸》之明言赞天地之化之原旨者。唯人诚体得天地之化，诚赞得天地之化，而天人无间，则必只此天地之化，只此"天地之化育之在我"之整个一事。此方为终教。此天人之关系，固可先开为二，更说二之合一，如横渠之论。亦固可于既合一处看，而言其无间而不二，如明道之论也。则此二义，亦未尝不相依为用，亦互为根据。明道固言天人不二无间，然天人亦自是二名。此见天地之用即我之用，亦初由诚之之工夫而至。固亦当许人在未诚之时，此天人为二，而待于合，如横渠所说也。唯明道乃直下契此终结义之天人不二无间，即直下以此一"化育之流行，现成在此"，点示于人，则不历始之二，而顿向于终之一；即以此"顿向于终"，以为学之始，则终始无二。此即又有如华严宗之会"终""始"二教为一"圆"教耳。然此非谓横渠之教即不可立之谓，亦非谓缘横渠之教，即不能至明道所至之境之谓。盖有此始，亦必有此终也。则吾人于明道横渠之论之不同，亦可自为一圆说通之，而此二说，亦自不二也。可自细思之。

此明道之由见天地之用即我之用，以言识仁者之乐，表现于明道之善观万物之自得，天地之生意，以成其乐。如其诗言"万物静观皆自得，四时佳兴与人同"，又谓万物之生意更可观，观鸡雏可以观仁。此乃赖于人之放下其所自执之自己，而将自己放在万物中看，然后能于万物之化育，见其即我之化育。故谓"人只为自私，将自家躯壳上头起意，故看得道理小了他底"（《遗书》二上），"放这身来，都在万物中一例看，大小大快活"。人能如此，则于所谓事之在我，或一般所谓由我而成者，无论如何伟大，皆亦可视同天地万物之中一事一物，而以平等心观之。故言："泰山为高矣，然泰山顶上，已不属泰山。虽尧舜事业，亦只是如太虚中一点浮云。"（《遗书》卷三）此即要在成此"心之无所系"。此非谓人不当依仁心以成其尧舜事业。唯谓即成此尧舜之业，亦当视如天地之生意之流行于四时佳兴者一般，只一天地之化育而已。此"心之无所系"，即儒者之大解脱。然在此大解脱中，此生意之流行自在，尧舜之事业亦自在，"百官万务，金革百万，饮水曲肱，乐在其中，万变皆在人，其实无一事"（《遗书》六，《二先生语》，《宋元学案》定为明道语）。亦即无一事，而有万变之事也。此则明道所谓由"反身而诚"，而"见天地之用即我之用，我之用亦天地之用"之大乐之境。而人能有此乐境，亦即所以使其工夫更得相续，而更能敬以无间断，而自守其工夫者。故言"既以体之而乐，则不患不能守也"。

然明道虽言识仁之乐，亦言仁者之与人疾痛相感，则亦非谓仁者之无忧无悲。由此仁者之与人必疾痛相感，固必于人之啼饥号寒，天下之疲癃残疾、茕独鳏寡之颠连无告，自生恻隐之心，以为天地立心、为生民立命。更可念及天下之"君臣、父子、兄弟、夫妇，有多少不尽分处"（《遗书》一），"据今日，合则人道废则是。今尚不废者，只是有那些秉彝，卒殄灭不得。以此思之，天壤间可谓孤立"（《遗书》二上），而于此生不安、不忍之仁者之情。伊川于《明道行状》，谓明道之论："道之不明，异端害之也，昔之害近而易知，今之害深而难辨。昔之惑人也，乘其迷暗；今之入人也，因其高明。自谓之穷神知化，而不足以开物成务；言为无不周遍，而实外于伦理。"于此道衰学敝，生不安不忍之心，而欲为往圣继绝学，为万世开太平，亦皆是仁者所不能免于忧悲之所在，亦皆由仁者能与世间之疾痛相感而致。则此疾痛相感之旨深哉。《二程遗书》六载"圣人于忧劳中，其心则安静，安静中却是有至忧"。此语盖亦明道说。必合此深忧与安静之乐，方是仁者之怀也。明道之言定性识仁，皆自人之工夫上言。然此人之心之仁，能感通于天地万物，而浑然一体，则天地万物之所在，即此心之仁之所在，亦即此天地万物之道之所在；而可对此天道天理，有一单独之论。然欲言及此，更宜由明道之言敬义忠恕之旨以契入，方可更易得此中之实义。

六　明道言下学之敬义忠恕之德以上达天道之论

此明道喜言敬与义，谓"敬以直内，义以方外"，乃取诸《易》坤卦《文言传》。其言敬又取诸《论语》之"执事敬""君子敬而无失"等。言忠恕亦取诸《论语》。《遗书》二上谓"乾卦言圣人之学，坤卦言贤人之学"。然由此贤人之学之敬义，"至于圣人，更无别途"。其言坤道，则似较昔人言易道，多是直由大哉乾元之天道、圣人之道说来者更落实。其言敬与忠恕，亦皆最切近人之道德生活之事。兹按在濂溪横渠言太极、太和、神、化、道、德、仁、义，皆初自形而上之天道乾道说下来，而未尝重此最切近之道德生活中之忠恕，及初以坤道之顺承义为主之敬义等。明道则特标出此忠、信、恕、敬、义，为下学之始；更即此下学之事，以言上达之义。故谓"居处恭，执事敬，与人忠，乃彻上彻下语，圣人原无二语"。又言"敬以直内，义以方外，敬义立而德不孤"。而下文即由此以说："天人一也，更不分别。浩然之气，乃吾气也，养而不害，则塞乎天地。"（《遗书》二上）又谓："敬以直内，义以方外，仁也。夫能敬以直内，义以方外，则与物同矣。"（《遗书》十一）"敬义夹持，直上达天德，自此。"（《遗书》五，《二先生语》）此语可为伊川说。如伊川亦谓："凡下学之事，便是上达

天理。"（《外书》二）然初当原自明道。明道又言："维天之命，
於穆不已，不其忠乎？天地变化，草木蕃，不其恕乎？"（《外书》
七）则是以忠恕契天道，而天道亦不外此忠恕也。更言："天地
设位而易行乎其中矣，只是敬也。敬则无间断；体物而不可遗者，
诚敬而已矣；不诚则无物也。《诗》曰：维天之命，於穆不已，呜
呼丕显，文王之德之纯，纯亦不已，纯则无间断。"（《遗书》十一）
则以诚敬言天道，而天道亦不外此诚敬也。又言："忠信所以进德，
终日乾乾，君子当终日对越在天也。盖上天之载，无声无臭，其
体则谓之易，其理则谓之道，其用则谓之神，其命于人则谓之性，
率性则谓之道，修道则谓之教。孟子去其中，又发挥出浩然之气，
可谓尽矣。故说神如在其上，如在其左右，大小疑事，则只曰诚
之不可掩如此夫，彻上彻下，不过如此。形而上为道，形而下为
器，须着如此说，器亦道，道亦器，不系今与后，己与人"。（《遗
书》卷一）此则由忠信以上契天道，与上文由敬以契天道之意同，
又与明道他处文重孟子浩然之气之旨同。盖《遗书》中凡将敬义
之合内外，与浩然之气之塞乎天地相贯而论者，皆初当是明道语。
凡此上契天道之语，克就其文义而观，皆如"须是大其心使开阔，
譬如为九层之台，须大做脚始得"（《遗书》二上）。此大做脚处，
则正在人之敬信忠恕之下学之事。今识得此下学之事之所以为下
学之事之道，即是上达于天命之於穆不已、天之无间断之敬、圣
德之纯亦不已，以至"上天之载之无声无臭，其体即易，其理即
道，其用即神"，亦皆不出孟子所谓"充塞于天地之间"之"浩然
之气"，而亦再下贯于器及己与人。此即彻上彻下，其上如鸢飞于
天，其下如鱼跃于渊之道。在说此道时，明道既说其无声无臭，
又谓其体即易，其理即道，其用即神，乃就一道而言其体、理与
用。此道自不离器，不离浩然之气言，即不离阴阳言。故谓"一
阴一阳之谓道，阴阳亦形而下者也，而曰道者，惟此语截得上下
最分明，元来只此是道，要在人默而识之也"。此所谓截得上下最

分明，只此是道，正见此道之贯得上下最分明，为形而上，亦贯于所谓形而下之阴阳中。然此明道之言，如分为句句字字以观，则自朱子以降之解释，甚多缪辖。此与明道之教重直下默识之旨，反不合。盖此明道之言，皆神来之语。昔张横渠谓"合一不测为神"，"神为不测，缓辞不足以尽神"。今愈分析讲解，则愈成缓辞，或愈不足尽此中之神。此中之义，须直下悟得。然学者能将明道之言多玩诵数次，皆可有所悟，即是一笼统混沦之一悟，亦可开人之神智也。

　　然人如循朱子之言谓明道"说话浑沦，高煞难看，恁地动弹流转"（《朱子语类》九十三），则吾人可于明道此类之言，指出一切问近思之方。即须知：凡此明道之以形上之道彻上下之言，皆当由明道《定性书》言无内外，及《识仁篇》之言"仁者与天地万物为一体"中之即心即天之意而契入，亦当由明道此类之言，皆由下学中之"忠信忠恕敬义等中之义，以上达天道"之意而契入。谢显道记明道语"须是合内外之道，一天人，齐上下，下学而上达，极高明而道中庸"（《遗书》三），亦先言合内外，更言下学而上达。人若不先知明道言定性、识仁之意，不落实在下学之忠信忠恕之事，观其在何义上可上达于天道，而只向上或向外，望此无声无臭之形上天道，则明道之言诚太高，学者难看，而更可引起有种种歧出之思。然明道之学，明以定性识仁为本，缘是而更特举敬义、忠恕、忠信之下学之事，为入道之门。盖人之敬义、忠信、忠恕之事，实亦即人之通内外、无内外，以定性识仁之事，而分内外二面以言者。敬以直内，义以方外，即一心之兼应内外之二面之事，而通内外之事。敬之直内，即明道《定性书》所谓内之廓然大公之无间断。义之方外，即《定性书》之物来顺应。合此二者为一心之两面之功，即开此定性之一功为二。忠初是忠于人之事，而视他人之事如己之事。信是自践己对他人之言。明道谓"自尽为忠，循物无违谓信，表里之义也"（《遗书》十一），即忠信为合内外之表里之德也。忠是对人而尽己，恕是推己以及人。明道言"推己及物，恕也"（《遗书》十一）。则忠信忠恕，皆一求仁识仁之事之内外两面，而合以成仁之通内外者。此中敬之不间断，敬义不二，忠恕不二，所成就者只是一通内外之境。故敬之无间断，忠之尽己，即此通内外之境之自身之无间断，以自尽。至义之应物而当，使物得所，恕之推己及人以安人，使人得所，即是推扩此境。因无间断而推扩，亦由推扩而见其无间断。凡德之无间断，是敬；无间断而真实化此德，为诚；昭明此德，为明。凡德之无间断而不已，皆是由微之显，由寂之感，而见其由无声无臭之心之深密之地而出。其出而不已地出，即是终日乾乾，即是生生之谓易。此生生之理即是道。此理此道，即在此德行之无间断，而纯一不已中见也。

此德行之无间断，纯亦不已之义，自是明道之所最重。故谓纯亦不已为佛家之所不知，"自汉以来儒者，皆不识此义"（《遗书》十四）。此中自此纯亦不已者之"不容已""不当已"言，是命；自此"不容已不当已，而亦自是不已、自然不已"言，即是性。此则由人对其庸言庸行之忠信忠恕之德中，作切问近思之反省，皆可以自见得，而使此诸言之义一一落实者。然顺"此诸德行中，皆有对人接物之通内外"之义，而"此德行之不已，自有其由小而大，以次第推扩"之义去看，则见此通内外之境之自身，亦自在无间断地推扩；以至于见此整个天地之变化、草木之蕃、四时日月之不已，皆同在此一境中。此时吾人之心即同于"圣人之神化，上下与天地同流者也"（《遗书》十一）。而此天地变化、草木蕃、四时日月之不已，果一一真实化而诚存于吾人生命心灵中，则吾之生命心灵，亦即与天地万物同其蕃，同其变化，同其不已；吾人之忠敬，即实行于此天之不已之中。故明道谓"忠者天理"（《遗书》十一）。吾人之行义推恕之事，乃所以推扩此忠，亦"所以行乎忠"，是"人道即天道"（同上）。而此时吾人之恕，亦即实行于此"天地变化、草木蕃"之中。此天地之变化，草木之蕃，自无声无臭之天而降而生，正同于吾之一切德行，自无声无臭之心之深密之地而出。此亦即见此天之纯亦不已中之无声无臭，同于吾人之此心之德之纯一不已中之无声无臭，而与此心同其深密。因此天之生生不已之易之所在，固即吾心之循其通达于天之道、无方不测之神之所运，而不见内外者也。此吾心之神，既运于天，此吾心之道，既通达于天，则此道亦即天之道，此神亦即天之神；而此神之变化不测，即天之易；此神之不息，而无间断之敬，即天之敬；皆不见其为吾一心之所私有，则亦即可不于此言心，而唯言"天地设位，而易行乎其中"，"敬行乎其中也"；更言此天之生生不已之易中之不已，即其忠，其推扩至无穷，即其恕，可矣。因内外既不二，天人既一道，说天者皆可说人，说人者亦可说天。则人之敬义忠恕之道，亦不止行于人，而亦行于天。此庸言庸行中之敬义、忠恕等德中之道，固上达于天，上同于天，而亦至高明广大矣。今本此至高明广大之心，以为此庸言庸行，其德行之境即在一彻上彻下，鸢飞于天，鱼跃于渊，上下察以相通贯之境也。此即"神明其德"，"玩心神明，上下同流"之境，"圣人以此洗心退藏于密，圣人以此齐戒以神明其德夫"（《遗书》十一）之境也。然此中之教，必始于庸言庸行，以"下学而上达"，由合内外之道，而"一天人，齐上下"；然后此中之高明之义，得免于虚脱；切实之义，得免于凡俗。言道亦器者，所以免道之虚脱也；言器亦道者，所以免于器之凡俗也。凡此圆融之论，皆在双遮两边，以见一中道实理，非意在为一玄论也。

七　明道之言天理义

由明道之合内外之道，而彻上下，一天人，更或只言一易、一敬、一道、一神之行乎天地之中。明道亦或只单言天命、天理。

更言"吾学虽有所受,然天理二字,却是自家体贴出来"(《外书》十二)。然其除言"天降是于下"而为命,以使人物有性之外,更言"性即气,气即性","善固性也,恶亦不可不谓之性也",更言"善恶皆天理",则又皆使人不能无疑。如其言"天之降命",引刘康公之"民受天地之中以生,乃所谓命也","人之生也直",更谓其意"亦如此"(《遗书》十二)。此在刘康公时,原有一人格神之天神,则言天命降于人物,其义易解。然明道言心即天、天人不二、天人无间,则似不能更言天之降命于人。因若然,则是先有天而后有人,则与天人不二无间之语如何通?又如善恶皆性,皆天之所命,善恶皆天理,人何以又当依天理,以存善去恶?凡此疑难,吾意皆唯由观明道之如何依其合内外之道,以由心识天,而其凡言天处,皆隐有此心之义于后,而后可答。

如以民受天地之中以生一语而论,明道常言"中"无所不在,谓:"且唤做中,若以四方之中为中,则四边无中乎?若以中外为中,则外面无中。如生生之谓易,天地设位,而易行乎其中,岂可只以今之《易》书为易乎?中者且谓之中,不可捉一个中来为中。"(《遗书》十二)此谓"中者,且谓之中"即谓此中乃有其实指之物事。然谓其所实指者为中,不谓之为偏,则自有其义。其义即谓此所实指者,为能四边内外无定在,而无所不在,以为中者。如天之生生之易道之无定在,而无所不在,即可为此"中"之所实指。其言:"一物不该,非中也;一事不为,非中也;一息不存,非中也。"(《遗书》四,《二先生语》,此乃明道伊川共许之义。)此天之生生之易道,即足以当之也。然此所言天之生生之易道之主观面,即体此天之生生之易道之心。明道谓:"《诗》《书》中凡有一个包涵遍覆的意思者,则言天。"(《遗书》二上)而此心在体此生生之易道时,固亦即同时有一包涵遍覆的意思也。则此心亦即为此"中"之所实指者也。然若如此解,则所谓人受中以生,即只是受一"有包涵遍覆的意思,或能包涵遍覆之天之心"

以生。此即只是以天生天，以心生心；亦即依此天之不已而生，依此心之不已而生。人于此不已处，即见此天此心之有其深密。此即明道所谓"密也"（《遗书》十二），而见天之无声无臭，亦心之无声无臭者。依此密，而心不已，天不已，其不已为於穆之不已，於穆即深密也。则此所谓人受天地之中以生，即非先视人为天地间之一物，而言其由先人而在之天以生。此乃是直就此人心之生，必有其深密於穆之一面在，方成其不已之生；便于此深密於穆一面，即名之为此心之上之天。因在此心之深密於穆而未显处说，心即无心而非心，亦必"洗心而退藏于密"者，而后知其有。故可只名之为一无声无臭之天耳。

今循上之途以解明道所谓人受天地之中，或天降命为人物之性。则此所谓人，乃指有形体之人，将此人而与其他之有形体之物相较而言，则此人之形体之所受者，即一"能如天之包涵遍覆之即天即心者"之一全体。全体无所谓偏，即为"中"。自此全体之"中"，连于形体言，即说此形体受此全体之"中"以生；故人生而遂能有一包涵遍覆的意思，以与天地万物，皆相感通，而无所不应。此即见其所受之"中"，原无定在，而能无所不在也。至其他万物，则以其所感通者有定限，而有定在，故非受天地之"中"以生，而只受天地之"偏"以生矣。此所谓受天地之"偏"，亦即不能受此"即天之心或天地之心之全体"之"中"，而只得此即天之心之一偏也。然人固是得于此即天之心之全。物之得其偏，亦是得其全中之一偏，而亦有所得于此天之心。故谓："人为至灵，自家心，便是草木鸟兽之心也。但人受天地之中以生尔。"（《遗书》一）人于此心之自不已，见此心之有其深密者，是为性。于其深密者之必显为不容已，亦不当已处，即言命。人有其性命降于其形体，则万物亦当有其性命，降于其形体。此所谓性命之降者，亦即其不容已、不当已而自不已，以相继生之别名。后之继前而生，即后之自无声无臭中，降落至此前之前，以成此前后之相继也。

如吾人循上述之意，以观明道之言"善固性，恶亦不可不谓之性"之言，则当知其乃由人物之性之或得中而得全，与得偏者，皆为性说。人固有一包涵遍覆之心而能得中，然人之包涵遍覆之心，接于物之后，亦可自陷于物，而偏向于一类之物。此即人之还自坠落，以同于其他之物之性之偏而不中者，而人遂失其所以别于物者。此即形成人之恶。然此恶由人心之偏而致，而此偏亦仍初为于人心之全者割截一部，以成其偏。于此人心之全，得见人性之全，是为人性所在。对此全所割截以成之偏而有恶，亦是人性所在。则善固依此性以成善，恶亦依此性以成恶。故善固性也，恶亦不可不谓之性。恶之不可不谓之性者，在其得全之偏。偏于此为过，于他处即为不及。有过不及，便有恶。故谓"恶本非恶，但过不及便如此"（《遗书》二上）。不及者当求及，过者当不使之过，而人即仍当去其过不及之恶，以得中、得全，以化恶而成善。则明道之言"善固性，恶亦不可不谓之性"，固皆可解。而亦不与其言"人当化恶以为善，人之性之元始是善，天之命人以性，原于天之善，此性亦原是继天之善而生"之说相违者也。本此意以释程子言性之文句，已见吾《原性篇》，今不赘。

吾人若识得明道言天命与性之关系之义，及在何义上可说善恶皆性，即可于其言天理之语之滞碍，亦可释而化之。明道尝言"吾学虽有所受，然天理二字，却是自家体贴出来"。即见其重此天理之义。后之伊川朱子以至象山阳明，以及其后之宋明儒学者，几莫不重此天理之义。盖皆承明道而言。其影响之大可知。中国思想之言天理，始于《庄子》与《乐记》。《庄子·养生主》，言依乎天理，乃指内在于生命之流行中之天理。外篇《天运》言"至乐者先应之以人事，顺之以天理，行之以五德"，《刻意》篇言"循天之理"，《盗跖》篇言"从天之理"，亦皆自人之生命之顺天而动处说。《乐记》"人生而静，天之性也"，感物而动，成人之物欲，

人穷此人欲，遂灭其天理。此天理即指人生而静之天性言。此乃
是自主观之心之性上说天理。宋儒邵康节言天理，则与其所谓自
然之物之理同义，故谓"性之在物谓之理"。此乃以理为客观，而
以顺天安分，为不逆天理，"顺天理"而"天亦在我"。（《皇极经
世》卷八下）此即偏自客观义言天理。然横渠言天理，又再就人
之感知于外之天命之不已者，而随时应之以义，以使此随时之义，
恒与人所受之命相应合言。故言"义命合一存乎理"（《正蒙·诚
明篇》）。其谓之为天理者，即自此人之义之应合天之命而立。人
能以义合命，即能通天下之志，而悦诸心。故又谓"天理"为通
天下之志而悦诸心者。然此中横渠之言天命，初乃对性而言，亦
就心所感知之天之气化之不容已者言。故此命初乃客观意义之命，
此天理乃人主观之"义"，应合于此客观意义之天命而有者，便与
《乐记》之只由主观之天性言天理者不同；亦与康节之言天理重其
客观意义者不同。盖横渠之言人之心性与天命，有主客二面之相
对。此乃依于《诗》《书》中人性与天命天道之相对之传统。横渠
之学，则在先承认此相对之二，更言如何可使此二者打并归一。
此即在由人之心性之行义，而合于天命之不已。此亦即天理所在
也。然在明道之言天命与性，则直承《中庸》之"天命之谓性"
之旨而来。而以命与人之心性相对而说者，非圣人之"知天命"
之"天命"。[①] 此后一义之天命，乃与性不二者。而此性则初乃直
就此心物来顺应，仁者之浑然与物同体之道中得见者。故谓"性
外言道，道外言性，便不是圣贤论"。人有此心以有此应物之道，

---

① 《遗书》十一："知命者，知有命而信之者尔。不知命，无以为君子。命者所以辅义，
则如何断之以命哉。"此正是横渠言义命合一之旨。《遗书》二上《二先生语》记：
"贤者唯知义而已，命在其中。中人以下，乃以命处义。如言求之有道，得之有命。
……若贤者，则求之有道，得之以义，不必言命。"则义重于命。然上一段语之下文：
"若夫圣人之知天命，则异于此。"此天命，即"天命之谓性"之天命，而为明道
之所重者也。

即有此性。心之行于此道之不已而不容已、不当已，即见有命。自此命之不容已、不当已亦自是不已、自然不已言，即是性。此性之内容实即是天命，亦即此道。此道亦即此性之所以为性之理。故谓"以理而言之曰道"，则天道亦即天理。此中之天，乃自其包涵遍覆的意思说，而心即天，亦自有一包涵遍覆的意思。故此天理，即此心之包涵遍覆的意思中之天理。在此心包涵遍覆的意思中，同时有生生而不已不息的意思，而此意思遍运于其所感知之万事万物，无定在而无所不在，亦无偏私而无不中。此即一廓然大公、物来顺应之心，亦仁者之浑然与物同体之心。此能包涵遍覆、无偏私而无不中、廓然大公、浑然与物同体，亦皆并是可用以状天理之辞。故《定性书》言物来顺应、当喜而喜、当怒而怒，亦即顺理而是非。故《识仁篇》说仁为此理，其语录亦言"中之理"（《遗书》十一）也。今只顺此心之天理有包涵遍覆的意思说，则当"以物待物，不以己待物"，"天之生物也，有长有短，有大有小"（《遗书》十一），即无非此居上层之一意思之所包涵遍覆。则于世间事物之善或恶者，亦当先对之无所不覆。由此而吾人即知其"善恶皆天理"之言，当循其所谓圣人之心如天地，"岂尝有心拣别善恶"，"君子得其大，安可使小者亦大。天理如此，安可逆哉"（《遗书》十一）等言而理解。盖此一居上层之天理之心，固当亦原是无所不覆，而于善或恶皆如实而知之者也。若不知之，则此心有偏，而不中不全。只知善而不知恶，亦是不全；如只知全而不知偏亦是不全也。亦如若天只生能得天之全之人，而不生彼得天之偏之其他人物，亦是不全也。然此中明道之谓圣人之心同天地者，"初未尝拣别善恶"，而俱涵之；并未说在此俱涵之外，圣人更无他事，于一切善恶事物，皆只肯定之为事实而任之。故其言"天地岂尝有心拣别善恶"之下文，又言"当处之有道"，更言："事有善恶，皆天理也。天理中物，须有美恶，盖物之不齐，物之情也。但当察之，不可自入于恶，流于一物。"（《遗书》二上）

其再一段文曰："万物皆只是一个天理，己何与焉。至如言天讨有罪，五刑五用哉；天命有德，五服五章哉；此都只是天理，自然当如此，人几时与。与则便是私意。有善有恶。善则理当喜，如五服自有一个次第以彰显之。恶则理当恶，彼自绝于理，故五刑五用。曷尝容心喜怒于其间哉。"（《遗书》二上）

此段文则明示顺天理而行者，同时有去恶成善之事。此善之理当喜，恶之理当恶，为天理之内容。则此具天理之心中，一方有于一切善事恶事，皆加以包涵遍覆之义；一方亦有于善知其理当喜，于恶知其理当恶之义。人依天理而行，亦即一方于善恶事无所不容，而皆如实观之；一方亦如其善之理当喜，恶之理当怒，而喜怒。此即《定性篇》之物来顺应之旨。此应之之喜怒，乃由物之理当喜当怒，而顺以应之。故先无喜怒存于心，亦先无物之善恶之念存于心。顺应之后，此喜怒不留，而善恶事之念亦不留。此即纯顺天理，知善恶事，以能有喜怒，而此二俱不留之化境；同时是全顺天理之实而行，以诚有此天理为实理之实境。此心之存此天理，乃自始不黏附于其所感知之物之善恶上，故其言善恶皆天理，亦是说善恶皆此居上层之存此天理之心之所涵覆，为此心之依其当喜当怒之理而应之者。则谓其皆天理，乃兼自其存于此天理之流行而实现之历程中，而在此全体之天理之心中，为其喜怒之所对之一面而说；故尚非只由"此善恶之生，皆依于天理之表现之有全有偏而致"说。则说善恶皆天理，即兼说：在人顺天理而行之历程中，"此恶之当怒而当化，此善之当喜而当存"之天理也。

吾人如对明道之言理，有自祛其凝滞之了解，则明道之自谓"吾学虽有所受，天理二字，却是自家体贴出来"，实非苟说，不容忽视。因只以天命之於穆之不已，天命之谓性，生生之谓易，以言天道，皆只是上承《中庸》《易传》之义。唯缘明道之著《定性书》而言识仁以一内外，由敬义忠恕以彻上下，而由天命之不已，知其无声无臭之密；更依此洗心，而退藏于其内之密，以包涵遍覆其下之天地万物，依物之善恶以喜怒顺应，"即事尽天理，便是易"（《遗书》二上）；由此以为五服五章，五刑五用；然后为尽天理之事，方为明道之学之全体所在。故谓"天之付与之谓命，禀之在我之谓性，见于事业之谓理"（《遗书》六，《二先生语》）。又谓"和顺于道德，而理于义者，体用也"（《遗书》十一）。唯明道知此学不见于事业，不理于义，则有体无用，然后明道之学，乃能诚如《伊川行状》所说"穷神知化"而"通于礼乐"，以"开物成务"，以成一真正之明体以达用之学。故横渠尝谓明道过于伊川，"其救世之志，甚诚切，亦于今日天下之事，尽记得熟"。唯由明道之能言此天理之义，然后人由敬义忠恕之下学之功，以上达而知之天道天命，以由下彻上者，更可由上以彻下。然后吾人乃于其言天道、天命、性与神，言清浊皆神、善恶皆性、善恶事皆天理、以浩然之气摄阴阳之气、道即器、器即道等，皆得而解其何以皆不碍其言"天命之纯善、性之纯善、天理自身之即性而亦纯善，以及神之不测、道之为形而上，亦皆并在一浩然之气之浑化斡旋之中，皆无不真实，亦一诚之所充周"之故。至于伊川朱子之严分此形而上之道为天理所在，而位气于其下，重此天理与人欲为相对，谓天理为道心，人心为人欲（《二程遗书》《外书》二），亦初承明道之旨而说。明道同亦有人欲与天德（《遗书》十一下注一作理）之言。唯明道之体贴此天理，又是自始是体贴其为由上彻下，以运于一浩然之气中之阴阳之化，与形物之气之清浊、人事之善恶中之天理；故恒即气与形物形器言道言性。故其言天理与气化之别，人心人欲与道心天理之别，其义不甚显；而其言一内外、心即天，不离心言天理之旨，则甚显。故后之学者凡不慊于伊川朱子之理气、理欲为二之说者，或只重言气者，与象山阳明重即心言天者，皆可于明道无间言。明道亦为后之儒者所共推尊。其言亦恒可容人之向上或向下、向内或向外，以滑动而解之，而人遂或只得其一偏之旨。故重内心之学者，则喜其定性之论；重观天地之化者，则喜其言生生之易道；沉潜者，喜其言忠信敬义忠恕为进德之本；高明者，喜其言上达于天命之无声无臭，洗心而退藏于密之义；而皆可各得其所得焉。然伊川言明道之学，"尽性至命，必本于孝弟；穷神知化，由通于礼乐"，则于明道之一内外、彻上下之学，盖最能兼备之而无憾。明道自言"天理二字，是自家体贴出来"，亦固有自知之明。观明道之言天理之一内外、彻上下之义，则亦昔之庄子、《乐记》、康节、横渠之言天理，所同未有者。此中横渠之申义命二者之合，以言天理，固不同明道之直下言一内外、彻上下之天理。然横渠之言人合内外而见天理，即同时见得此天理为"通天下之志，而悦诸心者"，则其言自善，亦可用以说明道之天理者。明道之天理，固亦由其心之自体贴之而悦之以见，而能通天下之志，以开物成务者也。

第八章　程伊川于一心分性情，别理气，及以敬直内，以格物穷理应外之道（上）

一　明道与伊川之同异

程伊川之学与程明道之学之同异，上章已谓其自始成一问题。伊川为《明道行状》(《二程遗书》《伊川文集》卷七)，谓明道之学"尽性至命，必本于孝弟；穷神知化，由通于礼乐"；后更与人言其学与其兄同，他人之求其学者，即于此《明道行状》一文中求之云云。然伊川与明道之气质固不同，其学皆各求其心之所安。而伊川又后明道二十年而殁，其所言之义理，自与明道不必尽同。《二程遗书·二先生语》尝载："古之人，耳之于乐，目之于礼，左右起居，盘盂几丈，有铭有戒，动息皆有所养。今皆废，独有义理以之养心，但存此涵养意久，则自熟矣。敬以直内是涵养意。"此语似明道说。又《遗书》十五载："古者八岁入小学，十五入大学，舞勺舞象，有弦歌以养其耳，舞于羽以养其气血，有礼义以养其心。又且急则佩韦，缓则佩弦；出入闾巷，耳目视听，及政事之施。如是则非僻之心，无自而入。今之学者，只有义理以养其心。"此则明记为伊川语。则二先生之志，皆在成礼乐之教化。今之唯有义理以养其心，亦不得已之事。则于义理之微，亦更不能不加意辨析。否则人道当全废矣。

吾人今本伊川之言，以观伊川所言之义理，则当知其实承明道之言"学者须守下学而上达之语，乃学之要"(《遗书》二上明道语），"下学而上达，意在言表也"（《遗书》十一）之旨而进，亦即是由庸言庸行，上达高明。故明道伊川与学者言，皆同是就日用常行中指点。此乃不同于康节濂溪横渠之各著一书，以论天道，更下贯之于人道；而是直于人之生活中事，性情心身上事，以展示尽性至命、穷神知化之境。明道一生除对人之书信、对时君之奏议，与对弟子之语录外，几别无遗著。其欲著《乐书》亦未成。伊川则言六十岁后始著书，而著《易传》亦终未毕而殁。今观其《易传》之序，谓《易》唯是顺性命之理之书。此语康节亦尝言之。然康节乃先观于天地，方见性命之理；而伊川之《易传》之书，则唯举史事，以言人出处进退之道，以教人尽性命之理。《伊川易传》乾卦传，首言乾为天之性情，此即以人之性情说天也。此《易传》之书，实无异将《易经》一书，化为一论人事人道之书，而与康节、濂溪、横渠之论《易》，皆初重其天道之论，方更言人之法天之道者，不同其路数。吾人前论明道之学不同于康节濂溪横渠者，在言天人内外本不二，不必言以内合外，以人合天，故能于人下学之事中，成其上达天道之功，而言心性即天。伊川亦言"心也、性也、天也，非有异也"（《遗书》十五），"在天为命，在人为性，其所主为心，其实是一个道。才尽心即知性，知性即是知天矣"（《遗书》十八），"自理言之谓之天，自禀受言之谓之性，自存诸人言之谓之心"（《遗书》二十二上）。又《遗书》五上言："心具天德，心有未尽处，便是天德处未能尽，何缘知性则知天，尽己心，则能尽人尽物，与天地参，赞化育。"此《遗书》记为《二先生语》。大率《遗书》中所记为《二先生语》者，盖皆明道伊川所共说，或记者视为二先生所共说者。《遗书》中所记为《二先生语》者甚多，则二先生之同处固甚多也。由此人之心性与天道原不二，故人问明道如何是道，明道曰"于君臣、父子、兄弟、朋友、夫妇上求"（《二程遗书》《外书》十二）。人问伊川如何是道，曰"行处是"（《外书》十二）。伊川亦言"圣人之道，更无精粗，洒扫应对，至精义入神，通贯只一理"（《遗书》十五）。此皆不同于"只传他说道时，已与道离……只说道时，便已不是道也"；而是"有道者言自分明，只作寻常本分事说了"（《遗书》一）。明道《定性书》言圣人之喜怒，不系于心而系于物，以合内外；伊川亦言"圣人之心，只因是人有可怒之事而怒之，圣人之心本无怒也，故能不迁怒"（《遗书》十八），更由此以成其"物各付物"之论（见后文）。明道言圣人之喜怒所以不系于心，在其心之廓然而大公，亦在其为仁者，而浑然与物为体。伊川即缘是而言仁之道是公，"公而以人体之故为仁"。只为"公则一，私则万殊。公则物我兼照，故仁。所以能恕能爱，恕则仁之施，爱则仁之用也"（《遗书》十五）。明道言天之於穆不已，纯亦不已之道，由忠恕之人道，以言天地之忠恕，言"维天之命，於穆不已，不其忠乎？天地变化，草木蕃，不其恕乎？"此乃开创启发之言。伊川径断曰："维天之命，於穆不已，忠也；乾道变化，各正性命，恕也。"明道言人当"洗心以退藏于密"，以契于此道。伊川亦言"退藏于密，密是用之源，圣人之妙处"（《遗书》十五）。明道言诚敬，又言"敬则无间断"，并以诚与敬义，合内外以识仁，而上达天德。前文已及。然伊川于诚敬中，则尤重由敬以至诚，更明主涵养须用敬，集义在穷理格物以致知；又本明道主敬之义，以易濂溪主静之说。故谓"敬则自虚静，不可把虚静唤做敬"（《遗书》十五），又言"才说著静字，便是忘也"（《遗书》十八）。伊川亦以主敬代易横渠"先无我克己，然后能体道"之说，而谓"敬即便是礼，无己可克"。凡此等等，皆伊川显承明道，未尝有违，而更加发挥之义也。

此伊川所论义与明道之不同，或谓在其言性有才与性之别之说，如其《遗书》十九中各节所说。然明道固已言人性有气禀之清浊之不同。伊川谓气清则才清，气浊则才浊，正是承明道之言人之气禀之清浊而说。其所谓才，自不合孟子之以才即是性之说。

然孟子亦无明道之气之清浊之论，亦如其无伊川之才之清浊之说。此乃由宋儒之言性，能兼面对性之全或不全之表现，与性之所以不能表现，而有不善之故，所为之新说也。对此伊川明道言人性之异同，吾于《原性篇》所已说者外，亦无多可说。

此外，伊川与明道之论学之不同，则盖在伊川于此学中之种种名义，更有分别肯断之论述，不同于明道之多指点启发语，朱子所谓"言多超迈"（《语类》九十三）者。上提及之伊川辨才性之分，才之清浊之分，是此中之一端。此外则伊川尝辨性情之不同，谓仁是性而爱是情，亦辨仁与圣之异、孝弟非仁之本、仁与心之异、忠恕是否可贯道、四端中何以不言信、恭与敬之异（皆见《遗书》十八）等。伊川言名义界分之语，如谓"爱是仁之用，恕者仁之施"，"公是仁之理，公而以人体之是为仁"，"一心之谓诚，尽心之谓忠"等语，尤为朱子所称（《朱子语类》九十七）。此中之重要者，则是辨性情之不同。其以孝弟非仁之本之说，初似骇耳惊心，亦即由其以仁是性，孝弟是用而来。谓孝弟是用，即犹言孝弟是情耳。情乃由心有所感而生之用，性则初为此心之寂然之体。此心中之寂然不动之体，与其感而遂通之用，固皆属于心。然性为体而情为用，即于此一心分出性与情、体与用之二者。伊川更言此性之即理，情与感之依气而生，遂更多理气之论。在养此心性之工夫上，则无事时之"主敬以涵养"之工夫，与应物时之"须格物穷理以致知，乃能义以方外"之工夫，又不同。喜怒哀乐未发时之致中，与应物时之致和之工夫亦不同。此亦须分别而说。然伊川亦尝言："心，生道也，恻隐之心，人之生道也。"（《遗书》二十一下）此生道，即心之由寂而感，由性而情，由理而气，或由内而外，以成此心之生之合内外之道。则伊川固非不知人心为整个之一心者。然此整个之心自仍有其两面。明道《定性书》之言廓然大公、物来顺应，亦是谓此心有寂感内外之两面。则凡此伊川所论，皆有本于明道。唯伊川于此中之两面，更

有其分辨之论，然后再合之以言"体用一原，显微无间"。此则
又有似横渠之先分内外，而更求其合一；不似明道直悟合内外之
仁体，以诚敬存之，亦不似濂溪之言一诚者。然横渠乃先于天人
分内外，而求合天人以一内外。自明道言"天人不二""天人无
间"，则更无此天人之内外，而只有一心之内外之两面。故伊川继
明道而言寂感性情，分内外以为二，与缘此而有之理气为二之说，
皆不同于横渠之以天人分内外之说。此乃只是于此一整个之心自
身，姑分内外两面，而更观人对此内外两面，当有之工夫。此所
谓外之指人外之物者，人对之之感，亦发自内心。故伊川言"感
亦是内感，非在外也"。唯以此感恒接于物以生情，此中同时有心
之气之接于物之气之事，故人亦可视此伊川之性情、寂感、理气
之内外之分，亦为一天人内外之分。又伊川于言此寂感、性情、
理气之分，着语过多，亦似为一性情、理气之二分之二元论。然
实则今就伊川言"心，生道也"一语，及其言"心为性情之所主
处"（《遗书》十八）、"心如谷种"之包涵生之性之仁、"发处是情"
（《遗书》十八）等言以观，则伊川固亦有横渠所谓"心统性情"
之论，及后之朱子以心为主而论性情之说。而后之学者，于伊川
朱子之学，唯重其"由性见理由情见气，性情理气，相对而成二"
方面，而不重其以心为所主处之义，遂忽视其分性情、寂感，乃
于一心分二面而开出，其所承者，正是明道之言整个一心，亦原
有其内外二面之说。由于不明此中思想发展之迹，遂横将明道伊
川兄弟相承之说，化作对立之二论，而亦使此宋儒之学中之道之
流行，若有间断无相续矣。

二　伊川言仁与心之性情、寂感及理气之文句与其性情之辨

　　然上来之说，亦不碍就伊川言而观，彼确是畸重在对此一心

之性情、寂感二面,而对之作一分辨。此盖亦或因此二面之统在一心,明道言之已多。缘是而伊川对"性理"与其"情气"及"主敬以直内",与"格物穷理以致知,求义以方外",亦重在作一切实之分辨。此分辨亦未尝无其理由,而亦为明道之思想之一方面之自然发展之结果。兹先汇集伊川之分辨心之性情、寂感,以及理气之言于下,更细论之。

"问仁。曰:此在诸公自思之。将圣贤所言仁处,类聚观之,体认出来。孟子曰:恻隐之心,仁也。后人遂以爱为仁。恻隐固是爱也。爱自是情,仁自是性,岂可专以爱为仁?孟子言恻隐为仁,盖为前已言,恻隐之心,仁之端也。既曰仁之端,则不可便谓之仁。退之言博爱之谓仁,非也。仁者固博爱,然便以博爱为仁,则不可。"(《遗书》十八)

"恻隐则属爱,乃情也,非性也。恕者入仁之门,而恕非仁也……因其恻隐之心,知其有仁。"(《遗书》十五)

"问孝弟为仁之本。此是由孝弟可以至仁否?曰非也。谓行仁自孝弟始。盖孝弟是仁之一事,谓之行仁之本则可,谓之是仁之本则不可。盖仁是性也,孝弟是用也。性中只有仁义礼智四者,几曾有孝弟来?仁主于爱,爱莫大于爱亲。故曰孝弟也者,其为仁之本欤。"(《遗书》十八)

"问仁与心何异,曰心是所主处,仁是就事言。曰,若是,则仁是心之用否?曰固是,若说仁者心之用,则不可。心譬如身,四端如四支。四支固是身所用,只可谓身之四支。如四端固具于心,然未可便谓之心之用。或曰譬如五谷之种,必待阳气而生。曰非是。阳气发处,却是情也。心譬如谷种,生之性便是仁也。"(同上)

"性即理也,所谓理性是也。天下之理,原其所自,未有不善。喜怒哀乐之未发,何尝不善?发而中节,则无往而不善。发不中节,然后为不善。故凡言善恶,皆先善而后恶;言是非,皆先是

而后非；言吉凶，皆先吉而后凶。"(《遗书》二十二上）

"称性之善谓之道，道与性一也。……性之本谓之命，性之自然者谓之天，性之有形者谓之心，自性之有动者谓之情。凡此数者，皆一也。圣人因事以制名，故不同若此。"(《遗书》廿五）

"冲漠无朕，万象森然已具；未应不是先，已应不是后。如百尺之木，自根本至枝叶，皆是一贯；不可道上面一段事，无形无兆，却待人旋安排，引入来，教入涂辙。既是涂辙，却只是一个涂辙。"(《遗书》十五）

"寂然不动，感而遂通，此已言人分上事。若论道，则万理皆具，更不说感与未感。"(同上）

"寂然不动，万物森然已具；感而遂通，感则只是自内感；不是外面将一件物，来感于此也。"(同上）

"万物皆备于我，不独人尔，物皆然，都自这里出去。只是物不能推，人则能推之。虽能推之，几时添得一分？不能推之，几时减得一分？百理具在，平铺放着，几时道：尧尽君道，添得些君道多；舜尽子道，添得些子道多。原来依旧。"(《遗书》二上，《二先生语》）

"天理云者，这一个道理，更有甚穷已，不为尧存，不为桀亡。人得之者，故大行不加，穷居不损。这上头来，更怎说得存亡加减。是佗元无少欠，百理具备。"(《遗书》二上，《二先生语》。此上二节语，语气似明道说，但伊川自是兼重其义。）

"心与理一，人不能会之为一。"(《遗书》五）

"心，生道也。有是心，斯有是形以生。恻隐之心，人之生道也。"(《遗书》二十一下）

"感而遂通天下之故，以其寂然不动。小则事物之至，大则无时而不感。"(《遗书》三）

"心有指体而言者，寂然不动是也；有指用而言者，感而遂通天下之故是也。"(《伊川文集》五《与吕大临论中书》）

"喜怒哀乐之未发谓之中，中也者，言寂然不动者也；故曰天下之大本。发而皆中节谓之和，和也者，言感而遂通者也；故曰天下之达道。"（《遗书》二十五）

"心所感通者，只是理也。知天下事，有即有，无即无。无古今前后，皆如梦寐，皆无形，只是有此理。涉于形声之类，则是气也。物生则气聚，死则散而归尽。"（《遗书》二下，疑为伊川语，因上一段为伊川语也。）

"近取诸身，百理皆具。屈伸往来之义，只于鼻息之间见之。屈伸往来只是理，不必将既屈之气，复为方伸之气。生生之理，自然不息。如复卦言七日来复，其间元不断续。阳已复生，物极必返，其理须如此。有生便有死，有始便有终。"（《遗书》十五）

"一阴一阳之谓道。……离了阴阳更无道。所以阴阳者是道也。阴阳，气也。气是形而下者，道是形而上者。形而上者，则是密也。"（《遗书》十五）

"浩然之气，既言气，则已是大段有形体之物。如言志，有甚迹，然亦尽有形象。浩然之气，是集义所生者。既生得此气，语其体，则与道合；语其用，则莫不是义。"（《遗书》十五）

三　伊川言性与情之分，及其同于横渠言心统性情之义

伊川之分性与情，而谓仁是性、爱是情，其思想在其始冠时应试诸生，所著《颜子所好何学论》文，已见之。此文为伊川青年时代之著，正同《定性书》为明道青年时代之著。可见兄弟二人之思想，皆早熟。其《颜子所好何学论》中，谓："天地储精，得五行之秀者为人。其本也，真而静，其未发也，五性具焉，曰仁义礼智信。形既生矣，外物触其形，而动于中矣。其中动，而七情出焉，曰喜怒哀乐爱恶欲。情既炽而益荡，其性凿矣。是故

觉者约其情，使合于中，正其心，养其性。故曰性其情。愚者则不知制之，纵其情而至于邪僻，梏其性而亡之。故曰情其性。……"其文之前数语，类濂溪之《太极图说》。故刘蕺山《五子连珠》，谓此文为"伊川得统于濂溪处"。至其言情出而炽而荡性、凿性、梏性，故当性其情，不可情其性云云，则类似伊川同时邵康节之尊性而抑情，言"性公而明，情偏而暗"之旨。盖皆近则原于李翱言复性而性其情之旨，远则王弼已有性其情之论。至以性善而情恒恶，初始于汉儒。故伊川之言性情之分，固是其早年已有之论。而自中国思想史，观其渊原，则尤为久远。此人之七情感物而动，恒与物俱转，遂往而不返，离于中正之道，而致人之仁义礼智信之性，不能有真实之表现；亦正为一事实。此时，人之求自节其情，以反于其性之真与静，亦为一宜有之工夫。濂溪即于此言主静以无欲。此其所谓欲，亦犹伊川之所谓情，为感物而动者也。人能无此随物而动之情欲，乃能有依仁义礼智信之性，而生之情。此即"性其情"之"情"，非只感物而动，随物而转，而荡性、凿性、梏亡其性之情，为"情其性"之"情"矣。

上言此所谓性其情，即使其情皆为其仁义礼智信之性之表现。此事并非人人皆能作到，即见人有不表现于情之性，而见此情与性之有分。又即在人性之能表现于情处看，亦非此情能将其性之全体，加以表现。其所以不能全体加以表现，不只由其表现之不纯，而有不善之情欲之夹杂；而兼由一至纯粹之情，而能表现此仁义礼智信之性者，亦未必能同时表现此五性，而恒在一时只表现其一性；又在其表现五性之一，如仁时，亦不能穷此一性之可能有之表现，而表现此仁性之全。如人已有至纯粹之对人物之爱，此固能表现此人之仁性。然人之此爱，固不足以尽此仁性所可能有之表现，其及于其他人物者，即不能表现此仁性之全也。此即伊川之所以谓韩愈之"博爱之谓仁"之说为非是。盖人纵至博爱而无所不爱，皆只是自已有之博爱事上言；而此能博爱之仁性，固仍有未表现于此一切已有之博爱之事者在也。依此情之只限于在性所已有之表现上说，而性却不能只限于其此已有之表现上说，则情必不能穷尽此性而表现之。而情之内容，与性之内容，即恒有一距离。此即已足见情之非即性，爱之情不同于仁之性。人之仁性之表现于孝弟之事，而有之孝弟之情，亦非即此仁之性。此仁之性，固可不限在表现于孝弟之事、孝弟之情之中，而更可表现为老吾老以及人之老，幼吾幼以及人之幼，以至齐家、治国、平天下，与化育万物之其他之事之情之中者也。则此仁之性，便必不即是此孝弟之事之情。孝弟之事之情，乃依仁性之本而有，非仁以孝弟为本，亦明矣。

由此推之，则恭敬之情，亦必不即礼之性，羞恶之情亦必不即义之性，是非之情亦必不即智之性，其义亦明。然唯由心之有仁义礼智之性，人乃有爱等四端之情之事；亦必由此四端之情之事，乃可见人心之有此仁义礼智之性。故上引伊川言仁之一节，谓"仁是就事言"。此就事言者，言就心之事而见也。由仁必由心之事而见，而此心之事，即心之用，故可说仁是心之用。此所谓仁是心之用，乃谓于心之用中，见有此仁性之显，亦见心之依其仁性，以成此心之用。此即如心之自用其仁，以有其心之事，而此仁自在此心之用中。然不可说"仁者心之用"者，则以此"者"字，乃将仁单独提示别出，以说其为心所用。此则又无异视仁为心所用之一物。此则大不可。因仁固是心之性，而属于此心，如四肢之属于一身，不同于身所用之物，初不属心，而为心所用者也。此伊川之以四肢之属身，以喻四端中所见之仁义礼智之属心，则伊川不以性在心外，而只以性为心之性之旨，亦明矣。

由上所说，可见伊川自是要在一心中分性情，更由四端之情，以见性之是在此心之用中，然同时亦绝不许视此性为心外之物，而为心所用者。故伊川喻心如谷种，谓其生之性，即仁，其阳气发处即情。此谷种之阳气发处，即其有生发之事处。此谷种自是一整体，而生之性，即在其中，以为其生发之事之情之所依。其阳气之由未发而发，即其生之道。此即喻此心以其"生之性之发于情"，为其道。故曰心为生道。此言亦甚精切，而亦实已涵具横渠心统性情之旨，而未尝偏在情或性上说心。然谓此一心必有此性情之二面，谓此二面不能混说为一，更克就此心之发处或表现处，与未发未表现处，以严分性情为二，则伊川所新创，而最重视之义也。

四　伊川之性即理，性情、寂感、理气之具于一心之义

至于欲对伊川之言性即理，有一切当之讲解，则当知此所谓理，即吾人今所谓当然之理，亦即义所当然之理。此乃由濂溪之言礼曰理，横渠之言义命合一存乎理，与明道之言天理，皆有此一"义所当然"之义而来。依此说，则顺理或顺天理而行，即顺义所当然者，以成其行之实如何如何然。故言性即理，即谓性之未表现于情，在情上未然者，当表现于情之实然上之谓。故谓性即理，即谓性为一当然之理。只说性情之相对为内与外、已表现与未表现之二者，则性之当表现于情，而为当然之理之义，尚不得见。必言性即理，乃见性之为未表现于情者，同时为理当表现于情，亦具有一"指向于情之表现之实然"之意义者。则此当然之性理，虽未发、未表现而静，同时具有一能动之动向义。此即后之朱子所谓性之静中有动之几也。故于此性即理之义，朱子以为"自古无人敢道"，是"千万世说性的根基"（《朱子语类》九十三），此亦实是伊川之创辟之语。谓性即理当表现于情，而具有一"指向在情之实然"之意义，又实未然，即不同于情之为实然者。故人若有此情之实然，则于此性此理，增益了一实然之意义，或实际存在之意义。此实然、实际存在之意义，则由此理之见于

气而有，如谷种之生之性，见于其阳气之发动，而后实有其生之事也。此中所谓气，亦即实际的存在，或实际存在的动发或流行之别名。由是而此性情关系，即为"依性有情，情表现性"之关系。谓性即理、情依气，则此中之理气之关系，亦为"依理有气，气表现理"之关系。性与理可相连，名性理；则情与气亦可相连，而名为情气。唯后一名，伊川未用之，唯以性与情相对、理与气相对，加以分辨耳。然观伊川思想之重点，则当是先有此性情之辨。故伊川亦多言性情之相对，而较罕及理气之相对。如《伊川易传》以乾坤为天地之性情，亦尚不以理气说天地，是其证也。朱子乃重理气之相对，喜以理气言天地以及人物之性情矣。至在伊川朱子以前，在濂溪、横渠之言中，则皆只分别说理气，而未将此理气相对成名，加以讨论；而于性情之辨，亦未有所论。自伊川既辨性情，更及理气，方有此理气之论；朱子遂大张此理气之论。故自思想史观之，此理气之论，固起原于性情之论。性情之论，则原于人对其道德生活之省察，亦对于其心之性情二面之省察，而初非原于对天地万物之理气之省察者也。今能知此理气之论之本原，在一心之性情之论，而本此心之性情之论，以观理气之论，则亦可于伊川朱子之理气之论，得一善解之途，而不致多有歧出之想矣。

　　缘此伊川朱子之理气之辨既出，而人或忘其本在性情之辨。故人或只以此中之"理"之观念之立，唯在说明气化之所以然。由此以观性情之辨，亦以性之观念之立，为说明情之所以然。合此二者，而人或以此性理为说明人之现有之恻隐羞恶等情，事物之气之流行之可能的形上根据。此固可说。然此中亦可有一问题。即现有之情既已现有，事物之气既已现流行，亦非必须更说明其所以可能之形上根据。人只就其有而观其有，只就其流行，而观其流行，又奚为不可？于此当知，凡此现有者，实皆可以其自己说明其自己之有，而亦可不待更为之说明。真待说明者，乃其有何以相续有，其流行何以不息？此即谓真待说明者，非现有、已有者，而是未有者之何为而有。此未有者之由未有而有之如何而可能？此在一般科学家与佛家之论，则恒以因果或因缘关系说明之。此乃谓以此已有现有者为因，即是说明此"未有者，由未有而有之事，所以可能"之根据。然此说不足以谈玄。因已有、现有者中，无彼未有者，则亦不能为彼未有者可能有之根据故。然欲谈玄，而欲说此未有者可能有之根据，亦有其他之说。如循前所说之视此未有者之有，皆由天外飞来，由天而降，以思其可能有之根据是也。然循此以思，却又并非必须谓一已有现有者，其可能有之根据，在一客观形上之理。人亦固可谓此一切已有现有之事物，其可能有之根据，为一客观形上之大物质或元气，或天与上帝之类，而非必是一客观形上之理也。而单纯之一客观形上之理，为非实际存在，便可说为抽象者，又如何可为已有现有之事物之为具体者所以实际存在之根据？则人皆可于此致疑。是见直接为求说明已有现有之事物之所以可能，或此事物之气之流行之所以可能，而说有一形上客观之理，乃可说而非必可说，亦非必然之论者也。然吾人如能转而在人之性之表现于人之道德生活者上着眼，以言此理气之问题，则此中可见人之情气，必有一性理为其所以可能有之形上根据。盖自人性情之表现于道德生活者言，则人于此道德生活中，可直感一当有当然者，如当有当然之对人之爱。此中人之自谓我当有此爱，非谓我为一客观事物之因果关系之所决定，而使我非爱不可。此中人所感之客观事物之因果关系，亦正大可为阻止我去爱者。此时人之自谓我当有此爱，亦非谓在客观之世界中，有任何物能必然产生我之此爱；而在客观世界中，上穷碧落、下达黄泉以求之，亦初无此爱。即在吾之现有已有之心中，亦初无此当有未有之爱。则吾人欲实有此爱，唯赖吾人自己之创生之。而吾之创生之，则唯依此感其为当有，亦即感其为义所当有、理所当有，而自创生之。则其创生之，即只以我此心之感其为义所当有、理所当为，为唯一之根据。简言之，即以此义理之有，为其实有之唯一之根据。此爱之成为实有，是气，是吾人心之情。然此义理，则初只是理、只是义。此义理之初呈于心，而未见于情，亦只为人之性之见于心。至其实见于情时，则于此情，不得不说为唯依此心之性而生，此情之气，亦不得不说唯依此性之理而生。因全宇宙中之一切已有现有之客观与主观之世界中之事物，皆不能为其所以有之根据之故耳。

　　然此中吾人以性为情之根据，理为气之根据，乃意在说明未有当有之情之气，所以有、所以可能之根据，亦即意在说明此我所将创生之情气，所以可能之根据，而非意在说所已有、现有之情气所以可能之根据。吾今如欲对人已有现有之情之气，亦依此性理为根据，而加以说明，此仍是由吾人之思及此现有已有者，初原是未有非实有，或只为一当有；而后觉其由未有当有而至实有，须有一说明。此仍是对未有当有者之所以可能有，求一根据，非对已有现有者，求其根据也。已有现有者，其有是已有现有，即可以其"有"为其"有"之根据，亦即不须更求其根据，而可只就其有观其有，此则如前所说。故唯对未有当有者，其由未有至有，乃需一根据，加以说明。而于此所言之根据，皆是对未有当有者，为其根据。故吾之性之仁之有，只是为当有未有之爱之情之根据。依此以言理之为气之根据，亦只是以理之有，为当有未有之气之根据也。

　　吾人如识得此中之性，乃为当有未有之情之可能的根据，此中之理，乃为当有未有之气之可能的根据，则更可知此性此理，即以"向于与之相应之情之生、气之生"，为其本质之意义。故此理即是生理，此性亦是一生性。此性此理，乃是即在其未表现于气、见于情时，已有此向于生此情、生此气之意义者，然后得为此情此气所根之以生者。此中，如只即情即气而观，当情气之未生，则于此性理可说之为静。然即此性理而观其向于此情气之生，为此情气所根以生，则非只是静，而为静中有动义者。依此性理之有此动义，而实表现一动，以显此性理于情气，是为此心之"感而遂通"。若自此心未实表现一动，只有此具动义之性理之存于心说，则为此心之寂然不动。对此心之性理一面与情气一面，亦即可以此心之寂然不动一面，与感而遂通之一面，分别说之。①故朱子谓伊川以心有指体（寂）而言者，有指用（感）而言者，与横渠心统性情之说相似（《语类》九十八）。心之寂然不动一面，为隐微，为心之体；心之感而遂通一面，为彰显，为心之用。然此又非谓此心之寂然之体者之一面，不向于其感通之用之谓；亦非此心之隐微者，不向于其彰显之谓。故此中更须谓此二面亦自有不二义。此即伊川所常言之"体用一原，显微无间"之义也。

依此伊川所说，则性情、理气、寂感，一方是相对为二，而二中亦有相向以成不二之义。其所以必不能只是二者，则以此二者俱属于心。性情只是一心之性情。依此性情以言理气，初亦只是一心之理气，寂感更只是一心之寂感。此性、理、寂，是心之内层或上层；情、气、感，则是其外层与下层。其由内而外，由上而下之整个道路，即名为心之生道。此心之生道之两端，即此性与情、寂与感、理与气。两端在此整个之生道中，亦即在一整个之心也。然此中克就心有性情、寂感、体用两端，而言其为两端，则为伊川之学之精彩之所在。而使其言两端并属一心之义，为其所掩。依此两端之为两端以观，则人恒见得寂然之性理，高

---

①《易传》之"寂然不动，感而遂通天下之故"，其原始义，当如《朱子语类》说《易》之为书，原自寂然，卜之便应，为感而遂通。此自非伊川之寂感义。后孔颖达《周易正义》注"寂然不动，感而遂通天下之故"者，谓："既无思无为，故寂然不动；有感必应，万事皆通。"此乃自应外事为感，与伊川之感而遂通，指性之自内感而遂通，以见于情者不同。邵康节《皇极经世》卷七下言"寂然不动，反本复静，坤之时也；感而遂通天下之故，阳动于中，间不容发，复之义也"，此乃纯自天道之坤复，言寂感，亦与伊川之言，纯自一心之性情说寂感者不同。濂溪之《通书》言"寂然不动者为诚，感而遂通者为神"之句，则自心上说寂感，与伊川义近。

位于人现有之实感、实情或心气之流行之上，而未能实现，若上下相悬。人非圣人，亦永不能至于情皆见性，心气之流行无不合理，寂然不动者无不感而遂通之境。伊川即依此而言性理属于喜怒哀乐之未发，而纯属于内。此未发之性理，只能说善。因此性理，即当然之义理，如仁义礼智等，当然即必有善之义故。至当此性理之表现，而发于喜怒哀乐时，则或表现得全，或表现得偏；或以喜怒哀乐，随物而动，至与此当然之性理相反，而有情之恶者。于是此心之已发于情气者，即有全善或善或恶之分。性理未显于情气，即未见于人事，可谓之天。其显于情气，方谓之人。此性理之纯善属天、属未发；情气之有善不善属人、属已发。则更见此二者之异矣。

　　然此二又毕竟不二，此则由性理之可显于心，以为心所觉之当然之理，而见于外之情气之故。其谓"性之有形者谓之心，性之有动者谓之情"。盖意谓"形"为性之初显于心内，而"动"则为性之更见于外之情气。当然之性理未形，为静为隐，形于心而见为一当然之性理，与心为一，即由隐而显，则在动静之交。见于情气，即是显。显即其由隐中自动出，由寂以通感于外。此诸语，皆只是述一人在道德生活中之由性而情之实事。不必更问：未形者如何能形，静者如何会动；心即具生道，自是能显其所隐，而见性于情，通寂于感。此心之生道中之性，自是寂而能感，未发而能发，未表现而能表现，即静而能动也。此诸语，皆原只是一心之能由静而动之一实事之陈述而已。

　　至于上所引"冲漠无朕，万象森然已具"，"寂然不动，万物森然已具"，"若论道，则万理皆具，则不说感与未感"，而未感时"已具"，亦并是状心寂然未感时，性理内在于心之辞。道即理也。性理皆当然之理，自无象无物，只是冲漠无朕。此当然者，即向在成为实然。成实然，则有象有物。当然既向在实然，即亦可说有象有物。如仁性向在爱人物，则亦可说有其所向之人物之象。

唯虽向之，而性理未见于情气，则又可说之为冲漠无朕，而实无形无象耳。性理如根本，情气如枝叶。根本未生枝叶，则枝叶无象。根本向在生枝叶，则亦有枝叶之象。根本既向在生枝叶，便非由人力自外安排一枝叶之涂辙，以便由此根本之行于其中，以生枝叶；而当说此根本自向在生枝叶，而自有此生枝叶之理。此即喻人之性理自向于生情气，非由人外在之安排一情气之涂辙，以便情气之行乎其中者。人纵于此为之安排一途辙，亦只是一空途虚辙，而此途辙亦不能教人自行入此途辙。此即谓枝叶只由根本之内生出，人之情气，乃只自内在之性理而生也。

心原具性理，为理与心一。此乃自理在心之内部而说一。如言心具天德，乃自心内具天德而说。然性理未显于情气，则理不见于情气，而心之情气中无此理，则心之情气与理不一，亦与理不相合。人于此亦即未能会得此理，而与之一，亦未会得一"理与心一"之心。故所谓"理与心一，而人不能会之为一"(《遗书》五，《二先生语》)也。

第九章　程伊川于一心分性情，别理气，及以敬直内，以格物穷理应外之道（下）

五　理气为二之义之体证

此吾人之性之形于心，而显为一当然之理，即能依之生情气，乃人之道德生活中之实事。如吾人觉当对人仁爱即去爱是也。而明道之言物当喜而喜，物当怒而怒，亦即理有当喜即喜，理有当怒即怒也。然人更有觉当仁爱而不能爱，当喜而不能喜，当怒而不敢怒之情形。此即人之另有私欲，或心气之闭塞、昏沉等碍之。于此人即感在上之性理，不能实显于在下之情气，而形成一心灵中上下相持之紧张关系；而于此关系中，见得理与气之分离，性与情之分裂，如相对峙为二物。在哲学思想中，人即可持一理气、性情之二元论。然此中之上下相持之紧张关系，只在一心灵中。则此二元论，又实不能立。伊川之言性情、寂感、理气之原始义，乃在一心之两面言，则亦初无证谓其主此二元论。唯此中之心，必已显有一当然之性理，然后可有情气之依此性理而生。亦必此心显当然之性理，然后见已有之情气，或不足显此性理，而见二者之对峙。更必在此有对峙处，吾人乃能切感此理气、性情之二名，各有其意义，而得将一心开为此二面以说。今如人之当然性理，全不显于心，则谓实然情气依之而生，便无加以实证之体验；又若人之性理，如方显即见于情气，更不见有碍之者，则此性情、理气即恒合一，而不须更说之为二，而可只说其浑然不二，或只是一物。故在说之为二时，既必有当然之性理之显于心，更必有心之感知已有情气之尚不足显此性理。今若无此心为统，则理气性情之二，亦即在此人之道德生活中，为不可说也。

然吾人在其道德生活中，不特有依其心所显之当然之性理，以求生相应之情气之事。吾人亦有依此当然之性理已显于吾之情气，而望他人亦生此情气，以合于彼所亦具之当然性理，亦合于吾之此望所依之当然之性理之事。如吾人依吾心之仁而能爱，而望他人之仁而能爱，而自显其仁之性理于其爱，以合于吾之此望所依之吾心之仁是也。然在此情形下，则他人之仁之性理，可根本未显于其心，彼亦可不觉此仁为一当然之理。于是吾之望其能爱，其所依者，即只是吾之仁之理。吾谓彼有当仁爱之理，而此理未显于彼之心，则此理对其心，即只为一虚悬而超越之当然之理。此当然之理虽即其性理，此性理，亦为一虚悬而超越之性理。然在吾之望中，则此当然之理又为我心之所知，而未尝离此心以虚悬。吾心知此理为当然之理，不只知其对我为当然，亦知其对一切人为当然。则此理即显为一普遍客观之天理。能知此天理之吾心，则伊川承明道之旨，名之为道心。故曰"道心，天理"（《外书》二十一）。道心亦即呈现此天理而与天合一之心。然吾依此与天合一而呈现此天理之心，而望人之亦依此理而生情、生气时，则以他人之心之未显此理，此理对其心为虚悬而超越之故，而吾之望即可为虚望。而吾即亦只在此虚望中，虚提起此理，以悬之于他人之上。此理即为实未能现于他人之心情或心气，而为无他人之情气以实现之之理矣。今如吾谓此理即他人之性理，此性理亦即为尚无气无情依之而生之无作用之性理，而与他人之现有之情气，即可真为互相独立，一隐一显，而不相为通之二元矣。对此中之二元，唯有赖他人之心之自显其性理，或赖吾对他人之启迪教化之功，以使其"心"，自显其性理，以为其情气依其性理而生之必需条件。此中若无此心为性情理气之统，则此他人之性情、理气,仍不得而通也。

　　然当吾人之心自依仁之理而于人物有爱之时,更有一情形。即吾之仁爱,不必表现于望他人之亦自觉此仁爱之理,而亦能爱。而可只表现为一般之望人物之成其生,而遂其生之情。此中人物之生,自当有其生之理、生之性,为其能继续生,自成其生,自遂其生之种种事之根据。此生理、生性,则初不必即是同于此仁之理,为一无私之天理者。然吾依此仁之天理,以望其遂其生、成其生时,则同时亦可视其自依其生理生性,而自为之生之事,为实现此呈于吾心之仁之天理者。吾依此仁之天理以存心,亦乐观此人物之依其生理、生性而有之生之事之存在,并加以涵覆。在此情形下,当人物得畅遂其生,于其自为或我所助成之生之事中,则人物之生之要求得满足,我之仁心亦同时得满足。人物之生性生理得实现,我之此仁之天理,亦同时得实现。由是而此人物之生之事、生之气中,即亦一方有其生性生理之实现,同时有吾之仁之理之实现,而于此二者中,皆得见理气之合一。反之,则此人物之生理生性,无生之事或生之气以实现之,其生之要求不得满足,我之仁心亦不得满足;而我亦即见人物之生理生性之未尝实现,而与其生之现有之气,相悬距以为二;亦见我之此仁之天理,与此人物之生之现有之气之为二。我之此仁之天理呈于我心者,自居上层;此人物之生理性理,则不必同于此仁之天理。其所以不同,则一由于此人物之生理性理,可只限于自成其有限之小生,而此仁之天理则可为能无限地成就一切人物之大生广生之理。二由于此人物之生理性理,可不必自觉,亦即不与一自觉之心相连,而我之仁之天理,则与自觉之心相连。然大可包小,自觉者可包不自觉者,则在我心之仁理之全体中,固仍包涵遍覆此一一人物之生理,为其分殊之理,以统为一仁之天理。此中,如人物之生之事,不能实现其生理,则在人物中,固有一理气之不一,人物于其所求,有所未得;而我心依其仁之天理,而感此人物生理与其气之不合一，亦觉有所不忍不安，而感受一"有所未得"。故凡依我之仁心于人物之不能遂其生理，而感有不忍之处，亦即皆有此之气不得理，而理气不合一之情形，存乎其中也。

由上所论，则吾人在道德生活中，如自己不能使自己之仁义礼智之性，见于情气而成圣，固在吾人之生活中，有性理与情气之不一。即吾人已成圣，当此圣心依其仁，望他人亦能仁能义能礼能智，而他人不能自觉其性理，以自为仁义礼智时，此圣心仍将见一理气之不合一之世界。此即明道之所以叹"人只有些秉彝，……今日则人道废，天壤间可谓孤立也"。而对人物之求自遂其一般之生理生性而不能遂，以至啼饥号寒，颠连无告时，圣人亦同于此见一理气之不合一。圣人唯有以其无尽之仁心悲愿，以求此一切不合一者之合一。此则为一无穷之事业。而圣人即永是在此理气不合一之世界，求合一，而亦即永不能说世界之无此理气之不合一者也。凡自此理气不合一处，看世界，此理如总是闷在那里，不能出气、生气，而实现于气。理若只静而不动。亦如明道所叹之秉彝，不能显为人道，亦若静而不动也。然其由不合一至合一，则理必又行乎气而显，以由静而动。于此亦难说理气二者中谁先动。然因在人之自觉道德生活中，乃理先显于心，而情气随之。此即后之朱子继以言理先气后。然伊川则尚无此一义也。

此伊川之理气为二之论，乃濂溪、横渠所未有。明道虽有之，而未能如伊川之重视。明道言偏于即气见道，于万物观自得意，于物之不齐，视为物之情，对人性之善恶，重先加包涵遍覆，更言物来立即依其当喜而喜，当怒而怒。此即未重理气为二之旨，以更正视此理气不合一之世界之存在。于此人如多正视一分，则必对人与世界，增一分艰难感与严肃感。在对人施教上说，亦即将更感此教人之自觉其性理，而见于其相应之情气，实非易事。至在成己之道德生活上说，则若非气质纯粹清明，心思如理，而气即从之以动者，亦必感其气之动之恒不合乎理，而理之不易实现于气，性之不能直见于情。伊川则正较明道更能正视一心之寂感、性情、理气之为二；缘此以更正视此理气之不合一之世界之存在，而亦更知人之成其个人之道德生活，与对人施教之事之艰难性及严肃性者也。

六　道德生活中之可能的根据及伊川之主敬工夫

此所谓理气之不合一，以今名辞言之，即理想与现实存在之不合一。故人之无理想者，可不见有此理气之不合一之世界之存在。其理想俱实现者，亦不见此世界之存在。人既见此不合一，而又欲求其合一者，则为人之道德生活上之努力。人之道德生活，始于自成其道德生活，以自尽其性，使其理气合一；方能及于尽人之性、尽物之性，以使其理与气亦合一。今即克就一人之自成其道德生活以成己而论，亦为一大不易事，则人于此当问此个人之成己之道德生活，是否真实可能，又如何而可能？

对此一个人之道德生活上之成己如何可能之问题，则依伊川说，则人之有此仁义礼智之性理，此性理能显于心，而依之以生相应之形气，即是此道德生活之所以可能之根据。然学者于此可尚不满意，而谓只心有性理尚不足以生相应之情气，亦不足去除种种为生此相应情气之阻碍者，如私欲、气质之蔽等。此必另济之以后天之人为之种种工夫，而伊川亦实重此后天之人为之种种工夫者也。又或进而以为心只有性理，尚不足以生相应之情气，应更有一虚灵明觉之心体，如朱子说；或充塞宇宙之本心，如陆象山说。或进而言此本心之核心乃精神，如杨慈湖说。或更进而言此本心即天理之明觉或良知，如王阳明说。又或进而以此良知中更有好善恶恶之意根，而此意根，则为直通于天命之於穆不已，表现元亨利贞之四德者，与先天的喜怒哀乐之纯情者，如刘蕺山说。此皆为对此人之道德生活之所以可能之根据，更求深见而深说之，以见人之道德生活之有其内在的形上的坚实不拔、充沛有力、"渊渊其渊，浩浩其天"之心性本体上之根据者。此固不可忽。此种种说，自有较伊川只于心言有性理为道德生活之可能根据，有进一步之义。然亦皆沿伊川之说，而次第增加对心性本体之超越的反省之所成，而皆不必与伊川之说相违者。在伊川以前，则学者于形上形下，未尝严格分判。在濂溪、明道、横渠之言中，亦未专以理为形而上者。故其言于心性之种种方面，恒一时并举，而似较伊川更为圆融。然实尚非于此本心、精神、意等，皆一一次第见得其同必有一形而上之真实之义，此后儒之所为也。凡此后儒之所为，实皆循伊川先严分此形上之理与形下之气之说，更对形上之心性本体，作鞭辟近里之深看深说也。然无论吾人如何对此形上心性本体深看深说，而更见得其内容之深密与充实，在人之道德生活中，仍有一现实之问题。即此形上之心性本体，如何实见于用之问题。今说此本体中原有不测之神用以昭显其深密与充实，固理当说，然此体中神用，仍只是在体中，而可不显于当前之心气之用中。则此形而上之心性本体，仍是对此当前之心气之用，为超越而虚悬。此中仍有另一义之体用不一，动静不一，而此心性本体，如自为静而非动、隐而非显。今于此心性本体不显之时，谓其理当显、能显，以有其动用；此心性本体之动用，即仍只是当有而非现实有。凡当有者，皆只是理。当有而未有，则现实上仍为虚无。然凡在现实上为虚无之处，亦即当有者，亦依理而可呈现为实有之处。故此现实上之虚无，亦即非虚，而为理之所在，亦即"显微无间"之心性本体之所在。此即伊川所以与学生谈话，而谓无太虚，指虚曰皆是理，而谓此理为实理也（《遗书》三）。故无论吾人如何说一形而上之心性本体等，当其未实现时，皆只能说其是理，并就其理而说为实。必赖人之依理以生气，方能显此形上者之全幅内容于形而下，以为现实有之实。故此现实有之实之相续不已，唯依于此形上之理之为真实而常在。至于理气之实一、体用之实一、动静之实一，使形而下者即形而上之理之表现，以至不见形而上者之外之形而下，归根到底，仍在工夫。工夫不济，则一切只由超越的反省所见得之形而上之合一，落到现实，仍是与现实不合一。于此不合一，不加以正视，只自退而上观此形而上之心性本体中之一切合一，仍是一未开之宝藏，而对眼前之生活言，即仍是他家之宝。今于此他家之宝，加以观玩，以玄言形容咏叹之，与不见自家宝藏者，其病唯均。伊川之偏言工夫，而于此宝藏之所见，诚大不如此后儒如象山阳明所见者之透辟。即朱子于心之所见，亦非伊川之所能及。然就伊川之重工夫而论，亦可救治种种在形上心性自体上为理气、动静、体用之圆融之论，即以补自足者之偏。此则固有待吾人之为此平情之论也。

此人之成其当前道德生活之事，在依心之知当然之性理，以形成其心情与心气。此性之见于情，理之见于气之工夫，则在伊川有二语，即"涵养须用敬，进学在致知"，为后之朱子所奉为圭臬者。此二语，则由其承明道而言"敬以直内，义以方外，合内外之道也"（《遗书》十一）之说而成。兹试分别述之于下。

此敬之一字，乃《尚书》及《论语》中所常见，而先秦言礼皆以敬为本。"敬以直内"之语，则出《易传》。然《尚书》《论语》《礼记》中之敬，大皆敬天、敬事、敬人之敬。《易传》之"敬以直内"，盖亦指人在敬事敬人敬天之时，即以敬自直其内，以发于外。然明道之言敬，则多连诚而说。诚之无间断即敬。天地之生生之易中之无间断，亦是敬。则敬之义甚广，而不必连敬事或敬天、敬人而说。伊川更明言主敬非敬于一事之敬。如其谓："大凡人心，不可二用，用于一事，则他事更不能入者，事为之主也。事为之主，尚无思虑纷扰之患。若主于敬，又焉有此患乎？所谓敬者，主一之谓敬；所谓一者，无适之谓一。"此即谓主敬与专心于一事不同。此非谓在专心于一事中无敬，而是谓敬之工夫，不限在有事处用，无事时亦当用。伊川言敬为主一，主一为无适。言有事时，主一无适，易解；言无事时，主一无适，则不易解。在有事时观，则伊川意重在有集义以格物穷理之工夫。则主敬当是重在于无事时用。然无事如何主一无适？此所主之一如何？无适之义又如何？则初不易解。兹先引伊川言敬之若干语于下，更一论其言主敬之旨。

"主一无适，敬以直内，便有浩然之气。"（《遗书》十五）

"敬即便是礼，无己可克。"（《遗书》十五）

"敬是闲邪之道。闲邪、存其诚，虽是两事，然亦只一事。闲邪则诚自存矣。天下有个善、有个恶，去善即是恶，去恶即是善。譬如门不出便入，岂出入外，别有一事也？"（《遗书》十八）

"闲邪更著甚工夫？但惟是动容貌，整思虑，则自然生敬。敬只是主一。主一则既不之东，又不之西，如是则只是中。既不之此，又不之彼，如是则只是内。存此，则自然天理明。学者须是将敬以直内，涵养此意，直内是本。"（《遗书》十五）

"学者先务固在心志，有谓欲屏去闻见知思，则是绝圣弃智；有欲屏去思虑，患其纷乱，则须坐禅入定。如明鉴在此，万物毕照，是鉴之常，难为使之不照。人心不能不交感万物，亦难为使之不思虑。若欲免此，唯是心有主。如何为主？敬而已矣。有主则虚，虚谓邪不能入。无主则实，实谓物来夺之……大凡人心，不可二用。用于一事，则他事更不能入者，事为之主也。事为之主，尚无思虑纷扰之患；若主于敬，又焉有此患乎？所谓敬者，主一之谓敬；所谓一者，无适之谓一。且欲涵泳主一之义，一则无二三矣。言敬，无如圣人之言。《易》所谓敬以直内，义以方外。须是直内，乃是主一之义。至于不敢欺，不敢慢，尚不愧于屋漏，皆是敬之事也。但存此涵养，久之自然天理明。一者无他，只是整齐严肃，则心便一，一则自然无非僻。"（《遗书》十五）

总上所言以观此伊川谓主一之敬,实只是使心不散乱,不东西彼此奔驰,而凝聚在此,即常位于中。此即由明道言"心无定在,而常在",为"中"之旨而来。心不定在东西彼此之物之上,而恒存此心以为主,更不间断,即是主一,而以敬涵养此心,自直其心,而"直内"。若东西彼此奔驰,则为旋转于此东西彼此之间,而不直矣。后谢上蔡即谓敬为心之常惺惺,尹和靖则谓敬为心之自持守。此中如要问如何得敬,则可说即使此心不邪曲。此即闲邪。此闲邪,只是一消极的不敢欺、不敢慢、不有愧歉,亦即此心之警醒其自己,而整肃其自己。动容貌、正思虑,皆此警醒整肃其自己之表示。由此消极的闲邪,则其效即见于心之积极的内直,心恒一、恒中而恒存无间断。于此,人如问不能有此消极的闲邪,又如何,则又只有还答,能内直,便使此心恒一恒中而恒存。故又谓"主一,则不消言闲邪"(《遗书》十五)。故敬之积极之工夫,在有消极之闲邪;闲邪之工夫,则在有积极之敬。此二者正互为依据,互为工夫,以成此心之恒一恒直而恒中。此外则别无工夫可说。如人既不闲邪,又不能自内直以存诚敬,固别无工夫可说也。内直闲邪,即明道所谓"充扩得去",则自然"天地变化,草木蕃"。如问不闲邪、不内直如何,则亦如人问推扩不去如何,明道只有答以"天地闭,贤人隐"也。故吾人可以闲邪,为内直、存诚之工夫,亦可以内直存诚,为闲邪之工夫,则工夫皆成有此工夫之工夫。然人不用工夫,则亦更无使人必用工夫之工夫。工夫仍只在用之而已。大率明道偏在积极言存诚敬,以内直外说工夫;伊川则更偏在由消极之闲邪使心不之东、不之西、不之此、不之彼,自整肃警醒其自己,说工夫。此乃由于伊川更见得人心之有人欲气质之蔽,其性理与气,有不合一之一面,为人心之病痛所生之故。伊川尝言"圣贤必不害心疾,其他疾却未可知"(《遗书》二下)。则伊川于人之有心病,固较明道所见为真切,而其言之消极的去病闲邪之意,亦较重。故为天资高而有直下契诚敬之积极工夫者所不喜，亦为一般放肆放纵之人所不喜，而恶其言之多拘束也。

七 伊川言格物穷理以致知之工夫

伊川之学，一面谓涵养须用敬，一面谓进学在致知。用敬即《大学》之正心诚意之事，致知即《大学》之格物致知之事。故伊川之学重《大学》。然此实亦由明道之言"敬以直内、义以方外"之旨而来。明道言廓然而大公，是敬以直内；物来而顺应，则是义以方外。然此"义以方外"之事，有时是物之当喜当怒之理已见，则此中只须不杂私意，循理顺应，即为合义之方外之事。此理即义所当循之理。故伊川谓"在天为命，在义为理，在人为性，主于身为心"（《遗书》十八）。然有时是物当喜当怒之理未明，则吾人之如何顺应方合义，亦不明。于此便须穷究其理，然后吾人应之之事，乃能物各付物而合义。合义而后心得所止。此即与主敬之主一无适之工夫，可相辅为用者。故伊川曰："释氏多言定，圣人便言止。且如物之好，须道是好；物之恶，须道是恶。物自好恶，关我这里甚事？若说道我只是定，更无所为。然正物之好恶，也自在理。……若能物各付物，便自不出来也。"（《遗书》十八）又曰："人不止于事，只是揽他事，不能使物各付物。……人多不能止……则是役于物。有物必有则，须是止于事。"此皆是谓人当知物理物则，乃所以使吾人能物各付物而合义。此即所以成心之止，亦所以成此心主敬之主一无适工夫者也。此欲穷究物理，并使吾人应物之事，能物各付物，皆为合义之行，亦自非易事。因物理事势有种种方面，穷究物理亦须经种种次第；吾人之合义之行，亦须次第加以积累，乃有集义之功，或"义以方外"之功，以与敬以直内之功，相辅为用。兹略举伊川言格物穷理以致知之若干语于下，随文略释。

"内外一理,岂特于事上求,敬以直内,义以方外,合内外之道"。(《遗书》三)

"入道莫若敬,未有能致知而不在敬者。"(《遗书》三)此即入道在敬,而亦更有依敬而有之致知也。

"忘敬而后无不敬。"(《遗书》三)此言无不敬即忘敬。而忘敬自忘内。此即谓敬之极,亦无内外也。

"敬只是持己之道,义便知有是有非。顺理而行,是为义也。"(《遗书》十八)"只是守一个敬,不知集义,却是都无事也。只如欲为孝,不成只守着个孝字,须知所以为孝之道,所以侍奉当如何,温清当如何,然后能尽孝道也。"(《遗书》十八)

"中理在事,义在心内。苟不主,浩然之气,从何而生?理只是发而见于外者。敬只是持己之道,义便知有是有非。"(《遗书》十八)此乃谓只有敬之持己之不足,并须知集义有次第之功,方能尽道,而内外充实,乃有浩然之气也。

"随事观理,而天下之理得矣。天下之理得,然后可以至于圣人。君子之学,将以反躬而已矣。反躬在致知,致知在格物。"(《二程遗书》卷二十五)

"致知在格物,物来则知起。物各付物,不役其知,则意诚不动。意诚自定则心正,始学之事也。"(《遗书》六《二先生语》)此语与下节语,及《遗书》十八与苏季明问答,言"物各付物"之意同,与《遗书》十五"以物待物,不可以己待物"之意亦同。当是伊川语。

"或问进修之道何先。曰莫先于正心诚意。诚意在致知,致知在格物。格,至也,如祖考来格之格。凡一物上有一理,须是穷致其理。穷理亦多端,或读书讲明义理,或论古今人物,别其是非,或应事接物,而处其当,皆穷理也。或问格物,须物物格之,还是格一物而万理皆知?曰:怎生便会该通?若只格一物,便通众理,虽颜子亦不能如此道。须是今日格一件,明日格一件,积习既多，然后脱然有贯通处。"（《遗书》十八）按此中之应事接物，得其当然，即得其当然之义；论古今人物之是非，是以义评断；读书讲明义理，亦即讲明其中之义理如何，皆是求一义所当然之对人对物之道。古人亦人也，书亦物也。

"又问致知先求之四端如何。曰：求之性情，固是切于身；然一草一木皆有理，须是察。"（《遗书》十八）

"问格物是外物，是性中之物。曰不拘。凡眼前无非是物，物皆有理。如火之所以热，水之所以寒，至于君臣父子间，皆是理。"（《遗书》十九）

"世之人务穷天地万物之理，不知反之一身。五脏六腑，毛发筋骨之所存，鲜或知之。善学者取诸身而已。自一身以观天地。"（《外书》十一）

"观物理以察己。"（《遗书》十八）此三条即谓穷理须兼穷内外之理，而必以反诸身为要也。

"问观物察己，还因见物，反求诸身否。曰不必如此说。物我一理，才明彼即晓此，合内外之道也。语其大，至天地之高厚；语其小，至一物之所以然，学者皆当理会。"（《遗书》十八）

"问释氏理障之说。曰释氏有此说。谓既明此理，而又执持此理，故为障。此错看了理字也。天下只有一个理，既明此理，夫复何障？若以理为障，则是己与理为二。"（《遗书》十八）

此上节即讲格物之明物明彼，即合内外之道。因明彼，即此"知"之去明所知之物理，亦所以使物理为"知中之理"，而成其知者也。后一节言理不为障，则以人之明理，即己与理，内外一，而不可谓理为己障也。

"格物穷理，非是要尽穷天下之物。但于一事上穷尽，其他可以类推。至如言孝，其所以为孝者如何。穷理如一事上穷不得，且别穷一事；或先其易者，或先其难者，各随人深浅；如千蹊万径，皆可适国。但得一道入得便可。所以能穷者，只为万物皆是一理。至如一物一事虽小,皆有是理。"(《遗书》十五)此则明谓格物,如今之求外物知识,须遍求。此穷理于物,要在于此得"内外合一"之理之道。合此内外,只是一道一理。种种穷分别之理之事,皆为成就此合内外之一道一理。故可言万物皆是一理。否则此语如何解得?

在此以格物穷理致知为"合内外之道,以见合内外之一理"之意义下,人之格物,自可于外物多格,亦可少格。此非只格外物,亦非只格内心之物;然以格内心之物为切。此中之要,在成就此整个之合内外之一心、一物、一理。于此合内外之一心一物一理上,即见"一人之心即天地之心,一物之理即万物之理"(《遗书》二上)矣。此格物穷理,自有一成人格之合内外之深度的意义,而非只是遍对一一物而格之,以求对一一物之有广度的知识者。故在伊川之语录中,言及格外物之处,固亦有似只意在形成一客观事物之知识者。如其亦尝论及草木之药物之理,云从龙、风从虎之故,潮汐所以生,天有真元之气,为生生不息之气所由生,及星辰律历之理(皆见《遗书》十五),五行之盛衰之自然之理,太古之人是否牛首蛇身,人物初生时还是气化否,霜露雹之形成,禽鸟之做得窝子巧妙,见其亦有良知等(此上皆见《遗书》十八),是皆见伊川对客观万物之一般因果关系之知识之兴趣颇浓。此亦见伊川于见闻之知与德性之知,更能兼重。而其论潮汐之一节,言:"凡物之散,其气遂尽,无复归本原之理。天地间如洪炉,虽生物销铄亦尽,况既散之气,岂有复生?天地造化,又焉用此既散之气?其造化者,自是生气。"此即谓气依理而生生不息,不再返本还原。而与横渠之有气之返本还原之说相异。伊川又言真元自能生气。此真元之气,似为物之生理中之气,亦为一宇宙论中之理气之论。伊川之论此等之问题,自纯是一格物穷理致知之论,亦不必直接与人之集义之事相关者。然要皆是由此格物穷理而致知,以使吾人之心得合内外之道。合内外,为义所当有,则一切格物穷理致知之事，亦皆义所当有。唯此乃由于集义之功，原须求知客观之事势物理而引出，亦皆统于一合内外之道之全体中，以为其一事。而以格物穷理致知言合内外之道，固仍当以主敬直内之工夫为本。故言"未有致知而不在敬者"也。

八　伊川之工夫论及其学所引起之问题

上文述伊川之以敬直内，以格物穷理致知，在伊川乃一内外相辅为用之教。因未有致知而不在敬者，则敬之直内，即为对外之致知之所据，而致知格物穷理，亦归于即此以见一合内外之道之理。则人对外之致知，即为显此内之性理之方便。以此二者，为内外双行之一般学者之工夫，亦初甚切实，而使人当下有所持循。至其说之一根原，则初在明道所原有之敬以直内、义以方外之教。但在明道可说直下由内外两忘、廓然大公而物来顺应，便能一内外。亦可说直下由识得与物同体之仁，以诚敬存之，则存久自明，诚于中自形于外，便能一内外。此不能不说是天资高者之工夫。此工夫亦即直接相应此心此理"原无内外之本体"之工夫。此一工夫，虽有关联于内外之二义，然其本质只是一工夫之两面。此两面，虽一面是敬以直内，一面是义以方外，然非必须加以分别对立为二工夫以说。然在伊川，则特有见于人之思虑之不定，人心之所发之动于情欲者，多不合理；又有见于人之应物，有不能直下顺应，而须先知物理毕竟如何，乃能知人之当如何应之为合义之情形；遂将主敬与致知，分别开为二工夫，以敬治思虑之不定、人心之所发之动于情欲者；以格物穷理，为致知之方。敬要在闭邪以归正，由反反以见正。格物穷理，要在先知物理，以知吾之应物之义。则此工夫，即非直接承心体起用之工夫，而为一由此心体之散为闲杂之思虑之末上，求凝聚以反本；并将此思虑散用于穷物理，而于知理上，求心之贞定之工夫。此将思虑散用于穷物理，即初又正是此心之分散支离而出。于此穷理而不得，则将更增益心之散为闲杂思虑之病痛，而主敬之事，亦将无功。此闲杂思虑，乃心之所发。主敬之功之求心之主一而不偏，以合于中，亦是一心之已发中之工夫。以此敬中之已发之心，对治闲杂之思虑之发，是否有效，乃是一力量大小之问题，则不能必其有效。欲其必有效，须待人能有一工夫，使闲杂思虑之不合理者，根本不发，而使心之所发者，皆为能表现当然之性理，而合乎中道者。此则更当注意及"此心内在性理如何能自表现，以自然由未发而发，皆是自然合乎中道之应物之事"之问题。此心之应物之事，合乎中道，即《中庸》所谓发而中节谓之和，是为达道。此能有中节之发，而行于中道之内在的心性，即可称为中、为大本。故此一问题，即一此内在之心性之大本之中，如何表现为达道之和、中节之发之问题。此即伊川之学所必然引致之问题，而为伊川门下如苏季明及吕大临与伊川讨论之问题。此一问题，则由伊川之主敬之工夫，原是在以心之发为敬者，对治心之发之为不合理之闲杂思虑，而引出者也。

在此伊川与其门下讨论此心之未发已发中和之问题之言看，伊川对此问题，不能谓为善答，亦未能解决此中之问题。故引起后之朱子对此心之未发已发、中和问题之反覆参究。大率在伊川意，凡言心皆是自心之已发，或心之动之表现于思与喜怒哀乐等上言。至于在喜怒哀乐之未发或心无思之时，则无工夫可用。工夫只在已发上用。故敬亦是心之已发上事。在其门下之苏季明、吕大临，则意谓在心之未发之时，亦应有工夫；否则不能对治心之不合理之思虑等之发，于其未发之先；亦不能开出此内心之性理，自然表现为中节之发之道路。此正是一人在成就其道德生活中所感之一真问题。伊川则不甚感此真问题之存在。故其答语，不能相应。然即在明道言心即性，即天之生生之道或天理所在、天之於穆不已之命之易之神之所在，亦只是依一直觉之洞识，而为此圆融之论。明道并未真感到在此当前之心未发而表现其性理时，此中有一"心之寂与感，未发与已发之不合一，而如何合一"之工夫问题。明道之将性理命心与神易，一齐圆说。而未将此"心"之义，特别提出，亦即不能实见此中之真实问题之存在。对此问题而言，明道言固不免广阔而不切，亦不足为此问题之答案。然后有程门学者以至朱子之惶惑也。

在此上之真实问题，由学者提出后，在伊川之意，仍是谓心之未发之一面之体，即心之内在之寂然不动之性理；而心之发则为心之思之动，此即其所谓心之指用而言者。人之一般思虑与伊川所谓敬之工夫，以及格物穷理之致知工夫，皆同在此心之动或心之用上说。此即伊川之对心之超越的反省之所限。然与伊川问答之吕大临，则更见得心在未有思未有动之时，此心体之昭昭自在。其意在言人能存此心体之昭昭自在，即为使其内所包涵之性理之大，得显于已发之心，而有其达道者。此其所见，实精切过于伊川，亦明道所未言及者。此盖由吕大临先学于横渠。横渠乃以虚明言心之所以为心，并教人先存此心之虚明。此心之虚明，初固不只是伊川所谓一心之思。盖缘横渠言此心之虚明之义，而吕大临即进而见得此昭昭自在之心体。后之朱子之反覆参究此中之问题，其所进于伊川者，亦正在见得此心有其未发未动，而虚灵不昧之体之自在之一义。遂能深契于大临之说。此义似甚简单，然极为重要。朱子亦苦参而后得识此一义之心体。能见此心体，即可更通至陆象山所言之本心，而见朱陆言心之亦有通途。此吾已详论之于《朱陆异同探源》一文，今不拟重复。要之，伊川之学之进一步发展，自可引起此在心之未发之际有无工夫，心有无未发之体之问题。伊川之学似止于在心之已发上言工夫，故其门下之苏季明、吕大临，即感此中有一问题。而伊川之学则未足以答。然程门之谢显道，承伊川之主敬，遂以心之常惺惺言敬，并重心之知觉，以识明道之仁。于杨龟山，则《朱子语类》六十三尝谓"龟山求中于喜怒哀乐之前"。《宋元学案》记其晚年并溺于佛学，求心性于佛家之庵摩罗识。皆初原于其欲在此心之发为思虑之事之先，奠立一根本上之工夫而致。此皆不同于伊川之只偏在心之已发上言内主敬而外格物穷理以致知之学，近乎支离者。由杨龟山数传至李延平，而言观未发气象。然其时之胡五峰，则承谢上蔡心有知觉谓之仁之旨，谓圣人之心乃恒感恒发，而恒"寂然不动"者。吾人之心恒在发用中，工夫亦只有发处用。故《朱子语类》谓五峰之说，乃承伊川已发为心之说而来。此朱子由张南轩所闻之胡五峰之说，显与李延平之说，互相背反。朱子初徘徊二说之间，而终归于谓吾人之心原有其未发之寂然不动，而虚灵不昧之体；故更于伊川在已发上所言之"涵养须用敬"，谓其根本当在此未发心体之虚灵不昧之体之涵养。故朱子能言敬即心之贞或心之体，即不如伊川之只在心之已发之处言敬矣。此心之体、心之贞，自是静。故朱子亦不废濂溪之主静之说。此外，则朱子并将伊川之格物穷理以致知，及理气为二之义，扩而大之，以释濂溪、横渠所言之无极太极太和与阴阳五行之论，而成朱子思想中宇宙论系统。此即朱子之学之承伊川言而更进，以成其规模弘阔之学之二大端。上来所说皆为吾人之观由伊川之学至朱子之学之发展，所当正视，不可轻心掉之者也。

　　注：《宋元学案·范吕诸儒学案》虽谓与叔亦于明道言有默识心契，然《二程遗书》十九记伊川谓："吕与叔守横渠学甚固。每横渠无说处，皆相从。才有说了，便不肯回。"则与叔之言心，盖即固守横渠之说者也。

第十章　朱陆之学圣之道与王阳明之致良知之道（上）

一　导言

吾前著《朱陆异同探源》（《原性篇》附录），尝试论朱陆之言，同原于二程之学之一方面；于朱陆之异，不宜只如世之由其一主尊德性、一主道问学，一主心与理为一、一主心与理为二去说，而当自其所以言尊德性之工夫上说。朱子之工夫，要在如何化除人之气禀物欲之偏蔽，足使心与理不一者，以使心与理一。象山则重正面的直接教人自悟其心与理之未尝不一者，而即以此心此理之日充日明为工夫。于心之一问题，则沿朱子之论由二程传来之中和、未发已发等问题，其早年与张钦夫书，即尝言当以心为主而论之，而疑于伊川以降之"性为未发、心为已发"，以性为寂体、心为动用之说；乃由思虑未发时心体之昭昭自在，以言心体之独立意义，而契于吕与叔之论。朱子在心性论上，确立此心体之自存自在，而依此心体之虚灵明觉，以言其内具万理，以主乎性，外应万事，以主乎情。此虚灵明觉，不自为障碍，亦不能为所具之理流行之障碍；则其发用流行，亦当心理如如，不特体上是一，用上亦当一。惟以人有气禀物欲之杂，而心之用，乃恒不如理，而理若只超越于此心之上；故人当前现有之心，可合理，亦可不合，而心与理即于此可说为二。此二，乃以其心之有夹杂或间隔，使之二。则由工夫而更去此间隔，二者又终不得而二矣。

此其与象山之别，唯在象山重在教人自悟其心与理之一，则为一正面的直接工夫，而不同于朱子之欲去此使心理不一之间隔，以使心与理一，兼为由反"反面"以成正面之间接工夫者。至朱子所疑于象山之学者，即要在言其不知此气禀物欲之杂，而或更连此杂，以求自把捉其心。象山疑于朱子者，则吾于该文未有所论。然象山唯尝疑朱子之不明道，多揣量之功，少体悟之实，固未尝责朱子之不知心与理一。至朱子于象山之言心，或又疑其心只是一知觉而无理而邻于禅，于象山之言心之旨，有所误解；然于象山合人心道心为一之言，则固尝称之，未尽以为不然也。故朱陆异同之原，应首在工夫论上去看。而重在以心理之一不一，辨朱陆异同者，盖始于后之学者。而王阳明与罗整庵，及明清儒之为程朱之学者，言之尤多。朱陆在世时，固未尝自觉其异同在此也。此后人自觉及此问题，以论朱陆之异同在此，固未尝不可。然吾意则以为如说其异同在此，则当连朱子所以说心理为二之理由去说方备，此即所谓气禀物欲之杂，为心与理之间隔，足使心与理二者，故此二亦可由工夫使之不得而二，以归于一。由此而朱陆之言心与理，异自是异，而非无会通之点。而朱陆言之难通者，乃在朱子之在宇宙论上，恒谓心为气之灵，以气之变化无常，遂不能极成其在心性论中"心之未发时之自存自在"之义。又朱子于心之体用动静，必分别说，固未尝不可，然亦更当说体用动静之不二，方为备足。象山则从不自气上说心，又善能通心之体用动静，以说发明本心与涵养之功，则其言自有其胜义。此为吾前文之大旨。而观以后陆王之流之思想之发展，则正在不更自气上说心，并通心之体用动静，以言其非气所能蔽，气亦属心体之流行之用。此见后贤明有进于朱子之胜义，不可诬也。此则详在吾《原性篇》。故即依吾等后人之观点，以言朱陆异同在心与理之一不一，亦未至真问题所在。此真问题乃在毕竟气与心及理之关系，当如何看。此则吾《探源》文及《原性篇》当合参者。吾今兹之此文，则意在进而对象山与阳明言心即理之切实义，与朱子言格物穷理之义，亦一加以说明，并试更祛除朱陆与其徒间之若干误解。而其归则在进而论阳明与朱陆之同与异。要旨则在指出世之以阳明与象山之学合称陆王，固原有其可合称之理，然阳明之学又实由朱子所论之问题与义理而转出。其归宗义之近象山，乃自大处言之，此固不可疑。此文亦将一一指出。然此自大处言之者，抑亦尚是阳明学之粗迹。若其精义所存，则与朱子之别在毫厘间，而皆可说由朱子之义转近一层而得。故由朱子之学以通阳明之学，其势至顺。阳明与朱子正有其同处，而共异于象山者。阳明之学乃始于朱而归宗于陆。则谓阳明之学为朱陆之通邮，亦未尝不可。合此以见朱子与陆王间，与其后学间之相非，浸至相视如异端，以自坏此儒学之门庭之言，亦正可由细观三贤之学之共同之问题，与其所言之义理之实际，而见其多可加以化除。然后吾人可更分别就其所长之义，以光大发扬之于今世。若言儒学之异端，则孟子时在杨墨，而汉儒不更辟杨墨；唐宋时在佛老，而王学之流，亦多不辟佛老。盖辟之而通其蔽，纳其是，即不复更辟矣。在今日而言儒学之异端，则不在杨墨，亦不在佛老，而别有所在。对今日之异端而言，程朱陆王，皆大同而小异，其异亦未必皆相矛盾冲突。则昔之为朱子与陆王之学者，其相视如异端之门户之见，不可不破。然吾人亦当如实而知其大同小异之处，果何所在，与其异中之未尝无义理之相承相辅之迹，乃确知其异不碍同，方可更疏畅八百年来儒学之生命。则儒者果欲辟今世之异端，而更通其蔽，纳其是，其更大之事何在，亦可得而言矣。

此朱子与陆王之门户之见，所以当破者，以此诸贤之为学，皆原无意立门户；且亦未尝只以辨学之同异为要，而归在论义理之是非；又虽各有其自信而不疑者，亦皆未尝以天下之义理之是者，即尽于其所已言之中。此三点似涉题外，然亦未尝不与本文之宗趣，与所言之义有关。故下文一一引三贤之语为证。

　　如以朱子而论，彼之讲学即未尝自标一宗旨。《朱子语类》百二十一卷记："世昌问：先生教人有何宗旨？曰：某无宗旨，寻常只教人随分读书。"宗旨尚不立，何门户之有。朱子之教人读书，又随处要人勿先自立说，唯言"诸家说有异同处，最可观"（《语类》卷十一）。然亦非只观其异同而止，更须看"那家说得是，那家说得非。……所以是者是如何，所以非者是如何，少间这正当道理，自然光明灿烂，在心目间，如指掌"。故又谓："天下义理，只有个是与非而已，是便是是，非便是非，既有着落，……自然道理浃洽，省记不忘。"（皆见《语类》卷百二十一）此即博观他人之说，以求知义理之是非，为着落处、归宿处之言也。又谓："若使孔子之言未是处，也只还他未是。"（《语类》卷百二十二）是即孔子言之是非，亦当辨也。朱子固尝言："这个道理甚活，其体浑然，其中粲然，上下数千年，真是昭昭然天地间，前圣相传，所以断然而不疑。"（《语类》卷百十七）然就此理之粲然而说出者言之，却又可谓"义理无穷，前人恁地说，亦未必尽，须自把来横看竖看，尽深入尽有在"。（《语类》卷九，又卷百十三亦有同类语）又尝谓于不同之说，固当知其是非；然即其非者，"自是一说，自有用处，不可废也。"（《语类》卷七十六）其不同者更尽可皆是。故曰："元亨利贞，文王重卦，只是大亨利正而已。到夫子却解作德，岂可以一理为是，一理为非？"（《语类》卷七十六）此即言义理之无穷，圣人亦不能说尽也。

　　以象山而论，则象山尝谓"平生所说，未尝有一说"（《象山全集》卷三十五），又谓："此理所在，岂容有门户？学者又要各护门户，此尤鄙陋。"（《全集》卷三十四）"学者求理，当惟理之是从。理乃天下之公理，心乃天下之同心；圣贤之所以为圣贤，不容私而已。颜曾传夫子之道，不私孔子之门户，孔子亦无私门户与人。"（《全集》卷十五《与唐司法》）此即象山之不自立说，谓学无门户之言也。象山亦言："天下之理，当论是非，岂当论同异。"(《全集》卷十三《与薛象先》)又曰："天下之理，唯一是而已。……彼其所以交攻相非，而莫之统一者，无乃未至于一是之地而然耶？抑亦是非固自有定，而惑者不可必其解，蔽者不可必其开，而道之行不行，亦有时与命而然耶？"(《全集》卷二十四《策问》)象山又屡斥以异端之名指佛老之说，谓"孔子时佛教未入中国，虽有老子，其说未著"(《全集》卷三十四)，则孔子无以异端指佛老之理。此非谓象山赞同佛老，唯是谓象山之不以异同定是非也。象山尝作书攻王顺伯，门人谓："也不是言释，也不是言儒，唯理是从否？陆子曰然。"(《全集》卷三十五《语录》)此唯理是从，即唯"理之是者"是从。此理之是者，即人心之所同然同是之义理，而为人心之同的一端。故谓"子先理会同的一端，则凡异此者皆异端"。(卷三十四《语录》)"不同此理，即异端矣。"(卷十五《与薛象先》)自此人心所同然同是之义理处看，则"天下正理，不容有二。若明此理，天地不能异此，鬼神不能异此，千古圣贤不能异此；若不明此理，私有端绪，即是异端，何止佛老？"(卷十五《与陶赞仲》)又曰："圣人虽累千百载，其所知所觉，不容有异，曰若合符节，曰其揆一也，非真知此理者，不能为此言也。"(卷十五《与吴斗南》)又曰："近世尚同之说甚非，理之所在，安得不同。古之圣贤，道同志合，乃可共事，然所不同者，以理之所在，有不能尽见。"(《全集》卷二十二《杂说》)然象山之此言，亦非谓天下之义理，皆为一圣贤之所已尽见、所已尽言，圣贤之所已言者皆雷同之谓。故又谓："自古圣贤，发明此理，不必尽同。夫子所言，有文王周公所未言，孟子所言，有夫子所未言，理之无穷如此。……譬之奕然，国手下棋，虽所下子不同，然均是这般手段。"(卷三十四《语录》)又谓："千古圣贤，若同堂同席，必无尽合之理。"(卷三十四《语录》)再谓："天下之理无穷，若以吾平生所经历言之，真所谓伐南山之竹，不足以受我辞。"(卷三十四《语录》)故包恢撰《三陆先生祠堂记》，更引上语，并记象山尝言"吾今日所明之理，凡七十余条"云云。（卷三十六）象山又言："理不可泥言而求，而非言无以喻理；道不可以执说而取，而非说无以明道。理之众多，则言不可以一方指；道之广大，则说不可以一体观。"（卷六《与包详道》）此皆言义理之广大无穷，圣贤之言亦可互异，故不可以一端尽，亦不可以一体观也。

至于阳明讲学，明言"良知之说，真吾圣门正法眼藏"（《全集》卷五《与邹谦之》），"致知二字，真是个千古圣传之秘。"（《传习录》下）其诗亦有"莫道圣门无口诀，良知两字是参同"之句。此固可谓明标出一讲学宗旨，不同朱陆之未尝立说者。门人更有谓其言良知，乃泄天机者；然阳明答曰："圣人已指以示人，只为后人掩匿，我发明耳。"亦不以此良知之论，为其个人所立之义或自造之一学说，如西方哲学家之所为也。阳明又言："学贵得之心。求之于心而非也，虽其言之出于孔子，不敢以为是也；……求之于心而是也，虽其言之出于庸常，不敢以为非也。"（《答罗整庵书》，《传习录》中）"先儒之学，得有浅深，则其为言，亦不能无同异。学者惟当反之于心，不必苟求其同，亦不必故求其异。要在于是而已。今学者于先儒之说，苟有不合，不妨致思。思之而终有不同，固亦未为甚害。但不当因此而遂加非毁。"（《全集》卷八《书石川卷》）故又言："且问自己是非，莫论朱陆是非。"（卷二《启问道通书》）"君子之学，岂有心于同异。……假使伯夷、柳下惠，与孔孟同处一堂，……其议论论断，亦不能皆合。……后之学者，全是党同伐异之私心浮气所使，将圣贤事业，作一场戏看了也。"（《全书》卷六《答友人问》）此则明言学者唯求其是，不必苟同，亦不当徒事于非毁，以立门户，更不可将圣贤之学之同异争辩，如一场戏看也。《传习录》上记学者或问古人论道往往不同曰："见得自己心体，即无时无处，不是此道，无古无今，无终无始，更有甚同异？"此则谓学问归在只求见道，而不见有人之异同之境。至阳明尝谓："理一而已矣，心一而已矣，故圣人无二教，而学者无二学。"（《全书》卷七《博约说》）此乃就教学之宗旨方向之至约处言，非谓圣人所言之义理有定限，亦非谓圣人能将天下之理一口道尽。故谓："某近来却见得良知两字，日益真切，……若致其极，虽圣人天地不能无憾，故说此两字，穷劫不能尽。"（卷六《寄邹谦之》）此即言人出自良知而言之义理，原无穷尽也。又《传习录》下载学生问"文王作象，周公系爻，孔子赞《易》，何以各自看理不同？先生曰：圣人何能拘死格？大要出于良知同，便各自为说何害？""虽夫子之圣，亦无天下之理，皆已尽明，无复可明之理。"又曰："义理无定在、无穷尽，吾与吾子言之十年、二十年、五十年，未有止也。"（《传习录》上）是见阳明亦以义理无穷尽也。

吾于上文略指出三贤为学，皆未尝意在自立一说，皆未尝有门户之见，于义理虽皆言当知其同异，亦皆尤重辨其是非；又皆言义理之无穷，非圣贤之言所能尽，自亦非诸贤之所已言者之所能尽。此即可见此三贤之学虽不同，然于此关涉到学问之同异是非，与义理之无穷之所见上，即皆未尝不同。三贤之于其所学，固皆有自信不疑之处，亦皆谓直接孔孟颜曾之传，于汉唐儒者，不在眼中。故朱子有"汉唐以下诸儒说道理……直是说梦"（《语类》卷九十三）之语。象山言："千有五百余年之间……蠹食蛆长于经传文字之间者，何可胜道，方今熟烂败坏。"（卷一《与侄孙濬》）又言："区区自谓孟子之学，自是而一明。"阳明亦言"孔孟既没，此学失传"（卷八《书魏师孟卷》），又言"颜子殁而圣人之学亡"（卷七《别湛甘泉序》）。是皆志在接千载不传之学。然皆同尊周程，实未尝目空千古。唯朱子于明道伊川之言说，亦多有所疑。象山谓："伊洛诸贤，研道益深，讲道益详，志向之专，践行之笃，乃汉唐所无有，其所植立成就，可谓盛矣。"然又谓："未见其如曾子之能信其皓皓……如子思之能达其浩浩……如孟子之长于知言。"（《全集·与侄孙濬》）阳明则于周程朱陆虽皆致推崇，而于伊川及朱陆，亦皆有评论，其诗乃有"影响尚疑朱仲晦"与"支离羞作郑康成"一句并说，更尝谓"象山之言细看有粗处"（《传习录》下）。此则皆由三贤之学所向慕者之高，与其为学又皆欲求一真是处，乃更不为苟同之论。此非世之贡高我慢者之可比。是皆可由其言之皆恳挚真切而知之，非世之所得而妄议者也。

　　吾于上文所不厌烦缕，加以列举之言之中，三贤同有文王、周公、孔子于《易》之所见之不同之言。亦皆是举之以证先后之圣贤，虽相承相继，而所言之义理，尽可异而俱是，以显义理之无穷。则吾人于三贤所言之义理之异而俱是者，岂不可亦本此态度观之？固不当如守门户之见者，唯举此以责彼，如朱子所谓"见他人如此说处，又讨个义理，责其不如彼说；于其如彼说，又责其不如此说"。以使其所言之义理无一为是也。然于其异而不皆是者，亦当辨其是非；其不能辨是非之处，亦当使其同异分明，不能一概和会。故朱子未尝谓："君举却欲包罗和会众说，不令相伤，其实都不晓得众说之是非得失，自有合不得处也。叶正则亦是如此，可叹！可叹！"（《全书》卷五十三《答刘公度》）至朱子之言"诸家说有异同处最可观"，则谓于不能辨是非之处，亦当先知其同异也。象山亦尝言于交加糊涂之说，当求其分明，故谓："讲学固无穷，然须头项分明，方可讲辨。若自交加糊涂，则须理会得交加糊涂处分明。如杨朱、墨翟、老、庄、申、韩，其道虽不正，其说自分明。若是自分明，虽不是，亦可商榷理会。……子夏、子游、子张，各知其有不同，乃有商量处。纵未能会通，亦各自分明。"（卷四《与诸葛诚之》）又谓："最是于道理中鹘突不分明人，难理会。某平生最怕此等人。世俗之过却不怕。"然象山又不如朱子多在文字上，与人辨学术之是非，故更尝谓"人心有消杀不得处，便去引文牵义，牵枝引蔓，牵今引古，为证为靠"（卷三十五），又谓："学之不讲久矣，吾人相与扶持于熟烂之余，何敢以戏论参之。"（卷十四《与严泰伯》）则著述之事，又非象山之所重。阳明则尝答季明德，言季文曰"必欲如此节节分疏引证，……又连缀数圣人纸上之陈迹，而入之于此一款条例之中"之弊之后，更言："千经万典，颠倒纵横，皆为我之所用，一涉拘执比拟，则反为所缚。虽或特见妙诣，开发之益，一时不无，而意必之见，流注潜伏，盖有反为良知之障蔽，而不自知觉者矣。"（《全书》卷六）故阳明亦不重著述。当吾观此上所引象山之斥戏论，与阳明之言分疏比拟之害之言时，亦未尝不为之惶悚。然当今兹诸贤之学绝而道丧之世，吾权衡轻重，仍宁宗上引朱子之言，以观三贤之学之同异，以求象山所谓头项分明，及阳明所谓"开发之益"。则于三贤之言，就"纸上之陈迹"，"引文牵义"，"入于款例"，以为之分疏比拟，而参以戏论之事，亦不可免。然吾人今果能由此分疏比拟之功，以知三贤之学之所实有之同异，则亦当可由其同是者之可相证，而益见其是；其异而俱是者，即可据以证三贤所同言之"义理之无穷"；而由其学之异所致相非之言，其未必是者，则亦当可由此分疏而见。合此三者，则正所以见三贤之学，其同在一儒学之大流中，其立义之相承相辅之迹，与此中之慧命之相续而不断者，当亦不失为一彰显三贤之学于今世之一道。若必虑阳明所言"意必之见，流注潜伏，以为良知之蔽障"，则亦未尝不可于吾言既毕之后，更斩除枝蔓。能致此所谓良知之蔽障者，不离吾人之良知，而能破除之者，亦是吾人之良知，则又何害乎？

本文之目标归在言阳明之学之同有本于朱陆所言之义，以矫世之唯将陆王属一学派与程朱为对垒之偏。然欲论此，又须更略及于世所谓朱陆之异，与陆王之同。此世所谓朱陆之异，吾于《朱陆异同探源》一文，唯就其原于朱陆以前之儒学，与原于朱陆言心之义者而论；乃未及于一般所谓朱陆之同异，与其学术之"流"之所以异。然此一般所谓朱陆之异，其中亦有同处，及实异而不相悖者，今并当一补述。至世所谓陆王之同言心即理，虽大致不差，然亦多有空言不切，须重加说明，并加补述者。然后可进而论阳明之学承朱子之问题，而转进一层之义。故此下之文当分三篇，上篇为陆王之同处之重加说明，并一论象山言工夫论所特重之义，而非朱子及阳明之所重者，以为后文较论之资。中篇为世所谓朱陆之异同之补述，下篇为阳明与朱子之关系之重辨。此中，上篇以象山为主，而兼及阳明，中篇以朱子为主，而兼及象山，下篇以阳明为主，而兼及朱子。中篇以上篇为对照，又为下篇之所据，而下篇又还通于上篇所论及于象山阳明者。又此上篇、中篇，皆平铺论列，征引文献，要在取信，不必皆涉义理之精微。下篇论义，则层层转进，多涉精微，宜兼有废书卷之功者，方可期于共喻。是则三篇之内容与作法之不同，兹先加说明，以便读者之观览者也。

二　陆王言心即理之切实义

世所谓陆王之同，恒就二家皆言心即理为说。此言固是。然昔之评论陆王之言心即理之学者，或谓其为任心以为理，则全不是。其或以陆王之言心即理，即以心之虚灵知觉为天理，如罗整庵《困知记》之说；或只以守此心之精神不外用，如陈清澜之《学蔀通辨》所论，则皆有一大误解。而其原亦有由朱子疑象山为禅之言而来者。至朱子之所以有此疑之故，则当更加解释。然朱子之于象山之言心之义，要亦无全部之了解。朱子于象山之学，意其"只管说一个心，万法流出，更都无许多事"（《语类》百廿一），则此语是否可用以说象山，当看此心与许多事作何解为定。依朱子之所谓虚灵明觉心去解，则亦不切合。至吾人之由观象山之有"宇宙即吾心，吾心即宇宙"言千百世之上，千百世之下，东西南北之圣人，此心同此理同，以及宇宙内事即己分内事，己分内事，即宇宙内事等言，阳明有吾人之良知即天地万物之灵明等言，即直下意陆王之言心即理，乃在证成一唯心论，亦未能循陆王之言，以相应而说。吾意此象山之言宇宙即吾心之论，阳明之言良知即天地万物之灵明之言，与吾于《朱陆异同探源》所论，象山言本心之体用动静不二，与阳明之类此之义，固是象山阳明之学之所归宗义。其是否唯心论，当视唯心论之义如何而定。然要之不同于一般西方哲学由思辨建立之唯心论，陆王之学亦实不重在立一论。此上之诸归宗义，亦皆由其言德性工夫而显示。象山阳明之言心即理，与即心见理之工夫，亦初不宜自此归宗义讲起，而更有其切实可循之义可说。今若不先经此切实可循之义，便说此归宗义，则亦可如朱子所谓："只学得一场大话，互相恐吓，而终无补于为己之实也。"（《朱子大全》卷五十三《答高应朝》）"金溪之徒，不事讲学，只将个心来作弄，胡撞乱撞。"（《语类》卷百廿一）今按象山尝言："汝耳自聪，目自明，见父自能孝，事兄自能弟，本无少缺，不必他求，在乎自立而已。"（《象山全集》卷三十四《语录》）阳明用象山此语，改能字为知字，则谓："见父自然知孝，见兄自然知弟，见孺子自然知恻隐：此便是良知。"（《传习录》上）此即陆王言心即理之人人当下切实可循之义。此义初不外就人之本已有之德性之表现于心知者，指其为此心之发用，更直下自省其中之有此心之理在。世间亦实无人能在对父对兄有孝弟之时，谓此孝弟之理不在心，而只在父与兄之声音相貌之上，而为吾人之耳目闻见之所得，然后知之于心者也。则阳明之问："孝之理其果在吾之心耶？抑果在亲之身邪？假而果在于亲之身，则亲殁之后，吾心遂无孝之理耶？夫物（如父。非物质之物也）理不外于吾心，外吾心而求物理，无物理矣。遗物理而求吾心，吾心又何物耶？心之体，性也。性即理也。有孝亲之心，即有孝之理；无孝亲之心，即无孝之理矣。有忠君之心，即有忠之理；无忠君之心，即无忠之理矣。理岂外于吾心耶？"（《阳明全书》卷二《答顾东桥书》）凡此所问，固皆可不待言，而人皆能知此忠孝之理，在此忠孝之心也。由此更观象山之广说："心，一心也；理，一理也。此心此理，实不容有二。爱其亲者，此理也；敬其兄者，此理也；见孺子将入井，而有怵惕恻隐之心者，此理也；可羞之事则羞之，可恶之事则恶之者，此理也；是知其为是，非知其为非，此理也；宜辞而辞，宜逊而逊者，此理也；敬，此理也；义，亦此理也。……孟子曰所不虑而知者，其良知也；所不学而能者，其良能也。"（《全集》卷一《与曾宅之》）则亦皆人人自反省其恻隐、羞恶、辞让、是非之心，而即能自知其此心之为合理，而为此理之所在者。此理固唯是道德上之当然应然之理，而非其他所谓外在事物之自身所以存在之"事理"或"物理"，亦非任何其他之超越的玄理之类者也。

此上言道德上之"当然应然之理"，在吾人道德的心之发用中，初非谓此心此理之无一般所谓"所对之外物"；而实正以此心之自始即有其所对之外物，而后有此心之发用。如父君与孺子，即初皆所谓外物也。象山阳明皆未尝谓天地万物乃此心之所变现，唯存在于此主观之心内；亦初未尝谓此天地万物无其自身所以存在之理。[①] 则其思想非西方之知识论上之唯心论甚明。至对此道德的理，所以必说其原自此道德的心，而非由外来者，则又正在吾人之必先于外物有闻见，然后方继而有吾人对之之道德的心情、意念与行为，如忠孝之心情之类。此即正见此诸忠孝心情等，乃继外物之闻见，而吾人更对此外物加以回应时，所表现者。故此乃断然属于吾人对外物之回应之事，而不属于外物之来感，以为吾人所见闻之事者。故此心情，亦必然为吾人之自己所内发，而此心情中之理，如忠孝，亦为与此心情俱发之性情之理，而断然不

[①] 阳明《传习录》下有山中之花与此心俱寂，又有人死即其天地万物与之俱去之言。此只是就人之心知与所知，俱起俱寂，以见心知与其所知之合为一事。初固非就天地万物之自身，而问其客观存在与否。此问题对阳明之学言，亦原不必问者也，看本文下篇。

能为视由外至或外铄者矣。此乃孟子之所一论而论定之义，而象山阳明，即承之而说一切道德上之四端万善，皆由心而发。此乃亦原无疑义之可言者也。

象山与阳明依此道德的理与道德的心俱发之义，以言此理之在此心，初亦未尝否认人心之发，另有其不合此道德上之理者。象山固尝言人心之有私欲意见为之病，故其早年即有洗心之论，谓必须此心中之"人为之妄，涤之而无余"（《全集》二十九），然后见天理。故象山亦尝谓："有所蒙蔽，有所移夺，有所陷溺，则此心为之不灵，此理为之不明。……心当论邪正，以为吾无心，即邪说也。"此即谓人之心，固原可有蒙蔽，以成不合理之邪心，谓吾无心，固为邪说；谓吾人无此邪心，亦邪说也。阳明之所以言人当反求诸其心，正谓"善恶之机，真妄之辨者，舍吾心之良知，将何所致其体察乎"。（《答顾东桥书》）故阳明之致良知之工夫，必待吾人存此心之天理之善之真，而去其心之人欲之恶之妄。谓人之心除合天理者外，有种种当去之邪妄与不善者，陆王固无异辞，亦无人能有异辞也。则谓陆王之教人任心以为理，或以"凡心之所发，无非妙理"，则陆王固无此说，而任何人未尝真能如此说也。谓道德的理原为道德的心之所发或心之所发，固不能由逻辑上之换位法，以谓凡心之所发，皆合道德的理也。若其然也，则一切德性工夫皆无。此乃顺世外道，虚无主义，一任杂染罪恶流行之论，凡言有道德工夫者，亦皆无此说者也。

然人之谓其道德的心与理之外，别有不合此道德的理之心者，其所以变化此后者之心，以有其德性之工夫，而使其心情意念行为，皆化为合理之道，则有种种之不同。世之为宗教之学或其他之学者，或昔之为儒学者，固有或以为此当求诸神，法诸天，而赖社会之风教之陶养，政治上法律之奖惩，或名教礼制之规范，并动人以为善之利，与为恶之害；然后乃能使人得变化其心情、意念、行为之不合理而不善者。此皆以道之大原，出于己之外之天、他人或结果之计虑之说，而与孔子与颜曾思孟之传，以道之大原出于己之内心之根本义，相违者也。宋明儒自程朱更大张道之大原出于心性之义，其初则偏在言其出于性，而性即理。陆王乃特重言道或理之出于心，然亦谓此理即心之性。其言心即理，犹言心即性也。陆王之所以必重说此心即理，则以人果知得此道德的理之即在此心之发用中，即同时可知得：人之所以化除其不合理之心情意念行为之"能"，亦在此心中。更可由此以知得：此心自亦有"能化除此一切不合理者"之理之性。人在真求化除其一切此不合理者之时，固当先自信其能化除之。即彼往求诸天、求诸人以助之化除者，亦必然同时相信在此人之自身上，此诸不合理者，原有当化除而被化除之可能，即其在人之自身上，有"由有而无"之理；亦即必归于谓在人自身上，原自有能化除之之理或性也。若然，人固可直下认取此"人原自有之此能化除之"之性之理，自求化除之；而不必外求诸天、求诸人矣。此则唯赖人先由自觉其一切道德的心情意念行为中理，原在此心之中；然后能于其道德上修养工夫之上，真正求诸己，而不外求诸天与他人等。缘此而后人方知"宇宙之间如此广阔，吾身立于其中，须大做一个人"（《象山全集》三十五）；亦缘此而后人方知："学问思辨笃行之功，虽其困勉至于人一己百，而扩充之极，至于尽性知天，亦不过致吾人之良知而已。"（《答顾东桥》）此即陆王言心即理之义，所以承儒学之正传者也。至于此道德的工夫之事，所以不当求诸外在之天与人，必当求诸己，又必当谓人心原有"能作此工夫，以化除一切不合理之心情意念行为"之性之理者，则由凡彼"求诸外"者，在求诸外时，其心即已倾侧欹倒于外，便终不能真化除此不合理者于其心之内。由是其所成就之道德，即皆不免孟子所谓行仁义，或义袭而取，而终不能实有诸己。此亦孔孟程朱陆王，一脉相传，同无异义者。而象山之言心即理，则又特意在使人由自觉其理之在心，而直下先有一自信自立，为其德性工夫之所据，以使其工夫更易于得力。阳明又更言其说心即理之故曰："我如今说个心即理，……只为世人分心与理为二，故便有许多病痛。……如五伯攘夷狄，尊周室，都是一个私心。只心有未纯，往往慕悦其所为，要来外面做得好看，却与心全不相干。分心理为二，其流至伯道之伪，而不自知。故我说心即理，便来心上做工夫，不去袭义，于义便是王道之真。"（《传习录》下）此即谓人不知心即理，必以行为之表面合理为自足，而不更问其发此行为之内在的心情意念之是否合理，即不能求其内在的心情意念之合理，而不免于伪；亦不能知吾人之心，原有"能自化除其内在的心情意念之不合理者"之理之性，而自做实现此理此性之心上工夫也。阳明于《象山文集》序（《全书》卷七），又发挥象山言心即理之义曰："盖王道息而伯术行，功利之徒，外假天理之近似，以济其私，而以欺于人。曰天理固如是。不知既无其心矣，而尚何有所谓天理者乎？自是而后，分心与理为二，而精一之学亡。世儒之支离外索于刑名器数之末，以求明其所谓物理者；而不知吾心即物理，初无假于外也。佛老之空虚，遗弃于人伦事物之常，以求明其所谓吾心者；而不知物理即吾心，不可得而遗也。"此段文则一方言析心与理为二，谓理不内在于心，必以之为外，而人乃必不免以凡外表行事之合理者，即理之所在，而伯道之伪，即由此起。一方更言由人之视理于外，乃更不求在内心下工夫，以求其心之精纯不杂，而一于天理。则世儒之支离于外，与佛老之空虚于内之病，皆缘之而致。此则兼王道之熄、伯术之盛与后世之学术之风气之衰，以言此心即理之义，所关系于世道人心者之大，以见心即理之义之不容不立者也。

上述陆王之心即理，同时承认人心之意念行为之有不合理者，须由自觉此理之在心者，更加以化除，而自下工夫，以使心皆如理。一切心之不合理而不如理，是谓放心，而学亦可以求放心一言概之。求放心，乃心之自求。自求放心之学，即曰心学。象山尝曰："自孟子言学问之道求放心，是发明……孟子既说了，下面更注脚便不得。"（《全集》卷三十五《语录》）又言："愚不肖者不及焉，则蔽于物欲而失其本心；贤者智者过之，则蔽于意见而失其本心。"（卷一《与赵监》）则人之无论贤愚不肖，其本心固常失而常放，即皆不能不有求其放心之学也。阳明《紫阳书院集》序（《全书》卷七）更申孟子与象山之旨曰："孟氏所谓学问之道无他，求其放心而已矣。博学者，学此者也；审问者，问此者也；慎思者，思此者也；明辨者，辨此者也；笃行者，行此者也。心外无事，心外无理，故心外无学。是故父子尽吾心之仁，君臣尽吾心之义；言吾心之忠信，行吾心于笃敬；惩心忿，窒心欲，迁心善，改心过，处事接物，无往而非求尽吾心，以自慊也。"阳明《答顾东桥书》曰："心即理也。学者，学此心也；求者，求此心也。孟子云：学问之道无他，求其放心而已矣。"此心学乃以心之自求放心为学，即于心上学，固非不学也。

　　至问此陆王心即理之义中，所谓理之内容如何，则当注重者，是象山阳明皆未尝论此心毕竟有多少理。昔儒于此心之性理之内容，固有加以讨论者。如汉儒即多承孟子、《中庸》言五常之性，宋儒周子亦本五行言五性。唯程伊川则尝谓性中无孝弟，只有仁义礼智等。朱子于仁义礼智四德与信更加分别，谓信只是理之实，即实有四德之名，而与四德不同。然朱子言四德亦只就大纲而别为四，朱子固亦谓心性中具万理，以为其与生俱生之明德。然象山阳明则不本五行言性，亦未尝有种种有关五常四德之讨论。象山唯泛言一切四端万善，皆原本于心，而无意指出此心之理之项目件数。盖象山之言心即理，乃重在教人自其心之发用上，自觉其中之理。在心未发用处，此理不可见；而在心之发用处看，则心之遇物无穷，心之发用无穷，则此理之表现，亦当无穷；不能以四端五常尽举也。故象山尝曰："孟子就此四端上指示人，岂是人心只有此四端而已。"（《全集》卷三十四《语录》）又谓："近来论学者言扩而充之，须于四端上逐一充，焉有此理？孟子当来，只是发出人有是四端，以明人性之善，不可自暴自弃。苟此心之存，则此理自明，当恻隐处自恻隐，当羞恶，当辞逊，是非在前，自能辨之。当宽裕温柔，自宽裕温柔，当发强刚毅，自发强刚毅，所谓溥博渊泉，而时出之。"（同上）此明见象山不重此四端之件数，以求于其上一一加工，唯重在言此心之理，如"渊泉之时出"而无尽。则此心之理，原无一定项目件数。因而其言此心此理，亦盖指包含其项目件数之一总体之心，总体之理。此所谓"此"字，乃谓即此心之发用所在，便是其中之理之所在。如用今语释之，即"何处有心，何处便有理"；即以使人随处即本心良知呈现处，识得天理。由此而象山之言一本心，初唯是于一切本心之表现，皆溯其原于一本，方谓其自一本原而流出；固非欲人先把捉此一本原，或本心之总体，以之笼统包括一切也。盖自此中之一一表现或流出者看，固自有分别；而由其流出之无尽，则原不能就其项目件数，加以历数，以纳之于一总体也。由此以观，则朱子与后之为朱学者，谓象山之言，"只拣一个笼统的说话，将来笼罩，只是要寻这一条索，却不知道都无所得穿。"（《语类》二十七）其意虽皆可解，然若谓象山之言此理之说即如此，即显见其不恰当也。

至于阳明之言心即理，乃即心之良知之是是非非以见理。心之良知之是是非非，乃对事物而见。事物皆具体之事物，而良知天理之表现，即皆连于此具体之事物。具体之事事物物，固一一分别，而良知天理之是是非非，亦即显一分别义。故"良知天理"之不能视为一包括项目件数之总体之名，而唯所以言一切良知天理之表现，皆同原而共本，即较象山之言本心者，更显然易见，无烦多论矣。

三　圣贤、学者与愚夫愚妇之心同理同

由上文吾人可知陆王之言心即理，非意在以一本心或良知之理，笼统包括一切理，而唯在教人由其心之种种发用中，自识其心之理，而知其由一本原而出。此乃意在教人之由此理之原在吾心，而本之以成其自求放心之学。缘是而吾人即当进而对象山阳明所谓心同理同、人之良知之同，更求有一的解。以象山之心同理同之义而言，大率世人之骤闻象山之言千百世之上下、东西南北之此理同者，恒易直下便宛若见得一超越于四海古今之上之一形而上的大心、大理，如在目前。然此见只是想象，却尚未落实，亦不亲切。象山之言心同理同，实亦未尝直说一切圣人之心与所见之理全同。吾人于本文第一节中，已引及象山言千古圣贤，同堂同席，议论无尽合之理。此外象山复明言："圣人者并时而生、同堂而学、同朝而用，其气禀德性所造、所养，岂能亦尽同？至其同者，则禹益汤武亦同也。"（卷二十二）又言："尧、舜、禹、汤、文、武、周公、孔子，此八圣人，合堂同席而居，其气象岂能尽同。"（卷三十四《语录》）此即见象山所谓圣人心同理同者，并非说其心所见之理全同，而只言其有一真同处。此所谓真同处者，即其所见之理虽有不同，然其皆有见于理，而其心皆为合理之心则同。其心之同为合理之心，即其心同为一无私之心。此无私之本身，亦即可视为此心之理。此便见一切圣人之心同理同，同是无私，并不碍其本此无私之心之理，以应物论事时，所见之理之不同，或其此心表现于忠或孝或恻隐或羞恶等之不同。此即见圣贤之心同理同之实义，固非必谓圣贤之心之理之内容，全是一模一样之谓同也。

然由上文所说，去看圣贤所见得之心同理同之义，则又不能只限在应用于圣贤而已。盖不仅圣贤有心同理同之处，自圣贤以

外之一切人，其心所发之意念行为，同为合理，而表现其心之理之处看，固亦皆有其同于圣贤之处，则于一切人皆可说其心同理同也。故象山于上所引卷二十二之文之下曰："夫子之门，唯颜曾得其传，以颜子之贤，夫子犹曰未见其止，孟子曰具体而微，曾子则又不敢望颜子。然颜曾之道，固与圣人同也。不特颜曾与圣人同，虽其他门弟子，亦固有与圣人同者。不独当时之门弟子，虽后世之贤，固有与圣人同者。非独士大夫之明，有与圣人同者，虽田亩之人，良心不泯，发见于事亲、从兄、应事、接物之际，亦固有与圣人同者。指其同者而言之，则不容强异。然道之广大悉备，悠久不息，而人之得于道者，有多寡久暂之殊，而长短之代胜，得失之互居，此小大、广狭、浅深、高卑、优劣之所从分，而流辈等级之所由辨也。"即明言一切人皆与圣人有心同理同之处也。

至阳明之言同此象山所谓心同理同之义者，则尝曰："与愚夫愚妇同的，是谓同德，与愚夫愚妇异的，是谓异端。"（《传习录》下）又谓："圣人之知，如青天之日，贤人如浮云天日，愚人如阴霾天日，虽有昏明不同，其能辨黑白则一。"（《传习录》下）则在有此心之良知以辨黑白是非上，圣愚固无分也。

此上象山所谓一切人有其心同理同处之言之中，于一般人与学者与圣贤之有异处，固未尝忽视。然自学者分上言，则象山意谓于此不同处之等差级次，非所难明，然非学者用功之切要处。学者用功之切要处，唯在自觉到此中吾人与圣贤之同处，而即在此同处，有以自信自立，而更下工夫，以诚求此同处之日充日明，日广日大。此即学者由思诚以求同于圣人之诚之工夫也。象山尝曰："今之学者岂皆不诚，不知思诚时，所得所中者，与圣人同乎不同？若其果同，则滥觞溟渤，皆水也。则大小、广狭、浅深之辨，亦自不害其为同。第未知所谓同者，其果同乎？故尝谓其不同处，古人分明说定等级差次，不可淆乱，亦不难晓，亦无可疑。

独其所谓同者，须是真实分明，见得是同乃可。不然，却当致疑而求明也。"（《全集》卷六《与傅圣谟》）此正为象山之教人之识得此心同理同之切实义之所存也。若吾人只观其言圣贤之心同理同，而只往想象一形而上的大心大理，则失其言心同理同之切实义，乃在使吾人自觉其心其理之与圣贤同处，而本此以更用思诚之工夫，以求诚之义矣。

四　圣贤之知能与学者学圣人之道及至治之世

此心同理同之义，乃以圣贤之所同，为众人及学者之所同。故知圣贤之所以为圣贤，亦即知众人与学者之所同，与学者所当用功之处。圣贤之所以为圣贤，唯在其心之无私，故当事物之已至，其心与理之发用，即更无蔽障之者。心之理无蔽障，即心之灵、理之明。圣贤有此心之灵、理之明，非其于事物之未至，而其心已先知之，并先知此应事接物之理之谓；唯是当事物之既至，即能如理而应，心无滞碍之谓。又谓圣贤有"此心之灵"，唯言其道德的心之灵，谓圣贤有"此理之明"，亦唯言其于道德上的理，能昭然明白，以表现于其心之发用之中。圣贤之所以为圣贤，唯在其实有此心之灵、此理之明，是即圣贤之德性。此圣贤之德性，固非自其对事物之知识与技能上见。自知能上说，圣贤亦不必多于人；即多于人，亦仍有其所不知不能。此知能之多少，亦实皆与圣贤之所以为圣贤无关者。至所谓圣贤之无所不知、无所不能，则只是言其心之于道德的理，昭然明白；在德性上，言其当知者皆已知、当行者皆已行；非谓其一般所谓知识技能之无限也。就此一般知能而言，圣贤固有所不知不能；其异于一般人者，唯在其不以其不知为知，不以其不能为能而已。由是而学者之学圣人，即亦不在求多知多能，要在学圣人之不以不知为知，不以不能为能。故象山尝谓："知之为知之，不知为不知，是知也。后世耻一物之不知者，亦耻非其耻矣！人情、物理之变，何可胜穷？若其标末，虽古圣人有所不能尽知也。稷之不能审于八音，夔之不能详于五种，可以理揆，夫子之圣，自以为少贱而多能，然稼不如老圃，……伏羲之时，未有尧之文章；唐虞之时，未有成周之礼乐；非伏羲之知不如尧，而尧舜之智不如周公。"（卷一《与邵叔谊》）"虽夫子之圣，亦非有天下之理，皆已尽明，而无复可明之理。今谓言之不明者，非固责其不能尽明天下之理，盖谓其有不自知之处也。人各有能、有不能，有明、有不明。若能为能，不能为不能，明为明，不明为不明，乃所谓明也。"（卷三《与曹立之》）统此诸言，以观象山谓圣人亦有所不知不能之旨，可谓深切。圣人之真正之知与明，固原不须在其知识技能之无所不知不能上说，而唯当在其自知其有所不知，自知其有所不能，而不以不知为知，不以不能为能之德性上说。则学者之学圣人，亦不在求多知多能，只须学圣人之不以不知为知、不能为能之德性斯可矣。此则依于心同理同之义，正为人人之所能学者。是为人之根本之学。至于知识技能之学，则第二义以下之学；而学之者亦不当以其知识技能之胜人，而加居人上，而自坏其根本之学也。故象山尝自谓："若某则不识一个字，亦须还我堂堂地做个人。"（《全集》三十五《语录》）又曰："仁义忠信，乐善不倦，此夫妇之愚不肖，可以与知能行，圣贤所以为圣贤，亦不过充此而已。学者之事，当以此为根本。若于天文、地理、象数之精微，非有绝识，加以积学，未易言也。……皆德行事，为尊、为贵、为上、为先。乐师辨声、诗，祝、史辨乎宗庙之礼，与凡射御书数等事，皆艺也，为卑、为贱、为下。……凡所谓艺者，其发明开创，皆出乎古之圣人。……然圣人初不尚此。其能之，每以教人，不以加人；若德行中庸，固无加人之理。世衰道微，德行浅薄，小人之有精力者，始以其艺加人，珍其事，秘其说，以增其价，真所谓市道。"

此言德行为尊为上，明非谓有德行者当自居于人上，以加于人上之谓；而只是言人之学问当以德行为根本，而为尊为上之义。人之不能以德行为上，而只以知识技能胜人，而秘其说、增其价者，是为小人，则能有德行者皆大人。然人固皆同可有德行以为大人也。象山所谓至治之世，则正在人人皆同有此德行，而相忘于其知识技能或才智功能之大小者也。故尝曰："唐虞盛世，田亩之民，竭力耕田，出什一以供其上，亦是与尧、舜、皋、夔同心同德。"（卷十四《与侄孙濬》）又言："古人不恃才智，不矜功能，故能通体是道义。道义之在天下、在人心，岂能泯灭？唐虞之时，禹、益、稷、契，功被天下，泽及万世，无一毫自多之意。当时含哺而嬉，击壤而歌，耕田而食，亦无一毫自歉之意。风化如此，岂不增宇宙之和哉。"（卷七《与包显道》）

此上象山言圣人自知其有所不知不能，学者之学圣人，亦不当求无所不知不能，并当知天下之一般人无不同具此心此理，可与圣人同心同德，以及在至治之世，人当皆以成德为务，而相忘于其才智功能之大小诸义，阳明亦皆言之，而发挥尤详。阳明《答顾东桥书》，言圣人非无所不知、无所不能，学圣亦不在求多知多能曰："羲和历数之学，皋契必未能之也，禹稷未必能之也。尧舜之知而不遍物，虽尧舜亦未必能之也。然至于今循羲和之法，而世修之，虽曲知小慧之人、星术浅陋之士，亦能推步占候，而无所忒。则是后世曲知小慧之人，反贤于禹稷尧舜耶？……夫礼乐名物之类，果有关于作圣之功也，而圣人亦必待学而后知焉。……谓圣人为生知者，专指义理而言，而不以礼乐名物之类；则是礼乐名物之类，无关于作圣之功矣。圣人之所以谓之生知者，专指义理，而不以礼乐名物之类；则是学而知之者，亦唯当学知此义理而已；困而知之者，亦唯当困知此义理而已。今学者之学圣人，于圣人之所能知者，未能学而知之，顾汲汲焉求知圣人所不能知者以为学，无乃失其所以希圣之方欤？"（《传习录》卷中《答顾东桥书》）阳明又谓："圣人无所不知，只是知个天理；圣人无所不能，只是能个天理。圣人本体明白，故事事知个天理所在，便只尽个天理。不是本体明后，却于天下事物，都便知得，便做得来也。天下事物，名、物、度、数、草、木、鸟、兽之类，圣人须是本体明了，亦何缘尽知得？他不必知的，圣人自不消求知；其所当知的，圣人自能问人。"（《传习录》下）

由阳明之言圣人之有所不知不能，故阳明更言圣人之同为圣，而才力尽可不同之义。盖人之才力之大小，正是一般之知能之多少上之事，原不关圣人之所以为圣之事也。故阳明言"伯夷、伊尹于孔子，才力终不同"，又尝以金喻圣人才力，而有"尧舜万镒，孔子九千镒"之说。盖"圣人之所以为圣，只是其心纯乎天理，而无人欲之杂；犹精金之所以为精，但以其成色足而无铜铅之杂也。然圣人之才力，亦有大小不同，犹金之分两，有轻重也"。（《传习录》上）知圣人之才力之不同，则学者之学圣，正当于圣之所以为圣上着眼，不当在圣人之才力或知能上着眼，方不致只在才力知能言学问，而希慕才力知能之大，以流为功利之学。故曰："只要此心纯乎天理处同，便同谓之圣。若是力量气魄，如何尽同得？后儒只在分两上较量，所以流入功利去。只在此心纯天理上用功，即人人自有，个个圆成，便能大以成大，小以成小，不假外慕，无不具足。……后儒不明圣学，……却去求知其所不知，能其所不能，一味只是希高慕大。"（《传习录》上）

由圣人之所以为圣，不在才力知能，学者之学圣人，亦不当于才力知能上希慕，故阳明之自言其致知格物之学圣工夫，即一切人所共同之工夫曰："我这里言格物，……自童子以至圣人，皆是此等工夫。但圣人一格物，便熟得些子，不消费力。如此格物，虽卖柴人都是做得，虽公卿大夫以至天子，皆如此做。"（《传习录》下）至阳明之言理想之至治之世，唯在人之各成其德，而各尽其知能，相辅为用，而相忘于其知能才力之大小与异同，则其言又较象山更为详明。故其《答顾东桥书》中拔本塞源论又曰："唐虞三代之世，下至闾井田野、农工商贾之贱，莫不皆有是学，而唯以成其德行为务。……故稷勤其稼而不耻其不知教，视契之善教，即己之善教也。夔司其乐，而不耻于不明礼，视夷之通礼，即己之通礼也。盖其心学纯明，而有以全其万物一体之仁。故其精神流贯，志气通达，而无有乎人己之分，物我之隔。譬之一人之身，目视耳听，手持足行，以济一身之用。目不耻其无聪，而耳之所涉，目必营焉；足不耻其无执，而手之所探，足必前焉。……盖其元气充周，血脉条畅，是以痒疴呼吸，感触神应，有不言而喻之妙。此圣人之学所以至易至简，易知易从，学易能而才易成者，正以大端唯在复心体之同然，而知识技能，非所与论也。"（《传习录》中）及其《节庵方公墓表》（《全书》卷二十五）言至治之世，人之异业而同道之旨尤备。其言曰："古者四民异业而同道，其尽心焉一也。士以修治，农以具养，工以利器，商以通货，各就其资之所近，力之所及者而业焉，以求尽其心，其归要在有益于生人之道，则一而已。士农以其尽心于修治具养者，而利器通货，犹其士与农也；工商以其尽心于利器通货者，而修治具养，犹其工与商也。故曰四民异业而同道。盖昔舜叙九官，首稷而资契，垂工益虞，先于夔龙。商周之代，伊尹耕于莘野，傅说板筑于岩，胶鬲举于鱼盐，吕望钓于磻渭，百里奚处于市，孔子为乘田委吏，其诸仪封、晨门、荷蒉、斫轮之徒，皆古之仁圣英贤、高洁不群之士……自王道之熄而学术乖，人失其心，交骛于利，……于是始有歆士而卑农，荣宦游而耻工贾。"

综上所论，吾人即可确切了解，无论象山阳明言发明本心、致良知，皆同此即心即理之教，而皆自称为至简至易之学之教之故。此简易之处，乃在学圣贤者原不尚其才力与知能之多。多而更有多，则难；才力知能，人各不同，则异。难则不易，异则不简矣。故学圣贤，而在与圣人及一切愚夫愚妇所同能知、同能为之德性上用工夫，则自简易矣。故象山谓："古今人物同处直截是同，异处直截是异。然论异处极多，同处却约。孟子言：道二，仁与不仁而已。同处甚约，指其同者而言，则不容强异。"（《全集》卷三十二《语录》）又曰："天下之理，将从其简且易者而学之乎？将从其繁且难者而学之乎？"（《全集》三十四《语录》）至于阳明之只标致良知三字或致知二字，更明是简易之教。《传习录》上记：希渊问圣人可学而至一节，即终以言致良知之学，轻快脱洒简易为答。又士德问一段亦明言阳明所教，"明白简易"。此皆以阳明之所教所学，亦同象山，原在圣人与愚夫愚妇之所同有之此心此理上立根之故也。循此象山阳明之简易之教，学者果能自发明其本心，自致其良知，以充极其量，即至于圣人之境；则吾人学者乃即愚夫愚妇而能学圣贤者，圣人即愚夫愚妇之能充极其发明本心与致良知之量者；而天下之愚夫愚妇，即圣贤之尚未能真发明其本心，亦尚未真致其良知者。吾人学者，与天下之愚夫愚妇，既同有圣贤之心之理，则学者之能识其自己之本心良知，即识得圣贤之所以为圣贤，而学圣贤亦非学一外在之圣贤矣。此即象山之所以对学生朱济道言"识得朱济道，便是识得文王"（《全集》卷三十四《语录》）也。至于阳明则于此有"心之良知是谓圣"（卷八《书魏师孟卷》）之言，又曰："自己之良知，原与圣人一般，若体认得良知明白，即圣人气象，不在圣人，而在我矣。"（《启问道通书》，《传习录》中）并尝直谓"人人胸中，原有个圣人，只自信不及，都自埋倒了"（《传习录》下），其诗亦有"个个人心有仲尼"之句。依陆王说人人心中，皆有文王、有圣人，则吾人学者，欲推行此圣人之教，以至于天下之愚夫愚妇，亦当一方视一切愚夫愚妇之心中，同有此仲尼，而可见"满街都是圣人"，亦当自同于愚夫愚妇以讲学。故阳明尝曰："你们拿一个圣人去与人讲学，人见圣人来都怕走了，如何讲得行？须做个愚夫愚妇，方可与人讲学。"（《传习录》下）阳明之学之所以能广被天下，而泰州门下之有樵夫陶匠，共此致良知之学者，其故亦正在其于学者、圣人、愚夫愚妇三者，原无差别见也。

　　然此象山阳明之倡此至简至易之发明本心或致良知之学，亦皆初无教人于天下之物，无所事事，关门独坐，学为圣贤之谓。象山尝言"在人情、事势、物理上用工夫"。象山亦能理事务。阳明一生建功立业，其学更自事上磨练得来。按象山所谓人情物理事变上用工夫，固非只求于人情物理事变上知识得多之谓。故象山曰："若知物价之低昂，与夫辨物之美恶真伪，吾不可不谓之能。然吾之所谓做工夫，非此之谓也。"（《全集》卷三十四）则象山所谓工夫，实即不外自验其所以处人情物理事变之德性工夫甚明。后阳明发挥象山于人情、物理、事变上用工夫之言曰："喜怒哀乐，非人情乎？自视听言动，……至富贵贫贱，患难死生，皆事变也。"则阳明所谓此中之工夫，亦即人之"所以自处其喜怒哀乐，以及视听言动，富贵贫贱等"之德性工夫也。然人若不与物接，无此人情物理事变之呈于前，则此德性工夫亦无所施。象山阳明之言简易工夫，初无不与人情物理事变相接之意，亦甚明也。

五　象山阳明之言读书之道

　　由上所论象山阳明之简易之教，吾人即当更略及于象山阳明对于读书之共同态度。此乃为世所谓朱子与陆王之不同之一要端。于此吾人亦当先细看陆王于此之同处何在，便可进而论朱子于此所异于陆王者，并不如世所传之甚。按象山尝与学生言"长兄每四更一点起时，只见某在看书，或检书，或默坐"，则谓象山不读书，自无是处。然象山于读书之态度，要在由文义之了解，更进一步，以自有其读书之道。今姑钞录其重要之言如下，以便观览，不烦另释。象山尝曰："前言往行，所当博识，古今兴亡治乱是非得失，亦所当广览而详究之。顾其心苟病，则于此等事业，奚啻聋者之想钟，盲者之测日月，耗气劳体，丧其本心，非徒无益，所伤实多。"（《与陈正己》，卷十二）又曰："今之学者读书，只是解字，更不求血脉。"（卷三十五《语录》）"学者须是有志读书，只理会文义，便是无志。"（卷三十五《语录》）又言："读书最以精熟为贵，必令文义明畅，欲不劳其思索，不起其疑惑，使末不害本，令文义轻而事实重。"（卷十四《与胥必先》）又谓："尝令后生读书，且精读文义分明，事节易晓者，优游讽咏，使之浃洽，与日用相协，非但空言虚说，则向来疑惑处，自当涣然冰释矣。纵有未解，固当候之，不可强探力索，久当自通。所通必真实。与私识揣度者，天渊不足喻其远也。"（卷十一《与朱济道》）又言："大抵读书，训诂既通之后，但平心读之，不必强加揣量，则无非浸灌、培益、鞭策、磨砺之功。或有未通晓处，姑缺之无害，且以其明白昭晰者，日夕涵泳，则自然日充日明，后日本原深厚，则向来未晓得者，将亦有涣然冰释者矣。……与告子论性处，却不必深考，恐其力量未到，则反惑乱精神。"（卷七《与邵中学》）"开卷读书时，……纵有滞碍，此心未充未明，犹有所滞而然耳。姑舍之以俟他日可也。不必苦思。苦思则方寸自乱，自蹶其本，……但能于其所已通晓者，有鞭策之力，涵养之功，使德日以进……若固滞于言语之间，欲以失己滞物之智，强探而力索之，非吾所敢知也。"（卷三《与刘深甫》）又言："读书毋忽其为易晓，毋恃其为已晓，则久久当有实得实益。"（卷十《与曾宅之》）此见象山之明非不读书，唯言读书之道，以文义解字为低一层次之事；当由此进而知其事实或义理，以自培益。故重精熟，不重多；重文义分明之书，不重文义难解之书；而于不解者，又不必强探力索，而当俟义理之熟，涵养之进，使原觉滞碍者，自涣然冰释，而实有以自得。此上之言，皆同此旨。《象山语录》举一学者诗曰："读书切戒在慌忙，涵泳工夫兴味长。未晓莫妨权放过，切身须要急思量。自家主宰常精健，逐外精神徒损伤。寄语同游二三子，莫将言语坏天常。"（《全集》三十四《语录》）亦可概括象山言读书之道者也。

由象山之言读书重在知其事实、义理，更实在身心上有所自得，而有所受用；故人读书亦当先端其心志，否则知识之多，反为祸害。故又有"学者须是打叠田地净洁，然后奋发植立，……不净洁，亦读书不得。若读书，则是假寇兵，赍盗粮"。（卷三十五《语录》）读书重有所得、有所受用，故亦不宜多事文字辨析。故谓："圣哲之言，布在方册，何所不备？传注之家，汗牛充栋……譬之药笼方书，搜求储蓄，殆无遗类；良医所用，不必奇异，唯足以愈疾而已。"（卷七《与颜子坚》）又谓："日享事实之乐而无暇辨析于言语之间，则后日之明，自足以识言语之病。急于辨析，是学者大病。"（卷十《与詹子南》）故象山罕事著述。学者问其何不著书，则答曰："六经注我，我注六经。"（卷三十四《语录》）此非谓其不读六经，唯是谓读六经之时，即以其自心之德性工夫，印证六经之所说；亦以六经之所说者，培养浸灌其心，而使其心与六经，互相发明，即互相注释也。以心与书互相注释，而人即可以心之理，衡定书所言者之是非与书之真伪。故谓："昔人之书，不可以不信，亦不可以必信，顾于理如何耳。盖书可得而伪为也，理不可得而伪为也。使书之所言者理耶？吾固可以理揆之；使书之所言者事耶？事未始无其理也。观昔人之书，而断之以理，则真伪焉得逃哉？苟不明于理，而唯书之信，……其弊将有不可胜者矣。"（卷三十二《拾遗·取二三策而已矣》）

至于阳明，则较象山罕言读书之方。然言学者为学，当以端正其心志为先，固与象山无异。象山有心志不端，则读书为假寇兵赍盗粮之言，阳明《与顾东桥书》拔本塞源论亦有"记诵之广，适以长其傲也；知识之多，适以行其恶也；闻见之博，适以肆其辩也；辞章之富，适以饰其伪也"之言。象山有言书不必尽可信，当衡以义理之言。阳明则尝谓圣人之书与后世著述，皆不足尽人心天理；故曰："人心天理浑然，圣贤笔之于书，如写真传神，不过示人以形状大略。后世著述，是将圣人所画，摹仿誊写，而妄自分析加增，以逞其技，其失真远矣。"（《传习录》上）象山有"六经注我，我注六经"之言，阳明为《稽山书院尊经阁记》文，则正若象山此二言之注释。其言曰："六经者非他，吾心之常道也。故《易》也者，志吾心之阴阳消息者也；《书》也者，志吾心之纪纲政事者也；《诗》也者，志吾心之歌咏性情者也；《礼》也者，志吾心之条理节文者也；《乐》也者，志吾心之欣喜和平者也；《春秋》也者，志吾心之诚伪邪正者也。君子之于六经也，求之吾心之阴阳消息，而时行焉，所以尊《易》也；求之吾心之纪纲政事，而时施焉，所以尊《书》也；求之吾心之歌咏性情，而时发焉，所以尊《诗》也；求之吾心之条理节文，而时著焉，所以尊《礼》也；求之吾心之欣喜和平，而时生焉，所以尊《乐》也；求之吾心之诚伪邪正，而时辨焉，所以尊《春秋》也。……世之学者，不知求六经之实于吾心，而徒考索于影响之间，牵制于文义之末，……是犹富家之子孙，不务守视享用其产业库藏之实积，日遗忘散失，至为窭人丐夫，而犹嚣嚣然指其记籍，曰斯吾产业库藏之积也。"阳明言圣人之六经所说者，即吾心之事，而吾之自尽其心上之工夫，即所以尊六经。此明为象山六经与我互注之旨。象山不以世儒之只重记籍之考述为然，而阳明诗亦有"悟后六经无一字"之句，亦即象山之义理事实重而文义轻之旨。阳明言："只要解心。心明白，书自然融会。若心上不通，只要文义通，却自生意见。"（《传习录》下）则又正同象山之言读书不可强探力索以求通，而当俟涵养等工夫之进，然后"通必真实"之旨也。

上所论陆王之同处之数端，可谓几于全同。吾人亦可谓阳明凡于此等处之所言，皆不外发挥象山之义者。综括言之，此陆王之本即心即理而有之简易之学之教，其要义唯是教人自觉其道德的理之出自道德的心；而于此见及学者与圣人及愚夫愚妇之所同，有以自信自立；更以发明此本心或致此心之良知为事，而不重在求知识之多、才力之大；而于读书之事，则唯在使其自心之义理，与书上之义理互证。然此本心之所以待发明，良知之所以待致，则由于人心原不免于有象山所谓私欲意见之蒙蔽，不能无心之邪，或阳明所谓人欲之私。则吾人如何能发明此本心，致此良知，以去此一切为本心之发见、良知之昭明与天理之流行之障碍之事，即全为一工夫之事。而此工夫本身，亦有其义理上之问题，此即一工夫如何能实有效验之问题。人实用工夫时，固亦可说不当计效验。故象山尝答学生问克己复礼朱子作效验说如何曰："圣贤只是为己之学，重工夫，不重效验。"（《全集》十三）又谓："学问须论是非，不论效验，如告子先孟子不动心，其效先于孟子，然毕竟告子不是。"（卷三十五《语录》）"今便要责效，却是助长，不成工夫。"（《传习录》下）阳明亦尝谓："只管求光景，说效验，却是助长外驰，却是病痛，不是工夫。"又谓学者只说光景、说效验者，其言不切。（见《传习录》上）然人用工夫时，虽可不计效验，然所用之工夫，要必须原则上能有效验者。若一工夫，在原则上不能有效验，则圣人不可学，而此一工夫本身，即有义理上之问题。故阳明在他处又尝言："诚明、戒惧、效验、工夫，本非两义。"（《全书》卷五《与黄勉之》）如象山阳明之所以反对"世儒之不在心上用工夫，只重文义之知，以理在外，而不知理之在心，或只求多知能才力以学圣人"，即皆因其只增人之外求、义袭、作伪与向外希慕之邪心、非心，不能有成圣之效验，而后谓其不能真为学圣之工夫者也。然工夫之在心上用者，仍可有种种之切近与不切近之不同，其效验亦可不同。又对此一工夫为效验者，亦可自为一工夫，更以原来之工夫为效验；再对一工夫之本质如何，亦可有不同之规定。由此而宋明儒者于此工夫问题，即有种种不同之义理上之讨论。沿上文所言，则陆王之工夫论，就其同处而言之，其本质乃在以"正面的自觉其心之发用中之理"为本。此工夫之所以当用，而用之必有效验之故，则在人心之发用，纵

为合理，人若对此发用之理，无所自觉，则发用一去，便仍同未
发。人若于此，能有一自觉，则此自觉本身，即为其发用之一继
续、一保任。今有此继续与保任，则其原来之发用，即更有一增
进与充实，而于此心之体亦更能自见矣。故此可为一切近之工夫，
而其效验亦为必有者。然象山阳明所言之发明本心之工夫，与致
良知之工夫，除其皆为"自觉此心之发用中之理"之一点外，在
其他方面，则又并不相同；而阳明工夫论之细密处，则又正受朱
子之言之影响而来。故下文将单就象山之言发明本心工夫，而单
独论之，以便进而论朱陆工夫论之同异，与阳明之工夫论。

六 象山之发明本心之工夫

此所谓象山之发明本心之工夫论，非只就其与阳明之致良知
之工夫论，同为一"自觉其心之发用中之理"一点上泛言之。只
就此一点言，尚非象山之工夫论之全体，而亦不能见象山工夫论
之特色。其所以不能为象山工夫论之全体者，因如只沿此所谓对
心之理之自觉，人虽可有一当下之自信与自立，然此当下之自信
自立，却未必即为一真实之自信自立。此乃由于人虽有此即理之
心之发用，亦有种种之意见私欲之蔽。人如欲打开此种种之蔽障，
以使此心之灵、此理之明，同于圣人，除正面的自觉其心之发用
之合理者外，尚须自觉自信其心之"实有能反面的去此一切蔽障，
而其本身则又尚未呈现"之性之理；更直下对此心之理、心之性
之存在，有一自觉自信。由此而人即可顿见"此心之灵、此理之
明，实无私欲意见，可为之蔽障"者。然后人可对此"无能为之
蔽障之此心之灵、此理之明"，亦有直接之自信，而本之以自立。
此则赖于人心有一"打开蔽障，或自其中直下超拔而出之，以自
升起其心"之工夫。此一工夫，即象山所谓"先立乎其大者"之
工夫，而为象山所视为一切工夫之本者。此象山所言之"对种种

蔽障，求加以打开，或自其中直下超拔而出"之工夫，不特非朱子阳明之所重，亦实不同于孟子所言之工夫，纯为就心之四端发用处，正面再加以存养扩充之工夫者。此象山之工夫，为一依于人之"正面的自信其心之灵、理之明，原非一切蔽障之所能障"，而更依此自信，以亦包涵一"对此心之蔽障，加以超拔之一反面工夫"者。对此象山之正面工夫中，所包涵之反面工夫，如只以孟子之寡欲工夫言之，亦不切。孟子所谓欲，不过小体之耳目五官之欲，此虽可为大体之心之害，其害尚浅而易见。宋明儒之言私欲，其义已远深于此。而象山言此心之障蔽，则于私欲之外，更重意见之害。此乃非孟子之明言所及者。吾尝谓对一切人在道德生活中一切反面之物，如私欲、意见、习气等之正视，乃宋明儒学之共同精神。此在象山，亦不能例外。若在先秦儒学，则皆偏在正面抒发理想，而孟子更是如此。故象山虽自谓承孟子，而在此点上，亦非全同孟子也。

　　至于象山所言由人之自其蔽障中超拔而出之工夫，则初只是自开拓其心量之一向往、一志气或心志。此心志，初可无一定之心之理为内容，而只以此"超拔于蔽障外之一心量"之呈现，为其内容。此心之一切私欲意见之蔽障，如为吾人之心之一网罗陷阱，或心中之荆棘污泽。吾人之此心志，即自"激厉奋迅"，以"决破网罗，焚烧荆棘，荡夷污泽"（卷三十五）；以求"廓然、昭然、坦然"，以直下至"广居、正位、大道、安宅、正络，是其次第？"故此一超拔之工夫，乃一强度的越过障蔽之工夫。越不过，即再落入网罗。故象山谓此是一"刀锯鼎镬的学问"（卷三十五）。然人果能立此心志，而更本之以自观其"理之已见于其心之发用"者，即可同时实见得此"涓涓之流，积成江河，泉源方动，虽只有涓涓之微，去江河尚远，却有成河之理"（《全集》卷三十四《语录》）；则亦不须更羡慕世儒之"标末之盛"，而唯在泉源处，求更增益其自信。故下文继曰："学者不能自信，见夫标末之盛者，便自慌忙，舍涓涓而趋之，却自坏了。曾不知我之涓涓虽微，却是真，彼之标末虽多，却是伪。"（卷三十四）此处人当知者是："道理无奇特，乃人心所固有，天下所共由，岂难知哉？但俗习谬见，不能痛省勇改，则为隔碍耳。古人所谓一惭之不忍，况终身惭乎？此乃实事，非戏论也。"（卷十四《与严泰伯》）人能于此有惭而痛省勇改，以自开障蔽，则知"此理于人无间然，昏明何事异天渊，自从断却闲牵引，俯仰周旋只事天"（《与朱济道》，卷十一）；亦知"天降之衷，在我久矣，特达自立，谁得而御？勉自奋拔，不必他求"；亦知"我心之良，所固有也。吾心之害既去，则心有不期存而自存者矣"（卷二十二），"心苟不蔽于物欲，则义理其固有也，亦何为而茫然哉"（卷十四）；并知蔽障一开，则"太阳当天，太阴五纬，犹自放光芒不得，那有魑魅魍魉出来"（卷三十五）。欲开此蔽障之道无他，亦唯有"收拾精神，自作主宰"；则终可实知"万物皆备于我，有何欠阙？当恻隐时自然恻隐，当羞恶时自然羞恶，当宽裕温柔自然宽裕温柔，当发强刚毅自然发强刚毅"。此即所谓"荡其私曲，则天自大、地自广、日月自昭明，人之生也本直，岂不快哉！岂不乐哉！"（《与包敏道》，卷十四）"幡然而改，奋然而兴，如出陷阱，如决网罗，如去荆棘，而舞蹈乎康庄，翱翔乎青冥，岂不快哉！岂不伟哉！尚谁得而御之哉！"（《全集》卷十二《与倪九成》）"翼乎如鸿毛之遇顺风，沛乎若巨鱼之纵大壑，岂不快哉！"（《全集》卷三十五《语录》）人果能时时当恻隐即恻隐，当羞恶即羞恶，则心之发用无非是理，心应宇宙间任何之事物，此心即亦贯彻于此事物；人亦可实见此"满心而发，充塞宇宙，无非此理"矣。而吾人所应之事物，与一切应事物之事，凡为己分之所当为者，亦随其理之充塞宇宙，而为宇宙内之事；而宇宙内之事，凡为此心此理之所能贯彻充塞者，亦己分内事。人于此亦可言"宇宙与吾之此心此理"之不二。故曰"宇宙内事即己分内事，己分内事即宇宙内事"，"宇宙便是吾心，吾心即是宇宙"。(《全集》卷二十二《杂说》)而千古圣贤为其所为之事之心之理，与吾之为其所为之事之此心此理同者，亦即皆可视为同一之心、同一之理之表现；而可见天地间"心只是一个心，某之心，吾友之心，上而千百载圣贤之心，下而千百载，复有一圣贤，其心亦只如此。心之体甚大，若能尽我之心，便与天同"。(卷三十五《语录》)此则人由全开其蔽障之工夫，而有"心之发用，无非是理"之效验后所达之境。此则象山发明本心之教之归宗义，而非至圣人不能有如此之实见者也。

然由上述之此心此理之大，即见吾人所当行之道之大；而此道之大，亦无对之大，以其充塞宇宙故也。人真明此道，诚行此道，则更无次第，此外亦更无道。故谓："诚则明，明则诚，非有次第也，凡动容周旋，应事接物，读书考古，或动或静，莫不在此。此理充塞宇宙，所以道外无事，事外无道。舍此而别有商量，别有趋向，别有规模，别有形迹，别有行业，别有事功，则与道不相干；则是异端，则是利欲，为之陷溺，为之曰窜；说即是邪说，见即是邪见。"(《全集》三十五)然人不知此道之大而无外，是为"道大，人自小之；道公，人自私之；道广，人自狭之"，则人当有以自知。人亦更当知其不能行此大道，唯在人心之有蔽障，而求自开之。然此中欲使人对此蔽障之为吾人之害，感到亲切，于吾人一切蔽障，当更说其即吾人之心自己之病。象山之言人心之病，不如朱子所言者之高。朱子谓："人必全体已是，然后可以言病痛。譬如纯是白物事了，而中有黑点，始是可言病痛。"(《语类》卷百廿)此所说之病痛之义太高。在象山意，则凡人心之有任何蔽障处，皆是病。则人人皆有资格说病痛。人皆有病，而病是自家事，自家亦原不愿有病。今本去病之心，以去此私欲意见等蔽障，则自然感到亲切，而工夫亦自然着里。故象山之言中，时及于人心之病。如曰："道遍满天下，无些小空阙，四端万善，皆天之所予，不劳人妆点，但是人自有病，与他间隔了。"又曰：

"一些子重便是病，只一些轻亦是病。"（《全集》三十五《语录》）
而一切圣贤所言德性之工夫，亦即不外自去其病，自见此原有之
道。故曰："道在宇宙间，何尝有病，但人自有病。千古圣贤，只
去人病，又如何增损得道？"（《全集》三十四《语录》）此去病，
只是去吾人自家所本不当有，自人之本心之理之道上看，本来无
者。去病只是去其所本无，而无增于其所本当有、本来有者。故
一切工夫，又可说皆只是一剥落减损之工夫。故曰："人心有病，
须是剥落，剥落得一番，即一番清明；随后起来，又剥落，又清
明；须是剥落得净尽方是。"（卷三十五《语录》）"须要一切荡涤，
莫留一些方得。"（卷三十五《语录》）象山亦自谓其学问工夫"无
所能，只是识病"（卷三十五），又引朱子言"莫教心病最难医"
（卷三十五《语录》），更尝自言其论学与人之不同即在："今之论
学者，只务添人底，自家只是减他底。"（卷三十四《语录》）当剥
落者剥落，当减者减，所余者即满心而发之四端万善，皆我固有，
而亦全无增添者矣。

　　由上所言象山所言之工夫，要在人之自知心之即理，而自信
其心之灵、理之明，非一切蔽障之所能蔽、所能障；更依此自信
以超拔于蔽障之外，自立其心志，以明一至大无外之道，而诚行
此道，即以去除其心之病。人果能打开其蔽障，去其心之病，则
固可"一是即皆是，一明即皆明"；而见其心之所发无非是理，以
实与圣人同心同德。此固皆可无疑义。然人如何知其私欲意见之
蔽障，已全打开，其病已尽去，则又正是一问题。象山于此一问
题，亦未尝无切实之论。此即由象山之言自信自立，亦同时有自
疑自克之义以见之。此所谓自疑，当是自疑其意见私欲，是否实
已去尽而说。故此自疑，亦即与自克之工夫恒相连者。象山尝
谓："必有大疑大惧，深思痛省，决去世俗之习，如弃秽恶，如
避寇仇。"（卷十五《与傅克明》）又曰："人心不能无蒙蔽，蒙蔽
之未彻，则日以陷溺。诸子百家，往往以圣贤自期，仁义道德自

命，其所以卒畔于皇极，而不能自拔者，盖蒙蔽而不自觉，陷溺而不自知耳。……学问之初，切磋之次，必有自疑之兆；及其至也，必有自克之实。此古人物格知至之功也。己实未能自克，而不以自疑，方凭之以决是非、定可否，纵其标末，如子贡之屡中，适重夫子之忧耳，况又未能也。物则所在，非达天德，未易轻言也。……知之未至圣贤地位，未易轻言也。"（《全集》卷一《与胡季随》）此即谓人亦不当轻易自言其私欲意见之蔽障之已去，而当时有以自疑。由此自疑，而见得其所未能自拔之蔽障，未能克之己私。故象山更尝谓："人心惟危，道心惟微，其得其失，莫不自我，曰危曰微，此亦难乎其能执厥中矣？是所谓可畏者也。"（卷三十二论人心惟危道心惟微文）此人心之危之可畏，即在人初之未尝有以自疑。人能有以自疑，知所可畏，亦即能有自克之工夫，以自允厥执中，以致力于"中"。象山固于此文，言人能"致力于中"而"知所可必"，亦自能"收效于中"。然要当以自知此危，而有自疑之工夫为先。此即所以防人之由自信其心之即理，而轻自谓其无意见私欲之蔽，以沦于自恃自满，而狂肆放纵之病害者。此正为象山之工夫之切实可循处也。

象山自言其教人之方，曰："我这里有扶持，有保养；有摧抑，有摈挫。"其正面言心即理、心同理同、己之心之理与圣人之心之理同，即扶持保养之教。其言开蔽障、去病，而教人自己拔起与自疑自克，即摧抑、摈挫之教。象山尝言："儒者之学，轲死不得其传。不敢谓后世无贤者，然直是至伊洛诸公，得千载不传之学。但草创未到光明。今日若不大段光明，更干得甚事。"观象山之扶持、保养与摧抑、摈挫之言，要是处处见有光明俊伟之气象。此二者在象山之教中之相辅为用，亦即在象山之学中，原有此二者之相辅为用之义故也。

象山除言自疑自克，为其工夫论之切实可循处外，其重辨公私义利，尤当视为其学其教之精神命脉所在。《象山全集》詹阜民记"初见先生，不能尽记所言，大旨凡欲为学，当先识义利公私之辨"(《全集》三十五)，又傅子云记："傅子渊自此归其家，陈正己问之曰：陆先生教人何先。曰：辨志。正己复问曰：何辨？曰：义利之辨。"(《全集》卷三十四傅子渊言。又载卷三十六《年谱》三十四岁项下)此外《全集》中言辨义利公私者尚多。象山访朱子于白鹿洞，其所讲者，亦"君子喻于义，小人喻于利"一章。象山辨儒佛，亦纯从此义利公私处说。清人李穆堂《陆子学谱》，即首标象山之辨义利，为其学之宗旨。象山所谓自疑工夫，亦即当是人自疑其心未能纯公，不免于私，未必纯在义，而不免于在利上说。其言自克，亦即自克其心志之不免于私、不免于在利者。在此自疑自克之工夫，义利公私上辨志之工夫中，则象山与人书，多言"小心退逊，以听他日之进"；而力戒学者之胜心，并处处以省察克治之工夫为言。此则在其书札中，更多其语。便与其语录所记之言之辞气，偏在教人直下拔起，以求一是皆是、一明皆明者，殊不相类。人或谓象山之学乃在其语录，而其书札中之言，乃勉自敛抑之言。又或谓此语录乃门人所记，而门人之气质不同，或有沾染禅习者。故所记象山之语，亦多类禅宗之言顿悟悬绝，而见精采者。然书札为象山所自著，谓书札不代表象山之学，无有是处。其语录虽门人所记，然要皆以象山尝有是语。此书札与语录中之言，亦明多有互相发明者。则应皆足见象山之学之一面。此二者之言之辞气不同，亦未必即相冲突。大约语录所记，乃象山直接对学者之问答，其言皆意在激励鞭策学者，使"振迅精神"，"举头天外"，直下认取"居广居、行大道"之"一是皆是，一明皆明"之一境。其书札则为自道其心愿所存，而望与学者砥砺切磋者；故所言者更亲切真挚，"简而文，温而理"，乃无意露精彩也。今将此二者之言合观之，则语录之言，尚可谓为第一步之教人自立自树其心志之语；而其书札之言，则为进一步教人切己用工夫，而就其心志之所存，更辨其公私义利，知自疑其有所不足，以成其自克之实功者也。则言象山之学之教之标的，固当兼其书札与语录之言为说。故"宇宙即吾心，吾心即宇宙"之一类说圣贤工夫之效验或境界之言，亦未尝不可于学者立志之始，即为之言，以树立其为学之宗趣者。而象山之本心，亦原当为一形而上之真实存在，不以障蔽之故而即不存在者。此则本文之所略，而为吾于《朱陆异同探源》中之所及。读者可加参阅。然此等高明之义，皆象山之学之归宗义，而象山之教，固有其面对障蔽求加超拔之警策义，如上节所说，与今兹所说之自疑自克之工夫，就人心志所存，更辨其公私义利之切实可循者在也。

七　象山之学之若干误解之疏释

由上文所述陆王之学之同处，与陆子言工夫之义，即可知后世学者之评议陆王之学之言，与朱子之斥象山之学之言，盖多未能如实而论。罗整庵《困知记》，以陆王学知心而不知性，只为禅学，固与陆王言心即理，实已将心与性理兼举之旨不合。陈清澜之《学蔀通辨》，以陆学专务守一人之精神，而为禅学，亦明与象山之言在人情物理事变上下工夫，及重辨志之公私义利之旨不类。陈清澜之谓象山之言，意在欺世，尤为无理。至于朱子之谓象山为禅学，则其所指者何在，亦不易明，亦盖皆不免于误解。此误解有种种，下文依其深浅，略加疏解；盖唯其中之最后一种，乃朱子以象山为禅之真正理由所在也。

（一）此中最浅之一种即其谓象山"只静坐澄心，却是告子外义"，"不读书、不务穷理"，"遗弃事物，脱略章句，而相与驰逐于虚旷冥漠之中，其实学禅之不至者，而自托于吾学"。（《朱子大全》卷四十三与林择之书明指象山）又谓："如金溪只要自得；若自得底是，固善；若自得底非，却如何？不若虚心读书。"（《语类》卷百廿）此谓象山不读书穷理，故为禅学，由吾人上文所引象山之言观之，即明未必是事实。象山固未尝只务静坐澄心，不虚心读书，象山言"正诸先觉"，则亦明以所自得者与先觉所言者互证之旨，其以六经与我互注，亦即以所自得者与圣贤之言互证也。按《朱子语类》卷百二十四注："必大因言：金溪有云：不是教人不要读书，读书自是讲学中一事。……朱子曰：此语却是。"是见朱子亦不以读书为唯一大事也。今观《象山文集》所言之读书之道，朱子言中亦几皆有之。唯可说朱子所言，更有进于象山所言者；而朱子所言致知格物穷理之义，亦自不如象山所言者之简单，此在后文当更一详说其异处。然王阳明《答徐成之书》（《全书》卷廿一）所谓"今观《象山文集》所载，未尝不教其徒读书穷理"，其言固不误也。又此朱子所谓不读书不穷理，只是自消极方面说象山类似禅宗之扫荡文字，固非为朱子指陆子为禅之意所在者也。

（二）朱子谓象山为禅之意所在，盖在于言象山不重读书穷理之外，更谓其只知求一贯，求统宗会元，求悟处、过关，便不用工夫，此即入异端邪说，败坏学者。《朱子语类》记朱子言"一以贯之句"项下，谓"陆氏之学，只是要寻这一条索，不知道都无可得穿"。此在前文已引及。此语下文又曰："且其为说，吃紧是不肯教人读书，只恁地摸索悟处，譬如前面有一个关，才跳得过这一个关，便是了。此煞坏学者。某道他断然是异端，断然是曲学，断然非圣人之道。"（《语类》二十七）"若曰学以躬行心得为贵，而不专于简编则可；若曰不在简编，而唯统宗会元之求，则是妄意躐等，以陷于邪说诐行之流，而非圣贤所传之正矣。"（《大全》卷五十五《答颜子坚》）朱子意由此所致之学者之病，则为使人颠狂粗率。故又谓"妄意思想、顿悟悬绝处，徒使人颠狂粗率，而于日用常行之处，反不得其所安"。（《朱子大全》卷五十三《答胡季随》）又谓："尝见受学于金溪者，便似咽下个甚物事，被人挠得来恁地。又如有一个蛊，在他肚中，蟠得他的不得由己样。"（卷百二十四）再谓："其教使人见得一物事，方下来做工夫，却是上达而下学；与圣人下学上达，都不相似。他才见了，便发颠狂，岂肯下来。”（卷百二十四）凡此类之言，盖当是指象山尝教学者“直下超拔于网罗，以广大其心量，求一是皆是、一明皆明”之言而说。然此类之语，依吾人前所论，乃意在教学者之树立其心志。此外象山明尚有种种自疑自克及辨志工夫之言。此工夫在不在简编，可不必论。然统宗会元之求，朱子固亦有之。上达而下学，何以即必不可，朱子亦未论。朱子尝明言：“大凡为学有两样，一者自下面做上去，一是自上做下来。自下而做上者，便是就事上旋寻个道理，凑合将去，得到上面极处，亦只一理。自上而做下者，见得个大体，却自此而观事物，尤其莫不有个当然之理，此所谓自大本而推之达道也。若做工夫者，须从大本上理会将去。”（《语类》卷百十四）又尝曰：“学者须是从下学理会；若下学而不上达，也不成个学问。须是寻到顶头，却从上贯下来。”（《语类》九十三）则朱子此所谓学问须兼自上面做下来，与其所谓由上达而下学者，又果有何别？则于象山之学，谓之为由上面做下来者，又何得为非？朱子于此二段语中，固亦以为学者亦兼当从上面做下来也。唯就朱子之全部之言观之，则朱子似较多说由下学至上达之语，而讳言“一贯之道，而此道无其所贯之一一事物”者。则其言象山之只务上达，盖即类程子之尝言释氏之有上达而无下学，故疑之为禅。然言上达，而所上达者，乃如孔子所言之君子上达，而又真能达，亦自可更有其学，即未必是禅。而朱子之由陆子之重上达，以言其是禅，盖亦非朱子之全旨之所在也。

　　（三）朱子疑陆子杂禅学之似有凭有据者，乃其尝举象山《与胡季随书》中说颜子克己处曰：“看此两行议论，其宗旨是禅尤分晓。”（《语类》百二十四）按象山与胡书曰：“颜子喟然之叹，当在问仁之前，……乃其知之始至、善之始明时也。……夫子答其问仁，乃有克己复礼之说。所谓己私者，非必如常人所见之过恶，而后为己私也。己之未克，虽自命以仁义道德自期，以可至圣贤之地，皆其私也。颜子之所以异于众人者，为其不安乎此，极钻仰之力，而不能自已，故卒能践克己复礼之言，而知遂以至、善遂以明也。"（《象山全集》卷一《与胡季随书》）朱子所谓象山之两行议论，当不出此之外。

　　然此两行之议论，何处是朱子所指为禅之所在，则亦难明。朱子之意或是谓象山言克己私于过恶之外，又不"以仁义道德自期"，即惠能之"不思善、不思恶"，故为禅耶？或是谓象山于过恶与仁义道德自期之外，别有一己之可克，故为禅耶？或是谓其由喟然之一叹，而极钻仰之力，如顿悟之境，故为禅耶？此皆不可知，想当不出此三者。然象山之言，是否皆当依此三者以解释，即是一问题。即依此三者以解释，此亦至多可据以谓象山此诸言说之方式，与禅相类，而非在象山之言之目标上，说其与禅相类也。象山此言之目标，明在克己而复礼，固不可说是禅也。细看象山此诸言之正意，盖唯是谓：己私不只限在一般过恶，亦包括人以仁义道德自期之私。凡己私皆当去，人亦当自疑其自谓无私中之私，而求有以自克之。此正当为象山之本旨也。今若如此解释象山之旨，又如何可说为禅？至于颜子之喟然一叹，而极钻仰之力，则正为一愤悱之情，为学圣贤者之所当有。此语明见于《论语》，更应无所谓禅也。则朱子如何本此以断象山为禅，其旨又终不得而明也。

　　（四）此外朱子之言陆子是禅，则是指象山之教简易直截处，似有类禅宗当下即是之旨而言。《朱子语类》百二十四卷曾记："或问陆象山大要说当下便是，与圣人不同处是那里？"象山亦确是教人于其与圣人同处，先加以识得。象山固未尝否认学者与圣人不同处，唯多言人当于此同处先识得，更求下工夫耳。则或问之言，明将象山之言倒述了。象山乃言人当知其与圣人同处，非教人自谓其与圣人无不同处也。谓人与圣人有同处，直下信得此同处，亦未必即禅。朱子固亦常言人之性与圣人同，亦常言当识得此人皆可以为尧舜处也。

（五）再朱子尝谓："子静杂禅，又有术数，或说或不说。"（《语类》卷百二十四）"子静说话常是两头明，中间暗。或问暗是如何。曰：是他那不说破处，他所以不说破，便是禅。所谓鸳鸯绣出从君看，莫把金针度与人，他禅家自爱如此。"（《语类》卷百四）"某尝说陆子静说道理，有个黑腰子，其初说得澜翻，极是好听；少间到那紧要处时，又却藏了不说；又别寻一个头绪，澜翻起来。所以人都捉他那紧要不着。"（《语类》卷百十二）此言谓象山言有中间暗、不说破处，同禅家说话方式。此不说破者，即要人自悟者。然儒家亦有要人自悟者，如此所悟与禅所悟不同，则不必是禅。朱子固可不满于陆子此种"不说破"说话方式。朱子言重切实指点，便于义理紧要处，喜一一说破也。然只就此一点，断陆学是禅学，则理由不充足；朱子亦未必真是从此点，以定陆子为禅也。

（六）朱子疑象山之言之语，则又有谓其"只管说一个心，本来是好底物事……只是人被私欲遮了，若识得一个心了，万法流出，更都无许多事。"（卷百二十四）又谓："浙间有一般学问（此盖指象山弟子杨慈湖之学），又是得江西之绪余，只管教人合眼端坐，只要见一个物事。"（《语类》卷百十七）朱子《答汪长孺书》曰："既云识得病，遂见天理流行昭著，无丝毫之隔。不知何以未及旋踵，复有气盈矜暴之失……如此全似江西气象，其徒有今日悟道，明日醉酒骂人者。"（《大全》卷五十二又《语录》卷百十八）此二段话中所说"去私欲之蔽"或"去病"而识得心之言，亦确是象山之教。在朱子之意，此"去私欲之蔽"或"去病"，应另有工夫，如主敬与朱子所言之致知格物之工夫等。故只言识得心，识得病，皆靠不住，病去亦将旋发。然此只是朱陆所言工夫之差别问题，当俟后再论。此中象山所言之工夫之不同于朱子，亦明未必即足证象山为禅。而朱子之疑象山为禅，其根本点，亦当不在此也。

（七）观朱子之言象山为禅之言唯有一段语，其旨最为确切，此盖即朱子以象山为禅之真正理由之所在。此即《语类》所记朱子与祖道之问答。此中祖道自述象山之言曰："祖道之言目能知视，耳能知听，鼻能知香臭，口能知味，心能思，手足能运动，如何更要其存诚持敬，硬要将一物去治一物，须要如此做甚？咏归舞雩，自是吾子家风。祖道曰：是则是有此理，恐非初学所到地位。象山曰：吾子有之，而必欲外铄以为本，可惜也。……先生曰：陆子静所学，分明是禅。"（《语类》百十六祖道录）此段中祖道所述象山语，盖由象山之"汝耳自聪、目自明"之言转来，而去掉其下面之"事父自能孝，事兄自能弟"之语。而杨慈湖训语亦有"吾目视、耳听、鼻嗅、口尝、手执、足运，无非大道之用"。（陈清澜《学蔀通辨》卷七所引）此即正同朱子所谓禅宗之教，"在眼曰见，在耳曰闻，在鼻齅香，在口谈论，在手执捉，在足运奔。"（《语类》卷百廿六）"佛氏则只认那能视、能听、能言、能思、能动底，便是性。"（《语类》卷百廿六）此姑不论禅与佛学是否只如此。然朱子以禅与佛学如此，则随处可见。而此祖道所转述象山之言，而去其能孝能弟等语，则朱子看来固明为禅，而象山若果如是，亦诚为朱子所谓禅也。

此朱子所谓"在眼曰见，在耳曰闻，在鼻曰齅"，在朱子名之心之知觉。此知觉之本原即是虚灵明觉的心之自己。朱子所谓禅者之学，却要自识自悟此心之自己，而见得一光烁烁之物。人之欲见此物，以朱子观之，乃缘于心之回头把捉之私。如吾于《朱陆异同探源》中所辨。由此而朱子视儒释之别，即要在儒者之更于此心之中，识得此心之理，而以此心之浑然，自始包涵此理之粲然；更由心之用以显此心之理之大，以成达道。此即朱子之所以辨儒释，而不能不辟禅学之理由所在。今祖道之转述象山之言已如此，故朱子断其分明是禅也。

　　然据吾人上所述之象山之学，则实自始以即心即理之心为本，而非只自耳目知觉以见性。即其"耳自聪、目自明"之言，亦非只为一知觉。因聪、明乃美善之辞，即知觉之合理者也。象山实亦未尝如朱子以虚灵知觉说心。其言本心皆已连理说，故可单提发明本心为说耳。然朱子盖即由象山之多有单提本心为说之言，而学生如祖道所传述之象山言心之旨，亦正有同朱子所谓禅宗之言心者，故朱子即径断陆子之学为禅也。此虽不合于陆子所言之实，然亦盖唯由朱子之所谓禅家之心，原为如此，然后方以此而断陆子是禅也。朱子盖由是而于象山一切其他之言如上述及之重上达、重一贯、重识心，与其论颜子之言等等，皆一凭此意而理解之；然后方于陆子之学，随处见得是禅，而有晚年大辟陆子之论。后罗整庵、陈清澜，亦皆承朱子之此意，以观象山之学，乃有以其只知心而不知性，以养神为本而为禅之论。然吾人今如更能进而知象山乃自始以本心一名，兼涵摄朱子所谓性理之义于其中，而朱子所谓虚灵知觉之心，与禅宗所重之此心，原不同于象山所重之心，则朱子之所非者，非真正之象山，而唯是其心中意想之同于禅之重虚灵知觉之心之象山。朱子之所以非其所意想之象山，虽未尝不有其理由，然真正之象山实未尝为朱子所非，而朱子亦实未尝非象山矣。至于此心之虚灵知觉与天理，毕竟当如何会通，则其义极为幽深玄远；阳明于此，正有千古卓见，非朱陆所及，而或为世所未深契者。此须于中篇说朱子言格物穷理之义后，在本文下篇，方可及之。

第十一章　朱陆之学圣之道与王阳明之致良知之道（中）

一　朱子所言之学圣工夫

吾人于上文虽言朱子与后世学者之谓陆王不读书、不穷理，其学类禅者之非是，然吾人亦不能遽谓朱陆有同而无异。纯从朱子所重读书格物之义上看，亦可说象山亦未能真重朱子之所重。象山亦尝明白反对朱子之持敬，谓持敬之说为杜撰，而不明道（《象山全集》卷一《与曾宅之》）。又尝以朱子之不知学者之戒谨不睹、恐惧不闻之工夫，皆必先闻道而后可用（卷十三《与郭邦逸》）；亦是以朱子之言诚意与存养或主敬之工夫为不然也。故象山语录记其尝与门人步月而叹，有"朱元晦泰山乔岳，可惜学不见道，枉费精神，遂自耽搁"（卷三十四《语录》）之语。又《与朱元晦书》尝言："世儒揣量模写之工，依仿假借之似，其条画足以自信，习熟足以自安。"在卷三十四《语录》，则易其习熟为节目二字，以指朱子之"见道不明，终不足以一贯"。此所谓揣量模写，盖如阳明之所谓以圣贤所留文字为图样，而加以摹仿眷写，以揣量圣贤之学，加以分析，纳入款例，如上篇第一节及第四节之所引及。象山以不明道议朱子。其不契于朱子之学甚明。此外象山又尝以朱子之不自知其所知者与所不知者之分，而谓其为不明，亦象山不契于朱子之学之证。然毕竟朱陆之异，是否即如象山所感，则亦是一问题。象山对朱子言读书格物之义，与朱子对圣贤之所以为圣贤之认识，亦未必皆能如实了解。后之阳明，承象山心即理之义，则谓朱子之言"心与理"，即以心理为二，而更说其非（《传习录》上）；又疑朱子之穷理，乃认理为外，为义外之论（《全书》卷八《书诸阳卷》，及《传习录》中与罗整庵书）。阳明乃更重申象山之心即理之说。然阳明之在心与理及穷理问题上所疑于朱子者，又唯是阳明之意如此。在象山之不契于朱子之言中，又未尝重在自此议朱子也。若在吾人今日之一般观念看，则朱子之格物致知，要在即物穷理，此与象山阳明言心即理，要在即心求理，似明为一重内、一重外之别，或者竟谓之为一重心、一重物之别，如流俗之见。然凡此上述及之种种对朱陆之异之了解，是否皆恰当，正皆有种种之问题，实待于吾人之更仔细考究。朱子之言读书、言格物，及心与理之论，与其言德性工夫，如主敬涵养，与"心"之关系之论，固为朱子之学之一根本，尤为朱子早年之学之所重，亦为其与象山之学不同之一大端所在。此吾已于《朱陆异同探源》中，述其大体，今不拟重复。至朱子言心与理之关连于格物与读书者，则为其晚年教学者之所特重。朱子以此教学者，同时教学者以圣人为法，而其重格物、读书之教，则亦与其言圣人之知能之处，密切相关。故吾于下文拟先自朱子之言圣人之知能处，看其读书格物之教，与象山所言者之同异，果何所在。

二　朱子言圣人之知能与学者之道

朱子书中曾言圣人为一"赤骨立底天理，光明照耀，更无蔽障"（《语类》百十九及他处）。此乃自圣人之全体生命即是天理上说。西方所谓道成肉身，亦正与此义合。然朱子之此义，则是承程子之言圣人之心与理为一之意而来。朱子之所谓圣人是赤骨立底天理，此天理固是自道德上之仁义礼智之理，或四端万善之理而言。此与象山言圣人之满心而发，皆是理者，此理唯是道德上之理，亦无殊异。人皆可以为圣，皆有作圣之心性，固朱陆所同，亦孔孟与宋明儒者之所同。然对圣人之知能，则朱子恒喜言圣人之无所不学、无所不知、无所不能，则与象山阳明之言圣人亦有所不能不知者似大异。由此而朱子之教学者，亦即似当学圣人之无所不能、无所不知，如朱子尝谓："圣主于德，固不在多能，然圣人未有不多能者。"（《语类》卷三十六）又言："圣贤无所不通，无所不能，那个事理会不得。如《中庸》天下国家有九经，便要理会许多物事；如武王访箕子，陈洪范，自身之视、听、言、貌、思，极于天人之际，以人事则有八政，以天时则有五纪，稽之于卜筮，验之于庶征，无所不备；如《周礼》一部书，载周公许多经国制度，那里便有国家，当自家做。只是古圣贤许多规模大体，也要识。这道理无所不该，无所不在。且如礼、乐、射、御、书、数，许多周旋升降、文章品节之繁，岂有妙道精义在，只是也要理会。理会得熟时，道理便在上面。又如律历、刑法、天文、地理、军旅、官职之类，都要理会；虽未能洞其精微，然也要识得个规模大概，道理方浃洽通透。"（《语类》卷百十七）又言："这个事，须是四方上下、小大本末，一齐贯穿在这里，一齐理会过。其操存践履处，固是紧要，不可间断；至于道理之大原，固要理会；纤悉委曲处，也要理会；制度文物处，也要理会。古今治乱处，也要理会；精粗大小，无不当理会。四边一齐合起，工夫无些罅漏。东边见不得，西边须见得；这下见不得，那下须见得。既见得一处，则其他处，可以类推。……如坐定一个地头，而他支脚，也须分布摆阵，如大军厮杀相似。大军在此，坐以镇之，游军依旧去别处邀截。如此做工夫始得。"（《语类》卷百廿一）此外朱子之同类之语尚多，亦皆无异朱子之自道其学问规模之所及。此似皆由朱子之意谓圣人当无所不学、无所不通、无所不能，而后朱子之学问规模之所及，乃如此其大，并亦以之教学者。此亦似明不同于象山、阳明言圣人之不须如此多知多能者也。

　　由朱子之言读书最忌有"一"而无"所贯"，故谓："只要那一去贯，不要从贯去到一。如不理会散钱，只管要去讨索来穿。如此则《中庸》只消天命之谓性一句，及无声无臭至矣一句便了。中间许多达孝、达德、九经之类，皆是粗迹，都掉；……如礼仪三百，威仪三千，只将一个道理都包了，更不用理会中间许多节目。今须是从头平心读那书，许多训诂、名物、度数，一一去理会。如礼须自一二三四，数至于三百，威仪须自一百、二百、三百，数至三千，逐一理会过，都恁地通透始得。"（《语类》卷百十七）此外朱子又明言及人于德性及治国平天下，皆不相关之事物，亦当加以理会，以格其物而致其知。如包显道自江西来，朱子谓之曰："与公乡里（指陆子之学）平日说不同处，只是重个读书与否，讲究义理与否。如某便谓须当知得方始行得。孟子所谓诐淫邪遁之辞，何与自家事，而自家必欲知之何故？若是不知其病痛所自来，少间，自家便落在里面了。孔子曰：《诗》可以兴、可以观、可以群、可以怨，迩之事父，远之事君，多识于鸟兽草木之名。上面六者，固当理会；若鸟兽草木之名，何用自家知。但是既为人，则于天地之间物理，须知得方可。"（《语类》卷百十九）此则朱子承程子之"一草一木之理须是察"而说者也。朱子此外又尝谓："事事物物，各有一个道理，施之于物，莫不各当其位，如人君止于仁，人臣止于敬之类，各有一至极道理。又云凡万物莫不各有一道理，若穷理则万物之理，皆不出此。曰此是万物皆备于我，曰极是。"（《语类》百十九）亦似有于一一事物，莫不当格其物而穷其理之旨也。

　　朱子释孟子"万物皆备于我"，乃指万物之理之备于我而言。而欲求万物之理之备于我，则朱子《大学补传》言："即凡天下之物，莫不因其已知之理而益穷之，以求至乎其极。至于用力之久，而一旦豁然贯通焉，则众物之表里精粗无不到，吾心之全体大用无不明矣。"此即又更似无异谓必格尽天下之物，而穷其理，以致吾人之知，而无所不知，然后万物皆备于我，吾心之全体大用乃无不明也。

　　缘上所引，则于为学之道，朱子尝言："今之为学，须是求全复其初，求全天之所以与我者始得。若要全天之所以与我者，便须以圣贤为标准，直做到圣贤地位，方是全得本来之物而不失。……无必为圣贤之心，只是因循荒废了。而其间读书、考古、验今工夫，皆不可废。有如一般人只说天之所以与我者，都是光明纯粹好物，后之所以不好者，人为有以害之。吾之为学，只是去所以害此者而已。害此者尽去，则工夫便了，故其弊至于废学不读书。临事，大纲虽好而有所见，道理便有偏处。"（《语类》卷百十八）此则明似针对陆子之学，只重发明本心、去人欲意见之蔽障者而言。循朱子上文所言之读书格物之义去讲，则朱子之学圣贤之事，便似明不同于陆王之学圣，不须求多知多能，而似必须先求增益其读书格物之知，以求无所不知、无所不能，方能至圣贤之境者。而观朱子之少年之欲无所不学，"禅道文章，楚辞兵法，事事要学，出入无数文字，事事有两册。"（《语类》百四）诚如阳明所谓："早年合下便要继往开来，故一向只就考察著述上用功。"（《传习录》上）亦似朱子之为学，乃纯以博学多知能为贵者也。

三　朱子之言读书格物之目标

　　然此处之问题，是朱子所谓读书格物之功，毕竟其目标何在，又是否真只在求于书无所不通，于物无所不格，以求无所不知，无所不能？若果然也，则此明非人所可能之事；世亦无圣贤真能于书无所不通，于物无所不格，而无所不知，无所不能也。若人本不能如此，而必求如此，则势将同于世儒之泛滥于章句训诂，而不知返，亦将如博物之士之玩物而丧志；而终不能尽读天下之书，尽格天下之物；更无循此以至圣贤之道。则陆王之学者，谓朱子之学为求理于外，以一物不知，儒者之耻，乃耻非所耻，亦即未尝不是矣。然朱子之所谓读书格物之事，是否果即在于书无所不通，于物无所不格，而别无其目标之规定，则又正当深察也。

在昔之论者，恒谓朱子之学为开后之经史之学、考证之学者。如清之章实斋《文史通义·朱陆》篇尝谓："朱子求一贯于多学而识，寓约礼于博文，其事繁而密，其功实而难。沿其学者，一传而为勉斋、九峰，再传而为西山、鹤山、东发、厚斋，三传而为仁山、白云，四传而为潜溪、义乌，五传而为宁人、百诗；则皆服古通经，学求其是，而非专己守残，空言性命之流也。"此即谓后世实事求是之经史之学与考证之学，皆朱子之所开也。近人亦多以朱子格物穷理之精神，近乎西方科学之求纯粹真理之精神，而以朱子为学之方向，乃向此科学家之精神而趋者。如从学术史上看，此固在一义上，皆未尝不可说，后文亦当及之。然自朱子之为学，明是志在学圣贤，以使其生命为一"赤骨立底天理"，则又决不能如此说。朱子之言读书与格物穷理之目标，既明在为圣贤，则其读书格物之事，亦即非真求于书无所不通，于物无所不格，而实受其目标之规定，以有其一定之范围者。朱子之自己之为学，虽一方欲无所不学，以"大作规模，阔开其基，广辟其地"；然亦言"某所得处甚约"。（《语类》卷百零四恪录）其故何在，正当深察。此于下文略就朱子言读书之道与陆王之异同，加以说明。以便更进而讨论格物穷理之范围，与其真正义旨，与陆王之同异所在。

朱子之言读书之道，除散见其书信与对经籍之注解讲说之言者外，大均见今存语录百十三卷至百二十一卷之《训门人》，与卷八至卷十三之总论为学之方、力行与读书法者之中。而卷十、十一之专论读书法者，尤深切著明。兹只须据此二卷之大旨以观，即可见凡象山所言之读书之道，朱子皆无不屡屡言及。如朱子言读书"贵精熟"，则"自然会得义理"；又当反复"虚心涵泳""切己体察""平心徐看""力戒匆忙""不可求新奇"，亦"不当在偏曲处观"，皆全同象山。至朱子所重之读书"勿先自立说"、"用心当退一步"、"不可心跑到后面"、不可"心落在纸后"、"不可有程限"，则皆所以成此"涵泳"之实功者。至谓"读书乃学问之第二义"，当"涵养本原，闲养精神"，读书以"晓得文义言词为初步"；然要在"晓得意思，知其理之是非"，"与心相印证"，而由此心之所实得，以学为圣人，以"治自家之病"。此皆与前所引象山之言读书之态度者，全无殊异。此中朱子所言之未为象山所言者，则如其言"读圣人之书，圣经字若个主人，解者犹若奴仆"。(《语类》卷十一泳录)此乃似明意在尊圣经，亦似不同象山阳明之只以六经与我互相发明者。然朱子亦明言"经之有解，所以通经，经既通，自无事于解，借经以通乎理耳"(《语类》卷十一大雅录)，又谓："不应说圣人不言，这道理便不在，这道理自是长在天地间，只借圣人来说一遍过。"(《语类》卷九恪录)并谓："读六经如未有六经，只就自家身上讨道理，便易晓。"(《语类》卷十敬仲录)则其言以经为主人，亦即以理为主人；而其初有六经，亦终无六经。则与象山阳明之意，仍无别也。唯朱子屡言读书当"参诸家解"，知"这说是如何，那说是如何，同处是如何，不同处是如何"；又谓"读书须如酷吏治狱"，"一章、一句、一字分看，逐条细看"，"看一说，又一说"；以至见"书间缝罅"，而书中之义理，"不待添字解"，而自然"抉开"，"分析为片"；又谓读书当"处处周匝，左右正面看，四通八达，于四停八当中见统要，以使博约分资"。更谓读书于不能解得时，"亦当记得"；更当有"疑问"，亦以"诘难他者自诘难"；又谓"解经，当切近其本旨而说之"，不可"本卑也而抗之使高，本浅也而凿之使深，本近也而推之使远，或本明也而必使至于晦"。(《语类》卷十盖卿录并屡见他处)

凡此等等，则皆缘朱子之重在对文义求客观的了解，而有之今所谓"分析""综贯""记忆""疑难"，以求"如实知"，而"如实说"之功，而非象山、阳明之所及者。然就朱子之意，仍在由此客观之了解，以求辨理之是非，以"文义即躬行之门路，躬行即文义之事实"而言，则其读书之最后目标，与象山、阳明，固未尝有异。象山、阳明于此文义上之工夫，虽或有意加以疏略，或疑朱子之在文义上所作之工夫太多，而碍其见道，然果学者皆由此以归于躬行，则象山、阳明，固不能加以反对也。

　　然朱子之论读书中有二段，则特堪注意，即朱子曰："读书便是做事。凡做事有是有非有得有失，读书而讲究其义理，判别其是非，临事即此理。"（《语类》卷十一可学录）又曰"读书当先经后史"，而既通经，即必当读史。朱子尝曰："学经者多流为传注，学史者多流为功利。"（《语类》百十四训时举）读史而本于经中之义理，以评判史事之是非，即所以免功利之习；既通经义，以评判史事之是非，即所以免传注之病。故尝曰"读经而义理融会"，若不读史，"如陂塘水之满，而不决以溉田。"（《语类》卷十广录）又言读史必当知史事之是与不是，"观其是，求其不是，观其不是，求其是，然后便见得义理。"即以经义为本而读史也。由此二者，则见朱子之读书，非只所以为德性工夫之助。读书非只是做事之具，而其本身即是做事。人既由读经而义理融会，则读史而判事之是非，亦学者原当有、当为之事。若只视读书读史，为此德性工夫之助，则讲究义理至于融会，尽可专以身体力行为务，而不更读书，亦似无不可。依象山阳明之教言之，此时人亦似可脱略文字也。然依朱子之此类之言，则读书之本身即做事，读史而知其所记之事之是非，其本身亦所当为之事。此盖即朱子之所以若有为读书而读书之意，亦若有其为著书而著书之事之故。在此点上，固可说陆王之态度，与朱子实有所不同。然谓读书即做事之一，义理既通，当据之以评判史事之是非，陆王固无加以反对之理由。而读书既是做事之一，则放下书卷，脱略文字而做他事，如阳明之建功立业，象山之治其家族之事，或暂优游自在，专事涵养，朱子亦无加以反对之理由。则此中个人态度所偏重者之异，固无义理之冲突之可言也。

四　朱子言当格之物之限度，与格物穷理为在外或在内之问题

朱子之读书原即致知格物之一事。而关于朱子之言致知格物之义旨，则有二问题，为吾人所当注意。一是格物之目标与范围如何规定之问题，一是此格物之事毕竟是求诸外或求诸内之问题。对前一问题，吾人如博观朱子之言，便知朱子言学者当学圣人之无所不通、无所不晓，实非是泛说之无书不读，无物不格之意。圣人实亦只是在其所当通当晓者之内，无所不通、无所不晓；而学者亦实只须于"书之当读者，无所不读，欲其无不察也；事之当能者，无所不能，欲其无不通也"（《语类》九十三镐录），斯已可矣。朱子固明反对学"世间博学之人，……只是搜求隐僻之事，钩摘奇异之说以为博，不读正当的书，……偏拣人所不读的去读，欲乘人之所不知以夸人"。（《语类》五十七偶录）朱子于经史之书，必先经而后史；于经之中，尝谓《易》《春秋》，非学者之所亟；又谓读其他经书，不如读四书所得者之多；而此四书，固亦同为象山阳明所视为当读之书也。朱子之《大学补传》所谓"即凡天下之物"而格之，盖亦指人所当格之天下之物而言。故其《大学或问》又引程子"今日格一件，明日格一件"之言曰："格物不必尽穷天下之物……今若于一草一木上理会，有甚了期。"（《语类》十八人杰录）更谓："徒欲泛然观万物之理，则吾恐如大军之游骑，出太远而无所归。"（《语类》十八的广录）又谓："格物但须是六七分去里面理会，三四分去外面理会方可……半时已自不可。

况在外工夫多，在内工夫少耶？此尤不可也。"（同上广录）再谓：
"今以十事言之，若理会七八件，则那两三件触类可通。"（同上
人杰录）又谓："心无限量，如何尽得？物有多少，亦如何穷得
尽？……那贯通处，则才拈起来便晓，是为尽也。"（《语类》卷六
十端蒙录）又言："不可尽者，心之事；可尽者，心之理。"（《语
类》卷六十去伪录）则朱子所谓格物，明非泛观万物之理，而实
重在格其内心之物，故在内工夫必须过半；又非一一之物皆须尽
格，只须得其贯通之理则可；而此所谓贯通，亦固只是贯其所当
贯，通其所当通而已。则朱子《大学补传》所谓"即凡天下之物"
而格之，以至"众物之表里精细无不到"，文虽若有于天下之物无
不格之意，然在实际上，其格物之事固只以当格之物为限也。朱
子《答陈齐仲》曰："格物之论，伊川意虽谓眼前无非是物，然其
格之也，亦须有缓急先后之序，岂遽以为存心于一草木器用之间，
而忽然悬悟也哉。"（《大全》卷三十九）则如阳明少年之任取竹子
为一物而格之至成病，而未尝先问其当格与否，其未得朱子格物
之旨固甚明。而今人谓阳明之格竹子不成，在少了科学方法，则
离题愈远，全不相干矣。

　　对于朱子所言之格物穷理之事，毕竟在外或在内之问题，如
所格之物是内心之物，此事固明为在内。然所格之物为外面之物，
则此事似为在外；又书亦为在外之物，则读书以格物之事，亦似
为在外之事。然观朱子意，实非以格物读书之事，唯是在外。朱
子尝言："书固在外，读之而通其义者，却自是里面事，如何都唤
做外面入来得。"（《语类》百廿一琼录）又言："须看《大学》圣
贤所言，皆是自家元有此理……却不是自家无此理，他凿空撰来。"
（《语类》百十四文蔚录）又："问：博文是求之于外，约礼是求之
于内否？曰：何者为外？博文约礼，是自内里做出来。我本来有
此道理，只是要去求。知须是致，物须是格。虽说是博，然求来
求去，终归一理。乃所以约礼也。"（《语类》卷三十六义刚录）"事

之合如此者，虽是在外，然于吾心以为合如此之事而行之，便是内也。"（《语类》百廿四必大录）"别人说出来，反之于心，见得为是而行之，是亦内也……今陆氏只是要自渠心里见得底，方谓之内……才自别人说出，便指为义外。……将圣贤言语，便亦不信，更不去讲贯。"（《语类》百廿四僩录）此诸语皆显然不以读书博文之事，与他人之言为外，而不须多说者也。

至于泛言格物穷理之事之是否为外求，则《朱子语类》十八寿录一段颇重要。其言曰："《或问》（指朱子《大学或问》一书）云心虽主乎一身，而其体之虚灵，足以管乎天下之理；理虽散在万物，而其用之微妙，实不外乎一人之心。不知用是心之用否？曰理必有用，何必又说是心之用？夫心之体具乎是理，而理则无所不该，而无一物不在，然其用实不外于人心。盖理虽在物，而用实在心也。又云：理遍在天地万物之间，而心则管之。心既管之，则其用实不外乎此心矣。……次早先生云：此是以身为主，以物为客，故如此说。要之理在物与在吾身，只一般。"朱子所谓格物之事，原为即物穷理之事。此朱子所谓穷理之事，不外吾人今所谓知物之实然之状，与其原因等"实然之理"，与吾人之如何应之当然之理。吾人今所谓物之实然之理，在朱子之用名，即包括其所谓"当然之理"或"当然之则"之中。其所谓"所以然之故"，则恒指此当然之则，所以为当然之理由，或此诸当然之则或当然之理，所自发之"天命之性"。故朱子言格物穷理，恒以知物之"当然之则"与其"所以然之故"为言。依上引朱子言之意，乃是谓物虽可说有在吾之身之外者，然无论内在外在之物，其当然、所以然之理，则由吾人之心之知之。吾人之心知此理，即理之昭显于心之知之中。此理之昭显于心之知，即是理之用。理之用之所以能昭显于心之知，则以理原为普遍，而无所不该，乃可无所不在。故在外之物之理，亦可为吾人之心之所知，而兼在吾人之心也。由此心之虚灵，而天地万物之理，皆能显于此心。原心为天地万物之理之"管"。管之中虚，即所以喻心之虚灵也。天地万物之理之用，在此心之虚灵中见。此又证吾人之心，原能知此理，此心之自有能"知理"之一用。朱子之言理"何必说是心之用"，乃因其是先自"物之客"，再说到"心之主"边来，故不必只说理是心之用。然心之"知理"，固是心体之用，此"知理"中之理，亦心之用中之所自显，而原在心之体者；则理固原为吾人心体之所具者也。故终曰："理在心在物，总是一般。"此《语类》之一段，即所以解释其《大学补传》由格物致知，而"众物之表里精粗无不到，吾心之全体大用无不明"之语者。若格物致知只为向物求理，而非自显其心体中所原具之理之事，则此吾心之"全体"与"大用"，何以皆可由此格物致知而"无不明"，即全无法加以了解矣。

由上段所说，吾人便知朱子所谓格物穷理之事，实当自三面了解：其一是：吾人之心之向彼在外之物；二是：知此物之理，而见此理之在物，亦在我之知中；三是：我之"知此理"，即我之心体之有一"知此理"之用。此知理之用，即此心体所具此理之自显于此知中；故谓心体具理，即谓心具理以为其体、为其性也。然此性理之显，必待于心之有其所向所知之物而得显。故即其物以致其知、穷其理，即所以更显吾人之心体中所原具之此理，亦所以显吾人之性，而使吾人更知此性者。故穷理之事，即知性之事。知性本为知自己之内在的心之体、心之性。然不接物而致其知、穷其理，又不能真昭显此性而知性。故此即物穷理之事，如以粗俗之言喻之，实似人之心知之向于外之物理，以拉出其心之性理之事，如船上之一卷之绳索，将一头拴在岸上，则船移，而绳皆自出。如以较文雅之言述之，即"求诸外而明诸内"之事。此乃实为一合内外之事，固不可专视为求诸外，或外在之事也。朱子《大学补传》所谓格物须于物之表里精粗无不到，《语类》曰："表便是外面理会得底；里便是就自家身上，至亲、至切、至隐、至密、贴骨贴肉处。"(《语类》卷十六义刚录）而此由表以至于里，即求诸外而明诸内也。

吾人如已识得上来所说，则更可引朱子之言格物读书与为学之事，皆"即求诸外而明诸内"之言为证，如朱子曰："格物致知，彼我相对而言耳。格物所以致知。于这物上穷得一分之理，即我之知亦知得一分；于物之理穷得二分，即我之知亦知得二分；穷理愈多，则我之知愈广，其实只是一理，才明彼即晓此。"(《语类》十八僩录）又曰："万理虽具于心，还使教他知始得。"(《语类》卷六十贺孙录）"此心虚明，万理具足，外面理会得者，即里面本来有底。只要自大本（体）而推之达道（用）耳。"(《语类》百十四训时举）"物与我心中之理，本是一物，两无少欠，但要我应之耳。"(《语类》卷十二方录）"或问所谓穷理，不知是反己求之于心，惟复是逐物而求于物？曰不是如此，事事物物，皆有个道理。穷得十分尽，方是格物。不是此心，如何去穷理？不成物有个道理，心又有个道理？枯槁其心，全与物不接，却使此理自见，万无是事。不用自家心，如何别向物上求？一般道理不知，物上道理，却是谁去穷得？近世有人为学，专要说空说妙，不肯就实，却说是悟。此是不知学，学问无此法，才说一悟字，便不可穷诘。"(《语类》卷百二十一谦录）"理是此心之所当知，事是此心之所当为。人心皆自有许多理，不待逐旋安排入来，……圣人立许多节目，只要剔刮得自家心里许多道理出来而已。"(《语类》卷二十三明作录）"心包万理，万理具于一心，不能存得心，不能穷得理；不能穷得理，不能尽其心。"(《语类》卷九阳录）《朱子大全续集》卷十答李孝述问："理有未明，则见物而不见理；理无不尽，则见理而不见物。不见理，故心为物蔽，知有不极；不见物，故知无所蔽，而心得其全。"又载孝述言："物未格，便觉此一物之理，……似为心外之理，……及既格之，便觉彼物之理为吾心素有之物。朱子批曰极是。"由上所引，可证朱子之言格物穷理，乃即求诸外而明诸内。至于人所以必当即求诸外以明诸内，则朱子又或言此唯由吾人之心体之梏于形器，滞于闻见之故。则所谓求诸外之事，唯所以自开此梏滞，以明其内之原有者而已。故曰："此心本来虚灵，万理具备。……今人多是气质偏了，又为物欲所蔽，故昏而不能尽知。"（《语类》卷六十贺孙录）卷六十七《尽心说》曰："天大无外，而性禀其全。故人之本心，其体廓然无限量，惟其梏于形器之私，滞于闻见之小，是以有所蔽而有不尽。人能即事即物穷究其理，至于一日会贯通彻，而无所遗，则有以全其本心廓然之体，而吾性之所以为性、天之所以为天，皆不外此，而一以贯之矣。"故吾人若将一切求诸外之事，加以反省，而皆视为明诸内之事，而更体验之，则又可说："性者，道之形体也。只是就自家身上体验，一性之内，便是道之全体，千人万人，一切万物，无不是这道理。"（《语类》百十六训义刚）"上有原头，下有归着……只在自己身上看，许多道理，尽是自家固有。"（《语类》卷百十四训贺孙）是则明诸内，即可统求诸外，及由外面理会而得者矣。

关于朱子由格物穷理，而得之理原为内具之义，更可由朱子之反对胡文定所谓"物物致察，宛转归己"之说以证之。《语类》卷十八道夫录："问物物致察，与物物而格何别？曰文定所谓物物致察，只求之于外，如所谓察天行以自强，察地势以厚德，只因有物之如是而求之耳。初不知天如何而健，地如何而顺也。……若宛转之说，则是理本非己有，乃强委曲牵合，使入来尔。"知此物物致察与物物而格之别，则知朱子之格物穷理，非只求诸外矣。

由朱子之格物致知，乃即求诸外而明诸内之事，故陆王一派以朱子之格物穷理，若视理为外，即不免于误解。在朱子之言心之性理处，更处处言此中直下万理具足，此乃人之所得于天而具于心者。故时以"一性浑然，而道义全具、万理灿然"为说。此性理之原超越地内在于心，以为心之本体之义，朱子与陆王未有异。其与陆王之分别，唯在朱子于心之虚灵知觉，与其中之性理之内容，必分别说。故心之虚灵知觉本身，不即是性理。由是而人亦不能只反省其心之发用之处，即以为足以见性理之全。此心之接事物，而更求知其理，即所以昭显此性理。此心之"似由内而往外，以求理于外，而摄取之于内"之格物穷理之事，即所以去其"形气之梏、闻见之滞"，以使此心所得于天之"超越地内在于心之性理"，由上而下，由内而出，以昭显于心之前，而为吾人之心所自明之事。此中专自此性理之由上而下，由内而出，以昭显于心之前处看，其与陆王之言性理即心之体，由心之发用中见者，正无殊异。故陆王一派之学者，谓朱子之格物穷理，纯为视理为外，求理于外，而后更摄取之于内，朱子盖决不受也。阳明尝言："必曰穷天下之理，是殆以吾心之良知为未足，而必外求之于天下之广，以裨补增益之，是犹析心与理为二也。"（《答顾东桥》）此言盖指朱子之说。心与理是否为二之问题，及阳明所谓良知之义，与朱子之言之关系如何之问题，今皆暂不及，于本文下篇再详之。然如阳明只意谓穷天下之理，即求之于心外之天下，以裨补吾心固有者之不足，则朱子固可谓此求之于外所得之理，亦原是吾心中所固有之理，求诸外，正所以明诸内，不能只说其乃以心之所固有为未足也。

五　实然之理与当然之理及德性工夫之关系

然克就朱子之格物致知，乃即物而穷其理言，其旨亦有与陆王不同者。此不同，不关于此理是否原在内，是否原为心之理之问题，乃在"此理可否兼说为物之理"之问题，与"吾人是否能将吾人应物之当然之理，与一般所谓物之实然之理，在实际上加以截然分别；人不即物穷其理，是否能显此心之性理"之问题。在朱子之意，一切理虽原为吾人之内在的性理，然此内在的性理，不只为吾一人所具，亦为一切人与一切物之所具。如仁义忠信之理，生成变化之理，即我与人及他物所同具。如吾人由格物，而知他人有此仁义忠信，知草木之能生成变化，则当吾人之有此等之知之时，吾人固自显吾人心中原具之此诸理，然此诸理，原同时为他人他物所自具者。则此诸理应兼说为物之理。至于吾人之见父而知孝，见兄而知弟，则此中之父与兄之物之本身上，固不可说有孝弟之理，存于父兄之身体之形色之上，可为吾人之所见闻，而由外以入于吾人心内者。此孝弟之事，乃由吾人之心而发，此孝弟之理，即在吾人孝弟之心之发用中。朱子固亦无异辞。然此孝所以对父，弟所以对兄。父不在前为吾所知，则孝之心、孝之理可不显；兄不在前为吾所知，弟之心、弟之理亦可不显。孝弟之心之理，必待父兄之物，为吾人所知而后显，则此孝弟之理，即亦可说为由见父兄，而呈显之对父兄之理。亦即由父兄在前而显之理。就此理之由父兄在前而显上说，即亦可说此理之在父兄；而可说在父之身上，有吾人对之当孝之理在，在兄身上，有吾人对之当弟之理在；则亦可说此孝之理即在父上，与父不离，此弟之理即在兄上，与兄不离；而此理亦即兼在心与父兄之物矣。此固非此理在父兄之身体之形色之上之谓，然亦非此理即只关系于吾人之心之谓。若只关系于吾人之心，则似应无父兄在前，而此理亦能自显。阳明于此尝谓若孝之理在父，"则父殁之后，岂吾心无孝之理耶？"如本文上篇第二节所引。此问在朱子固易答：即自此孝之理原为性理而言，父殁后此理当然仍具于心；然父殁之后，如心不念父，则孝之理仍毕竟不显。如心中念父，此孝之心，仍对心中所念之父而显。而此孝之理，即亦对此父之物而显。无此父之物为吾人之所念所知，仍无孝之理之显。则此孝之理，仍连于父，亦必即父之物而在，并必待即此父之物，而念父、知父，而后有此理之显，此理之知。即仍不能说此孝之理只关系于吾人之心，只在吾人之心，亦不可说其不关系于父之物，非亦在父之理矣。

由上所说，则对吾人应物之理与此物之自身之实然之理，是否应加以分别之问题，如就朱子之所言者上看，实未尝明对此二者，作截然分别。今观其意，亦盖不欲明作此截然分别。盖此当然之理，既对物而显，亦可说兼在物上；则对物之实然之理之知，即可与吾人之所以应物之当然之理之知，相连而起而显。如吾人念及父之声音笑貌，吾之孝之心、孝之理，即相连而起而显，是其一例。此中吾人对父之声音笑貌，所念及者，愈多愈广，而此孝之理，亦愈起愈显。若此念断处，即此孝之心断处，此孝之理隐处，则此"当然之理之知"之显，乃与"实然之事、实然之理之知"之显，相依并展，而此后者之显之展，正若先行于前，而前者之显之展，乃继之于后者。故如吾人之念吾父，而有孝之心之理之显后，更念及吾父之有其父，则吾虽未见吾父之父，而此吾父之有其父，亦初不过一实然之事，实然之理。然吾人既知此实然之事之理之后，吾人亦立即可顺吾对吾父之孝心，以推及于吾父之父，而吾之孝心即连于吾父之父；此吾之孝之理，亦即更伸展，而显于吾所念之吾父之父之前。由此上推，而吾即可更有对历代祖宗尽孝之心。此即为吾人之孝之心、孝之理，随吾所知之"父有其父之实然之事之理"，而俱展俱显之一例。亦即"求诸外之致知格物穷理之事，可使吾心之性理，更由上而下，由内而出，以显于心之前而明诸内"之一显例。则此当然之理之知，固可与对实然之事、实然之理之知，相依并展，而不须更加以截然分别矣。

由上所论，吾人即可了解朱子之所以以格物致知，为一切心性工夫之始，而不如陆王之将人之闻见知识与圣贤之学，加以分别之理由。此理由即在人之闻见知识之扩充，原无不可连于人之当然之理之知之扩充，与当有行为之扩充，因而亦连于心性修养或圣贤之学之增进之故。如吾人读书而知史事，虽若初与吾人之为圣贤之学无关，然吾人由知史事，而更辨其是非善恶，而学其善者是者，即明不能说与德性修养、圣贤之学无关也。人多识于草木之名，而更与草木相接，观其生意，如周濂溪之由窗前草不除，而言其生意"与自家意思一般"，即与人之养其生意生几之德性修养，自然相关也。实则凡吾人与物相接，皆可有应之之正与不正之别，而不应，又即非正，即皆与德性之修养有关也。故朱子尝谓："若物有来感，理所当应，而此心顽然，固执不动，虽无邪心，而只此不动处，便非正理。如应事接物处，理当如彼，而吾所以应之者如此，则虽未必出于有意之私，然只此亦是不合正理。既有不合正理，非邪妄而何？"（《大全》卷五十六《答方宾王》）此中人之闻见知识，与德性工夫之有关与否，唯以吾人于缘闻见所知之物之实然之理之外，是否更能兼知所以待物之当然之理，并循此理待之，以为定。凡人能循当然之理以待物之处，即皆无不与吾人之德性修养有关也。此在朱子，则固尝谓读书必求其义理之是，格外面之物，只占三四分，不能过半；格内面之物，当占五六分，必需过半。则读书格物穷理，固皆当必求其与德性修养有关也。试思人若依朱子之言，于此外物之实然之理之知，恒连于对吾人所以待物之当然之理之知，而由对此当然之理之知，又必当继以力行之事，如朱子所谓继致知格物之事，而有之诚意正心修身之事，则一切闻见之知，或对物之实然之理之知，岂不皆连于人之所以应物之当然之理之知与行，而皆隶属于德性修养之事乎？又岂必有陆王所谓只务闻见知识，而悖圣贤之学之弊？陆王之谓圣贤之学，要在德性工夫，不在闻见知识等固是，而朱子亦未尝于此有异议。然因此而谓圣贤之学，必与闻见知识相妨，或谓人之成其德行之事，无待于对物之有闻见之知，与先有之即物而穷理之事，或谓此为"支离"，则朱子将视此唯是人之"计较利害而不肯行"（《语类》卷百廿一贺孙录，答格物为支离之问）的心而已。

此中对朱子之致知格物之说，更进一步之问题，乃由"人之德性工夫，亦似明可不与其对物之实然之理之见闻之知，必然相连，而人当格之物，其范围亦似终无定限"，所引起之一问题。在陆王，盖即由有见于此德性工夫与对物之闻见之知，不必然相连，以及人所格之物范围，若无定限，则人即可无定限的追逐闻见之知，而失其德性工夫，而亡圣贤之学。而陆王乃谓由闻见而有之知能多或少，无碍于人之为圣贤；愚夫愚妇若无知能者，亦可同学圣贤；学者亦当认取其与愚夫愚妇与圣贤之真同处，而不必求多知多能。然朱子固亦已触及此上之问题，故有上文所引格物限于当格之物之内之言，又有读书除解文义外，当求明其义理，而身体力行之训。朱子与陆王之归宗义，同在为圣贤；则依朱子义，于陆王之言人实际上之知能之或多或少，皆不碍其为圣贤，固亦可应许。然朱子可说，此乃对已成为圣贤之人，而更自外加以评判之语。若在学者份上说，则其工夫，皆在不断成就其德性之历程中进行。在此历程中，学者固不能先谓其不须求更多之闻见，更多之知能，而先自谓其闻见知能，与其为圣贤之事无关也。因学者若作此想，则是先自限其闻见，自限其知能矣。此闻见知能之限处，依上节所论而观，即其德性之表现之限处，亦即其德性工夫之限处也。则学者若于此时自谓其闻见知能，可多可少，浸至谓其可有可无，即无异自安于此自限，而不更学。有此不更学之念，即亦于德性有亏，而此念即当加以去除者也。去除此念之道无他，即求多闻多见、多知多能，以增益其对物之实然之理之知，同时亦增益其应物之当然之理之知而已。朱子谓圣贤未有不多知多能，即言其不以其已有之知能自足，而必更求多之谓。此又正即朱子所谓格物致知之实功也。至于若问此格物致知之实功之所及者，毕竟其范围，是否有穷尽、有定限，则真在此工夫之进行中看，实不当问，问亦不能答。如必欲问，则依朱子义，当答：如自外而观，此工夫之进行，其范围乃时在扩充之中，即不能有穷尽或定限。所谓"道无所不在，无穷无尽，圣人亦做不尽，

天地亦做不尽"。(《语类》卷六十三铢录）吾人亦不能指天下之任
何物，而说其物之必不当格，其理之必不当知也。故朱子亦可泛
说学者于天下之物，当"无所不通，无所不晓"也。然自内而观
此工夫进行之所自始，则又尽可时时有其定限之范围。此即由吾
人所接之当前之物，原有其定限之范围。吾人于所接物之中，固
原可只如前引朱子言格物之语，以别其轻重缓急，定当格之物先
后之序。吾所视为最重要之物，即吾当下所当格之物，以为吾人
格物致知工夫之始点者。吾人亦不愁无此一始点，以为吾人当下
之格物致知之功之范围也。然吾人在有生之年，要必须由此始点，
以更向前进行，而不能说其进行与否，无关于吾人学圣贤之工夫
也。人固实不能离此对"物之实然之理之知"之增益，以言"对
当然之理之知与行"之增益；人亦即不能离此格物致知之事，以
言此心之内在的性理，能自呈显于吾人之知与行之中，而分圣贤
之学，与其闻见知能之增益，为二事也。此则朱子言格物致知之
精义所存，而非陆王之言之所及者。朱子若本其于此义所见之精，
以谓象山之学之不知此格物致知之义，亦不知人之所以当读书之
理由，而谓象山不知穷理读书，又未尝不可说者也。

六　朱子之即物穷理以致知之义，非陆王所能废，与陆王之"四民异业同道"，及朱子之"学者异学同道"之现代意义与超现代意义

关于上来所说朱子之即物穷理以致知之论，吾意其中确有精
义。此决不能如陆王一派学者，以此乃外心求理，而加以评斥者。
陆王之言中，虽未能重此义，然固未尝反对此义，实亦不能反对
此义。象山固尝言其在人情物理事势上用工夫，非识物价之低昂
之类。然象山亦非不识物价之低昂之类，而其德性工夫，亦未尝
不依此"识物价之低昂"之类而用也。故象山亦尝言："理只在眼

前，须是事事物物不放过，磨考其理。"(《全集》卷卅五《语录》)
此磨考其理，固当包括物之实然之理，与吾人之所以应物之当然
之理。此磨考其理，亦当即象山所谓学问思辨之功，格物致知之
事。象山亦尝言"古之君子知固贵于博"，唯谓不当以"不知为
慊"耳。(卷三十五《语录》)专在此点上言，其意亦不必不同于
朱子也。至阳明言致良知于事事物物，此所谓事物，固恒是指吾
人之意念；此意念，自亦兼原于吾人一般所谓对外物之见闻之知。
阳明谓："良知不因见闻而后有，然见闻亦莫非良知之用。故良知
不滞于见闻，亦不离于见闻。"(《答欧阳德书》)则人之"缘闻见，
以扩充对所闻见者之知，而更由良知以知吾人应物之意念之是非
之事"之全，亦即正包涵朱子所谓即物穷理以致知之事者也。至
象山阳明之以圣贤之所以为圣贤，不在其闻见知能之多，则朱子
亦未尝不有此言，如本篇第二节所引及。然此中之关键，唯在学
圣贤者，是否不当求充其知能、扩其闻见。依朱子义，则学者不
能不于此有扩充之功，否则德性亦不得扩充，而于德性亦有亏也。
然在实际上，则人真有陆王之德性工夫者，固亦必依其仁智之心，
以自然地求扩其闻见、充其知能，以为其据德依仁而应事接物之
用。此即陆王之必不能反对此义也。则陆王与朱子之言，虽各有
偏重，而陆王之所行，实不能真违此朱子之义；则谓陆王之言既
立，即能废朱子所言之即物穷理以致知之义，亦非也。

　　于此吾人如欲进而论朱子即物穷理以致知之教之另一真问题，
则此实不在一一学者之身上说者。在此一一学者身上说，则其果
一方尽力于其知能与闻见之扩充，一方又以成德为目标，而沿其
知能闻见之所及，以时时本当然之理之知以应物，朱子之言固亦
无流弊之可说。唯朱子又尝明言：自物之本身上看，一一物皆原
自有其当知之理；而人亦皆当有其应之之道，否则在人便少了此
理。如其言："天下书无不是合读的，无事不是合做的。若一个书
不读，这里便缺少此书之理；一件事不做，这里便缺少此事之理。

大而天地阴阳，细而昆虫草木，皆当理会。不理会，这里便缺少其物之理。"此段语固可只在勉励学者，而就上文所引朱子言观之，朱子实亦未教人真读尽一切书，格尽一切事物之理也。然至少就此段语之表面意义上看，总是说一切物（包括书与事）有当知之理。依朱子之一切事物皆有理，而人之性理亦原无所不备之义说，则一理不知，亦总是一缺少。然循前所引朱子之文，言人之格物，只能就其轻重缓急之序，以定吾人所当务，人又不能免于此缺少。此二者间，便似终有一矛盾。此矛盾，虽似无最后之解决之道，然亦未尝不可有一相对之解决之道。此即吾人于此天下之理，除其为一人已依轻重缓急之序，所当知、能知而求知者之外，吾人可更望其余天下之物之理，为他人之自依其轻重缓急之序，所视为当知而求知者，并望他人之实有能知之者。由此而吾人为学，即理当于自感其当知能知者之有定限时，同时与人分别勉力于不同之学问，使我与人能分别对不同之物之理，各有其不同之知。此即人与人在学术上之分工之事也。此不同之人，在学术上之各有其不同之知，若皆包涵对不同之物之实然之理，与人所以应其物之当然之理，则人对此天下之物，各有不同之知，即皆无碍于各自尽其心知之事矣。唯以此朱子之言天下之物之理皆当知，即涵人在学术上当分工之义。故后之为朱子之学者，乃自然倾向于所谓专门专家之学。至于后之为专门专家之学者，或只尚对闻见之知，一般知识之知，更不求知人之所以应物之当然之理，并循之以自尽其心知，则朱子之学之发展之不幸也。

由上所述，朱子之学原有一向学术上之分工而发展之义，而此义则又正与陆王所言之至治之世，人各知其所不知不能，而以知能相辅为用，可统于阳明所谓"四民异业而同道"之一言者，其义又互相应合。此由朱子而发展出之学术上之分工之义，在后之学者，虽唯见之于对中国原有之种种考据、训诂、声韵、校勘、版本、天文、地理、律历、制度、风俗、文物等专门之学之研究之中，然循朱子之此义，亦未尝不可发展出种种吾人今日所谓分门别类之自然科学与社会科学。由陆王之言农工商贾，皆可为圣贤之学，而各尽其知能，则循其义而发展，亦即当重视吾人今日所谓一切社会中之专门职业之分工。本朱子所谓天下之物物有理、事事有理，"一物未格，即少了此一物之理；一件事不做，即少了此事之理"，则社会上之少一农、一工、一商，亦即少了农工商所为之事之理；而社会上少任何之一职业，亦皆少了一理。则由朱子之言，亦同可开出陆王之"四民异业而同道"之义也。至由陆王之言农工商贾皆可各尽其知能，而亦各可成为圣贤之学说来，则为专门之学者，自亦可各于对一专门之学，求多知多能之外，并兼学为圣贤。则此专门学者亦当异学而同道。而此正朱子之教之所涵之旨也。此专门之学者之可为圣贤之学，亦如农工商贾之可为圣贤之学，而专门之学者，亦与农工商贾之同为一行业，以存在于社会，而无高下之可言者也。又农工商贾，固原可兼为专门之学，为专门之学者，亦原可兼为农工商贾。此即现代之专门之学与社会职业打成一片之事也。朱子陆王之学，共有此"四民异业而同道"，"学者异学而同道"，其中包涵学术之分工与社会职业之分工之义。即三贤之学同有之现代意义也。然现代之言学术分工与社会分工者，有种种专门学术与社会职业之相辅为用之义，而无人人皆以成德为本之义；更无使人人皆学为圣贤、学为尧舜之义；亦无教为专门之学者与社会各职业之人，不以其专门知识技能相矜尚，而相忘于其多能多知义。是则又有"异学""异业"，而实无"同道"也。只有异学异业，而人各自限于其学其业，以相矜尚，其心志遂小，即自昔儒者所谓小人。则今之大学者、大企业家，而不关心天下国家者，犹小人也。社会必有同道之学，人乃为大人。则现代之社会，虽远大于朱子与陆王所在之社会，其学与业，犹是小人之学与业，而亦尚小于朱子陆王所言之大人之学与业也。此则现代之学术与社会，尚未能及于朱子与陆王之圣学之义者也。

此上所言之陆王之学所具之现代意义，恒为人之所忽。然于朱子之学有关后世之专门之学之意义，与其天文、物理之论，有今所谓科学精神，可与今之科学相接，则颇为人所见及。然朱子之学所以能发展出此学术分工之义，以使"学者异学而同道"，以与陆王之"四民异业而同道"之旨相应合，而又同具有一超现代之意义，其故所在，亦为吾人所不可不知者也。

七　朱子与象山之工夫论之异与同

由上所论，是见朱子之即物穷理以致知之义，陆王之言，虽未能及，然亦实不能违。而陆王之言圣人与学者，皆终有其所不知不能之义，朱子亦实不能外。由朱子所谓天下之事事物物皆有理，皆当被知，而学者亦当尽其知能以知之行之，则理当归于言"学者异学而同道"。由陆王言人皆当知其有所不知不能，更以其知能相辅为用，则理当归于"四民异业而同道"。而朱子与陆王之学，则合以涵具一现代的学术社会之分工义；而又在异学异业之外，同有此同道之义，以超过现代。是即见三贤之学之异，而未尝不同归之一端。然若专自其学之异处言，今暂舍阳明不论，则朱子所畅发之即物穷理之致知之义，更为其学之特征。此与象山之言心即理，而教人自觉其理之显于其心之发用中者，求有以自信之教，正相对应，而亦实各有千秋。此中之不同，在象山之教人自觉其理之显于心之发用中者，乃就此心之为道德的心、此理之为道德的理处，正面的回头自觉其"此心所已显之此理，而有以自信"。则此工夫，要在人之"知其自己之所已知"于内，以成其"所已知者之相续者"。而朱子则由其学之特有见于人之气禀物欲之杂，故不取此工夫，而亦疑象山之自信其心之教，乃由其不见此气禀物欲之杂之故。此如吾于《朱陆异同探源》所说。朱子之即物穷理以致知，则要在缘吾人之心对外物之闻见，知物之实然之理，以使吾人应物之当然之理，皆呈显于心之前，而此亦同时是使原"超越的内在于吾心之性理"，自呈显于心之前。此即前所谓"即求诸外以明诸内"也。此其要则不在人之知其所已知，而在人之"知其所不知"。盖朱子特有见于人之气禀物欲之杂，而心恒昏蔽有所不知，故重此知其所不知之工夫也。至于由此朱子即物穷理以致知工夫进一步，则为本此性理已呈显于心知之前者为标准，以反省吾人之意念，而定其是非，而有诚意之工夫。而与此格物致知诚意之工夫相辅，以更为其本者，则为直在此心此身上用之主敬或持敬工夫。此工夫要在凝聚身心，使一切不合理之意念不得发，亦在自积极的存养此心之虚灵明觉，使超越的内在之性理，得其自然呈显昭露之门，而格物致知诚意之事，亦易于得力。此主敬工夫，又实即正心修身齐家治国平天下工夫之本也。至在象山，则与其正面自觉此心即理，而自觉自信之工夫相辅者，则为吾人前所言之立志求其心量之开拓，以超拔于一切心之私欲意见之外，及自疑自克，以"去障蔽"或"去病"之工夫。此则意在消极的除掉此心中已有之不合理之意念，使此即理之心之发用流行，无阻无隐。此朱子所言之持敬，以存养此心之虚灵明觉之工夫，虽最为象山所不契，然其目标，亦正在打开出心之性理昭露呈现之道路，使此心于未发时所具之理，得显于心之发用流行，人乃更能依理以应物。此则正与象山所谓立志以开拓心量、去障蔽、去病之工夫，意在打开出此心此理之发用流行之道路，其功效正无二无别。唯象山之立志以开拓心量而去障蔽、去病，乃当下此心，自觉其心之即理者，"充实于内，更满发于外，以扫荡其外"之工夫；而朱子之主敬，则为当下此心，自觉其心之具理者之"收摄于内，更不见其外，以保任其内"之工夫耳。然在实际上，人用朱子之主敬工夫，以保任其内之虚灵明觉时，即在事实上，亦须多少有一自其心之私欲意见之障蔽，超拔而出，加以扫荡之事。此犹人之全不能去外侮者，则不能自固也。人在事实上，若无心之虚灵明觉之保任于中，亦不能超拔此一切障蔽而扫荡之，以有象山之工夫。此则犹人之全不能自固者，亦不能去外侮也。然象山之超拔、扫荡之言，可由教者对学者而施，以加力于学者，如助其去外侮；而朱子之言主敬以自保任，则纯为一人之自固之工夫。象山之善感发人，盖由其能善加力于学者。然外加之力去，而学者旧习或仍在。此即象山门下，或"今日悟道，明日醉酒骂人"也。则此象山之教，对学者言，可以成其学之始，而不必能成其学之终。若一人只自用朱子之主敬以自保任之工夫，则缺点在人之自力之恒有所不足，而伤于拘紧，则其学又恒难于成始。然若其自力足，则又无猛进猛退与拘紧之病。则此二种工夫之效用，依人而定，原无必然之冲突，亦实无必然之得失。学者当因资质而学，教者亦当因材而教，而因时因事之不同，则言非一端，以各有其用。而人之"用"在此者，未尝不能"知"在彼，而后其学为大学，其教为大教。人若本一工夫之得，以观另一工夫之所失，而作之评论，实亦皆未必当矣。

上言朱子与象山之工夫论虽不同，其立义正有其互相对应之处；总结而说，咸有两端。朱子之两端，为"主敬以存养此心之虚灵明觉"，与"即物穷理以致知"之两端。主敬为朱子早年承程子之教，而切己用功，参《中庸》之中和问题所定之论；而即物穷理以致知，则其晚年对门人施教时所重之义，此则归本于《大学》。象山之两端，则为"知心之即理，而自觉自信"，与"立志开拓其心量而去障蔽"。而此两端则为发明本心之一事之两面，盖象山少年立志时即已定之见，乃承孟子之学而成。在朱子两端中，即物穷理以致知，为向外开拓之工夫。心之向物穷理，始于心之动；而其知理、止于理，则归在静。主敬为向内凝聚之工夫。心之以敬自持，则始于静；而目标又在"显性理于心之发用流行中"，而未尝不归在动。在象山之两端，则知心之发用之即理，而自有其自觉自信，此即其所谓"凝道"之事，乃"向内之凝聚以静，而又不离动"之工夫。而其立志以开拓心量，以去障蔽、去病，则为向外开拓之工夫。此则为心之自身之一内在的震动。心有此震动之处，即有心之发用流行之循理而具理，如雷雨动而天自青，以动而未尝不静。故朱子于动静，必分而后合，一动一静之间，若有先后。而象山则恒直下合动静说，动静可无先后。此中之毫厘之差，如放大而说，亦可有天渊之别。但今不拟深论。若不重此毫厘之差，则其皆意在贯通动静，亦无不同也。在朱子，读书论学、即物穷理以致知，为博文之事、道问学之事，亦知之事；本所知之之理以诚意与主敬、以正心修身等，为约礼之事、尊德性之事，亦行之事。在象山，则对其心之即理者之自觉自信，为知之事；对人指点此心即理，而讲学明道，皆其所谓"讲明"之事，亦知之事、道问学之事。而循此自觉自信之知，以开拓心量、去障蔽、去病，使此心之发用流行，无不具理，即其所谓"践履"之事、行之事，亦尊德性之事。朱子与象山之学，同有此知行之二端：道问学尊德性之二端；则谓朱子重知、重道问学，象山重行、重尊德性者，在朱子与象山，皆决不受也。朱陆之同有此二端，即朱陆之学之异，而未尝不同之一端也。后之阳明于此朱陆所言之知行并进，皆不谓然，而合知行为一，其立义乃兼不同于朱陆。而阳明合知行、通心之虚灵明觉与天理之义，皆由朱子所言格物致知、已发未发、中和、体用、动静、存养、省察、戒惧之义而转出。此则阳明之不同于象山之重明道辨志，以发明本心，而次中和戒惧等工夫之教，盖正为阳明之所以言象山之言"细看有粗处"之故。是见阳明之学正为由朱入陆，以通朱陆之学者，此则于本文下篇，当再一一详及之。

第十二章　朱陆之学圣之道与王阳明之致良知之道（下）

一　总述阳明与朱陆之异，与其同于朱而异于陆，及兼尊朱陆之诸端

阳明之学，世皆谓其承陆学，本文上篇，亦尝就陆王同处诸大端，一一举出。然自细处看，则阳明之学，虽归宗近象山，其学之问题，则皆承朱子而来；其立义精处，正多由朱子义，转进一层而致。朱陆之学，自其原而观，吾于《朱陆异同探源》，谓有程朱之传，亦有程陆之传。今言朱子与陆王之异同，则将重在言阳明学足为朱陆之通邮之处。斯可见程朱与陆王之学，正有如一菱形四角之互相关联，非只可视如对垒之二派而已。兹先粗述阳明之言，其兼异朱陆、同朱异陆及兼尊朱陆之诸端，然后再细察阳明之问题，与所立义，其承于朱而进至于陆之处。

一、吾人在本文之中篇之末，尝谓朱子与象山之工夫，皆有知行二面。朱子分知行为二，而知先行后，当使二者并进之言，随处皆是。《朱子语类》卷九《论知行》一部，可见其要。象山谓为学有讲明、有践履，以分知行为二之言，则详见其《与赵咏道书》（卷十二）。其言曰："为学有讲明、有践履，《大学》致知格物，《中庸》博学、审问、谨思、明辨，《孟子》始条理者智之事，此讲明也。《大学》修身、正心，《中庸》笃行之事，《孟子》终条理者圣之事，此践履也。……未尝学问思辨，而曰吾唯笃行之而

已，是冥行者也……讲明之未至，而徒恃其力行，是犹射者不习
于教法之巧，而徒恃其有力，谓吾能至于百步之外，而不计其未
尝中也。"又《与彭子寿书》言："讲明、存养，自是两节，存养
即践履也。"再其答刘淳叟书谓：《中庸》固言力行，而在学问思
辨之后，……仁、智、信、直、勇、刚，皆可以力行，皆可以自
得。然好之而不好学，则各有所蔽，倚于一说一行而玩之，孰无
其味？不考诸其正，则人各以其私说，而傅于近似之言者，岂有
穷已哉？"（卷四）此以学问思辨为先，即以讲明与致知为先也。
象山所谓讲明，自非所谓口耳之学，而要在实明其义理。故尝谓：
"一意实学，不事空谈，然后可以谓之讲明，若谓口耳之学为讲明，
则又非圣人之徒矣。"然要之"讲明"之明义理，乃知之事，与行
之事固不同也。由象山之言学有讲明为知、践履为行，以分知行
为二，故阳明之主知行合一，即不特与朱子之言异，亦明与象山
异。《阳明全书》卷六，《答友人问》："闻先生尝称象山于学问头
脑处，见得直截分明。今观象山之论，却有谓学者有讲明、有践
履，及以致知格物为讲明之事，乃与晦庵之学无异；而与先生知
行合一之说不同。阳明曰：君子之学，岂有心于同异。吾于象山
之学有同者，非是苟同；其异者，自不掩其为异也。吾于晦庵之
学有异者，非是求异；于其同者，自不害其为同也。"又《阳明全
书》卷五《与席元山》曰："象山之学，简易直截，孟子之后一人。
其学问思辨，致知格物之说，虽亦未免沿袭之累，然其大本大原，
断非余子所及也。"此皆见阳明虽推尊象山，然亦谓其学与象山有
同有异，正如其与朱子之有同亦有异也。阳明之言知行合一，则
固与朱子象山皆不同者也。

　　二、象山所谓讲明之学，固即其所谓致知格物之事。然其所
言致知格物之义，则不同于朱子，亦不同于阳明。若朱子所谓即
一一之物而致其知，以一一得其理之事，与阳明所谓于事事物物
一一致其良知之事，皆非象山言讲明之主旨所存。此讲明，如孟

子与圣并言之智之事。智之事如射之事，要在先知所欲中之"的"。此即人之心志之所向。此一心志之所向，必先自知，此即待乎人之直下开拓其心量，以求居广居、立正位、行大道，是谓明于道，而志于道，以先立其大者。至于即一一之物，而穷其理，与即一一之意念，而是是非非，以致吾人之良知，在象山之学，即皆落在第二义以下，乃必待明于道、志于道而后可言者。象山之谓朱子如泰山乔岳而不见道，盖即指朱子工夫徒在此第二义上用，而未能直下开拓心量，以立其大而明于道言之。故其《与郭邦逸》书谓："是故君子戒谨乎其所不睹，恐惧乎其所不闻，学者必已闻道，然后知其不可须臾离；知其不可须臾离，然后能戒谨不睹，恐惧不闻。元晦好理会文义，'是故'二字，也不曾理会得，不知指何为圣贤地位？"（《全书》卷十三《与郭邦逸》）象山又言："此心炯然，此理坦然，物各付物，会其有极，归其有极矣。所过者化，所存者神，上下与天地同流，岂曰小补之哉！……不然则作好作恶之私，偏党反侧之患，虽贤者智者有所未免，中固未易执，和固未易致也。"（《全集》卷一《与赵监》）依此所言，正见象山乃以明于道，而"此心炯然，此理坦然，过化存神"，为第一义工夫；以在一一意念上戒谨恐惧、致中和之工夫为第二义以下之事。象山又言："良心固有，更不待言。但人之见理不明，自为蒙蔽，自为艰难，亦蒙蔽他人，艰难他人。善端不得通畅，人心不亨，人材不得自达，阻碍隔塞处多，但增尤怨。"此则明是以见理、去蒙蔽、打开阻碍隔塞，为亨通人心之本，然后良心之用，可得而见。象山又言："古书有明理之言，有教人用工之言，如《中庸》首章惟戒谨不睹、恐惧不闻，及谨其独，是用工处；次章惟致中和是用工处，他辞皆明理之言。"（卷十二《与黄循中》）此亦是谓《中庸》乃以明理之言为主，而不以戒谨恐惧、致中和之言为主；而此明理之自身，即象山之工夫之要也。则朱子之由格物致知，而知当然之理，以自诚其意、自慎其独之工夫，固为第二义；而阳明之言致良知，即其一一意念，以是是非非，正其不正，以归于正，而重良知之自为戒慎恐惧之义者，亦为象山之学之第二义也。此中戒惧之问题，其义甚深；朱子阳明，固于此皆自有其精切之见。然象山之言，亦自有其高明透辟之旨在，不可加以轻忽，或遽混同朱王之言而论者。本篇后节更当申说。此又一象山之兼异于朱子阳明之义也。

三、对天理人欲之一问题，亦宋明儒学之重要问题。程朱皆言存天理去人欲，亦皆有其切实之义。而象山则虽亦时言及去私欲以明天理，然殊不喜以天理人欲对言。尝谓："人心，人欲也；道心，天理也，非是。人心是说大凡人之心……谓人欲天理非是。人亦有善有恶，天亦有善有恶（日月蚀，恶星之类），岂可以善皆归诸天，恶皆归诸人？""天理人欲之言，亦自不是至论，若天是理，人是欲，则是天人不同矣。此其原盖出于老氏。《乐记》之言，亦根于老氏。"（《全集》三十五《语录》）盖在象山，人能直下自拔于其私欲意见之蔽障，以满心而发，则充塞宇宙，无非此理。此理为人之极，亦天地之极，是为皇极。于此中更不可分天人为二。然在朱子，则天理固原即人心之性理，然以人之气质之偏，物欲之杂，闻见之滞，天理恒不得流行，以自大本而形为达道。故人之工夫，要在辨其意念之孰为天理之公，孰为人欲之私，而存天理、去人欲。此天理人欲之分，初非自人心之大本大原上看出，而是自人心之流之末上看出。然不在此流上末上分辨二者，更存天理而去人欲，则人亦不能充达得此本原。象山之由人能直下超拔于其意见私欲之外，而谓此中无天理人欲之分，与朱子自人之实未能有此超拔，而言此中实有此二者之分，亦不必冲突。然由此而言工夫，朱陆却又有不同。阳明之言致良知，则又正是重此天理人欲之辨。阳明之言良知之是是非非，即初表现于其存天理、去人欲之事之中。阳明之重此二者之辨，即又明近朱子，而与象山不同者也。

四、阳明之立义，此外尚有显而易见，不同于朱子与象山者，即阳明对佛道之评论是也。象山以公私义利严辨儒佛，而斥佛；朱子以心理虚实之义，严辨儒佛而亦斥佛。阳明则谓儒佛只有毫厘之别，亦时引禅宗如"不思善、不思恶"，"无所住而生其心"之言以讲学，而更无忌讳；又有厅堂三间之喻，以谓儒家原有佛家之"无"、道家之"虚"之义。此亦异于朱陆之严斥二氏之学者。其中之故何在，则关连于心与理之虚实之核心问题，其义亦实深邃，后文再细论之。

五、由上所述，是见阳明与朱陆三贤间，实互有异同。阳明固有不同于朱子者，亦有兼不同于朱陆与异于陆而同于朱者。观阳明对朱陆之评论，则吾人又可见阳明虽极推尊象山，而亦未尝以其学为至极。阳明言虽似多议朱子之失，然又未尝不力求与朱子能相契会。兹稍详举文句为证。如阳明固尝言"濂溪明道之后，还是象山"（《传习录》下），更言"象山之学，简易直截，孟子之后一人，其于大本大原，断非余子所及"（《全书》卷五《与席元山》），如上所引及，然其《答徐成之书》，实又以朱陆并称为圣人之徒。唯以"朱子之学，天下之人童而习之，既已入人之深，有不容于论辩者"，"独惟象山之学，以其尝与晦庵之有言，遂摈放废斥，若碔砆之与美玉，则岂不过甚矣乎？""晦庵之学，既已如日星之章明于天下，而象山独蒙无实之诬"（指被诬为禅学，见《全书》卷二十一《答徐成之书》），然后阳明乃为象山"一暴其说"。此固非阳明自谓其学之全同象山也。阳明亦尝言象山之言"细看有粗处"（《传习录》下），又尝谓"象山于致知格物，……皆相沿如此说，亦是象山见得未精一处，不可掩也"（卷六《答友人问》）。至于象山之言之其他粗处何在，阳明固未多及。此盖唯由自昔儒者，不喜轻议前贤之故。然就其所已言者观之，固已可见阳明之学，明有不同于象山者。故有上文所引"吾之学有于象山同者，非是苟同，其异者自不掩其为异"之言也。

阳明固谓象山直接孟子之传，正如象山之所自许。阳明亦未尝不尊重孟子。其尝言"孔孟既殁，此学失传几千百年，某赖天之灵，偶复有见……"（《全书》卷八《书魏师孟卷》）即以孔孟并称也。然阳明尝谓："颜子殁而圣人之学亡。"（《全书》卷七《别湛甘泉序》）其所最推尊者，明为颜子。故又谓："孔子无不知而作，颜子有不善未尝不知，此是圣学真血脉路。"（《传习录》下）《易传》之谓"颜子有不善未尝不知，知之未尝复行"，正阳明即知即行之功也。《传习录》上载阳明曰："颜子在心地上用功……颜子不迁怒、不贰过，亦是有未发之中始能。"又载："问颜子殁而圣学亡，此语不能无疑。先生曰：见圣道之全者，唯颜子，观颜子之喟然一叹可见。……道之全体，圣人亦难以语人，须是学者自修自悟，颜子虽欲从之，末由也已，即文王望道未见意。望道未见，乃是真见。颜子殁而圣学之正脉，遂不尽传矣。"又作《见斋说》，亦称："颜子之见而未尝见，是为真见。"（《全书》卷七）然象山于孔门学者，则于孟子外，唯大称仲弓、子思、曾子（《全集》卷一《与侄孙濬书》），而尤称曾子之"江汉以濯之，秋阳以暴之，皓皓乎不可尚"之心胸（卷三十四《语录》）；而于仲弓则尝言："想其为人，冲静寡思，日用之间，自然合道。"（卷三十四《语录》）以颜子比仲弓，则象山尝谓："颜子为人，最有精神，然用力最难；仲弓精神不及颜子，用力却易。"（卷三十四《语录》）又谓："颜渊喟然之叹，当在问仁之前；为邦之问，当在问仁之后，请事斯语之时；乃其知之始至，善之始明时也。"（《全集》卷一《与胡季随》）复谓："颜渊问仁之后，夫子许多事业，皆分付颜子。颜子殁，夫子哭之……夫子之事业，自是无传……夫子之道，至孟子而一光。然夫子所分付颜子事业，亦竟不复传也。"（卷三十四《语录》）盖在象山之意，颜子之"喟然一叹"，只是"知之始至，善之始明"，其地位尚低。颜子殁而夫子之事业无传，非其道之无传也。夫子之道，则"自曾子传之子思，子思传之孟子，乃得其传，外此则不可以言道"（《全集》卷一《与李省幹》），故夫子之道，"至孟子而一光"，又曰"夫子以仁发明斯道，孟子十字打开，更无隐遁"也（卷三十四）。

按上述象山称仲弓过于颜子，朱子亦尝论及其言之不是（《语类》卷四十二）。朱子自是推尊颜子之克己复礼之心地工夫，与象山之只以颜子为传夫子之事业者不同；正如象山之以颜渊之喟然一叹，不过其知始至、善始明之时，与阳明之以此而谓颜子之"真见圣道之全，而其不见为真见"不同。诚然，朱子推尊颜子，在其克己复礼；阳明推尊颜子，在其"真见"，其旨亦不全同。然在心地工夫上尊颜子，朱子与阳明固同；而皆不同于象山之特推尊仲弓、曾子、子思与孟子，而只视颜子为传夫子之事业者也。吾尝欲就此宋明诸儒于孔门弟子之所推尊，以还观诸儒之学。盖千百世之上下，人心之所契，皆决无偶然，而若合符节。上述阳明与朱陆，对颜子与孔门弟子所推尊者之不同，其故正有待于吾人之措思。朱子与阳明，同在心地工夫上推颜子，皆承周程之上希孔颜之旨而来。象山之尊孟，反为别一传承。今阳明谓象山能传孟子之学，而终未尝言其能传其所推尊之颜子之学，又正见于阳明之亦未尝以象山之学为至极也。兹按阳明之《象山文集》序又有曰："周程追寻孔颜之学，象山陆氏，虽其纯粹和平，若不逮于二子；简易直截，真有以接于孟子之传；其议论开辟，时有异者，乃其气质意见之殊，而要其学之必求诸心，则一而已。故吾尝断之曰：陆王之学，孟氏之学也。"（《全书》卷七）此中，阳明先言周程追寻孔颜之学，亦阳明所宗。而于象山，则唯言其接孟氏之传，而又谓纯粹和平，不逮周程，则其议论之殊，阳明亦固未必皆谓然也。

至阳明之于朱子，则固对朱子言心与理、致知格物与主敬、已发未发、存养省察之论，多有所议。而其不满于朱子言主敬，亦正与象山之反对朱子持敬之说正相类。象山以持敬为杜撰（《象山全集》卷一《与曾宅之》），阳明亦以朱子之主敬，乃一牵合之工夫（《传习录》上答蔡希渊问）。其言固相类也。然阳明此外之疑于朱子之义，则又正皆承朱子之问题而来；唯于朱子以条目加以分别并列者，皆欲贯通之以为说，而自谓此正本诸朱子之言贯通之旨。故其《紫阳书院集》序谓："朱子白鹿之规，首之以五教之目，次之以为学之方，又次之以处事接物之要，各各为一事，而不相蒙者。斯殆朱子平日之意，所谓随事精察而力行之，庶几一旦贯通之妙也。"阳明早年固治朱子之学（《全书》卷三十二《年谱》），亦尝本程朱"一草一木之理须是察"之言，以从事格竹子而致病。故其学既成，答门人时仍谓其"与晦庵之心，未尝异也，只入门下手处，有毫厘千里之分"（《传习录》上）。于此毫厘差处，阳明亦恒欲加以融通。故有《朱子晚年定论》之著。其时罗整庵谓其所举以定为朱子晚年之著，实非出于朱子晚年。阳明答书则曰："平生于朱子之说，如神明蓍龟，一旦与之背驰，心诚有所未忍，故不得已而为此。知我者，谓我心忧；不知我者，谓我何求。盖不忍抵牾朱子者，其本心也；不得已而与之抵牾者，道固如是，不直则道不见也。"（《传习录·答罗整庵少宰书》）此即阳明自道其学受朱子影响之深，与其惓惓不忘于会通其说与朱说之情。其《与徐成之书》（卷二十一），固为朱子辩诬，亦为朱子辩其未尝不尊德性，其学亦未尝支离；唯谓朱子之言未尽莹耳。此书全文，兼推尊朱陆，显而易见。故后文更言其于朱子有"罔极之恩"。试思此"罔极之恩"四字，原所以对昊天与父母，岂能轻易用之于人。此言岂非自道其学，由朱子之"所生"？则吾人今欲知阳明之学，固不当只就其归趣之同于象山者言之，更当就其与朱子之学之关系，其问题与所言之义，本于朱子而更进者，以言之。方能知其兼承朱陆，而与朱陆亦兼有同异之故也。

二　阳明之摄格物诚意等工夫所成之致良知义，与知行合一义

阳明之论承朱子之问题而来者，以义理之线索言，当以格物致知之问题为先。对此一问题，阳明首将朱子所谓物，与吾人之一般所谓"对物之知"，或意念，或行事相连结，而合以名之曰"物"。此亦即将吾人通常所谓客观外在，而为吾人之心知所对之物，与吾人对之之心知与意念或行事，合称之为一物。故孝亲之亲非物，而孝亲之一整个之意念或事，是物。敬兄之兄非物，而敬兄之整个之意念或事，是物。由此而"物"之名，与"意念"或"事"之名，其义即无别。此乃阳明用名，异于今一般所谓物，亦异于朱子与象山者。阳明所以有此用名之异，固由其有见于吾人德性工夫之所对，实唯是此意念或事，而非其他。然亦可视为由朱子之言引申而致。盖朱子言人之心知，原必与物接，方有即物穷理以格物之事。此心知既往"即物"，则心知与物，即结为一事，以内在于吾人之心。此亦为朱子所原具之义。则阳明固即可缘此而说一般所谓物，只是此事或此事之意念中之一面；如亲即孝亲之事中之一面，而孝为此事之他一面；兄即是敬兄之事之一面，而敬则为此事之他一面；两面实不可分，以合为一事矣。由此类推，"色"即见色之事中之一面，而"见"为其另一面；"声"即闻声之事之一面，"闻"为其另一面；吾人对天地万物有种种"见闻感应"为一面，吾人之心对此"见闻感应"之"是非"，又为另一面；以合为吾人之心，对天地万物之感应之是非之事矣。此中吾人之耳目五官之感觉与心知，皆不能离其所感所知而说，而当视为与此所感所知，结为一事，亦结为一体者。故曰："目无体，以万物之色为体；耳无体，以万物之声为体；鼻无体，以万物之臭为体；口无体，以万物之味为体；心无体，以天地万物感应之是非为体。"（《传习录》下）此亦正类朱子言属物之理，以心

为用（参考本文中篇）。故阳明谓耳目与心无体，实亦非真无体，乃耳目与心之有此感知之用，即与所感所知者，合为一体，以成一事、一意念之谓。此意念，固在心中，故可更为心体之自发之用，所是所非也（见后文）。此中一般所谓物，既在此事、此意念中，而此事、此意念即在心中，更为此心体所发之用之所是所非。故心外无事，心外亦无物。此谓心外无事无物，乃克就吾人之意念或事，原包涵吾人所感所知之一般所谓客观所对之物；而此意念或事，复更为吾人之心所发之是非之所对而言。亦唯以其更为此心之是非之所对，乃与吾人之德性工夫相干，亦直属于吾人之生命，而与吾人生命相干者。故阳明言格物，只须格此为意念或事之"物"也。吾人今固可谓在为吾人所感所知，或在吾人之意念或事中之物之外，尚有其他种种一般所谓客观外在之物。然此客观外在之物，次第与吾人相接，以为吾人之所感所知，即亦次第成为"吾人之意念与事"之一面，以与吾人生命相干，亦与吾人之德性工夫相干，则吾人亦不能只对之作客观外在之想。如只视为客观外在，则与吾人之生命、德性上格物工夫不相干，非此所论。由此而一切吾人生命中之德性上之格物工夫之问题，即皆唯连于此"意念"、此"事"之物，而不能溢乎其外者矣。

由阳明之缘朱子之言物与心知之必相接，进而以意念或事，摄一般所谓物，以为此事此一意念之一面；而朱子所谓即物穷理以格物，而知其理以致知之事，亦即成为吾人自格其心中之"意念"与"事"之事。在朱子所谓"知理"之事中，此知属于心，此理则兼属于外在之物与内在之心，而亦为此心之性。故人之往知物理，即所以内知其心之性。然其中之心与理或性之义，又有所不同。因心可只是在内，性理则兼属内与外故。然克就此理为心所知，即此心之性之显于知而言，此心与性理，固合为一体。阳明即缘此以说，吾人之心由即物穷理而知理时，此"知理"乃整个之一事；而此所知之理，则为此所知之一面，或即此知之内容。于是所谓即物穷理以知理之事，即唯是"此心之自呈现其性理于其知"，以成此整个之"知理"之事，而别无其他矣。此亦由朱子之义，一转而可得者也。

朱子言人之即物穷理以格物致知，虽初可是只知一般所谓客观事物之实然之理，然要必归于知吾人所以应物之当然之理，方为穷理之极致。此于本文中篇已论之。在吾人知此应事物之当然之理之时，吾人所知之当然之理，乃对事物之实然或实然之理，而为当然。故此当然之理之知之全体中，亦即必然包涵有对事物之实然之理之知。如知侍父疾以尽孝，为知当然之理之孝；而此知孝之中，即固包含有"对父之疾之实然之状"之知是也。人之视父为物，而于此用即物穷理之工夫，亦必不止于知父之疾之实然之状，必兼知侍父疾以尽孝，方为穷孝之理之极致。而此穷理之极致中，即包涵有见"理"之为"所当然而不容已"与"所以然而不可易"之义。此亦朱子所屡言。（如《语类》卷十八所记）固非只抽象的理解此理，或只以虚灵明觉心观照此理，便为穷理之极致也。人有此穷理之极致时，人"知理之所当然而不容已，所以然而不可易"之知中，固早已先包括有对事物之实然之理之知在，而后方能进至此"不容已""不可易"之实感之知。故朱子于此，亦不分二理也。

吾人格物穷理，而知应物之当然而不容已之理之后，其下一步工夫，在朱子即为据此理之知，以自衡其意念之是非善恶，而是是非非，好善恶恶，以有其去非成是，为善去恶之行；而使其意念，皆合于此理，亦合于此"知理"之心知。此即朱子所谓诚意之行的工夫，与格物致知之知的工夫，分属二层者。在朱子，此二工夫虽不同，然其义未尝不相贯。人既知当然之理，亦必当更本之以知意念之是非善恶。是即由致知，以使此所知之理，贯彻于其是是非非、好善恶恶以下之行之中，使知彻于行也。阳明即由此"知"必当彻于行，进以言此"知"原亦自知求彻于其行，以成其知行合一之说。唯阳明之知行合一之要旨，尚非只说知后当有行，此亦朱子之旨。亦尚不在说真知者之必能行，此在象山之言中亦有之，如象山言"自谓知非而不能去非，是不知非也；自谓知过不能改过，是不知过也。真知非则无不能去，真知过则无不能改"是也（《象山全集》卷十四《与罗章夫》）。阳明之言知行合一之说，亦复不是泛说一切人之知与行皆已合一。故亦尝谓："世间有一种人，……全不解思维省察，也只是个冥行妄作……又有一种人，茫茫荡荡，悬空思索，全不肯去着实躬行。"（《传习录》上）此即谓人之知与行，固原有不合一者也。阳明言知行合一之要旨，乃在言人自有一种对善恶是非之价值之感知，此知中同时原有一对善者是者之好，对恶者非者之恶。故谓"是非只是个好恶"。（《传习录》下）而人所最当自省者，即知此中之好恶，已是一"知中之行"，而即顺此好恶，更好善恶恶，而是是非非，进至为善去恶、成是去非之行。此中之好恶之重要，则正如朱子言诚意工夫时之所重。阳明所异于朱子者，唯是将朱子分为致知与诚意二事以说之者，合之为一事以说之。至其所以可合二事为一事以说者，则在人之致知固是知，然人之致知而知诚意，知"求此知彻于行"，亦是知也。故致知之知，即理当连于知诚意之知。则可举此致知之事，以摄此诚意之事；而以此诚意之事，为致知之事之实际内容也。此阳明之说，正不外将朱子所言之致知之前事，原当有诚意之事为其后继者，而举前以摄后，以为前者之实际内容耳。阳明尝于论朱子之言《大学》之义后，谓"以诚意为主，去用格物致知工夫，工夫始有下落"云云（《传习录》上），即"以诚意为致知格物之实际内容"之旨也。

　　关于以上所谓将格物、致知、诚意三者相贯而说之旨，阳明于其《大学古本序》尝曰："至善也者，心之本体也。动而有不善，而本体之知，未尝不知也。意者，其动也；物者，其事也。致其本体之知，乃动而无不善。然非即其物而格之，则亦无以致其知。

故致知者，诚意之本也；格物者，致知之实也。物格则知致意诚，而有以复其本体，是之谓止至善。……不务于诚意，而徒以格物者，谓之支；不事于格物，而徒以诚意者，谓之虚；不本于致知，而徒以格物诚意者，谓之妄。"此段语中之至善，即心之本体，即"知理之良知"之本性。此至善而知理之良知，即能知吾人之意念之动（即事或物）之不善或善，以知善知恶者。良知致其知善知恶之知，而好善恶恶，即诚意。由好善恶恶，而为善去恶，以正其意念（即事或物）之不正者，以归于正，即格物也。格物乃本于良知之至善，以为善去恶之事，故格物即致此知之实事。然必致知，而后有好善恶恶之诚意之事。故曰致知为诚意之本，而格物为致知之实。是见三者之不可相离。离则或支，或虚，或妄之弊生。人欲去此三者之弊，即当知此三者之不可相离而说矣。

由阳明之将朱子之致知之事摄诚意之事，而有其知行合一之致良知之说，一方将朱陆所分为知与行者，打并归一；一方亦即将朱子所谓存天理、去人欲之事，摄在致良知之事中。盖所谓存天理，即存其所知之理，以为是非好恶之准则；并就其意念或事为，合乎此理者，而好之是之，以正面的积极的存天理之谓。所谓去人欲，则就其意念或事为，悖乎此理者，而恶之非之，使更无违此理之意念或事为之存在，以反面的消极的存此天理之谓。此中有正反两面之相辅为用，方合为人之自致其良知之事。则其终，亦无象山所病之天理与人欲之相对为二。由此而朱子所言存养与省察克治之工夫，亦即皆可统于一致良知之工夫之下，不必分说为二，而打并归一矣。此即阳明之义之不只进于朱子，亦更进于象山者。然此义又初不由象山之论天理人欲之言，引申以出。唯是由朱子之言诚意工夫，原有好善恶恶，是是非非之义，而阳明更以朱子之致知之义，摄朱子诚意之义，方有此将朱子所视为二者打并归一之说。则谓阳明之说归于合朱子所视为相对成二者，以为一，有类于象山之合天理人欲之二为一之旨，固可说；然阳明之所以能合此诸相对为二者以为一，则又正皆启自朱子，而非启自象山者也。

由阳明之以朱子之致知之义，摄朱子之诚意之义，乃以致知为诚意之本，格物为致知之实；而此致知之义即由其摄诚意之义而上提，以更连朱子所谓居诚意之后之正心工夫。由是此"知"之义，既涵朱子所谓"意"，即当直连于朱子所谓"心"，而同于朱子所谓心之本体之明。按朱子易箦前犹改《大学》诚意章注。其注曰："自欺云者，知为善以去恶，而心之所发，有未实也。"《语类》十八僩录曰："知得不当为而不为，虽是不为，然心中也有些便为也不妨底意思，此便是自欺。"又盖卿录："意虽已诚，而此心持守之不固，是以有动。"此朱子所言之心之有动，所发不实，乃是由已知自诚之意之外，更深一层说心之不自觉的动发之不当有者。此即除当以诚意之工夫，加以"禁止"，以实其心之罅漏，使之不发之外，更当用正心之工夫，以存其心，而尽其"心体之明"，方得"实用其力"于"其所发"。此朱子注《大学》文，其分别诚意与正心之工夫之节次，其用意实亦甚精。然依阳明说，则知得不当为而不为，固是良知之即知即行之知；心之有不实之动发，而禁止之，亦是良知之即行之知。而此二者同不外所以存其心体之明。存此心体之明，亦即是存此知也。由此而诚意之工夫，即直贯至正心之工夫，而可合为一致良知之工夫矣。今吾人亦只须将朱子诚意章注所言之"知为善去恶"之"知"，"实其心之所发"之"意"，及正心工夫中所存得之"心体之明"，先合为一义，即见其正同于阳明所谓心体之良知。亦即可见朱子分为正心诚意二工夫者，实为致良知工夫之二面。此则由于诚意之工夫中，原自始有"知"在。人之由知诚意，而知正心固是知；而知《大学》所谓心之不正，在有所好乐，有所忿懥，有所恐惧，更勿以此情之不正，而失其心之正"，亦是知也。此人之知其情之不正者，求免于不正，与存其好善恶恶之情之正，兼正其不正以归于正，固皆是人之是是非非、好善恶恶之致良知之事也。则致良知之事，即可兼摄朱子所论之《大学》中之诚意与正心之事。总上文言之，则《大学》之格物致知与诚意正心之事，皆一致良知之事，而更无二事矣。阳明《答徐成之书》言：朱子之学必"先之以格致而无不明，然后有以实之以诚正而无所谬"（《全书》卷二十一），今阳明之所为，则正不外将朱子所谓"使人无不明"之格物与致知之功，先合为一致良知之功，更以之摄"使人无所谬"之诚正之功，以归于一而已。

缘此致良知工夫之摄正心之工夫，更前进一步以观，则《大学》所谓由正心而修身之事，亦不外正其身之不正者，以归于正。《大学》所谓齐家、治国、平天下之事，亦不外正家国天下之不正者，以归于正。此一切使不正之事归于正之事，皆同不外致吾心之良知之知其非者，而更去其非、非其非者，以归于是，而存此是，是此是者之事也。则《大学》之修身齐家治国平天下之八条目，皆摄于一致良知之教之中矣。此则又初不外将朱子所言之格物穷理以致知之义，合为一致良知之事，更层层转进，以摄朱子所言之诚意正心后，更摄修身以下之事所成者也。

三　良知天理之即体即用义

阳明之言，显然承朱子之问题，而非承象山之问题而来者，为其关于中和与已发未发之论。此乃关于整个之工夫论之问题，乃牵涉于此心之发为意知物，与其未发之自体者。象山以人若未明道，使此心炯然，则未足言致中和。朱子之学，则正初由中和之问题上用心而致。朱子言中和，而及于心之未发已发、体用、动静。阳明言中和，亦及于心之未发已发、体用、动静。此固显然承朱子之问题，而非承象山之问题而来者也。此中朱子与阳明之不同，乃在朱子于心之体用、动静、已发未发，恒分别说，而致中与致和之工夫，亦分别说。依朱子义，存养主敬之工夫，为致中之工夫，乃所以正心之未发工夫；省察与致知格物，则为致和之工夫，皆心之已发工夫。存养主敬，所以使原具于心之超越而内在之性理，得呈现之几；而致知格物，则为求知彼外之物理，以明此内之性理。既知理而更以此所知之理，为省察之所据，而省察即所以诚意。故致知格物只是省察之前事。言省察，则先有致知格物之工夫在，更不待说。以省察与存养主敬对言，则省察之为已发工夫，乃意在本已呈现于心之性理，以是是非非、好善恶恶，而归在非非恶恶之克治工夫。今阳明既以存天理之存养与省察克治之兼在对人欲者，为致良知之工夫之两面，故未发之致中工夫，与已发之致和工夫，即打并归一，于心之中与和、未发与已发、体与用、动与静，亦当相贯而说。其所以得相贯而说，则以此良知之好善恶恶，或是是非非，而正不正以归正之两面，原相辅为用，为其核心之义。此下当先发挥此义，以次第说明此中之良知天理之体用、未发已发工夫，所以得合一而说，以及其相连之"心""理"之所以得合一而说之义如下：

象山之言心即理，乃就本心之发用之具理者，而教人于此直下加以自觉，故人于此所知之理，初乃此心所已显之纯正面之理。由此而自立自信，以定其志向，开拓其心量，以奋迅振拔，则是此本心之自欲充量发用、欲充量流行之事。然此中却并不必有此心之一方自觉的正面的求其自己所内具之理如何由隐而显，一方自觉的据其所知之一一之理，以反面的一一"反彼为其反面者"之工夫。至在朱子，则其致知格物与主敬之工夫，皆意在使其所内具之理，一一由隐而显。当其既显，而知其为当然之理，初亦只为一正面的当然之理。此理原内具于心，即原在心体，其显而为此心所知，即此心体之自显于此心之用或心之知也。此心所具所显之性理，虽无所不备，然初皆为正面之天理。而在此理既显于心之知后，人更缘此所知之理，以为其诚意正心修身以下之事时，朱子亦明言此理必显为一是是非非、好善恶恶、为善去恶之理，即"一方正面的去肯定成就一切合理之意念与事为，一方面反面的去否定去除一切由气禀物欲之杂而来之不合理之意念与事为"之理。此中之知理之知，亦当为一知是知非、知善知恶，而"兼知正反两面，而又知反反以显正"之知。此知之心，亦应为能"自正其自己之不正，以归于正"之心。亦唯在此理之实显为一是是非非、好善恶恶、为善去恶、反反而成正之处，乃实见此理之用，自立于吾人心知之工夫之中。若此理之用未尝实显为反反以成正，则此理亦实未尝自立于吾人之此心知之中。盖不非非之是，不恶恶之善，即非能自立之是，自立之善也。由此以观吾人之自然的善德之表现，虽纯为正面之善德，即尚非真能自立之善德，而人亦不能徒慕此自然之善德以为学。而以朱子观象山，则象山唯喜就人之自然的善德之表现于心之发用之中，如见父自然能孝，见兄自然能弟，当恻隐时自恻隐，当羞恶时自羞恶，即便教人于此识得其心之理，以自立自信；而未教人重视此心之理之表现其反反以成正之用于此之心之中，如孝之必显为知孝之是、不孝之非，好孝而恶不孝等，以实见其自立于此心之中者；朱子固必以为未足也。

诚然，象山除于教人正面的自觉其心之发用，所已显之理以外，亦言超拔物欲意见之障蔽，自疑自克等，则吾人固可谓象山亦实际上有一反反以归正之工夫。然象山终未言此"反此障蔽等本身，为此心之理之所以为此理"之一用，而扣紧在"此心理之一方反面的去除此障蔽等不合理者，一方正面的成就一切合理者，而好善恶恶，是是非非"处，说此"理之用"之全，或依此理而有之心之发用之全，则仍与朱子之言不同也。

然在阳明，到一方变象山之言"见父自然能孝，见兄自然能弟"，为"见父自然知孝，见兄自然知弟"一语，以正面的指证人本心之良知或本心。而在另一面，正承朱子言诚意工夫时，所重之此理必显为好善恶恶、是是非非之用，以言此良知为"天理之昭明灵觉"，及其知善知恶、知是知非，必然同时表现为：是是非非、好善恶恶，以贯彻于为善去恶之义。[1]是即见此良知天理之用，自始为一正反两面，同时并见，如双管齐下之出于一手者。在此点上，阳明之异于朱子，而亦可说进于朱子者，则在朱子之言人之好善恶恶、是是非非之诚意之事，乃后于致知，而知性理或知天理者。依朱子之意，克就人对天理之知而言，此仍纯是一正面之知，如前所说。唯以人不无缘其物欲气禀之杂而起之不善之意念，方有为此正面者之反面者。更在此反面者为此心之所知，此心继显其对此天理之知之时，而后此心之天理，方显其"一面反其反面者，一面自归于正"之一"反反以成正，而好善恶恶之用"。则此天理如未尝遇此缘气禀物欲之杂，而起之不善意念，此天理亦即可无此反反以成正之用或表现。由是而此用或表现，即为自天理之体上看来，乃可有可无者。此用或此表现，对此天理之体之自身，亦即可说为一"偶然有"之事，非一"必然有"之事，亦即是在天理之体上无有，而只在其用上有者矣。然在阳明，则其良知天理之表现为是是非非、好善恶恶之用时，良知天理之体，即已表现其用。今若谓此体上原无此用，则此用何以有？岂非此用在体上无根？若果在体上无根，则人亦可只求见此体，而不求此体之表现其用，以成吾人之是是非非、好善恶恶之工夫矣。今若只谓唯因吾人之有气禀物欲之杂，而生之不善之意念之反面者，为所对治，而后此非非或恶恶或反反之用乃见，固是可说，然此能非非或能恶恶、能反反之对治之用，毕竟由此体而来，而其根当在此体；则不能说此体上原无此用也。亦不可因此用乃缘有反面者为所对治而后见，遂谓此用初不在此体之中也。然朱子

---

① 阳明之是非即善恶，故下文或只举是非，或只举善恶，义皆无别。阳明言知善知恶、好善恶恶及为善去恶，三者之相贯，乃阳明学之根本义，具一精切笃实之旨。其与良知之至善及无善无恶之关系，在拙著《中国哲学原论》中《原性篇》第十四章，所论较备，可补下文之偏在从阳明言良知之高明义去说者。读者宜加以参考。

之分体用为二，正可使人作此解。阳明则由此朱子所谓用，原当根于天理之体，以更谓此用即未显，此天理之体上，亦原具此用。则此理即在未显为一般所谓是是非非之用时，此理亦为一自是其自己，而非非其自己之理，即亦具是是非非之用之理。由此而不仅在其已显之一般是是非非之用中，可见此理之自立于其用之中；即在其未显为一般之是是非非之用，此理未尝实有一反面者，为其所反所非时，亦仍为一具"是是、非非之用"之天理，而亦为原自立于其自己之用之中者矣。

此中所谓良知天理于体上之"原有一是是非非之用，虽未显为一般之是是非非之用而亦自在"之一义，诚有难于了解之处。然实亦不难。此中关键，唯在知此是是非非之用，尽可无是之可是，亦无非之可非，而唯是一"能是是非非"之义理之呈显，并知此呈显，便是此义理之用，而此义理之呈显，亦复即呈显于"是是而终无是可是，非非而终无非可非"之中，便一切皆不难解。欲知上之所说，唯待吾人之试自反省其对自己之意念或事为，自用是是非非之工夫时，所得者是何物，便可知此中最后可得者，亦唯有此所说之义理之呈显于"是是而终无是可是，非非而终无非可非"之中。盖人在知自己之某一意念（或事为）之非，而真自非非之时，此意念即终当化除而成无有。即见非非之事成，此心之非非之理呈显于心，便无非可非也。在另一面看，则人如有一意念为是时，人初固可知其是，而是此是。然人在既知此是者之合其于心中之理而为是后，亦即同时将所是之是，摄入于其心中，而更不自以为是。因人若于此更自以为是，而自是自满，则又为人所共知之不是而非者矣。故人在自知其是者之是之后，理当忘此是者之为是。则又见此是是之事成，此心之是是之理既呈显，即无是可是也。是是必归无是可是。依此以非非，亦必归于无非可非。此"无是可是，无非可非"非"无此理之呈显"，正所以呈显此理之为一是是非非之理者也。是是非非之理，必须呈显

为无是可是、无非可非；则无是可是、无非可非，固非此理不在
之证，亦非此理不具是是非非之用之谓矣。由此推之，则人即在
自始无是可是、自始无非可非之时，或自始未尝为是是非非之事
之时，或无所谓吾人一般所谓良知天理之发用时，此良知天理之
自体或自身，亦仍当是一自具是是非非之用之天理良知，而自立
于其自己之用之中者，其义即不难解矣。

四　朱子与阳明言戒惧义

此上所言之能是是非非而亦可无是可是、无非可非之天理良
知，即阳明所谓未发之天理良知，或未发之心体或未发之中，而
自具能发之能或能发之用者。此中谓此未发之心体上原有此用，
初不容人在想象上去了解，只容人在义理上去了解。此义理上之
了解，可透过上段之所言者去看。然此义理上了解，应有进一步
之实证。此即吾人未发时之工夫。此一工夫，即《中庸》所谓戒
慎乎其所不睹、恐惧乎其所不闻之工夫。由此工夫，便见未发之
心体之原具此用。按此一工夫，上节已言在象山为第二义之工夫。
然在朱子，则已以为此当是一心地上之根本工夫。一切致知格物
之工夫，亦必归至此工夫，乃鞭辟近里。阳明之重此工夫，亦正
显然承朱子而来。在朱子之意，人之由格物致知而知理后，与据
理以省察其意念情欲行为之是非，而克治其非者之诚意正心修身
工夫，皆属已发边。人若欲求意无不诚、心无不正，只在已发边
用工夫，断然不足。因不合理而为非之意念等，旋生旋克，旋克
旋生，人亦终不能入圣贤之境也。此必待于使此不善之意念根本
不发，然后可。而欲使其根本不发，则要在于其未发之际下工夫，
此即戒慎恐惧于意念未动之前之工夫。此中之戒慎恐惧，唯是此
心之不愿自陷于"非的意念之生起"之工夫。故此中初可无"已
为非之意念"，为所戒慎、所恐惧，只有一无"所恐惧、所戒慎"

之一"能戒慎、能恐惧"之心灵之一纯粹之自持，以防其自陷于非或不善。此即曾子所谓"战战兢兢，如临深渊，如履薄冰"之感。由此心灵之自持，乃更能于不善之意念方起，即立加以克治。故朱子谓此工夫，乃"防不善于未萌之先，克之于方萌之际"之工夫也。由此工夫之能"防不善于未萌之先"，使"非"不起，而此心之天理即可由此"非"者之不起，而昭显，而流行，以显为意念之是者。朱子所言之致知格物之功，所以能收其实效，亦全在人之内心有此工夫。否则虽致知格物，亦将无真实义理之可见，而格物致知终无功。盖凡人所知之真实义理，皆其心之天理，自内而昭显。无此戒惧之工夫，则将无此天理之自内而昭显，而由格物致知所知之理，即可只视为在外之理，而不知其即此天理之自内而昭显。则格物致知，即终无功也。此戒慎恐惧之工夫，在其只是防不善于未萌之际，而初无所戒慎所恐惧时，此心之自持，即此心之自己保任其自己，自凝聚其心之事。此保任、此凝聚，亦可无一事一物之可见，而只是一虚灵明觉之当下凝聚在此，保任在此。此即与朱子所谓主敬或涵养之工夫，实际上为一事。唯说其为戒惧之工夫，似偏在防其自陷于"非"上说；说其为主敬之工夫，则偏在心之凝聚保任上说；而说其为涵养之工夫，则偏在自"此心由此工夫以养其虚灵明觉，以使天理得呈显于为是的意念中"说，亦偏自"使用此工夫者，自涵泳于此工夫中，以此工夫保养其自身之进行上"说耳。在重此戒惧之工夫之一点上，阳明与朱子固同，亦共异于象山之以此工夫为第二义者也。

象山之以戒慎恐惧为第二义工夫，乃由其以明道、先立乎其大者，为第一义工夫。此非不可说。但依朱王，则言学者吃紧工夫，必步步转入深密，而在内心隐微处更下工夫。故在朱子之工夫中，致知格物乃最外表之一层，实最粗。由知理而据之以诚意省察克治，则渐入于内在之工夫，较细。朱子言涵养主敬，以保任其心之虚灵明觉，以开其天理之昭显或呈现之几，而成格物致知之功，则其工夫更为内在之一层，其义最为深密。朱子之言戒慎恐惧于未发，即所以成此涵养主敬之功，亦即所以表状此涵养主敬之功之道德之意义，而非只是一虚说此心之虚灵明觉之事者。故其义最深密。阳明亦能知朱子之言此未发之功"非苟"（《全书》卷四《答汪石潭书》），象山于此正多忽视。阳明谓象山有粗处，此盖亦为其一端也。朱子与阳明，同能正视此戒慎恐惧之义，而又有毫厘之差。此就阳明之意而说，即在朱子于此戒慎恐惧之工夫，又分为：未发时，意念未动之先，不知有意念之动时之戒慎恐惧工夫，所谓"己所不知"之戒慎恐惧工夫；与意念由未发而方发，而"己所独知"时之谨独工夫。其详，可看朱子《中庸》注，及《朱子语类》讲《中庸》戒慎恐惧与谨独处。此则密中更分细。此亦非不可说。因意念未动，纯是未发；意念由未发而方发，则半属已发，亦可称为已发。意念之未发与方发已发，总有不同，则工夫总有一差别也。此依朱子说，则未发时之戒慎恐惧，纯属存养边；而谨独则是承存养之功，以谨己所独知，则为省察之始，亦第一义之省察之功。此乃在意念之方发之几之动上，用工夫。即远较一般之省察，乃在意念已形成后或行为已形成后，方加以反省者，更能及于隐微之地。此处工夫得力，如一夫当关，则万夫莫开，正是澄治本原之功，自然省事。然在阳明，则更求此"己所不知"与"己所独知"之二工夫，打并归一。此处能打并归一，则一切已发未发之工夫之打并归一，更不待言。依阳明言，此所谓己所不知，唯指意念之未起或未发而言。然人于此必自知其意念之未发，以用戒惧工夫，则不能言全属未知。故谓："己若不知，是谁戒惧？"（《传习录》上）则朱子之谓己所不知之工夫中，自亦有此一知在，亦即有阳明所谓良知之知在。则此良知之知，便为通朱子所谓"己所不知"与"己所独知"者，而此朱子之二工夫，即皆当统于一致良知之工夫矣。

此中朱子与阳明之异，乃在朱子分己所不知与己所独知为二，是自意念之未发与方发上分。此意念之有未发与方发之分，阳明亦不能加以否认。阳明之进于此者，乃在言此意念之未发与方发，同为此良知之所知。此能知之良知，乃在此所知之意念未发或方发之上一层。在下一层之所知上看为二者，在上一层之能知此所知者上看，则统于一。而朱子则未进至此一义。故阳明与朱子于此只有毫厘之别。朱子如不否认其知用所谓"己所不知"之戒惧工夫，亦即不能否认意念未发时，有一自知其未发之"知"或阳明所谓良知在。故阳明常言良知即未发之中也。

　　阳明将朱子所谓未发之己所不知之戒惧工夫，与由未发入已发或方发时之谨独工夫，皆统之于一"知"之下，亦即统之于一致良知之工夫、一独知之工夫中。此亦无异将朱子所谓独知之名，提升其义，以摄朱子所谓"己所不知"；同时亦将朱子所谓独知之名，原是就所知之意念而言之为独知者，转变其义，而只就其为"能知"而言。故阳明以此独知为良知。此良知或独知，无论有无意念为所知，而自常在，亦即无论意念之未发或方发已发，而自常在。吾人于意念未发时，纯用涵养或存养工夫，与在其方发之时，用朱子所谓谨独工夫，以为已发之省察之始，皆同只是一致良知之工夫。然后由未发至已发之工夫，方能一贯，而无间断。故阳明谓朱子之分此中之工夫为二，未免过于剖析。其言曰："朱子未发之说，亦非苟矣。独其所谓自戒惧而约之，以至于至静之中，自谨独而精之，以至于应物之处，亦若过于剖析。……不知常存戒慎恐惧之心，则其工夫未始有一息之间，非必自不睹不闻而存养也。"又曰："无事时固是独知，有事时亦是独知，戒惧为己所不知，工夫便有支离，亦有间断。既戒惧，即是知。己若不知，是谁戒惧？"此外《传习录》卷中《答陆原静书》，更详论此戒惧之工夫，通已发与未发及动与静之旨，皆不复赘，读者可自行参阅。

　　阳明之谓朱子所谓"己所不知"与"己所独知"之工夫中，

同有一知在。此固是阳明之所以能通朱子之工夫为一之关键。盖由同有一知在，即同有一致此知之事在；而无论在纯未发时之涵养，与方发已发时之省察，皆是一致此知之工夫。然人亦可谓：此中自意念之已发未发言，毕竟不同，则说其中之工夫为二，又何不可？则于此更当知：此中之意念之已发未发虽不同，而可说为二，然未发时之工夫与已发时之工夫，则不只为先后之二工夫，而实亦相贯为一工夫。其所以得相贯，要在一切已发时之工夫，其自身乃原由未发而发，既发而还归未发；正如吾人上所谓良知天理之是是非非之用，恒还归于无是无非。故已发时之工夫，即亦可谓为原自未发，又还归于未发之工夫。又此未发之工夫，自其为工夫言，亦未发而未尝不发。此未发之工夫，不外此良知之体之自存养，亦即不外此体之自存而自用，而人即可由此以见此体上之原有此用。已发之工夫则为此良知之体，更显此用于省察，而于此省察中自见其体者。人即可由此以见此用中之即具此体。合此二者即阳明言"即体而言用在体，即用而言体在用"之旨。由此而良知之已发即在其未发中，未发亦在已发中。未发如钟之未扣时，原是惊天动地；已发如钟之已扣时，未尝不寂天寞地。则致良知之事，固无分于已发未发，其未发时无事，亦有事，寂而恒感；已发时有事，亦"行无所事"，感而恒寂，其义皆不难解矣。

此上所说者，唯是就阳明之言戒惧之一功，并自谓其异于朱子分为二功者，而说其本于阳明之通已发未发、体用，以合良知天理之旨。然依吾意，则以为即在朱子之言此心此理之未发处，其旨亦似与阳明有一极深细之不同。此则非阳明之所自觉及者。盖朱子之言未发时之戒惧工夫，似仍是由对治气禀物欲之杂，而得其意义。而阳明之言戒惧，则可无此所对治，仍有其意义。此盖即朱子之言戒惧或主敬涵养工夫，多带严肃之意义，而与阳明之言戒惧，恒兼与洒落言者，为二者不同之关键。按朱子之言此具性理或天理之心，其表现于省察克治时之好善恶恶、是是非非之用，皆有所对治。此中之恶恶或非非，明是必待有所对治之"非"或"恶"，而后有之用。若此中无所对治之"非""恶"，则此心之理，依朱子义，只是心之体之理，而不可言其中已原有此用。依此以观，则朱子之言未发时之戒惧工夫，即当亦有所对治，否则不能成为工夫。然此工夫，既属心之未发边，此所对治者，又为何物？似有一问题。但吾人可能答曰：此所对治者，即未发而可能发出之不合理而为非为恶之意念等，如佛家所谓存于赖耶识中之染污种子，今之心理学家所谓存于下意识中之不合理之欲望之类。依朱子言，则人之气禀物欲之杂未全去时，此不合理之意念等，即有缘之而生之"可能"，而此未发时之戒惧，即可以此"可能"，为其所对治。若然，则朱子之戒惧之为未发工夫，其意义，即仍是由对治气禀物欲之杂而取得。朱子注《中庸》慎独言"所以遏人欲于将萌，而不使其滋长于隐微之中"，固明见此慎独工夫，有此一所对治也。由此工夫有其所对治，而与之成相对，即有一严肃之意义。如谓此工夫即主敬，则此主敬即有意在对治不敬，而恒易有拘紧之弊。如谓此即是涵养，则此涵养之意趣，亦恒不免偏在静守此心之虚灵明觉，以对治彼为非、为不善之意念之潜滋暗长。在阳明之教，尝言搜寻病根，亦重此对治义。但在其教之二变三变以后，则其言良知之戒惧，恒是自良知天理之自身一体上，原有一是是非非之用上说。此良知天理之自体，原是能是是非非的，即原是戒惧的。此戒惧，乃其是是非非之自然表现。故当此为非或不善之意念之起，既致良知，而加以化除时，此中便无非之可非。是对治已毕，即不见所对治。至当其无意念之发时，亦即在当下无非可非，亦无所对治。人亦可不须以未发而可能发出之不合理者，为其所对治。而当直下认取此可能发出之不合理者，既未发出，即非真实有，而不堪为此心之"所对治"。此心即可绝对当体独立，全不与所对治者成相对。由是而此心之戒惧，即为一由良知天理之天机不息，而自然生起之活泼泼地之意念。故曰："戒惧之念，是活泼泼地，此是天机不息处，亦是维天之命，於穆不已。"（《传习录》下）而人之此戒惧工夫，亦不碍其洒落自得，亦"非洒落之累"。（《全书》卷五《答舒国用》）故阳明诗有"点也虽狂得我情"之句。此即上契于二程与濂溪同游时"吟风弄月以归"之"吾与点也"之意。此固不同于朱子之尝不满于曾点之狂，其言戒惧之偏具严肃的意义，而谓此为主敬，亦可致拘紧之病者矣。此阳明所言未发之戒惧，因其同时有洒落自得，故亦非如朱子所言涵养之意趣，偏在静守此心之虚灵明觉者。以其既无所对治，则亦即不须静守也。此中阳明与朱子之毫厘之差，读者可细思之。若言其优劣，则阳明之义，自是高明，然人亦不易凑泊。即义理凑泊得上，工夫亦非易用。由洒落至放肆，亦只差一间。盖人之气禀物欲之杂未去，则言洒落者，仍可能有放肆之病。此亦后来之王学之发展所必然遭遇之问题，为阳明所未能先知，而于其施教时，自戒惧之于先者。此亦可谓由阳明于朱子言戒惧为对治之切实义，尚有所忽之故。然天下之义理无穷，阳明亦未能一口说尽。学术之流弊未见，即可不说救弊之言，如未病不须先服药；亦如阳明之言未发之戒惧工夫，原不须以可能发而尚未发之不合理之意念，为所对治也。

五 良知即心体、即天理之昭明灵觉义

上所言之心之体用动静，乃关连于心与理之问题者。此理与心之问题，乃人类思想之一根本问题。在一般之观感，皆以心为变动不居，而理则定而有常。世人亦皆知其心之变动不居，若恒难如理而合理。由心之不合理，而人有不合理之行，天下遂于以大乱。故人恒欲求其心之合理。欲求此心之合理，而自此心所生之行为上制裁，以制此心之道，如以法治，以习俗之礼治，此世

间一般之教也。以利害动此心，使其知不合理者，害及于后日与来生，而勉其心以为合理之行，此世间功利、宗教祸福之说也。以圣贤为范，祖训与圣贤之经书为教，以道之大原在天，以王承天，更使天下尊王而重道，此汉唐儒者之言也。然凡此等使心合于道、合于理之教，皆是外制其心，外用其心，以求心之合理，今所谓他律之道德也。然孔孟至宋明儒者之传，则要在言心之变动不居，乃由于其与物感通；而此心之对一一之物之感通，又原皆有其所以应之之理之道，如对父为孝，对兄为弟等。此理此道，皆原为人心所有，而由内以达外以自律其外之言行，以合理合道，即以自尽其心性者。若其不然，人之言行亦无必求合道合理之内在的理由，亦无"使其心之变动不居，与物感通之事，皆一一合理合道"之内在的真实可能矣。宋儒自周濂溪起，即已以仁义礼智信之五性，皆与生俱生。圣人除尽其性，使其生命成一真实无妄之生命外，亦无其他。邵康节言"性者道之形体"，其言亦为朱子所屡及。二程更言道之出于心之性，而人性即天理。象山则教人就心之发用之合理处，以自觉其心之具理，而更充此心之灵，即所以更显其理之明。朱子则由格物穷理，以物皆有理，又以天下万物之理，皆吾人心中所原具之万理，以为其性理者；而更言此天下万物之理与此心之理之粲然者，当心之未发，即存于一性之浑然之中；然后心之应物，乃能于一一之物，各循其理以应之，使之各当于理，而不相为碍。此在根本精神上，正承其前诸儒言人当知当行之道，其本原在吾人之心性之论，而不同一切他律之道德论者也。

此朱子之学所留之一问题，乃心与理毕竟为一为二之问题。自理之有一定内容上看，即明似与心有所不同。盖心之与物感通，既变动不居，此心之自身，即如只为一能觉，而无一定内容者。此能觉之感物，既感此，而又能舍此，以更感他，即见其虚灵而不昧；而心之自身，唯是一虚灵之明觉，便无一定之内容；其内容，皆当是此心之与物感通，而有所发用时，所表现之性理上言者。然若心与理果为二，则人心亦即未尝不可只守其虚灵明觉，更不求合理而尽理；则人之求其心之合理而尽理之事，亦可视为此心之本身之虚灵明觉之碍。故此心与理，又终不可视为二。此在象山，因其自始至终，重在自心之对物之感通发用上见理，则可无此问题。以心之对物之感通发用中，必有此心之感通发用所当循之道，即终有理可说也。然在朱子，更见得此心之本身，只是一虚灵明觉；则此虚灵明觉，何以必须有此万理之粲然于中，以为其内容？又此心既有此万理粲然于中，以为其内容，何以当心之未发，又只浑然为一性；必当心之已发或感物格物时，而后此一一之性理，乃得次第而见？又何以不说此虚灵明觉之心之即理，或此理即此心？则象山之只由心之发用见理者，实尚不足答此诸问。盖此心之虚灵明觉之本身，明似可不发用，仍是一虚灵明觉。而人亦可只守此虚灵明觉，如朱子所谓禅宗之所为。则此心是否即是理，或只是超越地内具理？又其具理或即理，是如何具法？如何即法？即成一大问题矣。

对此问题，循上述阳明之言心之未发已发，即可有原则上之解决。后东林学派与刘蕺山，于此虽尚有补充，然在根本义上，仍不能违阳明所说。此解决，在于知此理之见于心之发用上，虽定而有常、似实，然亦与心同变动不居，而未尝不虚。因自此心之良知之依理而是是非非上看，此心之良知乃时时是是非非，而亦时时是是而无所是，非非而无所非者。此心能依理以往是是非非，故实；归于无所是无所非，故虚。实故能思能虑，虚故曰"何思何虑"。然"何思何虑"中，亦有此理在。故谓之何思何虑，亦非即无思无虑，而亦可谓为实时时思虑一天理也。（《传习录》中《启问道通书》及《传习录》，皆尝辨何思何虑，与无思无虑之别。）往是是非非，即此心之良知之发散；归于无所是无所非，即此心之良知之收敛。此心之良知，乃即其发散以为收敛，亦即其实以

为其虚。时时虚、时时实，故灵，而人常有一不昧之明觉。其时
时实，即时时有此理流行于此明觉之中；其时时虚，即此流行之
理既显，而若自隐，以退藏于密。由此而即在此虚灵明觉对事物，
无所发用，如镜之无物可照时，此虚灵明觉，亦通体全是理。人
若果能知其实之未尝不虚，即能知其虚之未尝不实。知其发散时，
未尝不收敛，即知其收敛时，未尝非发散。由此而吾人可说此虚
灵明觉之具理，非只是以此理为其内容，而是此虚灵明觉之发散
或收敛、虚或实上，即和盘托出此理。此中其发散、其收敛，或
其虚、其实之本身，即是理。非发散而放出理，收敛而更收回此
理；而是其放其收，均是此理之表现也。其"放"，是此理以一般
所谓实之姿态表现，而其实未尝不虚；其"收"，是此理以一般所
谓虚之姿态表现，而其虚未尝不实。故此虚灵之明觉即通体是此
理。由此而不能说此心在未尝与物感通而未发之际，此心之自存
养其虚灵明觉，其心即空而无理；亦不能谓此自存养，只所以去
气禀物欲之杂，打开此理之由此心而昭显呈现之门，如朱子之说
也。而当说此心当下之虚之灵之明而能觉，即已摄其所可能觉者，
以为此心之理，而皆现成在此。如镜之能照，与其可能照者，皆
在此镜之能照之理之中；而镜在无物可照时，镜之能照，现成在
此，其理亦现成在此也。

　　阳明之通心与理与知之言甚多，其旨亦归于克在此心之虚灵
明觉上言，无论此中有无所知所觉，亦无论此虚灵明觉之显于吾
人一般所谓心，或只显于吾人之耳目之知觉中，皆当是同一之虚
灵明觉；而克就此耳目五官之知觉，亦为心之知觉上言，此知觉
之本身，即亦皆为天理之表现。唯人当由耳目之知觉，更知其本
原在此心、此天理，更用致此知之工夫耳。兹略引阳明之数言，
以证上文所说通心理知为一之义。

　　《传习录》卷二《答顾东桥书》："精察此心之天理，以致其
本然之良知。心之虚灵明觉，即所谓本然之良知也。"此乃阳明以

"心"及"天理"与"知"为一之明言也。

问"中"之义曰："此须自心体认出来，非言语所能喻。中只是天理。"曰：何者为天理？曰"去得人欲，便识天理"。天理何以谓之中？曰"无所偏倚"。无所偏倚，是何等气象？曰："如明镜然，全体莹澈，略无纤尘染着。"又曰："自家心体，常要鉴空衡平，便是未发之中。"（《传习录》上）

此上皆言未发之中即天理，即心体。而此心体、天理只是全体莹澈，如鉴空衡平，而自无偏倚之一能照之"知"，而更不自其所知所照上说者也。

阳明又曰："无知无不知，本体原是如此。譬如日未尝有心照物，而自无所不照。无照无不照，原是日之本体。良知本无知，今却要有知；本无不知，今却疑有不知。只是信不及耳。"（《传习录》下）此言良知既无知亦无不知为一事，故其"无不知"与"无知"，原为一事。言其无知，乃言可无所知，亦不待此所知，以自成为知。此即只自其为一虚灵明觉，而即视为天理之昭临在此之言也。

又曰："所谓汝心，却是那能视听言动的，这个便是性，便是天理。有这个性才能生。这性之生理，便谓之仁。这性之生理，发在目便会视，发在耳便会听，发在口便会言，发在四肢便会动。都只是那天理发生，以其主宰一身，故谓之心。这心之本体，原只是个天理。"（《传习录》上）此则教人自知其耳目之知觉，皆原为一心之灵觉，而皆为天理之表现之言也。

又曰："知是理之灵处。就其主宰处说，便谓之心；就其禀赋处说，便谓之性。"（《传习录》上）此即通"知之灵"及"心"与"天理"之言也。

对上文阳明之通"天理""良知"与"心"之语，皆可总摄在阳明所谓"心之本体，即天理也；天理之昭明灵觉，即良知也"一语之中。阳明或以昭明灵觉代虚灵明觉，此盖意在显此明觉中有理之昭显。然阳明多只用虚灵明觉之言，则二者实无大分别。此上引阳明之二语中，上语之心之本体，即心之性。谓此心之本体为性即天理，朱子亦有此义。所谓心之虚灵明觉中，一性浑然，道义全具，而万理粲然是也。象山则偏自心之发用上看其中之具理，则未有此心体之虚灵明觉，具万理为性之义。^①然阳明言"心之本体，性也"，则此体即在未有一般之发用时，此体上亦原有用，如本篇第三节之辨。此心之虚灵明觉，自存养而自相续，即其用。在此用中，无任何所觉，亦表现理、表现性。如上文所已说。此皆自心之明觉上说理也。

　　自另一面看，则此理之本身，亦原是虚灵明觉的或昭明灵觉的，此则是在理上说心。依一般之想法，理总有一定之内容，如忠孝等之有一定之内容，而理之表现，即只可言昭明，似不可言虚灵。又心觉理，理不能自觉，亦不能言觉。然实则只自理之内容之为如何上看，不能尽理之义。理之内容自是要表现的，或能表现的。此要表现、能表现，乃理之义中之所涵，否则此理不能称为生生之理。然理之表现，乃一面表现，一面退藏，一面发散，一面收敛，如上所说。此一面表现发散，一面退藏收敛，岂非正是理之灵？则不只心是活物，而变动不居，理亦是活物，而变动不居也。又理表现，而"能觉"与之相俱。心无能觉之理，则心不能觉；心即依能觉之理，以有所觉。则由心有此所觉，而谓"心之理"有此所觉，又何尝不可？心有所觉时，心称为能觉，则"心之理"有所觉，此"心之理"应亦可称为能觉，固不可如朱子之只以理为所觉矣。是见在理上说理为虚灵明觉的，固亦同可说。此即理上说心也。综上所谓于心上可说理，于理上亦可说心，则心理真合一矣。阳明之此二语中，其言心之本体即天

---

① 自此处看，吾人可说朱子之言心具性理，近佛家之天台言性具；象山自心之发用见理，则近华严之性起。然此中亦有异同，非今之所及也。

理，即自心上说理；而言天理之虚灵明觉即良知，即自理上说心也。

上文既依此理上可说心、心上可说理之二义，以成心与理之一之义。今再回头来看朱子所谓心之未发，乃以其虚灵明觉，具万理之粲然，以为浑然之一性之说，即不难解。此心之所具万理之粲然，必化为一性之浑然，即见此心所具之万理，其在心中，并非能分列为一一定常之理，以并在于心者。若其然也，则人当反观其心，即当见此万理。然人在其心未发时，反观其心，并不见此万理，唯见一性之浑然，即证此心所具之万理，非可并列为一一定常之理之和。此万理之在心，乃皆相互浑融为一性者。而欲说其所以浑融为一性之故，则唯有谓理在心中时，此心之"虚灵"，即如将此一一理虚灵化之之故。虚则不相碍，灵则相通贯，故可浑化万理为一性也。然谓此理在心，为心所虚灵化，即心之虚灵之用彻于理；而此理即不只具于心，以为心之体，亦为心体自身之虚灵之用之所彻，并为此用之所摄者。则此理即亦心之理，或心上所说之理矣。若谓此理在心，即原自为虚灵的，此自亦可说。然此即又无异谓此虚灵为理之相，即无异于理上说心矣。无论心上说理，理上说心，固皆必归于心理合一之义也。真知此心理为一之义，则吾人要如朱子之说，在心之未发时，谓心乃具理以为性，自亦仍可说。然此具，必是此所具之理，同时为此心所"虚灵化"的"具"。否则朱子所言此心之具万理之粲然，何以只显为一性之浑然者，即先不得其解。而说此理为心所虚灵化，即必在心上说理，或理上说心；而必须将此理之定常义，销融于心之虚灵义之中。唯当心之未发时，理之定常，虽销融于心之虚灵义中，如洛书之方之融于河图之圆；然当心之已发，则此理之定常，又随心之一定之发用而俱见，如由河图之圆而出洛书之方。则当心之由发用，再还归未发时，吾人即又可说此心乃是将此定常之理，再向上卷起，而藏之于密，而虚灵化之，以再成此理之销融。由是而吾人即又未尝不可说此心自"具"此"所卷而怀之，或以其虚灵加以销融之定常之理"，则朱子之心具理之义，又未尝不可说。而阳明之合心与理之言，亦正所以成就朱子之说者矣。读者细思之。

六　良知与儒之通二氏义

由阳明之有此心上说理，理上说心，以真合心与理为一，以良知为天理之昭明灵觉，而以心之昭明灵觉或虚灵明觉之本身即理之表现等义，则于佛家之只保任其虚灵明觉者，即不能说之为全无理。儒者之用涵养工夫，以自保任其虚灵明觉者，亦非只是呈现其内具之性理之一方便工夫；而当说此涵养工夫之本身，即是理之表现。此心之虚灵明觉之保任，其本身即已是一天理之流行，而对此一工夫，亦不可轻忽。故阳明初亦以默坐澄心教学者。由此以观二氏之观空证寂、致虚守静，亦不能直下即加以非议。如朱子谓禅佛只见得、养得心之虚灵明觉，其心即空而无理，于此即不可说。因此虚灵明觉之保任，便是理。其如此如此的虚而灵，或相续的虚而灵，即有此理之流行也。同时象山之谓佛家为自私，亦不可说。因佛家之存其虚灵明觉，而自执着把握之，固是自私。然若不执着把握，则其养此虚灵明觉，亦明是不自躯壳起念，方能做得，不能说是自私也。若谓佛家自解脱生死发心，便为自私，亦不必尽然。因佛家之解脱生死，亦正要解脱一般之自私心。自私之人，亦决不能有佛家之解脱也。缘朱子与象山之所以有此种种辟佛之论，盖皆由于见佛家之绝弃世事人伦，似只静守其心，塞其应物通感之用；而未能即此用，以见此心之理之流行之故。然吾人若如阳明之见得此理之流行于心之是是非非之事，原是一面发散、一面收敛，即实而虚，则亦即有而无，便不能以人之静守其一虚灵明觉之心，即是有心而无理矣。人之欲有其应物感通之用，以呈显此心之理者，亦正当于其无物可应之时，即以此虚灵明觉之保任涵养为工夫；而即于此中之无声无臭、不睹不闻、何思何虑、空空寂寂之处，知此天理之现成在此，而未尝不流行。是即阳明诗所谓"无声无臭独知时，此是乾坤万古基"也。则于佛家之言空，至无一法可得，于老氏之言虚，至复归于无物，皆不能直下便谓其必有心无理，或只为自私，如朱陆之所说也。

此中如要说佛老之不是，此即阳明所以言二氏之学，其妙与圣人只有毫厘之间。（《传习录》上）此毫厘之别盖在：人若识得心之虚灵明觉，即天理之表现，则亦当知此天理之表现于一切世间人伦中应物感通之事，以成忠成孝，人亦未尝失此心之虚灵明觉。人之成忠成孝之事，惟所以致其是是非非之良知，以尽其分内事；则其知其行，虽惊天动地泣鬼神，而至实；同时亦除使其良知更无遗憾之外，而更无所得，即未尝不至虚。则佛家之保任其心之虚灵明觉，虽未尝无天理之流行于其心之虚灵明觉之中，然若其必欲遗弃世间人伦，与应物感通之事，以此为此心之虚灵明觉之碍，则仍是一间未达之教也。故阳明尝谓佛家之必逃伦理，似不着相而实着相，而儒者不求逃此伦理，方为真不着相也。其言曰："佛氏不着相，其实着了相；吾儒着相，其实不着相。……佛怕父子累，却逃了父子；怕君臣累，却逃了君臣；怕夫妇累，却逃了夫妇。都是为个父子、君臣、夫妇着了相，便须逃避。若吾儒有个父子，还他以仁；有个君臣，还他以义；有个夫妇，还他以别。何曾着了父子君臣夫妇的相。"（《传习录》下）此言实甚精辟。推此阳明之义，则儒者致忠、孝、和之良知，于父子君臣夫妇间之事，即亦虽是惊天动地泣鬼神，仍未尝离无声无臭、不睹不闻、何思何虑、空空寂寂之未发。此方是真不着相。此即所谓毫厘之别。至于此毫厘之别，是否即为千里之谬，[①] 则要在视学佛者之是否必欲逃父子君臣为定。如其本非必欲逃出伦理，亦许世间人之不逃出者，仍可与佛菩萨居平等位，则儒者亦当于学佛者之出家不仕，视如人之有所专业者之可不婚不宦。而当儒者之用朱子涵养工夫，以保任其心之虚灵明觉时，用象山之工夫，至于大疑大惧时，以及用阳明之致未发之中之工夫时，其在一时，固亦皆可无父子君臣之在心也。则天下之人皆婚宦，有此不婚不宦而学佛者之存于世间，以使人知婚宦之外，尚有事在，此固亦未尝非天下之美事也。此盖即阳明所以未尝如朱陆之严斥二氏，而有厅堂三间之喻，谓儒家原有佛道之义之故。黄梨洲《明儒学案·姚江学案》，矫晚明王学之弊，谓阳明以"心之所以为心，不在明觉而在天理，金镜已坠而复收，遂使儒释疆界，渺若山河"，此明不合史实。阳明固以心之明觉即天理，无在此不在彼之分。阳明缘此以论儒释，明说其只有毫厘之差，固非渺若山河也。阳明言："仙家说到虚，圣人岂能虚上加得一毫实？佛氏说到无，圣人岂能无上加得一毫有？良知之虚，便是天之太虚；良知之无，便是太虚之无形。……圣人只是显其良知之发用，天地万物，俱在我良知的发用流行中，何尝有一物，超于良知之外，能作得障碍？"阳明固不讳言良知之明觉，具二氏所重之虚无之义；唯以此良知之虚无，正所以使天地万物，皆在良知之发用流行中，而

---

① 《阳明全书》卷七《赠郑德夫归省序》曰："子无求异同于儒释，求其是者而学焉可矣。"此乃阳明于儒释之初不重辨异同，而唯求其是之言。然象山亦有同类语。《象山语录》记象山作书攻王顺伯，"也不是言释，也不是言儒，唯理是从否？"陆子曰"然"（《文集》卷三十五）。唯象山终谓释不是，故非释，而攻王顺伯之崇释耳。《传习录》下："问儒者到三更时分，胸中思虑空空静静，与释氏只一般，此时如何分别？曰：三更时分，空空静静的心，只是循天理，即是如今应事接物的心。如今应事接物的心，亦是循此天理，便是那三更时分空空静静的心。故动静只是一个，分别不得。知得动静合一，释氏毫厘差处，亦自莫掩矣。"此即阳明言儒释之只有毫厘差处。可细玩之。

亦见良知之至有、至实、至动耳。后之王龙溪，更由此良知之至有、至实、至动而恒感，亦复至无、至虚、至静而恒寂，以谓此良知之义，范围三教，更大有高明之论。然亦皆初原自阳明之实见得此心之虚灵明觉，即天理之虚灵明觉而来者也。至此阳明之通此心与天理、虚灵明觉为一之论，则又初由朱子之自心之虚灵明觉以说其具性之论，转进一步所成；而此朱子之言，又初由朱子之尝用心于未发之问题而有者也。朱子言固未究竟，然亦较象山之只偏自心之发用处言心者，正有其鞭辟入里之义。阳明之继此而更及于高明与精微，固皆承朱子之义而进，而非承象山之言而进者也。

七　良知之应物现形，与生生不已义

阳明所言心之良知与天理之合一，心之保任其心之虚灵明觉，而存此未发之中，即虽无所是所非之意念，而此中亦有天理之昭然在此，以通儒佛等义。此乃本于良知之发用于其是是非非者，原不留滞于其所是所非者，所必然涵具之义。然良知不留滞于其所是所非，亦原不碍其应物现形，而是是非非，以生生不已。良知之时时知是知非，与时时无是无非，二者固相互为用也。今专自良知之应物现形方面说，则阳明之言良知，又一重要之义，亦为缘朱子之义而更进者，即为良知之应物现形，乃当下之机之义。在朱子之意，人欲求应物而当，宜先有读书格物穷理之工夫，故疑象山之学不读书，临事凿空杜撰；并谓："闲时不思量义理，到临事而思已无及，须先理会知得，方能行得。"朱子之所以必言知先行后，皆要在言人之平时当有学问思辨之工夫，使见得义理明白，临事方能行也。此即朱子之于《大学》八条目，必须将致知格物与诚意正心以下之工夫，加以一一分开之真实理由所在。此自一般之义言之，亦似原无不是处。陆王亦未尝能谓人之为学，于其闲时，不当有读书或思量义理之工夫；固亦为应许此闲时之工夫，可使人临事应物之际，易于得当也。此《中庸》所谓"凡事预则立，不预则废"之旨，陆王亦必不能有异议也。然此所谓闲时思量义理之工夫，或事先之"预"之工夫，是否全为后来临事而用，则亦有一问题。如全为临事而用，则无异视此"预"，全是手段，便只是功利之学。又若皆是为后来临事而用，则当后来临事时，实际上用不着此闲时所思量得之义理，或此事先所预者，此工夫即不当有乎？如依儒者所同重之辨义利之旨，则于此应说义理本来当知；闲时用工夫知义理，亦是本来当有之事。以后用得着，固当知；用不着，亦当知。无论以后是否用得着，当下即已用得着。至于人之对后日将来之事，作一事先之预的工夫，亦只是人之当下所当为。当为而为之，即不是纯以此预为手段。故无论此所预者，对后来是否实际上用得着，只须吾人当下尽力而为其所当为者，其后皆可无悔也。在此一点上，朱子固亦未尝有异议。故其言平时读书明义理之学问工夫，亦只言此是人当有之工夫。非谓此工夫只是为后来临事之手段。若谓一切明义理之学问工夫，纯在成就后来之事功，如永康永嘉功利之学，朱子固以其在本原处非正，而尝力加辩斥者也。

至若依阳明之义，以言此一切人所当有之学问工夫或"预"的工夫，则当说此等等，皆原是人之致良知之事。故人之为之，亦自始即当自觉其皆是当下之致良知之事，同时亦皆是此当下之致良知之行。故依阳明之义，一切学问思辨之事，皆无非行（《传习录》卷二《答顾东桥书》及他处），不能说其只是行先之一知。因如其只是行先之一知，其本身不是行，即可说其只为后来之行而有。人亦即或不免视之为后来应事之行之手段，即又入功利之学矣。在此点上，阳明言学问思辨之知，其本身即是行，其所进于朱子者至微，然关系则至大；而可由此以见其言知行之旨，虽略异于朱子，而又正所以完成朱子言非功利之学之旨者。盖由此阳明之义，一切工夫既皆只在当下用，则本此以观一般人之所谓事先之"知"上工夫或"预"的工夫，除其本身原为人今所当有者之外，其是否在实际上，必然能使人后来即循之以行，而应物皆当，即亦不能有一事先之保证。而人亦不当求有此保证。因若果真有一事先之保证，则吾人后来之良知，将除循此今所知以行之外，更无所事事。此即将使此后来之良知，更无在后来之时，当下的创发性的表现或运用，而皆为今之良知之表现所安排决定，以先被消杀矣。

循上所言，阳明乃又有良知之应物，随时而变之义。此所谓随时而变，非不求合义理；只是随时之不同，事物之现前者之不同，而良知即随其不同，时时有其创发性之运用与表现，而良知之天理或义理，亦时时有新的表现与运用之谓。故此阳明之言良知之应物，随时而变，即唯是说良知之应物现形之事，原是生生不已，不能事先加以规定，以使之出于一格。阳明之言，及于此者亦甚多。而其由历史上之事实举例，以证明此义，尤为明白。阳明尝言："圣人之心如明镜，只是一个明，则随感而应，无物不照。未有已往之形，尚在未照之形先具者。若后世所讲，却是如此，是以与圣人之学大背。周公制礼作乐，以文天下，皆圣人所能为，尧舜何不尽为之，而有待于周公？孔子删述六经，以诏万世，亦圣人之所能为，周公何不先为之，而有待于孔子？是知圣遇此时，方有此事。"（《传习录》上，按此乃用象山《与邵叔谊书》之例，以言良知之随感而应）此即言圣人同本一良知，而时变不同，即表现不同之理。数千年前之历史上之事如此，则人一生之事亦如此，一年一日与当下一瞬之事，亦如此也。故又尝曰："良知诚致，则不可欺以节目时变，而天下之节目时变，不可胜应矣。……夫舜之不告而娶，岂舜之前已有不告而娶者，为之准则，故舜得以考之何典，问诸何人，而为此耶？抑亦求诸其心一念之良知，权轻重之宜，不得已而为此耶？武之不葬而兴师，岂武之前，已有不葬而兴师者，为之准则，故武得以考诸何典、问诸何人，而为此耶？抑亦求诸其心一念之良知，权轻重之宜，不得已而为此耶？"此阳明所举之舜之不告而娶，与武之不葬而兴师之二例，一方固见一切人之所当为者之如何，当视其时所在之具体之情境而定，而不能拘一格；另一方亦见人之在一新的具体情境中，为其当下所当为之事时，恒不免于违其平昔之所为、违一般社会习惯之所为，而亦违其昔日之人之良知所共视为当为者。是即见人之良知在一新具体的情境，所作之一决定，即初若不能无憾。然此不能无憾之感，又正所以见此当下之良知，有此当机的决定或此创发性的表现之庄严性者也。

依此良知之当机的表现之义，以言一般所谓事先之学问工夫或预的工夫，其对后来之临事而应之间之关系，则亦当承认此所谓事先之工夫，有助于临事而应之更易于得当。然此非是谓其事先之工夫，可为此后来临事时之良知当机的表现之手段，或对此后来之表现，先加以安排决定之谓。此唯是因此事先之工夫，既为人在所谓事先之时之当有的工夫，亦即为其时之良知当机的表现。此便与后来临事时良知之当机的表现，同为显出良知之天理之事，则皆同可致此良知之明。由此而在所谓事先时当机所表现之良知之明，即自然可为此所谓后来之时当机所表现之良知之明之根据，以使其良知日充而日明者。此如昔日之磨镜照物之功，即所以使今日磨镜照物之功，更著更明者也。如舜平日对其父之孝心孝行之表现，固尽可为使其婚娶之问题出现时，遂更能本其孝心，而虑其父母之无后，宁违一般之告而后娶者也。依此义以言朱子所谓人当事先读书、知义理或思量义理之工夫，在阳明看来，则除谓其本为人闲时所当有者外，亦固可同时谓其有助于临事之用也。然其所以有助于临事之用，则纯由闲时之读书思量之义理之工夫，原可以使日后之良知之表现日充日明，故其后之临事时，此良知之明，即更能照见其当机之所当为，便更能于此时，有其良知天理之创发性的表现之故耳。此则皆朱子所未能及之义。

然阳明之所以能及此诸义，则正由其所谓良知"时时无是无非，又时时知是知非"之义而来；亦由朱子之言知先行后，以事先之读书格物之工夫，为应事之"预"之义，转进一层而得。故吾人亦正须将阳明所言与朱子所言者相对照，方更见阳明由此转进一层而立之义之精微也。按象山之分知行为二，正同朱子之说，而说更粗。盖其尚未重此知之所以可为行之用，乃由知中之义理与行中之义理之为同一之物，知行之间应以同一"义理"为其"贯"之故。此则明不如朱子之虽分说知行，而又能重此"义理"之为知行之"贯"者。然阳明则更由其间有同一之"义理"为之"贯"，更以无论在所谓事先之知，与临事之行，皆为人之当机之致良知之事，亦皆分别为昭显天理之事，即皆分别为人所当行之事。而此诸分别之事，既皆同为致良知之事，亦皆可同得致良知之明；则事先之知上工夫，自必有助于临事之易于得当。由此而朱子之义，皆包涵于阳明所言者之中，而阳明之义，则正当视为缘朱子所言者以更进而成，而非缘象山所言者，以更进而成者也。

依此阳明之言良知应物现形之义，人于事先之知上之一切学问思辨之工夫，与所谓"预"之工夫，所以有助于人之临事而得当，唯在其原能致得良知之明，故能使临事之时，此良知之当机的表现更明之故。由是而阳明乃明言良知之表现之机，唯在现在。故曰："良知无前后，只知得现在的机。"（《传习录》下）由此而良知过去之表现，固不能真预定其现在之表现，而其现在之表现，亦即不能预定其未来。良知之无所不知，唯就其对自己之现在当下之意念之善恶是非，无所不知而言。过此以往，则良知对未来之事，不能前知；对他人意念之是非善恶，亦不能有他心通之知。然人有良知之明，能自知其"意念之是非善恶，与其表现于言行"之关系，则亦自能于他人之言行之表现于其前之时，而自然照见他人之意念之是非善恶。人之所以有此自然之照见，乃由人之原可自照见其"意念"与"其表现于言行"二者间之一直接之关系；

故亦可由他人之言行，以直接照见他人之意念也。此照见，可谓之一纯粹的直觉，而非由思虑安排而致。人亦不能、复不当由思虑安排，以预断他人之意念与其是非善恶之如何也。[1] 此中吾人对他人之意念与是非善恶，不能有预断，亦如吾人之对吾人自己之未来意念与其是非善恶，不能有预断也。由此便使吾人之致良知之工夫，乃纯为就吾当下所见得之此吾之意念言行之是非善恶，而致其是是非非、好善恶恶之知之事。此中实外无他人，内无过去之我与未来之我，只有此现在之我致良知之事。而此现在之我，不与人对，无过去我与未来我之想，亦不与过去未来之我相对。则此现在之我，即是一绝对，更无其外之定限之我，而此我亦即无"我之想"；而于此现在中，便只有一致良知之事自流行、自充塞于天地之间，以为一涵天盖地之灵明；时时知是知非，时时是是非非，而是无所是，非无所非，方可言良知真机之透露。则阳明致良知之极旨，而待于智者旦暮得之者也。

八　致良知之疑义，并总结阳明朱子之工夫论之关系，并附及朱王之工夫之论有待于象山之教以开其先

至于一般对阳明致良知之教所发生之问题，如人如何可知其良知中不夹杂自欺，或如何能知一切当然之天理，又如何保其所知之不误，或如何保其致良知之功之必然有效等问题，则若知上来之义，皆不难答。此诸问题，皆似深而实甚浅。盖人固不能保其自谓是良知之表现者之必然无误，而不夹杂自欺。然人之用任何其他之德性工夫者，同不能保证其必然无误而无自欺。如人之用格物穷理之工夫者，固亦可于此工夫中误认欲为理，而造作

---

[1]《传习录》卷二《答欧阳崇一》书，论人对他人之应念之不当逆诈、亿不信，而又有自然之先觉之义，甚精密。

似是而非之义理以自欺；人即在自谓是客观的观物时，仍可由其私欲意见之蔽，以主观所构想，视为客观的义理所在；人之奉行上帝之教，亦可将其私欲意见，投射为上帝之意旨等皆是也。然人固有自欺之时，人亦有自知其自欺之时；人复有自知其明非自欺，而自知其良知之所知在此，而自感自愧其未之能行之时。则人固可就其良知所知而未能行之处，实求行，以致此良知，为其工夫之下手处也。若谓人无知其自欺之时，亦无知其"良知之所在，而自感自愧未之能行"之时，因而致良知工夫无可下手之处；则此言，又正出自人之自欺也。至人之所以于其自欺之处，不能自知，则亦唯由人之未能尽量致其此"能知自欺"之良知之故耳。故阳明曰："所云认贼作子，正为致知之学不明，不知在良知上体认耳。"（《答欧阳崇一》，《传习录》中）又人之用致良知之工夫，固亦不能尽知一切当然之理于先，亦不能必保证其所知者无误。然人固可就其当下自知无误者而致之，不必求其尽知一切当然之理也。阳明尝曰："天理终不自见，私欲终不自见。如人走路，走得一段，方认得一段。……今人于已知之天理不肯存，已知之人欲不肯去，只管愁不能尽知。……且待克得自己，无私可克，方愁不能尽知，亦未迟在。"（《传习录》上）又曰："今日良知见在如此，只从今日所知扩充到底；明日良知又有开悟，从明日所知扩充到底，方是精一的工夫。"（《传习录》下）由精一而自去其非，即亦能自见其误，而其误亦自日少矣。若谓人不能自见其误，则问者又何以谓人之良知之可误乎？则此言，正误言也。

至于问致良知之效验之有多大，则此固当看人之气禀之夹杂，与平日之积习而定。此乃因人而异者。人固不能谓一朝之功，即可将此中之积习夹杂，顿扫无余。在此工夫中，自亦有种种艰难处。然依儒者公义，则于世间一切事，皆是只问当不当，而不问功利。则于此为学圣贤之事，亦当只问工夫，不先预定效验。若于此先预定效验，此本身即非所应有；而工夫既至，亦自当有效验也。人若谓工夫必无效验，即忘其工夫中之尝有效验之事，亦忘自其工夫本身看，此工夫之进行中，已有效验在矣。工夫进行中，已有效验在，则继续进行，必当更有效验，即可知矣。则今之谓工夫必无效验，乃离工夫而外观之言，非即工夫而观此工夫之语。人果全离工夫，而自谓其工夫之必无效验，则工夫既不在前，又焉知其必无效验？不知其必无，而竟谓其必无，即是对未来可能有之工夫，先作一预断。而此预断，在当下无所据；则实不能有"工夫必无效验"之一语之可说也。是见先预定效验而后用工夫，与谓工夫必无效验之言，同不可说。而人之意念，果全在此工夫中，一切效验，即自当在此工夫之进行中，相沿而至，更何疑乎？阳明尝言："凡人言语正到快意时，便截然忍默得；意气正到发扬时，便翕然能收敛得；愤怒嗜欲正到沸腾时，便廓然能消化得；此非天下之大勇者不能。然见得良知亲切，其工夫又自不难。缘此数病，良知之所本无。只因良知昏昧蔽塞而后有，若良知提醒时，即如白日一出，而魍魉自消矣。《中庸》谓知耻近乎勇。所谓知耻，只是耻其不能致得良知。"能知阳明此段之语，则致良知之工夫之难，固阳明之所言。然有相续之工夫，则难者亦终易。人固可有力不足，而不见效验处。然于此不足处，而知耻其所不足；则是由此"不见效验处"之自觉，以更见其致知之效验，则亦可渐无此"不见效验处"矣。

　　上文略答一般谓阳明之致良知说为一不可行之圣学工夫之疑。此诸疑，亦恒出诸后世宗朱子学者之口。此诸疑既答，今再还观前数节，所谓阳明致良知之义，正为朱子义所开启，而亦正所以完成朱子之义者；便见阳明义之异于朱子者，实是只在毫厘之间。朱子固尝谓"此个物事极密，毫厘间便相争"。（《语类》百十三训广）而阳明初亦不放过其与朱子之毫厘差处。然吾人如循上所述，此阳明之义之由朱子义之所开启上看，则吾人亦可谓朱子如不死，亦即皆可循其所言之义而进，以衍出阳明之义。至少吾人可谓若无朱子之义之立于先，则亦未必能有阳明之义立于后。即有之，其义之价值，亦不能见。故吾人今如不先有会于朱子所言之义，如何可进至阳明义之处，亦未必能真识得阳明。又吾人若不先发挥朱子之学所立之义理之规模之大，徒标举阳明之循此而更进之简易之义以为说，则阳明之以致知二字，通千古圣学之传，亦将无异将千古圣学之传，收缩于一点，而同于朱子之谓象山之言一贯而无所贯者矣。故吾人必当循朱子之所言义，以进至阳明之义，如吾此文之所论者；然后见此先后贤之学，合为一圣教之盛大流行，而于此流行中看，亦不须更分高下。此圣教之流行中，先后贤之立义之异，亦如阳明所谓人之致其良知之事之随时而异，此乃不能不有异，而异亦正不碍其通者。由此以观此圣教之流行，亦正如阳明所言之良知之流行，乃至实而虚。虚故前贤之言，若可为后贤之所代，实则皆无可代；而唯见此圣教之流行现成在此，亦无前后贤之别可说。昔象山与朱子辩，或有谏其不必辩者。象山曰："汝曾知否？建安亦无朱元晦，青田亦无陆子静。"（《全集》三十四《语录》）知此辩实无人我，方为真见道之言。人果能本此意以观此阳明与朱子之有异，而又共此圣教之流行，则亦无朱子与阳明之异，而唯见此圣教与其中义理之流行于无声无臭之天壤间而已。

至本吾人今文所述，更总观阳明与象山朱子之立教方式之异同，亦显见阳明之言心即理，虽同于象山，而其立教方式，则正有不同于象山，而更近乎朱子者。象山之教要在先发明本心，以立其大者，以直下超拔于网罗障蔽之外；更自疑自克，而居天下之广居，行天下之大道。阳明之教，要在循朱子之言格致诚正之旨，而以致良知于事事物物，统格物与致知，而更摄诚意正心以下之教于其中。此致良知于事事物物，初正是日用常行中之下学工夫，与朱子今日格一物、明日格一物之工夫，未尝不相类。然由此致良知之工夫，更于此良知之时时知是知非，亦时时无是无非处，见此心之自为戒慎恐惧，亦自为洒脱自得，更见此良知之至虚至无，天地万物皆在其发用流行中，与此良知之机之在现在等义，如上文所说。此中即有上达于高明之义。故阳明亦谓"上达只在下学里"（《传习录》上），此便与象山之直下期在上达者不同。象山明言，不先见道，不能言戒慎恐惧致中和，以致知格物。此乃纯为先立"大本"而后行于"达道"之路数。固兼不同朱子与阳明之先行于事事物物之格物致知之"达道"之中，以"上达于心之天理之大本"之路数也。

依朱子阳明之义，以观象山之去障蔽，以发明本心之教，则当说此亦不外去人欲存天理之事，亦当摄在致良知或主敬穷理，以致中而致和之工夫中；象山之自疑自克，亦戒慎恐惧之意耳。然依象山之教言之，则致良知、主敬穷理等，乃在一一意念一一之事物上用，戒慎恐惧乃心之自持之工夫；而象山之发明本心，则要在直下开拓此心志之量，以明道之大。此不只是学者自身之事，亦兼是教者如何教学者以成教之事。诚然，在学者个人之内心之工夫上说，如能用朱子之主敬穷理，阳明致良知之工夫，做到成就处，自亦皆能发明本心、去障蔽。则朱子阳明之学，亦可摄象山之学于其内。然此中无论循朱子或阳明之教以用工夫，皆有只凭学者自己一人之力，而工夫难就之处。盖循朱子之教，以主敬涵养正心之事，养其内以立本，以致知格物，开其外以达末；此乃一内外夹持之功。于此正心与致知格物中间一段之诚意之功，纯由此内外之夹持而后致。故若人之意自不诚，物欲夹杂于此心之中间之一段之意中，则内外夹持之工夫难就。阳明致良知之教之核心，则正在此诚意；而以诚意之工夫，兼摄朱子之内外之工夫。然人若内心之本原不清，外不能周知物理，则阳明之致良知工夫亦难就。此对实用工夫者，固难而不难。然若能外得师友匡辅之力，则更易就。此师友匡辅之力，要在于此中之工夫间断处，与以一提撕警觉，以更开其心志，工夫便得相续。此师友之提撕警觉，以开人之心志，亦正可使人全不知用朱子阳明之工夫，或一切在个人内心上之工夫者，皆知自求用工夫。朱子固言人心之有性理，外亦有物理，然人心志不开，则人亦不能内明性理，外穷物理。阳明固言人有良知，然人心志不开，即亦可根本不自反省其有良知之存在，或竟以此不反省之故，而甘自谓其无良知，则阳明将奈之何？然在象山，则特重此学者之亲师取友之义，而其所言者，乃不只所以备学者之自用其言以为学，亦所以成其对学者之教者。象山之教所以于保养扶持之外，更有摧抑摈挫，皆所以成教，以直接感发人而开人之心志。象山谓"雕出人之心肝"，即所以使人心有一条血路以通外，以得自见其自己之心肝，然后能在其内心上自用工夫。此即正所以使朱子阳明之工夫，为人所真得而用者也。象山言，人必先通达于道，然后可言其他工夫，其言遂兼具成学与成教之旨也。

由上所述，故吾人于象山学，如只视其旨在成学，则其义固未尝不可摄入于朱子阳明所言之工夫之中。然如知其旨兼在成教，则其旨即不能皆摄在朱子阳明之教之中。朱子阳明之教，皆待于人之已能在内心上自用工夫，已能自反省其心性或良知之存在者，方有其效。而学者若已知自用工夫，则其教学者之言，自可较从容和平。然对学者之尚不知用工夫，亦根本不往自反省其心性或良知之存在，其心知唯散落于意见物欲中者，则朱子阳明之教，亦可全无意义。此则唯赖象山之教，对人之心知之已散落于外者，先与以摧抑摈挫，以对此散落于外之心知，与以一打击，使之生一激荡；而自其所散落者中，奋然而兴，憬然而起，以还自识其心知与其中之性理，然后可说自用工夫之事。则其言自不能皆为从容和平之言。此固不必如阳明之视此为象山之不如濂溪明道者，而亦正为象山之教之特色所在也。对人之心知之已散落于外者，未有此象山之教，人将不知自用工夫；则象山之教，正为使一切人之自用工夫之根本，亦朱子阳明所言之工夫所依之以得为人所用者。则象山之教正朱子阳明之教之根本也，然象山若无其学，则亦无其教。象山之学亦正有为朱子阳明之学之根本者，而其言学者之必先去障蔽以发明本心，固有其独立之意义，其旨亦最为弘阔，亦可说较朱子阳明所说，更为本也。立言不易，知言亦难。能知治周秦儒学当自孟子入，即知治宋明儒学，当自象山入矣。

余论：总述朱陆之学圣之道及王阳明之致良知之道

上文三章述朱陆之学圣之道及王阳明之致良知之道，其论颇繁，然不外疏通吾人对朱陆与阳明之学之了解中之积滞，而明其所言之义理之同异，与其共同之问题，及其相异者之间之相辅相承之迹，以见此中之义理之天地之广大。故首于第十章导论中，论三贤对义理之同异、义理之无穷尽等，其所见之未尝不同。以下次第论象山与阳明之所同之诸义。进而对象山阳明所谓心即理之原始义，加以指出，以释世之以其只任心以为理而废学之疑，亦释世之意其只知重虚灵知觉之心而废理之疑。继而述陆王言圣人与愚夫愚妇之心同理同之本旨，与其言圣贤之学不尚知能，亦正所以使人人之知能，得相辅为用，以使四民异业而同道，以祛世之以陆王之学空谈圣贤之学，无补世道之疑。再继之以言陆王之读书，要在以己心所知之义理，与书中之义理互证，而亦初无不须读书之说，以祛世以陆王之学为空疏不学之疑。最后则单就象山之工夫论，重在去障蔽以开拓其心量，而自立其心志，亦言自疑自克之功，与辨志之公私义利，以见其广大高明之旨中，正有切实可循之义，非可只视为空尊德性，而无道问学之功者。此为本文标题之上篇。

至于第十一章则首论朱子对象山之评论之多不切合，而朱子之所以疑象山重发明本心之学为禅学之故，则归在朱子之以象山之所谓心，即其所了解之虚灵明觉之心，而禅学则正为似只重此心而不重理者。次论朱子之言学者之学圣贤，亦当学圣贤之博学多能。此固异于象山阳明言圣贤之所以为圣贤，不在多知多能，学者学圣贤，不当以才力知能相尚者。然朱子之言此，仍以德性上之躬行为归，又明不同于世儒之以博学多能之本身为贵者。由是而见朱子所言之读书格物之功，亦实未尝以尽读天下之书，尽格天下之物为教；而实只是言人当读其所当读之书，当格所当格之物。故其言读书之道，未尝不大同于象山。唯朱子谓读书，乃学者之所当为之一事，并当以经中所得之义理评论史事而已。至于朱子之言格物穷理，是否即如陆王一派之学者所谓为求理于外之论，则吾人尝力辩其求诸外，正所以明诸内，亦即正所以显吾人之心所原具之性理或天理，而无其他。故不可如陆王之徒，以求理于外乃以义为外，而议朱子之格物穷理之说。至朱子之所以必即所闻见之物之实然，而穷吾人之所以应物之当然之理者，则以吾人不知此物之实然，吾人所以应之之当然之理，亦不得显。此当然之理，与吾人对物之实然之知，乃俱行并展，则朱子之格物穷理之教，即可无重闻见知识之弊。此中之天下之物之理固无穷，然吾人之格物之事，原有先后轻重之辨，以为权衡，则格物之教亦无必使人逐物而不返之失。唯自天下之物之理，原皆为吾人内在之性理，亦原为人所当知之一方面看，则吾人于天下之理，其依吾人自己一人所定之轻重缓急之序，不能知之者，亦当望人之知之。而学者亦即可各格其专门之物，各读其专门之书。由此而由朱子之学，即可发展出明清以降之所谓专家之学。为专家之学者，亦皆可同时以德性自勉，而学为圣贤，则人可异学而同道。是即与陆王之言"四民异业而同道"之旨，正相契应。此人可异学异业而同道，则正为近代之学术与社会职业之分工合作，所当据之原则。故吾人谓朱子与陆王之学，皆有此近代意义。唯朱陆阳明皆兼重此人人皆有德性工夫，以同学圣贤之道，则非近代言学术分工、社会事业分工者之所能及耳。此为本文标题之中篇。

至于十二章，则首就文献，泛说朱子与陆王之互有异同之各

端，亦以补充本文上篇唯就陆王同处以言者之不足。如象山于阳
明与朱子所同重之戒惧中和与天理人欲之辨，固不谓然；而阳明
于朱陆同重之知行并进之说，与朱陆之严辟佛老，亦皆不同其说。
本章要旨在说阳明之学之所归宗之义，虽多同于象山，然其学问
之问题，则原自朱子之学。故阳明既成学而与朱子不同，亦未尝
不欲宛转求相契合。故吾人今观阳明所言之诸义，亦宜自其如何
由朱子所言之义，转进一步而成处去看。缘此而吾人乃进而论阳
明之言学者工夫，初不外变朱子所言之格物之物为事，并将朱子
于《大学》所言之诚意工夫中之"好善恶恶"，摄入于致知而知理
之"知"中去讲，即成其知行合一、致良知之说。更由阳明之致
知工夫，兼摄诚意工夫，而此知之义即更上提，以连于正心之心；
而致良知之事，即同时摄正心之事，缘此而可更摄正心以下之修
齐治平之事。于是朱子八条目，即全摄入阳明之教矣。复次，此
"知"在朱子原视为心之用，为动，为已发，而心之本体则为静、
为未发，二者各有其工夫。阳明既将此"知"上提，以连于"心"，
遂更通知之用与心之本体，以言即体即用，即动即静，以通一切
未发已发工夫之隔，乃有戒惧即洒落之工夫。由此而更言此本心
之良知，即天理之虚灵明觉，以通心知与天理为一，而良知乃即
实而虚，即有而无；遂可以良知之义，范围佛老之虚无之旨。循
是而可言良知之当机的表现之不守故常，无前知，而亦为无人无
我之现在之机。下文乃更一释致良知工夫之效验之疑难，以见致
良知之工夫之实可行，并总结此阳明所立之诸义，谓其皆由朱子
之问题与所立之义，转进一层而致。此阳明之以格物致知为工夫，
以上达于高明，实正同于朱子下学上达之旨；而不同于象山先重
人之先立其大，求直下超拔于网罗障蔽之外，以先明道者。然人
之未能循朱子阳明之教，以自用工夫者，则又皆正有待于象山之
教，以先开其心志；而象山之言，亦最能兼成学与成教之二义，
其旨又最为弘辟。此即本文标题之下篇也。

第十三章　王学之论争及王学之二流（上）

一　导言

黄梨洲《明儒学案序》，言明代之学迈越前代者在理学。此可首以明代讲理学者之盛见之。明初程朱学者，如薛瑄、曹端讲程朱学。其于朱子理气之论有疑，皆不关朱学之大体。二人于朱子之学，亦无多发明。此可不论。由吴康斋传胡居仁与陈白沙，而二人之学不同。白沙之学初由自得之。胡居仁则宗朱而评斥白沙之学。阳明初师娄谅，娄亦出于康斋之门。然阳明良知之学亦自得之。阳明既以良知之学诏天下，而同时讲学有声者，则北有吕泾野，南有湛甘泉。吕疑阳明言良知而不及良能。甘泉为白沙弟子，初与阳明相得，而以随处体认天理标宗，与阳明学之以致良知标宗又略不同。其遗书中疑于阳明之言者不下十数处。而甘泉之再传弟子唐伯元，则径攻阳明之学。罗整庵则与阳明辩格物，作《困知记》，大议陆象山与王阳明之学。阳明同时之王廷相，以气言性，近张横渠。此皆以讲学之风既开，而人所见，自不能无异同。即在王门诸子之中，其最著者如《明儒学案》所定为浙中学派、江右学派与泰州学派之讲良知之学，亦皆有异同。故邓定宇言"阳明必为圣学无疑，然及门之士，概多矛盾"（《明儒学案·江右学案》三《念庵学案》所引）。而孰为阳明学之正宗，亦可各异其论。如黄梨洲谓唯江右得其传。王龙溪则谓阳明之言致良知"及门者谁不闻，唯我信得及"，又自谓"我是师门一唯参"。

（《王龙溪语录》前传）然泰州之学，其传又最盛。周海门著《圣学宗传》，则殿之以泰州之罗近溪。泰州之传由何心隐至李卓吾，皆意态激昂，与当朝政者相忤，李卓吾尤恶以讲道学为名者。二人皆遭杀身之祸。至明末而东林学派兴，亦由讲学评议朝政，卷入政争。世或以矫激讥之。然东林之士，多殉节难，黄梨洲尝以"冷风热血，洗涤乾坤"称之。其时之刘蕺山，初出许孚远之门，而许则甘泉之再传。许与其同门之冯少墟，并以龙溪以下之言性无善无恶之说为不然。而许与周遂有九谛九解之辩。然许与江右邹东廓之再传李见罗，又为同调。李见罗则又反对阳明之学者也。东林之顾宪成、高攀龙，亦由不满阳明至龙溪之言无善无恶之论而兴，并归于以格物之论，补单言良知之论。刘蕺山则一面以至善之"物则"言性，一面以意为良知之主宰，以倡诚意之学。然刘蕺山之门下，则有陈乾初之疑《大学》，更不悦理学者；又有张履祥改宗程朱，称明之吴、胡、吕诸儒，而鄙弃阳明者；再有恽日初为《刘子节要》，而梨洲不肯叙其书者。然梨洲能否真发明蕺山之学，亦正难言。而与蕺山同在一讲会讲学之陶望龄，为周海门弟子，则同时延禅师讲学于浙。蕺山与望龄论学亦终不合。其时与海门同为罗近溪弟子之焦竑，及宗近溪龙溪之李卓吾等，并言三教合一，为一时风尚。唯蕺山、梨洲则力辨儒佛之异，而与梨洲为友之顾亭林及并世而不相知之王船山，则既严辨儒佛，并由惩王学之弊，以攻及阳明。亭林之学犹近朱，而船山则宗横渠之笃实之学，皆欲矫明儒之喜为高明玄远之论，而陷于浮虚之学者也。然船山遁迹荒山，其学不传。自阳明之学兴，而言王学之弊者，除初学于阳明之黄绾，归向在经世之学外，自罗整庵以降，皆归向在程朱。此则在晚明有东莞之陈清澜，著《学蔀通辨》，承罗整庵之《困知记》之旨，以攻陆王之学，亦兼攻其邻县之陈白沙之学。陈罗之书，为顾亭林所称，更为清初之程朱学者，用以攻陆王之学之张本。而蕺山门下之改宗程朱之张履祥，与其时作

《思辨录》之陆桴亭，亦并学行可风。则明末儒者之反明学而归于宋之横渠与程朱之学，又由来者渐也。

综上所述，以观梨洲之所谓明代理学之盛于前代，更可见其千岩竞秀，万壑争流之概。然亦使人有"大道以多歧亡羊，学者以多方丧身"之感。此中之儒者之相争，亦皆可自谓出于其天理良知之是非。则天理良知之是非，又何以如此无定乃尔。今若于此，看作一场戏看，分别加以欣赏，自无所谓。若任取一家以为正宗，视余者皆为儒学异端，截断众流，一切不理，亦甚洒脱。然若欲见此千岩万壑，并秀平流，各得儒学之一端，合以成此明代理学之盛，而不见诸家之学，唯是以互相辩难而相抵消，更见其永恒之价值与意义，则大难事。此则须知儒学之大，原有其不同之方向。其作始也简，将毕也巨。而此不同之方向，则初未必皆相违。唯学问之事，人各有其出发之始点，以有其自得之处，更济以学者气质之殊，及互为补偏救弊之言，故不能不异。而于凡此补偏救弊之言，吾人若能知其本旨所在，不在攻他之非，而唯以自明其是，更导人于正，则于其补偏救弊之言，其还入于偏者，亦可合两偏，以观其归于一正，览其言虽偏而意初无不正。人诚能本此眼光，以观此最多争辩之明代儒学，则亦未尝不可得其通，而见儒学中之无净法也。

所谓在明代儒学争辩中见无净法，自亦只是一态度。吾今亦不能对此中争辩，一一于其中见无净法。而一落语言文字，以论无净法，亦同可引起诤论。故只能说一态度。而本此态度以销解诤论，能作到何处，亦自难言。吾今亦只能就其中若干主要诤论，说其非不可销解，以为例证耳。

二 吕泾野罗整庵对阳明学之评论

吕泾野为与阳明并世之北方大儒，为张履祥所盛称。兹先以其疑王学之论而说。其所疑者，据《明儒学案》所载，一为阳明只言良知，不言良能。故谓："阳明本孟子良知之说，提掇教人，非不警切，但孟子便兼良能言之。且人之知行，自有先后，必先知而后行。"更谓："阳明以良知教人，……此是浑沦的说话。若圣人教人，则不如是；人之资质有高下，工夫有生熟，学问有浅深，不可概以此语之。是以圣人教人，或因人病处说，或因人不足处说，或因人学术有偏处说，未尝执定一言。至于立成法诏后世，则曰格物致知；曰博学于文，约之以礼。盖浑沦之言，可以立法，不可因人而施。"此吕泾野之评阳明之学，谓其非不警切，即不可谓其全斥阳明之学。至其疑阳明不言良能，言知不及行，则不知在阳明所谓良知，原兼有一好善恶恶，而为善去恶之良能在，亦兼有行在。至于谓圣人教人，因人而异，此则诚然。孔孟固亦未专提良知教人。然吕亦谓圣人之言自有成法。则阳明以致良知为法，又何为不可？孔子自是重心不违仁，而孟子象山言本心，阳明于此本心中更特指出良知。此良知乃人人所共有，则致良知之学亦人人所共有。人固可随资质高下、工夫生熟、学问浅深，以各致其良知，则致良知之教，固与一般随资质高下等而异之言，其层面不同，而不可相提并论。则泾野于阳明良知之教之疑可解也。

　　次则罗整庵之评斥陆王之学，最为后之议王学者所称。整庵评阳明之辨格物，及其《困知记》之评陆王之学之言，则可分别而论。整庵谓阳明之言致知，不合《大学》本文之意。此则诚是。然整庵所宗朱子之解格物致知之义，亦同不合《大学》本文之义。此亦固皆不碍阳明与朱子、整庵于义理之各有其所见也。依《困知记》，观整庵所见，要在言心之虚灵知觉，不同于性之洁净精微，而谓见性，待于心之格物穷理，以合内外。此分心与性，乃承朱子之传。然朱子分心与性，亦分理与气；性即理而心为气之灵。整庵则又谓理气为一。故梨洲谓其自相矛盾。然吾观整庵所谓理气为一，乃谓自统体之宇宙而言之，理皆气之理。但自人分上说，则人所分于宇宙之气，只为宇宙之气之一部分。人之心气，固有其理。人外之天地万物之气中，亦有其理；此理则初在人心气之外，与心气为二。故人必以心知格其物，而穷其理，乃能与其理相一。此理即性，故必穷理而后心知与性一。未有穷理致知之功，则心与性尚是二。则整庵之言，亦未必如梨洲所谓自相矛盾。整庵之意是人必以此穷理致知之功，由知理而知性，方得使内外合一；故以只务存其心之虚灵知觉者，即知心而不知性。此即禅学。故疑陆王之务见本心之明觉者为禅。此则自朱子之于象山，即有此疑。而后之程朱之徒，自陈清澜以降之攻陆王者，亦皆同本此为论。然此皆于陆王之所谓心之明觉乃通性理而言之义，有所误解。此可观吾人前论陆王学之文。江右王门中欧阳德，亦有《辩整庵困知记》之文，为《明儒学案》所录。然阳明之多言此心之虚灵明觉之义，亦未尝不可使人只务此心之回头自见其虚灵明觉，而忘其中之真诚恻怛之性理。则整庵之言，亦未尝无矫偏之功。阳明虽不言外穷物理以格物致知，方合得内外，然亦未尝谓人不当致其本心良知之明，以有见闻之知，而即以见闻之知为良知之用。则此中阳明与朱子之别，非不可销解，前文已辩。则整庵与阳明之辨，亦同非不可销解也。

三　湛甘泉与阳明学之异同

与阳明并世，同堪称大儒，而与阳明尝相推许者，有湛甘泉。然甘泉亦尝驰书与阳明辩格物之义，而其与弟子言中，对阳明之学，加以评涉者，亦有十数处。由此遂启其后二家门下之争论。甘泉之学原于陈白沙。王龙溪尝谓"我朝理学开端是白沙，至先师而大明"（《与颜冲宇》）。黄梨洲盖本之而谓明代之学"自白沙而始明，至阳明而始大"，而不及甘泉；并谓甘泉之学不免为旧说所拘。此所谓旧说，乃指程朱相传之说。梨洲之《明儒学案》首吴康斋，乃取其为笃行君子。康斋于坚苦中有自得之乐，故其诗有"淡如秋水贫中味，和似春风静后功"之句。然康斋于义理无多发明。其弟子胡居仁亦严毅清苦，为《居业录》，言居敬穷理，即承程朱遗教，与明初之薛瑄曹端同。然白沙则自谓学于康斋，而未知入处，"日靠书册寻之……而卒未有得。所谓未得，谓吾此心与此理，未有凑泊吻合处也。……自见聘君归后，静坐一室，迅扫夙习，或浩歌长林，或孤啸绝岛，……捐耳目，去心智，久之然后有得焉。"（《明儒学案·白沙学案》）此所得者，即得此心此理之凑泊吻合处。此固正为上接象山，下开阳明之言心即理之学，而不同其前之程朱之旧学者。而胡居仁之疑其为禅，亦如朱子之疑象山为禅也。然白沙之由静中养出端倪，而言"才一觉，便我大而物小，物有尽而我无尽。夫无尽者，微尘六合，瞬息千古，生不知爱，死不知恶"（《与何时矩书》），只此是觉是心，亦即此心之理。故谓："此理干涉至大，无内外，无终始，无一处不到，无一息不运会；此则天地我立，万化我出，而宇宙在我矣。得此把柄入手，更有何事？往古来今，四方上下，都一齐穿纽，一齐收拾；随时随处，无不是这个充塞。色色信他本来，何用尔脚劳手攘？舞雩三三两两，正在勿忘勿助之间。曾点些儿活计，被孟子打并出来，便却是鸢飞鱼跃。若无孟子工夫，骤而语之以曾点见趣，一似说梦。会得，虽尧舜事业，只如一点浮云过目，安事推乎？此理包罗上下，贯彻终始，滚作一片，都无分别无尽藏也。自兹已往，更有分殊处，合要理会。毫分缕析，义理尽无穷，工夫尽无穷。"（与林缉熙书）此白沙所见得之此心此理"往古来今，四方上下，都一齐穿纽，一齐收拾"，正用象山之言，以自说其同于象山之所悟者。而"天地我立，万化我出"之言，则用康节语。其言"鸢飞鱼跃，尧舜事业，只如浮云过目"，用明道语。其谓曾点舞雩之意，由孟子打并出来，则是谓此境由静中见及端倪出来。端即孟子之四端，倪即庄子之天倪。是即谓由静虚之极，而四端之心见，孟子之"万物皆备于我"之意亦见，方能得曾点舞雩之意，而至自然洒脱之境也。然名此境曰无尽藏，则亦其不讳用佛家之名辞之证。自得之学，固无妨用他人言语，更无顾忌。白沙之文虽不多，唯寄兴于诗。其诗中《赠世卿》，亦有"文字费精神，百凡可以止"之句。然即上所引之二段语，亦足开拓一世之心胸。梨洲之谓明代之学，至白沙而始明，其言不误。然阳明之学，虽亦言心与理一，而未尝一语道及白沙；更尝自谓只言必有事焉，不言勿忘勿助。此则暗指其不以白沙之言勿忘勿助为尽然。则梨洲所谓明代之学至阳明始大，乃自学术史上言。固非谓阳明之光大白沙之学。至为白沙弟子，而实光大其师之学者，则湛甘泉也。

大率甘泉之学与白沙之学之不同，在白沙之学唯重自得，而亦无心讲学。故梨洲谓"其学远之则为曾点，近之则为尧夫"（《白沙学案》）。甘泉则讲学一生，至老不倦，而著述亦甚宏富。甘泉以随处体认天理，为其讲学宗旨。体认即不忘，随处即无滞碍，为勿助。而随处体认天理，则又足以摄程朱言格物穷理之旨。然体认者乃体认之于一己，而非穷物理于外。甘泉尝言体认中兼体贴之义与察识之义（《甘泉文集》原刻本卷二十二，二十页）。其《心性图说》谓："性者，天地万物一体者也。浑然宇宙，其气同也。心也者，体天地万物而不遗者也。性也者，心之生理也。心性，非二也。譬之谷焉具生意而未发，未发故浑然而不可见。……端也者，始也，良心发见之始也。是故始之敬者，戒惧慎独，以养其中也。中立而和发焉，万事万化自此焉。达而位育，不外是矣。……终之敬者，即始之敬而不息焉者也。……心也者，包乎天地万物之外，而贯夫天地万物之中者也。中外非二也。天地无内外，心亦无内外……故谓内为本心，而外天地万事以为心者，小之为心也甚矣。"则随处体认天理，乃即心所包所贯之天地万物，而随处体认得天理；而心贯天地万物，即以心之敬之始终贯之。则甘泉之学中，既有白沙天地我立、万化我出之旨，亦有程朱之主敬之旨。而敬之于随处体认得之天理，即足摄程朱之格物所穷得之理，而体认之于一己之内者也。此则已足光大其师之学，而绾合程朱之义，以成其学矣。

此甘泉之学以天地与心皆无内外，与象山阳明之旨，亦初无不同。阳明与甘泉之相推许，其原在此。然阳明不言敬以贯彻始终，而即以良知之由未发而已发，以贯彻始终，即已见二人之学之微异。阳明言致良知之工夫，要在知上、意上、心上用。而甘泉言随知、随意、随心、随身、随家、随国、随天下，体认天理；遂以知上、意上、心上，体认天理，与在身、家、国、天下中体认天理，为平列之事。由此而甘泉遂疑阳明致良知之工夫，只限于心上知上意上者，为偏于内；有致知诚意正心之功，而不言修齐治平，工夫不免于狭。阳明亦疑甘泉之随家国天下之物，以体认天理，为仍不免求理于心外。此阳明对甘泉之疑，甘泉尝自辩其固未尝以家国天下为心外之物，然阳明亦同可谓其所谓心知意之中，固有家国天下之事之在，亦未尝离物理以致良知。则二家之说于此，亦可无诤也。

然甘泉之学与阳明之学，仍毕竟有下手工夫之不同，此即在甘泉之随处体认天理，乃意在成其工夫之大，而于此能体认天理之心，则恒就其广大而中正无偏私处言。则本此心直遇物而直应物，使物得其位育，即为体认天理之功，见于达道之"和"。于此天理之心或良知天理，阳明固亦谓其为一不偏不倚之未发之中。此与甘泉亦无不同。然阳明于此未发之中之表见于已发，则谓其首表见于对吾人一般之意念之善恶，知善知恶，而好善恶恶，为善去恶，以自诚其意，自正其心。然后有此未发之中之见于"和"，以使事事物物，各得其正而物格，以成其位育。此则非如甘泉所言者之直率，而更重此一良知之心之反照其意念，以先有一正此念头之工夫，而视之为圣学工夫之核心所在。此即阳明所喻为"杀人须由咽喉上着刀"也。阳明于此所见者，亦实正较甘泉更为精切。其深义吾已论之于阳明学之文中。然此阳明之所见，亦与甘泉所见者，初不相矛盾。甘泉以此而谓阳明之工夫限在正念头，不如其随处体认天理之义之广大；则正忽此正念头之工夫之精切义，亦忽此人之一念虽微，然念中自有事物在；家国天下虽大，亦并是人念虑之所及，而皆内在于一念之微中。阳明之以良知正此一念之微，其涵义亦未尝不广大。人正得其一念之微，人即随念体认得天理。此与甘泉之随处体认天理，亦以心念体认，其终固亦无别。则甘泉又何诤哉。

然甘泉更有疑于阳明之言者，即其"无善无恶心之体"之四句教。甘泉于此尝易之曰："有善无恶者心之体，有善有恶者意之动，知善知恶者心之神，达其知之善于意、心、身、家、国、天下，得所止者，物之格。"（《甘泉文集》卷二十三第五十九页附《斗山会语》中，述先生意）又评阳明不思善、不思恶之说（卷十一第十页）。此即开后之学者疑阳明之无善无恶之论之始。今对此一问题，则首当知阳明所谓心之无善无恶，只是无一般之善念恶念，"无有作好，无有作恶"，而只循理。此无善无恶，亦正是至善，如前论阳明学处所已及。则识得阳明之本旨，于此亦可无诤。唯阳明以无善无恶言心之体，亦实可引起误会。王龙溪至周海门将此义，推广而说，亦更不免于有智者过之之语，此当俟后论。

此外，甘泉又有数书，辩阳明格物之论，不合《大学》本文，及古先圣贤之明言，谓阳明之格物说，不及其心随处体认天理言格物者，有五端（二书皆见《甘泉文集》卷七），而阳明未答。甘泉再书质询，阳明亦未答。后阳明与钱德洪言，谓不欲于此兴口舌之争云云（《明儒学案》卷十一《浙中王门学案·钱德洪学案》）。然甘泉谓阳明言格物，不合《大学》本文及古先圣贤之明文所及之旨，固亦皆可说。然以体认天理言格物，亦非先儒之明言所及之旨。甘泉之辩，亦唯意在自申其随处体认天理之说。若此随处体认天理之说，原不足破阳明之致良知之说，则阳明于此不答，亦固未尝不可。吾人亦不必如钱德洪以甘泉阳明于此一问题，未能归于一是为憾。未归一是，未尝不可俱是也。

至于此外甘泉之书之评及阳明者，如谓致良知之学，使人以此学本现成简易，不待学与虑（《甘泉文集》卷二十第二十一页），与阳明之评朱子主敬之说，朱子见之必不服（卷十一第十一页），谓阳明知即是行，行即是知，不能无病（卷二十三第十一页），及阳明言孟子之良知，而不知孟子之"达"（卷二十第二十一页），又谓阳明之学务以奇胜（卷二十三第五十一页）等，率皆枝节，亦无足轻重之论也。

四　阳明诸子对良知之所见之异同问题

阳明之提出致良知之教，原视此为至简易真切之为学之道，亦愚夫愚妇五尺童子，皆行得之教，故甘泉尝以为太易。然良知之学满天下，学者对良知之说，更有种种之异同诤论；而欲知此良知为何物，反成最难。此亦天下至诡之事之一。然亦非至诡也。盖阳明将天下为学之道，收归于致良知三字之至简，则天下为学之道之至繁难者，亦随之而辐辏于此至简易者，而使此简易者，亦化为繁难也。王龙溪尝言："有谓良知必须闻见以助发之，良知必用天理，则非空知。此沿袭之说也。有谓良知不学而知，不须更用致知，良知当下圆成无病，不须更用消欲工夫。"（《滁阳会语》）又谓："良知宗说，同门虽不敢有违；然未免各以其性之所近，拟议揉和。有谓良知非觉照，须本于归寂而始得，如镜之照物，明体寂然，而妍媸自辨；滞于照，则明反眩矣。有谓良知无见成，由于修证而始全；如金之在矿，非火符锻炼，则金不可得而成也。有谓良知是从已发立教，非未发无知之本旨。有谓良知本来无欲，直心以动，无不是道，不待复加销欲之功。有谓学有主宰、有流行；主宰所以立性，流行所以立命，而以良知分体用。有谓学贵循序，求之有本末，得之无内外。此皆论学异同之见，不容以不辩者也。"（《龙溪语录》卷一）兹按龙溪之言此种种异同之见，谓良知必赖闻见之知，则《明儒学案》之《甘泉学案》中，吕巾石复黄损斋书，明有此言。此乃龙溪所谓沿袭之说也。其所谓良知由归寂而得，即指聂双江、罗念庵之说。其谓良知如金之待锻炼而成，则刘师泉尝明有此言（见《明儒学案·江右学案》罗念庵学案引师泉语，《王龙溪语录》卷三《与师泉刘子问答》）。其谓良知从已发立教，则钱德洪早年之说，亦欧阳德之意（《明儒学案·浙中学案》《江右学案》二）。其谓良知本来无欲，则北方王门孟我疆，亦明有是言。其谓学有主宰流行之分、体用之分，则季彭山谓当贵主宰，而恶自然，故言警惕（《浙中学案》）。刘两峰喜言主宰与流行，刘师泉则以主宰为性，流行为命，而主悟性修命（《江右王门学案》十九）。后王塘南师刘两峰，而其分性与命，近刘师泉。其谓学求之有本末，则盖指泰州之安身为本，齐家治国平天下为末之论也。然除龙溪所言及者外，罗念庵尝言钱德洪之良知之学有四变（绪山学案）。《明儒学案》东廓学案，更言东廓之言戒惧，与季彭山之言警惕者尝相辩。而龙溪之学则又为人所视为贵自然，而以良知为现成者也。此外更有以情识言良知者，如《南中学案》之黄五岳之盛称苏秦，此亦本于阳明尝谓仪秦亦识得良知妙用来。此外诸家之细微之异同，不能尽举。王门诸子对良知之理解之不同，则在阳明在世时已然。此盖首始于王龙溪、钱德洪对阳明之四句教之疑。兹据《传习录》所记，抄录于下。

"丁亥年九月，先生起复征思田，将命行时，德洪与汝中论学。汝中举先生教言曰：'无善无恶是心之体，有善有恶是意之动，知善知恶是良知，为善去恶是格物。'德洪曰：'此意如何？'汝中曰：'此恐未是究竟话头。若说心体是无善无恶的，意亦是无善无恶的意，知亦是无善无恶的知，物亦是无善无恶的物。若说意有善恶，毕竟心体还有善恶在。'德洪曰：'心体是天之性命，原无善无恶的。但人有习心，意念上见有善恶在。格致诚正修，此正是那复性体功夫。若原无善恶，功夫亦不消说矣。'是夕侍坐天泉桥，各举请正。先生曰：'我今将行，正要你们来讲破此意。二君之见，正好相资为用，不可各执一边。我这里接人，原有此二种：利根之人，直从本源上悟入。人心本体是原明莹无滞的，原是个未发之中。利根之人，一悟本体，即是工夫，人己内外，一齐俱透了。其次不免有习心在，本体受蔽，故且教在意念上，实落为善去恶。工夫熟后，渣滓去得尽时，本体亦明尽了。汝中之见，是我这里接利根人的；德洪之见，是我这里为其次立法的。二君相取为用，则中人上下，皆可引入于道。若各执一边，眼前便有失人，便于道体，各有未尽。'既而曰：'已后与朋友讲学，切不可失了我的宗旨：无善无恶是心之体，有善有恶是意之动，知善知恶的是良知，为善去恶是格物。只依我这话头，随人指点，自没病痛。此原是彻上彻下功夫。利根之人，世亦难遇，本体工夫，一悟尽透，此颜子、明道所不敢承当，岂可轻易望人。人有习心，不教他在良知上实用为善去恶功夫，只去悬空想个本体，一切事为俱不着实，养成一个虚寂。此个病痛不是小小，不可不早说破。'是日德洪汝中俱有省。"

此上之对语，王龙溪于《绪山钱君行状》及之，并记为《天泉证道记》。（《龙溪语录》卷一）此记与《传习录》所记颇异。此记于龙溪所言，加"无心之心则藏密，无意之意则应圆，无知之知则体寂，无物之物则用神"四句。又钱德洪《王阳明年谱》，《明儒学案·江右学案》中东廓学案、《诸儒学案》中黄佐学案等亦有记，又略不同。其中并记有阳明言"汝中须识德洪之工夫，德洪须识汝中之本体"之语。依此所记，则阳明自谓有二教法。然宗旨则只是一个，并在四句教中。故阳明乃教二人本此一宗旨，兼取二教法为用，以便接人，使利根人直由第一句悟入，次等人则由第二句以下悟入。若然，则意等有善恶，毕竟心体还有善恶否之一问题仍在。阳明于此并未尝明答也。

吾今抄此《传习录》之文，乃意即在指出上一问题，阳明之未明答。其所以不明答，盖由阳明之提四句教，乃是教法语、工夫语，并非客观的讨论心意是什么。即不管意有善有恶时，心体中是否有善恶在，人总可直去悟心之体之明莹无滞、无善无恶之一面，以为工夫；而于见意有善有恶时，则可以知善知恶、为善去恶为工夫。若然，则不管人是利根、钝根，皆有四句教中所言之工夫照管。故此德洪之问，阳明可不答。否则阳明必须答此问。而德洪之疑亦不易答。欲答此疑，则唯有说此心体之无善无恶之第一句，乃由后三句之工夫之完成，而为善去恶，以无恶，亦不自以为善，方能证实。此即为吾昔于《原性篇》所说。然若将此四句教纯作教法而观，则阳明亦固可不答此疑也。

今若将此四句教纯作教法观，谓此中有二教法，则人仍可问：毕竟当以何教法为本，方是致良知之教之一问题。此中王龙溪思想之发展，则径向以悟无善无恶之心体去发展，亦即悟本体即工夫之方向去发展，而以此为第一义之先天之正心之学；更以只是由知意之善恶之动，而为善去恶者，为第二义之诚意之学。此即谓致良知之学，应先见得此良知本体，方可言推致之于诚意之功。若徒泛言为善去恶以诚意，则一切世儒之教，亦教人为善去恶以诚意，此固不必即是致良知之学。既是致良知之学，固当先悟得此良知，亦必先已有此良知之见成在此。愈能悟得此良知本体，即愈有致良知工夫。则悟此本体之正心之学，即应为第一义之学也。

然龙溪虽重悟本体，亦不能谓悟本体后更无善恶意念之起。于此即只有为善去恶以诚意之工夫可用。故龙溪亦不废此诚意之学。则人可循另一思想方向，以思吾人之良知本体之呈现，是否已充量之问题，以及此良知本体是否有种种障蔽之问题。若此本体更无一切障蔽，全能充量呈现，则人之意念之发，应更无恶。今既有恶，则见吾人纵有良知本体之呈现，亦悟得此良知，并不证其无障蔽，亦不证其能充量呈现。今若其有障蔽，可为恶念之原，更将此障蔽与恶念之原，视为属心之本体者而观，则此本体或心体，即如钱德洪所谓毕竟心体还有善恶在或恶之原在旁矣。若此心体可说有善恶之原在旁，则使心体明莹无滞，更无恶之原在旁，无恶念之发，关键全在工夫。惟由此工夫方能去此障蔽之为恶念所自发者，以实引致此一明莹无滞之心体之呈现与证悟矣。

由上所说，则阳明之二种教法，即"悟本体即工夫"，与"由工夫以悟本体"二工夫，即诚如阳明所谓可相辅为用者。此盖即钱德洪、邹东廓、黄佐所记，皆有"德洪须取汝中本体，汝中须取德洪工夫"之故。然此在《传习录》虽无其语，而有其意。唯《龙溪语录》，则皆无此二语，而更加上文所及之四语，则正见龙溪之学，自有归趣。如舍此阳明之二语，则人于此二种教法，便可只偏重其一。而龙溪乃自谓其悟本体之四语，乃"阳明所久欲发而未发之传心秘藏"。而以主静归寂为工夫之罗念庵，则谓阳明之学"为圣学无疑，而速亡未至究竟"。此皆智过其师，始堪传受，而见王学之发展。然此中之由工夫以悟本体，与悟本体即工夫之二者中，更可各有其不同之型态。吾今即本此以观王门诸子之论学，所以有异同之故，及其终亦可并行不悖之故。于王学之流，亦暂不取《明儒学案》以地理分派为六之说，而一一备论也。

第十四章　王学之论争及王学之二流（下）

五　由工夫以悟本体之良知学——钱德洪言致良知之四变、季彭山之警惕义及邹东廓之戒惧义

在由工夫以悟本体中，吾意钱德洪、季彭山、邹东廓、聂双江及罗念庵，各代表一型态。此中之钱德洪之早年，即谨守其在天泉问答时谓"人有习心，意念上见有善恶在，格致诚正修，此正是复性体功夫"，而以为善去恶即致良知者。故罗念庵谓"绪山之学数变，其始也，有见于为善去恶者，以为致良知也"。此以为善去恶为致良知，即自心之善恶意念已发后，更发为善去恶之念，故工夫全在已发。黄梨洲谓其于此时谓"离已发而求未发，必不可得"。故不契于龙溪言良知有未发之寂照之旨云云。（见《明儒学案·浙中学案》绪山学案）然罗念庵又记钱德洪学之变曰："良知无善无恶者也，吾安得执以为有而为之，而又去之？"已而又曰："吾恶夫言之者之淆也，无善而无恶者，见也，非良知也，吾唯即吾所知以为善者而行之，以为恶者而去之，此吾可能为者也。其不出于此者，非吾所得为。"又曰："向吾之言犹二也，非一也。盖先生尝有言矣，曰：至善者心之本体，动而后有不善也，吾不能必其无不善，吾无动焉而已。彼所谓意者动也，非是之谓动也。吾所谓动，动于动焉者也。吾惟无动，则在吾者常一。"此绪山之学之再变，而言良知无善无恶，则由阳明之第二句以下三句，还契第一句之悟本体之旨，亦即还契龙溪之旨者也。然其三变，以

无善无恶为见，而以"即吾所知以为善者而行之"，则又回至重为善去恶工夫之说。其与最初之见不同者，则在重此"知"。其最后一变，则又似第二变，再还重悟本体。唯此本体非无善无恶，而为至善耳。悟此本体，即止于此悟，而不动于意念之动，以自常一。梨洲谓此无动即不起意，是又近龙溪之说。则钱德洪之学，即往复于其旧说与龙溪之说，以成其四变。然自是始于工夫上为善去恶；而其终于见至善之良知之体，以不动为动，亦仍终结在言工夫。故其言终不同于龙溪之言中，多对此本体之形容咏叹者。梨洲于钱德洪尝谓"先生之彻悟，不如龙溪；龙溪之修持，不如先生"，则钱之学固是循由工夫以返于本体之路而进者也。按江右学派欧阳德之说，近钱德洪。而江右陈明水，立说有近龙溪者。《明儒学案》以地理分派，非即学术之分也。

《明儒学案·浙中学案》，言季彭山之学，其著述百二十卷，惜皆未见。梨洲谓其学："贵主宰而恶自然。以为理者，阳之主宰，乾道也；气者，阴之流行，坤道也。流行则往而不返，非有主于内，则动静皆失其则矣……为《龙惕》一书，谓今之论心，当以龙而不以镜。龙之为物，以警惕而主变化者也。理自内出，镜之照自外来，无所裁制，一归自然。自然是主宰之无滞，曷常以此为先哉。"此即与龙溪之重悟得本体，而便任本体之照用者，不同其说。龙溪谓："警惕者，自然之用。戒慎恐惧，未尝致纤毫之力；有所恐惧，便不得其正矣。"更为水镜喻心之说辩曰："水镜之喻，未为尽非。无情之照，因物显象，应而皆实，过而不留；自妍自丑，自去自来，水镜无与焉。盖自然之所为，未尝有欲……着虚之见，本非是学。只此着，便是欲。"（《龙溪语录》卷五）此龙溪之言自然，乃纯自本体起用之不滞，而自然能警惕说，故不以警惕标宗。然彭山之言，则是谓不有警惕工夫，不见本体。本体能主宰，则亦当以警惕义说之。此警惕出自内，则宜以龙喻，不以水镜喻。此以龙喻警惕，乃出于《易传》乾卦传，以龙喻乾及"乾乾因其时而惕"之语；固不同水镜喻照，初出自道家也。则彭山之以乾属理，坤属气，虽未必是，然其以龙喻心，以警惕言工夫本体，自是有见。此警惕者，非必俟善恶念已起，而知善知恶，更为善去恶之事。乃可在善恶念未起之先，心之自乾乾不息中，即有一自警自惕。此即较钱德洪所谓在善恶念起后，用工夫者，更处于几先之一地位；而又不同龙溪之只务回头自悟本体之照用之无滞者。此言警惕之意，正与阳明言戒慎恐惧之意不相远，亦上契于曾子"战战兢兢，如临深渊，如履薄冰"之旨者也。按江右学派中，刘师泉之言心分寂与感，体与用，主宰与流行为二，颇近季彭山，今不更及。

与季彭山之言警惕相类者，为邹东廓之言戒惧。梨洲谓阳明之学，江右最得其传，其所指者，则在邹东廓与罗念庵，于东廓尤称道。盖此戒惧乃人之道德生活中之一"意"，东廓亦有"心不离意"之言。后之王一庵、王塘南，至刘蕺山之重"意"、重慎独，正可上溯至东廓之言戒惧之旨。此东廓之言戒惧，更明由阳明来。阳明固言良知之戒惧，与不睹不闻，皆是本体，亦皆是工夫。以不睹不闻之工夫，见得戒惧之本体，即谓良知之本体，通体是一戒惧也。通体是戒惧，而又不睹不闻，无声无臭，以自得自在，即洒落自然。此阳明之所已言，为吾人前论阳明学之所及。今东廓承之而言戒惧，故谓戒惧涵彭山言警惕，与龙溪言自然之意。东廓又谓："警惕变化，自然变化，其旨无所不同者，不警惕则不足以言自然，不自然不足以言警惕。警惕而不自然，其失也滞；自然而不警惕，其失也荡。"此即是通彭山龙溪之旨为论。又谓："本体戒惧，不睹不闻，常规常矩，常虚常灵。则冲漠无朕，未应非先；万象森然，已应非后。念虑事为，一以贯之。"又谓："性字从心从生。这心之生理，精明真纯，是发育峻极的根本。戒慎恐惧，养此生理。""自其精明之无障，谓之智及；自其精明之无间断，谓之仁守。""敬也者，良知之精明，而不杂以尘俗也。戒慎恐惧，常精常明，则出门如宾，承事如祭。一有障蔽，便与扫除，雷厉风行，复见本体。""无往非戒惧之流行。""从流行识得精明主宰。"（皆见《明儒学案》东廓学案）东廓喜用"精明"二字言良知，并谓敬即良知之精明，其义皆甚美。亦可通程朱言主敬与阳明言良知不言主敬之隔。实则程朱所言敬之无间断，亦正只是心之良知之精明而已，岂果有二物哉。言精明不同言虚明。虚明中可无警惕义，精明中有精察善恶之几之义。则此中有一善恶念之先之戒惧在，亦有自作主宰之敬在。然东廓之言，自是由流行以识主宰，即由工夫之戒惧，以悟本体之不睹不闻、常虚常灵；则此中自以一道德生活之严肃义为本，而与季彭山之重警惕义，不相远；亦最能承阳明之致良知之教，初重存天理去人欲，言戒惧之旨，见于《传习录》第一卷者；亦与孔门曾子之学最近者。后之刘蕺山亦是曾子之学。此曾子之学与其父曾皙之学正不同。其道路亦与颜子之自然心不违仁，"不善未尝不知，知之未尝复行"者不同；复与子贡之务在求博施于民，而能济众之功者，不同。大率宋明儒之重功利之学，皆是子贡之学。唯务自得者，如康节白沙，皆曾皙之学。而天资高者，如龙溪与阳明，则皆近颜子之学，亦恒有曾皙之狂。唯阳明之早年之工夫，亦当是曾子之学；而晚年之化境，则如其诗所谓"点也虽狂得我情"耳。

六　聂双江罗念庵之归寂主静知止之学

至于江右之聂双江与罗念庵，则亦当归在由工夫以证本体一路。然不同于钱德洪之以知善恶为工夫，季彭山之以警惕为工夫，邹东廓之以戒惧为工夫，以见本体之至善，或警惕戒惧中之自然与虚灵者。此聂双江之言"归寂以通天下之感"，其工夫，全在先扫除一般念虑。则于一切善恶念之省察，以至警惕戒惧之工夫，可暂不用；以先求自归于一心之虚寂，以致得良知本体之充量呈现，更无蔽障。人用此工夫，则须有时全绝一切事为。聂双江亦是于"狱中闲久静极，忽见此心真体，光明莹彻，万物皆备，乃喜曰：此未发之中也。守是不失，天下之理，皆自此出矣"。双江之倡此归寂之说，独为罗念庵所深契。而念庵亦于静坐功夫极深。是皆见此功夫，宜在放下万缘处成就。阳明之悟良知，乃在龙场之石棺中，亦即在万缘放下处。故其施教，初重教人习静，亦与陈白沙之由"捐耳目，去习心，由静坐久之"，然后"见此心之体，隐然有物呈露"者相同。故罗念庵称道白沙之致虚，为千古独见，亦称周濂溪之主静。濂溪之胸怀洒落，如光风霁月，亦由其自放于山间水涯，吟风弄月而得者也。唯濂溪、白沙之天资似更高，或未尝如聂双江、罗念庵用功之密，亦未如双江、念庵之以此归寂为圣学必由之路，而以之诏世，致引起种种争辩之论耳。

于此双江之言归寂所引起之争辩，则《明儒学案》尝引双江所自言者曰："其一谓：道，不可须臾离也。今曰动处无功，是离之也。其一谓：道，无事于动静也。今曰只是主静，是二之也。其一谓：心事合一，心体事而无不立。今曰感应流行，着不得力，是脱略事为，类于禅悟也。"然梨洲谓双江皆一一答之。今观双江之《困辩录》，固于此诸疑，皆一一答。盖双江言归寂主静，原是工夫上事。良知本体固即寂即感，即静即动，未发而未尝不发；不可头上安头，其体之上之后，亦更无体；亦非一不能感之寂体。此乃阳明学者之共许义，双江亦无异辞。其所以必言归寂，谓良知寂体，不同其当下现成之已发之用，乃自此当下现成之已发之用，不必为良知本体之充量呈现，而恒不免于夹杂，更不必自知其夹杂说。于此即须先将此体，推高一层，提于其已发之用之上以观，而先肯认此未充量呈现之良知之体之存在。顺此一念，便可使其良知之已发之用之流行，不免于夹杂者，得一止息之机，以还得自照见其夹杂。恒人之心，如双江所谓"闲思杂虑，憧憧往来，以至欲则流矣，忿则夺矣，善日以泯，过日以长"，乃不必自知其有良知。世之哲学家，否认人有良知之存在者亦多矣。阳明之徒，固皆知有良知之存在，而于良知所以为良知，仍所见不同。此即证人虽皆同有此心，而其良知之真实呈现于其心，原有不同之程度与方面。在一般之人心，其良知之呈现皆未能充量，其呈现之程度，亦不足以自任持而自贞定。今径只教人于"欲""忿""善""过"之见处，自"惩之，窒之，迁之，改之"，则良知之知，如自上来外来。故双江谓为"已不免义袭于外"；而闲思杂虑之往来不息，则譬如"追风逐电，瞬息万变，茫然无所措手"。故此时人只有自退一步，不更自恃其良知之已发之用，以自求其心之归寂，以开良知本体之充量呈现之几。此则疑若以动静、寂感、体用为二。然双江固明言："夫无时不寂，无时不感者，心之体也。感唯其时，主之以寂，学问之功也。故谓寂感有二时者，非也。谓工夫无分于寂感，而不知归寂，以主乎感者，又岂得为是哉。"故又曰"归寂以通天下之感，致虚以立天下之有，主静以该天下之动"，"见此心之炯然在中，寂然不动，而万化攸基之定体，以主宰乎感应变化"，皆明说是用功之语。此工夫之意义，全在其能对治一般人心之憧憧往来之妄动，与一般人心中良知之发用，不免于夹杂，及散于事物之感应变化之标末，而自离其本寂之处。今若知其原是工夫之语，其归寂之教，非谓良知须再归寂。良知自寂，何寂可归？其言亦非专主良知之寂一面。唯谓此一般人心之须以归寂为功，乃能充量呈现"寂而能感之良知"。则其言虽偏，而意未尝不圆。今若不知其原是工夫之语，而责之以判寂感、动静、体用为二，于良知之上别求主宰，如王龙溪《致知议辩》，所以疑于双江者，双江固必不受也。今以其所言之工夫，与一般之就意念之已发，而或善或恶，更独知其善恶，以好善恶恶、为善去恶为工夫者相较，则其义自是转进一层。亦即较只本阳明四句教之后三句用工夫者，其义更深一层，而回向在四句教之第一句之超善恶意念之心之体，以"洗心退藏为主，虚寂未发为要",求以"充满此心之虚灵本体之量"者。此工夫之所次第成就者,乃只是此心之虚灵本体之呈现,而别无其他。人固不可更问此外更有何物,亦不可更求此何物而不得,遂疑此非真实工夫。此真实工夫,亦本来是无事之事,其意义只在去一般人心之昏蔽。无此工夫,则其良知之发即以昏蔽而不免于夹杂;则其虚灵本体之量,未能充满地呈现,而于意念之善恶,亦即不必能一一如实自知;即知之,而力或不足贯彻其好恶之诚,以至于实为善去恶;乃以直情径行,为自致其良知,而成狂肆。又人之闲思杂虑之憧憧往来者,亦恒无显然之善恶可见。然其不能自止,以呈于前,即见此心之不能自作主宰。则人于此欲求此心之贯彻其好恶之诚,或使于无显然之善恶可见之思虑能自作主宰,加以止息,以见此心之炯然在中之真体;则徒泛言一知善知恶,好善恶恶,以致良知之工夫,即不能切中此中之病痛。人用此工夫,亦不能即致得良知之明。以此良知之明,固原未必真明也。故罗念庵更深契双江之旨,而刻其书。念庵亦以主静知止为教,谓此学须"收敛精神,并还一处,常令凝聚……非坚心苦志,持之岁月,万死一生,莫能企及"(《念庵文集》卷一《与萧云皋》)。又谓:"非经枯槁寂寞之后,一切退听,天理炯然,未易及此。阳明之龙场是也。学者舍龙场之惩创,而第谈晚年之熟化;譬之趋万里者,不能蹈险出幽,而欲从容于九达之道,岂可得者。"(《文集》二《寄谢高泉》)此归寂、主静、知止之说,教人勿轻自恃其良知之明,以为足主宰乎善恶意念之交杂,而当更回头自求充满此明之量之道。其所不同于季彭山、邹东廓之以警惕戒慎为证本体之工夫者,则在此中之工夫,非任何之"提起之事",而唯是归寂以知止于一枯槁寂寞之境。依双江念庵之意言之,则不经此境,以充满心之虚明之量,则所谓能警惕戒慎之主宰,亦终作不得主宰也。于念庵之学,后文更有专章,详发上所述之大旨。

如实言之,双江、念庵之言归寂主静知止,自是承阳明初年教人习静之旨，亦上承白沙、濂溪之言主静之旨，前已言之。至其工夫之实际，恒落在静坐，而合于程子见人静坐而叹其善学之旨。人在静坐之际，自不免脱略事为。而如双江之在狱中，与念庵之辟洞居之事，亦非人人皆有此机缘。今谓必经此工夫方能通感，则其通感，便不免如龙溪所谓"待时"。又人习静既久，亦正可自陷于喜静厌动之弊。则此双江、念庵之工夫，似不能为人人所共用，亦不能无弊。然吾人仍可说至少对有此习静之机缘之人言，则习静之功，亦确可使念虑澄清，使此心之虚灵本体之量，日益充满。此亦可合于孔子所谓"隐居以求其志"之功、荀子以虚壹而静养心与道佛之家以虚无空寂养心之旨。至于由此习静之功，是否致喜静厌动，则原无一定。而由心之本体能致得虚明，亦自然能照能应，则原不当有此病。其有此病，乃静而自着于静。人固可无此着，则亦理当无此病也。于此所当知者，是此静之功，只澄清念虑，以此去心之障蔽，其意义原为消极的去病之方。病去药亡，则习静之功，随时可已。习静之道，亦非待于长期之静坐。此心之一念自反而不逐物，亦即一当下之静功，而此静功亦即当下良知之表现。此功之有效无效，以当机所发意念中之障蔽浅深而定。如障蔽深重，自未必有效。然障蔽浅微，则亦可一静即止。此乃一力量之对比之事。此去障蔽之心力之增强充满，则可由静功，使一切念虑退息而致，亦可由此心之能自信而自致。此心之能自信，则依于一积极之自悟自见其心之本体，而即以此自悟自见为工夫。故此双江念庵之言，亦最能针对人之思虑憧憧者之病痛。其言之鞭辟入里，乃先儒之所未能及。此静功既当下即良知之表现，即是良知本体之现成在此。然亦不可以双江、念庵之工夫为唯一之工夫。盖于心或良知本体，直下自见、自悟、自信，亦是一工夫。在王门之学中，则龙溪之学，即是此路。然在此路上用工夫者，亦有不同型态，亦不限于龙溪之一型态也。

七 悟本体即工夫之良知学及王龙溪之先天正心之学

在以悟良知本体即工夫之王门学者中，其第一型态之思想，乃以只须悟得现成良知，即更不须有致良知，以去私欲等工夫者。此在龙溪，并不以之为然。故前引龙溪语谓"良知当下圆成，无病不须更用消欲工夫"，下文更曰"此凌躐之论也"。主不用消欲工夫者，此即如吾人前所提及之孟我疆之说。黄五岳以情识言良知，盖亦可不用消欲工夫。此亦原为人自见得悟得其有此良知时，可有之一型态之思想。盖人有其良知之呈现时，自此良知观良知，其中自是无一般嗜欲，而不见嗜欲。依此不见，而自谓更无嗜欲待去，则纵横在我，而皆可自谓是一任良知。然此则为人之自视太高。故龙溪谓之为凌躐之论。此自视太高，则由其只于其良知之呈现中，观良知之呈现；而不能依此良知以观其良知之呈现处之外围，或底层中之障蔽与嗜欲之仍在。即其良知之呈现，自限自蔽于此呈现之处，而不能更广大呈现，以知其呈现处之外之下，障蔽嗜欲之在。此即其良知之呈现之不足。如佛学之言，人之不能明其有无明，即其明正是无明也。良知自是明。人之自悟自见而自信其有良知本体者，自是先明得有此明。然明得有此明，而自谓有明便无无明，即是见本体，而更不即此本体以为工夫。此人之能自明其明，便自谓无无明，而不知人之无明，则正借此而隐于其明之后，与之俱行；而人之言行遂入于狂肆，其蔽乃不可胜言。王龙溪之学，亦似有此现成良知之说，故人亦可本其说以成其狂肆。然实则龙溪言现成良知，乃悟本体，而即此本体以为工夫；非悟本体后，更无去蔽障嗜欲之工夫者也。

此龙溪之言现成良知，非谓人更无去嗜欲蔽障之工夫，故于双江念庵之言"世间无现成良知，非万死工夫，断不能生"，亦谓为"未必非对病之药"（《语录》卷二《松原晤语》）。龙溪更谓世间"薰天塞地，无非欲海；学者举心动念，无非欲根。而往往假托现成良知，腾播无动无静之说，以成其放逸无忌惮之私。所谓行尽如驰，莫之能止。此兄（指念庵）忧世耿耿苦心，殆有甚焉。此吾辈所当时时服食者也"。则龙溪固亦深知人之嗜欲之当去，与障蔽之当开。其语录亦时言吾人之在缺陷世界中，亦固知双江念庵之言之旨，而亦知现成良知之说，足为人所假借，以成其放肆。然龙溪仍言有现成良知者，则是谓："良知在人，本无污坏，虽昏蔽之极，苟能一念自反，即得本心。譬之日月之明，偶为云雾之翳，谓之晦耳。云雾一开，明体即见，原未尝有所伤也。"（《语录》卷六《致知议辩》，辩双江之说）又《答念庵书》曰："万欲腾沸之中，只肯反诸一念良知，其真是真非，炯然未尝不明。只此便是天命，不容灭息所在，便是人心之不容瞒昧所在。此是千古入贤入圣真正路道。"故又谓念庵"必以现在良知与尧舜不同，必待功夫修整，而后可得，则未免于矫枉之过。曾谓昭昭之天与广大之天，有差别否？"更谓："从顿入者，即本体为工夫，天机常运，终日兢业保任，不离性体。虽有欲念，一觉便化，不为所累。所谓性之也。从渐入者，用功夫以复本体，终日扫荡欲根，祛除杂念，以顺天机，不使为累。所谓反之也。"故谓："千古圣学，只从一念灵明识取。保此一念灵明，便是学；以此触发感通，便是教；随事不昧此一念灵明，谓之格物；不欺此一念灵明，谓之诚意；一念廓然，无一毫固必之相，谓之正心。此是简易直截根原。"（《明儒学案》龙溪学案《水西别言》）又谓："只在一念无将迎，无住著，天机常活，便是了当千百年事业，更无剩欠。"此即见龙溪所重者，唯是谓在嗜欲蔽障中，总有此昭昭之良知在，更不问其广大充满与否。人唯直下于此一念灵明，加以自见自悟，即依本体，以用化除欲障之工夫。此工夫无尽，效验亦无尽。故又谓："只将一点灵明，默默参究，无昼无夜，无闲无忙，行立坐卧，不论大众应酬，与栖心独处，时时理会照察。念中有得有失，此一点灵明，不为念转。境上有逆有顺，此一点灵明，不为境夺。人情有向有背，此一点灵明，不为情迁。此一点灵明，穷天穷地，穷四海，穷万古，本无加损，本无得丧。是自己性命之根。尽此谓之尽性，立此谓之立命。生本无生，死本无死。生死往来，犹如昼夜。应缘而生，无生之乐；缘尽而死，无死之悲。方为任生死、超生死，方为不被生死魔所忙乱。生死自然，况身外种种世法好事，又乌足为吾之加损哉。于此果得个悟入之路，此一点灵明作得主，方是归根真消息。这一点灵明，体虽常寂，用则随缘。譬如太虚无相，不拒诸相。全体放得下，方全体提得起。予夺纵横，种种无碍。才为达才，不为才使；识为真识，不为识缚；谈说理道，不滞于诠；撰述文词，不溺于艺。向来抛在无事用中，到此种种见去，化臭腐为神奇，皆此一点灵明，随缘变见，而精神气魄，自然百倍于前。一日亦可，百年亦可。独来独往，动与天游。所谓丹府一粒，点铁成金。愈收敛，愈畅达；愈沉寂，愈光辉。此是吾人究竟法，到此方是大豪杰作用。方不负为此大事因缘出世一番也。"（《语录》卷四《留都会纪》）

此龙溪之言自见自悟其良知，初明说此只是一点灵明，在种种念之得失中，境之逆顺中，情之向背中，亦即在种种可为之蔽障者之中。但人仍可只就此一点灵明，加以参究。此参究，即自明于蔽障之中，以使之日充日明，而效验至于"动与天游，点铁成金"。于此即不须更言归寂主静之工夫。故与念庵书曰："若曰吾惟于此收敛握固，便是有枢可执，……认为致良知之实，未免犹落内外二见。才有执着，终成管带。只此管带，便是放失之因。"此良知之自见自悟，乃直接之自见自悟。由不悟至悟，不经媒介，不历阶梯，故名之为顿。时时自见自悟，即时时是顿。故非谓一有此顿，则学圣贤之事，一了百了。只是有此一顿，即有此一点之灵明之自明，人即可缘此以日充其明。故此顿，正所以成其一悟后之工夫。在此工夫中，亦自有销化嗜欲，以开蔽障之事在。故此悟本体即工夫，唯是"即此本体之所以为本体，以起工夫"。此本体之所以为本体者，只是一先天之虚寂的灵明之心。能悟得此虚寂的灵明之心，至善而无善无恶，有而非有，而自藏密，即无待于如聂双江之以静坐归寂为转手工夫，以洗心退藏于密；而直下见此心体之即显即密。故人之即之，而承奉之，以起工夫，以为诚意致知之事，亦是"显而密""有而非有"；而此工夫之自然流行，亦无滞碍。由是而此心体见于知善知恶之知，则其"知"初不同于"有能所相对之识知"，而知即无知之知，而"体寂"。此心体之见于好善恶恶之诚意，则意为"不离心知之寂而贯于感"之"几"。时时好善恶恶，于所恶之意念"才动即觉，才觉即化"，于所好之意念，亦更不自以为善，于善亦化而不留。则更无依识而有之善恶"意象之纷纭"，而意即无意之意，而"应圆"。此心体之见于为善去恶之格物，则其"所感"之物，不囿于一曲。时时为善去恶，而恶去则无恶，为善亦忘其善，更无眼中金屑；而物即无物之物，而"用神"。此即由悟先天之心体之为虚寂的灵明，原是"有而非有"，而能感之心知；即致此知于其"贯寂感之意"之"所感之物"，以由"先天之心之自正而致知"，以成其"后天之诚意而格物"之工夫者也。此即其言"先天之功，却在后天上用"，"未发之功，只在发上用"（《语录》卷六《致知议辩》）之切义也。

此龙溪之学，其要点只在悟先天心体之为虚寂的灵明，而原自正，以为先天正心之学。依此悟，以致知诚意格物之事，即其后天之诚意之学。此诚意之学，亦无异自运致此心体之虚寂，以至于其用之见于知意物者，皆无不虚寂。此工夫之"简易省力"，在于本体能顿见顿悟，而更自信得及。故龙溪谓"致良知三字，及门者谁不闻，唯我信得及"（《龙溪语录·龙溪先生传》）。只此"信得及"，即龙溪之工夫之根本。此乃明是天资高者，由极高明以道中庸之工夫路数。然龙溪于此中之所言者，皆要在发人之哲学的观解。人闻其言，而真发得一观解，亦自皆可有此自悟自信。唯此观解之本身，却是一先行之工夫。而人之是否有此观解，则亦无必然。如推双江、念庵之意以说，则正可谓人于此须先用归寂主静之工夫，方能使此"观解得此心体之虚寂之事"，真实可能。而龙溪亦可谓若不先悟心体之虚寂，则归寂主静之工夫，亦不能相续。吾意：善学则二言俱是，"用之则行"，皆契环中；相诤则循环无已，百千翻折，终归戏论，不如"舍之则藏"。而人不闻龙溪之所言，无此观解，亦不由主静归寂以成此观解，亦非别无工夫。如只着实知善知恶，以为善去恶，由先"道中庸"以上希"高明"，如钱绪山之学，亦同为一工夫也。再此中人之发得观解者，亦可于此所观解者，作玄理境界玩弄，阻其即此所悟以起工夫。此则其几至微，人乃或道愈高而魔愈大。而龙溪之言之圆熟透辟，更多美辞，同可启人此玩弄之几。此即龙溪之"教"之所以不能无弊。然此固非谓龙溪之"学"之先有此弊也。（此节宜与吾《原性篇》述及龙溪者参看）

八　王心斋之格物安身即以安家安国安天下之学及其言学乐相生之旨

龙溪之工夫为悟本体即工夫之旨，其言原自明白，更无可疑。然泰州王门之学，是否亦属龙溪一路，则是一问题。此泰州之学，始于王心斋。心斋固原有其学，故虽拜阳明为师，亦未尝舍其旧见。如于格物之说，终不取阳明"正念头"之说，仍以安身为本之义说格物是也。其格物说，后刘蕺山亟称之。（见《明儒学案·泰州学案》）泰州之传，由颜山农、何心隐、罗近溪、周海门、李卓吾等，其立身行己，讲学论道之作风，亦与其余之王门学者不同。故梨洲于泰州学派，不称王门，以示区别。心斋为处士，未尝入仕，唯讲学民间。故泰州门下有樵夫、陶匠。而《传习录》卷三亦记心斋首见"满街皆是圣人"。兹按儒者固原以人皆可以为尧舜，其学固人人可学，而学之皆可至于圣。阳明亦有"个个人心有仲尼"之语。然儒者之学，实际上仍初只及于士人。阳明之徒，亦大皆学而优则仕，仕而优则学者。唯泰州之心斋为处士，其门下有陶匠樵夫，而泰州门下，更与九流三教之人相接，而其对社会之影响，亦最为广大。此乃昔所未有。然亦以此而泰州门下，不免于龙蛇混杂。承泰州之传之学者，亦所见恒有不同。泰州之学之精神，毕竟何在，亦不易论也。

依吾之意，若与其他王门之学相较而论，当说泰州之学之精神，在直面对吾人一身之生活生命之事中讲学。此非谓其他王门之学，不关生命生活之事。但在其他王门之学者，大皆先重此心之为身与生命生活之主宰，而重在于心之意念上求警惕、戒惧、归寂，或见良知本体，究一念灵明，以为工夫。泰州之心斋，则直以安身标宗。安身自亦须以心安身。然言以心安身，则重在心之向在此身上事，而非重在心之向于其自己。此即与其他直重在心上用工夫之学，有毫厘之差。心斋言："安身者，谓身也者，本也；天地万物，末也。知身之是本，是以明明德而亲民也。"故其释格物之义曰："格为格式之格，即絜矩之谓。吾身是个矩，天下国家是个方。絜矩，则知方之不正，由矩之不正也。是以只去正矩，却不在方上求。矩正则方正矣，方正则成格矣。故曰物格。吾身对上下左右前后是物，絜矩是格也。……安身以安家，而家齐；安身以安国，而国治；安身以安天下，而天下平也。"又曰："物格知本，知至也。诚意、正心、修身，立本也。本末一贯，是治。爱人、治人、礼人也，格物也。""危其身于天地万物者，谓之失本；洁其身于天地万物者，谓之遗末。"又谓："知保身者，则必爱身；能爱身则不敢不爱人，能爱人则人必爱我，则吾身保矣。故一家爱我，则吾身保；吾身保，然后能保一家。一国爱我，则吾身保；吾身保，然后能保一国。天下爱我，则吾身保；吾身保，然后能保天下。此即明哲保身之义也。"

观此心斋言安身保身之义，梨洲谓其开临难苟免之隙，而其言为安身保身而爱人，亦似不免一个人之功利主义之色彩。然心斋亦言安身保身，所以保家保国保天下，则亦不可即谓心斋只为自安自保其身，而言爱人也。观心斋言之本旨，唯在重此身之为本，以达于家国天下，而通此物之本末；遂知此身与家国天下，互为根据以存在。乃以此由本成末，为人之成其明德，自致其良知，以明明德于天下，使天下人皆得自致其良知之道。故此人之明明德于天下，即人之所以自安其身，而使其心之良知得其安乐之道。人心之循此道而行，亦即同时超于其原来之自私一身之私欲之外，以成其安乐。故心斋《乐学歌》曰："人心本自乐，自将私欲缚。私欲一萌时，良知还自觉。一觉便消除，人心依旧乐。乐是乐此学，学是学此乐。不乐不是学，不学不是乐。乐便然后学，学便然后乐。乐是学，学是乐。呜乎，天下之乐，何如此学？天下之学，何如此乐？"则此心斋之致良知之学，乃要在先知此良知本体之原以安身而安家国天下为乐；即依此乐以成其学，而更学有此乐；以使学与乐，互相依据，以成其增进。由此言之，则心斋之教，即先正面的悟此良知之本体之乐，以成其工夫之教。而与龙溪之重正面的悟良知本体之一点灵明，以成其工夫，正有相类之处者也。

兹按阳明原有"乐为心之本体"之言，其言良知之戒慎中，亦有洒脱之义。然王门学者，则未有明倡自觉此乐在本体，而依之以起工夫，而使人自乐其工夫，亦自乐其学者。心斋则首倡此义。其所以能首倡此义，则正与其不单言心，而即安身之事以言此心之学有关。于此人之安身之事，欲完全成就，则非家国天下全安，吾身亦终不得全安。然只须此身一息不断，当下此身皆原有一安处在此，即当下此身之能在于其所在是也。然人之顺其心念驰思于天地万物者，则恒忘其当下之此身，能在于其所在，即有其安处；乃于此安处，不能自觉，则亦不见此安处，而不知于此先求自有其乐。人果能见此安处，而自有其乐，而能于一极平凡之生理生活之事中得乐，亦可见有一大工夫。此则如孔子之言"曲肱而枕之，乐在其中矣"，即恒非人之所能有。然此亦只须人一念还观其身之一息不断，见其当下自有安处乐处，而要有即有者也。人果能有此乐，则其心灵生命，当下有一立根处，当下得一身之安；则其后之齐家、治国、平天下之事，亦无不可为矣。故心斋之子东崖更谓"鸟啼花落，山峙川流，饥食渴饮，夏葛冬裘，至道无余蕴矣"。人孰不能张此眼，即见鸟啼花落，山峙川流？人孰不能饥餐渴饮，而夏葛冬裘？此自然生命生活中之安乐，人谁不能由放下其对过去未来之思虑，而当下要有即有之？然人不能自息其心念之驰思于天地万物者，以返于此当下之此身之所在，则又恒交臂失之，而必不能有此安乐。夫以此"心"与此"身"较，心之所及者，则高矣远矣。然心由其所及之高远，以返诸至近之一身，则此心之所经行者，又更远矣。然人之慕高远者，恒昧于此理；遂以凡落在此身之自然生命生活之事，皆为卑近，而以之为不屑道。此即黄梨洲叙东崖之言曰："今日才提学字，便起几层意思……议论讲说之间，规矩戒严之际，工焉而心日劳，勤焉而动日拙。……心神震动，血气靡宁。不知原无一物，原自见成。但不碍流行之体，真乐自见。"（东崖学案）盖真乐，即在此鸟啼花落、饥餐渴饮之事中也。人必于此等事中能得安乐处，为其生命立根，然后可言安家、安国、安天下，以明明德于天下也。此则于阳明言《大学问》一文，归于明明德于天下之旨，正相契合也。

　　由此心斋、东崖之安身之教，以实至于安家、安国、安天下之事，自亦非易事。心斋、东崖之讲得此意，亦未必能实行。而欲实行之者，则为泰州门下由徐波石，以至何心隐、颜山农之儒而侠者。至于缘此心斋之言格物、安身、安家国天下之义，更知此心之有"意"，以主乎此身之心，以向于家国天下，而由心斋之格物之学，阳明之良知之学，以首言诚意之学者，则有王一庵。若更能循此身之本与家国天下之末之"本末一贯"之意，而于此识得仁体之贯于此本末之一"生"之中，而畅发阳明《大学问》一文之旨，以言大人之身之另一型态之悟本体即工夫之学者，则罗近溪也。

九　罗近溪之性地为先及大人之身之学

于罗近溪之学，吾昔年尝就其《盱坛直诠》一书，述其学之大旨。今亦重载本书中，作为一章。本章此节则先持之与他家较，提示其要点所在。按近溪尝谓"学有以用功为先，有以性地为先者"。此即龙溪所谓由工夫以复本体之渐入，及即本体为工夫之顿入之二途也。《盱坛直诠》以性地为先者，即当信当下之本体。近溪又曰："以用功为先者，意念有个存主，言动有所执持，不惟己可自考，亦且众所共见闻。若性地为先，则言动即是现在，且须更加平淡；意念亦尚安闲，尤忌有所做作。岂独人难测其浅深，即己亦无从验其长短。"又谓："若不认得日用皆是性，人性皆是善，荡荡平平，事无差别，则自己工夫，先无着落处，如何去通得人、通得物、通得家国，而成大学于天下万世也哉。"（《盱坛直诠》上）此所谓性地为先，即从现在言动平淡、意念安闲处，下工夫，更不别求工夫效验之谓。而此所指者，则唯是于日用常行处下工夫。故近溪尝谓："昔贤于性体平常处，未见提掇。"（《盱坛直诠》卷下）龙溪亦尝谓："良知在人，百姓之日用，同于圣人之成能。"（《致知难易解》）又谓："论工夫，圣人亦须困勉，方是小心缉熙；论本体，众人亦是生知安行，方是真机直达。"（《龙溪语录》卷三《水西精舍会语》）然龙溪于此日用常行，提掇之语仍不多。而近溪此类提掇之语则甚多。此与心斋东崖父子之学，原重在日常生活中求安身格物之道，初正无异。然心斋言安身，初即只以一人之身为本；唯由其末之贯于家国天下，以言此本末之一贯之学。而近溪则依此本末一贯之学，更"联属家国天下以成其身"，以天地万物为一体。谓："身大，则通天下万世之命脉，以为肝肠；通天下万世之休戚，以为发肤。病痛疴养，更无人我，而浑然为一，斯之谓大人而已矣。"（《盱坛直诠》卷上）此大人之所以能合家国天下，以万物万世为一身，为其大学问，则由于此身之生，与其外之天下人之生、天地万物之生，原互相感应孚通，而不可二。此即昔贤所谓仁体之合天地万物为一体者也。夫然，故欲知此一人之身，则当知此生；欲知此生，则当知此仁。人之所以为人，即仁也。仁即人之心之所以为心，人之生之所以为生也，亦人之所以有其生之自然之乐者也。故曰："赤子初生，孩而弄之，则欣笑不休。乳而育之，则欢爱无尽。盖人之出世，本由造物之生机。故人之为生，自有天然之乐趣。故曰仁者人也。此则明白开示学者，以心体之真，亦引学者，以入道之要。后世不省，仁是人之胚胎，人是仁之萌蘖，生化浑融，纯一无二。故只思于孔颜乐处追寻，顾都忘于自己身中，讨求着落。诚知仁本不远，方识乐不暇寻。"此即谓生之乐本于人之生，原即依于造物之生机，亦依于仁；然后"孩提初生，其禀受天地太和，真机发越，固随感皆便欢喜。若人心神开发，于本性之良，彻底透悟，则天地太和，亦即时充满，而真机踊跃，视诸孩提，又万万矣"。（同上）此即人之自透悟其心体性地之仁，以使其身成大人之身之事，而使"大人赤子，念念了无二体；圣心天德，生生唯是一几"者也。此则其旨又过于心斋、东崖之言之所及者矣。

此近溪即人之生以言心体性地之仁，以至于大人之身，自当重此心性之知能与精神等，能"复以自知"。此即与龙溪重言良知与一念灵明，以自悟本体之旨通。然此中近溪之学与龙溪之自悟本体之道，仍有不同。此不同，在龙溪唯就良知与一点灵明之自生生不已，以言此心之生，而重对此一点灵明自加参究；直究至知此一点灵明，涵天盖地，而能任生死、超生死。然近溪于此灵明，则亦尝自加参究，而误入歧途。其《明儒学案》近溪传，尝言其苦心求道时，初尝谓："万起万灭之私，乱吾久矣，今当一切决去，以全吾澄然湛然之体。"遂"决志行之，闭关临田寺，置水镜几上，对之默坐，使心与水镜无二"。此不能谓之非参究澄然湛然之灵明之事也。然近溪乃终以此而病心火。其后来讲学时所言之光景，亦即皆由此心之自观其灵明而起者也。此心自观灵明何以致光景之故，则吾已于专述近溪之学之文中详论之。人自参究其灵明，固不必成光景，亦不必归于病心火。龙溪之自参究其灵明，亦未尝成光景、病心火也。然此中人之自参究其灵明，要有一成光景、病心火之可能，为学道者之一魔障。此则近溪见得，而谓为"鬼窟"，龙溪未必见得也。① 至于近溪之终得去其心火之病，则由其闻颜山农之言：此心之与水镜无二而不动，"是窒欲，非仁体也……子不观孟子之论四端乎，知皆扩而充之。若火之始燃，泉之始达，如此体仁，何等直截。故子患当下日用而不知，勿妄疑天性生生之或息也。"近溪闻山农此语，乃如大梦初醒。后近溪讲学时用以破光景之道，亦即在教人不可"回头想念此心中炯炯"或"前段心体"，不可"顾念此光晶晶之心，以留恋光景"。当知人之"应事接物，还是用着天然灵妙浑沦的心"（《盱坛直诠》卷上），方得入道。此即近溪所谓"我从千辛万苦，走遍天下，参求师友"所得之"具足现成生生不息之大家当"。（卷下）此即见近溪之言，别于龙溪者，正在龙溪只言于此灵明上参究，而近溪则谓此灵明之心，乃浑融于吾日用生活之生生之中，唯于此见心体性地，方得免于光景心疾也。如实言之，则龙溪之单言一念灵明，寂而能感，神机妙应，当体本空，亦自是吾人之生活生命之

---

① 《龙溪语录》卷四《答楚侗耿子问》，亦言及罗子有鬼窟之说。

灵明。然单说此灵明，则毕竟抽象挂空，而不能具体落实。而近溪之即此日用常行之生活之所在，以见此"心之浑融于此身之中，而涵育于此身之外，其精莹灵明，映照莫掩者谓之精；其妙应圆通，而变化莫测者，谓之神"。而即此心之精神以"复其见天地之心"，则"耳目聪明，顿增显亮；心思智慧，豁然开朗。其根器深厚、志力坚贞的汉子，际此景界，便心寒胆战，恭敬奉持。如执玉，如捧盈，毫忽不能昧，便唤做研几；斯须不敢瞒，便唤做慎独；不落声臭，不涉睹闻，渊渊浩浩，唤做极深；坦坦平平，好恶不作，唤做君子之中庸也"。此近溪之所悟于心之精神，皆在日用平常之生活与生命之中，即更具体而落实。近溪之依此"具足现成之大家当"以讲学，而举例示人，则赤子之顾盼、童子之捧茶，以至家家户户赖以过日子之孝弟慈等，皆俯拾即是。此即近溪之讲学，所以更能于言说无碍，而雷动风行于一世也。

由上所述，可知近溪之悟性地或良知本体为工夫，既不同心斋之悟良知之觉有乐，而未畅言此乐之依于仁者，亦不同龙溪之只在心之灵明上参究者。然其于日用常行处，当下提撕，以见"当下本体"，谓此中无往非道，并谓念庵之"不信当下本体，则无下手处"，则近龙溪。近溪亦谓当下本体，或难可尽信，有冒认本体者（《盱坛直诠》与甘乾斋问答）。故近溪正未尝真谓人之工夫，可处处当下浑沦顺适，纵横在我，更不见艰难，更不用工夫，如孟我疆之一流之论也。近溪固亦深知求道之难，其一生亦尝亲历其难。其讲学亦尝谓是"披沥天心，号呼世梦，或触怒生嗔"（卷下）。盖道固无乎不在，而即在日用常行中。然人之自知自觉此日用常行中之道而行之，则是大豪杰之行；而人之学道之工夫，亦恒难于得力。然近溪于此，则未尝如双江念庵之以归寂主静为功，而更言：人于此难于得力处，能回头转念，知此求得力之一段精神，即能有得力处。《近溪语录》："人问某常欲照管持守，有时间断如何？"近溪曰："我今劝汝，且把此等物事，放下一边。待到五更半夜，自在醒觉时节，必须思想：我要去如何学问，如何照管持守我的学问。当此之时，轻轻快快转过念头，以自审问说道：学问此时虽不现前，而要求学问的心肠，则即现前也。照管持守工夫，虽未得力，而去照管持守一段精神，却是得力也。当此际，轻轻快快转过念头，以自庆喜说道：我何不把现前思想的心肠，来做个学问，把此紧切的精神，来做过工夫？则一但要时，便无不得；随处去，更无不有。所谓身在是，学即在是。岂止免得间断，且绵绵密密，直到圣神地位，无难矣。"此即谓于此中学问，觉难于得力，而自回头转念，看此自己之求得力的心，即可当下得力。此则固不须于此更疑此学此道之不在；而唯当信此身在，即学在、道在。觉不得力处，即得力，如知有迷处，即觉。故近溪言心尝谓："镜面之光明与尘垢，原是两个，吾心之先迷后觉，却是一个。当其觉时，即迷心为觉；则当其迷时，亦即觉心为迷。除觉之外，更无所谓迷；而除迷之外，亦更无所谓觉也。"此则不取禅道与龙溪之心如明镜之喻；而近起信、华严、天台之迷觉一心之旨，归于翻迷即觉之教。梨洲《明儒学案》言："近溪之学，工夫难得凑泊，即以不屑凑泊为工夫；胸次无畔岸，便以不依畔岸为胸次。解缆放船，顺风张棹。"此非任放之论。唯是谓于工夫不得力、无凑泊、无畔岸处，即解缆放船，回头认取此一番求凑泊、求畔岸之紧切精神，而即此以为凑泊与畔岸。而顺此精神之风以张棹放船。此即近溪言"身在、学在、道在"之极旨，亦其以"性地为先"，以悟心体为先之工夫之极旨，而待于善学者之心知其意者也。

第十五章　罗念庵之主静知止以通感之道

一　良知发见之搀和问题

上文于王门之学，分为二流，以观其异同之际，故于每家之学，不能详及。吾昔年既有述罗近溪学之一文，所述较备，今重载为本书之下章，于龙溪之学吾在《原性篇》，亦已撮其言心性之要旨。今更补述罗念庵之学，亦列为一章，以与罗近溪为二罗，以分别代表王门之二流之学，使吾人于此王门之学之论述，其轻重详略之间，更不失平衡，以备好学者之观览焉。

吾之所以述此念庵之学者，在念庵与人论学最切。今观其文集，大皆为同时代友生论学之著，而无多语录；亦未尝如聂双江之著《困辩录》，以自为其说下注脚。盖念庵不同于龙溪近溪之周游讲学，所留会语甚多者。其有取于聂双江之论，乃由其于此论，实得一工夫上之受用。其《夏游记》《冬游记》等，记其与王龙溪之论学，及其闻于钱德洪、王心斋、刘师泉等所言，皆所以自备不忘。故念庵之学，乃纯是一为己之学。其言皆切道其所见而止，不同双江之书尚欲自立其说，而安排义理，征引文句，为证为靠者；亦不同于龙溪、近溪在讲会之语，乃意在启发他人，于义理言说，不免有种种姿态施设，以开张门户者。言说有姿态施设，则说是简易平实，而势不能皆简易平实；便可使人抓住凸出之话头，更加假借运用，以至孳生流弊。故龙溪之高明之论，固可导人于虚玄；近溪之解缆放船，顺风张棹之论，亦可使人更渗之以情识。是皆不能无流弊。念庵之学则专是为己。念庵年二十五即举状元，而一生无大功业，亦未尝自树一讲学之门庭，而又自足为后世之师表。故梨洲于王门诸子，最称东廓念庵。而后世之学近程朱者，如孙奇逢等，皆于念庵，特加推尊。今存《念庵文集》之书信及短篇之文，亦皆有安闲深静气象。王龙溪言之透辟直截，罗近溪言之善提撕指点，固皆一时无两。然皆不如念庵语之有安闲深静气象者，足资玩味。此中所关涉之学问，尚非只是于义理见得明白与否之事，更是人于义理有浸润涵泳之功后，如何表现于辞气之事也。然今兹述念庵之学，则只抄录其最重要之二三书，并述其与双江、龙溪之异同关联之际，以便人之知其为学之道路，更得顺之以会其所学者而已。

此念庵之学，自是由聂双江之归寂主静之工夫而入。其所以须先有此工夫，乃在吾人之现成良知，未必能充其虚灵本体之量，而发见，乃不能免于夹杂搀和。此可先引龙溪与南中王门唐顺之之一段语，以见此中之问题，乃王学之流中所共有之一问题。其记曰：

"荆川唐子开府维扬，……先生会时，已有病。遇春泛日，坐治堂，命将遣师，为防海之计。一日退食，笑谓先生曰：公看我与老师（指阳明）之学相契否？先生曰：子之力量，固自不同；若说良知，还未致得在。荆川曰：我平生佩服阳明之教，满口所说，满纸所写，那些不是良知，公岂欺我耶？先生笑曰：难道不是良知；只未致得真良知，未免搀和。荆川愤然不服曰：试举看。先生曰：适在堂前遣将时，诸将校有所禀呈，辞意未尽，即与拦截，发挥自己方略，令其依从。此是搀入意见，心便不虚，非真良知也。将官将地方事体，请问某处该如何设备，某事却如何追摄，便引证古人做过勾当，某处如此处，某事如此处；自家一点圆明，反觉凝滞。此是搀入典要，机便不神，非真良知也。及至议论未合，定着眼睛，沉思一回，又与说起。此等处，认作沉几研虑；不知此已搀入拟议安排，非真良知也。有时奋掉鼓激，厉声抗言,使若无所容,自以为威严不可犯。此是搀入气魄,非真良知也。有时发人隐过,有时扬人隐行,有时行不测之赏,加非法之罚,自以为得好恶之正;不知自己灵根,已为摇动,不免有所作,非真良知也。他如制木城、造铜面、畜猎犬,不论势之所便,地之所宜,一一令其如法措置。此是搀入格套,非真良知也。尝曰,我一一经营,已得胜算,猛将如云,不如着一病都堂在阵。此是搀入能所,非真良知也。若是真致良知,只宜虚心应物,使人人各得尽其情,能刚能柔,触机而应,迎刃而解,更无些子搀入。譬如明镜当台,妍媸自辨,方是经纶手段。才有些子才智伎俩,与之相形,自己光明,反为所蔽。口中说得十分明白,纸上写得十分详尽,只成播弄精魂,非真实受用也。荆川怃然曰:吾过矣。友道以直谅为益,非虚言也。"(《王龙溪语录》卷一)

王龙溪所言良知之所搀和,已非一般所谓好货、好名、好色之人欲之类。其所谓意见、典要、拟议、安排、气魄、有所作、格套、能所之病,其他为王学者,亦时及之。其义亦不易说。大率此所谓意见,是只依自己主张,使人不得尽情。此即非虚心应物,与物相凑泊为一。此义较浅。如《江右学案》东廓学案记龙溪与东廓谈论,谓:"隐隐见得自家本体,而凑泊不得。是本体与我终为二物。"谓此即意见,则其义较深。龙溪之责念庵不脱落知见意见(念庵学案),即指此深义之意见也。典要是昔人成法,不是现在灵知。拟议安排,是不能直应直达,触机而应,迎刃而解;乃退而拟议安排一思虑格局为倚靠,而灵知即限落于此格局中。气魄是将自然生命力,提起为助,亦不是专主灵知。有所作之赏罚,是以此赏罚表见此气魄于外,此是刚硬不柔。格套是以己之意见,强施于物。能所是以我为"能",以物为"所",而以我之"能",凌驾于"所对之人物"之上,不能无我,亦是不能虚心应物。此皆是良知之所搀和,而使其良知之发见,不同真良知之能虚心应物,能刚能柔,触机直达,无内外我物之分者。此与念庵之言"良知有规矩而无样式，有分晓而无意见，有主宰而无执着，有变化而无迁就，有深厚而无鹘突"（《与夏太守》，不见《念庵集》中。今据《明儒学案·江右学案》三所引），其旨不相远。此皆是谓良知可有其所搀和之病痛，以似是而非，而人于此当更求识真良知之面目者也。然今当问：如何免得此良知之所搀和？龙溪之指出唐顺之自谓是能致良知者，其中尚有搀和，顺之固终心服。然顺之不遇龙溪，如何？遇而不问，如何？问而不答，如何？顺之既知其今日有此搀和，如何来日便能无此搀和？则龙溪与顺之，其一朝之会，固亦不能解决此一问题也。

如依龙溪之教，则于此盖当说，人仍唯有在自家一点灵明上参究。良知自有搀和，但亦有不搀和处。今即在此不搀和处，默默自识，自加参究；恒见此灵明之寂而常感，感而常寂，有而非有，无而非无，不落能所，不在内外；则灵丹一粒，点石成金；自然气魄渐化，意见渐消，典要渐忘，安排渐少。只须人于此"拼得性命"，此一工夫得力，则在应感之际，亦当下能致得其良知。故龙溪谓念庵曰："若逼真来，轮刀上阵，措手不迭，直心直意，人人皆得见之。"然在双江、念庵之意，则以为要去此良知之所搀和者，应先有一段归寂主静之工夫，方能真致得良知。此龙溪与双江、念庵论学之分异也。

今欲评论此二说之是非，当超出议论，落到实际去看。则此龙溪谓可当下致得，亦自是因有当下致得之上根人。然龙溪又未谓其为上根人，故尝谓："当下亦难识，非上根不能。吾人挨门就户，挨来挨去，忽然得个着落，便是小歇脚。"（《语录》卷四《东游会语》）如吾人须挨来挨去，方有小歇脚，则吾人当下亦可致不得也。既当下致不得，人自可当下另用工夫，以去此良知之所搀和。而用归寂主静之工夫，以使此所搀和之物事，自然脱落去除，则正是人自然会用之工夫。龙溪亦实于直下顿悟之外，自有静中之工夫。此则由龙溪之亦用调息工夫见之。龙溪于其舍之毁于火后，亦更用自讼其过之工夫。此调息静坐，自讼其过之工夫，要是停息外缘，不与身外事物应感时之工夫，而亦实即双江念庵，所谓归寂主静之工夫之类也。

实则人欲去此良知之所挽和之物事，无论一般好货好名之私，或如龙溪所谓意见气魄之微，为良知之病者，在实际上皆有二种工夫：一是由人之自知其病处，回头更挨来挨去，挨到此一知病之"知"。能知病之"此知"，以病为病，"知"自非此病，而此"知"中亦无病。知此"知"中之无病，即所以去病而无病。此龙溪之悟本体即工夫之教也。一是于病时休息，使病渐脱，而元气自复，良知自见。此即由工夫以悟本体之教也。此二工夫，原是人皆可用，亦恒是为人自知加以选用者。亦皆人依其良知之有所发现，而后能用之者。盖知"知病之知"中无病，固是良知发见。人能知在病中息养，乃是求康复。此求康复之念，亦当下是良知发见也。双江、念庵言归寂主静，固亦由其先知其心之有病，而以病为病；惟不由知此"知"之原来无病，以为去病之道耳。世间固有在重病之人，忽念父母生我，原来无病，其病即霍然而愈者。人病中，恒不见有病，而念念忘病，亦固治病之一道。而念念在病者，亦或更增其病。此龙溪之所以重正面悟得此良知本体之恒在之教也。然人病而不知养息，而自谓无病，乃与常人同为种种日用应酬之事，则其病又恒日增。此即双江念庵之所以必言归寂主静，以为此息养之功也。则二说又何诤哉。

双江念庵之说，既原可与龙溪之说无诤，则吾人可放下龙溪之说，唯就此归寂主静之工夫路上，去看此双江念庵之所得何如；则吾意念庵所得，较双江为尤深，而其说亦更较双江为圆。此则由念庵虽初极契双江之说，以寂为大本大中，谓"非经枯槁寂寞，一切退听，而一切炯然，未易及此"；然后来其学更进，则疑双江"心主乎内，应其外而有外"之内外之分之说。此即较双江之学，更转进一层。由此转进，而乃与龙溪之学，虽有异，而亦自然有契合之处。此即吾此文论念庵之学之所归也。

二 主静之功与心之虚而通之仁

对此念庵之学之造境，当观其《答蒋道林》书。其言曰："未几入深山，静僻绝人往来，每日块坐一榻，更不展卷，如是者三越月，而旋以病废。当极静时，恍然觉吾心，中虚无物，旁通无穷。有如长空云气流行，无有止极；有如大海鱼龙变化，无有间隔。无内外可指，无动静可分；上下四方，往古来今，浑成一片。所谓无在而无不在，吾之一身，乃其发窍，固非形质所能限也。是故纵吾之目，而天地不满于吾视；倾吾之耳，而天地不出于吾听；冥吾之心，而天地不外逃吾思。古人往矣，其精神所存，即吾之精神，未尝往也；否则闻其行事，而能憬然愤然矣乎？四海远矣，其疾痛相关，即吾之疾痛，未尝远也；否则闻其患难，而能恻然蠹然矣乎？是故感于亲而为亲焉，吾无分于亲也；有分于吾与亲，斯不亲矣。感于民而为仁焉，吾无分于民也；有分于吾与民，斯不仁矣。感于物而为爱焉，吾无分于物也；有分于吾与物，斯不爱矣。是乃得之于天者固然。如是而后可以配天也。故曰仁者浑然与物同体。同体也者，谓在我者，亦即在物，合吾与物而同为一体。则前所谓虚寂而能贯通，浑上下四方、往古来今、内外动静而一之者也。故曰视不见，听不闻，而体物不遗。体之不遗也者，与之为一体故也。故曰诚者，非自成己而已也；尽己之性，则亦尽人之性，尽物之性。宇宙内事，乃己分内事。东西南北之四海，与千万世之上下，有圣人出焉，此心同，此理同。其有不同焉者，即非此心与此理，乃异端也。是故为天地立心，为生民立命，为往圣继绝学，为万世开太平，非自任也。先知觉后知，先觉觉后觉，匹夫匹妇不蒙泽，如己推而纳之沟中；天下之饥溺，由己饥溺之也。孔孟之遑遑，岂孔孟之得已哉。天下有道，丘不与易。如欲平治，舍我其谁，分定故也。故曰一日克己复礼，天下归仁焉。隐居求志，行义达道，在孔子之时，盖已未见其人，况于学绝道丧之后哉。"

此念庵之言，乃念庵之隐居求志，于静坐中之所证得。其言皆自道其所证得，而作如实说也。其所以必由静坐三阅月，方证得心体中虚无物，旁通无穷，乃更见其感通之仁，无分于物我内外等，孔孟固未尝如此说。而象山亦于见上下四方曰宇，往古来今曰宙时，便忽然悟得：我与宇宙皆在无穷中；则不能言人皆须有此静坐工夫，乃能识此无分于物我内外之仁也。然人平日种种思虑萦扰，若全无此静功，以至中虚无物之境，亦不能实见此心之仁之本来面目。吾不敢自昧。忆吾年十四五岁时，先父即授我以《理学宗传》一书，得见象山宇宙即吾心之言，与念庵之此节文，即恍然有所见。然不能谓为实于此心之仁之面目有所见也。吾之于此心之仁之面目，自谓实有所见，亦惟赖平生有数度忽然而来之经验。其最早之一经验，为吾年十七赴京求学，先父送我至船上，同宿一夜，次日于晨光曦微，离船而别。忆当船之机轮开动之时，吾忽忘吾对吾父之依依不舍之情，而顿念及，古往今来，不知有无数之父子、兄弟、夫妇，同此离别之情；而吾一人之离别之情，顿化为恻念此古往今来之一切人之离别之情。此恻念，又顿若充塞宇宙，而无穷无尽，不能自已；若从天而降，以湿润吾之一身。后求学南京，忆于一黄昏时望月食，俗谓此由天狗食月，故街上群儿皆共击鼓，声闻四野，谓所以驱此天狗，而救此月之光明。吾忽念此群儿之心，乃在上救此天上之月；遂若见此群儿之心，皆一齐飞向于月，以充满于此太虚；遂生大感动，而亦顿觉我之悲恻，弥纶于天地。此外类此之经验，尚有数度。其来皆是依偶然之一感，而忽然心扉自开，恻怛之情之不容已者自出。当此之时，凡吾念之及于上下四方、往古来今任何人物，此情亦即与之为一体，而同时知其即此心与宇宙之真实之所在，正如念庵之所说。然吾之此诸经验最长之时间，亦不过三小时能纯一不已；而还自断续无常，一如常人。孔子言"回也，其心三月不违仁，其余则月日至焉而已矣"，吾则只数时至焉耳。此皆吾青年时之经验，非由闻见而有，亦非由学问思虑而致。吾亦尝自谓，"自从一见桃花后，直到如今更不疑"，而据此以为吾后来之一切学问思虑之张本与照应。若非吾之幸有此张本照应，存于心底，亦不敢妄论此圣贤之学，而自谓能于其言，皆触目而心会也。然吾三十以后，知见日多，入世日深，则此类经验渐少，即有之，亦时间甚短。则亦唯有自嗟叹其"聪明不及于前时，道德日负其初心"。唯在吾年五十五丧母，及年五十九，病目在医院时，则又有所悟。此所悟得者，是人不真在万缘放下，一无倚靠，此心至虚至寂之际，此心之感通之仁，终尚未全呈现其真实面目。忆吾青年时诸经验，皆是于晨光曦微、黄昏暮色或夜深人静中得之，亦即皆由吾心适在虚明之际，而后有。唯其待缘而生，适然而来，亦适然而去耳。然真用工夫，亦可使适然者为常然，待缘者成不待缘。吾于是知横渠所谓"虚者仁之原"一语，虽犹有未莹，然虚为仁之呈现之原，则决定无疑。人欲真于此用工夫，则亦必以静虚之功为本也。至于一般学问思虑之事，则只是划出种种规模，如开渠引水，然水原自别是一真实之物事。若要真开得此水源，则必由一般之学问思虑之事，百尺竿头，更进一步，放下一切文字书卷，以至一时放下种种日用应酬，以及应世之事业，而有一段真正归寂主静，隐居以求其志之工夫。吾今亦未尝无此意也。但此个人之事，今不可说得太多。至于此隐居求志之工夫之长短，则十年可，一年亦可，一月一日可，一时亦可。如短之又短，则当下一念即可。当下寂，更当下感。则此先归寂主静之一工夫，与直悟本体之工夫，亦归一无二矣。然吾人通常皆有数十年生活之积习未化，潜伏于中，以障此心之仁，则若非上智，终不可不先以归寂主静之工夫为本。否则未有不是良知天理与平生习气，一齐用事，夹杂俱流，而不自觉者。顿悟悬绝之途，固未易承担也。偶然之悟境，亦不能作把柄也。故吾于宋明儒学之言，虽初最喜象山之先立其大，亦极爱龙溪之高明通透，然仍视周程之静敬之功，双江念庵之归寂主静之教，为入德之一门。至于一般学问思虑，则如本书之所述，仍不过开渠引水之事。此亦程朱格物穷理之功，更只为始学之一事也。由格物穷当然之理，至于有静敬之功，以入德，至上达天德，其途最平坦，人人可行而少弊。故吾于念庵之《与蒋道林》之一书，亦尝屡引之而不厌。又未知其由吾十余岁时，即诵其言而积习不忘耶？或由其言之实得千古圣贤心耶？或吾之心习之有相依者耶？如心习之有相依之义，则人又焉能不先习此归寂主静之功；安可侈言当下之即寂即感，即致得龙溪所谓真良知，而无搀和或夹杂哉。

三　未发与发、寂与感之辨

此罗念庵《与蒋道林》之书之后文，更言："大人之学，将以别于异端，则明德亲民是也。至善，言其体也。虚而能通，何善如之？知止，则自定静安虑，复其虚而通者，何善如之？是谓能得。知止者，言其功也。格物以致知，知止矣，通天下与吾为一物。莫非物也，而身为本。有身，则天下国家兼之矣。莫非事也，而修身为始，身修则齐治平兼之矣。知所先后，而后所止不疑。得其一，万事毕，执事所谓觑破此物是也。致知者，至所知也。致知何在？在吾与天下，感动交涉，通为一体，而无有乎间隔。则物格知至，得所止矣，知本故也。是故知所先后，真知也。所谓识仁，所谓明善，所谓知性是也。致知而不于格物，则不足以开物成务。此圣学与二氏端绪同异，所由辨也。故格物而后知行合一，圣学之全功也。白沙所谓见得体统该括后，更有分殊处，合当理会。义理尽无穷，工夫尽无穷者，正所以格物，而不使间隔，非必觑破时，一齐便了，只须守之而已。”

此所谓知止，即知止于此心之"虚而通"之至善，以识其心之仁。"通"即以此身为本，以与天下国家之物，相感动交涉，是为格物。故此格物之义，略不同程朱言至物而穷其理之义，尤不同于阳明以正念头之不正，为格物之义。此乃依心之虚而通，以成此身与物之感通，为格物。故能格物，乃工夫之效验，而格物本身，非一独立之工夫。此亦类聂双江之归寂自能通感，即是格物，格物非一独立工夫之说。再此中之重点，在先显此心之虚而通之至善，以识仁，而志在开物成务，以至于物之分殊处。此即可再包括程朱之至物而穷理之事于其中。故又非止于见得此心之虚而通以识仁而守之，即无所事事者。盖必更有所事事，以明德亲民，方为大人之学也。此即与阳明言《大学问》之旨同，而亦与双江之言致知则统格物之义同。然与龙溪之初亦言格物，而终谓"物生于知，吾但知知而已"（念庵赠王龙溪语，见念庵学案），则不同。龙溪之谓只须知此知，乃谓人只须立根在此良知之灵明上，物来即应，应尽即止，如镜不留影。若物不来应，只此灵明空空寂寂，亦致得此良知之明。故言致知，可不须更言格物，而可只以致知标宗。念庵之言格物，则是要此知之更通往于物，而开物成务，则不能格物，即不能致得此知。则单标致知，便是半截语。此则由知中之虚而通之仁，必有其所仁者，如亲、民、物等。单言此知之灵明，则可无所明，而可仍是一明。真言仁，固不能只是自仁，而无所仁之家国天下也。无论在一人之心念中，或于其实接人物之际，谓有仁在，而无其心念中所及之人物在，其心即只有一知之灵明，而非必同时为一仁心者也。龙溪之灵明之知，固自谓亦有仁在。然徒谓之为灵明为知，更谓之为无善无恶，不言其虚而通，为其至善所在，亦其仁之所在，则亦未尽得其为仁之义者也。近溪能言仁体，与念庵同。于此，则与其言二溪之道之相近，又不如言二罗之道之相近也。

至于念庵之辨心之寂感之义，则有《答陈明水》一书（《念庵文集》卷二）最详，其言曰：

"来教云，学问大要，在自识本心，庶工夫有下落。此言诚是也。虽然，本心果易识哉？来教云，心无定体，感无停机，凡可以致思着力者，感也；而所以出思发知者，不可得而指也。谓心有感而无寂，是执事之识本心也。不肖验之于心，则谓心有定体，寂然不动是也；感无定机，时动时静是也。心体唯其寂也，故虽出思发知，不可以见闻指；然其凝聚纯一，渊然精深者，亦惟于着己近里者，能默识之，亦不容以言指也。是谓天下之至诚。动应，惟其有时也，故虽出思发知，莫不为感；然其或作或息，或行或止，或语或默，或视或瞑，万有不齐，而机难豫定，固未始有常也。是谓天下之至神。惟至诚者，乃可以语至神。此《中庸》通篇意也。来教云：欲于感前求寂，是谓画蛇添足；欲于感中求寂，是谓骑驴觅驴。不肖验之于心，又皆有可言者。自其后念之未生，而吾寂然者未始不存，谓之感前有寂可也。自其今念之已行，而吾寂然者未始不存，谓之感中有寂可也。感有时而变易，而寂然者未始变易；感者万殊，而寂然者惟一。此中与和、情与性所由以名也。来教云：学至于研几，神矣。《易》曰：几者动之微。周子曰：动而未形，有无之间曰几。夫既曰动，则不可以言静。圣人知几，故动无不善也。细观密旨，似以几为心之微动。不肖验之于心，又有大不然者。当吾心之动，机在倏忽，有与无，俱未形也。斯时也，若何致力以为善恶之辨乎？且来教云，感无停机，是以心为动体，不见所谓静矣。夫感无停机，机无停运，顷刻之间，前机方微，后机将著；牵连不断，微著相寻，不为乍起乍灭者乎？是正所谓相左者也。窃详《周易》与周子之旨，亦与来教稍异。《易》赞知几其神，而以介石先之。朱子曰介如石，理素定也。是素定者，非所谓寂然者乎。……几善恶者，言惟几故能辨善恶。犹云非几即恶焉耳。必常戒惧，常能寂然，而后不逐于动。是乃所谓研几也。今之议者咸曰：寂然矣，无为矣，又何戒惧之有？将以工夫皆属于动，无所谓静者。不知无欲故静，周子立极之功也。诚则无事，果确无难，周子思诚之功也。背非见，止非为，为不止者，周子立静之功也。……惟其于不睹不闻，而戒惧焉，则是所持者，至微至隐。故凡念之动，皆能入微，而不至于有形；凡思之用，皆可通微，而不至于憧憧。如此之谓知几，如此乃可以语神，亦谓之先几之学。此其把柄，端可识矣。今以戒惧疑于属动，既失子思之本旨，又因戒惧而疑吾心无寂，则并大《易》、周子之旨而灭之，推原其故，大抵误认良知为出示矣。今为良知之说者，曰知是知非，不可欺瞒者，良知也。常令此知炯炯不昧，便是致吾心之良知。虽然，此言似矣，而实有辨也。夫孟子所言良知，指不学不虑者当之，是知乃所以良也。知者，感也，而所以为良者，非感也。《传习录》有曰：无善无恶者理之静，有善有恶者气之动。不动于气，即无善无恶，是谓至善。夫至善者，非良乎。此阳明公之本旨也。而今之言良知者，一切以知觉簸弄，终日精神，随知流转，无复有凝聚纯一之时，此岂所谓不失赤子之心者乎。……洛村尝问：独知时有念否？公答以戒惧亦是念。戒惧之念，无时可息，自朝至暮，自少至老，更无无念之时，盖指用工而言。亦即所谓不失赤子之心，非浮漫流转之谓也。今之学者，误相援引，便指一切凡心，俱谓是念，实以遂其放纵恣肆之习。今《传习录》具在，稍加玩味，亦易辨别。"

兹按念庵《答陈明水》书中，明水之原意，盖近龙溪之说。（此可更参考《明儒学案》中明水学案）龙溪尝谓："良知之前，无未发者。良知即是未发之中，若复求未发，是沉空。良知之后，无已发者。致此良知，即是发而中节之和。若别有已发，即所谓依识也。良知之前无性，良知之后无情。"（卷六《致知议辨》）又谓："未发之中，是太虚本体，随处充满，无有内外。发而中节处，即是未发之中。若有在中之中，另为本体，与已发相对，则诚二本矣。良知无分于已发未发，所谓无前后内外，而浑然一体者也。"未发已发不可二，即寂感不二，明水所谓"若于感前求寂，便是画蛇添足；若于感中求寂，则为骑驴觅驴也"，此其言自有精义。盖良知之发，不同一般意念之发，更不同喜怒哀乐之见于容色之发。此一般意念等之发，固有发与未发不发之分。然此只是心之一般意念等之迁流，非良知所在。良知者，于此意念知其善恶，而知好恶之知也。此知自在知诸迁流之意念之上层，而照见此意念，更加以主宰，是为所谓良知之发。此良知之发，只是自循天理，自如其性，以行。故动而无动，感而恒寂，而常发亦常不发，常惊天动地，亦常寂天寞地。若在一般善恶意念不生之时，则良知自无此发，只是空空寂寂。然良知不以无意念之善恶可知而不在，亦恒自戒惧，自洒脱，而其能感能应之体之用自在；则未发不发而未尝不发，寂而未尝非感，静而未尝不动。此阳明之本旨，亦龙溪、明水之所承也。今就良知说良知，亦当如此通寂与感、发与未发、动与静而言之者也。

然此中尚另有一种良知之发与不发之义，则为将上述之良知之全体，对照其"所搀和夹杂之人欲、意见、气魄等为良知之障蔽阻塞者"，而言此整个之良知之发与未发。则此中为障塞之意念，正发之时，良知虽在，而未必发；即发而未必能自觉其发；即自觉其发，亦未必能至于发之无碍，而充量地发。今即至少可就其未充量发之时，而言此"充量之发"尚未发。此非谓在此良知之发中，或"充量的发"中，此发非同时是未发，此感非寂，其动非静之谓；亦非谓良知非已发未发、寂感、动静浑然一体之谓也。则今于阳明、龙溪、明水言中此义，全部承受，仍另有一良知之发与未发之分。此则阳明、龙溪、明水，亦必不能加以否认者也。如加以否认，则人皆现成圣人，阳明、龙溪、明水，亦未尝为是说。唯龙溪谓此中工夫，要在识得此良知之发见之一点灵明处，而自致之，即所以为充其发见之量，以成其主宰意念之功耳。

然若说此自识此一点灵明是工夫，则止息意念，以归寂主静，亦应是工夫。自识此一点灵明，如火光照耀，魍魉自消；止息意念，则如用水冲洗，清白自见。如人作战，可以火烧连营，亦可以水淹七军也。以归寂主静工夫为言，则必谓当此意念纷扰之际，此心之寂体自在。谓之寂体者，对此意念之纷扰而言之也。然此意念之纷扰者，自是迁流不息，然亦前灭后生。则今自其前灭而后未生之际以观，即透过此迁流，以归于此寂体，而识得此寂体之道也。则此时必须如念庵所说，此后念之未生，此寂然者未始不存。其存也，在此后念之生之先。故谓感前有寂可也。当此后念已生，而为今念，以成感之时，此今念之后，自有能知此后念之善不善之良知之寂体在。故曰"自其今念已行，寂然者未始不存"。此寂然者，乃对意念之由未发而发，所成之迁流之感，而称之为寂然、为未始变易、为惟一。至于当此良知之寂体发现，知此意念之善恶，而以好恶成其主宰之时，则又见此寂体之自能感通。其感通即其发，而其发，乃恒自循其天理，自如其性，而未尝不寂。此则由念庵之虽分此寂与感，以分性与情、中与和，而于言识得此"寂而素定者"后，更言"知几"之意，可以见之。言知几之神，即"知此寂而素定；亦能知善恶，恒自戒慎，更能神应，以感通于家国天下之物"之"寂而感，虚而通之良知之心"之神也。于此感而寂之良知之心，念庵固亦更不于感前求寂，或感中求寂，以画蛇添足、骑驴觅驴也。明水之以此二语责念庵，亦不知念庵者也。

由吾人上来所说，则知双江、念庵与龙溪之言发与未发，感与寂，初乃各有其所意指之实事。大率龙溪一派人，闻双江念庵言感外有寂，则或从其谓良知自身之感外有寂去想，或自其欲执持一静境去想；而双江念庵，闻龙溪言即感即寂，则自其以当下之良知之发现，即全体具足，更不须用工夫去想。实则龙溪固有即此良知发现处而有之工夫，即许有未发见之良知；双江念庵之归寂主静，所见得之寂体，亦为一通感之寂体。于此龙溪与双江念庵之同此寂感、发与未发之名，而其所指者之有不同，则人盖未有能辨之者。今观《龙溪语录》中，记龙溪与聂双江之对辩，与此陈明水与念庵之对辩，持论正各出一辙，而实皆各说各的，不相针对，而互不相妨。读者可细按之。则龙溪明水双江念庵之工夫之别，只是各东西行于地球一周，而仍可交会于一地之二事也。

四 念庵之学之三转

此念庵之学，始于求识一般之意念之感前之寂、感中之寂，以归至于即此虚寂而知几之神，以成其感通，而识得之内外一体之仁，亦自有其学问之发展。念庵之《夏游记》，尝自述之曰：

"往年见谈学者，皆曰知善知恶，即是良知；依此行之，即是致知。予尝从此用力，竟无所入。久而后悔之。夫良知者，言乎不学不虑，自然之明觉，盖即至善之谓也。吾心之善，吾知之；吾心之恶，吾知之。不可谓非知也。善恶交杂，岂有为主于中者乎。中无所主，而谓知本常明，恐未可也。知有未明，依此行之，而谓无乖戾于既发之后，能顺应于事物之来，恐未可也。故知善知恶之知，随出随泯，特一时之发见焉耳。一时之发见，未可尽指为本体；则自然之明觉，固当反求其根原。盖人生而静，未有不善。不善，动之妄也。主静以复之，道斯凝而不流矣。神发为知，良知者静而明也。妄动以杂之，几始失而难复矣。故必有收摄保聚之功，以为充达长养之地；而后定静安虑，由此而出。必于家国天下感无不正，而未尝为物所动，乃可谓之格物。盖处无弗当，而后知无弗明。此致知所以必在于格物，物格而后知至也。故致知者，致其静无而动有者也。"

此上所引乃念庵之自述其为学工夫之前一阶段事也。此中谓由知善知恶用功无所入者，非谓其不用此功夫。此知善知恶，固阳明之四句教之旨，亦钱德洪、欧阳德初所言之已发工夫也。此所谓无所入者，言不能由此以有不学不虑、自然之明觉之流行，而知常明，以顺应于事物之中也。今欲有此，故念庵以主静为收摄保养之功，以求此良知之本原之充达。此即其所以深契于双江之归寂主静之教，而终于静坐中得力之故也。

然念庵既于静坐得力，以致其静无而动有之"虚而通"之良知，以感通于家国天下，而其致知之事，即在格此家国天下之物。则此中自有即寂即感，即内即外，本末一贯之一境。故进而于双江之以寂感内外为二之言，觉其欠浑融，并于聂双江之言寂之"体"之语有疑。盖言寂有体，即不能与其感之用为一如也。此于其与聂双江书（《文集》卷二）及《读〈困辩录〉抄序》（《文集》卷四）中尝言之。（《文集》二与聂双江书）而于其《夏游记》，更与龙溪言之曰：

"一二年来，与前又别。当时之为收摄保聚，偏矣。盖识吾心之本然者，犹未尽也。以为寂在感先，感由寂发。夫谓感由寂发可也，然不免执寂为有处。谓寂在感先可也，然不免指感为有时。彼此既分动静为二，此乃二氏之所深非，以为边见者，我坚信而固执之，其流之弊，必至重于为我，疏于应物。盖久而后疑之。夫心一而已。自其不出位而言，谓之寂；位有常尊，非守内之谓也。自其常寂而通微者言之，谓之感；发微而通，非逐外之谓也。寂非守内，故未可言处，以其能感故也。绝感之寂，寂非真寂也。感非逐外，故未可言时，以其本寂故也。离寂之感，感非正感矣。此乃同出而异名，吾心之本然也。寂者一，感者不一，是故有动有静，有作有止。人之知动作之为感矣，不知静与动，止与作之异者，境也；而在吾心，未尝随境异也。随境有异，是离寂之感矣。感而至于酬酢万变，不可胜穷，而皆不外乎通微，是乃所谓几也。故酬酢万变，而于寂者，未尝有碍。非不碍也，吾有所主故也。苟无所主，则亦驰逐而不返矣。声臭俱泯，而于感者，未尝有息。非不息也，吾无所倚故也。苟有所倚，则亦胶固而不通矣。此所谓收摄保聚之功，君子知几之学也。学者自信于此，灼然不移，即谓之守寂可也，谓之妙感亦可也。即谓之主静可也，谓之慎动亦可也。此岂言说之可定哉。是何也？心也者，至神者也。以无物视之，固泯然矣；以有物视之，固炯然矣。欲尽敛之，则亦块然不知，凝然不动，无一物之可入也；欲两用之，则亦忽然在此，倏然在彼，能兼体而不遗也。使于真寂端倪，果能察识，随动随静，无有出入；不与世界事物相对待，不倚自己知见作主宰，不着道理名目生证解，不借言语发挥添精神，则收摄保聚之功，自有准则。明道云：识得仁体，以诚敬存之，不须防检、穷索，必有事而勿正，心勿忘、勿助长，未尝致纤毫之力。此其存之之道，固其准则也。”

此念庵之述其由收摄保聚之功，所届之进境，而更不谓寂感有二时之分，亦不见心有寂感动静之相对。念庵于其《读〈困辩录〉抄序》，亦尝言“心无时，亦无体，执见而后有可指也”，而疑双江之言“心主乎内而有体，以应乎外，而外为其影”之言。此非谓于此寂感、内外、动静之不二之义理，初不可说。此固自始即可说。然工夫实证，又是一回事。则初虽可说，而未实证此寂感之不二，此寂之无时、无体。当此工夫未至之时，则谓“感外有寂，其发见待时”，亦是就其时之境中所见，作如实说。此中人之言说，乃随工夫以相应而转。如谓其说尚非，则乃由其工夫之未至。工夫未至，言说乃不至。今将此未至之言说，隶属于其未至之工夫，则初未尝不至。则于此但可言人之学问工夫自有发展，而人之言说与其所及之义理，亦自有发展，以相应而转。此方真是本“为己之学问工夫”，而为“为己之言说”，以说其所见之义理者也。念庵可以当之矣。

此念庵之《夏游记》，言其工夫进境，至于更无此寂感动静内外之言，王龙溪谓其"只三转语处，手势太重，便觉抑扬太过，兄已见破至此，夫复何言"（见念庵学案），即见龙溪念庵之学，至此已相契。至于龙溪之所谓三转语，手势太重，盖指念庵初以知善知恶为工夫，是一转；主静以见本体，是二转；见得寂非守内，感非逐外，亦"无体无时"，是三转。谓其手势太重者，即谓其说此三转太分明。在龙溪意，盖谓知善知恶之知，当下是即寂即感，是为一念灵明，则一语可尽，不须此三转手。然念庵乃自述其工夫历程，及相应于其工夫，而见得之义理。其工夫有此三转，则义理便有此三转，言说便当有此三转。此言说之手势之重，则由在念庵之工夫之历程中，原有此手势之重者在。此乃正见念庵之能实用此工夫，以成其为己之学，而非念庵故意要作此手势重之一文。则龙溪于念庵，尚有不能相知者也。念庵自是由其工夫之路向，以成其学，与龙溪之自始即在本体之一念灵明上参悟者不同。若真相知，则龙溪亦不当以其在自己工夫路上之义理言说，评论念庵在另一工夫路上之义理言说。此亦如二人各绕地球一周，同至一地，而所作之游记，自不同。念庵之《夏游记》者，即其为学问工夫之游记。今问龙溪如自为其学问工夫之游记，又当如何？此则甚难言。如其《天泉证道记》之谓在天泉问答时，即已悟"无心之心则藏密，无意之意则应圆，无知之知则体寂，无物之物则用神"之旨，则其终身所说，皆不出于天泉所言之四句。则龙溪如对其工夫作游记，即如一生只游一地，而藏修息游于其中，而熟习其中，自然步履轻盈，亦自无此手势之重之言说也。然欲以此定龙溪念庵之长短优劣，则非后之学者之所当轻议者也。

五　附论李见罗之止修之学

江右邹东廓之门下，有李见罗者，《明儒学案》别为之立《止修学案》，盖因其评阳明之以知为宗之说，而主"摄知归止"。止者，止于至善之性，性者心知之体，亦心知之原。人必随心知之灵明之发处，复于其原，而止其原，方为直达性根，"摄灵归空，摄情归性，但不可如此道耳"（《止修学案·答朱鸣洪》）。是为《大学》之知止知本之学，亦即"止上求窍，本地归宗"之学。以此止为主意，修为工夫，"君曰止仁，臣曰止敬，子曰止孝，父曰止慈"。此即"地异而修同，时异而止同"，"虽日错综于人伦事物之交，亦日归宿于根元命脉之处"。（《止修学案·知本同参》）随时地而修而止，即格其"当机之物"。人当不与物接之时，则唯当默识此本而止之。"止得深一分，则本之见处透一分。……定则本有立而不摇，静则本体虚而能固，安则本境融而常寂。"（《大学约言》）此即《大学》之以定静安为教也。人在此定静安之际，乃在思虑未发之前。"未发之前，以理言之，则为有，以象言之，则为无。所云有者，亦于其中，而默探其理之何似耳，岂真以象求哉。吾尝于静中以一真惺惺者，而默与之会。久之，若见其中之盎然，而无所间隔者焉；若见其中之肃然，而无所偏体者焉；又若见其中之特然，而无所依随者焉；又若见其中之莹然，而无所遮蔽者焉。即其盎然者，看作宽裕温柔之气象可乎？即其肃然者，看作斋庄中正之气象可乎？即其特然者，看作发强刚毅之气象可乎？即其莹然者，看作文理密察之气象可乎？此亦心灵与性真默会，若见其似则然耳。而岂实有气象之可见耶？"（《知本同参》）此即谓性之本体只是未发，但于此未发之气象，亦须更知其实无气象可见，方为以心默识此性，而止于至善。此见罗之学，以性为体，为主宰，心知为用，为流行；其摄知归止，以止于性之至善，故称为性学；亦力反龙溪之重一念灵明，而言无善无恶之论。见罗之著颇多，持论亦甚辩。其以止修标宗，以与王学之以知为宗者相抗，并自视为得圣学千载不传之秘，而自信甚笃。然其学之入路，实正同聂双江之归寂，与罗念庵言主静知止之旨。见罗亦固尝称双江之论也。见罗之论，必严分性与心、体与用，亦正如念庵之谓双江之将寂感分本末者，其言之尚未至于浑融。念庵之进于双江，亦即其进于见罗者也。然见罗特标性学，言性之至善之义，于龙溪之学之弊既著之时，则亦不为无见。为时稍晚之东林高攀龙之言"圣人之学，性也"，刘蕺山之言"性宗"，与东林及刘蕺山言之斥无善无恶之说，皆受李见罗之影响。则其学固有其时代意义。故略及之于此。

第十六章　罗近溪之即生即身言仁、成大人之身之道

一　导言

罗近溪在《明儒学案》中，列为泰州学派，为王心斋之传。心斋之学，尝以安身为宗，谓《大学》以修身为本，修身即安身。心斋复喜言乐。其言乐，多自生机流畅、活泼自在处言，为近溪即身言仁，以生生言心之说所本。近溪年稍晚于王龙溪，时有二溪之称。龙溪以悟得本体，乃有真工夫；近溪亦言当先悟"性地"。悟入之道，亦如龙溪之重精神并归一路。尝言"当向五更半夜，默默静静，考问自己心肠，是否真有必为圣人之志"（卷下三十页）。又自言："三十年来，此道吃紧关心，夜分方得合眼，旋复惺惺，耳听鸡喔，未知何日得交枕也。……每清昼长夜，挥泪自苦。"此与龙溪之彻底扫荡凡心习态之工夫同。而其言悟入本体之道，则重在"当下"用工夫；谓"除却当下，便无下手处"（卷下三十二页）；必须"自信圣人即在自己"。真自信得及，则工夫自不容已，亦与龙溪无异。故曰："此性惟不能知。若果知时，便骨肉皮毛，浑身透亮；河山草树，大地回春，……安得有见不能常，持不能久之弊。"（卷下廿六页）此与龙溪言悟良知之效同。然近溪之学，在阳明学派，尚有其特殊精神。即近溪直接标出求仁为宗，本"仁者人也"之言，而语语不离良知为仁体之觉悟。此乃近承心斋安身之教，就阳明言及《大学问》之言，以涵程明道"学

者须先识仁"之旨,而远接孔门之意。其指点此仁体之真实,则
或在孩提赤子之心,或在百姓日用而不知之良知良能,家家户户
同赖以过日子之孝弟慈上,或在不待思虑安排之一言一动上。简
易直截,宛若宗门手段;不离践履,依然儒者家风。其以生生说
仁,以灵明说知,固是宋明诸师一贯之教义;然其于天道之生生,
天道之仁,则恒连乾知坤能之义以言;并以人之良知良能,即乾
知坤能,而善论天心。于人道之生生,人道之仁,则本"自知之
复"以言。言圣德,则畅发"无疆""无尽""无期""恒久"之义,
由圣心通百世,而见仁者之寿。其言工夫,则破光景之妄,以言
灵明之不可离仁而炯炯,并言悟得仁体,当敬畏奉持之。皆自具
手眼,不落陈言。至于其尚论古人,说伏羲之画卦,说孔孟之为
人,皆善能默契古圣之心,现身说法,言下传神;使后之学者,
如闻其声,如见其人。所谓"微谈剧论,所触若春雷行动"(《明
儒学案》梨洲评语),更近溪之余事。《明儒学案》载近溪求道之
经过,备极坚苦,令人感发。然其所选录近溪之言,殊不足见近
溪之学之全貌。今本《盱坛直诠》(凡下文之上下卷皆指复性书院
刊本《盱坛直诠》)及《近溪语要》(金陵刻经处刊本),将近溪讲
学宗旨,分为数项,一绎其义。

二 心知与天道

近溪之言心知也,亦言心知之空寂义,此其与龙溪同者。上
已论之。唯龙溪特重此心知空寂之义,以之为其思想之第一义。
而心知之空寂,于近溪则为第二义,唯即生即身言仁,乃其第一
义。然近溪之以仁为第一义,今亦可顺龙溪所重之心知空寂义,
以引出之,以见近溪言说之有进于龙溪者。

缘龙溪固言心知之空寂。然着空寂之相,守空寂之体,而不
求显其至仁之用者,亦为龙溪所诃。盖龙溪一面言良知灵明之空

寂，一面亦言无中生有，寂感一几，此几之运，不容自已，以显其生生不穷之用。然此无既不得不生有，此寂既不得不有感，则此生有生感之几，不特在有无寂感之间，亦即此无之所以为无，此寂之所以为寂。则何不说此无此寂，即以生有，生感为性？若然，则良知之灵明，非特可以空寂状之，亦必兼以生有、生感状之。人之灵明，凡有所感，皆有明之生、明之发。唯有明之生、明之发，乃于所感有所明，得号灵明。良知虚明而不发其明、生其明，则不足称灵明。则说良知为明之本，即是生之本矣。生生而不息之谓仁，果良知之明，万古不息，则良知之本即仁矣。

上说良知凡有所明，必有所生。今当略说良知即乾知之义。《易传》始言乾知。《易传》之言乾知，盖初自天地万物之交感上见。原天地不交感，则万物不生，物与物不交感，新物不生。凡物有所生，必先有所感。凡有所感，必有所通。凡有感通，以今语言之，即皆有作用之相投映相表现。此相投映相表现，即相明。则天地万物交感不已，即见一大明之终始不息。有明即可言有知（如常言感觉之知，即言物之作用表现投映于吾人之感觉），则统体以言交感之天地万物，即可说为一统体之乾知所运之地矣。吾人于此，如复能更进而深体吾之良知灵明，涵盖弥纶于自所感通之天地万物，而未尝忍与相离之义，则匪特人伦相与，不在良知之所感通之外，且盈天地间，鸟啼花笑，草长莺飞，山峙川流，云蒸霞蔚，凡吾人之闻见之知之所及，皆吾之良知之感通所及。天地万物之交感生化之事，呈于前者无穷，吾之良知之感通，亦与之同其无穷。则天地万物之相与感通之事，皆吾之良知之感通中之事。吾人于此，如复能不自躯壳起念，以私据此良知之流行为我有，再由之以识我与天地万物共同之本根，则可会良知即乾知之义矣。而万物之生而又生，即有所成，故乾知即统坤能。乾知为良知，坤能即良能。又万物之生，依交感生。即其生意，原不容间隔，周流贯彻，浑然一体。生意之周流贯彻之谓仁。则充塞天地，上下千古，唯是一统体之乾知不息之大明，终始于其间，亦即一坤能之终始于其间，仁体之周流贯彻于其间矣。吾人循此用心，即可略知近溪之所以以良知通乾知，而以生生之仁德为天德之故。

既识此义，再以反观我之生于宇宙间。则当我未生，乃由天地父母以生。天地父母之生我也，当视为天地父母之仁我。此依近溪以说，即乾知坤能之生我仁我。亦即天地之生生之仁之流行于我，而若命我生。天地之生生之仁之流行于我，而命我生，故我即以此生生之仁为性；当我之既成，即将有以继天地生生之仁，以有所生，而有所仁。天地以其生生之仁生我，而我成其为我；则我为天地生生之仁之流行之所终。我本此生生之仁，以有所生，有所仁，而继天地生生之仁之流行，则我又为天地生生之仁之流行之所始。我立，而天地之生生之仁成终而成始。自我之为天地生生之仁流行之所终，而我受天命之性以生言，则命为天命，性为天性。自我之亦为天地生生之仁之流行所成之始而言，则天命之性在我，而我所以继天而流行者，皆莫非天命天性。我之一生，无时不生，而生不可已，即无时非天性天命之流行，而不可已。天命天性之流行而不可已，即天德之仁之流行之不可已。故通我此生，浑是天德之仁所贯彻充周。我生之所在，即有所感通之事之所在。感通之事所在，即良知灵明之所在；良知灵明之所在，即乾知之所在。故通我此生，皆是此乾知之贯彻充周。方生方成。生之所在，即成之所在。感之所在，即应之所在；应之所在，即行之所在；行之所在，即坤能之所在。故通我此生，亦即坤能之贯彻充周。人之有生，一切视听言动，就其蕴而观之，通是一乾知之良知，坤能之良能；与天地之生生之德，实浑沦而为一也。

至于近溪之重"复其见天地之心"之义，其所据亦可略得而言。盖天地之生生，乃由生而成，成而复生，是即必复生而后见生生。生而不复生，则生限于其所成。生限于其所成，而不能

越过其所成，则不仁。故乾知之明，必透过坤能之所成，而更有
所明，更有所生，乃成其为乾知。乾知之透过坤能所成，而更有
所生，在《易》名为复。必复，而后实见天地之生生之仁。由天
（地）之复，以观天之不限于所成，而欲有以透过之，超越之，而
使其生，通明于其所成，以更有所生所明；乃真见生不徒生，且
有生几；明不徒明，而有明德。有生几乃能生生不已，有明德而
明明不尽。故生生不已，亦不徒生生不已，而曰生几之不已。故
又名为生生之几。明明不尽，亦不徒明明不尽，而皆是明德之自
明不已。由天之生几不已以观，则其成终即成始，见其由生而成，
由成而生，若有主宰乎其间；而统一此成与生，使前之所生与后
之所生，不得相间隔而为二者。乃即于此生而"一"之"一"上，
见天地之心之实。此"一"，即由生几或生生之几而见，即由天之
复而见。故曰"复其见天地之心"。复其见天地之心者，由生几之
萌动，明德之发越，以见天地之心。言天地之心，必于此生几明
德之不已以言，亦即离仁不可以言天地之心，言天地之心必于其
仁上言也。

　　近溪复论人之心之见，必自人心之复上言。亦即必自人之生
几、明德，人之仁之复上言。盖人之有生，必求有以继其生。人
之有知，必相续而继其知。人有生而有以继其生，则不仅生而有
所成，成而亦复有所生。此即人之生几之不已。人有所知，必相
继而有其所知，则不仅有知，且复有相继之知。此即人之明德之
不容已。而唯于人生几之不已，明德之不已，前生与后生之相贯
彻无间隔，前知后知之相贯彻无间隔，而其生不二，其知不二处，
乃有所谓人之心。常言人心，见于自觉。自觉者，自知其知。凡
有知，即有知之生。则自知其知，即自生其生。自知其知者，生
生不息之前知后知之贯彻无间隔而已。故离生几明德，不可以言
人之心；而离人之仁，亦不可言人之心也。人原自天之仁而生，
故通天地人，唯是浑沦之一生，唯是浑沦之一仁，亦唯是浑沦之

一心。人之心之知，即天心之乾知。夫然，故人之自知其知，亦必至于自知其知为乾知，知其心为天心，乃为真正之自知，真正之复。人诚有此自知之复，则真见得天之生生之仁为我有，真知天命天性之在我，可以实通宇宙与我而为一矣。然若不以"生生不已之几""自知之复"言心，又乌能见及此？此近溪之所以重以生几言心，以自知之复言心之故也。故曰："善言心者，不如以生字代之。则在天之日月星辰，在地之山川民物，在吾人之视听言动，浑然是此生生为几，则同然是此天心为复。故言下着一生字，心与复即时浑合，而天与地，我与物，亦即时贯通联属，而更不容二也。"（上卷六十二页）

故又曰："宇宙其一心矣乎。夫心，生德也，活泼灵莹，融液孚通。天此生，地亦此生也；古此生，今亦此生也。无天地，无古今，而浑然一之者也。生之谓仁，生而一之谓心。心一，则仁一；仁一，则生无所不一也。"（卷上十七页）唯近溪之言心，必就生几之不已，复以自知上言心，故特重心之精神，心之神明。精者，言其知之灵昭莫掩；神者，言其能之妙应不穷。灵昭莫掩者，乾知之光辉；妙应不穷者，坤能之体物。故又曰：

"吾人此心，统天及地，贯古迄今，浑融于此身之中，而涵育于此身之外。其精莹灵明，而映照莫掩者，谓之精；其妙应圆通，而变化莫测者，谓之神。神以达精，而身乃知觉。是知觉虽精神所为，而实未足以尽乎精也。精以显神，而身乃运动，是运动虽神所出，而实未足以尽乎神也。"（上卷五页）

此精神者，即心之所以为心。以精神言心，在宋明理学中始自杨慈湖言"心之精神是谓圣"，而近溪复畅论之。精神之运，自其才呼即应，才应即止言，固虚寂如空谷之传声。然复密密无间，瞬息不遗。故近溪言心，不专主于虚寂、空寂之义，故谓"或云天地人物，共此虚灵，至各人身中所谓心者，不过是虚灵发窍而已"，而近溪评之曰：

"如此言心，所见犹未亲切。盖心之精神是谓圣。圣者神明而不测者也。故善观天地之所以生化人物，人物之所以通彻天地，总然是此神灵，以充周妙用，毫发也无间，瞬息也不遗。强名之曰心，而人物、天地，浑沦一体者也。……若要语意精洁，须知精神谓圣，又须如神明不测，方是专主灵知，直达心体也。至若灵而谓之虚，不过形容其体之浩渺无垠；又灵而谓之窍者，不过形容其用之感通不室。实在心之为心也，原天壤充塞，似虚而实则非虚；神明宥密，似窍而实则无窍。"（上卷三十六页）

然此"心"与"复"浑融，心之神明不测，充塞天壤之义，乃就心之本体而言，即就心之所以为心而言。此心之所以为心，必自知真心者，乃知之，亦即必由"复以自知"者乃知之。常人之视心，常混心知于识。宋明理学中龙溪最喜辨心识。夫识亦心之用。然心之识物也，则其用通物，而对物有所执持。此执持，即心之用之滞于物，心之陷溺于物。此即众欲之所始，乃宋明理学家之所恒言。然心之用，陷溺于物欲，又实未尝真陷溺于物欲。一者，其陷溺于物欲也，恒不安于陷溺于物欲，而求超拔物欲之限制。二者，心之知能之用，虽陷溺于物欲，然不能通体皆陷溺于物欲。万欲沸腾之际，其应物而感之妙用自在。其视听言动、食息起居之良知良能，固能时时变通，时时妙运。其生一日不已，其仁则一日不亡，其心之昭明莫掩者，亦一日不已。吾人之说其有心者，亦专指此昭明莫掩者，而说其是心。则心之陷溺于物欲，如明之入地中。惟我之生，赖物以生，我物之生，原是一生。故我心之"明"不得不明物。唯"明"欲明物，"明"乃陷于物中。然陷于物中之"明"，仍是一"明"。故就心观心，则心唯是一明。生一日不已，则明一日不已。专就明不已处观，则物皆为此不已之明之所贯注，为心之所透明，即更无暗处。则见此心之明，即天心之阳明矣。故必以心观心，乃知心之所以为心，亦知心之本体之通于天。彼以心之用通于物，遂陷溺于物，乃混其所通所陷

溺之物，以观心者，则不足以语此。嗟乎，人海茫茫，学人无算，
几何其不混物以观心也？混物以观心者，必不自知其心之所以为
心。惟心不自知，而后混物以观心。必以心观心，乃自知其心之
所以为心，亦惟自知其心者，乃能爱此心，而实具有此心。以心
观心，自知其心之道，在复。故必复以自知者，乃可以言知心，
爱此心而具有之。未能复以自知者，则终将混物于心以观心，而
终不知心，不免厌此心，而日以梏亡之也。悲夫。故近溪曰：

"心之在人，体与天通，而用与物杂，总是生生而不容已，混
之而不可二者也。故善观者，生不可已，心即是天，而神灵不测，
可爱莫甚焉。不善观者，生不可二，心即是物，而纷扰不胜，可
厌莫甚焉。……然见心为可爱者，则古今人无一二。而以心为可
厌者，古今什百千万，而人人皆然矣。（按此即世人所以大皆向唯
物论，厌唯心论之一故。人之厌唯心者，恒以其心唯是一时感纷
扰，而用与物杂之心也，此心诚当厌也。然人于此何不自反而问：
厌此心者为谁？厌此心之心，为何心？此果可得而厌乎？人不自
反，遂唯有外求诸物，而唯向物。此危微之际也。深远哉。）……
果是心涵道体，神妙之难窥（道心惟微）；……亦果是心属人身，
形迹之易滞（人心惟危）。危而易滞，所以形迹在前者，满眼浑
是物欲；微而难窥，所以神妙在中，终身更鲜端倪。"（卷上二十
二页）

然心之所以为心，虽必待复以自知而后知，此自知，亦非另
有一心以知此心。盖所谓复以自知者，即此滞形迹之心，一念自
形迹超拔，而逆知"心之自然之外用，而有之滞于形迹之知"所
本之天知而已。盖心由自然之外用，而滞于形迹，原是由于天聪
天明，不能不明通于物。即人原来之天知，不能不顺而外出。顺
而外出，乃滞于形迹，不免滋生物欲。故又不可不逆此自然之外
用，而滞迹之势，以复其本来。然则逆知之为逆，乃对滞迹之势
而为逆，非逆其聪明之用也。此所谓逆其滞迹之势者，不外使此

顺而外出之天知，自迹折回而自照，不复陷溺于物欲，乃得更显其天聪天明之大用耳。故人之逆知，虽逆乎"自然顺出之天知"之"滞迹"；正所以迎迓天知之大用，而顺承之。夫然，故此逆知，虽人为，亦即天之所为。盖逆知既所以迎迓天知之大用，而顺承之；是即天知之大用，自求继复，而方逆知。故逆知者，即"滞于形迹之天知"，自超化此"形迹之滞之知"；亦即是"本无形迹之滞之天知"之自显。故顺天知以外用而滞迹之知，原是天知；而逆天知之"外用而滞迹"，以自知其天知，亦只是此天知。逆天知之滞迹，正所以迎迓天知之大用，以成其大顺。天知者，人之良知也。逆以自知、知其天知者，知其有良知也。良知之谓本体，知此良知之谓工夫。良知所谓明德，知己之有良知，所谓明明德。然知其有良知，即良知之自知，明明德即明德之自明。故由工夫以逆复本体而顺承之，即本体之自继自显，以成就此工夫。天知复而明德明，天心见而神明莫测，天命之性之仁之在我者，自显发明通，生生而不可已，而人可以成天人矣。故曰："夫子之名之以乾知大始，而独得乎天地人所以为心者也。……彻天彻地，贯古贯今，要皆一知以显发而明通之者也。夫惟其显发也，而心之外无性矣；夫惟其明通也，而心之外无命也。故曰复其见天地之心乎，又曰复以自知也。夫天地之心也，非复固莫之可见；然天地之心之见也，非复亦奚能以自知也耶。盖纯坤之下，初阳微动，是正乾之大始，而天地之真心也；亦大始之知，而天心之神发也。唯圣人迎其几而默识之，是能以虚灵之独觉，妙契大始之精微，纯亦不已，而命天命也；生化无方，而性天性也。终焉，神明莫测，而心固天心，人亦天人矣。"（上卷二十五页）

"复是复个善也，其复善，又是复善之最长（即指元、指仁）。盖性善原属之天，而顺以出之；知善则原属之人，而逆以反之。故孩提初生，其禀受天地太和，真机发越，固随感皆便欢喜。若人心神开发，于本性之良，彻底透悟，则天地太和，亦即时充满，而真机踊跃，视诸孩提又万万矣。又以复之一卦，学者只一透悟，则自身自内及外，浑是一个圣体。即天地冬至阳回，顽石枯枝，更无一物不是春了。"（上卷二十八页）

"童子日用捧茶，是一个知，此则不虑而知，其知属之于天也。觉得是知能捧茶，又是一个知，此则以虑而知，而其知属之人也。天之知，只是顺而出之，所谓顺则成人成物也。人之知，却是反而求之，所谓逆则成圣成神也。故曰以先知觉后知，以先觉觉后觉。（此孟子语，近溪借用。非必孟子本意。）人能以觉悟之窍，而妙合不虑之良，使浑然为一，而纯然无间，方是睿以通微，又曰神明不测也。"（上卷四十九页）

"因天命之生性，而率以最贵之人身；以有觉之人心，而宏夫无为之道体。使普天普地，俱变做条条理理之世界；而不成混混沌沌之乾坤矣。"（下卷五十五页）

此所谓"迎天机而默识之，以觉悟之窍，妙合不虑之良，以人之觉，宏道体之无为"，皆似以有为之人知，与天知之无为相对，而有二知。实则此以人知通天知，惟是人"自知其知之所本"之自知，亦惟是天知之大显。人知显，而使世界条理化，亦天知之自显其条理于世界而已。故曰："谓之复者，正以其原日已是如此，而今始见得如此；使天地不在天地，而在吾心。所以又说复以自知。复以自知者，知得自家原日的心也。"（上卷三十二页）人自家原日之心，即天地之心也。

三 光景之破除

近溪所谓复以自知，不外求天知之大显。其言由自知之工夫，逆外用而滞迹之知，以反之，乃所以大顺天知之用。故逆以自知之工夫，非常言之自觉。常言之自觉，正多不外知过去滞迹之知而已。如人本记忆，知我方才所见之物如何如何，而自觉之，此即知一滞迹之知，而非以"知"知"知"之真自知也。以"知"知"知"之真自知，必须更无丝毫迹滞。此中一面是以"知"知"知"，而为反观之知；一面则所知之知，与能知之知，相与浑融，通为一知，乃更无迹滞。通常所谓自觉记忆，恒为以今知觉昔知。昔知为滞迹之知，则今知与昔知，不能相浑融。如今知为能知，昔知为所知，此中今知与昔知有差别相，二者互相对待，便不能通而为一。真正之自知，以"知"知"知"，更无迹滞，即无今知与昔知之差别相。今知昔知，乃通明为一当下之炯炯，浑融为一现成之觉悟。此方为真正自觉自知之相。近溪以浅譬，示人以圣人之常知常觉之所本曰："'汝此去家各远，试自观其门户、人物、器用，各炯然在心否？'众曰'炯然在心'。食上忽报有客将临，子复遍呼在坐曰：'汝等此时皆觉得有客来否？'众曰'皆觉得'。子曰：'亦待反观否？'众曰：'未尝反观，却自觉得。'子乃回顾初问者曰：'此两个炯然，各有不同。其不待反观者，乃本体自生，所谓知也；其待反观者，乃工夫所生，所谓觉也。今须以两个合成一个，便是'先知'觉'后知'，而知乃常知；便是以'先觉'觉'后觉'，觉乃常觉矣。常知常觉，是为圣人，而天下万世皆在其炯然之中矣。'"（上卷四十九页）自观其家者，今自知其昔所知之事物之自觉。闻客来即知，则为当下新生之知。此所谓两个打成一个，即真自知其知，而成当下之炯炯，一现成之觉悟。自知其知，而成一当下之炯炯，现成之觉悟，即为复以自知之相。知其知为工夫。由此工夫，方见真正之觉悟之心，是由工夫以达本体。然此知其知之工夫，即觉悟之心之本体之显出，是由本体乃成就此工夫。故此工夫之后觉，乃本于本体之先觉。先觉觉后觉，相与浑融，更无滞迹之知，知体通明，而无先后今昔之差别；则其精神之运于上下千古，乃皆不离现成与当下。此之谓常知常觉，天下万世，皆在其炯然之中。

　　近溪所言此炯炯之觉，上已言其由"复以自知"之工夫，即逆其滞迹之知之工夫所生。此工夫虽是人力之自为，亦即是本体之自显，天机之自动。故此所谓逆复之工夫，不可为一往之逆复，以挠自然知体之妙用。人之视听言动，食息起居，当物而应，才应即止，皆是自然知体之妙用。是乃百姓日用而不知者。圣与凡之不同，唯在凡人之用知而滞迹，圣人则能逆滞迹之势，而复其天知。此其所以超凡。然若此逆复，成一往之逆复，绝自然之感应，则以人力滞天机，挠知体之妙用。如修道者，专用停止其心，使之不动之工夫者，惟恐其明之陷于物，而不肯用其明以通物；或自惜其明，而欲积聚此明，握持此明，则为绝自然之感通之事。此中，由自惜其明，而积聚之明，握持之明，则成为纯粹之逆明。此逆明亦是一种自明。然此自明，唯是以灵光反照灵光，于此即构成一片光景。在此光景中，人之灵明自玩其灵明，自享用其灵明。此光景则复必须打破者。盖此种纯粹之逆明之所以可能，仍本于自然明通之用之不息。唯以自然明通之用，原是明明不息，于是当其一停其通物之事，便能以此通物之明，反缘前念之明，而倒摄住、逆握住"相继不息而生之自然之明"；遂得以灵光反照灵光，成一片光景。然由此灵明之反缘倒摄逆握其自身，以成一片光景，而流连其中，其动机恒不免于自私。其自私所能私得者，固亦惟是人心自然之明，相续生生于我者。然以人有此自私之一念，而绝感通于物，其心恒有所忍。有所忍则滞其生机之一方面，而窒其明之生。又人之求停止其自然通物之用，常须用强制之工夫。强制之工夫，亦是一种灵明之用。此乃以一种灵明之用，遏抑另一灵明之用之工夫。遏抑既久，即构成一种灵明之胶结与凝固。由此胶结与凝固，学道之士，即宛若自造一灵明硬壳。此硬壳愈造成，则愈能绝其通物之用，而实则愈拙于应物，而自窒其天机之流行，灵明之生生。此胶结凝固而硬壳化之灵明，又一时不能融化，则造成一灵明中之大黑暗。生机自遏，反成死机，此之谓鬼窟。此是逆复工夫之一大歧途。近溪本人尝有亲切之经验，其书论光景当破之言至精，尤善言自然感应之机不可绝。故曰：
"人生天地间，原是一个灵气，万感万应，而莫究根源；浑浑沦沦，而初无名色。只一心字，亦是强立，后人不省，缘此起个念头，就会生做见识。（见识者，欲自握持其心之明也。）因识露个光景，便谓吾心实有（实有言固定化也）如是本体，实有如是朗然，实有如是澄湛，实有如是自在宽舒；不知此段光景，原从妄起，必随妄灭；（妄起者，言其由自私自窒其明而生，明滞，则明亦将息，故将由妄灭。）及来应事接物，还是用天然灵妙浑沦的心。此心尽在为他作主干事，他却嫌其不见光景形色，回头只去想念前段心体，甚至欲把捉终身，以为纯一不已，望显发灵通，以为宇太天光，用力愈劳，而违心愈远矣。"（上卷四十七页）

近溪又指一人之光景而责之曰：

"当下心中炯炯，却赤子原未带来……盖浑非天性，而出自人为。今日天人之分，便是将来神鬼之关。能以天明为明，则言动条畅，意气舒展，不为神明者无几。若只沉滞胸襟，留恋光景，幽阴既久，不为鬼者亦无几。噫，岂知此是一念之炯炯，翻为鬼种，其中藏乃鬼窟也耶？"（上卷四十九页）

"此心之体，极是微妙轻清，纤尘也容不得。世人若不解事，却使着许多粗重手脚，要去把捉搜寻。譬之一泓定水，本可鉴天彻地，才一动手，便波起明昏。世人惟怪水难清，不知自家乱动手足也。"（上卷四十八页）

四　仁德

吾人既识得自然知体之妙用之不可挠，自然感应之不可绝，便知圣人之心，虽炯炯常觉，而实常寂常感，妙应不穷，所谓"觉之精通"，正以成其"生之顺适"。所谓："显仁于语默云为，生化无方。藏用于溥博渊泉，时时出之。"（上卷六页，今略变其原文）

其明觉之证得也，乃是觉此浑然仁体，"顷刻便充塞天地，而贯彻古今"（上卷十九页）。此乃是一身之中，"生生化化一段精神之倏然以自动，奋然以自兴，廓然浑然与天地万物为一体，而莫知谁之所为者"。其一跃而去其形骸之念，物欲之私也，盖如"神明之自来、天机之自应。若铳炮之药，偶触星火，而轰然雷震乎乾坤矣。至此则七尺之躯，顷刻而同乎天地；一息之气，倏忽而塞乎古今"（上卷二十六页）。夫然，故近溪之言仁体之实证，特善发其"无疆""无尽""无期、恒久"之义。无疆言其外，无尽言其内，无期恒久言其寿。此可谓本于明道识仁、象山宇宙即吾心与慈湖己易之说。然三义并举，则近溪之言也。

"或问君子之道费而隐。……曰费是说乾坤生化之广大；隐是说生不徒生，而存诸中者，生生而莫量；化不徒化，而蕴诸内者，化化而无方。……费则只见其生化之无疆处，而隐则方表其不止无疆，而且无尽处。"又曰："圣人的确见得时中分明，发得时中透彻，不过只在此一个费隐。"故曰："溥博渊泉，而时出之。溥博如天，渊泉如渊。夫时中即是时出。时时中出，即是浩费无疆，宝藏无尽。平铺于日用之间，而无人无我；常在乎眉睫之下，而无古无今。"（下卷一）

唯圣人之仁之时时中出，如溥博渊泉，故圣人之心，必通天下万世之命脉，以为肝肠；通天下万世之休戚，以为发肤。以其心能上承百世，下通千古，故仁者乃可言寿。故近溪曰：

"闻之语曰仁者寿。夫仁，天地之生德也。天地之德生为大，天地之生也仁为大。是人之有生于天地也，合天地之生以为生，而其生乃仁也；亦必合天地之仁以为仁，而其仁乃寿也。古诗书之言寿也，必曰无疆，必曰无期。夫无期也者，所引之恒久则尔也，是仁之生生而不息焉者也。无疆也者，所被之广大则尔也，是仁之生生而无外者也。是以大人之生，生吾之身，以及吾家，以及吾国，以及吾天下，而其生无外焉，而吾此身之生，始仁也。

生兹一日，以至于百年，以至于千年，以至于万年，而其生不息焉，而吾此日之生始仁也。如是而仁焉，而谓仁之不足为寿也，吾弗之然也。如是而寿焉，而谓寿之不本于仁也，吾弗之然也。"（上卷六十一页）

五　工夫之指点

然此圣德之汪洋，虽通于千古万世，而作圣之良知良能，则见于赤子及百姓日用不知之视听言动，与家家户户赖以过日子之孝弟慈。此即近溪之学，所以能极高明而道中庸。盖圣人赤子与常人之知能，其显发于外之迹虽不同，然此知此能之蕴于中者，未尝有异。"盖天之春，见于花草之间；而人之性，见于视听之际。今试抱赤子而弄之，人从左呼，目则盼左，人从右呼，目则盼右。其听其盼，盖无时无处而不展转。"（下卷廿九）赤子堕地一声啼，即对母怀之依恋。由此依恋而化为自然之爱亲敬长。此见赤子之生与其亲长之生之不可二，其不容已之仁，自然流露。凡此皆赤子之良知良能，而志道者所当深思。赤子无穷索之知，分别之识，若不识不知，其"森列目中者，一时而俱泯"。赤子任天而动，顺帝之则，其"知能之深远者，乃随处而毕露"。圣人逆迹滞之分别之知，以成常觉，固须泯森列者以通明。圣人之反身以备物，亦"动之以天"，其显仁，复"时露其深隐"。于此圣心，"说他无知，却明白晓了，而毫发不差；说他无能，却活泼周旋，而纤悉毕举。说他有知，却原非思虑，虽分晓而实沕穆；说他有能，却原非黾勉，虽活泼而实浑沦；似有而不容有以执，似无而不可无以忘。"（上卷五十六页）此圣心正大类于赤子。赤子化为常人，常人成圣人。赤子唯未尝经化为常人一段事，故其不识不知之天知，为先于思虑分别之人知；其任天而动之天能，为先于依意欲而造作之人能。圣人之天知，则化滞迹之思虑分别之知，以成后于人知之天知；化不免于逐物之意欲与造作之人能，以成后于人能之天能。"赤子之知，常浑而昧；圣人之知，常通而明。赤子之能，其深隐者，毕露而若无余；圣人之能，时出时露，而深隐者乃不可穷。"圣人者，经常人思虑分别而化其迹滞。故其知"善照而至明，明故通。善应物而至神，神故深而不可测也"。圣人固非赤子，然常人而学为圣人，则当先法乎赤子。赤子之心沕穆，可止常人之滞迹之思虑；赤子之心浑沦，可以止常人逐物之意欲。人而真能悟入赤子之心，浑合于赤子之心，则可"尘念既息而神理自彰，天德出宁而造作俱废"（上卷五十六页）。由赤子之知能，悟入乾知坤能，斯圣心可悟，圣人可作。圣人，即常人不肯自安于常人，而识仁体达天德之赤子也。故曰："本来赤子之心，即是大人。圣人即与天地合其德，日月合其明，四时合其序，鬼神合其吉凶矣。"（下卷十一页）而近溪之赞孔子之七十而从心所欲不逾矩者，唯曰"大人赤子，念念了无二体，圣心天德，生生纯是一机"（上卷九页）。故近溪曰："道之为道，不从天降，不从地出，切近易见，则赤子下胎之初，哑啼一声是也。听着此一声哑啼，何等迫切；想着此一声哑啼，多少意味。其时骨肉之情，依依恋恋，毫发也似分离不开，顷刻也似安歇不过；真是继之者善，成之者性，而直见乎天地之心；亦真是推之四海皆准，垂之万世无朝夕。若舍此不去着力，理会其学，便叫做远人以为道。"（上卷卅一页）又曰：

"知能二字，本是《易经》精髓。然晦昧不显，将千百年于兹矣。古今惟孔孟两人，默默打过照面。如曰不虑而知，其知何等易也。然赤子孩提，孰知之哉？天则知之耳。不学而能，其能何等简也。然赤子孩提，孰能之哉？天则能之耳。想当时，孟子只从赤子孩提此体觑破，便洪纤高下，动植飞潜，自一人以及万人，自一物以及万物，自一处以及万方，自一息以及万载，皆是一样知能，皆是一样不学不虑。岂不皆是一个造化知能之所神明而不测也哉。故曰尽其心者，知其性也。知其性则知天矣。今世学者，于赤子良知良能，已久废置不讲。于孟子性善一言，则咸疑贰不信，又安望其潜通默识，而上达乎乾坤之知能也哉。"（上卷五十四页）

近溪此外复于家家户户赖以过日之孝弟慈三者（上卷四页）加以提撕。其教人又喜在日用寻常，自然而然，不待安排思虑之视听言动上，随机指点。盖此能视听言动者，即仁之生几为之体也。（上卷三页）近溪常论人之此仁体、此良知良能，于"人相对立谈之身，即在相对立谈之顷，现成完备，无欠无余"（上卷六十五页）；告学者只须自息其滞迹之知，逐物之欲，即可悟此"平铺遍在，圣凡洋溢，充实宇宙"（上卷五十五页）之知能或仁体。此皆见其书，不及一一引。故其释仁，直引孟子"仁者，人也"之言；言性则特引孟子"形色天性也"之言。盖人之一身，视听言动，浑是知能充塞，亦即仁体充塞。故人即是仁，形色即天性，而圣人亦不过能真作一个人者（下卷五十四页）故曰："圣人上达天德，亦可谓不外真成就这个形色之身。""如圣人者，于此形色，方能实践，谓行到底里，毕其能事。如天聪天明之尽，耳目方才到家；动容周旋中礼，四体方才到家。只完全一个形躯，便浑然方是个圣人；必浑然是个圣人，始可全体此个形色。"（下卷十五页）此为在近溪书中所常论。由此更知圣人即是常人之自知其良知良能，自知其心而安心者。故曰："圣人者，常人而肯安心者也；凡人者，圣人而不肯安心者也。"（下卷十二页）

然此真正之自知其良知良能，谈何容易。上之所论，皆是在思虑上作解。真正之自知其良知良能，必倏然见得其与赤子同体，仁体顿然呈露；"抬头举目，浑全只是知体著见。启口容声，纤悉尽是知体发挥，更无帮凑，更无假借"（下卷廿六页）；视听言动，皆见天则。此乃原自情志上之一大觉悟，非思虑上作解，可以了事。得此情志上之大觉悟，必须有必为圣人之志，恳恳切切，去求有个悟处也。此非世俗不知自反之人所能也。故曰：

"……世人于此随俗习非，往往驰求外物，以图遂安乐。不想外求愈多，中怀愈苦。甚至老死，不能回头。惟是善根宿植，慧目素清的人，他却自然会寻转路；晓夜皇皇，如饥饿想食，冻露索衣，悲悲切切；于欲转难转之间，或听好人半句言语，或见古先一段训辞；时则憬然有个悟处，方知大道只在此身，此身浑是赤子；又信赤子原解知能，知能本非虑学。至是精神自来贴体，方寸顿觉虚明。如男女构精以为胎，果仁沾土而成种。生气津津，灵机隐隐。云是造化，造化不以为功；认为人力，而人力殆难至是也。"（下卷三十页）

而当于此仁体初悟，而复以自知之时，即须恭敬奉持，毫忽不昧，然后于此生生之仁，乃能自信实有诸己，而后美大圣神，乃可言也。

"学易，所以求仁也，盖非易无以见天地之仁，故曰生生之谓易；而非复何以见天地之易，故又曰复其见天地之心。夫大哉乾元，天地生生，生人生物，浑融透彻，只是一个生理。吾人此身，自幼至老，涵育其中。知见云为，莫停一息，本与乾元合体。众人却日用不著不察，是之谓道不能弘人也。必待圣贤之明训格言，呼而觉之，则耳目聪明，顿增显亮；心思智慧，豁然开发；真是黄中通理，而寒谷春回。此个机括，即时塞满世界，了结万世。所谓天下归仁，而为仁由己也。其根器深厚，志力坚贞的汉子，际此景界，便心寒胆战，恭敬奉持，如执玉，如捧盈；毫忽不能昧，便唤做研几；斯须不敢瞒，便唤作慎独；不落声臭，不涉睹闻，渊渊浩浩，唤作极深；坦坦平平，好恶不作，唤作君子依乎中庸也。"（上卷廿六页）

"问近溪先生论天命之性，见得此身，随处皆天，岂不畅快。……曰汝既晓得，无时无处，不是天命，则天命所在，即生命祸福所在也；不知悚然生些戒惧，却是侈然谓可顺适，则天命一言，反作汝之狂药也。"（上卷三十页）近溪言悟得仁体以后，当恭敬奉持，恒存戒惧，即明道识得此理，以诚敬存之之旨。重敬之义，宋明儒大皆有之；唯言之罕能如近溪之警策动人。知悟得仁体以后之须恭敬奉持，故仁体非可把握占有。悟得仁体以后，不自瞒昧，乃能真正致良知；而坦坦平平，勿忘勿助，不着矜持之意。故又曰："若性地为先，则言动即是现在，且须更加平淡；意念亦尚安闲，尤忌有所做作。岂独人难测其浅深，即己亦无从验其长短。"（下卷二十二页）

近溪言悟道，即在现在日用平常之言动中，悟后之工夫，则在于此道之恭敬奉持，不自瞒昧，平淡安闲，以顺此道。此则在近溪之答人问语处多可见。故曰："前此大儒先生，其论主敬工夫，极其严密；而性体平常处，未见提掇，学者往往至于拘迫。近时同志先达，其论良知学脉，固为的确；而敬畏小心处，未加紧切。故学者往往无所持循。"前语乃评宋儒，后段语则评明儒。近溪之论工夫，则可谓善于自性体平常处，提掇良知良能，而又能知敬畏小心义者。此其所以别于龙溪，而在泰州学派中最为迥出者也。

六　学者之志

至于论圣贤事业，近溪之迥出处，在指出圣贤事业之永不能了。盖其仁通天下人，欲天下人尽明其明德。此事永不了，则其仁不了，其心不了。而后乃了于此不了之心。故曰：

"孔子十五而志于学，是大学也。故人之学，必联属家国天下，以为一身，所谓明明德于天下也。今世上有志之士，或是功业，则功业成而心亦可了矣；或是道德，则道德成而心可了矣。惟孔子以天下人尽明其明德，方为自己明明德。则竭尽平生心思，费尽平生精力，事毕竟是成不得。事竟不成，则心竟不了；心竟不了，则发愤忘食，亦竟至老，而发愤忘食不了也已。"（上卷第十页）"吾辈今日之讲明良知，求亲亲长长，而达之天下，却因何来？正是了结孔子公案。曰若如此说，则吾辈亦未必了得。曰若我辈真是为着了孔子公案，则天下万世，不愁无人为吾辈了也。即此可见圣人之心，只因他不自以为了，所以毕竟可了。若彼自以为了，则所了者，又何足以言了也。"（上卷十一页）圣贤其心不了，其仁不了，而了于信"天下万世之人，同有此心此仁，以了其所不能了"之当下一念，呜呼至矣。

七 结论

总观近溪之学，远承明道，以求仁为宗，而喜于赤子之良知良能，家家户户之孝弟慈，百姓日用而不知之视听言动上，指点仁体。其重当下悟入，似象山、慈湖、龙溪。而象山、慈湖、龙溪，皆只重"心"重"知"，未真重当机指点仁体。阳明言良知，固即仁者之好恶；然阳明既以致良知标宗，即不免下启龙溪重知而忽仁之失。近溪直下以仁智合一，语意乃复归圆足。其言人之良知良能，即乾坤知能，本于阳明人之良知即天地万物之良知之义，亦颇同龙溪一念灵明从混沌里立根基之语。皆阳明学之向上一着之推扩。既识良知良能原是乾坤知能，乃本"复以自知""时时中出"之义，以言人之迎迓天机，而大顺天用，则周程张朱之本天道以言人道，亦皆可以立。至于其破光景之虚幻，言灵明之不可孤守，而必归于应物以显仁，言仁体呈露后之恭敬戒惧之工夫，言识得仁体之不可"侈然顺适"，则亦未违宋儒主敬之教。言圣心之不了，则儒者担当世运之精神见。是皆可救治彼坐享现成良知者之弊。然近溪之言，多当机立说，又或意存鼓舞。后学之士，既无其坚苦求道之精神，又无其高明上达之智慧，徒即此形色之视听言动，即仁体之彰露之论；或将一任情欲之鼓荡，而自以为天机之不息，则末流之弊，非近溪所及料也。

《近溪语要》（陶望龄编）有二段可见近溪讲学精神，兹附于下，以结束本文。"工夫再难凑泊，心胸茫无畔岸，若将奈何？曰：汝若果然有大襟期，有大气力，又有大识见，就此安心乐意，而居天下之广居，明目张胆，而行天下之达道。工夫难得凑泊，即以不屑凑泊为工夫；胸次茫无畔岸，便以不依畔岸为胸次。解缆放船，顺风张棹，则巨浸汪洋，纵横任我，岂不大快。一友起问：此是致广大否？曰致广大而未尽精微也。问：如何方是尽精微？曰精与粗对，微与显对。今诸君胸中，着得个广大，即粗而不精矣；目中见有个广大，则显而不微矣。若至性命透彻之地，工夫纯熟之时，终日终年，长是简简澹澹，温温醇醇。是则无穷无尽，而极其广大，亦方是无方无体，而极其精微。诸人试看，某在此讲学，携有何物，只此一身而已。诸人又试想，我此身所从出，岂不根着父母，连着兄弟，而带着妻子耶。是此身才立，而天下之道即现。此身才动，而天下之道即运。岂不易简？岂为难知？"

"问某常欲照管持守，有时间断如何？曰……我今劝汝，且把此等物事放下一边，待到五更半夜，自在醒觉时节，必须思想，我要去如何学问，如何照管持守我的学问。当此之际，轻轻快快，转过念头，以自审问说道：学问此时，虽不现前，而要求学问的心肠，则即现前也；照管持守工夫，虽未得力，而去照管持守一段精神，却甚得力也。当此际，又轻轻快快转过念头，以自庆喜说道：我何不把现前思想的心肠，来做个学问；把此段紧切的精神，来当个工夫。则但要时，便无不得；随处去，更无不有。所谓身在是，学即在是；岂止免得间断，且绵绵密密，直至神圣地位，无难矣。"

第十七章　王学之弊及东林学之止至善之道与其节义之教

一　王学之弊与李卓吾之学

晚明东林顾宪成、高攀龙之学，世皆谓其起于对阳明与王门之学而有之评论。此则源于王学之满天下，而流弊亦随之以起。然必溯其弊之源于阳明，固未必是；即溯其弊之源于王门诸子，亦未必是。大率天下之学术，既成风气，则不免于人之伪袭而无不弊，不只王学为然。昔人言"教学者如扶醉人，扶得东来西又倒"。而兴学立教，以匡扶世运，亦恒是扶得东来西又倒；故皆不能无弊；则王学自不在例外。然伪袭王门之学者，亦自有其最易导致之弊；此则如阳明之致良知之学，原重人之自反诸心，则人即可只求自反诸心以为学，而置天下事于不问。再如学王门江右之聂双江、罗念庵之归寂主静者，更可自逸于山林枯槁；如学王门之王龙溪、罗近溪之当下见性者，亦可同乎流俗、合乎污世，而自谓皆不离圣贤之域。然此皆不可说为此诸人讲学之本旨。伪者自伪，真者自真。诸人之讲学，不任咎也。

然此王学之致良知之论，更有可为人所假借者，则要在此致良知之论，乃教人自见其是非，而自是是非非。于是我自己之是非，可为他人所不得而是非；而我又可自本其是非，以是非天下人；以为此皆所以自致吾良知之是。此则可形成一如佛家所谓大我慢，既拒天下人之对我之是非，而更无忌惮，又可以我之是非，是非天下人，以自居于至尊之位，即又成一大狂肆。此则其机甚微，而其害至大，为言良知之学者，最易陷入之大魔障。晚明王学之大弊，盖由于此。

在晚明之为王学者，何人伪而不真，何人狂肆，此自难言。学而未至于圣，皆不免于伪饰；为王学而未至于圣，皆可不免于狂肆。觉察为王学者狂肆之病者，则江右学者已及之；而觉察为王学者之伪者，则甘泉门下之唐仁卿已深言之。唐仁卿固东林顾宪成所称为君子人者也。王门后学有李卓吾者出，才气甚大，著述三十余种，共数百卷，名闻于天下妇孺。卓吾以王心斋为英灵种子，以罗近溪、王龙溪为圣人，尝辑阳明龙溪言为书抄。卓吾之学，即力攻当时讲学者之多伪，如泰州之耿天台，即卓吾攻之为伪道学者也。卓吾攻人之伪，亦所以自致其良知之是是非非之真，以非他人之伪。卓吾称许狂者、侠者、豪杰、英雄，尚朋友之义，平男女之等，谓"庶人之贱，亦皆明明德于天下"，又乐闻"作生意者说生意，作力田者说力田，凿凿有味"，亦称人之有童心者。此皆见其人之有拔乎流俗之见，喜真而非伪，而卓吾固真人也。然卓吾攻伪道学，更以道学之名为恶名，谓"盗马"胜似讲"道学"，而任其是非，以是非他人。以至于历史上之人物行事，世之所是者，卓吾恒非之；世之所非者，卓吾恒转而是之。如其称秦始皇、曹操、武则天、冯道之论是也。其所著之《藏书》《说书》《焚书》，皆自见其是非之不同于世之是非，与昔人之是非之论者也。然卓吾之为是非，则不求是非之有定论，而其言甚怪。如其《藏书》之纪传曰："人之是非，初无定质；人之是非人也，亦无定论。无定质，则此是彼非，并育不相害。然则今日之是非，千万世之是非，而复非卓吾之所是所非，亦可矣。……夫是非之争，如岁时然。……昨日是而今日非矣，今日非而后日有是也。"此李卓吾自言其作书之旨也。然此天下之是非，果皆如此之无定乎？卓吾又安知其今日之是非无定之论，必为是而非非也？然以

良知之是非，只属于个人，亦只属于个人之当下者，则必归于谓
一切是非，皆各属于个人之当下，而更不求天下万世之公是公非
之有定。此即与阳明之致良知之学，乃谓良知即天理，亦当即天
下之公是公非之有定者之所在，正相颠倒。然此卓吾之论，又正
使人皆自以其当下之是非自足，而亦各自"卓"其"吾"，以肆无
忌惮，而归于狂放。故今人之反对宋明儒学者，亦乐见李卓吾之
攻伪道学之论，而称卓吾之能任一己之是非者，为能独立不惧。
卓吾又尝言人不当以孔子之是非为是非。此在中国五四时代之吴
虞，即借其言以打倒孔家店。然实则卓吾虽于天下万世之人之是
非，多颠倒之，以快其一时之论，亦犹未以孔子为非；并尝以二
溪为圣人，而未尝非之；又著《三教归儒说》，以言佛道之归，并
在于儒。近溪之《盱坛直诠》一书，亦称及卓吾。卓吾之狂，固
尚未如近人之宗卓吾者，徒见其有攻伪道学之论，谓人不当只以
孔子之是非为是非之言，遂用其言而即并宋明之儒学与孔子，而
皆弃之若浼也。

　　然卓吾之任其一时之是非之论，则早已为明末之贤者，如邹
颖泉、顾宪成、王船山、顾亭林等所深恶而痛绝。黄梨洲《明儒
学案》亦不为之立学案。盖非此诸贤只以卓吾一人之一时之是非，
未必真是真非；而当是由此卓吾之说，导天下人于貌似独立不惧，
而实皆肆无忌惮，同归狂放，以学圣贤为便宜事。[①] 诸贤者之恶卓
吾，盖有其故矣。此卓吾之狂放，则初由其嫉伪道学而来。唯嫉
伪道学，故以任己一时是非之事为率真，而不知此只求率真，即
归于狂肆。出乎伪，入乎狂；出乎狂，又入乎伪。此晚明王学之
所以弊也。若狂若伪，皆可使人所谓良知之是非，更与其一时意
气之激、恩怨之情、利害之便、习气之使、嗜欲之流，互相夹杂。

---

①《明儒学案·江右学案》一，邹颖泉学案，记人问：何近从卓吾者之多也？曰："人
　谁不欲为圣贤，顾无奈圣贤碍手耳。今渠谓酒色财气，一切不碍菩提路，有此便
　宜事，谁不从之。"

依此是非而有之好恶，乃皆不得其正矣。今欲使此是非好恶得其正，其一：当依他人实有之善恶，定其人之实为君子小人，再定吾之好恶是非。欲知人之实有之善恶之为如何，则当真知善恶之标准所在，与至善所在，人即当有格物穷理，以"止至善"之学。其二：则赖于人之自求其是非好恶，先不出于一己之意气之激、恩怨之情、利害之便等。此则必须于致良知之时，实有自诚其意之功。此即东林之兼言格物与止至善之学，及刘蕺山之言诚意之学，所以救王学之弊之时代意义之所在也。今文则专论东林之顾宪成、高攀龙之学，所以救王学之弊者何在，并及其学在晚明儒学中之地位。

二　顾宪成之辨性无善无恶之论

循前文所论，则东林之学与蕺山之学，皆是为救王学之弊而起。然阳明之致良知之学，致是是非非于一己，而发展为对他人之是非，作是非，此亦必不可免，而当有之事。故东林之学，一方固求异于狂肆之徒，任其一己之是非，以是非天下万世，而不自察其是非之是否出于正者。然亦异于阳明与其徒之言致良知，唯用以自好其善，自恶其恶，以自成其为内圣之学者。东林之学者，乃一方用力于自修，一方亦关心世道，而欲辨世间之君子小人之善恶；更发为是是非非之评论；乃不惜为伸此是非之正者于天下，而不顾利害生死，更以节义自见者也。《明儒学案》记顾宪成于东林学会之旨曰："先生论学，与世为体；……至于水间林下，三三两两，相与讲求性命，切磨德义，念头不在世道上，即有他美，君子不齿也。故会中亦多裁量人物，訾议国政，亦冀执政者闻而药之也。"此宪成之学，一面讲求性命，切磨德义；一面分别君子小人，裁量人物，以扶持世运。此固正是孔子之兼修己与治人，而明体亦达用之学。东林之裁量人物，乃只及于当世之为政之人物为止。此即不同于李卓吾之于历史人物，皆欲对之另依一己之见，以更易其是非。东林之士，固未尝纯任一己之是非，而于一切昔贤所为之是非，皆置诸不顾也。故宪成尝以阳明谓"求之于心而非也，虽其言出于孔子，不敢以为是也"之语为不然；谓于此当自知"去圣人远矣，正应沉潜玩味，虚衷以俟"，不可"自专自用，凭恃聪明"。此与李卓吾之自恃聪明，以一任一己之是非，而更无忌惮者，自是不同。故宪成更标小心之工夫以为学。本此小心，以切磨德义，辨世之君子小人，则当于自家善恶，先辨得明白，以自为善去恶，大可称君子之善，讥小人之恶。固不可径以一己对他人之是非所在，即他人之善恶所在，更不可任一己之是非，而忘天下公是公非所在之善恶也。重辨此人己之善恶，则必及于人之心性之善恶之问题。宪成于此，则坚主性善。故谓"语本体则性善二字，语工夫则小心二字"。

然其时为阳明之学者，如周海门亦一代儒宗，则仍承龙溪言无善无恶之妙旨，以张此无善无恶之论。阳明学之言主宰流行，言体用，言本体工夫，言性命，克就其名言以观，固不必有价值上之善恶之意义。阳明亦自有"无善无恶心之体"之言于先，则海门之言无善无恶，亦有本于阳明者。然此无善无恶之说，至少其流弊可至于使人于一切善恶之辨，君子小人之辨，更不加意。则于人之一切行事，亦可更不加以善恶之拣别；于己则任其一己之好恶利害之情识，以与良知相混为用。此则为当时之湛甘泉学派中人，如唐伯元、许敬庵，承程朱学之陈清澜、邹东廓之再传弟子李见罗，以及东林学派中人所共同感到，群起而以对阳明之无善无恶言心性，加以诘难攻击之故也。东林之顾宪成，则于此有《证性篇》之书，于阳明言无善无恶之语，逐条细辨，其论最详。顾宪成更能深识此无善无恶之说之所以流行之故，乃在其既可附于君子之大道，而又可投小人之私心。其言曰："管东溟曰：凡说之不正，而久流于世者，必其投小人之私心，而又可以附于君子之大道者也；愚窃以谓无善无恶四字当之。何者？见以为心之本体，原是无善无恶也，合下便成一个空；见以为无善无恶，只是心之不着于有也，究竟且成一个混。空则一切解脱，无复挂碍，高明者入而悦之。于是将有如所云，以仁义为桎梏，以礼法为土苴，以日用为缘尘，以操持为把捉，以随事省察为逐境，以讼悔迁改为轮回，以下学上达为落阶，以砥节砺行、独立不惧为意气用事。混则一切含糊，圆融者便而趋之。于是故有如所云，以任情为率性，以随俗袭非为中庸，以阉然媚世为万物一体，以枉寻直尺，为全其身济天下；以委曲迁就为无可无不可，以猖狂忌惮为不好名，以临难苟安为圣人无死地，以顽钝无耻为不动心者矣。由前之说，何善非恶？由后之说，何恶非善？是故欲就而诘之，彼所占之地步甚高，上之可以附君子之大道；欲置而不问，彼其所握之机缄甚活，下之可以投小人之私心。即孔孟复作，奈之何哉。"

此宪成之论，可谓最能深观人之道德生活中之是非之颠倒相。原此阳明之无善无恶之说，初只是无善念、恶念。即去恶而恶去，为善而不自念其善，不着于善。此即至善。龙溪言无善无恶，亦是此旨，唯于无善无恶，下语更重耳。此无善无恶，乃德性工夫成就后之化境，亦非不可说。阳明之教，固原是教人好善恶恶，为善去恶。唯恶去而不着善，而后至于忘善恶念、忘善恶名之化境。此化境，正心体之全幅呈现。故于此心体，亦可说无善无恶也。如此理解，则阳明、龙溪之言无善无恶，其义固有所特指，亦有所局限。如纯自理论上辩，则观许敬庵与周海门间之九谛九解之辩，亦可终无相胜之日。周海门亦知此无善无恶，乃在化境上说。人未至此化境之先，只当有好善恶恶、为善去恶之事。此在海门，固亦不能否认也。然阳明之徒，谓无善无恶即至善之语，仍有毕竟是"以善为主"或"以无善无恶为主"之问题。此无善无恶之化境，乃心之虚明湛寂之境。此中即有当以善为主，以说此境或以此境销融一切善，而以无善无恶为主之问题。此在顾宪成，则谓此境只是一善，不能以之销融一切善，则当说善为主。此吾已述其旨于《原性篇》一书第十五章，今不赘。此外，又有以无善无恶设教讲学，其流弊之极，可至何处之问题。宪成于此，则见及此无善无恶之说，其弊可至于空一切善，而无善非恶；混一切恶，而无恶非善。原人之可说善为恶，以忘人之善，或说恶为善，以自文饰其恶，以成善恶是非之颠倒，固自古有之，昔人亦多见及之。然今更济以此无善无恶之高明浑化之论，则此一切颠倒，即皆可托之于此高明浑化之论，以为护符，以阴济其欲；外附君子之林，其位甚高；而内行其小人之实，其机缄甚活。此即成孔孟之无可奈何，而人之道德生活，即全部虚伪化，而君子小人之辨，于此即无可辨。今顾宪成欲于此辨之，则舍先撕破此无善无恶之高明浑化之论，亦别无其道。吾亦以为对此无善无恶之论，至少必须限定其义之所指。无善无恶之化境，亦必须由先辨善恶、辨君子小人之别而至。亦只能谓此境为善之一，而不能以之销融一切善。此则所以保存此善之在先性。而凡言体用、本体工夫、性命之形上学的概念，亦皆当依此善之在先性而说。此亦即谓：必以道德学之概念，先于一切形上学之概念而说，方更合于孔孟荀等儒者重善恶之辨、君子小人之辨之旨。晚明阳明之学之流，既趋于高明浑化，而有种种高明浑化之论，则固当再由高明而道中庸，由浑化而分辨，乃能知此辨善恶与辨君子小人之意之切。此则正有赖于东林学派与晚明之甘泉学派之人，及李见罗以至刘蕺山之辨无善无恶之论，以完成此儒学当有之一发展者也。

三 高攀龙自述其悟境并泛论悟境

由东林之辨此无善无恶之说，而归于以善为先，而坚主性善，更本此以讲求性命，切磨德义；故东林之人物，自有其德行之成就，亦有其所论之义理，为其前之明儒所未及者。此则尤以高攀龙之由阳明之致知之学，以更进至格物之学，以重接程朱之旨，而所为之论，最具胜义。高攀龙自言其为学之历程，初未尝说悟，然终至一悟境。其自言曰：

"初只将程朱所示法门参求，于凡诚敬、主静、观喜怒哀乐未发、默坐澄心、体认天理等，一一行之。立坐食息，念念不舍，夜不解衣，倦极而睡，睡觉复坐，于前诸法，反覆更互。心气清澄时，便有塞乎天地气象，第不能常。在路二月，幸无人事，而山水清美，主仆相依，寂寂静静。晚间命酒数行，停舟青山，徘徊碧涧，时坐磐石，溪声鸟韵，茂树修篁，种种悦心，而心不着境。过汀州，陆行至一旅舍，舍有小楼，前对山，后临涧。手持二程书，偶见明道先生曰：'百官万务，兵革百万之众，饮水曲肱，乐在其中。万变俱在人，其实无一事。'猛省曰：原来如此，实无一事也。一念缠绵，斩然遂绝。忽如百斤担子，顿尔落地；又如电光一闪，透体通明；遂与大化融合无际，更无天人内外之隔。至此见六合皆心，腔子是其区宇，方寸亦是本位，神而明之，总无方所可言也。平日深鄙学者张皇说悟，此时只看作平常。自知从此方好下工夫耳。……丙午，方实信孟子性善之旨。此性无古无今，无圣无凡，天地人只是一个，唯最上根，洁身无蔽，便能信入。其次全在学力，稍隔一尘，顿遥万里。孟子所以示瞑眩之药也。丁未，方实信程子鸢飞鱼跃，与必有事焉之旨。谓之性者，色色天然，非由人力。鸢飞鱼跃，谁则使之。勿忘勿助，犹为学者戒勉。若真机流行，弥漫布濩，亘古亘今，间不容息，于何而忘？于何而助？所以必有事者，如植谷然，根苗花实，虽其自然变化，而栽培灌溉，全在勉强学问。苟漫说自然，都无一事，即不成变化，亦无自然矣。辛亥，乃实信《大学》知本之旨。壬子，方实信《中庸》之旨。此道绝非名言可形，程子名之曰天理，阳明名之曰良知，总不如中庸二字为尽。中者停停当当，庸者平平常常。有一毫走作，便不停当；有一毫造作，便非平常。本体如是，工夫如是。天地圣人，不能究竟，况于吾人，岂有涯际。勤物敦伦，谨言敏行，兢兢业业，毙而后已云尔。困而学之，年积月累，厥惟艰哉。"（《高子遗书》卷三《困学记》）

上文将高攀龙之自述其学问工夫之历程全抄，意在见高攀龙之学，乃实有觉悟，其后方信《大学》《中庸》之旨，而落实在勤物敦伦、谨言敏行之平日工夫。此其所道之悟境，与罗念庵《答蒋道林书》所言者相似。其所谓与大化融合无际，及六合皆心，即念庵之上下四方，往古来今，浑成一片也。此皆是顿然而现之境也。大率此悟境，宋明儒多有之，唯或言或不言耳。宋儒唯明道言直下识得"浑然与物同体"之仁，象山言其忽悟吾心与宇宙皆无穷，四海古今之圣人，心同理同，与程子之言"尧舜至今几千年，其心至今在"，皆一悟境也。朱子则于讲学论道中，不言此悟境，然由其诗，则亦见其自有悟境。明儒则白沙之言于静中见"有物呈露，上下四方，往古来今，一齐穿纽，一齐收拾"，则明言悟境。王龙溪言"一念灵明，从混沌中立根基"，罗近溪言"此性若果能知，则骨肉皮毛，浑身透亮；河山草树，大地回春"，与上述念庵、攀龙之所言，并是悟境。此诸悟境自可有种种不同。然其同者，则是皆无内外天人之别，亦无时间上之今古之别，与空间之上下四方之别；又皆是忽然顿现，前无来处，后亦无去处……不因其外之物而有，亦不因之而无，无定在，而无所不在。程明道所谓"亦无因甚有，亦无因甚无，亦无有处有，亦无无处无"也。今如泛说悟境无内外今古、上下四方之别等，则对西方与印度宗教之神秘主义之所见，与佛家之悟境，皆可如此说。然同有此一悟境者，其所悟亦可有不同。如只见得其心与平日所信之上帝梵天合一，即宗教中神秘主义之境。如见得其心与平日所见之一切法之性本空寂之义合一，即佛家初步悟境。于自悟此本性空寂后，更念及众生不能悟此本性，长沦生死海，遂动悲悯心，而悟此悲悯心，则为佛家悟境之极至。儒家于此之悟境，则可是直悟万物皆备于我，而己与天合德，此似宗教之境；又可是顿见此心之虚灵明觉，如佛家之悟一切法，本性空寂；亦可是进而悟此心有种种不忍悲悯之情之隐现于心，即孟子所谓恻隐之心也。

但言悲悯恻隐，皆是自心之不忍不安处说。凡于通常所谓我以外之人物，有缺憾苦难，而见其为我之缺憾苦难，或于通常所谓我之缺憾苦难，见及其为一切人物所可同有，而皆为一天地间之缺憾苦难，以现于此心，而无内无外，皆顿悟此不忍悲悯之心也。然此心能于天地间之我与人物之苦难，见其无内无外，亦可于天地间之我与人物之乐，见其无内无外；则天地间之鸢飞鱼跃之乐，即我之此心之乐；我之曲肱饮水之乐，亦天地间之乐。此皆无内无外，当下充塞宇宙之乐。故虽是同此儒者之无内无外、充塞宇宙之悟境中，而人可或悲或乐，亦可哀乐相生，如环无端。依此以言哀乐之情所自生之心性，即亦当兼具此哀乐；以至如后之刘蕺山所谓兼具喜怒哀乐，虽不感物，而恒自周流。此悟境中自有种种，今尚不能尽述。然要皆是无内外之别，而当下遍满充塞宇宙。此非谓此时人心全无所思、无所念、无所感，而是即思之便念之，念之即感之，而与此心无间隔；人能不见内外，即无内外，而全心在感，全感在心；则此外更无宇宙之人物在念，故当下遍满、充塞宇宙。如于此时，此心更念及其他人物，亦同是才念即感，感之而不与之相间隔，仍是全心在感，全感在心，而不见内外，而无内外。如此念念相继，皆同此无内外，皆一一当下遍满、充塞宇宙。然其所以充塞宇宙而无内外者，其内容亦可不同，如或以悲或以乐之别是也。然其不同，又可说实非不同，因其总是一无内外，而遍满、充塞宇宙之流行，以过而不留，前后不碍，即只是纯一不已也。然此则唯圣人之心能如是。在吾常人之心，则或由其原具天资，而其心之一时在虚明之际，遂忽忘其平日之我，以偶然得此一境，如从天而降。此则忽然而来，忽然而去，来也无踪，去亦无迹。或由先以种种学问思辨，知此境之可有，更以习静归寂之工夫，以期于此境之一日之至。如念庵、攀龙之悟此境，则先皆有实工夫者也。

四　高攀龙对格物与敬之义之重申，朱子阳明学之会通及其以佛为阴教、儒为阳教义

然此中有一大问题，即人之悟得此境以后又如何？人之悟得此境，并非即能长住此境。盖赖工夫而得者，则此工夫之效有限，其住此境之时亦有限。赖天资之明而得者，则此天资之明，恒随人生以后之与物相接，而散沉于物，以日归研丧。故人即有此悟境，亦恒不能常住。其悟境之住，必有时限，亦可一去而音沉响绝，更无消息。于是人于此欲更求工夫者，则或是回想前日悟境，或本当下一隙之明之不昧者，以为工夫。此悟本体为工夫之教，如龙溪之教是也。或则于此仍在习静归寂上，更下工夫。然人如于此所悟，是一心之悲恻不忍之仁者，则必更依此仁，以为齐家治国平天下之成物之事。此则必须以此仁心主宰于此身，而通过此身，以为此成物之事；不能只于在其心之静处时，自觉其心中有仁之流行而止；而亦自知其如止于此，即其心之不仁也。本此仁心以主宰此身，以为成物之事，则世之真儒，盖皆必有之。即讲学者之口讲指划，仍是其心主宰其身、自用其身所为之成物之事也。此人之必用其身，乃能为成物之事，固无可疑。然是否即依此而言此修身之为内外之学之本，则儒者之见，亦可大有不同。盖亦因时节因缘，而为说不同。如观阳明龙溪之言，即恒只由心之主乎身，而只重言自悟其心之良知、心之灵明者也。泰州之心斋，乃重言此安身为本。罗近溪更以如何使此身成大人之身为言。高攀龙则自谓是于此心与大化融洽之悟之后，方悟得《大学》修

身为本之义。其言曰："无身则无心意知物，无身则无学。"又曰：
"无身则无心意知物，无身则无家国天下，而身其管括也。格致诚
正，为身而设；齐治平，自身而推。故八目只是一本。"(《遗书》
三《大学首章广义》）此即是以修身为八目之一本也。攀龙之此一
悟，亦实甚重要。大率在常人只知七尺之躯者，其为学当先知此
心为身之本。而学者之既悟得此心者，则更当悟必有心所主宰之
身，然后人乃能得以成一切家国天下之物之事。必悟及此修身为
其内外之一切学之本，然后其所悟之心，乃不致只浮游于高明之
境，而坠入玄虚。则此悟修身之为《大学》之八目之本，固为攀
龙之学之一进境，而亦为阳明龙溪等只言悟此良知灵明之学者之
一进境，而可矫为王学者之所不自觉地坠入玄虚之弊者也。

　　攀龙既悟此《大学》之修身为本之义，更言格物。格物即吾
人之用此身以与物接，而见之闻之，以求知其理，及吾人当有何
行以应之之理。故其学得还接于程朱重格物穷理之旨。于是攀龙
之学由心悟始，原近白沙阳明之学者，乃以归于程朱之格物穷理
之论终。其言格物穷理之义，亦未尝离此心而言。其所以不离此
心而言者，则在其言物理之未知也，非直谓此物理在心外；而只
是：此"物理"与"知此物理之心"，皆未现而俱寂。此即如阳明
之谓山中之花，人未见时，花与心俱寂也。俱寂者，心与物相俱
而寂而隐。而当其见于心也，亦与知之之心，相俱而显。俱隐俱
显，形影不离。非必言有心外之物也。然克就心知之进行言，除
此现有之心知所已知之物之外，自有其所未知之物。则人之心知，
不能只自限于已知之物，更当知此物外之有物，以向于此物外之
物。故此现有之心知，亦不能自限于其知，乃必往格物穷理而致
知，方能使原与物俱寂俱隐之知，得与物俱显也。此所显者，固
仍是一"知与物形影不离"之全体也。故曰："天下岂有心外之物
哉，当其寂也，心为在物之理，义之藏于无朕也。当其感也，心
为处物之义，理之呈于各当也。心为在物之理，故万象森罗，心

皆与物为体。心为处物之义，故一灵变化，物皆与心为用。"（《遗书》卷三《理义说》）此即谓心知与物，在寂与感，皆不离也。又曰："格物者，穷理之谓也；穷理者，知本之谓也。……理者，心也；穷之者，亦心也。但未穷之心，不可为理；未穷之理，不可为心。此处非穷参妙悟不可。悟则物物自有天然之则。日用之间，物还其则，而我无与焉，如是而已。"（《遗书》卷八《答刘念台》）此即谓心理虽不离，然仍有当穷之心之理，待于穷，然后能于日用之间，随处依物之理或天则而行也。若然，则言格物穷理，固可亦不悖阳明之"致一合内外之知"之义。此吾于《原性篇》已引其文而释之，今唯更能就义理，加以申说耳。

然攀龙之以阳明学通程朱之学，尚不限于以阳明之致知之说，通程朱之格物之说；亦在攀龙之能言主敬，以通程朱言主敬之义。按象山尝恶此持敬之言，阳明亦议朱子之主敬。盖皆谓此主敬之工夫，乃在容貌辞气下工夫，或有意把持一敬之心态之工夫；此乃由人不见本心良知之体，而称体以为工夫之故。然若依吾前于《朱陆异同探源》一文，论朱子之言敬是心之体之义，以理解此敬，则此敬之工夫，实只是存得此心之虚灵不昧，而使之持续。此与阳明所谓存得良知之未发之中之工夫，就其实指而言，固相距不能以寸。此敬，只是此心之虚灵，不沉没陷坠，而自向上升起。其必表现于容貌辞气，乃所以见此心之能主宰此身。心在事实上，亦必下主宰此身，乃能和盘托出其向上升起之虚灵。唯心之能虚灵，而亦能自然主宰此身者，则可不须更多言此一敬。此阳明之旨也。然学者之心之虚灵，固未必能至于自然主宰此身之程度。则不言此敬，便可使此心自谓：对此身不须有此主宰之功；而此心之虚灵，即转而随此身之接物之自然反应，以相与俱运。此身之接物之自然反应，则固多未必合理，而出于习惯情欲者。此心之虚灵，与之俱运，则此心知即化为情识，而仍自以为是良知。此即阳明之单言致良知，恒不免之流弊。故王门之学者，不重此敬者固有之，如王龙溪、钱德洪是也。然邹东廓、罗念庵，皆重言此敬之义；罗近溪亦言于此良知之心之理，当恭敬奉持也。东林学者与刘蕺山，则皆鉴于徒言良知，有使人以情识为良知之弊，而皆重申此敬之义，以使其心，能实主乎身者也。至攀龙之言敬，则散见其书。如其与刘念台书谓："千古圣贤心法，只一敬字，捷径无弊。何谓敬？……直心正念而已。直心即正念，正念即直心。"（《遗书》卷八）又其与顾泾凡论已发未发书，亦详说此敬之贯于已发未发之动静之旨（《遗书》卷八）。于伊川之以整齐严肃言敬、上蔡以常惺惺言敬、和靖以"其心收敛，不容一物"言敬之三说，则尝谓"整齐严肃，有妙存焉，未尝不惺惺，未尝不收敛"（《遗书》卷一《语录》），以见三说之相通。今按程朱之言工夫，不外穷理格物与涵养主敬二端。今攀龙惩王学之不言穷理格物，不言敬，而蹈空虚，及以情识为良知之弊；乃以穷理格物言主敬，而又先有王学中之心悟为本；则王学与程朱之学之流，得再接通，而和会为一矣。

　　上所述之顾、高之学，皆落实在做次第工夫，以归于成己成物之实行。此实行，则以止于至善为宗。此至善所在，即当然之理之所在，亦性之所在。心止于至善之性之理，而身之气随之，即成己成物之实行实事。攀龙以"老氏之学，气也"，即只养此身之气之学；又谓"佛氏之学，心也"，即只悟此心之学；再谓"圣人之学，性也"（《遗书》卷三《气心性说》），即心恒止于至善之性之理，以主身之气之学也。此心之恒止于至善，亦即在成己成物之种种实行实事中，止于至善。此种种实行实事，固为分殊之行、分殊之事。于一一分殊之行、分殊之事，识得其至善之所在而为之，而于其不善者则更不为。此即不同于佛家之应世，更不须于此分殊之事，一一辨其善与不善者。故攀龙特举儒书二则曰："颜渊死，门人欲厚葬之。其厚同列之意，甚美。夫子何以更深嗟重慨，曰非我也，夫二三子也。禅宗如此否？子疾病，子路使门人为臣，其尊师之意，甚美。夫子以严词切贬，曰行诈，曰欺天。禅家如此否？"此孔子之所以如此，则在其学之"所以异于释氏，只一性字……只一理字。理者，天理也。天理者，天然自有之条理也"（《遗书》卷三《心性说》）。儒之重在于事之不同者，皆一一得其天然之条理，而于此理之所在，见至善之性之所在。故谓："有物必有则，则者，至善也。穷至事物之理，穷至于至善处也。"（《遗书》一《语录》）其"因物付物，处之各当，我无与焉"，"有分别性，而无分别用"（《气心性说》），亦即中庸之平常之境，以"勤物敦伦，谨言敏行"也。此与佛家之只使此心"极于不可思，不可议"，"于蜎飞蠕动，无不慈爱；顾使天下善恶是非，颠倒错乱，举一世糜烂蛊坏而不之顾，而曰清净无为也"（《心气性说》）固不同。故其与管东溟书（《遗书》八），更说佛之悟虚空法界之体，与重言鬼神者，为阴教；而以儒学之通于幽明，"可以治世"者，为阳教。又谓"阳教全而阴教半"。此阳教之可以治世，则正在其能知有"物则"，为理、为性、为至善，而知止于至善，以与恶相分别之故也。儒之为阳教，自与佛之阴教异。攀龙自宗儒，故言扶阳抑阴。然天地自有阴阳，而教亦必有儒佛。故虽扶阳抑阴，扬儒抑佛，亦不须绝佛教之存于天地之间。此即攀龙之辨儒佛之旨也。

五　节义之义与气质之性之善，及东林节义在中国历史上之地位

此东林顾宪成、高攀龙之以止至善之性为宗，亦兼重格物与以敬持身，及于世间事之善恶加以辨别，而更有所为、有所不为之旨。有所不为而必不为，则必至死而不为，此即成人之节义。人之凡有所不为，亦必先有一宁冒死犯难而不为之志。有所不为而畏死难，则其有所不为者，遇死难而为之，则不能真有所不为，

非真能止善而不为恶，亦非真能尽性之善、知性之善；而亦终将以性乃无善无恶，其为与不为，亦皆无善无恶，而临难苟免也。反之，则如东林之以性善为宗，以求止善，而有所必为，有所必不为者，则必归于尚节义。攀龙亦固以有所必不为，而自沉水死。东林之顾泾凡，则更以明此节义，为讲学宗旨。人或谓节义为血气，盖节义须以身之气表现之，故可谓此节义为血气。然泾凡则曰："夫假节义者，乃血气也；真节义，即义理也。血气之怒不可有，义理之怒不可无。义理之节气，不可亢之而使骄，亦不可抑之而使馁。以义理而误认为血气，则浩然之气，无事养矣。近世乡愿道学，往往借此议论，以销铄吾人之真元，而遂其同流合污之志。其言最高，其害甚远。"（《东林学案》二顾泾凡学案）此真节义与假节义之分，即以义理主血气之勇与任血气之勇之分，亦即心之知善恶所在，而定其有所为与有所不为，而宁犯死难者，与只以身之血气与世相抗以求胜者之分。后者则动物之相斗中，亦有之者也。然此以义理而成之节义，仍须以其身体之血气之犯死难，加以表现。吾尝谓依义理殉死难，以成其气节者，如以其身为笔，以血为墨，以书此义理于天地之间。则其人之心，固全是表现义理者，其身形气质之在天地间者，亦全是表现义理者。则其心固以此义理为性，其形躯气质，亦以此义理为性。而此义理之性，亦即不可只说为此心之性，而必当更说为此身形气质之性。人不能至于依义理以殉死难，以成其气节之境，不能为真尽性之善；则未见得此义理之性即此身形气质之性，心之性之善即此身形气质之性之善者，亦不能谓为真见性也。故东林之士既言气节，言性善，而亦言此天性之即在形色气质中。此即高攀龙所以言"此道既尔充塞，形色即天性。随身所在，一切整齐严肃，许大乾坤，便枢纽在此"（《遗书》卷八《与子往》四），而孙淇澳则又更力主义理之性即气质之所以为气质之性，谓性善即言此气质之性善之故也。

东林之学必以节义或气节自见。此节义、气节之名，乃取喻于竹之有节。此节乃竹干所过不去处。人在义上有所不为处，即其生命于义，有所过不去处。如再过去，则与心所知之义相违，而此义之节限，即成其心灵之节限，亦即成其生命之节限。故曰节义，或曰气节。人之有气节或节义，乃依于人心之知义，而欲其生命之只成为与义为一之生命；故不违义以苟生。此乃人性原所能有之自然表现，初不必待为之教也。春秋战国之人，已多有节义之行，固不必先尝闻孔孟之教也。孔孟之言"无求生害仁"，言"舍生取义"，亦唯就人性原所更能有而已有之表现，而自觉地说出之，以见此人性，而更以之设教耳。然此人之死难而殉节义之事，则亦待时节因缘而有。又人之殉死难，是否自谓是殉节，则与学术有关。昔在东汉之末，以宦官外戚乱政，而有《后汉书·党锢列传》中人之节义之见。然魏晋之名士之遭杀身之祸，而不自以为殉节，则又以其学术中不重此名节之义之故。此诸名士之死，亦可谓死得不明不白也。若在宋儒，则太宗不杀士大夫，立为禁令，故儒者亦罕以节义自见。直至宋末之文天祥，为元人所囚，乃自谓是殉节义而死。在明代，则自太祖废除宰相之制，后更有方孝孺之守道不阿，至十族殉难。王阳明亦尝受廷杖贬谪，而幸免于死。而明末之殉节死难者，即有黄道周、高攀龙、刘蕺山与其余之东林之士，及义不与清帝共天日之士。东林之以节义讲学，而更自躬行节义，则代表一明学之特殊精神。此讲节义之学于先，更躬行之于后，即以其身之行，为其所讲之学之见证，以见其所讲者之不虚。东林之士之殉难也，亦必先言其所是所非，申其所谓君子小人之辨于天下，以抗死力争其义之所在。此固大不同于魏晋名士之不明不白而死；亦不同于东汉节义之士之未必有学术，足以明是非者；复不同于文天祥、方孝孺之死于自行其所闻之道，以求无愧于心者。此乃兼有以节义，自伸其是非于天下，自见其清白，并以节义之行，为世间立教垂范之旨。此亦与阳明之自言做得一狂者，后更不遮掩，而能任人毁誉，而不动心之事，略有不同。至于阳明之徒要做得一狂者，则或如王龙溪之本禅宗语谓"恶名埋没一世，不得出头，亦无分毫挂带"（《明儒学案·江右学案》三龙溪与念庵语）；或如何心隐、颜山农、罗近溪、李卓吾之伦之皆能我行我素，独立不惧，不顾世俗毁誉。然其中除罗近溪外，皆未必有纲维世教之想。然东林之人，则自始有辨君子小人之别与世之是非，以纲维世教之志。故其以节义自见其清白，自伸其是非之事，亦即同时有为世间立教垂范之意在也。此亦即不甘恶名之埋没一世，亦不甘于只做得一不顾世间毁誉之狂者也。

至于问东林之重节义，是否即是好名，则甚难言。节义即是名节，此自与此"名"之一名有关。谓节义是名节者，以人在世间之名之所在，即义之所在，其心灵生命之节限所在。人之殉节，是成其义，亦即成其名，而亦可说由于其知好其名之故。故殉节义即殉名节，亦可言其为好名也。然此中之好名有二义：一是由尊此世间之名位之义，而好此名；故不忍以亏义之行，而玷辱此世间共尊之名位；使人更不尊此名位，而使名教废。此则虽是好名，而非好一己之名，实乃出于至崇高之纲维世教之志。则其由节义以见其身之清白，亦是为世间树此清白之典型，以长存天地。此乃必须人之浩然之气，能塞乎天地，而后能成此名节或节义者也。然人之成其节义，以见其清白，以伸其是非于天下者，亦可只为成其个人之清白之名，使其是非，不受委屈，此尚只是一般狂狷之所为，而尚非节义之极。然即此事，亦须人之不贪生惧死，而其心中唯重此个人之名之存于他人之心者，而后能之。故其事亦难能而可贵。至于此人之殉名节者，毕竟是为纲维世教，或只为成其一己之名，则不特他人难识，即自己亦未必能细辨。而其间亦有种种程度之差，由其一生之学力而定者。故于此节义之士，轻以好名责之，则持论过高，翻成刻薄。于东林之士之殉难，则固当如黄梨洲所谓以"冷风热血，洗涤乾坤"称之，方为持平之论也。

　　然东林之人以节义相高，专以辨君子小人之善恶，更伸是非于天下为事，亦自可有弊。此则由辨君子小人之善恶，以伸是非于天下，其用心所向乃在外，则恒不免重他人之是非，而忘自己之是非；重他人之善恶，而忘自己之善恶。然他人之是非善恶，则未易由其外表言行而知。以良知知自己之是非善恶尚易，本良知以断他人之是非善恶则难。此则由于对他人之是非善恶，吾唯可自其外在之言行之见闻，以知之。然由对他人之外在之言行之见闻，以知其心，则待于格物穷理之功。东林之所以重此格物穷理之功，亦由其欲知他人之是非善恶，舍先有此格物穷理之功不可也。然本他人之言行，而格其物、穷其理，以知他人之是非善恶，则不能自谓必无误。本此所知，以定他人之为君子或小人，亦不能自谓其必无误。则人之本此不必无误之知，而致其良知，以好君子、恶小人，进君子、退小人，虽自谓出于是是非非、好善恶恶之良知，而其事则不必皆正当而无偏差，而不免于形成对人之诬枉。此即如东林之弹劾熊廷弼，而使之见杀之事是也。而附于东林之君子之林者，固未必皆君子也。君子与小人相杂，而其互为是是非非、好善恶恶之事，归于互为生杀予夺，以冤冤相报，而东林之气节，亦与明社俱兀矣。其时之刘蕺山，于东林之士，固相与为友，亦尝向朝廷力辩东林之士原多君子者。然蕺山终谓东林之学之重对他人之善恶，为好善恶恶之评论，以进君子退小人，其学亦有弊在。故曰："王守仁之学也，良知也；其弊也，必为佛老，顽钝而无耻。宪成之学也，善善恶恶；其弊也，必为申韩，惨刻而不情。"（《刘子全书》卷十四《修正学以淑人心、以培国家元气疏》）盖对他人之善恶，好善恶恶而无情，即必伤于矫激与惨刻，则人亦必更以无情报，或必置之死地而后快。于是东林之是非，还为人所是非，以至历明亡而不能定也。蕺山又谓：

言治自当以进君子、退小人为事；然"进君子、退小人，根在吾好恶来。能恶、能好，是第一义；好人、恶人，是第二义；知进人、退人，又是第三义了"。此即谓学之第一义，在使吾真能好能恶。此所谓能好能恶，即如孔子之言唯仁者能好人、能恶人。人非先尽力于求诸己之学，以使自己之好恶无不正，则不能好人恶人，以进人退人，而得其正也。于此义，东林之学者先固亦知之。如高攀龙之《好恶说》一文，亦论学者当先能好能恶（《遗书》卷三）。然及其流为只对人作好恶，以伸其是非于天下，以与世争之时，则或亦多忘其学之本之当在此如何使自己为能好能恶矣。刘蕺山则盖鉴于东林之弊，而专志于讲此如何使己真能好能恶之为己之内圣之学，而亦终能自成其节义者也。此当于下章论之。

第十八章　刘蕺山之诚意、静存以立人极之道

一　蕺山之为己之学中之"己"之"意"，及蕺山学之方向

上章之末，吾谓刘蕺山学，乃将儒者之学，全收归于一成己之内圣之学。故蕺山之《圣学吃紧三关》(《全书》卷三及卷四)，乃以人己关为首。过得人己关，乃有君子求诸己之学。所谓求诸己者，乃谓一切圣学，皆是求诸己。此非不问天下事，不欲纲维世教，不欲见节义于世也；而是谓此一切之事，皆是求诸己而尽己。故蕺山之当明亡而绝食殉节也，唯自谓此乃因其君亲念重，并以高攀龙之殉节时，"心如太虚，本无生死"之言，为近禅，而不以之为然。盖谓心如太虚，犹是一形上学之陈述。若只因我心本无生死，谓我无死可言，则非为尽伦而死也。蕺山之言君亲念重，则是为尽伦而死，以自成其"君亲念重，而尽其有此念之己"。蕺山之言求诸己而尽己之学，此己固是"人伦之事、天下事物摄在一己"之己。此固非一身之躯壳之己。于此一身之躯壳之己，蕺山固于其体认亲切法(《全书》卷十《学言》上)中首句言"身在天地万物之中，非有我所得而私"矣。此己者，乃下三句之"心在天地万物之外，非一膜所得而囿；通天地万物为一心，更无中外可言；体天地万物为一本，更无本心可觅"之心也。人必以此心为己，然后其一切处人伦之事、对天下之事，皆在一尽己之学中。则求诸己之学以外，更无求诸人、求诸外之学。此求诸己之

学，亦自非意在求见知于其外之他人，以求世誉；而其节义，亦自然全免于求名；亦不同于王学之徒，不顾恶名之埋殁一世，以与世相抗者也。节义而不免于求名，固外有他人，而内有我；不顾恶名而与世相抗，仍是其外有他人，而内有我。皆尚非能实见得"通天地万物为一心"之心为一己，以为其求诸己而尽己之学者也。

此以通天地万物为一心之心，为人之真己之所在，原是宋明儒学所大体共许之义。而言学者当求诸己，则是历代儒学之共同传统。蕺山即本此传统，明标圣学三关之首曰人己关，更言圣学之根本在慎独。《中庸》之言慎独，固即求诸己之学。宋明儒者亦大皆言慎独。然对如何慎独之方，及对此独之毕竟为何物，则有种种异说。而蕺山于此，则直指此心之意根，为独之所在，亦真己之所在。故曰："身者，天下万物之统体，而心又其体也；意者，心之所以为心也；知，则意之所以为意也；物，则知之所以为知也。"（卷十《学言》）"心中有意，意中有知，知中有物。物有身与家国天下，是心之无尽藏处。"（同上）"君子之学，先天下而本之国，先国而本之家与身，又自身而本之心，本之意，本之知，本之物。至此而无可推求，不可揣控，而其为己也，隐且微矣。隐微之地，名曰独。其为何物乎？本无一物之中，而物物具焉。此至善之所统会也。"则蕺山之学即求诸己，以此独、此意为本，而以"知此本"为"己"之学也。至其学之归至于此，则由其对人心有深切之省察，次第剥蕉抽茧，以反于一至深密之地而来。蕺山尝言求知此心之本之为不易事曰："方且自以为我矣，曰吾求之身也，不知其为躯壳矣；又自以为我矣，曰吾求之心也，不知其为口耳也；又自以为我矣，曰吾求之性与命矣，不知其为名物象数也。"（《全书》八《向外驰求说》）"良心（即心之本）之放也，亦既知所以求之矣。初求之事物之交，而得营构心，其为营构，日不知凡几也。继求之于应感之际，而得缘着心，其为缘与着，日不知凡几也。又求于念虑之际，而得起灭心；其起与灭，日不知凡几也。又进求之灵觉之地，而得通塞心；其通与塞，日不知凡几也。又求之虚、求之玄漠，而得欣厌心；欣与厌，又日不知凡几也。以是五者征心，了不可得。……"（《全书》卷六《证学杂解》八）又曰："甚哉，事心之难也，间尝求之一觉之顷，而得湛然之道心焉。然未可为据也。俄而恍惚焉，俄而纷纭焉，俄而杂糅焉；向之湛然觉者，有时而迷矣。请以觉觉之，于是有唤醒法。朱子所谓略绰提撕是也，然已不胜其劳矣。"（《全书》六《证学杂解》十）又言心恒放而不自知曰："或以思维放，或以卜度放，或以安排放，或以智故放，或以虚空放。"（《求放心说》）此蕺山所言吾人之知此己、此我之不易，其言可谓深切。兹姑不论上所引第一段文，而设定人已不以躯壳、口、耳，言性命之名物象数为我，而已能真知求诸心，此所得之心亦恒为已放之心，而非道心。即得道心，亦旋即恍惚、纷纭，而杂糅。此皆正是对吾人自求其心之事，作如实说。此蕺山所谓营构心，即日常作种种思维卜度，以应付外境之放心也。缘着心者，即有一心之内外之分，主客之对，而以内缘外，以主而着于客，于客作种种安排计虑之放心也。起灭心者，心不与一境接，而依故智、故习之不忘，以成念，憧憧自往来迁流之放心也。此皆即凡情中之心，而为儒佛道之学者所同欲加以超化，而求对之能自作主宰者也。自作主宰者为谁，即能知此种种放心，而知求不自限其中之心，此即灵觉心也。有此灵觉心，而其运无不灵之谓通。然灵者不必常灵，亦不必常通，此之谓塞。以通通塞，是为工夫。工夫不及，则通还塞，塞则无通，而通亦不必终通。通善而塞恶。旋通旋塞，仍堕在善恶之生灭。则通塞心亦放心也。由此而人遂有更求超此通塞善恶之相对，以求之于一虚空玄漠。此即上希一无善无恶、非通非塞之境之事。其求心，可谓能求之至高明之地矣。然欣此高明虚空，而自放于此虚空，而厌彼善恶之生灭，则此欣与厌，又成相对。有欣有厌，则心仍不得自在，而仍为放心，亦不能为自本自根之心也。今更求超于此欣厌心，应是一湛然之道心。然其下之五心既在，而可更起，则道心之湛然者，亦旋恍惚纷纭而不定，而再归善恶之杂糅。此即事心之难也。

今按人与外境相接，皆恒有种种营构思维卜度等，以应付外境之事。人如去欣厌心，则亦不能自绝于应境之事。此在宋明儒，则依周张程朱之教，皆谓于此，当就此境中之物，格其物而穷其理，以顺理而无私。此即所以超化一般之营构、思维、卜度之心也。顺理而忘内外主客之别，即所以超化一般于客境作安排缘着之心也。主静主敬，使心常惺惺，虚灵、不昧，即所以超化起灭心。象山之发明一"宇宙即吾心"之本心，以自作主宰，陈白沙之言"才一觉，便我大而物小"，亦即可一念而超化此三心。阳明言良知天理，则好善恶恶，双管齐下，于此三心之起，其不善者，才动即觉，便加超化。此皆并是实学，蕺山所不能废者也。蕺山作宋《五子连珠》，谓二程张朱并得周濂溪之统。又作《圣学宗要》引陈白沙诗"吾道有宗主，千秋朱紫阳"。更引阳明与陆原静书，谓阳明以良知为未发之中，即濂溪主静立极之旨。再引阳明之言"疟之未发而病根自在"之言，以谓阳明未尝无程朱所重之涵养之功。蕺山于周、程、张、朱、白沙、阳明，亦固并加以推尊也。

今按阳明固以致未发之中之良知之学，诏天下。然人致不得良知又如何？今朝致得，明朝致不得，其通塞无常，良知本体或见或隐，又如何？则阳明门下，其重由工夫以合本体者，其极至之论，为江右之聂双江、罗念庵之教，谓舍归寂至极，良知本体，终不得常明。其以悟本体即工夫者，则极至之论在王龙溪、罗近溪。龙溪之论，是超此善恶通塞之相对，而只在一无善无恶之灵明上参究。罗近溪之论，是教人于不学不虑之赤子，与日用常行之生活中，随处见此天德良知之流行。此诸人之学，初皆实学，亦皆各有其所救治之病痛。然二溪之学，散于天下，则又皆不能无弊。盖龙溪之学，重超善恶之辨，近溪亦不喜言善恶之辨，故其弟子周海门，即直言性无善无恶。此无善无恶之教之弊，东林已言之。然依蕺山之旨，以评二溪之学，则更可谓此龙溪之学，教人参究一无善无恶之灵明，即教人欣慕一虚空玄漠之境，而使人不脱欣厌心。此亦即致良知而"荡之以玄虚"也。至于近溪之教人于日用常行中，随处见天德良知，而不知人之日用常行，恒是真妄混糅，良知与情识，夹杂俱流。则此所见之天德良知，即成"参之以情识"之天德良知矣。总而言之，则二溪之学在蕺山观之，皆"启瞿昙之秘，而归之儒，不免近禅"（《刘子全书》十九《答王金如》）近禅与否，可不论。然要可言龙溪近溪之学，原有其未足之处，而后有其流弊也。

对此二溪之学之流弊，在东林学派之救治之道，是教学者关心世道，以免落入虚空玄漠之境；格物穷理，以善为宗，而辨君子小人，对世间更不陪奉。蕺山之进于东林者，则在确定此善在此心中之存在地位，乃在于"意"，而以此意为心之主宰，以为通贯此心之内外上下之定盘针。乃倡此一诚意之学，使人不只上欣一虚空玄漠之境，以厌世间；亦不于世间随处见天德流行，而必求去其伪而存其真。此意之当为心之主宰所在，则又固阳明之学之所涵，而亦为蕺山以前之若干儒者，所同多少见及者也。

二　王一庵、王塘南之言意与蕺山之言意

所谓此意当为心之主宰，为阳明之学之所涵者，即阳明之致良知，原是一知善知恶，而好善恶恶之事，而好善恶恶即良知之意。故阳明亦言"《大学》之教，诚意而已矣"。蕺山亦尝依此而谓阳明之学，原以诚意为本旨。然阳明之言"有善有恶意之动"之意，则非指此好善恶恶之意。好善恶恶之意，只能为善，而不

能为恶；良知中之此意，亦自必为一善而非恶；而有善有恶之意，则一般之意念。此乃不同义之二"意"。然阳明于此未析，乃更由心体之无此有善有恶之意，以言心之无善无恶。王龙溪更见此善恶相对之意之可厌，遂专欣慕此"无善恶之意之相对"之一境。此在蕺山观之，即成阳明之学之歧出。而其原，则在阳明于此二"意"之义，原未分别；亦即见阳明于此"好善恶恶之意"，尚或认识不真。蕺山于此，对阳明之评论固不误。其谓阳明致良知之学，当归在此诚意之学亦不误。此吾已述之于《原性篇》，今不多赘。

　　所谓此意为心之主宰，为蕺山以前之儒者所多少见及者，即在泰州之王一庵、江右之王塘南与《明儒学案·诸儒学案》中之李大经，皆同有此意为心知之主宰之论。于李大经之论，今可不述。此下只本《明儒学案》，略述一庵、塘南言意之旨。一庵之学承泰州心斋之传。心斋师阳明，而终不易其格物之论，盖自谓其格物之学，已足补阳明之致知之学之不足。一庵则继此而谓当更有一诚意之学。是即以此诚意之学，补徒言致知格物之学之不足也。一庵言："心虚灵而善应，意有定向而中涵。心之精神，无时不动，故其生生不息，妙应无方。然必有主宰于其中，而寂然不动者。是为意也。故意字，从心、从立，中间象太极图中点，以主宰乎其间，不着四边，不赖倚靠……"此意为心之所存，而非念。诚意之学，则要在"谨念"于念之发为善恶之先。此"非动后，察善恶也"。此即止至善于善恶之念之先之学；而视人于善恶之念之发后，更好善恶恶，以致良知，为下一层次之学也。

　　至于王塘南，则更一方言当时王学之弊"以任情为率性，以媚世为与物同体，以破戒为不好名，以不事检束为孔颜乐处，以虚见为超悟，以无所耻为不动心，以放其心而不求，为未尝致纤毫之力"。此与顾宪成、刘蕺山言王学之弊，大体相类。塘南更言："意，不可以动静言之。动静者，念也，非意也。意者生生之密机。有性而常生为意，有意则渐著而为念。未有性而不意者，性不意则为顽空；亦未有意而不念者，意不念则为滞机。"然又云："性之一字，本不容言，无可致力。知觉意念，总是性之呈露，皆命也。性者先天之理，知属发窍。知前更无未发，知后更无已发。合下一齐俱了，更无二功。故曰独。独者无对则一，故曰不贰。意者知之默运，非与之对立而为二也。是故性不假修，只可云悟。命则性之呈露，不无习气隐伏于其中，此则可修矣。修命者，尽性之功。""心之生理，本无声臭，而非枯槁，实为天地万物所从出之源，所谓性也。生理之呈露，脉脉不息，亦本无声臭，所谓意也。""学者终日乾乾，只是默识此心之生理而已。时时默识，内不落空，外不逐物，一了百了，无有零碎本领之分也。此理至大而至约，唯'虚而生'三字尽之。其虚也，包六合而无外，而无虚之相也。其生也，彻万古而不息，而无生之迹。只此谓之本心，时时刻刻，还他本来，即谓之学。"此塘南之言意，直自良知之默运言。凡有知之默运处，即有此意。则龙溪所谓一点灵明之默运，或自加参究之中，亦即不能无此意也。近溪之性体平常而"常"在处，与双江、念庵之虚寂心体之恒虚寂，或恒"虚而通"之"恒"处，以及一切言心性之论，谓此心性之用之不息处，皆同必有一"意"贯乎其中，主乎其中，方成其常而不断，恒而不息。则言心性之学，而忽此意之在，而离意或无意，以言心性之学，断断乎其不可。由塘南之言而明矣。

然塘南又言知觉意念，皆属命、属流行，而为性之呈露。性即理，为先天，性不容言，只可悟。知觉则先天之子，后天之母。于知之默运处，方得言意念，则意念当在后天上言。此则将此性、知觉、意、念作上下四层以观，而工夫则在由知之默运之意中，悟此先天之性理。此则仍是其师刘师泉"于流行识主宰"之路数。其虽不以意为念，又谓意必化为念，则于意与念，亦斩截得不分明。而蕺山之言意，则又有更进乎此，亦进乎王一庵之言意者也。

　　大率谓此意之在一般所谓意念之先，而主于用此诚意工夫为立本之学，一庵、塘南与蕺山，皆同见得。一庵由此以止至善，塘南亦以无声无臭之言，代替无善无恶之语。此皆不同于龙溪之言无善无恶，亦皆不容人之混情识于良知。故黄梨洲亦深称道此二人之学。然又谓唯蕺山言诚意慎独之能得其真（《蕺山学案》）。此盖由蕺山言"意"，有下贯于好善恶恶之义，有超于好善恶恶，而行于爱敬之纯情之义；又除有塘南上贯于性体之无声无臭之义，更有上贯于天之元亨利贞之运于於穆，以诚通、诚复之义。故蕺山能深知人之过恶之原始，并指陈人之改过于几先，以立人极之道，更上接于宋明儒学中之濂溪之言立人极之旨，及程门言未发之旨；并于宋明诸子之学之言内外工夫之不免对立之论，皆以诚意之学贯而通之。此则非一庵、塘南之所能及者也。

　　此所谓蕺山之意，下贯于好善恶恶之义者，乃谓此一般之善恶意念，对学圣之学言，皆属心之下层，而当加以主宰超化者。此一般之善恶意念，固连于人之行事，而外与天地万物相接。人若不于此用工夫，而只往此意念上层去看心体性体，则立本者必将遗末，终必落入玄虚。故即此善恶念而知之，更好善恶恶、为善去恶、充善遏恶，乃人之致良知之工夫之切至处。阳明之能成功业，东林之能见节义，皆由于此。蕺山之言意之至善，亦即初自此好善恶恶之"两用而一几"处看，"善必好，恶必恶"，其归同在善；而同一之向善之几，亦必见为好善恶恶而正正反反之两用。于此几之见于两用，贯于两用，而于两用之流行中，见此一几，即见一意为之主宰，而人于此主宰之存在，得确然无疑。盖主宰必有所主向，亦有所宰割；善其主向，恶则其所宰割也。良知若无此好善恶恶，而徒有其知之默运，虽可由其如是相续默运，以见其自有主向，以成此默运，然若无其所去除，无其所宰割，则其为主宰之义，仍不全明也。蕺山言意，初由此知善知恶、好善恶恶之两用，而止一几上言（《全书》十九《答叶润山》）；故谓:"意蕴于心,非心之所发也;又就意中指出最初之机,仅有知好知恶之机而已,此即意之不可欺者也。故知藏于意,非意之所起也。就知中指出最切之机,则仅有体物不遗之物而已,此所谓独也。"(卷十《学言》)是亦即点出阳明致良知之学,所以必兼为诚意之学,亦必有此诚意之学,方有致良知之学之义矣。

然徒本阳明之知善知恶,而好善恶恶,以为致良知之工夫者,则恒以为除在意念之发为善恶处致良知,更无工夫。此在王门之双江、念庵、龙溪、近溪,皆同不谓然;而阳明亦尝及于善恶意念未起时,体认未发之中之工夫。人闻其四句教而只重下三句者,则或将终日盘桓于善恶念之戡验,即必至如袁了凡之为《功过格》,以终日自数其功其过而后已。此即有使人落入其一身之善恶计较之功利主义之失。吾人尤不可说吾人之意念行为之善者,皆必由去恶而成。人固有自然表现,不待安排,而自善之意念行为。此亦恒更足珍贵。泰州之人,更特有见于此。蕺山于此亦举孟子之本孩童之爱亲敬长,以言良知良能之说,谓此孩提之爱亲敬长之中,"知在爱敬之中",而不同于知善知恶之知,在所知之善恶之上之外者。(《全书》卷八《良知说》)孩提之爱亲敬长是良知,其爱敬相续,则亦有意之主乎其中。而其事则纯善而无恶,不待于恶恶去恶而后就。则良知之表现流行,亦非必兼待于知善与知恶、好善与恶恶而后有。亦不可说知善知恶、好善恶恶,为唯一致良知以学圣之工夫所当有,亦明矣。

然人如在无显然之恶待去之时,人又毕竟用何工夫?于此人似可放下一切,一任自然。此则在白沙、龙溪、心斋、近溪,并有此旨。然此任自然,亦即不另用安排思虑工夫之别名。如立意去求自然,则正为不自然矣。故言自然,即有不另用安排思虑工夫之义。不另用安排思虑工夫,即以存此心体之虚静,参究一点之灵明,悟良知之本自乐,见平常之性体为工夫,即无工夫之工夫也。然其弊又或落于虚玄,不能辨情识之混滥。故罗念庵、聂

双江即以归寂为教，王一庵、王塘南更以诚此意于善恶念之先为
教。蕺山言诚意之学，则更循此义而进；乃谓在此善恶念之未发
之先，亦自有一慎独诚意之工夫，使人得不落虚玄，亦能不与情
识相混滥，以免于过恶之生者。然此工夫毕竟为如何之一工夫？
则当问在善恶念未发之心，此"意"毕竟于何处见？又如何诚得
此意？而此问亦非易答。而蕺山言之深旨，亦不易为人所识矣。

三　心之情性与理气

今欲知此蕺山之言之深旨，当知其言此心在善恶念未起之先，
而自有喜怒哀乐之四情之自运，是为天之元亨利贞之四气，运于
於穆，而见于人心者，及当即此情以见性，即此气以见理之义。
然此必须人先高看此所谓情与气，而不先存轻此情气之见者，乃
能真实契入此义。此蕺山之言喜怒哀乐，自非一般之表现于外之
喜怒哀乐。此实是借此喜怒哀乐之名，以表此心在意念未起时之
纯情或自感之周流不息。故其言此喜怒哀乐之未发，而在人心者，
乃应合于仁义礼智之四德、四心与天之四德、四时而言；故曰：
"一心耳，而气机流行之际，自其盎然而起也，谓之喜；于所性为
仁；于心为恻隐之心；于天道，则元者，善之长也；而于时为春。
自其油然而畅也，谓之乐；于所性为礼；于心为辞让之心；于天
道，则亨者，嘉之会也；而于时为夏。自其肃然而敛也，谓之怒；
于所性为义；于心为羞恶之心；于天道则利者，义之和也；而于
时为秋。自其寂然而止也，谓之哀；于所性为智；于心为是非之
心；于天道，则贞者，事之干也；而于时为冬。乃四时之气，所
以循环而不穷者，独赖有中气，存乎其间，而发之，谓之太和元
气，是以谓之中，谓之和，于所性为信；于心为真实无妄之心；
于天道为乾元亨利贞；而于时为四季。"（《全书》十一《语类·学
言》）此乃谓人之心体，非只一如镜之平面的虚寂灵明，亦非只如

季彭山之所谓龙之恒在一警惕之中。只以此心为一虚寂灵明，即
其所谓"辨心不清，则以虚无落幻相"（《全书》十二《语录》）也。
只名之为寂体性体，亦非对此心体之适当之描述。而当说此善恶
意念未发之心，于其至寂之中，自有一纯情与自感。此纯情与自
感，则有一自始至终、周而复始之历程，如天之有春夏秋冬之运，
而见天之元亨利贞之运者，存乎其中。此即可以纯情之由喜而怒、
而哀、而乐，表之。此喜怒哀乐之相继，即如此一心之顺次序自
感。然其顺次序自感，而终还其始，只是互为隐显，则动而无动，
静而无静，亦无次序之可说。由此周而复始，更不偏向于此四者
之一，或滞住于此四者之一，即见此心有内在之"中"，如天枢之
在天运之中，而不动。此即主乎此心之纯情自感之周而复始之运
中之"意"所在也。于此若无此周而复始之自运，则无此自运之
定向于中，亦即无意之可说。然有此心之周而复始之自运如环，
即必有此环中，亦必有此意。无此环中，则环断而不续，亦无此
周而复始之自运矣。故意之为主于中，自是不动，而恒在中。此
不动，乃正于此周流之动中见，而亦未尝不动。谓之不动者，唯
是谓其不可以动言，如其周流之不可以静言也。唯必不可视此意
同于随情缘起灭之意念。此即其所谓"辨意不清，则以起灭为情
缘"也。（《全书》十二《语录》）

对此心之纯情自感之周而复始之运，蕺山谓即四气之运。于
此所谓气上言者，必须高看。此气之义，唯可说为此心之存在的
流行，或流行的存在。此流行的存在，依喜怒哀乐以自为春夏秋
冬，而能自相感，故自有情，亦当名之曰情。常言之情，固有依
感而起之义也。"心之流行的存在"之流行，其始而终、终而始，
即此气之理，亦此情之性。此理、此性非他，即此心之"始之向
终，终则有始"之理、此心之由元而亨而利而贞之理，亦如四时
之春去夏来秋复冬，即天之四时之理也。理非他，承先之气以启
后之气，即理。性非他，承此心之先之纯情，以启其后之纯情，

即性。所谓心者，即统此理气性情而言之者也。然此非谓必此心之有应外物之行，或有意念之发时，方见有此性情、理气之在。而是在此心之一无特定意念之发、至寂至虚之际，即有此性情、理气，见于此心之纯情自感之中。人能存得此心，便存得此心之内在的纯情自感之周流以成和，亦存得贯于此"周流"之"中"。此"中"即"意"。而存得此内在之中和，亦即真实化此"中"之诚意之学也。此诚意之学，亦即"化人之过恶之念之起于几之先"，而在根本上，立"此心"之学也。此简言之，亦即蕺山所常言之"存得一团生意不容已处"之学也。

何以依此诚意之学，即可化过恶之念之起于几先？此当知过恶之念之起，其原始之一点，只在此心之偏向而滞住，以更不周流。此偏向，是过。一切恶之原始，只是过而不改，更自顺其过、护其过以自欺，遂至于恶积而不可掩，罪大而不可改。然自一切恶之原始处言，则初只是此心之有所偏向而滞住。故蕺山引程子之言曰"人无所谓恶，只有过不及"，更谓"此知道之言也"。(《全书》三《证学杂解》十六)此所谓心之偏向而滞住，则不必由接物而有，而是即在此心至寂至虚、无所倚靠之际，动一向外或向内、向前或向后之几，而不自知，便是此心之离其中和之本来面目，以有过之始。故蕺山有诗曰："只圈圆相形容似，才点些儿面目肥。"又曰："从前是过去，向后是未来，逐外是人分，搜里是鬼窟。四路把绝，就其中间不容发处，恰是此心真凑泊处。此处理会得分明，则大本达道，皆从此出。"(卷十《学言》上)又引王心斋语曰："凡心有所向者，便是欲；向内向外，皆欲也。"(卷十《学言》上)心能不偏向，则亦自不致滞住于其所偏向。而此心即当体独立，自作主宰，而意无不诚。此即蕺山之言诚意之心学之根本义也。此中见得此心体即独体，便是工夫。是即所谓"惟有慎之一法，乃得他还本位，曰独。仍不许乱动手脚一毫，所谓诚之者也"。(《全书》卷十二《学言》下)

此蕺山之言此心之在至虚至寂之中，即有为"意"所贯注之一周流不息，而自中自和之性情理气，运于於穆，而以"见得此心体之如是，而存得之"为根本之工夫，即蕺山所谓静存之工夫。然人是否能见得此心体之如是，则视人对其心之体悟而定。即已体悟得如是，人是否必如是说，亦可有时节因缘。然人之不实见其心体之如是者，亦可由推想而谓此心之本体当如是。而宋明儒学之发展至蕺山之时，则于此心体，亦固当有蕺山之说之出也。

此所谓此心体之如是，可由推想以知之，即此宋明儒学所言之心，原是负一切道德责任，而能自改其过恶，以达于至善之心。则此心之体，必至少有一能改其过恶，以实现善之一性一理。因如无此性此理，则一切改过恶以实现善之事，即无可能之根据。由此而宋明儒学初起时之周张二程，即首见得此性理之善，亦见及此性理之为无偏向过恶，而为"中"正不偏者。然如此人心中之善者，只是此性理，则人亦不能改过，因此改过乃心之事也。由此而朱子遂谓有在一切过恶之上一层面之虚灵明觉之心，能呈现此性理者，以为此改过之可能的根据。象山更言一即理之本心。阳明更言一即理即心之良知。然此诸贤，皆不言此本心良知中有一"意"，或"喜怒哀乐之纯情"，其中有一"气之周流"。诸贤恒以此情此意，乃由吾人具理之本心良知接物而后有，此气亦由此接物而后见。此一般所谓情意气，固皆接物而有，亦由所接之物，与更缘之而成之种种意念，以规定其意义。此乃不同于此心之只为一普遍的明觉，其理为普遍的生之理，以遍运于一般之意念与其所接之物之中者。又一般之情意气质，有善有恶，亦不同于此心此理之超此善恶之相对，能好善恶恶，而为无此善恶相对之至善者。由此而具此性此理之心，在此诸贤之说中，即与其所知之一般之情意气等，即成上下之两层矣。

然吾人于此如理而思，则人自然会问下列之问题。即可问：如此心只是一明觉，只具性理而无意，如何能变化得一般意？又如其无情，如何能变化得一般之情？如其无气，又如何能变化得一般之气质？亦可问：如心有遍运之心，理有遍运之理，如何不能有一遍运之意之情之气。意只表示一主意，一切心之活动中，岂不皆有一主意？情只是一感，一切心之活动中，更岂不皆有一心之自感？气只是一存在的流行，或流行的存在，此心之明觉岂非一存在而能依生生之理，以自生自息，而流行者？如此心之明觉不能存在流行而为气，又如何能遍明遍觉一切存在而流行之外物之气与其身体之气，而与之俱在俱行，而变化之？如此心之明觉中无情，如何能自感其一般之喜怒哀乐之情，即依此感而生一内在之自喜其喜之当喜，自怒其喜之不当喜……而自好、自恶、自悔、自得，以自变化其情？如此明觉中无意，又如何能相续生此自好善恶恶之情，以成其好善恶恶之意，以自主宰变化其一般之意？则吾人于此心体，即必不能只说其有一明觉，而当说其中自有情以自感其情，自有意以主宰其意，自有气，以与其身及外物之气，更俱在俱行，然后能成此人之迁善改过、变化气质之事。而此心体中之情意气等，既由内发，而能自感其一般之情等，则其发而在，亦即不能以其未发而不在。此亦如心之明觉之由内出，以有所觉而在者，亦即不以其无所觉而不在也。此心之明觉，外无所觉，则唯是一自明自觉；则此心体中之情意，于一般之情意，无所感、无所主宰时，亦唯是一自感之纯情，自意之纯意，而其气不与其外之气俱在俱行，即唯是自在自行，以成一纯气之自尔周流也。

由上所说，则此心体中之当有一纯情、纯意、纯气，可由吾人之推想以知之，亦为宋明儒学之发展，不能不归向，而必当有人加以指陈之义。至于实见得此心体之为如是，则系于各人之体证。此体证之困难，在吾人之自见其心，初唯见得此一般之情意气，而不见此纯情、纯意、纯气。此亦如吾人之自见其心，初唯见其心之有种种对事物之观念知识，而不见此心之虚灵明觉，只是一纯知纯觉，更不见此心之虚灵明觉中，有生生之理与仁。此即蕺山所以谓吾人之求心，初只见种种安排心、缘着心、生灭心也。人必超此三心，乃见一虚灵明觉心，更见此心之有通塞，而慕其在通塞之上层之至虚至寂心；方能更识生生之理之仁，再及于其所连之纯情、纯意、纯气等。此自为大不易事。然此亦皆可由人之逐步深观其心，而自证得。然此自证之事，亦有不同之浅深亲切之程度。人于其所已自证得者亦不必一口说尽。说不说，尚有时节因缘。必历时节因缘，而后其所说者，得次第备足。此中亦恒不免经一论辩历程，然后人所为之新说得共许为能补旧说之不足者。然此则又不足证人之止于旧说者，其所体证得之物事，其中必无此新说之所说。则吾人亦不能由蕺山于此心体之所说，较昔贤所说为备足，遂谓其所体证与昔贤之所体证者，非一共同之物事也。盖亦时节因缘不至，故其前诸贤未说耳。

四 以静存摄动察而立人极之工夫节次

此蕺山之言心体之论，以成其诚意之学，其时节因缘在王学末流言良知，上落于虚玄，下混于情识。龙溪只言良知是一空寂之灵明，则必导人落于虚玄，而上欣空寂，下厌世间。蕺山于此指出：此心体不只有一灵明，更有自作主宰之纯意在、自尔周流之纯情在与一元之气在。则此灵明之虚而自实、寂而自感，以自为一存在的流行或流行的存在之旨甚明。此即可以绝前说之欣厌心。识得此心体之有自尔周流之纯情、自作主宰之纯意，则周流中无塞，主宰中恒有自通，而超于前说之有通亦有塞之心。原此中之虚灵明觉中之所以有塞，乃由于心之明觉之着于物，成意念而留滞于心，意念不化则成塞。故龙溪于此言无意，以去此滞塞。然依蕺山旨，意念为心之塞，在其留滞于心，而如有余气动气，以为此当下心气之流行所倚着，使心气有所偏向而成过。故"念起念灭，为厌心病"，更由"念积为想，想结为识（着物之识），识结为情（逐物之情）。此狂门也"（《全书》卷十一《学言》中），则根本上所须去者，唯此意念之留滞而成之余气、动气及心对此意念之倚着而有之偏向与过。此所需之工夫，不在无意念，而在当下此心之能自周流，使对此意念，更无倚着。此亦即化其留滞而有之余气动气之工夫，蕺山所谓"化念归心"，[①] "化念还虚，化识还虚，化气还虚，虚中受命，德合无疆"（《全书》十一语录）之工夫。故又曰："化念归思（求不着物之思），化思归虚，学之至也。"（卷八《治念说》）此即与狂门相反之"思积为虑，虑返为知，知返为性，此圣路也"（卷十一《学言》中）。此化念还虚，以成其心气之周流，亦即成其主意之常在，亦即诚意之学。由此诚意之学，以化念归心，心乃无倚着。蕺山言："心有倚着，因有方所，因以有去住；有去住，因以有转换；则机械变诈，无所不至矣。"心倚着而有方所，为前所谓缘着心；有去就，为前所谓生灭心；转换机械变诈，为前所谓营构心。去此倚着，则余三心皆化矣。此诚意之学，只在当下用。人能不能诚意，亦由当下之心负责。若不能，其咎不在过去之意念。过去之意念，亦可不受当下之咎责。则不必如慈湖、龙溪之言必驱除意而无意。无意而徒止于一虚明之境，更不生意念，则正落入虚玄；乃更不识有此真意，以为化念归心之工夫之所本；于此更不用工夫，则又将任此意念之留滞不化，以成其情识之无忌惮矣。此中所须之真正工夫，

---

① 蕺山《全书》十一《学言》中："心、意、知、物是一路，不知此外何以又容得念字。今心为念，盖心之余气也。余气也者，动气也。动而远乎天，故念起念灭，为厌心病。故念有善恶，而物与之为善恶；物本无善恶也。念有昏明，而知即与之为昏明；知本无昏明也。念有真妄，而意即与之为真妄；意本无真妄也。念有起灭，而心即与之为起灭；心本无起灭也。故圣人化念还心。"又曰，"程子云：凡言心者，指已发言，乃以念为心也。朱子云：意者，心之所发，乃以心为意也。又以独知偏属之动，是以念为知也。阳明以格去物欲为格物，是以念为物也。"则昔之诸儒，皆不知念之不同于心意知物者也。

唯在人能知此真意，以化念归心，则心气自周流，而心之前后隐显，自贯通而不塞，而各复归其本位。此之谓"诚通诚复"，而亦超于一般之有通有塞之通塞心之上；而此心亦得恒存其虚灵明觉之体矣。然存得此心体，却不只在此虚灵明觉之体之上参究，而自悟自见上用工夫，亦不须怨责意念之起，唯当本所默识静存之真意，以化念。此即"心之体独、知几，而更不倚着于留滞之意念，而自化其依余气动气所成之偏向与过"之工夫也。

按蕺山《人谱续篇》言证人要旨，其一曰凛闲居以体独。此即人自悟其心体之自周流自主宰之根本工夫，即静存之工夫之本。其二曰卜动念以知几。此即于当前之心气之动之依于余气，而有偏向以成过之几，加以自觉自知，而销其偏向与过，使不至成大过之动察工夫也。然此动察之工夫，即在上之静存之工夫中。故谓"静存之外，更无动察"。此即黄梨洲所谓蕺山之学发先儒所未发之四项中最重要之一项。此卜动念以知几，乃在人之起念处下工夫。人在至静之中，其起念亦有种种。蕺山尝言学术之正与异端之辨，亦在起念。故尝谓："异端即近在吾心。从人欲起念者便是凡；从生死起念，便是佛；从成毁起念，便是老；从名实起念，便是申韩；从毁誉起念，便是乡愿；从人我起念，便是杨墨；从适莫起念，便是子莫。四下分消，粹然立中正之极，便当下是圣人体段。"（《全书》卷十《学言》上）则学术之正，亦只在动念之几上审察也。

然此上之工夫，纯为人之内心之工夫，亦即人在闲居静处时之工夫。然人自有与其他人物相接之事在。人未与其他人物相接之时，人只有一纯情、纯气，自尔周流，而性理与意，即于此中见。至当其与人物相接之时，则此内在之纯情之喜怒哀乐，表现于物之当喜而喜、当怒而怒等。此则如一自尔周流之心体，分别对物平伸，而次第发情以见性。故蕺山尝谓："性情之德，有即心而见者，有离心而见者。即心而言，则寂然不动，感而遂通，当喜而喜，当怒而怒，哀乐亦然；由中道和，有前后际，而实非判然分为二时。离心而言，则维天於穆，一气流行，自喜而乐，自乐而怒，自怒而哀，自哀而复喜，有显微际，亦非截然分为两在。然即心离心，总见此心之妙，而心之与性，不可以分合言也。故寂然不动之中，四气实相为循环；感而遂通之际，四气又迭以时出。"(《全书》卷十一语录）则此所谓即心而见之心，即指于接物而与之相感通之心而言，亦即其他文所谓"从心体看来，思虑既起，吾心独知之时"（卷十一《学言》中），"好恶从主意而决，故就心宗指点"者也（卷十二《学言》下）。此心感通于物，固或当喜而喜，或当怒而怒。然当喜当怒之理，即性也。此是心之顺此一一理，以成其次第之感通。故谓之即心见性情。至于当此心不与物接，意念未发之际，此心中自有一喜怒哀乐之纯情、纯气之周流，若自有次序，而实终则有始，以互为隐显，一时俱在。是即他文所谓"从性体看来，感物之思虑未起"（卷十一《学言》中），"喜怒从气机而流，故就性宗指点"者也（卷十二《学言》下）。此所谓离心而见，或自性体看性情之德，唯是指离心之感通于物，而看内在于心之寂然不动中之性情之德，非真不在心也。亦非以此性体与心体，为上下层之二体。故谓"性体，即在心体中看出也"。蕺山言："心之官则思，性之德曰诚。诚者不思而中。此心性之辨也。"则此所谓心与性之分，实唯是心之接物之思而有者，与心之无思而自然有者之分。此性正如孟子之"尧舜性之也"之性，乃指此心之无思而自有者。其所谓就性宗指点，即宗于此性德之诚，而指点一此心不与物接，不与物感通而思虑不起之时，此心所自有之纯情纯气之周流不息，而知其必有本原之出于天者，以成其不息；而见此纯情纯气之理，是人之性理，亦即天道之元亨利贞之理。故此人不与其外之物相接之时，即人自与天之深密不已相接，而使此天之深密不已者，由隐而显，以成此纯情纯气之周流不息之时也。故此所谓即心而见之性情之德，与离心而见之性情之德，同是此心之性情之德。其一是纵看一己之对越无声无臭之上天时，所见之德；另一则是横看一己之对应所感通知觉之人物时，所见之德。此即蕺山之所以有"横看成岭侧成峰"之一喻，冒于其心宗性宗之言之前也。在一己对越上天时，此心之内在之性情之德，在周流中，互为隐显，如一浑圆之轮。此蕺山或名之为先天之易（《全书》二《读易图说》第七章）。在此心知觉人物时，此心之性情之德，分别次第表现，如轮之轴之次第直伸，而次第见。其次第见也，乃各如一直线。是即为后天之易（《全书》二《读易图说》第八章）。唯此心内在之性情之德，只是互为隐显，自尔周流，而后其显于外者，乃次第见为一一直线之平伸，而可以时序言之。有时序者为"后天，而奉天时"。为此时序之所以成之内在的性情之德之自尔周流，则为先天；为天之时序所不能违，而根之以有者也。此后天自根于先天，表现之性情根于内在之性情，即感而遂通者依于寂然不动。此寂然不动者固原非不动。唯以其周流如轮，其中枢之"意"恒在，以主于其中。故可说之为不动。如其真为不动，又何能成其次第之感而遂通之动哉。

今克在此心之接物以感而遂通之处说，则此心自必连于此身，而亦可说此心即身之心。如其非身之心，亦不能内在于此身，以主宰此身。故蕺山之言心，其语亦似有难解者。如其谓"人心径寸虚体耳"（《全书》卷九语录），"人心，径寸耳，而空中四达，有太虚之象，虚生灵，灵生觉，觉有主，是曰意。此天命之体，而性、道、教所从出也。"（《全书》卷十一语录）又谓："五脏：心藏神，脾藏意，肾藏志，肝藏魂，肺藏魄；合之，皆心之神也。唯脾肾一直上中下，通心为一体。……意者，心中之中气；志者，心之根气。"（《全书》九《商疑十则答史子复》）直是以五脏中此径寸之心为心，即以佛家所谓肉团心为心。则此肉团心中，如何有太虚之象，而通天地万物为一心之意志？似全不可解。然若知此人之心，必主乎其身，而其主乎此身，必内在的主之，而非只超越的主之。则此心自亦有其即在此身内，而属于此身之一义。说此径寸之心之所以有太虚之象，则当自此心既内在于此身，亦依其神之运，以超越于此身，以通达于其外说。此肉团心之有空中之虚，而此虚超乎其实，则可为其通达于太虚之媒。就虚言而无边界，亦无大虚小虚之别。故径寸之虚，亦有太虚之象也。要之，谓此心在肉团心中，即此肉团心之心，乃自此心之能内在的主此身处，亦可说而当说之一义也。

今顺此心之能内在的主于身之义说，则人之圣学工夫中，即有如何成其内在的主于身之工夫。此在蕺山，即于"凛闲居以慎独，卜动念以知几"之后，更言"谨威仪以定命"。此即修身于其容貌辞气之间之事。如"足容当重，手容当恭，目容当端，口容当正，声容当静，头容当直，气容当肃，立容当德，色容当庄"。此皆人之"容貌辞气之当然之则，是即所谓性也"。人能谨威仪以定命，使心主身之血气，则气血皆化为性矣。（《全书》七《原学》中）至于由心之主乎身，更接于其他人物，以有其情、其意、其行说，则蕺山于"谨威仪以定命"之后，更言"敦大伦以凝道"，以尽人伦中之当然之则，而见性情；又言"备百行以考旋"，以尽对一切天地万物之当然之则，而见性情；而归于"迁善改过以作圣"，而尽人之成圣之性，以有圣人之情。此皆儒者之通义，不一一详释。

此蕺山所谓凛闲居以体独，卜动念以知几，谨威仪以定命，敦大伦以凝道，备百行以考旋，迁善改过以作圣，即蕺山之成学之道之自正面言之者也。然其中皆一一同时有反面之改过之功在。故人如不能凛闲居以体独，则有其所谓微过。此即心之一元之气不能周流，其气浮而不实，遂有亏欠，是为《人极图》所谓"浮气，气浮而生意有弗贯焉"。由一气之浮而不实，"因有浮气，因有浮质……因有浮性……因有浮想。为此四浮，合成妄根"（卷十二语录）。此"不贯"与"浮"之过至微，亦原自易改。故曰："人与非人之间，不可方物，强名之曰妄。有妄心斯有妄形，因有妄识解、妄名理、妄言说、妄事功，以造成此妄世界……妄人。"然此妄之始处，亦即只由一"生意不贯而不实"（卷六《证学杂解》二）而来。"即妄求真，无妄非真"（同上）。妄只原于真之生意之不贯不实。此微过者，此心之"独知主之"。所谓主之者，即由心之独知，诚知此亏欠不实，更不自欺，而自充实之，以自慎其独也。人如不能"卜动念以知几"，则于其心之浮气，而有所偏向之几，不能化其偏向，以归于中；则心之喜怒哀乐之发，不免于过，而溢喜伤哀，是为隐过。故曰"七情主之"。此则赖心之自化其情之偏，以复中正。人如不能"谨威仪以定命"，则有九容之显过。如目之偷视、邪视等。故曰"九容主之"。此则赖此心之主乎身，以正其容。人如不能"敦大伦以凝道"，则有逆五伦之大过。如"非道事亲，亲过不谏，非道事君，长君之恶"等，故曰"五伦主之"。此则赖人之敦大伦以改之。人不能"备百行以考旋"，则有其他种种对人对天地万物之过。此为丛过。故曰百行主之。此则赖人之备百行以改之。人如不能"迁善改过以作圣"，则有成过。此即由不知过、不改过，或自文其过，而使过成，此即众恶门。此唯由人之自知过而自讼其过，以自克其懈怠及文过之念，以使过不得成为"成过"。此即克念以改过之事也。

此《人谱》所言之为学之道，及其所列之种种过，初看似多拘碍。然细看得其本旨，在成就一由心而身，由内而外，由本而末之作圣之功，则知其皆实学。高明之士，若果能于其所谓凛闲居以体独，卜动念以知几处，用得工夫，亦非必日日以其所谓大过、丛过自检点，然后能作圣也。

此蕺山之学，自其如何由超一般之营构心、缘着心、生灭心，识得此心体而观，初乃缘江右之归寂主静之旨而进，故更盛称周濂溪之主静，其《五子连珠》一书，乃谓宋五子周程张朱之学，皆得统于濂溪。蕺山又亟称李延平之"观未发气象"之说，及陈白沙"静中养出端倪"之说。（此可参考其《全书》卷八《中庸首章说》，及《艮止说》，与卷十一语录"自濂溪有立静之极之说"一节。）自其以识得此心体，而加以静存，即是诚之工夫而言，则与阳明之早年之教重静、存养未发之中之本体，及龙溪、近溪之识得本体即工夫为近，亦有朱子涵养本原之旨在。然此所识之心体，非只一如龙溪所谓空寂如镜之平面之灵明，亦非只一如近溪所谓平常平淡之性体；而是一有一元之气之理，自尔周流，自作主宰之意之诚之独体，同时能于其动念之几，能自加觉察，以化念归心，化余气之留滞，成一元之气者。人之静存此体之工夫中，兼有卜动念以知几之省察，则此体未发而未尝不发。此即摄朱子于"涵养"外所别出之"动察"，于此静存之中，亦摄阳明之教之二变以后，所重之良知之知善、知恶，于此心之自作主宰、自诚其意之中。此静存者之主乎此身，以定威仪，则程朱之主敬，以整肃心身之意。至言敦大伦、备百行，以接人物，使喜怒哀乐之发而见于外者，皆合乎当然之则，使发而中节以成和，而即情见性，即气见理，即事见道，而已发亦不离未发，此即穷理、格物、致知，而使物物得其所、得其正之学也。总此而言，即成一诚中形外，内外一贯，而内内外外，皆同时有迁善与改过之正反两面工夫之圣学。在蕺山之教中，此心性之於穆不已者即天，而天之太极，不外于此心之性。故人成圣而能立人极，则天人之道备。故归于著《人极图》，以"无善而至善，心之体也"为首句，以言立人极之道。此即是将濂溪所谓太极之义，皆摄于此人极之义之中。蕺山为宋明儒学之最后之大师，而濂溪则为宋明理学之开山祖。故吾尝谓宋明理学以濂溪之为《太极图说》，以人之主静立人极以合太极始，而以蕺山之《人极图说》之摄太极之义于人极之义终也。上文论宋明理学之发展已毕。下一章更就其核心之心性论，作一综述。

第十九章　综述宋明理学中心性之论之发展

一　朱子以前之心性论至朱子心性论之发展

宋明理学始于北宋之周张二程。此四贤之为人，虽具纯儒气象，其为学规模，已甚弘大，其学所树立之宗趣向往，亦非后贤所能逾越，然在说义理处，则大体上仍是承汉儒言天人之际之精神，而次第升进。汉儒尊天而以人奉承天命，以阴阳五行之气，说明宇宙人生。周濂溪乃始言立人极以配太极，张横渠始言人为乾坤之孝子，而人道与天道，乃得并尊。濂溪之《太极图说》，由无极太极，说到人极，由阴阳五行，说到仁义礼智信五性；《通书》由乾元之诚道，说到圣人之诚道。横渠之《正蒙》，亦由天之太和之道及天地、日月、阴阳、五行，天道之神化，再说到人之大其心，以存神知化，而敦仁精义，方归至人为乾坤之孝子之说。此即见二贤立言思路，犹未尽脱汉儒以人合天之教之遗也。至明道乃直下言"只此便是天地之化"及"天人本不二，不必言合"，方能彻上彻下，"玩心神明，上下同流"；亦"无内外"，而"浑然与物同体"，以定性识仁，而自神明其德。明道言定性即定心，天地之心无异圣人之情，故于天地之心，人之神明，心、性、情等，乃通为一本，而后宋儒之学乃迥别于汉儒。明道所言者，皆克就其德性所造，体证所及者，称心而说此一天人物我、上下内外，圆融无碍之心与理一之境。后之学者，无论朱子与陆王之流，其所以皆同称明道者，亦正由对此明道本其体证所及而言之心与理一之境，后人所向慕者同在此，原不容有异议也。然明道之言圆融，意多浑涵，以浑涵而亦容学者有不同之意会。此朱子之所以谓"其言太高，学者难入"也。又在明道之圆融浑涵之论中，虽已罕及于阴阳五行，然亦喜通心性与"气"为说，遂可使学者对其言体贴天理之旨，另作别会。至伊川，乃更别理于气，言性即理，更尊性理于汉儒所重之气之上。朱子再以理主乎气之论，以统汉儒所言阴阳五行之论。由此而后宋儒之言性理之义，乃更显然迥出于汉儒之上矣。

至于伊川与朱子之不同，则在伊川虽别性理于气，兼知心与理之当一，于学者之不能"会之为一"者，更教以居敬穷理之工夫。然于此学者之所以不能会之为一，其故之在于气禀物欲之蔽者，伊川虽承横渠明道所已及者，而益言之，然尚未如朱子之更加以正视。伊川于学者之当如何先自宅其心，其工夫乃能无弊，亦有未深察处。故其答门人所问心上之未发已发工夫，皆未能尽义而说。朱子既更正视学者之心与理之所以不一之故，在气禀物欲之昏蔽，遂知此昏蔽之可使一般学者所用之工夫，成为无效，而或更增益其病痛；乃由此而亦深辨此中工夫之弊之种种问题，而其言乃更鞭辟入里，而多曲折。以朱子之辨工夫问题之曲折，视其先之濂溪言天道与圣人之诚神几，横渠之观太和中之神化，以及明道之观天地生物气象，玩心神明，即皆可说只是上达之言，而无下学之功。学者或将由此以止于观玩想象一形上境界，无与于为己自修之实学。即濂溪之言主静、知几，横渠之言变化气质，明道之言识仁定性，伊川之言居敬穷理，亦只及于工夫之当如此，而未尝言及其所以不当如彼，以及由工夫本身而致之病痛之问题，以求尽此中之曲折而论之也。唯朱子能求尽此中之工夫问题之曲折而论之，乃于其前之明道、伊川、龟山、上蔡、五峰、延平，并世之南轩、象山之言，凡只说境界道体，而在学者工夫上，无下手处，或说工夫而言之有弊者，乃无不致疑；更尝反复自悔其前所言者，贻误学者而非是。至其言工夫所归之一是，则又大体同于伊川之居敬穷理并重之旨。穷理赖格物致知，此为《大学》之始，亦学者"中间"之"大段着力"处。(《语类》卷十八寓录语)其前为小学之敬功，其后为诚意正心之敬功。然工夫着力之多，虽在即物穷理，而得力之要，则在即心而存敬。而朱子于心与理，亦更能辨其义之不同，并确立心之具体用二者。心体既涵性理，而亦原自为一虚灵之明觉，以自超于气禀物欲之昏蔽之上。而存敬之要，则在契此心体而存之，即所以下拔于此昏蔽之外，并上开其性理之明德之明。此皆吾《朱陆异同探源》及本书论朱陆阳明之三章所及，而视为朱子之学之核心之所在者。兹更稍详其言兼重心性之旨与前贤之异同如下。

以朱子之兼重心性，与周张二程相较而说，则濂溪之言，明罕及于心而多及于性，张程乃渐重心。濂溪《太极图说》，由天之金木水火土之五行，方及仁义礼智信之性。则其言性，明尚近郑康成注《中庸》天命之谓性"木神则仁、金神则义"之说。其意虽可别有在，其言犹是连阴阳五行之气质以说性也。横渠言性，乃自气之虚而有其清通之神以感物上言。吾于《原性篇》尝谓汉儒之气，已是一存在的流行，或流行的存在。如以体用之名说之，存在其体，流行其用，则气上已原有体用合一之旨。然汉儒以气连于质，则此体应为体质之体，而横渠则由气之流行，以见其体质之虚，而即以虚为气之本；而气即有"清通之神，而能感物之性"。感物而"体物"，性即有体义。然此"体物"之体，初为一动辞，只表一"以虚为体之气"之用。则此性之体义，乃间接说，非直接说。此盖由其尚未立性即理之义，故其所谓性之为体，尚可说为气之体，非必即程子之以理为性之理体也。至横渠之言心，则克就气之虚而清通之神，与万物相感，而有知觉处说。故心之知觉，即"气之表现其虚灵"，以显其与物感通之性，于"与知觉俱起之应物之情"之事。故曰心统性情。应物而成物，以尽性成性，则德性工夫也。此横渠之以虚灵知觉说心，与心统性情之义，后皆为朱子所承。然朱子言心之虚灵知觉，兼为寂然不动之体；而横渠之言心之虚灵知觉，则当尚只是一感而遂通之用。故横渠言心，更兼言大心之工夫。必有大心之工夫，而后心能真合内外；未尝言心之体本来是大，亦未言心之体无大小之可说也。至明道言圣人之心之情，"廓然而大公，物来而顺应"，"此道与物无对，大固不足以言之"，伊川言"心具天德"，"通之以理，则心无限量"，乃始以德以道以理，言心之不与外物为对，以自无限量。二程言心之义，乃咸有更进于横渠。然二程于此心之无限量，毕竟是自体上说，或自用上说，于义亦不明。大约伊川仍只是以性理为心之体，而以知觉感通为心之用。此与横渠之以大心为工夫，而尽心之用，以广体万物，而显其具"体"义之性者，其说虽不同，然皆可说是以"体义属性，以用义属心"，或以"性为心之体，心为性之用"之说。朱子之疑于胡五峰"心以用尽"之说，即由朱子必于心之用之外，更言"心之虚灵知觉，自为寂然不动之体，而此体，亦以其虚灵而原无限量"之故。此正当为伊川横渠言心之说之进一步。吾人只须自其前之言心者，未尝明有此心体之义观之，固无可疑也。

　　朱子言心之为一虚灵明觉，乃兼有寂然不动之体，与感而遂通之用者。自心之寂然不动之体上看，心既有超拔于气质之昏蔽之外义，亦有超越于天地万物之境相之上，以虚涵性理之义。故朱子咏心诗，有"此身有物宰其中，虚彻灵台万境融"之句。自此言心，即更不得滥于气。然朱子又有心为气之灵之说，则又似使心属于气。此则由朱子之言心，原由其先之说转进而成。盖横渠固犹自气之依清通之神而有之知觉上说心；明道于心与性气，尚浑合说；伊川犹以心为用，而心之用，固连于气也。故朱子承此诸贤之说而更进，亦尚存此心为气之灵之说也。然此气之灵之一语，可重在"气"上，亦可重在"灵"上。重在灵上，则心即气之灵化，亦即气之超化，而心亦有超于气之义。心之所以有超于气之义者，固非以其是气，而实因其具理以为性。则吾人固可谓朱子之言，乃意在由气之灵以上指，以及于心之具性，以见心之所以能超于气之故；而非意在说心之不过"气"之灵也。则朱子之言心为气之灵，其语虽犹存前此之说之遗，未能别心于气，以见心之超越于气上；而其所指向之意义，则正当在别心于气，见心之超越于气上也。则陆王以降，更不自气上说心，而只以心统气，正为承朱子之说而更进，而明显的完成朱子之承其前言心与气之论而发展，所指向之意义者也。

二　朱陆王以后之心性之学之发展

陆王之言心之进于朱子者，既在不自气上说心，亦在于心之体用动静，更合一说，同时于心与理更合一说。象山于此言本心，阳明于此言良知，皆合动静体用，亦合心与理之言也。然此陆王之论之进于朱子，乃在于朱子所谓寂然之心体上，直下言其本具此感通之用，与此心体之自身之即理，而视此为吾人之形而上的本心良知。此本心良知之即理，即体即用，即动即静，乃圣人之体证之所及，在学者则初只能由推论、分证及自信得及之信心契入，而非学者之现在当下之境。在学者之现成当下之境上说，则心与理，有合一时，有不合一时。统而言之，则心与理毕竟有不一时，其故则在气禀物欲之昏蔽。由此而理之超越而深隐者，固不必能皆如其理之纯、如其量，以流行于学者之心；则此理虽在此心体，而心体中，有未用之理，亦有未用之心体，皆如静而未尝动。则朱子之言心与理、体与用、动与静，为二，在学者之现成当下之境上说，义自极成，不能倾动。唯自学者之所归向处说，则此中之为二者，要必归于不二而合一。今问此合一之何以可能，则必归至心体虽未用，而体上原具此用；心与理虽未合一，在体上原为合一。此即陆王之心理合一之本心良知之体也。然此心理合一之体之存在，在学者初只是一推论，而此推论之相对的证实，则唯在学者之自观此心此理之俱用俱发，以见有此合一或呈现此合一之处。此所呈现之合一，固非其体上之合一之全量。故在学者分上，对此全量之合一，亦无绝对的全证，只有相对的分证。唯分证可相续不断，则于全证之可能，亦更无可疑；而学者遂可以自信得及之信心，以补此分证之所不及；亦可本此推论与分证及信心之所及，以直下说此心体或本心良知之体上，更无所谓心理之二、体用之二；并即依止于此，以为究竟义也。此究竟义，自知解上言，乃所以说明学者之求合一之工夫之所以可能。学者求合一，即见其尚未合一。此朱子之所以必说心理、体用、动静为非一，而为二也。然学者求合一，必求由二而成非二，此非二之所以可能，又唯待心体上之有此心理合一，使之可能。则此心体上之心理合一义，即所以说明"学者之所以求合一，以由二而成非二"者也。朱子之言工夫，既归在教学者之由二而成非二，则此心体上之心理合一之义，即正所以完成朱子之言工夫之教者也。然此中若先无学者所见之"二"，即无使二成不二或合一之工夫，亦无言此体上之合一之必要，此体上之合一，亦无意义。由是而学者所当信之体上之合一，即又正建基于学者于现成当下之境上，所见之"二者之原未尝合一"上。则此"合一"与"不合一"二义，乃属于上下层而俱成。故性理之幽微而深隐，与当下现成之心，若不合一，而超越于其上，此学者之所必当先有以自知者也。于形上之心体，具此合一，而心理实不二，此则学者所当由推论、分证以自信，而期于全证者也。学者未证谓证，而于此体上之合一，视为当下现成之境，不可也。未证谓不能证，而疑此体上之未尝有此合一，亦不可也。人果能于此前者不疑，而恒自见其过，与其心之恒不如理，乃自求静敛其心，以存其虚灵明觉之体，以超拔于气禀物欲之昏蔽之外，而上开性理之昭露流行之门，乃视此性理为幽微而深隐，以超越于心之上，此朱子之教也。人果能于此后者不疑，更自其本心良知之发用，一念如理之处，直下加以自觉，由此中之心理之合一处，以证会本心良知之体上、心体上，心与理之合一，以知此超越之理，自内在于一超越之本心，原昭明于此心之中，而"莫见乎隐，莫显乎微"，即以此增其自信；乃更顺此发用，而使之相续不断；浸至以此"不见不合一"，为去除一切不合一者之工夫，此陆王之教也。人固或恒善于自见其过，人亦或恒善能自觉其一念之如理，而于此直下有以自信，此或狷或狂之分也。然即一人之生，亦可一时偏在自见其过，一时偏在自觉其一念之未尝不如理，则朱子与陆王之工夫，未尝不可相辅为用也。然朱子言心为气之灵，犹存其前诸说之遗，于心体自身与理之合一，及心体之自具其用、即静即动之义，未如陆王之说到究竟。故在此一义理之言说上，必以陆王为归。人若全不能会得陆王之此义，则人终将全缺上所言之自信，亦不能以此自信助成其工夫。而朱子之工夫，若全无此自信以助成之，亦将有其不能就者。此则如吾于《朱陆异同探源》之所辨。是即朱子之后不可无陆王，亦犹陆王之先未可无朱子，而其所言之义，固原有相辅为用者在也。

至于陆象山与王阳明，其言心与理之义之相异处，则在象山之言心与理一，乃初就心与理之俱用俱发，而皆是之处，教人加以自觉；以使人直下缘此，以知其本心之体，乃于四端万善之理，无不备足。此乃即用显体之教。然象山则罕用体用二名。如其答李伯敏言"心之体甚大"，亦未与心之用对言。唯时言及心之动静应合一之旨。又象山亦未尝直以虚灵明觉言心体，亦未于心之虚灵明觉上，言心之体用之不二。由此而象山之合动与静、合心与理，以言心之旨，其可为朱子所言虚灵明觉之心体，更进一解之处，其义亦尚未得而伸。然在阳明，则于良知之好善恶恶，是是非非之处，见即心即理之本心之发用；于良知之好善恶恶，而无善可好、无恶可恶，是是非非，而无是可是、无非可非处，见此本心之体之虽发用，而未尝不虚寂，以存朱子之虚灵明觉言心之义。而其由此以言心理、体用、动静之不二，遂可显然为朱子之言之进一解，其言即为出于朱，而自然归于陆，以重申陆之义者。阳明之学，所以得为朱陆之通邮，正亦在其兼有承于朱子，方有其所以进于陆者也。

　　至于阳明当时如罗整庵、湛甘泉之流，则皆尚多承朱子所言之义，重在别性理或天理于人当下现成之心知。阳明之徒，如聂双江、罗念庵，言归寂以通感，亦要在先识虚寂之心体，更依之以通感。此则未尝不类似朱子之教人由居敬以自知其心体之贞静，以上开性理之昭露流行之门之说。唯双江念庵，皆先信此心之体即心理合一之良知之体，亦原是一虚寂而具感通之用之体；而学者之由归寂工夫之所悟者，亦归在悟此一即体而具用之体，此则承阳明之教而来。然其必先言归寂之工夫，亦正由有见于吾人当下现成之心，尚未即是良知心体之昭露，而尚非是一心理合一之心之故。此亦正同于朱子之言吾人学者之心与理之为二，而未能合一也。至于王龙溪，则又承阳明之言良知之是是非非，而无是无非之发用处，而即此用以见良知之即感即寂、即用即体，而直契此即用即体之体。故与双江、念庵，又有毫厘之别。然于良知心体之虚灵明觉之义，固皆善言之，喜言之。此则固皆承自阳明，亦上本于朱子，以虚灵明觉言心之旨，而咸不同于象山之初不以虚灵明觉言本心之体者也。

　　阳明学派中泰州学派，始不重以虚灵明觉言心。罗近溪恒合"生""身"与"觉"及"仁"以言心，即此身此生之日用常行，指点此心之时出其深隐，以见体用动静之不二。此其言乃更高明而浑融，而近乎明道。然近溪早年之求道，则正如朱子所谓求"顿悟""见一物事"，遂以见光景致心疾。后乃知破光景。而成学后，遂解缆放船，其教亦须以不凑泊为凑泊之工夫。李卓吾视近溪与龙溪为圣人，其言更无畔岸，其弊乃流于狂肆。此则顿悟悬绝之途，浑融高明之论，学者难真实契入者，所必不能免之弊；而其几之微，固皆早已为朱子所见及者也。及至东林学派，乃更点出性之善，以为主于心知之上，亦重格物，以见此理此性之善，显然意在兼存以朱子之义，救治王学之流之弊。是亦见在学者之当下现成之境上言，于此性理对心知具幽深隐微之义，终未可全离而竟忽之也。

至于刘蕺山则于良知之心知中，指出有善善恶恶之"意根"，为之存主，以有天情元气之自运于於穆，此为纯意纯情纯气；同时见至善之天则天理或性体之渊然在中，以为此心知之主宰，而亦流行于此心知。此则乃为在本然之心体自身上，说其自具有本然之发用之言；非就一般之心之发用于一般之情意气，径指为心体之所在者；复亦不同于象山以至阳明、龙溪之即心体之发用之如理处，而加以自觉，即以此用自证其心体之论。此实乃是由人之先静敛其心之一般之发用，以静存默契此心体之自身上，所本来原有，而运于於穆之发用，所成之论也。故此一之工夫，自其始于静敛静存处说，正亦是朱子言存养心体之旨；而其于心体上所见得之运于於穆之发用，则又正缘阳明于心体上言其自具其用之旨而进者也。

合上所论，是见阳明之后之诸儒之旨，虽共有承于阳明，然亦皆于朱子之精神，分别有所继。此阳明之学盛，而朱子之精神之所以终不可亡者，又正以阳明之学原有承于朱子之故也。

三　评蕺山之心性论，总论宋明儒之心性论在儒学史中之地位

至于阳明以后之诸儒中，蕺山之言所以最为夐绝者，则在其能于心体上见有运于於穆之意之情在。盖循吾人上文之所论，明

见宋明儒之绾合工夫论，以言心性之义理之发展，乃整个表现一由外而内、由下而上，以言形而上之心体之趋向。而蕺山之言，则最能极其致。吾人前谓濂溪、横渠，明天道以明人道，由客观宇宙论，言人之心性之原于天之诚道或太极，与天之神化或太和，更连客观之阴阳五行与气为言，犹是自上而下，自外而内，以及于心性之始教也。明道乃以彻上下合内外为言，伊川更由形而下之气，以言其形上之理，为心之寂然不动之性体，以为人在心情才欲上用德性工夫之本原上之根据。则此中除此性理为心之体，乃为形而上者之外，余皆未可径称为形而上者也。至朱子而不只言性为心之体，更言心自以其虚灵明觉为体。自此心体之超越于气禀物欲之蔽之外，"虚彻灵台万境融"，而涵天理上说，此心体即亦具形而上之意义。然说心为"气"之灵，则心与气又犹是形而下。则朱子之心体，虽具形而上之意义，而尚未进至纯形而上之地位也。象山言本心之体之大，可与天同，而心体即显然为形而上。然于心之知，则尚未说之为同于此本心也。阳明言本心即良知，而良知即天地万物之灵明，亦为形而上。然阳明言意念之意，亦言良知之具好善恶恶之情，并尝言良知之至诚恻怛；犹未如蕺山之直就"体天地万物为一心"之形上心体，言其中有"至善之天理天则，渊然在中"之"本然的纯意纯情纯气"，自运于於穆，主宰于此心知之流行也。盖必如蕺山之言此情意气与天理或性理及其所主宰之心知之流行，皆同属于形而上之心体；乃于理可言天理，于性可言天性，而后心为天心，知为天知，意为天意，情为天情，气为天之元气。人极立，而天之太极皆不出于一心而俱立。此即蕺山之所以能为《人极图说》，以成此宋明儒学之终，以与濂溪之为《太极图说》，以成此宋明儒学之始者，遥相应合者也。自蕺山之言立，而人之形而下之心性情意上之工夫，乃无不根在形而上之心性情意之本体，而人乃可真以存养此本体为工夫，以贯形而上者于形而下，以完成朱子与象山阳明同有之以"存养立本"之教，此即蕺山之言之所以最为复绝也。

　　至于吾人于此如欲于蕺山之言及情意者，更进一解，则吾人可由蕺山言心体上之意，而未言心体上之志，而意字之义虽精微，不如志字之广大，以谓蕺山言心体之义，尚未能尽广大。又蕺山之言心体中之情之运，恒连心体中之四气之运以为说。此气虽为内在于心体之高一层次之气，然蕺山连之于径寸之血肉之心之气，或客观宇宙论上低一层次之气为说。此则宜先分层次，再求贯通。再蕺山以心之四气之运，配孟子之恻隐辞让等四端，又以之配《中庸》之喜怒哀乐，与《大学》之好乐恐惧等，此未必合孟子、《大学》、《中庸》之本义，宜凌空本自意说。蕺山既不言心体之有广大之志，因而未能重此心志之愿欲，与实现此愿欲之能与才。而后此之儒者，言人心之情志才欲，而意在补宋明儒者之言之不足者，如王船山以至清之颜习斋、戴东原，则又皆初不自心体上言此等等，而不免先自低一层次之客观宇宙论之天地之气上言；而此诸儒言情志才欲之论，即皆未能兼在心体上立根矣。

　　吾人今如顺蕺山于心体上言具至善天理天则之意之情，以更极其旨而论，则心体上既有具此至善之天理天则之情之意，亦自当同具缘此情意而有之愿欲与才能，以并为此形上心体自身之用。而后此形上心体，乃于人之所以成其盛德大业者，在本原上，无不完全具足。于此，如言人之性理心知为无限量，为天理天性、天心天知，则其由情意而有之愿欲才能，亦为无限量，而为由天情天意而有之天愿、天欲、天才、天能；其所成之盛德大业，即为神鬼神帝、生天生地者。此方为天人不二之形上心体之全德。唯此中之义之关联于性理心知者，朱陆阳明已极其致，而此中能为性理心知与愿欲才能之枢纽者，则正在此心之意之情。蕺山能谓意为心知之主，以有天情之自运于於穆，即已举陈此枢纽。今若不将此情定分为四，以配四气，则可只谓此心体有一纯精神上之一本然之天情，于此情亦尽可只以一语直说之。此则可本孔子之言，说之为一愤悱之情，或本孟子之言，说之为恻隐之情，或依《中庸》之言，说之为"肫肫其仁"之情，或如明道之说之为一"疾痛相感之仁"之情，皆一语道尽之言。以此观朱子之以仁为心之德、爱之理，而不言爱之情，亦心体上所固有，亦为心之德，即见其立义之未至究竟。象山言"万物森然于方寸之间，满心而发，充塞宇宙"，"当恻隐时自恻隐，当羞恶时自羞恶"，此固明说的是恻隐与羞恶之情。然象山于此满心而发者，下文只言"无非此理"，而不言"无非此情"，亦未能言意俱尽也。上文谓阳明之良知之知，具好善恶恶之情，阳明亦言良知之至诚恻怛。然阳明必以知之名摄情之名，亦未能真并重此中之情，其言亦不能无憾也。是皆可说与孔、孟、《中庸》之重性情之教，尚微有间。而自学术思想史上观其故，则初盖由汉儒之贱情，魏晋玄学家承老庄而言忘情，佛学尝斥情识，李翱有灭情之说，而情之名即涵劣义；故宋儒由濂溪横渠至伊川，乃皆位情欲于性理之下；而朱子与陆王之尊性理、尊心知，亦不能遽及于尊情，而全契孔孟之重性情之教。慧命之相续之流，其流亦是渐，固不能一蹴而几也。

然此汉唐至宋明儒者，以及道佛二家，其必置情欲于人心之下位，亦非无故。此乃由其咸有见于此人之情欲，可为人之罪恶之原。而孔、孟、《中庸》所言之愤悱、恻隐、肫肫之仁等，则亦原可只视之为属于人之心体之密藏，以为其本然之天情，而唯偶或昭露于其与物通感之际，而稍纵即逝者。此亦如佛家所言之同体大悲，耶稣所言上帝之爱，属于佛心与上帝之密藏，而唯偶表现于人之爱心与悲情之中者。人欲缘此本然之天情之昭露表现者，以直接契入其泉原，而见其渊渊浩浩，固原为可能。象山、阳明、蕺山之工夫路数，其指向即在此。然人更有此居人心下位之情欲，为之障碍，以与此所昭露表现者，夹杂共流，则人不能自保其天情如渊泉之时出。人即唯有恃其心知之明，以见义理之所当然，辨别其情之何所是；更以义理自持，以制此居下位之情欲，为工夫之始。又凡人之本然之天情之昭露表现，有未纯一，或未如量，以昭露表现之处，亦皆只显为一当然当有之情。当然而未然，当有而未有，则此情，非已有或实然之情，而只为其已有或实然之情，在理上所更当发展出者。即只是理上之所当有当然，而只是理。则人即能直接契入此泉原，而见此本然之天情之渊渊浩浩，而自具形上一"实然相"者；亦须同时见及此具形而上之实然相者，在其未昭露表现之处，如更自上垂下，以显一"当然相"，而只为理，乃更有其后之昭露表现之"实然相"也。凡当此本然之天情，未有其昭露表现之处，其对吾人之未能全仁者言，与人当下实有之情之不能一，亦如心之未如理处，心与理之未能合一也。由此言之，则朱子之谓仁只是爱之理，又正是对仁之当然相，作如实说。盖吾人虽可谓吾人心体中，亦原有此本然之恻怛仁爱之情，充满于此心体；然自此情之未昭露表现处说，此情便仍只是一理上之当然，而只是当爱之理也。以致无论吾人今对此心体上本然之天情，更如何说，对与此心体所具有而与此情相俱之知、意、才、能、愿、欲等，更如何说，亦无论吾人对此心体之广大、高明、神圣、庄严如何说，然自其未能纯一而如量，以昭露表现处看，即皆只对吾人表现为理上所当然当有，而可只说之为理。吾人今若只就此心体之广大高明神圣庄严之本然，而说之为形上之实然，以成一形上学，固可开拓吾人之心灵境界，或更通之于一客观宇宙之形上学，又可更开拓境界。此境界之体认向往，亦可助成人之德性工夫。然亦未尝不可流为光景之玩弄，为工夫之碍。此其为效，对一般学者言，恒不如直体认昔贤之气象言行者，其工夫之平实无弊。此即朱子编《近思录》、刘蕺山编《人谱》之旨。至学者如欲直接缘其对形上之本然者所向往体认者，以用工夫，则总上所论，其要义亦甚约。即吾人于此必当知：凡在此本然者之未纯一而如量的昭露表现之处，皆只显为理上之当然当有，而吾人亦当知其只是理，为工夫之始。于此理上之当然当有者，吾人能由工夫，以使之成实然、已有，即实见此理之即是性。至吾人真欲见此性理上之当然当有，则初恒待吾人之先静敛其心，存得虚灵明觉之心体；以超越于上述之居下位之情欲，与其所接之物等之外，以下学而上达；方能广开天门，使此性此理，更由上而下垂，以由当然而化为实然。人于此若只重在言此理之尊，与此心之灵者，即朱子承伊川而有之教。至于由此理上之当然，即人之心知所当实现，因而知人原有与此理不二之本心良知，为形上之本然者，即象山阳明之教。若乎更由人之心知之实现此理，即见人之本心良知之原有此理所贯彻之情之意，而更知此情此意，主宰流行于本心良知之体之中；而再视孔子所谓愤悱、孟子所谓恻隐、《中庸》所谓肫肫之仁，同为心体上所自具之天情；此则循蕺山之言而进，以还契于孔孟重性情之教矣。今吾人如必欲综贯此诸言以说工夫，则"人能存其心之虚灵明觉，以自拔于昏蔽，时见得理之当然；还自契此理之即本心良知，以恶恶而好善；而成此本然之意之情，自主宰、自流行"，即人皆当下可用之性情上之工夫，则程朱陆王至蕺山之教，皆在其中矣。

　　吾言至此，所论已毕。然吾人欲对此上所述宋明诸儒所言心性之义，在整个儒学之义理世界中之地位，有一圆融之理解，更当知此上所谓宋明诸儒之言心性，还契于孔孟重性情之教云云，固非其言义理之方式全同之谓。宋明诸儒之言心性，必由外而内，由下而上，以反省及形上心体上之本然具有者，为人之德性工夫上之当然者之所本，以再化当然者为实然。此固不同于孔孟之性情之教，初未尝重此形上形下与内外之分，而多只在具体当下之日用常行、礼乐政教之生活上，指点人上达之志；要在教人充实其当有之性情于内，而畅达表现之于外者也。孔子之言心之"安仁"，"从心所欲不逾矩"，孟子之言心之四端之发，如原泉混混，不舍昼夜，放乎四海，皆是直下具"即心、即理、即情、即欲"之旨；而又未尝明有是言。故其言义理之方式，即皆为表现的、直接显示的；而非如宋明儒之言之为反省的、间接指示的。此则由孔孟之性情之教，乃一原始的开创形态之教，故其所言之正面义理，皆初不必与其所对治而为其反面者，相对地说；而只是直对正面之义，绝对地说。宋明儒之言心性，则是继续汉唐之儒道佛之言人之情欲等，具种种使人下堕之机之后，而更言此心性中有能超化之，而提升人之精神，以上达之本原在。由是而其指示此一本原之正面义理，即多是与其所对治之"反面者"，相对地说。此中于本原上之义理，固须一一确定之而无疑；而如何上契此本原而实证实行之工夫，亦须一一把稳，不为其反面者之所摇动。则其言义理，亦宜更多辨析之功，以趣向于精微与高明，而后其言乃能挺拔而直立。然亦正以此之故，而其言初不能无偏至；其教亦与孔孟之教之涵被广远，而亦更切于庸常之行者不同。而凡言义理之至于精微高明之境，而不能无偏至者，则欲进一步，恒非易事。此盖如人之行于高山峻岭者，一步之差，即堕百仞之渊。其难于举足，非未尝登高者之所知。夫此心性情之为物，固即在吾人生命之自身，而吾人未尝与之须臾离；孔孟亦尝以简言说之而尽。然宋明儒者属之于形上之本然之心体，以究其高明与精微之义，则必由周、张、程、朱、陆、王门诸子，东林儒者至蕺山诸大儒，穷老尽气，次第困心衡虑于天与人、性与情、理与气、心与理、已发与未发、本体与工夫、至善与无善无恶诸问题，至数百年，而后至乎其极，方还契于孔孟之性情之教者，正以在此高明精微之义理境界上求升进，有如行于高山峻岭，而环山一周之不易也。

然此上所谓宋明儒于形上之本然之心体上，所言之高明精微之义，初不能无偏至，必步步稳进，历数百年而至乎其极云云，亦非如黑格尔之论哲学史，而视此中之一一大儒之所言者，皆为偏面之片断；唯有合而观其历史的发展，乃见有一整全之义理，而堪为人之德性工夫之所据之谓。若果然也，则蕺山以前之宋明儒，无一有真正之德性工夫，亦无能见此整全之义理者。人亦将可谓凡未尝观此中之思想义理之发展，或于此发展认识不清者，皆不能有德性工夫。吾亦可自据前文所论，以谓昔人于此中思想义理之历史发展，其认识尚未清，而谓不读吾文者，不能有德性工夫也。此则必断断不然。今欲知其所以必不然之故，则更当知人之言说之表面的意义，其不能免于偏至者，其所指向之意义，则未尝不可向在全。吾人欲知言之指向的意义，要在即其言之意，以逆求其志之所往。若其志之所往同，则人于东西南北之偏位，所为之一切偏至之言，其所共指向的意义，即可同趣在一中心。则人闻不同之偏至之言者，皆可同趣于一整全之义理，而亦皆可有见于一整全之义理。此在一切义理之言中，其涉及于人之德性工夫者，尤然。盖言之涉及德性工夫者，导人以如何宅心如何行为之言也。此其意义之所存，明全在其所指向。由是而无论其言之备与不备，只须其指向者同，而人又果皆能循之以宅心、以行为，则其所趣之境，便尽可无二无别，而无不备。如导游之书，果能导人游于一地，于此地之所说之详略，亦可无足重轻；而人果能同至一地，其所见者，固亦可未尝不同也。今吾人若谓人之德性工夫，要在实证实现吾人之形上心体之本然，而在此形上心体之本然中，性、理、心、知、情、意等，原皆具足，则吾人无论自伊川朱子之先见理上之当然之教入，或自陆王之发明本心致良知之教入，或自蕺山之诚意而存天情之自运之教入，于此上所谓"本然具足"者，固应终归同见也。若其不然，则此形上心体之本然，应自先割裂支离，而亦无此"本然具足"之可说矣。是即见吾人果能对宋明儒之绾合德性工夫，以言心性者，就其所指向的意义，而亦实循工夫而契入之，则对其高明精微之言，不无偏至，而未能全备者，亦即不当径谓其只为义理之全中之偏面之片断；而当知人能真依此偏至之言，以实循工夫而契入，亦皆同可使吾人实有见于此义理之全也。吾人亦非必须先观其所言之思想义理之历史之发展之全，而亦未尝不可有其工夫之可用，以实有见于此义理之全矣。由此而吾人于此诸儒所言者，乃可更纵通今古，而横观其并在，如见其环山而俱立，一一皆示人以登升之路，而共趣于一境。然后知其绾合德性工夫，以言心性之义，对真实用工夫者言，无不可相辅为用，而亦未尝不独立具足；而学者之取资以自成其学，教者之取资以因材施教，乃皆可左右逢源，圆融无碍矣。

第二十章　王船山之天道论

一　前言

明儒阳明之学，至末流而弊。其弊盖在言心性而遗经世之学。顾亭林所谓舍多学而识，以求一贯之方，置四海之困穷而不问，而终日讲危微精一之学是也。求一贯之方，本是宋明理学之根本精神，亦宋明理学之所长。唯徒求一贯之方，而舍多学而识之工夫，诚难免于有体无用之讥。而所谓置四海困穷而不问，则正与宋明诸师讲学之旨相悖。明末理学家如高攀龙、顾宪成、刘蕺山等，皆大义凛然，岂置四海之困穷而不问者？然末流之弊，有如亭林所言，亦不可为讳。故明末儒者，无不重经世致用之学。如梨洲、亭林、船山则其选也。其中亭林之用心，全在治道。其以"博学于文，行己有耻"之义教人，可谓能矫当世之弊。其人格之坚卓，可以立儒者之矩范。然其在哲学思想本身，殊无创发。梨洲之思想，大体承蕺山之绪，其言治道，亦多精辟之见。惟船山窜身猺洞，发愤著书，其哲学思想最为夐绝。船山本其哲学思想之根本观念，以论经世之学，承宋明儒重内圣之学之精神，而及于外王，以通性与天道与治化之方而一之者，惟船山可当之耳。

船山之哲学，重矫王学之弊，故于阳明攻击最烈。于程、朱、康节，皆有所弹正，而独有契于横渠。其著作卷帙浩繁，又多是注疏体裁，思想精义，随文散见，其文之才气盛大，恒曼衍其辞，汗漫广说，颇难归约。同类之语，重复叠见各书，尤难选择何者最宜作为代表，加以引用。吾虽尝全读其书二度，亦不敢言于其书之要领，皆得之无遗。大约其书，以《周易》内外传、《读四书大全说》、《诗广传》、《尚书引义》、《思问录》、《正蒙注》、《读通鉴论》、《宋论》为最重要者。以其哲学思想而论，取客观现实的宇宙论之进路，初非心性论之进路，故特取横渠之言气，而去横渠太虚之义。彼以气为实，颇似汉儒。然船山言气复重理，其理仍为气之主，则近于宋儒，而异于汉儒。惟其所谓理虽为气之主，谓离气无理，谓理为气之理，则同于明儒。明儒言气，或溯之于未始有物之先之元气，如王廷相；船山则即器以言气，从不溯气于未始有物之先，则大异于明儒。又其言气，不言一气之化，而言二气之化；二气之德为乾坤，故其讲易，主乾坤并建，谓太极即阴阳二气之化之浑合。此又异于先儒二气原于一气之说。其论性则谓天以气授理于人，以为人之性；人能受理而性独善。故船山之言性，特重人物之性之差别，而严辨人禽之异。其言性具于心，而心非即性；性无不善，而心有不善之几，即不善之源，致情有不善者。故船山不任心而尊性，亦不宠情以配性，而主以性治情。情之不善，不原于气质，而原于气质与物相感应之际。故气质善而不可说恶，即气之性善而不可说恶。由此而本气以确立性善义。乃不复如宋儒之多归恶之原于气。在修养之工夫上，乃可立真正之养气践形之功。养气而浩然无敌，乃可克复险阻，成真正之事业，以人事继天功。故船山之根本思想，即在由性即气之性，而畅发性善气亦善之义。恶不在气而在情，善不在心而在性。故即情不足以知性，任心不足以见性，舍气实足以孤性。即情知性，即心见性，则明儒即心之知觉运动、视听言动、喜乐哀怒以言性之说。舍气言性，则程朱以理言性、气为理蔽之说。即情言性，其病只在重气机之鼓荡，而不知气之凝结而蕴于内者，或不免以人欲为天理。舍气而但以理言性，则不免以观理为重，而轻养气，或流于山林枯槁。而此二者在船山意，则皆为宋明儒思想之邻于佛者；必剔而去之，乃可以严儒佛之壁垒。由此以论中国之历史文化，则尤能见其精彩，非昔之宋明儒者所及。关于船山之哲学思想之宗旨大体如是。吾对其学与其先宋明儒之学之得失之评论，已略见《原性篇》。今文唯对其学，作一客观的疏释。其中亦颇有异于当世之论船山思想者，读者幸留意焉。兹分天道论、天道性命关系论、人性论、人道论、人文化成论，以述船山学。本章先述天道论。

二　道即器之道义

船山之言道，不取朱子严分形上形下，严分体用之说。朱子以形而上者即理，理之义则或同于道。形下为气。理为体，而理之显于气，为用。船山则统形上形下，而以气化为形上、为体，即形器明道，即事见理，即用见体。此颇类似阳明。然阳明之即用见体，体惟是良知天理。即事见理，事惟是致此良知天理。阳明以人道摄天道，无独立之天道论。而船山之言即器明道，即事见理，即用见体，则不仅据以明人道，同时据以明天道，而有独立之天道论。其即形器以明道之言，颇为今世所习知。如《周易外传》卷五《系辞上传》十二章注曰：

> 形而上者，非无形之谓。既有形矣，有形而后有形而上。无形之上，亘古今，通万变，穷天穷地，穷人穷物，皆所未有者也。故曰唯圣人然后可以践形。践其下，非践其上也……器而后有形，形而后有上。无形无下，人所言也，无形无上，显而易见之理。……君子之道，尽夫器而已矣。

《读四书大全说》卷二第二十二页《中庸》第十一章注曰：

> 形而上者，隐也；形而下者，显也。才说形而上，早已有一形字为可按之迹，可指求之主名。就这上面穷将去，虽深求而亦无不可。惟一概抹丢下者（这）形，笼统向那没边际处去搜索，如释氏之七处征心，全不依物理推测将去方是索隐。

又《周易内传》卷五"形上者谓之道"之传，最为重要。其言曰：

> 形之所可用，以效其当然之能者，如车之所以可载、器之所以可盛，乃至父子之孝慈、君臣之有忠礼，皆隐于形之中而不显。二者则所谓当然之道也，形而上者也。形而下者，即形之已成乎物，而可见可循者也。
>
> 形而上之道隐矣，乃必有其形，而后前乎所以成之者之良能著，后乎所以用之者之功效定。故谓之形而上者，而不离乎形。道与器不相离。

由上可知船山之言道，乃即形器以明道，以形器之概念为首出，而以道为形器之道。由船山以形器之概念为首出，便可知其思想，乃先肯定现实一切存在之真实性，先肯定个体事物之真实性。必肯定个体事物之真实性，然后其"前乎所以成之者之良能"乃著，"后乎所以用之者之功效"乃定。然个体事物所以成之良能本身，所以用之功效本身，则非形，而为形而上。事物所以成之良能，可原为其他形器之良能。然其他形器是有形，而其能成此物之能，则无形。事物所以用之功效，可见于后之其他形器，而此功效之本身，则无形。事物不成或无用，则事物不得称为事物，故无形之上亦无形，无器之上亦无器。通事物所以成之"能"，所以用之"功效"，以观形器，则形器亦即在形而上中，而不可二。

每一形器皆承前之其他事物“良能”以成其自身；而呈其“功效”于后之其他事物，更别有所成。如以形器为事物之体，良能功效为其用，则每一形器，皆承前之事物之体之用，以成其为体，而自用其体，以为其后事物之体。故任何形器之体，皆为用之所凝成，而复化其体，以呈用于他者。夫然，故形器之体之所以为体，即依其承用与呈用以得名。形器虽有形，通形体之中者，惟是一用之流行。推扩此义，以观宇宙之形形器器之全体，即惟是一大用之流行。此用之流行，在一历程中、一路道中。故吾人当由肯定任一个体事物之为真实，转而肯定此用之流行中所显示之一道之为真实，是即下文所谓“此以形而发生乎用之利，可即器以遇道者也”。即形器而遇道、见道，故可言道即在形器中，无形器无道。然形器皆在此用之流行中，而用之流行中必有道，故无道亦无器。器若不真实，道不得真实；然道不真实，器亦不得真实。道与器，本无先后可言。惟器之真实，为吾人日常生活中所先肯定，由肯定器之真实，乃知道之真实，故曰器中之道。实则道与器，乃一物二面而已。故船山在《思问录》中曰：“统此一物，形而上则谓之道，形而下则谓之器。”此所谓道，即船山之天道论中为万物所共由之道也。

三　道即器之道，器即气自用其体之所成义

上绎船山所谓之道，即器之道之义，乃本于先肯定器之真实，乃能肯定道之真实。原器之所以为真实，照程朱之义，其根据在理之显于气。理为真实，故理显于气所成之器，亦为真实之器。由理之相续显于气，即有理之用之流行。理之用之流行即道。依程朱说，理不显仍是理，理显于气乃成器；则克就器之成而言，其关键在气而不在理。然程朱仍就理之真实，以说气之真实者，则本于理先气后之义。此乃初自道德心灵中所见之当然之

理，先于实然之气而说，此吾人前所论。然船山于此义，盖无所
会，而惟就一形器之物之能呈用，以生其他形器之物，见其具阳
生之气。而其他形器之物，则承其用而自成，于此见一阴成之气。
遂谓任一形器之物，皆依此天地间之阴阳之二气，为其成形器之
物之根据，以此谓气之真实，为器之所以为真实之根据。依船山
说，器固有理，器之如何如何自呈其用，以生他器，与器之如何
如何承他之用，以自成其为器，即器之理。此器之理，亦即阴阳
之气之理。唯器真实，而其理为真实。故由理为器之理，道为器
之道，即可转为理为气之理，而道亦为气之道之说。总而言之，
即理惟自其为器或气之理，而有真实义。程朱以理之真实，说气
与器之真实。船山则由器之真实，至气之真实，以说其理之真实。
朱子言及理之显于气而成器。此理之显于气以成器，必先有动之
理，而后有阳之气；必先有静之理，而后有阴之气。阳动而气生，
阴静而气成。相续依动之理，以有阳之气；相续依静之理，以有
阴之气；乃由一形器之成，更成他形器。由动静之理，相续显现
于气，而有天地间之形形相继，器器迭成，而其道乃名天地之道。
此天地之道，即表现于天之形形相继，器器迭成之化育流行中。
依船山说，则一切有形器之物，无不承他物之用，而更自用其体
以生他物，而存于此一用之流行中。亦即皆依阴阳二气，以成其
为形器之物。由此而可更说天地间惟有此阴阳二气之自顺其动静
之理，而自静自动，以有此天地间形形相继，器器迭成。则通此
宇宙，只此由二气自顺其动静之理，而有之化育流行。万形万器，
即在此二气之化育流行中，成成化化。故惟此阴阳二气，与万形
万器为体。万形万器，皆可说为此二气之所凝，而万形万器，即
更可说为此二气之自用其体所成者。此二气之动静之理，自在二
气之中，《张子正蒙注》卷一"若谓虚能生气"下注曰：

> 动静者，即此阴阳之动静。动则阴变于阳，静则阳凝于

阴……非动而后有阳，静而后有阴。

此言动静属于阴阳，非朱子所谓动静之理，先于阴阳之气之说矣。《读四书大全说》（太平洋书局本）卷二第六页曰：

> 天以阴阳五行化生万物。以者，用也，即用此阴阳五行之体也。……天运而不息，只是此体，只是此用……有形未有形，有象未有象，统谓之天，则健顺无体，而非无体，五行有形，而不穷于形也。只此求解人不易。

此言阴阳二气自用其体，以成物也。又《读四书大全说》卷八第二页曰：

> 当其有体，用已现；及其用之，无非体，盖用者用其体，而即以此体为用也。

又《读四书大全说》卷三第八页论《中庸》一部书大纲一节曰：

> 言体者，亦用之体也……大率圣贤言天，必不舍用，与后儒所谓太虚者不同。若未有用之体，则不可言诚者天之道矣。舍此化育流行之外，别问宜宜空空之太虚，虽未尝有妄，而亦无所谓诚。……道者，天之大用所流行，其必由之路也。

此泛论无离用之体。二气之体必自用，斯有化育流行之道也。又《周易外传》乾卦首曰："道体乎物之中，以生天下之用者也。"此言气之道，体物不遗也。

四　道之调剂乎阴阳义

船山虽以道为气之道，然道与气之名义固各别。气自用其体以成器，而其自用其体之方式或道路，即道也。气之自用其体，即实有之万形万器之所以成，而道亦即为万形万器所同表现遵循之实理。故船山释道为万物所众著而共由者。万物之所众著而共由者，即阳以生之，阴以成之之理。而此理即二气之所以自用其体之方式也。阳之生为象（象者，有征象而未成形，即物之始生也），阴之成为形。由生而成，成而后生；由象而形，由形而象。此生成之更迭，形象之出入，见阴阳之不竭于用，见二气之自用其体，若有恒常之方式，以主持调剂之者，是即道也。故《周易外传》卷五《系辞上传》第五章注曰：

"道者，物之所众著而共由者也。物之所著，惟其有可见之实也；物之所由，惟其有可循之恒也。既盈两间，而无不可见，盈两间，而无不可循。故盈两间，皆道也。可见者，其象也；可循者，其形也。出乎象，入乎形；出乎形，入乎象。两间皆形象，两间皆阴阳也。两间皆阴阳，两间皆道。……《易》固有一阴一阳之谓道，一之一之云者，盖言夫主持而分剂之也。"

道惟是指主持调剂乎阴阳者，即阴阳之相继续或相转易之方式。相继则阳继阳、阴继阴，相转易，则阴转为阳，或阳转为阴。此道此方式，唯于阴阳二气之用之流行中见之，而不在其上其外者。《周易外传》卷二大有传有言曰："故善言道者，由用以得体；不善言道者，妄立一体，而消用以从之。"故道非在阴阳之气之用之上之外，而在阴阳之气之用之中。道为一，阴阳为二。然道之一，唯是由阴阳之二，自相继、相转易而见。故《周易外传》卷五《系辞上传》第二章曰："阴阳与道为体，道建阴阳以居。"

五 太极

由阴阳之有道以主持之，调剂之，使阴阳相继相转易，则见阴阳二气之无间，而相浑合。即此阴阳二气之浑合，言其实涵二气之合，则谓之太极。故《周易内传》卷五《系辞上传》第九章"易有太极"注曰：

> 太极者，极其大而无尚之辞。极，至也。语道至此而尽也。其实阴阳之浑合者而已，而不可名之为阴阳。但赞其极至而无以加，曰太极。太极者，无有不极也，无有一极也。唯无有一极，而无所不极。

又《周易内传·系辞上》论一阴一阳之谓道曰：

> 阴阳者，太极所有之实也……合之，则为太极；分之，则谓之阴阳。不可强同，不相悖害，谓之太和。皆言乎阴阳静存之体，而动发亦不失也。

太极含阴阳之气，即复含阴阳之理。纯阳之理为乾，纯阴之理为坤。故船山又谓"太极者乾坤之合撰"。阴阳转易之理为道。故船山于《正蒙注》又谓："道者，天地人物之道，理即所谓太极也。合而如实言之，则太极为理气之全。"故其于《思问录》外篇曰："太极虽灵，而理气充凝。"

太极为理气所充凝，然就太极以言阴阳二气，乃浑合而无间之气。就二气之浑合无间言，无二气之分别，亦无阴阳之理之分别。阴阳之理之分别，惟可在阴阳二气之化上安立。故太极不可如朱子所谓"只是个理字"。理之名不孤立，道之名亦不孤立。故上说太极为理气所充凝，太极为道者，乃推理道之本于太极言之耳。故《读四书大全说》卷十第三十三页曰：

> 太极最初只是一〇，浑沦齐一，固不得名之为理。殆其继之者善，为二仪，为四象，为八卦，同异彰而条理现，而后理之名以起焉。气之化而人生焉，人生而性成焉。由气化而后理之实著，道之名因以立。是理唯可以言性，而不可加诸天也，审矣。就气化之流行于天壤，各有其当然者曰道。

然此阴阳二气浑沦齐一之太极，并非在天地之先，存在于宇宙初开辟之时，万物由之以次第化生，如汉儒与邵康节之说；而是即在当前之现实宇宙中者。船山极反对先有一浑沦之太极，分为乾坤，化为天地万物之说。故在《周易外传》卷五《系辞上传》第一章又疑康节之说曰：

> 抑邵子之图易，谓自伏羲来者，亦有异焉。太极立而渐变，因渐变为乾坤，则疑夫乾坤之先，有太极矣。如实言之，太极者乾坤之合撰。健则极健，顺则极顺，无不极而无专极者也。无极，则太极未有位矣。未有位，则孰者为乾坤所资以生者乎。

《周易外传》卷五第九章更曰：

> 太极之在两间，无初无终，而不可间也；无彼无此，而不可破也；自大至细，而象皆其象；自一至万，而数皆其数。故空不流而实不窒，灵不私而顽不遗，亦静不先而动不后矣。……要此太极，混沦皆备，不可析也，不可聚也。

以成天之聚，不可析也；以入天下之析，不可聚也。

太极非在乾坤天地万物之先，故道亦不在乾坤天地万物之先。《周易外传》卷一乾卦传反对道生天地之说曰：

> 道者天地精粹之用，与天地并行，而未有先后者也。使先天地而生，则有有道而无天地之日矣。彼何寓哉？而谁得字之曰道？……若夫混成之天，见其合，而不知其合之妙也……太极动而生阳，静而生阴，……一动一静，各有其纪，于是者乃谓之道。今夫水谷之化为清浊之气，以育荣卫，其化也合同，其分也纤细，不然则病。道有留滞于阴阳未判之先而混成者，则道病矣。而恶乎其生天生地也？夫道之生天地也者，即天地之体道者是已。故天体道以为行，则健而乾；地体道以为势，则顺而坤。无有先之者矣。体道之全，而行与势，各有其德，无始混而后分矣。语其分，则有太极而必有动静之殊矣；语其合，则形器之余，终无有偏焉者，而亦可谓之混成矣。夫老氏则恶足以语此哉。

船山论道生天地，唯是指天地之体道者而言。天地之体道而变化，乃是合同而化，化而复分，分而复合者。此之谓合行于分。合行于分，乃船山精义之一。合行于分，合以"成天下之聚"，分以"入天下之析"。至合至分。至合而不可析，至分而不可聚。分合相生，斯为大合。故混成未判于阴阳之先而存之道，乃不行于分之合，为道之留滞。而一动一静之各有其纪，旋分旋合，阴阳二气之所凝之形器，无所偏焉者，即道之混成义之所寄，不可求之于天地之先也。（《周易外传》卷五，论合行于分之义最明。）

太极或道，不在乾坤天地万物之先，即在体道或太极，而合同而化之天地万物之中。简言之，是乃谓太极或道即在气化之流行中。惟太极或道，即在气化之流行中，然后可言气化之流行，皆原是太极之昭布。故《周易外传》卷五第十一章"易有太极"注曰：

> 是故性情，相需者也；始终，相成者也；体用，相函者也。性以发情，情以充性。始以肇终，终以集始。体以致用，用以备体。阳动而喜，阴动而怒，故曰性以发情；喜以奖善，怒以止恶，故曰情以充性。三时有待，春开必先，故曰始以肇终；四序所登，春功乃备，故曰终以集始。无车何乘，无器何贮，故曰体以致用；不贮非器，不乘非车，故曰用以备体。六者异撰而同有，同有而无不至，无不至则太极矣。……故曰易有太极，不谓太极有易也。惟易有太极，故太极有易。所自生者，肇生；所已生者，成所生。无子之叟，不名为父也。

此言太极即见于性情、终始、体用之相需、相成、相函之中，即所以明太极之必呈其用于气化流行之易之中。且必太极之呈其用于气化流行之用中，乃见气化流行之用，原自太极之体。故太极之体之为天地万物所自生之名所以立，非以其先天地万物之名而立，正以其后天地万物之生而立。犹父之名所以立，后于其子之生。叟未生子不名父。故曰"惟易有太极，故太极有易"也。

六　乾坤并建

惟船山以太极为乾坤之合撰，阴阳之浑合，太极不先于乾坤阴阳，必有乾坤阴阳之合同而化，乃见易之有太极。故船山主乾坤并建，不取汉人乾元、坤元只是一乾元之说，亦不取宋儒一气流行成二气之说。而主乾坤阴阳，自始即相待而有。故《周易内传》卷一乾卦传谓："《周易》并建乾坤为太始，以阴阳至足者，统六十二卦之变通。古今之遥，两间之大，一物之体性，一事之功能，无有有阴而无阳，有阳而无阴；无有有地而无天，有天而无地。"又《正蒙注》卷七《太易篇》"阴阳刚柔仁义之本宜"句注曰：《周易》并建乾坤于首，无有先后，天地一成之象也。无有有地而无天、有天而无地之时。则无有有乾而无坤、有坤而无乾之道。无有阴无阳、有阳无阴之气，无有刚无柔、有柔无刚之质，故无有仁无义、有义无仁之性。"

　　乾坤并建而后有易有太极，故乾坤称为易之蕴。物有表里，表者其情，里者其性。性显于情之谓著。天著其乾以行地，而交坤；地著其坤以承天，而交乾。由天地之互著，乾坤之必交，即知天地皆各蕴乾坤合撰之太极。而太极亦若分二，为天地各各之所具有。万物万有之由动而静，即著其乾以交坤；其由静而动，即著其坤以交乾。故任何器物皆有此乾坤合撰之太极，以为其蕴。惟然，乃有所谓天地万物之变易。而器物之静者，乃不能自守其静，而滞其形，必"调之以流动"。其流动又不能无所归以收摄，必"充之而凝实"。故器皆自化而不死，复不滞其形而恒虚。凡此皆乾坤合撰之太极之道，为之主持分剂，以成此一动一静之大易。故由器之虚，即以见道之实，而乾坤与易，相为保合。所以言乾坤与易，相为保合者，因由乾坤之道而后有易，有易而后见乾坤之道之真实，为器物之蕴也。此义《周易外传》卷五《系辞上传》十二章注言之最精。

　　　　夫缊者，其所著也……有其表者，有其里者，有其著者。著者之于表里，使其二而可以一用，非既已二而三之也。盈天地之间，何非著者之充哉。天位乎上，地位乎下，上下之际，密迩而无毫发之间，则又恶所容其著者，而又非也？天下济而行，地上承而合。下行之极于重渊，而天恒入以施；上合之极于层霄，而地恒蒸以应。此必有情焉，而必有性焉，必有以辅形、有以充神焉。故乾曰时乘六龙以御天。乾者所以御天而不济也。坤曰牝马地类，行地无疆。坤者所以行地而上承也。盈天地之间，皆器矣。器有其表者，有其里者，成表里之各用，以合用而底于成，则天德之乾、地德之坤，非其缊焉者乎？是故调之而流动，则不滞，充之而凝实，则不馁，而后器不死而道不虚生。器不死，则凡器皆虚也；道不虚生，则凡道皆实也。岂得有坚郭峙之，以使中屡空耶？岂得有庞杂窒之，而表里不亲耶？故合二以一者，既分一为二之所固有矣。是故乾坤与易，相为保合。

七 现实宇宙之动而无息、真实不虚与变不失常义

惟以天地万物皆以乾坤为其蕴而成易，易不息而乾坤不裂，故整个宇宙为真正之动而无息者，可名之为一绝对之流行，一绝对之动。而相对之动静，则涵于此绝对之动中，以成就此绝对之动者。绝对之动者，一动一静、一阖一辟之更迭而无穷之一动也。故《思问录》内篇曰：

> 太极动而生阳，动之动也；静而生阴，动之静也。废然无动无静，阴阳恶从生哉。一动一静，阖辟之谓也。由阖而辟，由辟而阖，皆动也。废然之静，则是息矣。至诚无息，况天地乎。维天之命，於穆不已，何静之有。

《诗广传》卷一《郑风》传曰：

> 与其专言静也，无宁言动。动静无端者也，故专言静，

未有能静者也。性之体静而效动。苟不足以效动，则静无性矣。既无性，又奚所静耶？性效于情，情效于才，皆效以动也。……故天下之不能动者，未有能静者也。

又《周易外传》卷六页十二曰：

> 天下日动，而君子日生，天下日生，而君子日动。动者，道之枢、德之牖也……故曰天地之大德曰生，离乎死之不动之谓也。

凡此重动之言，实具动静相涵之义。惟动静相涵，而动乃不息。动静相涵者，阖以处静，而受阳藏动；辟以施动，而荡阴启静。故《周易内传》卷五"阖户之谓坤"传曰：

> 阴受阳施，敛以为实，阖之象也；阳行乎阴，荡阴而启之，辟之象也。……已阖而静，方辟则动；辟之也动，既辟而静。静以成体，动以发用。

又《正蒙·大易篇》"阖户"句注（卷七）曰：

> 阴之爻偶，辟象也，而言阖户者，坤之德，顺以受阳之施，阖而约之，处静以藏动也。阳之爻奇，阖象也。而言辟户者，乾之德健而发，施于阴者无所客，而动则无不达也。

又同章"形开"句注："静以居动，则动者不离乎静；动以动其静，则静者亦动而灵。此一阖一辟之所以为道也。"

以动静阖辟相涵之故，动而静，静复动，辟而阖，阖复辟。故物之日生而日成，旋往旋来，如川流之不息；动静阖辟往来，相反而相成。故《周易外传》卷七《说卦传》曰：

> 著其往，则人见其往，莫知其归矣；饰其归，则人见其归，莫知其往矣。故川流之速，其逝可见，其返而生者，不可见也。百昌之荣，其盛者可知，其所从消者，不可知也。离然耳目之限，如幽明之隔，岂足以知大化之神乎。大化之神，不疾而速，不行而至者也。故曰辟户之谓乾，阖户之谓坤。一阖一辟之谓变，往来不穷之谓通。阖有辟，辟有阖，故往不穷来，来不穷往。往不穷来，往乃不穷，川流之所以可屡迁而不停也。来不穷往，来乃不穷，百昌之所以可日荣而不匮也。故阖辟者，疑相敌也；往来者，疑相反也。然而以阖故辟，无阖则何辟？以辟故阖，无辟则何阖？则谓阖辟以异情而相敌，往来以异势而相反，其不足以与大化之神久矣……方言乾而即言坤，钧之所运，轴之所转，疾以相报，合以相成。一气之往来，成乎二卦，而刚柔之用全。

《正蒙·太和篇》注又说阴阳之相反相成之义曰：

> 以气化言之，阴阳各成其象，则相为对。刚柔、寒温、生杀，必相反而相为仇。乃其究也，互以相成，无终相敌之理，而解散，仍返于太虚……相反相仇则恶，和而解则爱。阴阳异用，恶不容已。阴得阳，阳得阴，乃遂其化，爱不容已。太虚一实之气所必有之几也。

一动一静，一阖一辟，一往一来，大化之流行，统为一绝对之动。故宇宙无真正之虚，而宇宙为绝对之真实无妄。此绝对之动中所涵之动静、阖辟往来固相反，然实相反而相成，分而复合。

自其分而观之，则其静而阖，即往而由实返虚，而疑宇宙有真正之一太虚，有所谓空无。然观静者之必动，阖者之必辟，往而由实返虚，必继以来者之由虚入实；则宇宙实无所谓虚，虚皆气之所充凝，无所谓空无，而惟是一流行之生，一永恒之有。所谓虚者惟是往，往不可见，故疑若无；而往者必来，则无无矣。故曰："人所见为太虚者，气也，非虚也。虚涵气，气充虚，无有所谓无者。"（《正蒙》卷一《太和篇》注）《周易外传》卷二无妄卦传曰：

> 夫可依者，有也；至常者，生也。皆无妄而不可谓之妄也。……阳奠阴位，一阳内动，情不容客，机不容止，破块启蒙，灿然皆有。静者治地，动者起功。治地者有而富有，起功者有而日新。殊形殊质，利用安身，其不得以有为不可依者，亦明矣。

《周易外传》卷二大有卦传：

> 天下之用，皆其有者也。吾从其用，而知其体之有，岂待疑哉。用有以为功效，体有以为性情，体用胥有，而相需以实，故盈天下而皆持循之道。

又《正蒙注》卷一《太和篇》"方其形也"注曰：

> 天下恶有所谓无者哉，于物或未有，于事非无；于事或未有，于理非无。寻求而不得，怠惰而不求，则曰无而已矣。甚矣言无之陋也。

宋明儒皆言虚，即横渠亦谓由太虚有天之名。而船山于横渠所谓太虚曰"虚者，太虚之量；实者，气之充周也"（《正蒙》卷一《太和篇》"此虚实"下注）。船山谓虚者，乃虚于此则实于彼；实于此则虚于彼。动若实而静若虚。然静者静其动，而启动，虚者虚其实，而启实。合动静而观之，静皆所以成动。合虚实而观之，虚皆所以成实。兹案：船山循客观宇宙论之思想方向而进，故自始即置定一实在动用中之形形器器之相继迭成，于其中见阴阳气理之流行之道，而于此阴阳气理在此流行中之相保合为一全体处，言太极之真实。故虚皆所以成实，静皆所以启动，以成此大化流行之实。此皆其循客观宇宙论之思想方向而进，所必至之论。若言其终未免有偏向，则当溯其原于其观客观宇宙之思想方向。人之思想方向，若自始先向在主体心灵，则于此静虚之义，又自别有见处，可中和船山之偏向，此则非今之所能及。

船山观客观宇宙，动则实，静则虚，聚则实，散则虚。聚者谓之明，散者入于幽。然散者散所聚，聚复聚所散。幽者幽其明，明复明所幽。客观宇宙以有动有实而为宇宙，亦以有聚有明而为宇宙。故于其散、其虚，不可作入虚无想，而惟可作形之化为气想。气也者，可散、可幽、可静而虚，又不失其能聚、能明、能动而实者也。虚实、动静、聚散、幽明，皆相待而不二，故二而一，其一即在其二其两中见者也。故《正蒙·太和》章"两体者"注曰：

> 虚必成实，实中有虚，一也。而来则实于此，虚于彼；往则虚于此，实于彼；其体分矣。止而行之，动动也；行而止之，静亦动也；一也。而动有动之用，静有静之质，其体分矣。聚者聚所散，散者散所聚，一也。而聚则显，散则微，其体分矣。……使无一虚一实、一动一静、一聚一散、一清一浊……则可疑太虚之本无有，而何者为一？惟两端迭用，遂成对立之象。于是可知所动、所静，所聚、所散，为虚、为实，为清、为浊，皆取给于太和絪缊之实体。

一之体立，故两之用行。

又曰："两体各立，则溯其所从来，太和之有一实，显矣；非有一，则无两也。"又《思问录》内篇曰：

> 两端者，虚实也，动静也，聚散也，清浊也，其究一也。实不窒虚，知虚之皆实。静者静动，非不动也。聚于此者散于彼，散于此者聚于彼；浊入清而体清，清入浊而妙浊，而后知其一也。非合两而以一为之纽也。

又《正蒙注》卷七"大易不言有无"注曰：

> 明有所以为明，幽有所以为幽。其在幽者，耳目见闻之力穷，而非理气之本无也。……故乾非无阴，阴处于幽也；坤非无阳，阳处于幽也。……幽以为蕴，明以为表也，故曰易有太极。乾坤合于太和，而富有日新之无所缺也。若周子之言无极者，言道无适主，化无定则，不可名之为极，而实有太极。亦以明夫无所谓无，而人见为无者，皆有也。屈伸者，非理气之生灭也。自明而之幽者为屈，自幽而之明者为伸。运于两间者，恒伸；而成乎形色者，有屈。彼以无名天地之始，灭尽为真空之藏，犹瞽者不见有物，而遂谓之无物，其愚不可瘳已。

宇宙无真正之太虚、无空无，故言往来、屈伸、聚散、幽明，而不言生灭。又《正蒙》卷一《太和篇》"以言乎失道则均焉"注曰：

> 曰往来、曰屈伸、曰聚散、曰幽明，而不曰生灭。生灭

者，释氏之陋说也。傥如散尽无余之说，则此太极浑沦之内，何处为其翕受消归之府乎。又云：造化日新而不用其故，则此太虚之内，亦何从得此无尽之储，以终古趋于灭而不匮耶。

此言前半，乃谓当前客观宇宙，明明是有，如有可入无，则必有翕受消归此有之处。此言有者不可入无，以无不能谓有也。后半言当前之宇宙，明明日新而不断。若言有自无来，无中焉得此无尽之有，虽经过去无尽之时间之乍有还无以灭之，仍日新而不断耶。此言无不能生此无尽之有，有不可入无。无不能生无尽之有，则但有形化为气，散而入幽。则无纯粹之太虚，亦无绝对空无之义，明矣。散可复聚，幽者可明，而二气之化育流行不息，动静、往来、屈伸不穷之义见矣。宇宙真实无妄之义立矣。

二气流行不息，动静往来屈伸不穷，故天地有其至变，亦有其至常。变者，或动或静，或往或来，或屈或伸，相反而相杂。常者，动静、往来、屈伸之相反、相杂而交成。前者道之变，后者道之常。变不失常。《周易外传》卷七《杂卦传》论此最精，其一段曰：

纯者相峙，杂者相迁，听道之运行不滞者，以各极其致，而不忧其终相背，而不相通。是以君子乐观其反也。杂统于纯，而纯非专一也。积杂共处而不忧，如水谷燥润之交养其生，生固纯矣。变不失常，而常非和会也。随变屡迁而合德，如温暑凉寒之交成乎岁，岁有常矣。杂因纯起，即杂以成纯；变合常全，奉常以处变。则相反固会其通，无不可见之天心，无不可合之道符也。

又《思问录》外篇曰：

张子曰：日月之形，万古不变。形者，言其规模仪象也，非谓质也。质日代而形如一，无恒器而有恒道也。江河之水，古犹今也，而非今水之即古水。镫烛之光，昨犹今也，而非昨火之即今火。如必用其故物，而后之恒，则当其变，而必昧其初矣，恶足以语日新之化哉。

《四书训义》卷十三第十五页亦曰：

天地以道而流行，川其一也。道有居静而不迁者，贞万古而恒奠其所有；有居动而不滞者，无瞬息之暂有所停。于其静也，可以知道之富有，有之而无可以推移也。于其动者，可以知道之日新，有之而无可终恃也……道有其不逝，故贞志以自立，经万变而不迁其素。道有其必逝，故成能不可恃，无中止之可安。诚使知昼夜不舍者，皆逝也，则又何昼夜之可舍矣。

此言即道之至变而日新，至常而恒贞者，即寓乎其中。而其本仍在两与一相成之义。两者所以明变，变立而一亦见。一两相成，而常变相成之义立矣。

八　乾坤之易简义

知动静往来屈伸之不穷，则知乾坤之至健而至顺义。至健至顺，则无险阻之不可克。阳动而阴静，静以屈其动，则似阴于乾成险。然乾至健，静复动，屈复伸，而险非险。阴静而阳动，动以伸其静，使不能安于静，则似乾于阴成阻。然动复静，伸复屈，而阻非阻。由此而乾坤之行，乃历险阻而易简。依乾坤之至健至顺，以通于天下无穷无尽之理，使之相续具体实现于气化流行，以成天下之物之无穷无尽，则见乾坤之盛德。在人间而言，通理谓之知，行理而具体实现理以成物，谓之能。乾至健而通天下之理，则为大知；坤至顺以成天下之物，则为大能。天之生物，即天之气之先通于物之理。通理即知理。理无穷而知无穷，即见其知之至健。地之成物，即地之气之后载此物之理，于其物之成。其载理以成物，即见其能。载理之能无穷，即见其至顺。于乾坤知能易简之义，船山论之极精。乃古人所未有。今引其《周易外传》卷五《系辞上传》第一章注之言，一加疏释。

"知者，天事也；能者，地事也；知能者，人事也。今夫天，知之所自开，而天不可以知名也。今夫地，能之所已著，而不见其所以能也。清虚者无思，一大者无虑，自有其理，非知他者也，而恶得以知名之？块然者，已实而不可变；委然者，已静而不可兴。出于地者，功归于天，无从见其能为也。虽然，此则天成乎天，地成乎地。人既离之，以有其生，而成乎人，则不相为用矣。此之谓不易也。乃天则有其德，地则有其业，是之谓乾坤。知能者，乾坤之所效也。夫知之所废者多矣，而莫大乎其忘之。忘之者，中有间也。万变之理，相类（相）续而后成乎其章。于其始，统其终；于其终，如有始，非天下之至健者，其孰能弥亘以通理而不忘？故以知。知者，惟其健。健者，知之实也。能之所穷，不穷于其不专，而莫穷乎窒中而执一。执一而窒其中，一事之变而不能成，而奚况其赜？至善之极，随事随物，而分其用，虚其中，析其理，理之所至，而咸至之。非天下之至顺者，其孰能亹亹之施，而不执乎一？故以能。能者，唯其顺。顺者，能之实也。……无思不虑，而思虑之所自彻；块然委然，而不逆，以资物之生；则不可以知名，而固为知；不见其能，而能著矣。……夫弥亘初终，而持之一贯，亦至难矣；虚中忘我，以随顺乎万变，勉其所至，而行乎无疆，亦至繁矣。则奚以言乎易简也，曰惟其纯也……乾者，纯乎奇矣；坤者，纯乎偶也。当其为乾，信之笃而用之恒，不惊万物之变，而随之以生诚，则历乎至难，而居天下之至易。当其为坤，己不居功而物自著其则，受物之取，而咸仍其故，则历乎至繁，而行天下之至简。夫知，用奇也，则难而易；用偶也，则易而难。能，用偶也，则繁而简；用奇也，则简而繁。然而天下之辨此者，鲜矣。知者，未尝忘也，甫其有知，即思能之，起而有作，而知固未全也。因事变而随之以迁，幸有功焉，则将据其能以为知，而知遂爽其始。故知至健者也，而成乎弱。弱而不能胜天下，则难矣。能固未欲执一也，方务能之，而恃所能以为知，成乎意见，以武断乎天下，乃其能亦已仅矣……人受天地之中以生，而不能分秩乎乾坤，则知能固以相淆，健顺固以相困矣。……然而惟能以健归知，以顺归能，知不杂能，能不杂知者，为善用其心之机，善用其性之力，以全体而摩荡之，乃能成乎德业，而得天下之理。”

此段首言自天地之既成者言，不见其天之知与地之能。然自天地之德业之乾坤言，则可言有知能。乾坤所以可以知能言者，以常言知，即“通于理”之谓。乾至健，通万变之理，以生万物，故曰以知。又常言能，即能显理、行理、实现理之谓。坤至顺，顺于理之所至以成物，故曰以能。是虽不可以人之知能名，仍是知能也。人之知，恒有所知，有所不知，而难知其所不知。人之能，恒有所能，有所不能，而难能所不能。此天与人知能之异，其故不可不察也。原人之所以有知有不知，而难于知所不知者，其故在人之方有一知，而即思有能之起（为今所谓立即求实用），幸有功即据其能以为知；以此所能，自限其知；则难开拓其知，以知所不知矣。是见人之难于知所不知，以全其知，由其“知”为“能”所淆。淆于能而知难，则乾之纯知无难矣。人之所以有能有不能，而难能其所不能者，则以其方有一能，即以知自恃其能，成意见，以此意见之知，自限其能，则难开拓其能。是人之难于能所不能，以全其能，即由其“能”为“知”所淆。淆于知而能难，则坤之纯能无难矣。人以知能相淆，而知能皆难。人能使其知能不相淆，不据能以为知，则通理无碍，而不觉知难；不恃所能以为知，则顺成万物，而不觉能难。此即至健之乾知，皆纯知，至顺之坤能，皆纯能。故唯是易知简能，而无难知难能，亦无不知不能之故也。

第二十一章　王船山之性命天道关系论

一　性命之意义

船山之言性命与天道之名义，于《读四书大全说》卷十第四十八页，有简明之言。其言曰：

"天之所用为化者，气也；其化成乎道者，理也。天以其理授气于人，谓之命；人以其气受理于天，谓之性。"又《四书训义》卷三十八第二十页曰："自天之与人者言之，则曰命；自人之受于天者言之，则曰性。命者命之为性；性者，以所命为性，本一致之词也。"

以天之所命于人者为性，本宋明儒家共许之义。然船山之言天也，即以气言。由气之化育流行即见气之道。理者所以达气，即道之分理。如阳气之健即所以达阳气者，而为阳气之理；阴气之顺，即所以达阴气者，而为阴气之理。必有二气之理，以达二气，而有气化之道。理可直在气上言，而道则在气之化上言。气有理而合气成化，故理为化成乎道者。人身之生也，乃分于宇宙之气，以成其质，而所分之气中即具理。故其所受命于宇宙者，为宇宙之气之理，而非宇宙之道。而人之所以分于宇宙之气，以自成其气质者，则固由于宇宙之气之化。故有天道，而后人乃分宇宙之气，以受理于天。有天道而后有命、有性。人受理，而智能知此理，力能行此理，以启宇宙之化，则为人道。

天道之气化，不仅化成人，亦化成物。人物皆天道之化之所凝成者。天之化成人也，于人有所命，以成人性。故人道，即人之分于天道以成性，更知性，尽性而有者。天之化成物也，于物亦有所命，而后有物性。人物之受命以成性也同，而其所受之命、所成之性，不必同。故道大、命大，而人之性则专于人。人之性善，而物之性不必善。此乃船山言天道、人道、人性、物性之辨之细密处，学者所宜知也。故上文所引《四书训义》卷三十八第二十页又继之言曰：

> 天之为命也广大。于人命之，于物亦兼命之。万物之生，无以异于人之生，天之所以并育而不害，乃天之仁也。人之为性也精微。惟人有性，惟人异于物之性。函性于心，乃以异于物之心，人之所以为万物之灵，人之道也。故君子于此专言性，而广言命焉。

又《四书训义》卷二第二页曰：

> 道（人道）何所自出乎？皆出于人之性也。性何所自受乎？则受之于天也。天以其一真无妄之理，为阴阳、为五行而化生万物者，曰天道。阴阳五行之气，化生万物，其秀而最灵者，为人。形既成，而理固在其中。于是有其耳目，则有其聪明，有其心思，则有其睿智。智足以知此理，力足以行此理，曰人道。是人道者，即天分其一真实无妄之天道，以授人，而成乎所生之性者也。天命之谓性也。

船山之言人性，乃取客观宇宙论之进路，与周濂溪张横渠略同，而大异于象山阳明之直接就本心与良知以自见其性之进路。亦异于程朱之兼取心性论与宇宙论之进路者。船山之人性论之内容，大异于程朱者，要在其重别人性于物性，而严人禽之辨。程朱之以理言天，以善言理，谓理本身即善，天道即理显于气之历程，故天道本身即涵善，而万物皆本天化以生，而赋得此理；故万物之性，实无不善，而不善惟在其气质之昏蔽。船山以气言天，理属于气，徒言气言理尚不足以言善；必乃由天之气化流行之依道依理，而有所生有所成，而所成者，复足以继天道，乃有所谓善。天授此理于人物，而人物更受此理以成人物之性，即是天道之继。此继即是善。故善在天与人物授受之际、天命流行于人物以成人物之性之际。性成而善凝于人之性，乃可谓人性为善、人之理为善。故于天道本身，不可言善，只可言为善之所从出；而言人之性善者，乃推本于此人性之所以成而言。克实言之，即徒言天之理、天之道，不得言善，徒言人物有理为性，亦不得言善。惟天授其理以成人之性之"授"上，乃有天之善。人之受天之理，复受天之授，而受得此善，于是此"受"本身，亦为善。此之谓善凝于性。由此乃可说人之性、人之理为善。若夫人外之万物，则虽本天道之善以生，而赋得理以为性，然天道之善，不凝于其性，则不得言其性善矣。欲详此义，须明道、善、性三者之关系。

二　天道与善与性之关系

天道与善与性之关系，乃船山思想中最特出之一义。其所谓道大而善小，善大而性（人性）小，以尊道、尊善、尊性，皆独具机杼，而解人不易。今拟详加疏解，以见其深意所存。今先引其《周易》内外传《系辞上传》第五章注"继之者，善也；成之者，性也"之语，再会通其旨以释之。其《内传》曰：

> 道统天地人物，善、性，则专就人而言也。一阴一阳之谓道，天地之自为体，人与万物之所受命，莫不然也。……合一阴一阳之美，以首出万物而灵焉者，人也。继者，天

人接续之际，命之流行于人者也。其合也有伦，其分也有理……在阳而为象为气者，足以通天下之志而无不知；在阴而为形为精者，足以成天下之务而无不能。斯其纯善而无恶者。孟子曰无有不善，就其继者而言也。成之谓形，已成而凝于其中也。此则有生以后，终始相依，极至于圣，而非外益，下至于梏亡之后，犹有存焉者也。于是人各有性，而一阴一阳之道，妙合而凝焉。然则性也命也，皆通极于道为一之、一之之神所渐化，而显仁藏用者。道大而性小，性小而载道之大，以无遗。道隐而性彰，性彰而所以能然者终隐。道外无性，而性乃道之所函，是一阴一阳之妙，以次而渐凝于人，而成乎人之性，则全易之理，不离乎性中。

其《外传》更申言曰：

人物有性，天地非有性。阴阳之相继也善，其未相继也不可谓之善，故成之而后性存焉，继之而后善著焉。言道者统而同之，不以其序。故知道者鲜矣。性存而后仁义礼智之实章焉，以仁义礼智而言天，不可也。成乎其为体，斯成乎其为灵。灵具有体之中，而体皆含灵。若夫天则未有体矣。相继者善，善而后习知其善。以善而言道，不可也。道之用，不僭不吝，以不偏而相调。故其用之所生，无僭无吝，以无偏而调之，有适然之妙。妙相衍而不穷，相安而各得，于事善也，于物善也。若夫天道，则多少阴阳，无所不可矣。故成之者，人也；继之者，天人之际也。天则道而已矣。道大而善小，善大而性小。道生善，善生性。道无时不有，无动无静之不然，无可无否之不任受。善则天人相续之际，有其时矣。善具其体而非能用之

（指人之庸愚），抑具其用而无与为体（指禽兽万物）。万汇各有其善，不相为知，而亦不相为一。性则敛乎一物之中，有其量矣。有其时，非浩然无极之时；有其量，非融然流动之量。故曰道大而善小，善大而性小也。小者专而致精，大者博而不亲。然则以善说道，以性说善，恢恢乎其欲大之，而不知未得其精也。恢恢乎大之，则曰人之性犹牛之性，牛之性犹犬之性，亦可矣。当其继善之时，有相犹者也；而不可概之已成乎人之性也。则曰天地与我同生，万物与我共命，亦可矣。当其为道之时同也，共也；而不可概之相继以相授而善者也。惟其有道，是以继之而得善焉。道者，善之所从出也。惟其有善，是以成之为性焉。善者，性之所资也。方其为善，而后道有善矣；方其为性，而善凝于性矣。故孟子之言性善，推本而言其所资也。犹子孙因祖父而得姓，则可以姓系之。而善不于性而始有，犹子之不可但以姓称，而必系之以名也。然则先言性而系之以善，则性有善而疑不仅有善，不如先言善而纪之以性，则善为性，而信善外之无性也。观于《系传》而天人之次序乃审矣。甚哉，继之为功于天人乎，天以此显其成能，人以此绍其生理者也。性则因乎成矣，成则因乎继矣。不成未有性，不继不能成。天人相绍之际，存乎天者莫妙于继。然则人以达天之几，存乎人者，亦孰有要于继乎。夫繁然有生，粹然而生，人秩焉、纪焉、精焉、至焉，而成乎人之性，惟其继而已矣。道之不息于既生之后，生之不绝于大道之中，绵密相因，始终相洽，节宣相允，无他，如其继而已矣。以阳继阳而刚不馁，以阴继阴而柔不孤，以阳继阴而柔不靡，以阴继阳而刚不暴。滋之无穷之谓恒，充之不歉之谓诚，持之不忘之谓信，敦之不薄之谓仁，承之不昧之谓明。凡此者，所以善也。则君子之所以为功于性者，亦此而已矣。继之则善矣，不继则不善矣。天无所不继，故善不穷；人有所不继，则恶兴焉。……天命之性有终始，而自继以善，无绝续也……知其性者，知善；知其继者，知天；斯古人之微言，有待于善学者欤。故专言性，则三品性恶之说兴；溯言善，则天人合一之理得；概言道，则无善无恶无性之妄又熄矣。大者，其道乎；妙者，其善乎；善者，其继乎；壹者，其性乎；性者，其成乎。性可存也，存可守也，善可用也，继可学也，道可合而不可据也。至于继，则作圣之功，蔑以加矣。

此段文中船山论道、善、性三者之别最畅。道大善小，善大性小。以道为大，即所以尊道。然善凝于人性，唯人性能载道之大以无遗，又所以尊人性。故言：小者专而致精，大者博而不亲。而道之不息，人之能绍其生理，以尽其性，全在其能继天之善，则所以尊善，而明天人合一之义。道大可合而不可据，所以尊天也；性专而人所独有，故不可不存守，以自别于禽兽，所以尊人也。尊天者，尊道不息于既生之后；尊人者，尊人能存守此性，而其生不绝于大道之中；合之，即尊天之善之继于人也。

船山之所以说道大者，自道之名之所指者之外延而言。而所谓性专者，则自性之名之内涵而言。言道大者，本于凡有气化，无不循道。气循道而化，则成器、成物、成人，而有所成。有成，则有继而有善。然克就道而言，则但为气之所必循、所当循。当必循者，非即已循，则气虽有必当如何如何化之道，而可尚未有如何如何之化。故但言道，不必含继之义与善之义。善之名，惟可用之于气化之相继，则其义狭，而道之义广也。故言天道之善者，不可直指天道以言善。惟就气化之相继成器、成物、成人等，见天道之不已上，乃可言善。故所谓天道之善者，乃透过天所成之物而取得，亦对所成之物而称善。若舍其所成之物，则善之名不立。善之名，惟由气化之成物而立。气化之成物，有其序，恒化彼以成此。此成而有对此之善。而道则统同之名，其本身不涵序义，则无善之可言矣。然气有其道，而不得不化。气不得不化，物不得不相继以成。凡有一成，即有一善。物相继以成，则善不穷。故道本身不可说善，而有道则有气之流行，有气之流行，则有物成而有善。道为善之条件，而无不善之天道。气化有道，固必当有物成而必有善。然必成当成之物，可尚未成，必有当有之善，可尚未有；即必继当继，而尚未继，便仍是道大而善小。至于所成之物，虽皆由有所继而成，本善而生。然既成以后，不必能自继其生，自成其生，而亦即不能继天之道，而有不善。或则只继其生，自成其生，而为他生之窒碍，阻害他生之自成其生，又有不善。禽兽之行，大率如此。而人非圣贤，亦难免于是。然依人之有此继其生之道，以衡人物，则人物固不当有如此之不善，便仍是道大而善小也。

　　然此中有一大疑，即船山既主天道之无不善，何以人物有不善？人物固天生，则由人物之有不善，岂不足证天道之有不善？然依船山义，则在人物上可说之不善，决定不可归罪于天道。天之道本身不涵善义。然天道为天有其善之根据，天道毕竟无不善。在人物上可说之不善，推本之于天，则毕竟不可说。其言实大有精义。盖芸芸万类，溯其所自生，皆继天而生。常言为继他物生，如人继父母与一切养人之物而生。推广言之，任一物之生，皆可说以整个宇宙之万物，为其直接或间接、消极或积极之因缘，则任一物，皆继整个宇宙而生，即继天生也。物皆继天生，即物皆天之自继其化育之事而生。天之自继其化育之事为善。因此化育之事，对其所化育之人物为善也。故人物之生，皆原于善。船山所谓本天之仁而生者是也。故天之生物，其生无过。匪特无过，而凡所有生之处，皆善所流行之处。所谓不善，乃在人物既生以后。人物既生以后，或者凝其所自生之善，以成其性，或者不能凝其所自生之善以成性。前者为人，后者为禽兽。或者存其善性，尽其善性，而以人道继天道，以仁存心，以善养人而自养；或者不存其善性，不尽其善性。前者为圣贤，后者为小人、为庸愚。凡此不善之所由成，皆在人物成性之后之不能继天。惟克就人物成性以后，不继于其所本于天之善者上说，乃可立不善之名。固不能将此不善，推本于天之生人生物也。生人生物，是天一面事；人物之继不继天，是人物一面事。人物固天之所生，然其不善，则不能在其为天之所生上说。因专就生而言，生非不善而是善。物之自阻害其生或他物之生，乃不能自继其生兼继他物之生，固是不善。然单就一物之生而观之，则皆本善而生，无一生为不善也。其不善者，惟在其不能大继其所以生。于是今日之生，为后日之生之碍，此生为彼生之碍。由此生与生之相碍，而有人物之不善。然此生与生之相碍，乃一个一个之人物，各分天之气以生，而各有其性以后事。物生由于天之仁，而或不能凝天之仁以为性，或不能尽其性，乃不善所自生。是不善唯原自人物已生而成性后，其不能继天上。不可因人物之生本于天，而谓其不能继天，亦本于天，而归其不善于天。盖人之不继天，非天原有此不继，而人得之以成人之不继、人之不善也。人物有所谓不继，而天实无所谓不继。人物之生固相碍而有不善。然天下之化育之事中，善之流行，则无时不继。天本其善以生物，物成而不能凝天之善以成性，不碍天自继其善之流行于其他物之日生而日成者。人之不能尽性以继善，不碍天之继其善之流行于他人之性之日生而日成者。故就一时之人物或个体之人物以观，虽或不能继天之善，而有不继不善之事，然天之气化，与时偕行，负故物以趋新，常化常生，则无时不继，无时非至善之流行。故人物有不继不善，而不可说此不继不善，为天所原有，而人物得之，以成人物之不继不善也。此不继不善，惟所以指个体事物之限制，有消极义无积极义，固不能说天有此不继不善，而人得之，以成人物之不继不善也。天果有一不继不善，则此不继不善为天之道，此道以"不继"为其性质，人物亦恶能"继"而得之哉。

至于自天之分其气以成人物之后，以观人物之相与，不能免于相阻害，固可将不善之源，推本于物性之不善，人性之未尽，再推于气之不当如何如何分别变化凝合，成如何如何之人物，以使其有不善之性情，表现于人物相与之际。然人物相与而相阻害，惟是人物交感之际之一种横的关系。分别以观一一人物之生，而纵溯其本于气化，仍初无此种关系。此种关系乃人物既生以后乃有，而非人物之所自生时即有者。至于将人物之如何如何相阻害，推本于人物各别之心身气质之构造，以说明人物之所以有相阻害之性情固可。然气质之构造如何如何，乃气质各部之相互关系所成，分别比观气质各部之所以生，而推本之于气化，仍无此种关系。故就人物之由天之气化以生言，就人物之气质之各部之由气化以生言，皆惟是本于善之流行。不善之源，惟可归之于气之如何如何变合，所造成之人物之气质之各部之如何如何互相关系，及人物交感之间之阻害关系上。对此不善之关系之造成，固可推本于气之变合之不当，而以此不当为不善之源。然仍不能说气之去变去合，为不善。盖其去变去合，乃气化之本。去变者阳之动，去合者阴之静。阴阳之气为二气，而阳生阴成，正是善之流行，乌有不善？故所谓气或二气之变合为不当者，惟是由其去变去合所成之事物中，有此不善之关系，复推本于此变合，遂安立此不当之名。此不当，船山名之为二气变合之差误（参考下章第一节所引）。此不当、差误，即不善之源。然此不当差误之名之所以立，乃纯就二气之能造成人物中之关系而立。舍事物之关系，而专就事物之本气化流行而生言，则无此所谓不当差误，亦无不善之源，存于此气化之流行之自身。盖气化之流行之有不当或差误，乃就气化之流行之未能合理言。然不当之名，对当而立；差误之名，对正而立；不合理之名，对合理而立。说其如此如此之变合为不当差误，而不合理，即预设其如彼如彼之变合为合理。知有不当而差误者，即知有正当者，知有不合理者，即知有合理者。"如此如此"之为不合理，正由"不如此如此，而如彼如彼"之为合理，而反照出的。故谓气之如此如此变合为不当、不合理，乃正以气之自有其当变而当合之理，为其自身所具；气自有变为合理之理也。故船山又曰："阴阳显（表现）是理，变合却亦是理……有变合则有善，善者即理。有变合则有不善，不善者谓之非理。谓之非理者，亦是理上反照出的，则亦何莫非理哉。"

在阳明之言事物之当然之理，自心言，不自物与气言。船山则以当然之理为物所自具、气之所自具。盖我心谓事物当如何如何、气当如何如何，乃直指事物、直指气，而言其当如何如何。故当然之理，即为事物之所具、气之所具。故指气之如是如是之变合为不合理，即同时指出其如彼如彼之变合为其当合之理。气之有不合理，正根据吾人之承认气有其当合之理，乃反照出其不合理。故气不合理，只是气之未顺其当合之理。气未顺其本有之当合之理而有不善，气顺其本有之当合之理，则善矣。气未顺其本有而当合之理而不善，其根据正在气可更顺其理而变合，而善。气可更顺其理而变合，而善，则不得以气之本身为不善。气之可更顺其理而变合，而善，即革不善而继之以善。气顺理而变合，革不善而继之以善，其道无他，即不如此如此变合，而反之，以成如彼如彼之变合耳。由如此如此，至反乎如此如此之如彼如彼，只是正反二面之更迭，一阴一阳之更迭。正以反为其蕴，如此如此，即以反乎如此如此者为其蕴。如此如此者之由阳而阴、由显而隐，即反乎如此如此者之由阴而阳、由隐而显。正反阴阳之更迭，即道之流行。故气之顺理而变合，即道之顺理而流行。由道之顺理流行，乃继以善，故当道之未顺理而流行，不可谓已有善。然当气之未顺理而变合，而气已有其理；故当道未顺理而流行，即已有顺理之道。人固可说，虽有顺理之道，而未顺，固仍未有善；然人亦可说，虽未有善，而顺理之道，亦未始不存。故曰：
"善必待继、待时而后有，而道则无时不有，无动无静之不然，无
可否之不任受。"善必表现于"道之顺理流行，反偏者使之不偏，
而调之，以有适然之妙于物，使气之变合之关系之不当者，归于
当，物之相阻害之关系，自尔转移，为并育并存之关系"。夫物之
相害之关系，固无不可转移，而亦无时不在转移中。物与物间并
育并存之关系，亦无时不可有。凡一切物之相阻害之关系，一加
转移而反之，即皆成并育并存之关系。此善之所以不息于宇宙间
也。若谓物之相阻害之关系，为物与物间恒有永有之关系，则万
物早已灭绝净尽。抑且根本无任何之物之能存在——以任何物皆
有其所包含之各部之物，并育并存于其中也。惟现见之物与物间，
终不免有阻害关系之存在者，则以其转移也有其时。当其未转移
之时，则其关系为不当而未善、不善。然即在此未转移之时，其
转之之道，未始不在，气化亦终能顺道以流行。此船山之所以说
道大而善小也。

　　关于船山之言对人物为不善者，非必对天之气化为不善，及
人物之不合理而不善，皆有合理而善者，为之反照，故不合理者，
皆可转移而合理。兹可更以《读四书大全说》卷七第十一页之言
证之。

　　　　质受生于气，而气以理生质。惟一任夫气之自化，质之
　　自成者以观之，则得理与失理，亦因乎时数之偶然，而善
　　不善者以别。若推其胥为太极之所生，以效用于两间，则
　　就气言之，其得理者理也，其失理者，亦何莫非理也。就
　　质言之，其得正者，正也，其不正者，亦何莫非正也。气
　　之失理，非理之失也，失亦于其理之中。已刚而亦乾之健，
　　已柔而亦坤之顺，已清而象亦成，已浊而形亦成。（上言天
　　之生人物，自人物观之为失理，而天之阴阳之去生去成，皆

本于健顺之理看，则无所谓失理，故天无所谓不善。）……
质之不正，非犬羊草木之不正也，亦大正之中，偏于此而
全于彼，长于此而短于彼，乃有其全与长之可因，而其偏
与短者之未尝不可扩。是故好色好货之不害天道，而欲立、
欲达之以立人、达人也。（此言人之质之"偏"而有所"短"，
皆具有由转移而"全"而"长"之理。即言虽未有善，而
有为善之道也。）

至于船山之所以说善大而性小者，则其根据在物之性之不善，
人之或不能尽其性。所谓物之性不善者，以物皆自役于形骸，而
其所发之活动，恒相阻害，故其性非善。然物之性虽不善，而物
之所以生，无不本于天之仁，无不本于气化之善。其性之不善，
惟由其不能凝此天之仁，凝此气化之善，以为其性。此前所已论。
夫然，故物之生，但为天之仁、天之气化之善所流通。物之所以
生，皆用此天之善，以成其生。其不能凝此天之善以为性，此即
物之自限，而其性之不善以成。然物不凝天之善，天之善自流通
过去，而继其善，于生物之子孙及他物。天之善自周流于众物，
不以物之自限而限其善，是善大也。若夫性则物生而后有，物生
而不凝其生所本之善，则成物性之不善。人生而凝善，则成人性
之善。人物各有其性，互不相知，是性之各系属于个体。人生而
能凝天之善、天之仁于其体，以为其性，故能赞化育，自生而复
生他，继天道而立人道。然天之善既凝于人以成人之性，复流通
于物，以生物；而其凝于人，亦复不特凝于一人，实遍凝于古往
今来之人。故物之只用善，而不凝善，固小于天之善，而一人之
性，虽能凝善，亦小于天之善。此其所以言善大而性小也。

所谓人性之凝天之善，即凝天之气化之善也。天之气化之
善，见于其时去生，而时去成。此去生去成者，为天之气。如何
生，如何成，为气之理。由生而成，由成而生，生生相续之谓道。

气之去生去成，无不有其所顺之理，故此去生去成之气，无不善。此气所生所成之物，可有相阻害之关系，而可有不善之生。就气之所生所成者之有不善，固可推本于气之变合之有不合理者。然此不合理者，上言由理之反照而见，故此不合理，不外气未尽顺其理，将由气尽顺其理，而革易者。气诚尽顺理，而革其暂有之不合理，则气化之流行中，无任何不善之留滞，而善得常继。革暂有之不合理，在矫气之偏，而调其阴阳，转易如此如此不合理之变合，为反乎如此如此之如彼如彼之变合。此即所谓"调阴阳而尽顺理也"。能尽顺理，则阴阳二气迭用而常和，善乃相继而不相害矣。此即天道之不息于既生之后，生之所以不绝于大道之中，而宇宙所以生生相续，善善相继之故也。人既凝天之善，凝天地之和顺之气，而具此和顺之理，以为其性，故能迭用阴阳之气，而常和顺，使不和顺之气，归于和顺；而"以阴继阳而刚不暴"，或"以阳继阴而柔不靡"，或"以阳继阳而刚不馁"，或"以阴继阴而柔不孤"。此皆所以归于阴阳之和顺，使善相继而不相害。由此而成己成物，参赞化育，以人合天，尽性至命，而立人道。则天道固大，人道亦大。此船山之所以一方说道大性小，而一方又说"大者博而不亲，小者专而致精"，而以知性知继为教之要也。此即船山之所以尊人之性也。

　　船山既尊天之道、天之善，复尊人之性，则天道与人性不可分离而说。盖天之道大乃博而不亲。离性言道，则博大无归。道无乎不在，人物同本此道之流行以生，所谓"天地与我同根，万物与我共命"是也。人物既同本此道以生，而道无乎不在。天之继其善于生人物，天道固在；天之未继其善于生某人物，天道亦在。人能凝天之善以继天，天道固在；物不能凝天之善而继其善，天道亦在。故徒言天道，则性无善无恶之说与无性之说生。而离天之道、天之善，以言性，则不知人原是凝天之善以为性，其性乃至善而无恶者。若不能知此，则性有恶、性三品之说生。故必通天道人性而合之，由天之能继其善以生人生物，乃知天之善；由人之能凝天之善以成性，而能以人道继天，乃知人性之善。故合天道人性而后知善。言善则天道人性皆不能外，而天人合一之理得。故船山曰"溯言善，而天人合一之理得"，"由善以合天人"，此即船山所以尊善也。

第二十二章　王船山之人性论

一　性善气善义、命日降性日生义、性相近义

沿船山论人性天道之关系之说，而船山主人性善其气亦善之说。盖船山既言天以其理授气于人为命，人以其气受理于天为性，性为理，理为气之理，而人之气原于天之分其和顺之气以生。人分有此气，乃有此理；故人受于天之理为善，而所受于天之气者亦善。理不先而气不后，则性善而气亦善。故《读四书大全说》卷十第一页曰："理即是气之理，气当得如此，便是理。理不先而气不后，理善则气无不善。气之不善，理之未尽也。人之性只是理之善，是以气之善；天地之道唯其气之善，是以理之善。易有太极，是生两仪。两仪，气也。唯其善，是以可仪也。所以乾之六阳，坤之六阴，皆备元亨利贞之四德。和气为元，通气为亨，化气为利，成气为贞。在天之气无不善。天以二气成五行，人以二殊成五性。温气为仁，肃气为义，昌气为礼，晶气为智，人之气亦无不善。理只是象二气之妙，气方是二仪之实。健者，气之健也；顺者，气之顺也。天人之蕴，一气而已。从乎气之善，而谓之理，气外更无虚托孤立之理也。乃既以气而有所生，而专气不能致其用，必因于阴之变、阳之合矣。有变、有合，而不能皆善。其善者人也，其不善者犬牛也。……天行不容已，而不能有择必善，而无禽兽之与草木。然非阴阳之过，而变合之差。是在天之气，其本无不善明矣。"（参考"天道与善与性之关系"一节所释）

船山既言性善、气善、性不离气，故又有"命日降，性日生"之论，而反对人之性只受于人之初生之际之说。盖天以其气授理于人为命，人以其气受理于天为性。人之性不离其所受于天之气，而天之气化流行，无时或息。人之气质，固无时不与其所接之天地万物相感应，而在此感应关系中，即有人之自动自发之自化自新。此自化自新之不容已，即性之自日生而相续，亦即人之无时不受天之气所降之命，以成其性。故命日降，而性亦日生也。船山于《尚书引义》卷三《太甲二》曰："性者，生理也，日生而日成者也。则夫天命者，岂但初生之顷命之哉……天之生物，其化不息。初生之顷，非无所命也。无所命，则仁义礼智无其根。幼而少，少而壮，壮而老，亦非无所命也。不更有所命，则年逝而性亦日忘也。……故天日命于人，而人日受命于天，故曰性者生也，日生而日成之也。"又《思问录》内篇曰："命日降，性日生，性者生之理，未死以前，皆生也，皆降命、受命之日也。成性存存，相仍不舍。故曰维天之命，於穆不已。命不已，性不息矣。谓生初仅有者，方术家所谓胎元也。性者，生理也，日生而日成也。"又《读四书大全说》卷五第八页曰：

圣人说命，皆就在天之气化无心而及物者言之。天无一日而息其命，人无一日而不承命于天。故曰凝命日受命。若在有生之初，亦知识未开，人事未起，谁为凝之？而又何大德之必受命哉。……天命无心而不息，岂知此为人生之初，而尽施以一生之具；此为人生之后，遂已其事而听之乎。又岂初生之顷，有可迓命之资，而有生之后，一同于死，而不能受耶。

惟命日降、性日生，故习之不善，不足以阻善之来复，而尽性非复初，自亦不须如禅宗之思父母未生前面目。故《尚书引义》

卷三《太甲二》曰：

> 天用其化以与人，则固谓之命矣。已生以后，人既有权矣，能自取而自用也。自取自用，则因乎习之所贯，为其情之所歆，于是而纯疵莫择矣。乃其所取与所用者，非他取别用，而于二殊五实之外，亦无所取用，一禀受于天地之施生，则又可不谓之命哉。天命之谓性。……惟命之不穷也而靡常，性屡移而异；惟其理之本正也，而无固有之疵，故善来复而无难。未成可成，已成可革，性也。岂一受成形，不受损益也哉。……天日临之，天日命之，人日受之。命之自天，受之为性，终身之永，终食之顷，何非受命之时？皆命也，则皆性也。……苟明乎此，则父母未生以前，今日是也；太极未分以前，目前是也。……

又《读四书大全说》卷十第十四页更本孟子之夜气平旦之气之说，以言命日受、性日生之说，其意尤切。今略。

船山言性，又特发挥孔子之性相近义。船山言性不离乎气，人同受气于天，亦同凝天之善，以成性。其受命于天以成性，虽同此善，然以在其初生，与生后所受之气异，受气所成之形质有异，则性亦不能全同。故船山只言性相近。程朱以人同此义理之性，人性之偏，原于气质之蔽，故异者乃气质之性。此乃船山所不取。船山既谓气性不离，性善而气亦善，故于人性之偏，不以其原于气，而谓其原于质，而质之偏，其本身亦非不善。盖质之偏刚、偏柔，亦由气化之所成，而可由气之顺性之日生者，日以成善习，而改易其偏者。故气质之性，非可言不善也。故《读四书大全说》卷七第十页至十一页曰："性之本一，而究以成乎相近，而不尽一者，大端在质而不在气。盖质，一成者也；气，日生者也。……夫气之在天，或有失其和者，当人之始生而与为建立。

（言所以有质者，亦气为之。）于是因气之失（犹所谓阴阳变合之差也），以成质之不正。……人之清浊刚柔不一者，其过专在质，而于是使愚明柔强者，其功专在气。质一成者也，故过不复为功。气日生者也，则不为质分过，而能为功于质……气日生，故性亦日生。性本气之理，即存乎气，故言性必言气，而始得其所藏。乃气可与质为功。……乃所以养其气，而使为功者，何恃乎？此人之能也，则习是也。是故气随习易，而习且与性成也。……质者，性之府也；性者，气之纪也。气者，质之充，而习之所能御者也。然则气效于习，以生化乎质，而与性为体。故可言气质中之性；而非本然之性以外，别有气质之性也。质以纪气，而与气为体；质受生于气，而气以理生质。……孟子言性，近于命矣。性之善者，命之善也。命无不善也。命善故性善。则因命之善，以言性之善，可也。若夫性则随质以分凝矣，一本万殊，而万殊不可复归于一。《易》曰继之者善也，言命也。命者，天人之相继者也。成之者，性也，言质也。既成乎质，而性斯凝也。质中之命谓之性，亦不容以言命者言性也。故惟性相近也之言，为大公至正也。"

二　受命在人

　　船山言，人生后所受于天之命，更有以天之予夺言命，以申昔贤之受命在人之义。原船山言人之受命于天，乃分于天之气，以成其为人，而有其性。人之气虽原于天，然既成为人，即所分之气在人，而不在天。故船山于《周易外传》卷二临卦曰："生于人为息，于天为消。"人既受命于天而成人，则气之属于人，为人所以有者，不复属于天。若非天所日降之命于人，有所予夺之处，不得将人本于所已有者，而发出之一切行为责任，皆归于天。盖人既分于天以生，而成其为人，人成以后所发之一切行为，便直接以人为所自发之主体。故若非天有予夺，不能言其行为，乃天之所命，而功罪皆不可归于天。天于人生以后，有所夺、有所予，则命固在天，而受命在人。则知无命可怨，而不怨天。知予夺在天，无命可恃，则致力唯在我。知受命在人，则顺命未必善，逆命未必恶。能受命以正，则天之顺逆之命，于我无不正。只就天之命本身言，则无所谓不正。兹再分别言之于下。所谓人生以后，必天有予夺，乃可言命者，《读四书大全说》卷十第三十四页有曰：

"谓之曰命，则须有予夺。若无所予，而亦未尝夺，则不得曰命。言吉言福，必天有所予也。故富贵，命也，贫贱，非命也。由富贵而贫贱，命也；未尝富贵而贫贱，非命也。死，命也；不死，非命也。……孟子之言命，原为有所得失而言，而不就此固然未死之生言也，……俗谚云，一饮一啄，莫非前定，举凡琐屑固然之事，而皆言命。……且以未死之生，未富贵之贫贱，统付之命，则必尽废人为，而以人之可致者为莫之致，不亦舛乎。故士之贫贱，天无所夺。人之不死，国之不亡，天无所予。乃人当致力之地，而不可以归于天。"

此即言无所予夺，则无所谓命，故生而贫贱，无命可怨；人之不死，国之不亡，无命可恃。天无予夺，则无所命。故天无予夺之处，皆人所当致力之地。若不知此，一切委之命，则命名不立，而人为尽废矣。故《读四书大全说》卷九第三十页曰："故以天之有所予夺者，谓之命，故生不可谓之命；而死，则谓之命……不得不可谓之命，而得，谓之命。若概乎予不予，夺不夺，而皆曰命，则命直虚设之辞，而天无主宰矣。君子之素位而行，若概乎生与死、得与不得，皆曰有命，则一切委之大造之悠悠，而无行法尊生之道矣。"

所谓能受命以正，则天之顺逆之命于我无不正者，则可以尧舜之子不肖言之。尧舜之子不肖，此命自对尧舜而言为逆为不正。

然尧舜因此乃不传子而传贤，而传贤之制遂得立，则尧舜之受命为正，而此天之不正者亦非不正矣。故《读四书大全说》卷九第二十八页曰："尧舜之子不肖，自是不正。故朱子说本是个不好底意思，被转得好了。……命之正不正，只可于受命者身上说，不可以之言天，天直是无正不正也。故乾之四德说到贞处，却云各正性命，亦就人物言正。天地不与圣人同忧，本体上只有元亨，到见功于人物上，方有利不利、贞不贞。利贞于彼者，或不利贞于此。天下无必然之利，一定之贞也。"

兹按王船山先生，遭亡国之痛，举义兵败，清廷下令剃发，不从者死。船山乃转徙苗猺山洞，备历艰苦。天于船山，其命可谓逆而不利不贞矣。然船山乃以破纸帐簿著书，以开六经生面；字里行间，精光永在。此亦正是船山之善受命，而使逆命皆正而利贞之例也。知命之正不正在人之受命，即知天命无不正，无非理。《读四书大全说》卷十第三十五页曰：

"德命，固理也，而非气外之理也。福命，固或不中乎理也，而于人见非理者，初无妨于天之理。则倘至之吉凶，又岂终舍乎理，而天地之间，有此非理之气乎哉。除是当世一大关系，如孔子之不得位，方可疑气之不顺，而命之非理。然一治一乱，其为上天消息盈虚之道，则不可以夫人之情识论之。若其不然，则死岩墙之下，非正命矣。乃岩墙之足以压人致死者，又岂非理之必然者哉。朱子云，在天言之，皆是正命。言正则无非理矣。……君子顺受其正，亦但据理，终不据气。……张子云：富贵福泽，将厚吾之生；贫贱忧戚，庸玉汝于成。到此乃看得天人合辙，理气同体，浑大精深处。故孔孟道终不行，而上天作师之命，自以顺受。夷齐饿，比干剖，乃以得其所求。贫贱患难，不以其道得者，又何莫不有其理也，人不察耳。人只将富贵福泽，看作受用事，故以圣贤不备福为疑，遂谓一出于气而非理。此只是人欲之私，测度天理之广大。《中庸》四素位，只作一例看，君子统以居易之心当之，则气之为悴为屯，其理即在贫贱患难之中也。"此原文义自明，不更作释。

三　心与性与理

船山之言心，取横渠心统性情之说，以气载天理，而为心；气所具理，为性；气具理而知之，为思；显此理于外，为情；思此理，行此理，以显此理之能，为才。于此理具之，而能思之、显之、行之者，亦即所谓载理之心也。《张子正蒙注》卷三《诚明篇》"心能尽性"注曰："天理之自然……为太和之气，所体物而不遗者曰性。凝之于人，而涵于形中，因形发用，以启知能者为心。性者天道，心者人道。……弘道者，资心以效其能也。"《四书训义》八曰："万物有固然之用，万事有当然之则，所谓理也。乃此理也，唯人之所可必知、所可必行，非人之所不能知、所不能行，而别有理也。具于此理之中（当作具此理于中），而知之不昧，行之不疑者，即所谓心也。以心循理，而天地民物固然之用，当然之则，各得焉，则谓之道……故理者人心之实，而心者，即天理之所发而所存者也。"

《读四书大全说》卷八第二十九页曰："性自是心之主，心但为情之主，心不能主性也。……此于性之发见，乘情而出者，言心，则谓性在心，而性为体，心为用也。"

谓理之具于心，为心所知所行，而呈其用于心；故心之如何如何知行，皆必循理，皆所以著理。故曰性为体，心为用也。

体用不可二，故心性不可二，然性为理，心为气之载理，二名之义终不同。不可言心即性，亦不可如阳明之言心即理，心外无理，理外无心。盖人生而以气受理于天，人受有此理，而能知之、行之，以载之，乃有所谓心。人之生，依于天之化生之理，即人之有心，依于天之化生之理，由天之化生以生心。天有生心之理，而无此心。自人之生以后言，人有心而受天之理以为其性，即心具有此理。心之理乃在心。自心之生言，天有此生心之理，而无此心，非即心即理也。当心已生，心能具理，此具于心之理固属于人，即非复是属于天之生心之理。然此属于人之心之理，固可不显于心；心固可不存理，而有未合理之心，亦非即心即理也。《读四书大全说》卷第十第三十一页曰：

"原心之所自生，……实则在天之气化，自然必有之几，则但为天之神明以成其变化之妙，斯亦可云化理而已矣。若其在人，则非人之道也。人之道，所谓诚之者是也，仁义礼智（性），人得以为功焉者也。故人之有心，天事也。天之俾人以性，人事也。以本言之，则天以化生，而理以生心；以末言之，则人以承天，而心以具理。理以生心，故不可谓即心即理，诿人而独任之天。心以具理，尤不可谓即心而即理。心苟非理，理亡而心尚寄于耳目口体之官，以幸免于死也。如其云心一理矣，则是心外无理，而理外无心矣。以云心外无理，犹之可也。然固与释氏唯心之说同矣。父慈子孝，理也，假令有人焉，而未尝有子，则虽无以梏亡其慈之理，而慈之理终不生于心，其可据此心之未尝有慈，而遂谓天下无慈理乎。夫谓未尝有子，而慈之理固存于性则得矣。如其言未尝有子而慈之理具有于心，则岂可哉。故唯释氏之认理皆幻，而后可以其认心为空者，言心外无理也。若其云理外无心，则舜之言道心惟微，人心惟危，人心者其能一于理哉。随所知觉，随所思虑，而莫非理，将不肖者之放僻邪侈，与乎异端之蔽陷离穷者，而莫非理乎。孟子曰：尽其心者，知其性也。正以言心之不易尽，由有非理以干之，而舍其所当效之能，以逐于妄；则以明乎心之未即理，而奉性以治心，心乃可尽其才以养性。弃性而任心，则愈求尽之，而愈将放荡无涯，以失其当尽之职矣。伊川重言尽心而轻言知性，则其说有如此。张子曰：合性与知觉，有心之名。性者道心也（当言奉性之心为道心）；知觉者，人心也

（当言可不奉性之心为人心）。人心道心，合而为心，其不得谓之心一理也，又审矣。告子唯认定心上做，故终不知性。孟子唯知性，以责心之求，故反身而诚，以充实光辉而为大人。释氏言三界唯心，则以无为性；圣贤既以有为性，则惟性为天命之理，而心仅为大体，以司其用。伊川于此纤介之疑未析，故或许告子生之谓性之说为无过。然则欲知心性天德之实者，舍横渠其谁与归。"

　　由人之心之能与理一与性一，亦可不一，而船山亦言心有人心道心之分。以人之心可奉理奉性以生情，而显仁义礼智之性于其喜怒哀乐，以使心与性一、与理一，是为道心。人之心亦可只是感物而动以有其喜怒哀乐，是为人心。此中，"惟性生情，情以显性，故人心原以资道心之用，道心之中有人心，非人心之中有道心也。则喜怒哀乐固人心，而其未发者，则虽有四情之根，而实为道心也。"（《读四书大全说》卷二第十三页）此即道心为主之情形。然人之情，亦可"随物意移，或过或不及，而不能如其量"。则此心即有不与理、与性合一，而不奉理奉性，以尽心之情形。然如此之心，亦是心。此即不为道心所用之人心。人心有为道心所用或不为其所用之二可能，故人心可善、可不善。然此人心之不善之原，则不可推原于天之生人有不合理者在。因天之生人、生人此心，乃本于天之阴阳五行之流行变化之"化理"，非无其理也。天之生人、生此心既有此理，人生而有心以后，亦具此理以为性。然人之奉性尽心与否，则人之继天之事，非天自身之事。人可奉性或不奉，尽心或不尽，则有道心之善与人心之可不善者之分。此天之生人、生心本于善，而所生之心，依其尽不尽，而有善不善之分，亦犹天之生物之本于善，而所生之物有能凝善之人物与不能凝善之禽兽之物之分也。于天之事可说者，不能于人物皆可说。于天之生心之理可说之善，亦不能于人之心而皆可说。天之生心之理呈于人，以成人性，故于人性可说之善，亦不能于心皆可说也。人物之性之有善有不善，不足据以疑天之生人

生物之善；故由心之有道心之善与人心可不善之异，亦不足据以
疑天之生心之理之善，与性之善也。道心能奉性，此心之生于人，
乃循理而生。其所循之理即天之所以生之理。则谓道心之善，所
以继天，而本于天可也。人心可不奉性，此心之生于人，乃由其
不循理。其不循理，即不奉性，不继天，而有不善。其不善由于
不继天，则其不善，非有所本于天。道心有本，而人心之不善者
无本。故人心不循理而不善，无所根据于天。亦正以其无所根据
于天，乃成其为不善之人心也。故自天而言，只此一心，谓其只
生此人心亦可。然自天而言，其生人心，固循理以生，其生固本
于天之善以生。船山诗（《和一峰虚中是神主》诗）之所以言"人
心天之仁"也。然天生人之心，人有心，而不循天理以继天之善，
继天之仁，则人心之在人者有不善，而唯继天之善、天之仁之道
心为善。此船山之言"道心人之仁"也。故自天而言，可谓只生
此之一人心；自人而言，则有道心人心之分。其分，乃人心生以
后之"循理"与"可不循理"、"继"与"可不继"天之善之别。
此乃只可在人分上说，只可在心之尽与不尽性、奉与不奉性上说
者。犹人物之性之有善有不善之差别，只可自人物之凝不凝天之
善以成性说也。凝天之善以成性为人性，不凝则为人外之物之性。
凝善以成人性，奉性穷理，则为道心，以见人之所以为人之性。
不奉性穷理，则为人心之不善者。物不凝善以成性，不害其为天
所生之物；心不奉性，亦不害其为心。人不能凝善以成性，则人
性同于物性；心不能奉性成道心，则人心同于物心。物性物心，
无仁义礼智，而有知觉运动之性、知觉运动之心，则人无道心，
仍可有知觉运动之心。此船山之所以说心梏亡其性，仍寄于耳目
口鼻之知觉运动也。心徒寄于耳目口鼻，唯以知觉运动为事，则
可顺情之不善而有不善。此心之所以不能用其官以思，而奉性穷
理，则有不善之恶几也。故《读四书大全说》卷十第三十一页曰：

"心统性而性未舍心，胡为乎其有恶之几也？盖心之官为思，

而其变动之几，则以为耳目口体任知觉之用。故心守其本位以尽其官，则唯以其思，与性相应。若以其思为耳目口体，任知觉之用为务，则自旷其位，而逐物以著其能，于是而恶以起矣。盖惟无情无觉者，则效于不穷而不以为劳，性是也。心既灵明而有情觉矣，畏难幸易之情生矣。独任则难，而倚物则易。耳目之官挟其不思，亦得自然逸获之灵；心因乐往而与为功，以速获当前捷取之效，而不独任其求则得、舍则失之劳，是以往与之逐，比匪伤而不恤也。迨其相昵深，而相即之机熟，权已失，而受制之势成；则心愈舍其可求可得者，以应乎彼。是故心之含性也，非不善也，其官非不可以独有所得而必待乎小体之相成也；乃不以之思，而以之视听，舍己之田以芸人之田，而己之田其芜矣……故欲尽心者，无能审其定职以致功。是故奉性以著其当尽之职，则非思不与性相应；穷理以复性于所知，则非思而不与理相应。然后心之才一尽于思，而心之思自足以尽无穷之理。"

四　情、才、欲

心一方具性而统性，一方显性统情。性为心之理，感于物而应之，则心之理显而有情。情有喜乐哀怒之异，喜乐哀怒由于感于物而发。而其所以不能不发之当然之理，或当然之则，即性也。故《四书训义》卷三第三十、五十三页有曰："人生而有性，感而在，不感而亦在者也。其感于物，而同异得失之不齐，心为之动，而喜乐哀怒为之几，通焉则谓之情。情之所向，因而为之，而耳目心思效其能，以成乎事者，谓之才……才之本体为性之所显，以效成能于性中之经纬。"又《四书训义》卷二第四页曰："性当既有情时，则性独著其当然之则。性当既有情之后，则性又因情以显其自然之能。"故《读四书大全说》卷十第九页谓："性自行于情之中，而非性之生情。"又论物有不齐，则与性之所具当然之则或合或不合，或违或顺。合而同，不合而异；违而有失，顺而有得；同而喜，异而怒；得而乐，失而哀。是喜怒哀乐之情所以生，本于性，而喜怒哀乐之发，即所以显性。性唯是当然之则，而情则本当然之则为标准，以衡所感之物与之合或不合、违或顺，而表示之态度，以显此当然之则于外；同时于此态度之表示中，见人应物之自然之能力、人之气质之显性之能力。克就此能力而言谓之才，而才所以显性，故才为气之才。由情才显性，而见气之载理。气之载理为心，理为性，故情才皆原于性，皆统于心，皆出于气也。故《正蒙注》卷三"人之刚柔"句下注曰："命于天之谓性，成于人之谓才，静而无为之谓性，动而有为之谓才。"此言性与才之为一贯也。又《周易外传》卷四未济卦传曰："情以御才，才以给情。情才同原于性，性原于道。道者，一而已矣。一者保合和同，而秩然相节者也。始于道，成于性，动于情，变于才。才以就功，功以致效，功效散于多而协于一，则又终合于道。"又《读四书大全说》卷十第九页曰："才之可尽者，尽之于性也。能尽其才者，情之正也；不能尽其才者，受命于情而之于荡也。惟情可以尽才，故耳之所听，目之所视，口之所言，体之所动，情苟正而皆可使复于礼。亦惟情能屈其才，而不使尽。则耳目之官，本无不聪不明、耽淫声、嗜美色之咎；而情移于彼，则才舍其所应效，而奔命焉。盖恻隐羞恶恭敬是非之心，其体微而力亦微。故必乘于喜怒哀乐，以导其所发，然后能鼓舞其才，以成大用。喜怒哀乐之情，虽无自质，而其几甚速亦甚盛，故非性授以节，则才本形而下之器，蠢不敌灵，静不胜动，且听命于情，以为作为辍，为攻为取，而大爽乎受形于性之良能。"

此言性情才之关系，"才以给情"者，有才而后能显性于情。"情以御才"者，情正乃可尽才，情不正则可屈才，而性或尽或不尽也。言性不可忽此情，曰情以御才。才本当显性，才本当尽性，然必以情御之，而后能尽才以尽性也。才显性而有功于性，动而有为，故曰"才以就功"。动而有为，即效成乎事，故曰功以致效也。

船山以才能显性，其能即气之能，故以昔贤所谓气质之性为才而非性。《张子正蒙注》卷三曰：

"昏明、强柔、敏钝、静躁，因气之刚柔缓急而分。于是而智愚贤不肖，若有性成。故荀悦、韩愈有三品之说，其实才也，非性也。……程子天命之性，与气质之性为二。其所谓气质之性，才也，非性也。张子以耳目口体之必资物而安者，为气质之性，合于孟子。……而别刚柔缓急之殊质者为才，性之为性，乃独立而不为人所乱。"由性而有情，情感物，而有喜怒哀乐，更欲去其所怒所哀，而致其所喜所乐，而有欲。欲者情之所生。情由感物而动。情生欲。欲不遂，则不能自已。即其动不待心之要使之动而自动不已也。故曰：情生于性，情生而性藏；欲生于情，欲生而情藏。故《诗广传》卷一《邶风》传曰："诗达情，非达欲。心之所期者，为志。……发乎其不能已者，情也；动焉而不自待者，欲也。"又曰："情受于性，情其藏也。乃迨其为情，而情亦自为藏矣。藏者必性生情，而乃生欲。故情上受性，下授欲。受有所依，授有所放，上下背行，而各亲其生，东西流之势也。"

五　才情欲本身之非不善

心有道心人心之分，而人心有不善。人心之不善，乃由正表现于心所统之情未能显性、才之未能尽性，以使欲皆合理。然情之不能显性，才之不能尽性，以使人之欲皆合理，而有人心之不善，非性之过，乃心不奉性之过。心之不奉性，非人有此心之过，乃人有此心，而不尽其心之过。不尽其心，即未有显性之才。未有显性之才，人心之不善者以生。是不善之源，唯在显性之才之未有矣。显性之才未有，则才名不能显性之才或不善之才。然才之所以为不能显性之才，唯由于显性之才之未有。显性之才虽未有，然非不可有。心知理而行之，则性显而有显性之才矣。心固可知理而行之，则可有显性之才。故所谓不能显性之才，乃唯就性之未显，克指其未显，而其言未能，即谓之不能。然吾人实不可由其今之未能，以谓其真不能。其今之未能，固不碍其以后之能。则今之未能，非真不能。今之无显性之才，非真无显性之才，人有不善之才，非真有不善之才。则于今之才之不善，才之不能显性，当说由未尽其才而未显其才之量。才有未显则不善，显则善，则才之本身无不善。才有不显而有不善，即无本身为不善之才矣。由才而有情有欲。才本身无不善，则情欲本身亦无不善矣。于此情才本身，《读四书大全说》卷十第三十二页曰："知吾心之才，本吾性之所生，以应吾之用。……孟子曰：尽其才曰尽其心，是以知天下之能为不善者，唯其不能为善而然。而非果有不善之才，为心之所有。"此即言实无不善之才也。

才之不善，既唯由于不尽其才，则才本身无不善。才有不尽而有不善，故依才而有之情，可以为不善。有可以为不善之情，即有人心。然情之可以为不善，唯由于才之不尽。才不尽而可尽，故情可以为不善，亦可以为善。可以为不善，可以为善，即非必为不善。故亦不可言情本身之不善，而只可言有不善之情。然不善之情不碍情之可以为善，亦如情之有能显性而为善，亦不碍情可以为不善。夫然，故唯于性上可言有善而无不善；而于情则其本身，虽可言无不善，不可言有善。情之不可言有善者，情之善，其根据在才之尽，性之显，其善皆性之所有，情可以才之未尽不显性，而可不善也。然情可不善，而亦非必不善。欲由情生，欲亦可不善、可善，而非必不善。欲仁欲义之欲固是善，即饮食男女名利之欲，亦非必不善也。故《读四书大全说》又曰：

"夫天下之善，因于所继者勿论矣。其不善者，则饮食男女为之端，名利以为之缘。非独人之有之，气机之吐茹匹合，万物之同异攻取，皆是也。名虚而阳，利实而阴；饮资阳，食资阴；男体阳，女体阴。无利不养，无名不教，无饮食不生，无男女不化。若此者岂有不善者乎。才成之抟聚之无心，故融结偶偏而器驳（自质言）；时行之推移之无忧，故衰旺偶争而度舛（自才言）。乃其承一善以为实，中未亡而复不远。"此言饮食、男女、名利可生不善，皆非必不善也。故《四书训义》卷三第十三页曰："君子亦有此人所共有之欲。唯有欲乃能知人之欲、遂人之欲。王者之道，固以清心寡欲为要，而非恬淡无欲，与万物相忘，遂足以推恩四海也。盖人之与万物相通者，心也。而君子之心，非小人所能有；小人之心，抑君子所不可无。小人之心而君子所不可无者，情也……食色而已。君子而无此情，则何以知小人之有此情也……是以我之有道，而不能无情也；知人非有道，而必不可以更远其情也。"《读四书大全说》卷六第二十七页曰："行天理于人欲之内，而欲皆从理，而仁德归焉。""天理充周，原不与人欲为对垒。理至处，则欲无非理；欲尽处，理尚不得流行。如凿池而无水，其不足以蓄鱼，与无池同。"君子不能无欲，以欲非不善也。君子有欲，乃能知人之有欲，而求遂人之欲，则所以行当然之理于人欲，而仁德归。则有欲正所以行仁，而使仁之善成为可能者也。若非此欲，则无遂人之欲之仁；而欲虽尽去，亦不得为善也。

人之欲，生自天，天之生人而有欲，即有其所以有欲之理。故圣人所以为圣人，唯在尽理而推其欲以遂人之欲。遂人之欲，即圣人之自尽其理，所以合天之生人使有欲之理也。又《读四书大全说》卷四第三十页曰："圣人有欲，其欲即天之理。天无欲，其理即人之欲。学者有理、有欲。理尽则合人之欲，欲推则合天之理。于是可见人欲之各得，即天理之大同；天理之大同，无人欲之或异。"故欲在船山，亦非不善。天生人而有欲，欲畅遂其生。饮食男女之欲，皆所以畅遂其生。故天之生人而使人有欲之理，即天之生人生物之理，乃天之善之流行。天所以使人有欲之理，善也。圣人之所以推其欲，以遂人之欲，即所以尽其所受于天之此理，以实现此理，而尽天之理，亦善也。圣人之所以自节其欲，而推其欲，乃所以自尽其理而为善。自尽其理之事，即在遂人之欲上。知人之有欲，则由其自己之有欲；而其有欲之根据，则在天之理之善上。故理欲似相反而实相成。故自天而观，人之所以有欲之根据为善，人之有欲，即不得为不善。自人而观，则有欲而能推欲而尽理。尽理以得善，则欲固可合理而显性，而为善，则欲之本身无所谓不善。然欲亦可不合理、不显性而不善，故亦不可谓欲上即有善也。

六 人有不善之原

上言人之有人心之不善，由于才之有不尽、情之不显性、欲之不合理。然才非不可尽，才尽则善，显性则善，欲固可合理而善。今问才何以有不尽，情何以不显性，欲何以不合理，而有不善乎？原此不善之所自生，在昔贤或归之于人之气禀之偏，或归之于人欲之私，或归之于所遇之外物，如声色货利之环境，或困穷厄抑之环境。然船山则以气禀非不善，人欲亦不必私，所遇之外物本身，亦不必致人于不善。乃溯此不善之生于气禀与外物相感应之际，而后有不尽之才、不善之情与不当理之欲。此乃船山之特见。《读四书大全说》卷八第三十六页曰：

"天唯其大，是以一阴一阳皆道，而无不善；气禀唯小，是以有偏。天之命人，与形俱始。人之有气禀，则是将此气禀凝著者（这）性在内。……气禀虽有偏，而要非不善……小者非不可使大也。……故孟子将此形形色色，都恁看得玲珑在。凡不善者，皆非固不善也。其为不善者，则只是物交相引、不相值、不审于出耳。惟然，故好勇、好货、好色，即是天德王道之见端；而恻隐、羞恶、辞让、是非，苟其但缘物动，而不缘性动，则亦成其不善

也……盖从性动，则为仁义礼智之见端；但缘物动，则恻隐羞恶
辞让是非，且但成乎喜怒哀乐；于是而不中节也，亦不保矣。……
自形而上以彻乎形而下，莫非性也，莫非命也，则亦莫非天也。
但以其天者著之，则无不善；以物之交者，兴发其动，则不善也。
故物之不能蔽、不能引，则气禀虽偏，偏亦何莫非正哉。或全而
该，或偏而至。该者善之广大，至者善之精微。广大之可以尽于
精微，与精微之可以致夫广大，则何殊耶。虽极世之指以为恶者
（如好货好色），发之正则无不善，发之不正则无有善。发之正者，
果发其所存也，性之情也；发之不正，则非有存而发也，物之触
也。自内生者善。内生者，天也，天在己者也，君子所性也。自
外生者不善。外生者，物来取而我不知也，天所无也，非己之所
欲所为也。故好货好色，不足以为不善，货色进前，目淫不审而
欲猎之，斯不善也。物摇气，而气乃摇志，则气不守中，而志不
持气。此非气之过也。气亦善也。其所以善者，气亦天也。……
人之无感而思不善者，亦必非其所未习者也。（原注：如从未食河
狄人，终不思食河狄。）而习者亦以外物为习也。习于外而生于中，
故曰习与性成。此后天之性，所以有不善。故言气禀，不如言后
天之得也。"

上来言人之不善，不可归于气禀，亦不可归之于缘性而自生
自动之欲情，如好勇好货好色之类。而唯可归之于缘物来触、来
取而摇气摇志之动，与由此而成之习。此即为不善之情欲所自生
也。然船山于此并非言物之本身可产生此不善，以物来触、来取
而志气不摇动，则何不善之习之有？故不善之源，不在内之气禀
与情欲本身，亦不在外物本身；唯在外物与气禀与情欲互相感应
一往一来之际，所构成之关系之不当之中。故船山于前一段文后
复继之曰："后天之性，亦何得有不善？习与性成之谓也。先天之
性，天成之；后天之性，习成之也，乃习之所以能成乎不善者，
物也。夫物亦何尝不善之有哉。（如人不淫，美色不能令之淫。）

取物而后受其蔽，此程子所以归咎于气禀也。虽然，气禀亦何不善之有哉。然而不善之所从来，必有所自起，则在气禀与物相授受之交也。气禀能往，往非不善也；物能来，来非不善也。而一往一来之间，有其地焉。化之相与往来者，不能恒当其时与地，于是有不当之物。物不当而往来者发不及收，则不善生矣。……乘乎不得已之动，而所值之位不能合符而相与于正，于是来者成蔽，往者成逆，而不善之习成矣。业已成乎习，则薰染以成固有，莫之感而私意私欲且发矣。夫阴阳之位有定，变合之几无定，岂非天哉。唯其天，而猝不与人之当位者相值，是以得位而中乎道者鲜。故圣人之乘天行地者，知所取舍，以应乎位，其功大焉。先天之动，亦有得位，有不得位者，化之无心而莫齐也。然得位，则秀以灵，而为人矣；不得位，则禽兽草木，有性无性之类蕃矣。既为人焉，固无不得位而善者也。后天之动，有得位，有不得位，亦化之无心而莫齐也。得位则物不害习，而习不害性。不得位则物以移习于恶，而习以成性于不善矣。此非吾形吾色之咎也，亦非物形物色之咎也。咎在吾之形色与物之形色往来相遇之几也。天地无不善之物，而物有不善之几。（原注：非相值之位，则不善。）物亦非必有不善之几，吾之动几，有不善于物之几。吾之动几，亦非有不善于物之几。物之来几，与吾之往几，位不相应以其正，而不善之几以成。故唯圣人为能知几，知几则审位，审位则内有以尽吾形吾色之才，而外有以正物形物色之命。因天地自然之化，无不可以得吾心顺受之正。如是而后知天命之性无不善，吾形色之性无不善，即吾取夫物，而相习以成后天之性者，亦无不善矣。故性善也。呜呼微矣。"

吾心之动几与物之动几相合而生者，情也。故《读四书大全说》卷十第九页曰："物之可欲者，亦天地之产也。不责之当人，而咎之天地，是舍盗罪，而以罪主人之多藏也……然则才不任罪，性尤不任罪，物欲亦不任罪，其能使为不善者，罪不在情，而何在哉？"盖"吾心之动几与物相取，物欲之足相引者，与吾之动交，而情以生。然则情者，不纯在外，不纯在内。或来或往，一来一往，吾之动几与天地之动几，相合而成者也"。

船山言不善之源，由物之来几与吾之往几不相应以正，而有不善，即谓：吾所遇之物来，吾不能不感，感非其时，则感有不当，情有不善。物来，乃吾所处之地位在此，而物亦来此，以使吾与之相接。然此非吾所能主宰，故曰天也。物来而吾不能不感，亦天也。然吾本非欲感物，而不能不感，则此感非自发。自发者，皆顺性而动，不能有不善。非自发者，我本非欲感某物，或本觉此时不当感某物，而正另感一当感之物；乃于此地偏偏遇某物，而不能不感某物，则对此物之感非所当有，而为逆，且足以窒其原来当有之感。遇物而不能不感，其感虽不当，然感时不必知其不当，而恒在感后乃知其不当。感之往者已发不及收，则更情留而成习，此则不善之情习所由成。此物之来，我感之往者不当，非其时而有，即物与我之位，为不当位。此不当位而生之此感，唯由吾之气禀之往几与物之来几相交合而成。故分别就气禀与物以观，皆无此不当位之一感。唯是物之来几与气禀之往几遇合之一产物。其致有不善之情习，亦如天之以阴阳化生万物，变合有不当，而有不善之物性。然阴阳之变合可生出不善之物性，无碍于天道之善，即阴阳之无不善。物与吾气禀间之往来，即人与物间阴阳之变合。物与气禀之往来，生出此不善之情习，仍无碍于人性之善、才之善、心之能奉性尽才。则当说人之气禀与所遇之物，初无不善。故人但能知物之来几与吾之往几为如何而当如何应之，则物来虽非其时，而吾心能尽才知性，以使所以感之者无不合于当然之则，即使所生之感，皆为其时所当有，而皆为当位之感；则情皆为正情，而习皆为善习。此则知性知理，而知几审位之功之在乎人者。若乎心以不自知其性而不知理之故，则唯在心之不能思。思即心之才。心之不思，即心之不尽才，以知性知理。心何以不尽才，以知性知理？则无理可说。盖正以心之无理之显，而后名之为不知性、不知理也。若欲说心何以不知性不知理，则亦只此无理而已。然心可不尽才，而未尝无才；心可不思以知性知理，而心固能思而知性知理。由此而亦能知几审位而感得其正当。诚尽才而知几审位，感皆正当，则使我与物皆各正性命。我与物之形色依旧，而不善已亡，则吾与物之形色本身，亦皆非不善，明矣。

人有性、有心、有情、有才、有欲。通性情才欲以观，皆无不善。分别观情才欲，亦本无不善。然才不尽则情不正，情不正则情为不善。情之为善与否，在心之能否奉性以治之。心奉性以治情，即尽才之谓。心奉性，为道心，而善；心不奉性，为人心之有不善者。故情才欲本身，虽无不善而不可贱，然情不可宠，才不可奖，欲不可纵，而唯心为当尽，性为当尊。情才欲，皆人与禽兽之所同；而性为人之所独。尽心尊性而人禽之辨乃严。故船山言天道，大同于横渠，而言人道，则大同于程朱。心不自尽以知性，而心可有非理之心。必尽心知性，心乃合于理。此则有异于阳明之徒言心即理而求诸当下一念灵明之说。此乃由阳明与其徒所谓心，乃专指良知之灵明，即专指人本有之道心；即不同于船山所谓心，乃包括道心与人心而言者。船山尽心而不任心。其说更当于其人道论中论之。

第二十三章　王船山之人道论

一　人道之尊

船山之言心性情才，虽皆本于其天道论，然人既分于天之气化，凝其善以成人，则人自为人；属于人物者，不尽属于天。故《读四书大全说》卷八，十九页曰："只有人物底去处，则天及之化，已属于人物，便不尽由天地。"人物之中，瓦石无生，而草木有生。草木无情无知，而禽兽有情有知。禽兽不能凝善以为性，而人独能凝善以为性。故人物之中，人性独尊，而异于物性。人性善而有人道。人道者，人之所独有，以继天道者也。孟子言人之异于禽兽者几希。然船山释此几希之异曰："不但在于心。人心之性，必彻于形；人道之用，必见乎器。自性而形，自道而器，极乎广大，尽乎精微，件件有几希之异。"故几希非少义。"几希严词，亦大词。"夫然，故人有此异于禽兽之几希，便"须随处立个界限"，"壁立万仞"。此人所以必须忧勤惕厉，以自尽其心，而存性、正情以继善，不可"迷其所同，而失其所异"。(《读四书大全说》卷九，二十一至二十三页) 尤不可谓天之生人生物，使人物同有知觉、同有此情，人与物，同本于天之仁而生，遂自视其情皆善，以自同于物也。故《读四书大全说》卷十第十二页曰：

> 天地直是广大，险不害易，阻不害简。则二五变合为人，吃紧有功在此。故曰天地不与圣人同忧。慕天地之大，

而以变合之无害也。视情皆善，则人极不立矣。天地之化同万物以情者，仁也。异人之性与才于物者，天地之义也，天地以义异人，而人恃天地之仁以同于物。则高语知化，而实自陷于禽兽。此异端之病根，以灭性戕命，而有余恶也。

又《俟解》曰：

> 二气五行，抟合灵妙，使我为人而异于彼。抑不绝吾有生之情，而或同于彼。乃迷其所同，而失其所以异；负天地之至仁，以自负其生。此君子之所以忧勤惕厉，而不容已也。明伦察物，居仁由义，四者禽兽不得与。壁立万仞，只争一线，可弗惧哉。

人与禽兽之异，根本固在性之善。然性彻于形，通于情欲。人能存其性，则人之同于禽兽之情欲，亦似同而界限迥立，仍是壁立万仞。故《读四书大全说》卷九第二十二页曰：

> 若论异，则甘食悦色处，亦全不同。若论其异仅几希，则仁义之异，亦复无几。虎狼之父子似仁，蜂蚁之君臣亦近义也。随处须立个界限，壁立万仞，方是君子存之。若庶民，便爱亲敬君，也只似虎狼蜂蚁，来趁一点灵光做去也。苟知其所以异，则甘食悦色之中，井井分别处，即至仁大义之所在。不可概谓甘食悦色，便与禽兽同也。圣贤吃紧在美中求恶，恶中求美，人欲中择天理，天理中辨人欲。细细密密，丝分缕悉，与禽兽立个彻始终、尽内外底界址。

人能辨其与禽兽几希之异，而依一彻始彻终，尽内外底界址，兢兢业业以尽心存性，而立人道；则匪特不负天之生我，而完成人之所以为人，且上继天道，而辅天道之所不足。盖人固由天生。
然人已生，则人自成为人。性固原天命，然尽心以存性之功，则
不属于天。人生以后，天固无时不命于人物（参考前命日降义），
气化不齐，降者不均，在天皆无不正。然"人既得此无不正而不
均者，既以自成其体，不复听予夺于天矣。则虽天之气化不齐，
人所遇者不能必承其正且均者于天，而业已自成其体，于己取之
而足。若更以天之气化为有权，而己听焉，乃天自行其正命，而
非以命我，则天虽正，于己不必正，天虽均，于己不必均。我不
能自著其功，则固仍其不正不均，斯亦成自暴自弃而已矣"。（《读
四书大全说》卷十，四八页）人生以后，不可以天治人，而惟可
以人承天。人之承天，除天命我以仁义礼智之性，可自取而足者
外，"天未尝寥廓安排，置一成之形于前，可弗心以酌之，而但循
其轨迹。人生以后，人唯可各以其心而凝天。"必思以显性，求其
心之所安，而后理得。则人生以后，人之所以承天而凝理者，必
见于人之自著其功之事上。所谓"事所不至，心不生焉；心所不
至，理不凝焉；理所不凝，天不于此显其节文也"。（《续春秋左氏
传博议》上第一页）理唯是所谓当然之则，天命以为性，固不容
人之造作。然人不求其心之所安，则不能显性得理而凝理。得之
凝之在人，而后天命之理以显。得之凝之显之之工夫，全赖心之
酌，即思是也。思全是人道上事。人道尽而天理乃显。此人之所
以补天道之不足，人之显理以合天道之大。理显于人，则天道赖
人道以继，即赖人道以成。知性知天，而知天之生人生物，无非
善之流行。然天化之无心而不齐，则固有阴阳变合之差而不当者，
致生物之性，不能皆善。物之相与，恒不免相残，而害其所以生，
违乎天之仁。人性虽善，而以所遇之物非其时，不当其位，而我
之气禀与物往来之交，流乎情，交乎才者，亦有不善。人所遇之
物，当其时位与否，亦天化之无心而不齐。凡此等等，虽皆不足
据以疑天之生人生物，其本为善之流行，然本善以生人生物，而

有所成之物之性之不善。人性善而情才有不善，则不能不谓天化之有不当其理处。天之化固有其理，天之道固无时而不存，道固无不善。然当天之化之未当其理，道之未流行，则尚有未显之善，所谓道大而善小也。天之化有未当其理之处，而致其所生之物之性有不善，与人之情才中之有不善，则天虽善于其生人物之"本"，而不能善于人物既生以后之"末"，使所生之物之性、人之情才，皆无不善。此即天之能善人物之始，而不能善人物之终。人则能凝天之善以为性，尽心存性，而明伦察物，居仁由义，以裁成天地。居仁而亲亲，仁民以爱物，由义而使我与物皆得其所，尽才而使才无不善，存性而情皆所以达性。由是以赞天地之化育，而自善其情才；则皆人自尽其心之思功，循理而立人道，所以辅天道之所不足，而善万物之终者。惟性原于天命，理本为天理，心由天生；天不继其善于物性，而继其善于人性，人乃有善性之可存，得尽其心以立人道。是则人道之所以能辅天道，仍本诸天道之大。而天之生人，使之可立人道以自辅，亦即所以完成其天道。故船山曰："圣人赖天地以大，天地赖圣人以贞。"圣人者，人之能存性尽心，以立人道者也。天道无心无忧，而圣人则有忧。圣人充其不安于不善之心量，则天地间有一不善之存，圣人皆不能无忧。其忧乃所以去不善而一于善，充其必去不善以一于善之心量，则无任何一不善不可终归于善，而终定于善。此之谓天地赖圣人以贞。圣人有心有忧，天地无心无忧。无心无忧，故善始不求善终；有心有忧，则不能安于不善，而必求止于至善。天道能善万物之始，而不能善其终；人道善万物之终，即以成天道之善始。然天能生人，所生之人能成圣，则所谓天之不能善其终，亦未尝不能善其终。知此乃真能不惑乎天道之善。人能成圣，圣能合天，则见人之善天之终，即所以成其始，而善其始。知此乃真能不惑乎人道之善。天道大而人道尊。人道之尊，在于能尊天道；则人道尊，而天道亦尊。天道之大，大在于能生人以成圣，则天道大而人道亦大。此船山言天人合一所隐涵之旨，其重人道即重天道。此与老释之人同天之说，义理分齐，必须细辨。今再引船山之言以证上之所述。《周易内传》卷五，十五页曰：

> 未继以前为天道，既成以后为人道。天道无择而人道有辨。圣人尽人道，而不如异端之妄同于天。

《诗广传》卷四《大雅》曰：

> 大哉人道乎，作对于天而有功矣。夫莫大匪天，而奚以然耶。人者，两间之精气也。取精于天，翕阴阳而发其同明。故天广大而人精微，天神化而人之识专壹。天不与圣人同忧，而人得以其忧相天之不及。故曰：诚之者，人之道也。天授精于人，而亦唯人之自至矣。……知人之道，则可与立命，立命则得天而作配。

《读四书大全说》卷十第五十一页释孟子所谓"尧舜性之也"论天生圣必待修之说曰：

> 君子之圣学，其不舍修为者，一而已矣。天道自天也，人道自人也。人有其道，圣者尽之，则践形尽性，而至于命也。圣贤之教，下以别人于物，上不欲人之躐等于天。天则自然矣，物则自然矣。蜂蚁之义，相鼠之礼，不假修为矣，任天故也。过持自然之说，欲以合天，恐名天而实物也。危矣哉。

《周易外传》卷五第七章曰：

天地无心而成化，故其于阴阳也，泰然尽用之而无所择。晶耀者极崇，而不忧其浮也；凝结者极卑，而不忧其滞也。圣人裁成天地，而相其化，则必有所择矣。故其于天地也，称其量以取其精，况以降之阴阳乎。圣人赖天地以大，天地赖圣人以贞。择而肖之，合之而无间，圣人所以贞天地也。是故于天得德，于地得业。……圣人有门以上，而遵道于天；有门以下，而徙义于地。……人存而天地存，性存而位存。

又《尚书引义》卷三《说命中》曰：

尝观之天矣，生生者，资始之至仁大义也。然物受命以生，而或害其生，天无所忧也。故曰天地不与圣人同忧。圣人则不能与天同其无忧矣。圣人之所忧，……有家而不欲家之毁，有国而不欲国之亡，有天下而不欲天下之失黎民，有黎民而恐或乱之，于其子孙，而恐莫保之之情也。情之贞也，圣人岂有异于人哉。

《续春秋左氏传博议》卷下二十三页曰：

天与之目力，必竭之而后明焉；天与之耳力，必竭之而后聪焉；天与之心思，必竭之而后睿焉；天与之正气，必竭之而后强以贞焉。可竭者，天也；竭之者，人也。人有可竭之成能，故天之所死，犹将生之；天之所愚，犹将哲之；天之所无，犹将有之；天之所乱，犹将治之。裁之于天下，正之于己，虽乱而不与俱流。立之于己，施之于天下，则凶人戢其暴，诈人敛其奸，顽人贬其愚，即欲乱天下，而天下犹不乱也。功被于天下，而阴施其裁成之德于匪人，则权之可乘，势之可为，虽窜之、流之，不避怨也。若其权不自我，势不可回；身不可辱，生可捐；国可亡，而志不可夺。

《读四书大全说》卷八第十九页曰：

> 所谓天地之间者，只是有人物的去处。上而碧落，下而黄泉，原不在君子分内。……天地之化相入，而其际至密无分段，那得有闲空处来？只是有人物底去处，则天地之化，已属于人物，便不尽由天地，故曰间。所谓塞乎天地之间也。只是尽天下之人，尽天下之物，尽天下之事，要担当便与担当，要宰制便与宰制；险者使之易，阻者使之简，无有畏难而葸怯者。……天地之间，皆理之所至也；理之所至，此气无不可至。言乎其体，而无理不可胜者；言乎其用，而无事不可任矣。

以上既论船山重立人道之意。至于如何立人道，下当分别自船山之修为论与人文化成论以述之，本文将暂止于以其修为论，言其立人道之义。

二　思诚

船山之修为论，即如何作圣贤之论。船山于此，乃本于横渠所谓"性与天道合一存乎诚"之义，与心之用在思之义，而以《中庸》思诚，《易》之存诚为教。《读四书大全说》卷九第七页曰："尽天地，只是个诚，尽圣贤学问，只是思诚。"天地只是诚，而天无心以立教。唯圣人知其性之本于天之诚，而知性在乎思诚。故以诚立教也。

天地只是诚者，言天之道唯是一真无妄，无往不实。天地万物，皆此一真无妄之所充周。唯有天道之一真无妄，而后生人生物，而后人有其性。故天道之善于人物，人性之能凝天道之善，皆本于诚。故《读四书大全说》卷十第一页曰："惟其诚，是以善。诚于天，是善于人。"故人之凝天道之善以为性，而性善，即有此天道之诚。有此诚者，人之善也。故又曰："惟其善，斯以有其诚。天善之，故人能诚之。所有者，诚也；有所有者，善也。"天道由诚以善于人物，而有其诚；人则由凝天之此善，以为性，而有善性，而能诚。能诚而诚之，乃真有此诚；显性之善，而真有此善。故人不可不存其诚，发其诚，著其诚，以真有此诚；而立一真无妄之人道，斯可以继天道矣。故《四书训义》卷三第三十二页曰：

> 夫诚所以充乎万理，周乎万事，通乎万物者，何也？……夫人之有道，因其有性，则道在性之中；人之有性，因乎天之有命，则性又在天之内。人受此理谓之天，固有其道矣。诚者，天之道也。二气之运行，健诚乎健，顺诚乎顺；五行之变化，生诚乎生，成诚乎成。终古而如一，诚而以为日新也；万有而不穷，诚而以为富有也。惟天以诚为道，故人得实有其道之体。乃诚为天之道，则道之用非天之所为功，而存乎人。于是有诚之者焉。有是心，以载是德，故诚可存也；有是才以备斯道，故诚可发也。诚之未著于未有是理之中，而森然有理之可恃；诚之或亏于未尽善之中，而确然有善之不易；则命之所凝也，性之所函也，以起人生之大用，而为事理之所依也。

又《四书训义》卷四第二十七页曰：

> 自天有命，则知诚以为命矣；命以为性，则性皆其诚

矣；率性为道，则道本于诚矣。中为大本，诚之体也；和为达道，诚之用也。费者皆其诚，非增益于一真之外也；隐者唯其诚，非托于虚无之表也。诚者天之道，而知仁勇之真体斯在；诚之者人之道，而智仁勇之大用以起。

又《四书训义》卷三十一第二十四页曰：

天人同于一原，而物我合于一心者，其惟诚乎。实有是物，则实有处是物之事；实有此事，则实有成此事之理；实有此理，则实有明此理、行此理之心。知有所不至，则不诚；行有所不尽，则不诚；以私意参之，但致其偏，而失其全，则不诚；以私欲间之，虽得其迹，而非真，则不诚。凡此皆弃其性之所固有，人乃背天，而亦无以感通于物矣。……君子之全学，归于一诚之克尽；而天下之心理，皆于一诚而各得。

又《读四书大全说》卷九第十七页曰：

若反身而诚，则通动静，合外内之全德也。静而戒惧于不睹不闻，使此理森森然在吾心者，诚也；动而慎于隐微，使此理随发处，一直充满，无欠缺于意之初终者，诚也。外而以好、以恶、以言、以行，乃至加于家国天下，使此理洋溢周遍，无不足于身者，诚也。

天道之所以为一真无妄而实者，以其日生日成也。物固有往有来。其往也，由实而入虚，则疑若不实；然往而复来，则由虚而又实。一往一来，而后见天道。则实而复实，即天之所以日新而富有。太虚皆为一实，而天道为诚矣。舍道以观物，则物来而复往，疑若物本非真实，而其性为空，其本为虚，此即佛老之看法。然以船山之道观物，则道为真实、为诚；而物无不真实，无不诚。天道固大往大来，则穷天地，亘万古，皆是一诚之所充周。物之生也，非才生即灭，乃皆为一生生之历程。在此生生之历程中，随时变化。其质其气之具于一物之中者，亦自有小往小来；则天地固为一诚之所充周；一物之生生之历程，亦皆一诚之所充周；而同此一诚也。人物生自天，故充周于物之诚，皆天道之诚也。然天道之流行，本其诚以生物、命物，以其诚充周于物，而物不能凝天命以为性，以其性载道，则亦不能载诚以为德。唯人乃能凝天命以为性，以性载道，实有此道之体，而后"性皆其诚"，乃可率性而存其诚，发其诚，本道之体，以起道之用，致中和，彻费隐，而成己以成物。此则人之思诚之功，以立人道，而合天道者也。

人之思诚以诚之功之全，在乎心。心之官则思。思诚者，心之事也。故《读四书大全说》卷三第二十页曰："道者率乎性，诚者诚乎心。仁义礼智，性也；有定体而莫之流行者也。诚，心也；无定体而行其性者也。"又《读四书大全说》卷三，二十九页曰："以知仁勇为性之德，所以修率性之道，而以为教之本；以诚为心之德，则所以尽天命之性，而以为道之依。"原人心所以能思诚者，盖心感物则将有应物之事；有应物之事，则有当如何应物之理，如仁义礼智之理是也。此理具于心，为心之性。理虽未显，然理自森然而可恃，而仁义礼智之善，确然不可易者，于是乎在。故人但能竭其思之功，则知至此理，而行事皆善。吾人能使吾人之知，于理无所不至，吾人之行事，于善无所不尽，以应物；此相续无间之知理、行善之功中，无妄之杂，不参以私意私欲，则通此知行皆实，而皆为一诚所充周，而心与理皆得。此即思诚之人道所以合天人、物我者也。

人之思诚之功夫，既在竭心之思功，以知理行理而尽善，故船山之言心上之工夫，不如阳明之主即心即理，即心观理。亦不似朱子之言即物穷理。即心观理，则未必能分别无理之心与有理之心；即物穷理，则或滥物理于人心之理。船山乃主竭此心之思功，以知此人心之理，而行此理。斯乃所以立人道之正。

　　心竭其思功，即可以知人心之理者，以心能辨是非，知合理与不合理之别也。心之能知不合理之非，乃以理为根据；亦唯以有理为根据，乃能知不合理之非。故人虽有不合理之心，然不合理之心之所以有，正由有性之理为根据，而反照出的。故人但能竭其思功，则由心之不合理之所在，即可以再反照出理之所在。能知此理之所在，使知无不至，即可以行之，而行无不尽。亦即可以存诚而发诚。船山重理似程朱，而其由思以显人心之理，兼于非理中反照出理，实大同于阳明由良知之是是非非，以见良知之至善。唯阳明有即本体即工夫之论，而在船山则理为所知，心为能知；显理之工夫在竭心之思，竭思以识理，乃心之工夫，非理能自显。此则非阳明即心即理、即本体即工夫之论矣。《读四书大全说》引沈氏之说曰：

　　　　天理动静之机，……静则有是而无非，……动则是非现。则动机之几，即是非之鉴也。惟其有是无非，故非者可现。若原有非，则是非无所折衷矣。非不对是，非者非是也。如人本无病，故知其或病或愈。若人本当有病，则云疾时，亦其恒矣，不名为病矣。

　　然徒知理之是非，不足以尽善，必行而后尽善。阳明言即知即行，知行合一。船山则虽承认知中有行，行中有知（《读四书大全说》卷一《传第六章》），然复言知行可得而分功。知行有先后之序，而先后更互相成。知为知，行为能；知属乾，而能属坤；行可统知，而知不可统行。故曰：

凡知者或未能行，而行者则无不知。知有不统行，而行必统知也。致知而不行，则知者非真知，力行而后知之真也。（《四书训义》十三）

"行焉可以得知之效，而知焉未可得行之效。"（《尚书引义》卷三《说命》）则行重于知。此船山之所以矫阳明后学偏言知、以知摄行之弊也。

人能知理而行之，使知无不至，行无不尽，则思诚而诚之功尽，而人道之善立。天之生人而使有心思，由诚而明也；人之承天而竭其心思，以知理而行之，则由明而诚。由明而诚，存人之诚，即存天之诚，而天人合一。至诚而如天之谓圣。圣同天，而明皆由诚发，则又如天之自诚而明矣。人能如天之自诚而明，则其知不待致，行不待力，而即知即行。此则自修养之果上说，船山又同于阳明矣。故《读四书大全说》卷四第八页曰：

> 乃圣人既立之后，其知也，非待于致也；豁然贯通之余，全体明而大用行也；其行也，非待于力也；其所立者，条理不爽，而循由之，则因乎事物之至也。故既立之后，诚则明矣。明诚合一，则知焉者即行，行焉者咸知矣。岂可以并进言哉。

圣人由明而诚，以合天而成圣，成圣则由诚而明。由诚而明，明及于天下，明中即有此诚；而将教天下之由明而诚，化天下之人，使成贤成圣。故圣人之由明而诚，率性以成己之事。圣人之由诚而明，则修道以成物之教也。

《读四书大全说》卷三第十四页曰：

> 天不容已于诚，而无心于明。诚者，天之道也；明者，

人之天也（由明至诚）。圣人有功于明（自诚而明，其明皆诚也），而不能必天下之诚。明者，圣人立教之本也；诚者，教中所有之德也。（圣人之教中，即有此诚之德；而教人明，亦不外明此诚之德也。）贤人志于诚，而豫其事于明。则不明乎善，不诚乎身。学问思辨（明之事），所以因圣而为功者也。此在天在人，圣修教，贤由教之差等，固然有其别。而在天为诚者，在人则必有其明。明授于性，而非性之有诚而无明（心能思，则有明矣）。故圣人有其诚，而必有明。圣之所以尽性而合天者，固其自然之发见。圣之所明者，贤者得之而可以诚。明开于圣教，而非教之但可以明而无当于诚。故贤人明圣人之所明，而亦诚圣人之所诚。……故曰不明乎善，不诚乎身。明虽在天所未有，而圣必有（原注：自明诚，明字属圣人说），在贤必用。（明则诚矣，明字属贤人说）《中庸》所以要功于诚，而必以明为之阶牖也。

《读四书大全说》卷三第十三页曰：

圣人之德，自诚而明；而所以尔者，天命之性，自诚明也。贤人之学，自明而诚；而其能然者，惟圣人之教，自明诚也。

三　四德与三德

修养之工夫在思诚。思诚者致其知，尽其行，使知行为真实无妄之知行；由人之明诚，以合天道之诚也。此以人之明诚之工夫为善也。然明诚之工夫，所以被视为善者，以明之所明，诚之所诚者为善也，非能明能诚之作用本身之为善也。然则善者何？

善必有所善而善。天道之善，在其生人生物而善于物、善于人，此即气之元亨利贞之善。天之所诚，即诚此元亨利贞之善也。人道之善，则在于凝天之元亨利贞之善，以成人性中之仁义礼智之善。故人道之善不在天，亦不在人，而在天人之际。故《续春秋左氏传博议》卷下第十一页曰：

> 一阴一阳之谓道，道不可以善名也。成之者性也，善不可以性域也。善者，天人之际者也。故曰继之者善也。善有体、有用焉。继之者善，体营而用生也；成之者性，用凝而成体也。善之体有四，仁义礼智也，继天之元亨利贞，而以开人之用者也。善之用有三，曰智仁勇，变合乎四德之几，而以生人之动者也。

船山以四德配于元亨利贞，为人之四种善，与朱子同。然朱子于人道言诚，亦列之为善之一目，与船山异。而船山之以智仁勇为善之用，则昔贤所未有。盖其所谓智仁勇，乃指《中庸》之三达德，与四德中之仁义礼智相对。达德者，由内达外之德，正是善之用也。《中庸》言，好学近乎智，力行近乎仁，知耻近乎勇。好学力行知耻，皆自心之活动言，皆心之用。故船山即以此三达德为善之用。并曰用智不如用好学，用仁不如用力行，用勇不如用知耻。能用好学，则能达于智，而用智；能用力行，则能达于仁，而用仁；能用知耻，则能达于勇，而用勇。盖好学乃知之始，智乃知之明；力行乃仁之始，仁乃行之纯；知耻乃耻其不知不行。勇之始，由耻不知不行始，而至于无不知、无不行，即勇之极。智配知，而仁配行。故船山取《中庸》"好学近乎智，力行近乎仁"而释之曰："以阴阳之分言之，仁者行之纯，阴之顺也；智者知之明，阳之健也。以阴阳之合言之，则仁者阴阳静存之几，智者阴阳动发之几。"此善之用之仁智之体，即四德中之仁智之用，所以显四德中之仁智者也。而四德中之义，则成于三德中之智，而礼成于三德中之仁。盖三德之智，为知之明，明则能辨义；仁为行之纯，行纯则能循礼；至于勇者则所以兼成义礼。勇始于知耻，知耻始于对不义无礼而耻焉，而终于对不仁不智而耻焉。耻不义无礼，则能宁死不弃义，造次不违礼，此即勇之所以兼成义礼也。故《续春秋左氏传博议》卷上曰：

> 义成乎智，礼成乎仁，学者之所知也。当死而无弃义，造次而无忘礼，勇之兼成乎义礼者，固宾宾然夷犹委顺，以修儒度者之所不知也。

三德之中，知耻尚勇之重要，为船山所特发挥。盖知耻而耻不义无礼、耻不仁不智。耻不义无礼、耻不仁不智，而耻知之不明、行之不力。知行者，所以知善而行善，而勇则由耻不善、耻不知善或耻不行善始。徒善不足以成善，必去不善、不"不善"，而后成善。徒知行不足以尽知行，必不"不知不行"，而后可以尽知行。能知耻而勇，则能不"不善"，不"不知不行"，而能成其不"不善"，而有不与"不善"相对之绝对善；其知斯无不明，行乃无不尽，而后可以言尽"诚之"之道也。此船山论学之重在勇，而论勇之所以重先知耻之义也。故《读四书大全说》卷三第三页曰：

> 显然天理之实，有此仁义礼，而为人所自立之道。……是皆固然之道，而非若智仁（原注：与前一仁字不同）勇，人得受于有生之后，乘乎志气（原注：仁依志，勇依气，知兼依志气），以为德于人，而人用之以行道者比矣。…仁也，义也，礼也，此立人之道，人之所当修者。……仁也、知也、勇也，此成乎人之道，而人得斯道以为德者。……

道者，天与人所同也。天所与立，而人必由之者也。德者，己所有也；天授之人，而人用以行也。……故达德，亦人道也。以德行道，而所以行之者，必一焉。……故此一章，惟诚为枢纽。

四　持志与正心诚意

明善，始乎好学；成善，始乎力行；求无不善，始乎知耻。思诚诚之以无妄之工夫，始于好学力行知耻，而终则归于知仁勇，以尽仁义礼智之道。始必终于终，终则始于始。始而即定向于成终之心，则所谓志于道之志也；而志所帅者，气也。《读四书大全说》卷八第二十页曰："志于道而以道正其志，则志有所持也。盖志，初终一揆者也，处乎静以待物。道有一成之则，而统乎大，故志可与相守。"可知船山意乃谓心定向于道而有志。心之官则思，而志即规定心之思，使常定向乎道者。故志非特一时之有定向之思。一时之有定向之思，旋生而旋逝。而志之为规定心思，使有定向者，则不仅规定当下一时之心思，且规定今后之心思。故船山言志，不如一般之以心有所之、心之有所向而动，言之；而以志为心所常存，而主乎视听言动者。故曰："是心虽统性，而其自为体也，则性之所生，与百官百骸并生，而为之君主；常在人胸臆之间，而有为者，则据之以为志。……志则有所感而发，其志固在；无感而不发，其志未尝不在；而隐然有一欲为、可为之体，于不睹不闻之中。……心者身所主。主乎视听言动者，惟志而已矣。"此船山以志为心之所存而能主者之言。志既为心所存而能主者，则志为内在，且能主宰、规定今后之心思，使定向于道者。故依船山之言，心之有所向而动，只是一时之意，而非能为心之存主之志也。

船山唯以规定主宰心思以定向乎道，乃为志。言定向乎道而后有志，即必有所向之道在前，而后有志。则徒保其心之虚灵，以致良知为事者，自船山观之，皆未能识志。朱子以理为心所实现。所欲实现之理在前，而心向之，似可言有志。故朱子以立趋向为志。然徒有一理为心思之所向，尚不能必其能主宰规定以后之心思。故朱子之言志为立心之趋向，仍不免宽泛。原船山之所以能言志为心之所存，而常为主宰，以规定今后之心思者，尝试测之，其关键盖在于其能发挥"知耻近乎勇"之义。盖徒有理为心之所向，可使当下之知行一于理，尚不能必今后之知行，亦一于理。然人能知耻，而耻不知不行以近乎勇，则此知耻之念，即为一超化此不知不行之念者。超化此不知不行之念，即足以引生求知求行之次念。故耻不知不行之念，虽在当下，而其效则见于相续之一念，而足以规定今后之念，使亦一于理者。此即今后之心思，可为我当下之心思规定主宰定向之故。由是而志虽由当下之心思所立，而其效可见于今后之心思方向之规定主宰矣。

船山言心重志，故言工夫，特重持志。志为心思之定向乎道，使吾人之知行得成始成终者。持志即志之自己肯定，使心思常定向乎道，使知无不至，行无不尽，更由好学，力行，知耻，而有知仁勇，以思诚而诚之，以合乎天道之诚者。此船山之言正心诚意之实功，又恒扣紧持志之义为言也。

原《大学》正心诚意之问题，为宋明理学家言修养问题聚讼之一焦点。朱子《集注》，以知为善去恶，而实用其力，为诚意。则诚意本于其所谓致知或即物穷理。其《大学集注》言正心，则以"察欲动情胜之失其正者，而敬以直之"之语为工夫。朱子以格物致知为知之事，诚意正心为行之事，而分知行为二。阳明则以致良知便是诚意，意诚则心正。故致良知之工夫，即诚意正心之工夫。王门之王龙溪，重正心，而心即至虚至静之灵明。刘蕺山特标出诚意，而以为心之所存，谓诚意所以致良知。其诚意慎独之功，即以静存此意为主。而船山于知行之问题，则既承认知行先后之序，又复言知中有行，行中有知。故于《大学》中格物致知诚意正心之序，虽承认之，而不如朱子之严格。唯船山以行统知，而知不统行，故重诚意正心，而不似朱子之重致知格物穷理，亦不似阳明之重良知。其重诚意，固近蕺山。然彼又不以意为心之所存，仍取意为心之所发之说，以与为心之所存主之志相对。其所谓志，为内在而恒存者，颇同于蕺山之"意"。然蕺山之意，为先天之意、含本体意义之意。而船山之志，则又为后天之工夫所立所持。而后天工夫之能立此志、持此志，则本于人之有先天本体上之性，以显为心所知之理。心向此理，而必求知之至、行之尽，则志立。志立而可持，持之则志常存矣。人常能持志，则其以后之知行，一循于理，无非理以干之，则心正矣。故船山以持志为正心之工夫。至其言诚意工夫，则所以对心所发之意之不善者，使之一于善。诚意工夫之本于致知格物者，在诚意必先感物，而知应物之当然之理。由知当然之理，则可本之以衡意之善否。船山所谓将"所知之理，遇着意发时，撞将去，教他吃个满怀"（《读四书大全说》卷一第九页），以理衡意，使意皆合乎理，而无不善，则意诚。意诚而无不善，则心正矣。由此而可释《大学》由致知以诚意正心之序。然意之能诚，固本于性之善，心有性而有此善，故有实存其善，去其不善之意。然欲使所存之意皆善，且有力以去不善之意，则在吾人之能持其志。故诚意又可言本于正心。诚意与正心之不同，在正心唯是持其善志，而诚意则是本其所存者之善，以实其所发之意，使之无不善。正心与诚意，以工夫言，二者固交相为用，而互为根据。持其志则其枢纽，而贯乎正心诚意者也。故船山于《读四书大全说》卷一第十二页释《大学》"诚意毋自欺"之"自"字曰：

> 所谓自者，心也。欲修其身者所正之心也。盖心之正者，志之持也。是以知其恒存乎中，善而非恶也。心之所

存，善而非恶；意之已动，或有恶焉，以凌夺其素正之心，则自欺矣（意欺心）。唯诚其意者，充此心之善，以灌注乎所动之意而皆实，则吾所存之心，周流满惬，而无有馁也。

又本卷十四页引程子"未到不动处，须是执持其志。不动者，心正也；执持其志者，正其心也"而加以解释。其中极反对使心湛然虚明，心如太虚为正心之说，故谓："志正为心正。志之所向一于理，则乐多良友，未得其人，而展转愿见；忧宗国之沦亡，覆败无形，而耽耽不寐；亦何妨于正哉。"则湛然虚明之心，非心正之心明矣。又此卷第十五页曰：

今有物于此，其位有定向，其体可执持，或置之不正，而后从而正之。若宵宵空空之太虚，手捯不动，气吹不移，则从何而施其正？且东西南北，无非太虚之位，又何所正邪？……以此言正心，则天地悬隔。……故程子直以孟子之持志而不动心为正心，显其实功，用昭千古不传之绝学，其功伟矣。……正其心于仁义，而持之恒在，岂但如一镜之明哉。

第十六页曰：

《大学》工夫次第，固云欲正其心者先诚其意。然煞认此作先后，则又不得。……心之与意，动之与静，相为体用，无分于主辅。……欲正其心者，必诚其意。而心苟不正，则其害亦必达于意，而无所施其诚。

此即船山之正心诚意，互为根据之说。正心即存养，即静中之工夫；诚意即省察，即动中之工夫。(《读四书大全说》卷三，三十四页）正心诚意，互为基础，即存养省察，互为基础。《礼记章句》卷三十一第七页："惟存养而后可以省察，惟致中而后可以致和。用者，用其体也。惟省察而后存养不失，惟致和而后中无不致。体者，用之体也。"然自另一面言之，依船山说，存养当先于省察。故曰："正心为主，而诚意为正心加慎之事。则必欲正其心，而后以诚意为务。若心之未正，更不足与言诚意。此存养之功，所以居省察之先。《大学》所谓毋自欺者，必有不可欺之心。此云毋恶于志，必有其恶疚之志。故正心次修身，而诚意之学为正心者设。"（同上）

然船山下文，又言能诚意能正心省察，而后所存养乃纯一。此仍所以发挥二者之互为基础之意。唯于学者言，则必"存养以先立其本，而省察因之以受"。故《大学》欲正其心者，先必诚其意。而欲正其心之心，乃持志之心也。故在其释《孟子》养气之章，则全以持志、正心为本。而通观船山之学，亦无往不见其特重持志正心之义也。

五　养气

由船山之重持志，故复重养气。盖心与气不相离，理与气不相离。心之能知理行理，原本于气。无气则不能知理，而循理以行。故气不可不养。养气，斯更能知理行理，而更能持其志矣。故船山之发挥孟子所谓养气之义，皆将养气与持志并言，而不外由持志以言养气。盖能持志即能养气也。

孟子以养气之道在集义，而配义与道。道者当然之理，义者知此当然之理而为之，即知理而行之，以合当然之理也。故养气必先"志于道"。道正其志，志有所持，而后能集义知理而行之也。原集义知理而行之之功，所以能养气者，亦正根据于理不离气。

盖理不离气，则气自循理而动。理显于心，而气亦生于心，而养得此气。能集义，则本于持志之功。故持志与养气，实互为根据。能持志而后能常集义，能常集义而气得以养。气得养，而更能知理行理而集义，以持其志。所谓"作吾气以为一，而无畏沮，则愈作而愈见其可成，愈守而愈见其不易。因以警动其志，而使之益决"。(《四书训义》卷二十七) 所谓"志专，于有所为而壹，由此生必为之气也"。故船山于《读四书大全说》卷八第十二页曰："义惟在吾心之内，气亦在吾心之内。故义与气，互相为配。气配义，义即生气。"又十七页曰："吾心之虚灵不昧，以有所发，而善于所往者，志也。固性之所自含也。乃吾身之流动充满，以应物而贞胜者，气也。亦何莫非天地之正气，而为吾性之变焉合焉者乎？性善则不昧而宰事者善矣。其流动充满，以与物相接者，亦何不善也？虚灵之宰，具夫众理；而理者，原以理夫我者也。（理治乎气，为气之条理。）则理以治气，而固托乎气，以有其理。是故舍气以言理，而不得理，则君子之有志，固以取向于理。而志之所往，欲成其始终条理之大用，则舍气言志，志亦无所得而无所成矣。……气从义生，而与义为流行。"

　　船山之言持志集义，乃所以节情，使情皆合理而足以显性，而言养气则所以辅性。故曰："不贱气以孤性，而使性托于虚；不宠情以配性，而使性失其节。"(《读四书大全说》卷十第十页) 惟持志与养气之互为基础，故存圣人之志，直养其气而无害，则成至大至刚之浩然之气。盖知天下有此理，则吾有知此理之气；顺知之之气，则有行之之气。故凡天下之理，吾之气，皆足以举之。能集义者，则有配义与道之浩然之气。有浩然之气，而气无馁。气无馁，乃能成其志；由成己之道德，显为成物之事功；足以治万有而无歉，贞生死而不惊。然后可以言合内外之至诚无息之道也。故《四书训义》卷二十七第十九页又曰：

天下之理，至不一矣。其力不大，何以举之？乃尽古今来所有之道德事功，皆气举之也。天下有此理，则吾有此气。吾此气足以及之，天下乃有此理。而其大也，孰得而限之？天下之变，至难测矣。其情不刚，何以御之？乃古今来所莫必之险阻忧危，皆气御之也。天下之有变，自人生所必不可无。唯吾之有气，所以伸于天下，而因成乎变。而其刚也，孰能挠之？唯其未能养也，则事之理至吾前，而吾无以胜之，而不知吾气之可以治万有而无歉。一物之变，投于吾前，吾无以处之，而不知吾气之可贞生死而不惊。于是而薾然退缩于一身，而天地之间，觉其寥廓之莫穷也。若因其固有，而不以委曲之情乱之，直也，无害也；则凡天地之间，天地之有变迁，天地所生民物有忧患，此浩然之气，经之，纬之，镇静以守之，旋转以治之，无不可治也，无不可使有得理之常也，塞之矣。盖于此而其盛大流行之本体毕见，而惟吾心之用矣。

船山言养气唯在集义，不在静坐，存夜气。亦不在调伏其气。养气必期于配义与道，使之盛大流行，而至大至刚。故只有以集义长养之功夫，而无所谓存夜气、驯伏调御之功夫。《读四书大全说》卷十页十三曰："其以存此心，帅其气以清明者，即此应事接物，穷理致知，孜孜不倦之际，无往不受天之命，以体健顺之理。若逮其夜，则犹为息机。气象不及夫昼也多矣。昊天曰明，及尔出王；昊天曰旦，及尔游衍。出王游衍之际，气无不充，性无不生，命无不受，无不明焉，无不旦焉，而岂待日入景晦，目闭其明，耳塞其聪，气返于幽，神返于漠之候哉。夜气者，气之无力者也。"又《读四书大全说》卷八第二十二页曰：

说必有事勿忘处易，说勿正勿助长处，不知养浩然之

气当如何用功，则入鬼窠臼去。黄四如说如炼丹有文武火，
惟慢火常在炉中，可使二三十年伏火，真鬼语也。孟子说
养气，元不曾说调息遣魔，又不曾说降伏者（这）气，教
他纯纯善善，不与人争闹露圭角；乃以当大任，而无恐惧
者，其功只在集义。集义之事，亹亹日新，见善如不及，见
不善如探汤，何怕猛火炽然？塞乎天地，须穷时索与他穷，
须困时索与他困。乃至须死时亦索与他死。方得培壅此羞恶
之心，与气配，而成其浩然。此火之有武而无文者也。行
一不义，杀一不辜，而得天下不为；非其义也，非其道也，
则一介不取，一介不与。恰紧通梢，箪食壶羹，与万钟之
粟，无不从羞恶之心上打过。乃以长养此气，而成其浩然，
则又火之有武而无文者也。……气之至大至刚者，人所共
有而与性俱生者也。……而所守之义……义力未厚，气焰
徒浮；……抑或见义思为，而无久大之志，立一近小之规，
以为吾之所能乎义如此。……夫欲去二者之病，则亦唯一倍
精严，规恢广大，于其羞恶之本心，扩而充之，如火始燃，
愈昌愈炽，更无回互，更无贬损；方得无任不胜，无难可
畏，而以成其气之盛大流行之用。若畏火之太猛，从而缓
之，又从而伏之，一日暴而十日寒，亦终身于首鼠之域而
已矣。斯唯异端之欲抑其气为婴儿者则然。……圣贤之学，
无论经大经、立大本，云行雨施，直内方外者，壁立万仞；
即其祈天永命，以保其生者，亦所其无逸，而忧勤惕厉，
以绝伐性戕生之害，又奚火之必伏，而文武兼用者乎。

六　忠恕

上所述，皆内心之修养工夫，至于克就应事接物时之修养工
夫上言，则船山特善发忠恕之义。其《读四书大全说》卷四第二

十八页称朱子所谓"尽己之谓忠，推己及人之谓恕。忠为体，恕为用"之说曰：

> 忠亦在应事接物上见。无所应接之时，不特忠之用不著，忠之体亦隐。然则言忠是礼，恕是用，初不可截然分作两段，以居于己者为体，被于物者为用矣。尽与推，都是由己及物之事。……故知合尽己言之，则所谓己者，性也，理也。合推己言之，则所谓己者，情也，欲也。……未至圣人之域，则不能从心所欲，而皆天理。于是乎絜之于理而性尽焉，抑将絜之于情而欲推焉。两者交勘，得其合一，而推无所滞者，亦尽无所歉，斯以行乎万事万物，而无不可贯也。若圣人，则欲即理也，情一性也。所以不须求之忠，而又求之恕，以于分而得其合。但所自尽其己，而在己之情，天下之欲，无不通志而成务……不须复如大贤以降，其所尽之己，须壁立一面，撇开人欲，以为天理；于其所推，则以欲观欲，而后志可通矣。才尽夫己，恕道亦存。……所以于圣人物我咸宜处，单说是忠不得，而必曰诚，曰仁，曰尽性。诚者，诚于理，亦诚于欲也。（下段言圣人不可以忠恕言，然复谓于圣人亦可见忠恕。）

此乃言忠为尽己之道，以尽其性、尽其理，由理尽以合人之欲，使己之欲当于理者。恕则为推己之道，以推其情、推其欲，使欲推而合天之理，理行于人之欲者。由忠，而性行于情；由恕，而理行于欲。忠尽己，性行于情以成务；恕推己，而理行于欲以通志。交勘合一，而成己成物之道具。至于圣人，则心之理，心之欲，物之理，物之欲，皆合一，而忠恕亦一贯矣。故《四书训义》卷八第十四页曰：

天下无心外之理，而特夫人有理外之心。以心循理，心尽，而理亦尽（忠）；以理御心，理可推而心必推（恕）。……夫吾之一心，贞事之理者在也，合万物之欲者在也。贞万物之理，则理尽，而万物之欲自得（忠）；合万物之欲，则所欲者公，而万事之理自正。

七　论无欲、主静、身物、功利、富贵

船山之言持志养气、忠恕之道，皆积极之修养工夫。持志养气，必极于气之盛大流行，至大至刚；而行忠恕之道，以一理欲。故船山不以虚灵明觉为教，不以主静为教，亦不以无情无欲为教。盖情虽可为不善，然无情亦不能显性。故《读四书大全说》曰："不善虽情之罪，而为善非情不为功。盖道心惟微，须借此流行充畅也。……但将可以为善，奖之；而不须以可为不善，责之。……"功罪一归之情，则见性后亦须在情上用功。而人能持志养气，自能克不当于理之欲。若徒事于克情欲，则情欲净尽，而理未必流行，性未必显。而己无情欲，亦不能体人之情欲，自尽其忠，通物以恕，以自尽其性，而行其理。过事惩窒，适足以摧其正情，绝其正感也。故《周易外传》损卦曰：

君子之用损也，用之于惩忿，而忿非暴发，不可得而惩也；用之于窒欲，欲非已滥，不可得而窒也。

且自船山观之，凡所谓纵欲，其病皆在驰而不返。驰而不返者，纵于此而遇于彼；则纵之病，正原于遇。遇而后有纵，则不善之原在遇，而不在纵。诚能无往而不纵，使人我之情欲，皆充畅以至其极，则情欲皆合乎理，无不善之可言矣。故《诗广传》卷四《大雅》曰：

不肖者之纵其血气以用物，非能纵也；过之而已矣。纵其目于一色，而天下之群色隐，况其未有色者乎？纵其耳于一声，而天下之群声闷，况其未有声者乎？纵其心于一求，而天下之群求塞，况其不可以求者乎？……故天下莫大于人之躬，任大而不惕，举小而不遗，前知而不疑，疾合于天而不惭，无过之者，无不达矣。……一朝之忿，一意之往，驰而不返，莫知其乡，皆唯其过之也。

船山不以无情欲为教，亦不以主静为教。故反对"喜怒哀乐之未发之中为寂体，为不偏不倚于喜怒哀乐之境界"之说。船山谓中庸所谓中，乃在中之义，非不偏不倚于喜怒哀乐之谓中。此乃指喜怒哀乐未发之心中，有为善之性，全具于中，有必喜必怒必哀必乐之当然之理，全具于中，而谓之为中。故《读四书大全说》卷二第一页曰："天下之理，统于一中。合仁义礼智，而一中也；析仁义礼智，而一中也。……皆指在中之性体。"又卷二，十二页曰："善者，中之实体；性者，未发之藏也。"船山以中为指在中之善性，乃本于延平，而颇同于朱子。然朱子以由性体之发为时中之中，只是用。船山则以此时中之中，非但为用，而体即在此用中。又船山释延平所谓观喜怒哀乐未发气象之言，则以为"此乃专心致志，以求吾性之善，其专静有如此；非以危坐终日，一念不起，为可以存吾中也。盖云未发者，喜怒哀乐之未及乎发，而有言行声容可征耳。且方其为喜，则为怒哀乐之未发；方其怒或哀或乐，则为喜之未发。然则至动之际，固饶有静存者焉。……在中则谓之善，见于外则谓之节"。(《读四书大全说》卷二第十二页) 故由船山之说，则喜怒哀乐未发时之工夫，非一念不发之主静工夫；而是"专心致志，以存此在中之吾性之善，于言行声容之可征"者，则无必静之候明矣。船山释静存之义，乃言在中者之静存于中，而非存之之心之静。则船山不以主静为教，可知矣。故《读四书大全说》卷七第八页曰：

> 君子终日，于此九者，赅动静，统存发，而更不得有无事之时矣。知此，则南轩所云"养之于未发之前者"，亦属支离。唯喜怒哀乐，为有未发；视听色貌，无未发也。盖视听色貌者，即体之用；喜怒哀乐者，离体之用。离体之用者，体生用生，则有生有不生；而其生也，因乎物感；故有发、有未发。即体之用者，即以体为用，不因物感而生，不待发而亦无未发矣。……故此云思明、思聪、思温、思恭者，兼乎动静……就本文中，原有未发存养之功，何更头上安头，而别求未发哉。

由船山重养气，而身体由气成，故不轻视此身。心诚能持志，则耳目五官之小体，皆心之神明所寄。故船山反对孤持一心而贱身之说。故《尚书引义》卷六《毕命》：

> 一人之身，居要者，心也。而心之神明，散寄于五脏，待感于感官。……一脏失理，而心之灵已损矣；……一官失用，而心之灵已废矣。其能孤扼一心，以绌群明，而可效其灵乎。

船山不贱身而亦不贱物。《尚书引义》卷一《尧典》曰："物之不可绝也，以己有物；物之不容绝也，以物有己。己有物而绝物，则内戕于己；物有己而绝己，则外贼乎物。物我交受其戕贼，而害乃极于天下。况夫欲绝物者，固不能充其绝也。一眠一动，而皆与物俱；一动一言，而必依物起。""风霆雨露，亦物也；地之山陵原隰，亦物也；……物之风潜动植，亦物也；民之厚生利用，亦物也；则其为得失善恶，皆物也。凡民之父子兄弟，亦物

也；往圣之嘉言懿行，亦物也；则其仁义礼乐，皆物也。……而
又可屏绝，而一无所容乎。……心无非物也，物无非心也，……
备万物于一己而已矣。"

又宋明理学家末流，多喜山林而恶朝市，贵德而贱才，重道
义而讳言功利，或至鄙视富贵。船山皆不谓然。船山以行道而有
得于心为德，道无所不在，则德无所不凝。凝于才而才善，凝于
功利而功利善，凝于富贵而富贵亦善。故无可贱之才，无功利可
讳，而富贵亦非不可欲也。

船山贵才之论，尝谓有德者必尽才乃有德，德优才必优。此
乃原于船山贵理亦贵气之说。才出于气，贵气则贵才。有德则才
自不掩德，而无才反见德之不优。此即反对阳明以金之纯，喻圣
人之德，而以金之重量喻圣人之才，将才德二者作分别说之论也。
故《读四书大全说》卷五第三十页曰：

> 德到优时，横天际地，左宜右有，更何短（指短于才）
> 之有哉。……优者，绰有余裕之谓。短于才，正是德之不
> 优处。诚优于德矣，则凡为道义之所出，事理之待治，何
> 一不有自然之条理。德者得其理，才者善其用。……必理
> 之得，而后用以善；亦必善之用，而后理无不得也。故短
> 于才者，不可谓无德，而德要不优。

有才则能有功。故有大才大功者，虽未必合于道而有德，然有
大道大德而无才，不能有功，必其道有不全。故《读四书大全说》
卷六第三十页曰："德为体，功为用。无无用之体，亦无无体之用。
德者得于心者。得于心者有本，则其举天下也无不任。"又《读四书
大全说》卷八曰："道之大者，功必至；而道之未全者，功不能大。
道之大者，功必至，不必为赫赫之功。时不遇，则圣人道虽大，而
无赫赫之功。"谓时不遇，而其功不显；非无功，而不能有功之谓也。

　　船山言立功业则不讳言利。利当其则，只是义，何利之可讳？故《尚书引义》曰："食色者，礼之所丽也；利者，民之所依也。辨之于毫厘，而使其则者，德之凝也，治之实也。"

　　欲立功业而使利当其则，则君子当居尊位，而贵且富，有财以利民。故船山赞"圣人之大宝曰位，崇高莫大于富贵"之言，而以《论语》"富与贵人之所欲"，证富贵之未尝不可欲。圣人而欲富贵，正所以行仁义。并就孟子之不直反对齐宣王之大欲，以言欲王天下之非不当。

　　由上所论，故知由船山思想观之，天下实无不善之物。贫贱死亡，常人所谓不善，君子固皆不以动其心。当贫贱则贫贱，当死则死，受之以正，皆所以尽道。此固儒者相传共许之义。而不违道以取富贵、不徇功利而悖道义、不以才掩德、不以小体役大体、不违理以徇欲、不任气而失理、"要以天性充形色，必不可于形色求作用"（《读四书大全说》卷十第四十四页），亦自昔儒者之矩范，船山亦未尝违。然自昔儒者为矫世俗之溺于富贵，驰于功利，贵才贱德，徇耳目之欲，而蹈于非理，乃不免于贱气而理孤，窒欲而失人情，轻身而忘其聪明之用，有德不能用其德；或讳言功利，自洁其身，以居位理财为耻，不能经国济民；竟至鄙倪富贵，而遁迹山林；遂至以富贵者皆无德，而论世也苛。此则船山之言，可以矫之。然凡船山此诸义，自尔平常。盖自昔儒者之所偏，原所以矫世俗。茫茫宇宙，贵气者多，贵理者少；贵才者多，尚德者少；纵欲者多，寡欲者少；而溺于功利富贵者，比比皆是。则志义高以骄富贵，道义重以轻王公，终堪嘉尚。且自昔儒者，在理论上亦从无以遁迹山林，为绝对之是，而以经国济民为非者。匪特宋儒不如是，明儒亦未始如是。宋儒固尊理，而亦未尝贱依理而生之气，尊德而亦未尝贱有德者之才。其尊心性，言无欲，此所谓欲，皆指不当理之欲而言。宋儒未尝以身为罪恶之渊薮。则谓船山此类之言，足以全反自昔儒者之说者，妄也。唯畸重畸轻，微有不同。船山以理气皆尊，德才并重，心身俱贵，理欲同行之言，特适于说明功业之不可废，居位理财、经国济民之重要，则固船山学说之一特色，而不可不一论者也。

八　至善

上言船山之重持志养气之积极修养工夫，而不重消极之致心之虚灵、主静、无欲之修养工夫。在船山所谓积极之修养工夫中，无可贱之物，物为德之所凝，即无物不善。物有不善，在德之未凝于其中。未凝而可凝，则无不善之物。人只当尽此心全体大用，以增益其德，使物皆为德所凝。故自船山论之，一切罪恶，皆原于物有所不足与缺乏，而非原于有所多余。纵欲逐物者之恶，亦非其欲有多余，而正以其有所不足，不能如仁者之大欲，以兼备万物也。由船山言之，一切恶，皆只是不善。不善只是未有善；未有善，只是于善亏欠。即由此亏欠处，立不善之名。而所谓至善者无他，充满其善之量，使无亏欠，而皆实而已。充满其善之量，是谓极于善，极于善乃至善。世间无过于善之不善，而惟有不及于善之不善。故船山于《周易外传》卷五第三页曰："天下无有余也，不足而已矣；无过也，不及而已矣。撰之全，斯体之纯；体之纯，斯用之可杂。"又释《中庸》过不及之说曰："过皆是不及。过于此之所以能过于此，正以其不及于彼耳。无不及，则无所谓过矣。"其于中庸二字，船山亦以极之意释之。盖中原是在中之善（见前），故船山谓："中者，恰恰好好当于理（《读四书大全说》卷七），极于理而无欠缺。"庸者，中之用；理如何，便如何行也。故中庸亦即极于善而无欠缺之名。无欠缺则无所不足，无所不足则无过。常所谓过者，皆不足之别名。因不足于此，乃过于彼耳。船山并引《论语》过犹不及之言为证。（《读四书大全说》卷七第六页）夫然，故中行乃进取而极至之别名，而狂狷则只是有不及。故船山又以至善中庸为皇极。皇极者，人道之至善之极，所以合天之太极者也。天之皇极，在无有一极，无所不极。而人之皇极，则在其善无不极，而后无有一极。无有一极，则无偏至，而为中庸矣。故《读四书大全说》卷一，十二页释至善曰："止于至善。……必到至善地位，方是归宿。既到至善地位，不可退转也。……此中原无大过，只有不及。……既云至善，则终无有过之者也。……格物致知，正心诚意，以明明德，安得有所过？《补传》云，即凡天下之物，莫不因其已知之理，而益穷之，以求至其极。何等繁重？诚意传云，如恶恶臭，如好好色，何等峻切？而有能过是以为功者乎。新民者，以孝弟慈济家，而成教于国，须令国人，而皆喻从。又如仁人之于妨贤病国之人，乃至迸诸四夷，不与同中国。举贤惟恐不先，退不善惟恐不远；则亦鳃鳃然，惟不及之为忧。安得遽防太过，而早觅休止乎。……奈何训止为歇，而弃至善之至，于不闻邪。"《四书训义》卷十五第十一页：

  道无可过也，不及而已矣。以体天德，则极于至密；以达王道，则极于至备。……使道而可过，则是道外有可为可至之理，而道不至也。……学者无一私之不去，无一理之不存，以尽民物之性，以赞天地之化。乾乾夕惕，自强不息，乃以止于至善，而反身之诚，万物皆备，……其能过此乎。

《读四书大全说》卷十第三十八页又曰：

  所谓万物皆备者，……唯君子知性以尽性……而唯我能备物。……亦自其相接之不可预拟者大言之，而实非尽物之词也。物为君子之所当知者，而后知之必明。待君子之所处者，而后处之必当。……吾所必知而必处，若其性而达其情，则所接之物无不备矣。无人欲以为之阂，有天理以为之则，则险可易而阻可简，易简而天下之理得矣。

船山言万物皆备，以我备物，于其相接者，以天理通之，其义至精。《读四书大全说》卷十第三十七页又辨万物皆备之歧说曰：

> 如异端之天地与我同生，万物与我共命。狗子有佛性，一物之中有万物之理，一一飞潜动植之理，皆在于我，而为我所当备也。若然，则犬中岂无有尧舜之理？若皆备，则人不成人矣。

又《读四书大全说》卷六第二四页曰：

> 中行者，进取而极至之，有所不为，而可以有为耳。如此看来，狂狷只是不及，何所以得过？圣道为皇极，为至善，为巍巍而则天，何从得过？才妄想过之，便是异端。……释老之教，也只是不及，而不能过。尽他嗒然若丧，栩然逍遥，面壁九年，无心可安，都是向懒处躲闪，丢下一大段，不去料理。……狂狷做得恰好，恰好于天地至诚之道，一实不欺，便是中行。此一中字，如俗言中用之中。道当如是行，便极力与他如是行，斯曰中行。下学而上达而以合天德也。狂者亏欠著下学，狷者亏欠著上达。乃亏欠下学者，其上达必有所壅；亏欠上达者，其下学亦尽粗疏。故曰狂狷皆不及，而无所过也。……要以中为极，至参天地化育，而无有可过。不欲使人谓道有止境，而偷安于苟得之域。虽与先儒小异，弗恤也。

船山言道不可过、道无止境，故圣人之所以为圣人，唯在其以无止息之至诚无息，尽无止境之道。此圣人之善之所以不已。而所谓止于至善，即止于此善之不已。止于善之不已，则凡有未善，皆继之以善。以善继未善，则极于善，而无不善。斯即止于至善、皇极矣。凡觉有未善，即有亏欠；去所亏欠，即无亏欠。此即圣人之所以能止于至善，无有不善，充满善量，而无不实者。岂必尽占有天下之善，而后可乎？天地之道，恒久不已，天生人生物之诚不息，圣人之裁成万物之诚，亦不可息。天下之善岂能占尽，以充满善量？唯充其所未充，满其所未满，善其所未善，即所以充满善之量。善不可穷也，无可息也，知其不可穷、无可息，而不息，息于不息，而善可言穷，善可言止矣。此即船山止于至善之微意也。故《读四书大全说》卷五第二十三页曰：

> 天无究竟地位，今日之化，无缺无滞者，为已得；明日之化，方来未兆者，为未得。观天之必有未得，则圣人之必有未得，不足为疑矣。

九　贤圣之不朽义

船山哲学中之宇宙观，以宇宙为一诚，本来一真无妄，无始而无终。如《周易外传》卷四"未济"页："天地之终，不可得而测也。以理求之，天地始者，今日也；天地终者，今日也。其始也，人不见其始；其终也，人不见其终。其不见也，遂以谓邃古之前，有一物初生之始；将来之日，有万物皆尽之终，亦愚矣哉。"其论人生之道，则主由思诚，而至于一真无妄，不息不已于善。宇宙至诚不息，圣人亦至诚无息。宇宙之气化流行，不穷于其生物生人之盛德；圣人之赞天地之化育，亦不穷于其裁成万物之盛德。故宇宙无所谓空虚寂灭之境，而圣人亦无空虚寂灭之一

境，以为息肩之栖托矣（《读四书大全说》卷六第八页）。由是而
船山大反佛老，尤反对佛氏才生即灭之论。彼意谓，依佛氏才生
即灭之论，则才生已死。而船山则以为于物言，惟死时为死，未
死皆生。盖当其未死，虽其形气时时皆在化往之中，然有往必有
来。往而有来，则往但为终而非灭，而来则为始。往来终始，无
间相续，则但可言刻刻有所终，刻刻有所始，而不可言刹那刹那
生灭。盖在其一生，刻刻有终，刻刻有始，即一生中皆生生相续，
唯不生时，方为死耳。故《读四书大全说》卷六第二页曰：

> 今且可说死只是一死，而必不可云生只是一次生。……
> 以理言之，天下止有生，而无所谓死，到不生处，便唤作
> 死耳。死者生之终，此一句自说得不易。如云生者死之始，
> 则无是理矣。……未死以前，统谓之生，刻刻皆生气，刻刻
> 皆生理。……既生以后，刻刻有所成，则刻刻有所终。刻
> 刻有所生于未有，则刻刻有所始。故曰曾子易箦，亦始也，
> 而非终也。

至于真当一物之死，依船山意亦非终而无始。物死则化，而
为气以生他物，则又终则有始，而生生相续。故船山有死为生之
大造，及"有往来屈伸，而无死生"之说。《周易外传》卷二无妄
卦传曰："既散灭矣，衰减之穷，予而不茹，则推故而别致其新也。
由致新而言之，则死亦生之大造矣。"

又《外传》六章曰：

> 有往来而无死生。往者屈也，来者伸也；则有屈伸而无
> 增减。屈者固有其屈以求伸，岂消灭而必无之谓哉。

故由船山之说，气化流行无止息之时，则虚无寂灭之观念，

于宇宙之任何时皆安顿不上。盖才安顿上，而继起之化育流行，又将此观念，加以否定矣。此则船山大体承宋明儒者而来之说。唯以前程朱一派，以宇宙之化育流行之不息，依于理之生生不息。而阳明一派则以宇宙之化育流行之不息，依于良知或心为天地万物之灵明，而此灵明为生生不息。而船山则就此天地万物所由形成之气，本身之生生不息，以言宇宙之化育流行之不息。故程朱言人物之不朽，自理上言，而阳明龙溪则自心上言，而船山则自气上言。盖自气化之流行以观，万物皆依气化而往来。但观其化往，则见物之众形，皆不能自保，而不能不返于一。佛家顺万物化往之势，而问万法归一，一归何处，或据此言虚无寂灭之境界，为万物之究竟依止。而船山则本于"万物之往也，由于其先曾来，有来乃得往"，遂谓往者当再来。万物化往，而返于一气；一气亦当再化生万物。故《周易外传》卷六《系辞下传第五章》曰："异端之言，万法归一，一归何处？信乎万法之归一，则一之所归，舍万法，其奚适哉？"故万物有化往，而气不穷于来，旋化旋生，此宇宙之所以日新而富有。佛家言轮回，亦往来之义。然在佛家，往者为此人，来者复为此人。所谓个体流转之说是也。然在船山则观大化之流行，见物之个体性，惟依其形质而建立。所谓惟有质有形者，可因其区域，画以界限，使彼此亘古而不相杂。而物之化往，正就其形质之个体性之化除言。则当其化往，"气归天而形合土，谁与判然使一人之识，亘古而为一人？一物一命，谁与判然亘古为一物？""气升如炊湿，一山之云，不必还雨一山；形降如炭尘，一薪之粪，不必还滋一木。"则"尧之既崩，不必再生为尧；桀之既亡，不必再生为桀"。（同上）故大化有往来，而个体无轮回。然个体虽无轮回，而个体之气不丧失。人之身体，固由气之所凝，人之精神，亦属于气。人之理想为气之理，理想中之价值，为仁义礼智之善。此人之精神内容，所谓性是也。人之精神能力，所以显仁义礼智者，为气之才。才能显理而见为情，统性情才者曰心。气不化而入无，则人之精神内容与精神能力，亦不化而入无；而贤圣虽殁，其精神亦常往来于宇宙间。贤圣养其清明之气，以显仁义，则贤圣虽逝，而此显仁义之清明之气，自往来于宇宙间，而延于后起之人，为后起之人之清明之气，而贤圣之德亦即长存天地。故船山曰：

> 善恶之积，亦有往来。……圣人……所以必尽性而利天下之生。……自我尽之。生而存者，德存于我，自我尽之。化而往者，德归于天地，而清者既于我而扩充，则有所禅益，而无所吝留。他日之生，他人之生，或聚或散（言诸圣贤之气，聚于一人，或一圣贤之气，散于众人也），常以扶清而抑浊，则公诸来世与群生，圣人因以赞天地之德；不曰死此而生彼，春播而秋获，铢铢期报于往来之间也。（言不求个体之轮回也）……则圣人与天地之相斟酌，深矣。且今日之来，圣人之所珍也；他日之往，圣人之所慎也。因其来而善其往，安其往所以善其来。物之来与己之来，则何择焉。是则屈于此而伸于彼，屈于一人而伸于万世；长延清纪，以利用无穷，此尺蠖之屈而龙蛇之伸，其机大矣。故生践形色，而殁存政教；则德遍民物，而道崇天地。岂舍身以他求入神之效也乎。惟然，故不区画于必来，而待效于报身也；抑不愁苦于既往，而苟遁于一还不来也。……若夫迷于往来之恒理，惑于憧憧，而固守己私，以觊他生之善，谓死此生彼之不昧者，始未尝不劝进于无恶；而怙私崇利，离乎光大，以即卑暗，导天下以迷，而不难叛其君亲。（上所引皆见《周易外传》卷六第五章）

船山《庄子解·达生》篇注曰："天地清醇之气，由我而抟合；迨其散而成始也，清醇妙合于虚，而上以益三光之明，下以滋百昌之荣，流风荡于两间。生理集善，气以复合；形体虽移，清醇不改；必且为吉祥之所翕聚，而大益于天下之生。则其以赞天地之化，而垂万古……益莫大焉。"则更用此义以释庄子矣。

　　船山之论圣贤精神之不朽，而不求个体灵魂之长存，乃根据于圣贤之本无私吝之心，则其清明之气，不得不公诸来世与群生，于物之来与己之来，更无所择。而佛家之言轮回果报，谓死此即生彼，初虽所以劝善惩恶，然终不免本于人之固守其个体之私心。故谓轮回之说，足以怙私崇利。人既各成一永存之个体，各自独立不相依，则何妨叛其君亲。此即船山破轮回，而只言气化往来不穷之说之微意。然即此气化之往来之不穷，圣贤已可延清纪于无穷。"生践形色，而殁存政教；德遍民物，而道崇天地"，无断灭之可忧，无寂灭之可惧。惟然，而圣人之至诚无息之道，乃万古长存，而贞天地。船山之言人道之赞天，斯其至矣。

第二十四章　王船山之人文化成论（上）

一　船山学之重气、朱子学之重理及阳明学之重心

　　船山之学，得力于引申横渠之思想，以论天人性命，而其归宗则在存中华民族之历史文化之统绪。故其于临殁前自铭其墓曰："抱刘越石之孤忠，而命无从致；希张横渠之正学，而力不能企。幸全归于兹邱，固衔恤以永世。"其一生之志行可伤。发愤著书四十年，皆有所不得已。故于中国之学术文化各方面，经史子集四部之典籍，皆有所论述。而尤邃力于六经之训释。此于其自颜其堂之联语"六经责我开生面，七尺从天乞活埋"之句可以见之。其所著书，据其子《姜斋公行述》所言："于四书、《易》、《诗》、《春秋》各有稗疏，悉考订草木鱼虫，山川器服，以及制度同异，字句参差，为前贤所疏略者。盖府君自少喜从人间问四方事。至于江山险要，士马食货，典制沿革，皆极意研究。读史读注疏，于书志年表考校同异，人之所忽，必详慎搜阅之，更以闻见证之。以是参验古今，共成若干卷。至于敷宣精义，羽翼微言，四书则有《读大全说》，详解授义，《周易》则有《内传》《外传》《大象解》，《诗》则有《广传》，《尚书》则有《引义》，《春秋》则有《世论》《家说》，《左传》则有《续博议》，《礼记》更为《章句》。……末年作《读通鉴论》三十卷，《宋论》十五卷。以明上下古今兴亡得失之故，制作轻重之原。……又以文章之变化，莫妙于南华；词赋之原流，莫高于屈宋；……因俱为之注，名曰《庄子注》《楚

辞通释》。又谓张子之学，切实高明。《正蒙》一书，人莫能读；因详释其义，与《思问录》内外篇互相发明。……其他则《淮南子》有旁注，《吕览》有释，刘复愚诗有评，李杜诗有评，《近思录》有释。"然其子所述尚未能尽。此外今《船山遗书》刻本中尚有《搔首问》《噩梦》《黄书》《俟解》《说文广义》《相宗络索》《古诗评选》《唐诗评选》《明诗评选》，与专论诗之《夕堂永日绪论》，自作之诗、词、曲、鼓词、杂剧等若干卷。而佚者尚不在其列。吾人但就其所著书之体类以观，即知其精神所涵润者，实在中国历史文化之全体。秦汉而还，朱子以外，更无第二人足以相拟。象山阳明良知之教，高明则高明矣。然徒以六经注我，而不知我注六经，终不能致广大。六经注我，反一切事理于一心，东西南北之圣，同此一心，似亦极广大矣。然此心果前无古人，后无来者，悠悠天地，终成孤露。唯复知我注六经，乃上有所承，下有所开，旁皇周浃于古人之言之教，守先以待后，精神斯充实而弥纶于历史文化之长流。此乃朱子船山精神之所以为大也。然朱子之学，以理为本。循理而进，论性与天道，与道德上之当然者，固可曲尽其致。然论文化历史，则徒循理之概念，便仍嫌不足。自中国之儒学之义言之，西方之宇宙论、人生道德论、文化论三者，原是一贯。《中庸》开始之三句，"天命之谓性"一句所摄，为宇宙论，"率性之谓道"一句所摄，为人生道德论，"修道之谓教"，教化所行，相续无间，即亦摄文化与历史也。《中庸》以三句明其一贯，而后儒之论文化与历史者，亦多以道德上所立之当然之理为权衡。而文化与历史之论，皆道德论中之道德原理之运用。唯道德论与文化历史论之一贯，是一事，而道德与文化历史之名之涵义固不同。徒直接以道德上之原理，应用于文化与历史，对于文化与历史之意义与价值，将不能有充分之了解。朱子尚不免于此有憾。盖道德与文化历史涵义之不同有四：一、道德可克就个人之知道而行之有得于心上说。故道德不必有客观社会之表现。诚然，有德者之德，诚于中必可形于外，而见为事业，以易俗移风。然诚于中，未及形于外，遁世不见知，仍无害于其有德。故言道德不必包含其道德之表现于客观社会。而言文化历史，则必克就个人之精神，个人之行事之化成乎天下后世以为言。亦即克就表现于客观社会，能影响客观社会与人类历史行为方式以为言。二、因道德之义可克就个人之知道而行之有得于心上说，不必有客观社会之表现，故在一种之道德生活中，可以不肯定离我心而实存在之形色世界，以至可不肯定一离我心而实存在之他人。吾人纵假定宇宙间只有我一人，而我一人有所知之道，如节物欲等，我能行之，我仍有道德。又假定我在梦中，我能对我梦中所见之人，表现仁义礼智之德，我仍可说我作梦之心，为一种有道德之心。道德可唯在对吾如何应吾所感者之心理动机上表现。故吾所感者之是否来自一客观之形色世界或离我心而实在之他人，并非一切道德生活成立必须条件所在。然言文化历史，则必须特重视一意义之客观之形色世界与他人之实存在之肯定。盖文化历史之成，赖吾人之精神吾人之行事之表现，而化成乎天下后世。而吾人之精神行事之表现，必以形色世界中之物为媒介。语言文字声音颜色，皆形色世界中之物也。而吾人且首先须肯定吾人所留下之形色媒介之客观存在，可由我而传递于他人，及此他人之客观存在，而后吾人可肯定文化历史之客观存在，而后吾人可有真具文化意义历史意义，对客观之文化历史负责之另一种道德活动。三、文化中有艺术，有文学，有宗教，有政治经济。吾人可言：广义之道德意识，亦包含对此各种文化意识之肯定。广义之道德精神中，包涵此种文化之精神之肯定。然单纯之道德意识中，亦可排斥此各种文化意识之肯定。盖在单纯之道德意识，乃是一知道而行之、使有得于心之意识。其知道至行道，通体是自觉的，即自觉的自己实践自己所命令于自己之意识。而宗教、艺术、政治、经济之文化活动，则不必通体是自觉的，可为超自觉的，或半自觉的。在道德活动中，原可不肯定一客观之形色世界，则可不求欣赏万万千千之形色，并表现自己才情于形色之媒介，而忽略艺术文学之生活。又在一单纯的道德意识中，可不肯定我以外之宇宙超越于我之宇宙，即可一无对之之虔敬，而无须有宗教意识。亦可以不肯定或不重视外于我之他人之实际存在，而忽略人与人群居和协之政治道理之讲求，与如何维持我与他人之形色之生命之存在之经济道理之讲求。此亦为道德观念与文化观念不同之一端。四、因道德可只在心理动机上表现，故评论一事之道德价值，可只就作此事者之心理动机之邪正善恶上评论。然一事之结果与影响，在天下后世，其结果与影响之价值，乃一社会价值、文化价值、历史价值，此与道德价值不必同。相对而言，则道德价值为主观，而后者为客观。道德价值为绝对，但知为此事者所处之情境与应之之心，即可决定；而后者为相对，须通观所关连之其他社会中人物之如何，其前其后历史事变之如何，乃能决定。由此四者，而论历史文化与论道德之观点，即不必全然一致。故朱子之言理，阳明之言心，于论道德为足者，于论文化历史，则皆未必足。有此心以知此理，而行之，使有得于心，则成圣成贤之道备，故曰已足。而所谓于论历史文化未必足者，则以在朱子阳明所言之理与心，皆无外之理、无外之心。无外之心、无外之理，皆求之于己而无歉。所谓一人之理，即天地万物之理，我之良知即天地万物之良知是也。朱子之理虽表现于万物，与古往今来之一切人，然月映万川，每川皆得月之全，自理上说，天下人物皆得之不为多，一人得之亦不为少。阳明之言良知，乃是一绝对无畛域之灵明。于此灵明，不可言量上之差别；则一人之良知，即是天地万物万人之良知。朱子阳明在心上理上说，即一即多，义可极成，吾无间然。然只一往顺心之理上说：一人之理，一人之心，即天地万物万人之理之心，而直顺此心理无外之论，则其论历史文化，将不免以历史文化所表现之理，只为吾心之理之例证。然一言例证，则可为非必需考究者。盖吾心既能知此理之为真，则无此例证，或且于日常生活中求例证，亦未尝不能知，则无特重历史文化之考究之理由。此即陆王之所以不注六经。而朱子之注六经，以承古先圣哲之道统自任，固表现其心量之宏，然单自其哲学之只重明理上说，朱子并非必需如此也。彼等之言格物致知，不外显吾所本有之天理与本心。自理与心上说，天地不大于吾之此心此理；乾坤万古基，即在吾之此心此理，则崇敬宇宙之宗教意识，亦不必有。朱子言满山青红碧绿，无非是太极；阳明一派言鸟啼花笑，山崎川流，皆吾心之变化。此亦含文学艺术上之欣赏态度。然朱子阳明，念念在成德，重理重心不重气，不重才情，则不重文学艺术上之表现。礼为心践此理于形色，礼为行道有得于心，复见于气者。有德固必见于气而形于礼，故朱子阳明亦言礼。然气之观念在朱王之哲学中分量轻，则礼之分量亦轻。故王学之流竟忽略礼法矣。虽天下大乱，时运否极，而为理学心学者之末流，遁迹山林，但念此理之洁净空阔（朱子语），此心之万古不灭（阳明语），亦可流连光景，聊以自娱，则可忽略社会之政治经济。而但以道德理性论历史，则朱子只能作《通鉴纲目》以寓褒贬，而不能就史事之结果，以论其对历史文化之全体之价值。而此理此心，人皆有之，华夏之民有之，夷狄亦可有之。于华夷之辨，徒据此义未必能严。宋明儒者之辨华夷，乃多好在文化上辨，而不易引出在民族上之辨华夷之论。此吾之所以说只言理与心之于论历史文化为未足也。

王船山则不然。王船山之学之言理言心，固多不及朱子阳明之精微。盖犹外观之功多，而内观之功少。然船山之所进，则在其于言心与理外，复重言气。朱子阳明岂不亦言气？然其所重终在彼而不在此。而船山则真知气之重者也。此气，吾尝以流行的存在，存在的流行释之。非只物质生命之气是气，精神上之气亦是气。唯精神之气能兼运用物质与生命之气，故言气必以精神上之气为主，如孟子之浩然之气是也。船山言心理与生命物质之气，而复重此精神上之气，即船山之善论文化历史之关键也。盖一重气则吾人于历史文化固亦可视为吾心之理之例证；所谓"古人之嘉言懿行，皆示我以此心之轨则；天下之庶物人伦，皆显我以此心之条理"（《四书训义》卷三十五，三十页）是也。然亦可不只视为吾心之理之例证，而视之为客观存在，超乎吾人、包乎吾人之实事，当恭敬以承之，悉心殚志以考究之者矣。一重气而崇敬宇宙之宗教意识，在船山哲学中有安立处矣。一重气而礼之分量重，船山独善言礼仪威仪矣。一重气而表现于情之诗乐，在文化中之地位为船山所确定，而知程子为文害道之说，不免于隘矣。一重气而政治经济之重要性益显矣。一重气而论历史不止于褒贬，而可论一事之社会价值、文化价值、历史价值及世运之升降，而有真正之历史哲学矣。一重气而吾国之历史文化，吾民族创之，则吾民族当自保其民族，复自保其历史文化，二义不可分。华夏夷狄之心同理同，而历史文化不同，则民族之气不必同，其辨遂不可不有矣。凡此诸义，试分论之如下。

二　历史文化意识

曷言乎一重气，则于历史文化能悉心殚志以考究之，恭敬以承之也？盖宋明以来所谓气者，皆说明宇宙人生之存在的流行之特殊化之原则，而与理之为说明宇宙人生普遍性之原则相对者也。芸芸人物，布列时空，纵其理全同，而此物非彼物，今人非旧人者，以气不同，而实现理者之不同也。故曰气为万物之特殊化原则。吾人之身心之成，有其理，亦有其气。自理而言，自心之本体而言，人我不异者，自气而言，则朱子阳明，皆不能谓其无异。朱子阳明重在言其理之一、其心之理同；使人知此心此理之无外而合物我。故于每一个体人物之气之异，不重视之。然吾人但一重视此"气"或各个体人物之气之异，则知吾之心虽为无外之心，吾心之理虽为无外之理，而吾之气不能备六合之气而具之，吾之气终为有外之气，吾个体之心身，终为有外之心身。吾个体心身之外，有万物焉，有他人焉，有父母祖先、古先圣贤焉，此不得而诬者也。吾自知吾心身之有外，吾既知此外，此外固亦可言不外于吾之知。此所证者，仍唯是吾之心之无外，非吾之心身之气之无外也。吾知成吾心身之气必有其外，有万物之气，在我之外，有他人之气，在我之外，有父母祖先圣贤之气，在我之外，则我不得恃其心之大而无限，恃此心之具万理，而忘其气之有限，而"宇宙在乎手，万化在乎心"之念暂息，而自知其个体心身之气，乃包裹于前乎我、后乎我之千万人与万物之气之中，而胎息焉，滋生焉，呼吸焉，此即个人精神涵育于社会客观精神中之说也，亦即客观之历史文化涵育吾个人之道德努力之说也。然斯义也，高明者恒昧焉。盖世俗之人牢执己私，皆是自气上划分人我或物我，故哲人一见及心同理同，则不免忽视此常人之见。然极高明而道中庸，仍当重回到此常人之见，重肯定人与我之个体之气之不同，且于其中见宇宙中人物之气之包裹吾气而后可。盖亦唯经此肯定，知我之外有包裹我之宇宙中之人物与历史文化，复恭敬以承之，悉心殚志以考究之，如船山所谓"有即事以穷理，无立理以限事，所恶乎异端者，非恶其无能为理也，冏然仅有得于理，因立之以概天下也"。(《续春秋左氏传博议》卷下第四页)而后我之心量日宏，我之气得真浑合于天地古今之气，使我之为我之此特殊个体之精神，与天地古今中其他特殊个体之精神，融凝为一，使我之精神真成绝对不自限之精神；然后我此心此理之为一普遍者，乃真贯入一切特殊之个体，成真正具体之普遍者也。斯义也，阳明朱子之哲学中，实尚未能具有之，而船山则深知之。此即船山之以为六经开生面，为一责任，而穷老尽气，犹发愤著书，坐见宗社之亡，心有余痛之故也。

三 宗教意识

曷言乎船山之言气可以安立宗教意识也？世之论者，皆谓中国儒家非宗教。儒家固非西方式宗教，然非无宗教意识。大约先秦儒家之宗教意识较浓，孔孟于天与祖先、有德有功之古人，皆极致其宗教性之诚敬。此实非汉唐宋明之儒者可及。尤以宋明之儒者受佛学之影响，而复倡言性即理、心即理。一切求诸己而已足之教既立之后，天人不二，天不大而人不小；乃或只敬此心此理而敬天敬祖敬有德有功之人之宗教性的崇敬，转趋淡薄。然在船山哲学中，则不仅敬心敬理，而特重敬天，并屡斥人妄同于天者为僭天。其说乃原于张子。张子《西铭》以天地乾坤为父母，欲人之移孝父母之精神以孝天地，乃论人可上合乎天，而不言同天。其"吾兹藐焉"之言，实表示一对天地之虔敬。横渠与船山此种对天地之虔敬，正为一种宗教意识，而为彼等之重气之哲学必然结果。盖重气则无论吾人之心之理，如何涵盖天地万物之理，而以吾人之气与天地万物之气相较，吾终不能无藐然之感。夫所谓宗教意识者，其原始之一点，实即人在广宇悠宙之大力前之一自觉藐然之感。由此自己藐然之感，可转为自卑自罪之情；而吾人于此宇宙之大力，复可视之为有人格之神或一宇宙之大精神大生命。由是而有各种之祈求皈依之宗教情绪，或相信此宗教对象之全知全能，能实现吾人之一切所自认为正当实现者。凡此等等，吾人固不能谓船山思想中有之。然船山之所谓天地，并非只是气，尤非一今所谓一块然之物质。天地之被称为万物父母，乃以其含藏一切其所生万物与人类之性之全、气之全，具一切人物之物质性、生命性、精神性、善性于其中，而为其衷者。故船山于《尚书引义》卷三《汤诰引义》曰，"且夫天有其衷。今夫天……气也，而寒暑贞焉，昭明发焉，而运行建焉，而七政纪焉，而动植生焉，而仁义礼智，不知所自来而生乎人之心，显乎天下之物则焉。斯固有入乎气之中，而为气之衷者，附气以行而与之亲，袭气于外而鼓之荣，居气之中而奠之实者矣。"故船山之言敬天地，即为敬一吾人身心生命精神与一切善之本原，而船山复主张天地不与圣人同忧，天地乃亘万古而长存者。故通万古以观天地，则一切当然之理，天地无不能显之、无不能实现之。故乾之知为无不知，坤之能为无不能。（参考上文《王船山之天道论》中之"乾坤易简义"一节。）则其天地之义与宗教家生万物而至善之上帝之义，亦不相远。而其甚重视郊祀之礼，亦即涵摄西方宗教中祀上帝之精神。所不同者，一在西方之宗教恒要人敬上帝过于敬父母，爱上帝过于爱父母，船山则常以乾坤称父母，以父母乾坤对言。人固须敬天地为一切人物之父母，然人尤须敬父母以为吾自身之天地。而其敬天地之精神，恒须由敬父母之精神以透入之。故谓："形色即天性，天性真而形色亦不妄；父母即乾坤，乾坤大而父母亦不小。"（《读四书大全说》卷八，四十四页）又西方之宗教由自己藐然之感，即转为对上帝之自卑、自罪、祈求、皈依、求与之亲之情。而船山则一方面知以气而言，吾个人固"藐然中处"于天地，吾当敬天祀天；同时须知以此心此理，视天地之乾坤健顺之理，全在吾之中。则天地固大而吾亦不小。而我能尽此心以践此理，以裁成万物、辅相天地，则大者大而小者亦大。人初之自感其藐然者，皆所以则天之巍巍。敬天而祀天，正所以得承天之道、尊人之道。圣人承天之道而又不与天同者，则天地通古今，无不知不能，而圣人则有忧。圣人不能与天同其无忧。"圣人之所忧……有家而不欲其家之毁，有国而不欲其国之亡，有天下而不欲天下之失黎民，有黎民而恐或乱之，有子孙，而恐莫保之情也。情之贞也，圣人岂有以异乎人哉。然而圣人之所忧者，仁不足以怀天下也，义不足以绥天下也。虑所以失之，求所以保之。"（《尚书引义》卷三《说命》）是则船山之宗教意识再超升而与道德意识合一之结果，以不失其儒家精神之本色者也。

船山之论人之祀天中应有之宗教意识，莫善于《周易外传》卷五《系辞传》第八章。其言曰："大过之初，阴（喻人）小处下，履乎无位，其所承者，大之积刚（喻天）而过者也。以初视大，亢乎其相距也；以大观初，眇乎其尤微矣。以其眇者视其亢者，人之于天，量之不相及也。阳虽亢而终以初为栋，阴虽眇而终成巽以入。人之事天，理之可相及者也。……故圣人之事天也，不欲其离之，弗与相及，则取诸理也；不欲其合之，骤与相及，则取诸量也。荐之为明德，制之为郊禋，不欲其简，以亲大始也；不欲其黩，以严一本也，则取诸慎也。……天尊而人事事之，以登人而不离于天。……天迩而神事事之，以远天而不亵于人。不敢亵者量，不忍离者理。通理以敦始，故方泽不敢亢于圜丘；称理以一本，故上帝不可齐于宗庙。……夫人之生也，莫不资始于天。逮其方生而予以生，有恩勤之者，而生气固焉；（父母）有君主之者，而生理宁焉。（君师）则各有所本，而不敢忘其所递及，而骤亲于天。然而有昧始者忘天，则亦有二本者主天矣。忘天者禽，主天者狄。（忘天者）知有亲而不知天。（主天者）知有天而不恤其亲。……君子之异于禽兽也。故曰乾称父坤称母。……近世洋夷利玛窦之称天主，敢于亵鬼神倍亲而不恤也。……呜呼郊祀之典礼至矣。……合之以理，差之以量。……德业以为地，不敢亢人以混于杳冥；知礼以为茅，不敢绝天以安于卑陋。故曰惟仁人为能飨帝。"

此段言祀天之义，即人与天可以理通，而当差之以量。即自气而言，人小而天大。自理而言，人又具天之理。故人当事天祀天，而又不可骤亲于天，混于杳冥，如耶教之所为。天为人与万物之共本，人各有祖先父母师，又各有所本，故人不能忘其祖先父母君师而直接与天亲。然人亦不可忘天之量之大于人，而忘人与万物之所共本之天。则人之宗教性之祭祀，亦当兼有天地、亲、君师之祭。此其所以异乎西方之耶教之只知事天；又异乎以天即此心此理之说，忘天之量大于人者也。天之量之大于人者，自气而言也。谓人之各有其本，而人不能骤亲于天地者，亦自气而言也。至于船山之言人之践天所赋与之理而可德侔天地，与西方宗教家之长以有罪之身，匍匐于天帝之前者，其精神之不同，则随处可证。

又船山之重祭祀之宗教意识，与其以人之气之死而不亡，尚有密切之关系。依宇宙之气日生而无往来之说，人死气散，则祭鬼神但为尽吾人之心。是无鬼而学祭礼之儒也。朱子亦不免无鬼而言祭之论。无鬼而言祭，则其诚必不及有鬼而祭者。依船山说，则人死唯是气之离形而暂往，而往者仍在两间。则鬼神之事，非虚而为实。故人之祭祀，皆可实与鬼神相感格，而祭祀之诚，斯可极其至矣。故船山论人死神在之理，并以神气之在为祭祀之理由曰，"自人之生而人道立，则以人道绍天道，而异于草木之无知，禽兽之无恒，而与天通理。故惟人能自立命。（《尚书引义》四十五页，充气而生神者，性之所由定也。）而神之存精气者，独立于天地之间，而与天通理。是故万物之死，气上升，精下降，折绝而失其合体，而不能自成，以有所归。惟人之死，则魂升魄降，而神未顿失其故……形气虽亡而神有所归，则可以孝子慈孙诚敬恻怛之心，合漠而致之。是以尊祖祀先之礼行焉。"（《礼记章句》二十三卷第三页）又曰："人之殁也，形归于土，气散于空，而神志之迫于漠者，寓于两间之气，以不丧其理。故从其情志专壹者，而以情志通之，则理同而类应。盖孝子慈孙，本自祖考而来，则感召以其所本，合之气而自通，此皆理气之固然。非若异端之所谓观者，以妄想强合非类，而谓一切唯心之徒，以惑世诬民也。"（《礼记章句》二十四卷第二页）至于对船山哲学言，唯肯定一客观实有之天地鬼神之气，方可言祭祀之宗教之意识者，则可以船山之斥佛教为月教以证之。其斥佛教为月教者，以其但知三界唯心，万法唯识，唯一己心识中所反映之世界为真实，即如月之只反映日光。此即可归于"枵然自大，以为父母不足以子我，天地不足以仁我，我之有生，无始以来，已有之矣……是海沤起灭之说"（《尚书引义》卷四《秦誓上》），此即谓佛教不知心识外之实有天地，父母为我之生之本，则不能有对之之敬诚也。其斥佛教为月教之言，其书多有之。如《周易外传》卷七《说卦传》第八页尝曰："乃若天地之最无功于万物者，莫若月焉。……资日而自掩其魄，类无本者；疾行交午以争道于阳，类不正者。特以炫洁涵空，微茫晃铄，足以骀宕人之柔情，而容与适一览之欢，见为可乐。故释氏乐得而似之，非色非空，无能无所，仅有此空明梦幻之光影，则以为大自在，则以为无住之住，以天下为游戏之资，而纳群有于生化两无之际。非游惰忘归之夜，人亦谁与奉月以为性教之藏也哉。故其徒之覆舟打地，烧庵斩猫，皆月教也。"其以佛为月教，即以儒为日教，其言是否，或未可知。然要可作深长思也。

四　礼诗乐

曷言乎一重气而船山哲学中礼之分量重也？上述之祭祀，亦在礼中。今当泛论礼，皆为人德行之表现于形色；则不重形色之气，礼之分量自不得而重。此由古代儒者之重礼者，皆重气，可以证之矣。船山所宗之横渠者，宋代儒者中重礼者，亦重气者也。汉儒较宋儒尤重礼者，而汉儒即重气者也。荀子在先秦重礼者也，亦重气者也。谓礼为理，谓礼为恭敬之心，辞让之心是也。然不足尽社会文化意义之礼仪、威仪也。恭敬之心，辞让之心，人皆有之，人亦皆可同有之。然不形于礼仪、威仪之貌，则不足以共喻。礼仪威仪之理，人皆有之，人皆知之，然不见于具礼仪威仪之实事，则不足以化民成俗。不足共喻，不能化民成俗，则终只为主观精神，而不能成客观之共同之精神之表现，而非社会文化。而自社会文化意义上所言之礼者，唯礼仪威仪之见于形色者而已。由是言之，则不特重形色之气，不能特重礼明矣。而人不于形色之气上，观恭敬之心，辞让之心，礼之理，如何一一表现于礼仪三百、威仪三千之详，不可谓善言礼，亦明矣。船山则正能处处扣紧气之表现，以言礼意者也。故谓礼不只在外，亦不只在内，不只在心，亦不只在身在物；不只在心性，亦不只在形色；不只在我，亦不只在人；而在内外之合，己与物之相得，天性之见于形色之身，显为天下人所共见之际。如是而礼之为客观精神之表现于文化之意，乃无遗漏也。今试举其《尚书引义》卷六《顾命》之言以证：

"威仪者，礼之昭也。其发见也，于五官四支，其握持也惟心，其相为用也，则色声味之品节也。色声味相授，以求称吾情者，文质也。视听食相受，而得当于物者，威仪也。文质者，著见之迹，而定威仪之则。威仪者，心身之所察，而以适文质之中。文质在物，而威仪在己。己与物相得而礼成焉。成之者己也。故曰克己复礼为仁。……己有礼，故可求而复。非吾之但有甘食悦色之情也。天下皆礼之所显，而求之者由己。非食必使我甘，色必使我悦也。乱者自乱，乱之者自乱之，而色声味何与焉。……色声味自成其天产地产，而以为德于人者也。己有其良贵，而天下非其可贱；己有其至善，而天下非其皆恶。于己求之，于天下得之，色声味，皆亹亹之用也。求己以己，故授物有权；求天下以己，则受物有主。授受之际，而威仪生焉，治乱分焉。故曰威仪所以定命。命定而性见其功，性见其功而物皆载德。优优大哉，威仪三千，一色声味之效其质，以成我之文者也。至道以有所丽而凝矣。是故丽于色而目之威仪著焉，丽于声而耳之威仪著焉，丽于味而口之威仪著焉。威仪有则，惟物之则；威仪有章，唯物之章。则应乎性之则，章成乎道之章。入五色而用其明，入五声而用其聪，入五味而观其所养；乃可以周旋进退，与万物交，而尽性，以立人道之常。色声味之授我也，以道；吾之受之也，以性。吾授色声味也，以性；色声味之受我也，各以其道。乐用其万殊，相亲于一本，昭然天理之不昧，又何咎焉？……若其为五色、五声、五味之固然者，天下诚然而有之，吾心诚然而喻之；天下诚然而授之，吾心诚然而受之；吾心诚然而授之，吾身诚然而受之。礼所生焉，仁所显焉。……君子之求诸己也，求诸心也。求诸心者，以其心求其威仪，威仪皆足以见心矣。君子之自求于威仪、求诸色声味也……审知其品节而慎用之，则色声味皆威仪之章矣。"

《中庸》曰，礼仪三百，威仪三千，船山《四书义训》注曰：礼仪经礼，威仪曲礼。礼仪必见于威仪，威仪即礼仪也。中国古所谓礼者，其义至广。然言礼仪威仪，则克就吾人之行为方式，见于有形色之身与物之交者而言，即吾心之道德理性，主宰此身与物之客观表现而言。而船山此段之言，以威仪表现于"己之授物有权，而受物有主"之授受之际。以"威仪定而性见其功，而物皆载德，色、声、味皆效其质，以使我之至道，有所丽而凝。色声味之授我以道，吾之受之也以性；吾授色声味以性，色声味之受我也，各以其道"。"威仪皆所以见心"，"色声味皆威仪之章"，即吾之道德理性主宰乎身与物之形色，而得其客观表现之谓也。然此客观表现之所以可能者，以吾心之性与外之物之形色之气，一真无妄，而皆诚之故也。故曰"天下诚然而有之（形色之物），吾心诚然而受之（性）；吾心诚然而授之（性），天下诚然而受之（形色之物）"，则肯定身与物之形色之气之真实，为船山善言礼之根据亦明矣。

曷言乎船山之重气而表现才情之诗乐，在文化中之地位确定也？盖诗之意义与韵律，与乐之节奏，固皆表现吾心之理。然徒有理在心而欲显之，不足以成诗而成乐。于此，须显理，兼达情方有诗乐。盖情原于心有所期，有所志，而又与具象会。心之有所期、有所志，原于性，而性即心之理，故诗乐兼达情与显理。然此非诗乐之成，即自觉以显理为目的之谓。诗乐初惟自觉在达情，自觉在借形色之具象之境，以表现内在之情志。能将情志表现于形色，使之相融而不二者，才也。才情运而诗乐成。诗乐成，而性或心之理，乃自然显于形色。然此理之显于形色，乃才情先动之结果。而形色固气，才情亦皆由气生。则言诗言乐，自始须扣住气，而始能言，明矣。《诗广传》卷二，十五页曰：

“有识之心，而推诸务焉，有不谋之物，而生其心者焉。知斯二者，可与言情矣。天地之际，新故之迹，荣乐之观，流止之几，欣厌之色，形于吾身之外者，化也；生于吾身以内者，心也。相值而相取，几与为通，而勃然与矣。”

此言情之原于形色，与“心之所谋推诸务之志”之相接触也。

至于谓诗言志、诗达情，船山之言随处有之，兹不具引。然船山之言诗，尚不仅以言志达情为说也。情而求达，必有余情。不有余情，何求达情？故船山贵余情。余情者，感于物而动，物去而吾之充沛之气有余，仍有所系，而有之情之自动自发，不可自已者也。故余情不生自外境，而生自内心。唯心不粘滞于所事，乃有余情。谓余情为陷溺于事物之情者，妄也。人之有余情，正人之所以异于禽兽者也。而达情之诗之所以可贵，亦正在其能表现人之所以异于禽兽者之余情也。故以心之应物，当如太虚，过而不留，情随物动，物去则止，或以余情为非道者，皆船山之所斥。而阳明之徒，但以虚灵说心，与程朱之以理制情，惟恐情之有余者，尚不是说明达情之诗之价值所在，亦明矣。

《诗广传》卷一《召南》传曰：

“既莫之见矣，既莫之闻矣；余于见，肃肃者，犹在也；余于闻，恻恻者，犹在也。是则人之有功于天，不待天而动者也。前之必豫，后之必留，以心系道，而不宅虚，以俟天之动。故曰诚之者，人之道也。若夫天之聪明，动之于介然，前际不期，后际不系，俄顷用之，而亦足以给。斯蜂蚁之义，鸡雏之仁焉耳，非人之所以为道也。人禽之别也几希，此而已矣。或曰圣人心如太虚，还心于太虚，而志气不为功，俟感通而聊与之应，非异端之圣人，孰能如此哉。异端之圣，禽之圣者也。”

此言心之志气系道，乃有余情也。《诗广传·周南》传曰：

“道生于余心，心生于余力，力生于余情。故于道求有余，不如其有余情也。古之知道者，涵天下而余于己，乃以乐天下，而不匮于道。奚事一束其心力，画于所事之中，皦皦以昕朝夕哉。画焉则无余情矣。无余者，浇滞之情也。……天下未有不安而能行者也。安于所事之中，则余于所事之外，余于所事之外，则益安于所事之中。见其有余，知其能安……故诗者所以荡涤浇滞，而安天下于有余者也。”

船山言诗能达情，复言诗之大用。使人与人情相感通而仁，使情达而顺，并贯通形上形下，皆诗之大用也。兹以其言分别证之如下：

《诗广传》卷一第一页：

“诗达情，达人之情，必先自达其情，与之为相知，而无别情之可疑。自达其情，……有余不自匿而已矣。故《易》曰观其所感，而天地万物之情可见矣。见情者，无匿情也。释氏窒情而天下贼恩，猖猖以果报怖天下。天下怖而不知善之乐，徒贼也，奚救乎。”

此言使人与人之情相感而通而仁，为诗达情之一大用也。

船山贵达情之诗，然诗之达情，非徒为情之达也。达情而后情乃不郁结旁流而归于顺。斯又诗之达情之一大用也。

《诗广传》卷一首节曰：

“是故文者白也。圣人以之自白，而白天下也。匿天下之情，则将劝天下以匿情矣。……‘悠哉悠哉，辗转反侧’，不匿其哀

也；'琴瑟友之，钟鼓乐之'，不匿其乐也。非其情之不止而文之
不函也。匿其哀，哀隐而结；匿其乐，乐幽而耽。耽乐结哀，势
不能久，而必于旁流。旁流之哀，慄栗惨澹，以终乎怨。怨之不
恤，以旁流于乐。……愁苦者，伤之谓也；淫者，伤之报也。……
性无不通，情无不顺，文无不章。白情以其文，而质之鬼神，告
之宾客，诏之乡人，无吝无惭，而节文固已具矣。故《关雎》者
王化之基……"

此言达情正所以免情之旁流，而即所以顺情也。然诗之大用，
尚不止于由达情而顺情，使人与人之情相感通；尤在其能贯通形
上形下，以通神与人。此则船山所谓诗为幽明之际之义也。诗何
以为幽明之际？诗必有文字声音。文字声音，现实形色世界之物
也。然读诗必一方超此文字声音，以心通其义或以心直觉意象。
意象中已有情景交融、情之表现于形色之具象。此所谓内在之表
现、理想境之表现。今更将此意象表现于感官所及之文字声音之
形色，又有一情景之交融。然意象既表现于形色，则人又可于情
景双忘。由意象与形色双忘，而诗之境乃即实即虚，即虚即实，
形下即形上，形上即形下之境也。形下则通于人，形上则可通乎
鬼神。此祭祀之不能无诗乐也。故《诗广传》卷五第三页曰：

"礼莫大于天，天莫亲于祭。祭莫效于乐，乐莫著乎诗。诗
以兴乐，乐以彻幽。诗者，幽明之际者也。视而不可见之色，听
而不可闻之声，搏而不可得之象。霏微蜿蜒，漠而灵，虚而实，
天之命也，人之神也。命以心通，神以心栖。诗者，象其心者
也。……遗不可见之色，如绨绣焉；播不可闻之声，如钟鼓焉；
执不可执之象，如瓒斝焉。……故曰而后可以祀上帝也。呜呼能
知幽明之际，大乐盈而诗教显者鲜矣。况其能效者乎。效之于幽
明之际，入幽而不惭，出明而不叛。幽其明，而明不倚器；明其
幽，而幽不栖鬼。此诗与乐之无尽藏也。其孰能知之。"

明不倚器，即形下而形上；幽不栖鬼，即形上而形下。幽明

之际者，形上形下之一贯也。

至于船山之言乐，亦同多以达情为言。然诗用文字。文字有意义，而乐则但有声音之抑扬而无意义。文字有指，必超文字乃得其所指；则诗之感人，尤不如乐之直接。乐纯以声音。声之先于语言，如容之先于行事。声音之特定化，以有所表、有所指，乃成语言。容止之特定化，以有所为、有所用，而成行事。故语言行事，皆依意识而属于人为。而音容之直接感人，则虽纯资具象，属气上事，乃超意识，而纯为天合，而超意识之相感；乃有心而忘心，有理而忘理。忘心忘理，而乃通于鬼神，使人由形下而接触形上。"立于礼"者之必归之"成于乐"之义，于焉以立。船山《诗广传》卷五第十四页传《商颂》之言，诚夐乎其不可及矣。其言曰：

"乐者，神之所依，人之所成。何以明其然也？交于天地之间者，事而已矣；动乎天地之间者，言而已矣。事者，容之所出也；言者，音之所成也。未有其事，先有其容；容有不必为事，而事无非容之出也。未之能言，先有其音；音有不必为言，而言无非音之成也。……卉木相靡以有容，相切以有音，况鸟兽乎？虫之蠕有度，豰之鸣有音，况人乎？是以知：言事，人也；音容，天也，不可以事别，不可以言纪。繁有其音容，而言与事不能相逮，则天下之至广至大者矣。动而应其心，喜怒作止之几形矣。发而因其天，郁畅舒徐之节见矣。而抑不域之以方所，斯则天下之至清至明者矣。乘乎气而不逐万物之变，生乎自然，而不袭古今拟议之名，则天下之至亲至密者矣。尽乎一身官窍之用，而未加乎天下，则天下之至简至易者矣。该乎万事，事不足以传其神……通乎群言，言不足以追其响；则天下之至灵至神者矣。故音容者，人物之元也，鬼神之绍也。幽而合于鬼神，明而感于性情，莫此为合也。今夫言，胡与粤有不知者矣，音则无不知也。今夫事，圣之与愚有不信者矣，容则无不信也。故道尽于有言德不充，功尽于有事道不备。充而备之，至于无言之音，无事之容，而德乃大成。故曰成于乐。变动于未言之先，平其喜怒；调和于无事之始，治其威仪。音顺而言顺；言顺者，音顺之余绪也。容成而事成；事成者，容成之功效也。乃以感天下于政令之所不及，故曰移风易俗莫善于乐。今夫鬼神，事之所不可接，言之所不可酬，髣髴之遇，遇之以容；希微之通，通之以音。霏微蜿蜒，嗟吁唱叹，而与神通理。故曰殷荐之上帝，以配祖考。大哉圣人之道，治之于视听之中，而得之于形声之外，以此而已矣。"

船山此段发明音容之大用，重在明乐，亦兼明先儒言礼之本之所以重在容。此容非有意而为之容。有意而为之容，皆事也。常言道德生活，唯在如何行为。依理以行为，皆域于行事以为言。而先儒言礼，则归极于容之盛。此西哲言道德者，所罕能知之者也。容之盛者，德充于外，而晬于面，盎于背；气一循理，而忘理忘心。此全气皆心、全气皆理之境界也。有理为心所知而行之，人事也。忘理忘心，而全气皆理，全气皆心，人事而上达天德也。此礼之极，即乐也。乐者抑扬节奏，皆成文章，全气皆理也；声入心通，全气皆心也。全气皆理，全气皆心，而音容有度，斯达天德之超意识境界。乃可以彻乎幽明而通鬼神。船山言礼乐之极者，治之于视听之中，而得之于形声之外。即上文于形下见形上之谓也。然不自音容能使吾人超乎言事之措思，又安能知之。诗、礼、乐三者，相异而相通。礼以显理于行，诗乐皆以达情。惟诗言志以达情而有文字。志依心之理而立，文字有意义。乐则纯以声音达情和志，声入心通，而可不用文字。礼则以身体行为践理。此三者之异也。然诗有文字，而有音律，则通乎乐。乐有容则通乎礼。礼必有主宰此身物之志，则通乎诗。礼见于身体容仪，乐形于声音，皆精神之直接表现于可见可闻之形色世界。而诗之文字亦多为指形色具象之文字。然读诗须心知其义，乃有形色具象之见于心。则诗之表现情于形色，兼间接表现。礼必先知理，以理自制，乃成规矩。而乐则天机流露，自然成韵。礼犹经意识之努力，而知乐则可纯为超意识之神契。故兴于诗而志定，犹未达乎行为之直接表现于形色也。立于礼而行成，犹未必达乎不勉而中、不思而得也。礼至于不勉而中、不思而得，以成盛德之容，斯乃上达天德，终始条理，金声玉振，即成于乐也。金声玉振，即乐德之所以能通于鬼神，昭于天地也。兴于诗者，性见于情志，以导人之形色之气；立于礼者，形色之气之显理，而以性治情。成于乐者，即情即性，即理即气，全气皆理，全理皆气，理气如如，而若不见理之境。前文所谓有理而忘理，有心而忘心之谓。若非船山之重气，乌能于此诗礼乐之义，皆一一发其致哉。

第二十五章　王船山之人文化成论（下）

五　政治

曷言乎船山一重气，而政治经济之重要性益显也？盖政治经济必以立功为的者也。谓立功之本在立德，为政之本在修德是也。然修德而不期功，终不足以言为政。言不成功则成仁是也，然为政而只欲成仁，不以成功为念不可也。政治上之成功，则使国家天下之人与事，皆得其治。经济上之成功，则社会人民皆裕其生。凡此等等，皆须以肯定人之与我各为特殊独立之个体之观念为首出，亦即以肯定人与人之气异之观念为首出。唯知人之气之各异，知其各为一特殊之个体，而一一与以在社会上之特殊分位上之安顿，且皆得特殊之裕生之道；斯为政治经济之要道。而吾之可言有万物一体之仁心，表现于政治经济之活动者，亦唯在有此顺特殊者而加以特殊安顿之事，而吾之情于一一特殊者，皆能一一贯注而已。舍顺特殊者而特殊地加以安顿之事，吾之仁心，亦不得表现于政治经济之活动。则言政治经济之活动之目的，必以特殊个体之观念为首出，以气之观念为首出，明矣。至于政治经济之制度，皆不外所以调理诸特殊个体之关系。此制度固皆依理而建立，具客观的普遍性。然立制度所以为天下之一一之民。制度重在行，已成制度之因时之不同，而违于民志，即势不能行，必渐失其所以为普遍之制度，而不能不变。行制度者，气也，使制度不能行，而失其所以为制度，亦气也。则言政治之目的，与政治之制度，皆必须以气之观念为首出。此与言道德之以理之观念为首出，固不同。而凡言政治，当先理而后气云者，唯是谓政治当依于道德原则耳。克就政治而言政治，则政治活动之开始，便是求政治观念之在客观社会上之实现，则气之观念，乌能不为首出？此即宋明以来之儒者，凡特重视政治之思想家，无不重气之故，而船山亦犹是也。

然船山之言政治之终不似宋明清以来，重气、重功利之思想家者，则在船山于政治之本在道德与文化，更能念念不忘。而政治之目的，在使社会上之一一人民各得其安顿，而非为君主之一人，船山之认识亦独清也。

关于船山论政治之本在道德文化，其言政之不同于一般功利主义者，由其《读通鉴论》卷二之斥"衣食足而后礼乐兴"为邪说，最可证之。

"鲁两生责叔孙通，兴礼乐于死者未葬，伤者未起之时，非也。将以为休息生养，而后兴礼乐焉，则抑管子衣食足，而后礼乐兴之邪说也。子曰，自古皆有死，民无信不立。信者，礼之干也；礼者，信之资也。有一日之生，立一日之国，唯此大礼之序，大乐之和，不容息而已。死者何以必葬，伤者何以必恤，此敬爱之心不容昧焉耳。敬焉而序有必顺，爱焉而和有必浃；动之于无形声之微，而发起其庄肃乐易之情；则民知非苟于得生者之可以生，苟于得利者之可以利。相恤相亲，不相背弃，而后生养以遂。故晏子曰，惟礼可以已乱。然则立国之始，所以顺民气而劝之休养者，非礼乐何以哉。譬之树然，生养休息者，枝叶之荣也；有序有和者，根本之润也。今使种树者曰，待枝叶之荣，而后培其本根，岂有能荣枝叶之一日哉。"

船山此言，即非一般功利主义者所能发。而或竟以船山侪于功利主义者，何哉？

至船山之言政治之目的，在为人民本身，而非为君主，则由船山之《读通鉴论》诸书，处处反对申韩之道之残民及黄老之用术以治，使人君得无为清静之福，可证之。船山之言政也，处处言君主不当以黄老申韩之术求自逸，而当处处以人民为贵。其所以贵民，乃为民而贵民。其所以能为民而贵民者，固由其深知君虽尊而君为人之一，为一特殊之个体，与一切人民各各为一特殊之个体，皆同禀仁义礼智之性，同可以为尧舜，而人格之价值，原自平等；亦同属于一宇宙，为一天地所覆载，而天之意志，固不只表现于君之个人之意志，而表现于全体人民之意志也。故君欲尽其所以为君，而以治民为任，唯有依圣人之道，本天理以体全民之意志为意志，而无一民之志之可忽。然船山之重民，又非今之民主政治，以多数之表决定是非，定政治上之措施之说。此则今世论船山重民之意者之所忽。如实言之，船山所谓人君当本天理以体全体人民之意志，乃谓人君当以人民之全体之真意志为意志。真意志者，顺乎人民之天性，合乎当然之则者也。夫然，故一时之一夫倡而万夫和，之意见情欲，非必即人民之真意志所在，亦非在上者之所必顺。而察何者之为顺乎天性、合乎当然之则之人民之真意志，则当以天理衡之，而不能只由博诸于众，观人民一时之风气之所趋，以得之。由是而船山之尊重民之意志，即不同于今之民主政治之多数表决，一往顺民意之论。乃重在教居上位者，以天理与民之意志交勘，而尽察民志之委曲，确定民志之邪正，而伸其志之正者。此即船山所谓“观天于民视听，观民视听于天”之展转互绎之说，而不只伸民权，乃仍归于贤哲之政治之论。此乃兼综天人理气而言，其义精矣。今试以《尚书引义》卷四《泰誓中》之言以证之：

“尊无所尚，道弗能逾，人不得违者，惟天而已。曰天视自我民视，天听自我民听。举天而属之民，其重民也至矣。虽然，言民而系之天，其用民也尤慎矣。善读书者，循其言展转反侧以绎之，道乃尽；古人之辞，乃以无疵。……可推广而言之曰，天视听自民视听，以极乎道之所察；固可推本而言之曰，民视听自天视听，以定乎理之所存。……由乎人之不知重民者，则即民以见天；而莫畏匪民矣。由乎人之不能审民者，则援天以观民；而民之情伪，不可不深知而慎用之矣。盖天显于民，民必依天以立命，合天人于一理。天者，理而已矣。有目而能视，有耳而能听，孰使之能然，天之理也。有视听而有聪明，有聪明而有好恶，有好恶而有德怨，情所必逮，事所必兴矣，莫不有理存焉。故民之德怨，理所宜察也，谨好恶、亶聪明者，所必察也。舍民而言天，于是苟合于符瑞图谶以傲幸，假于时日卜筮以诬民；于是而抑有傲以从康者，矫之曰天命不足畏也。两者争辩，要以拂民之情。乃舍天而言民。于是而有筑室之道谋，于是有违道之干誉；于是而抑有偏听以酿乱者，矫之曰，人言不足恤也。两者争辩，而要以逆天之则。夫重民以天，而昭其视听，为天之所察，曰匹夫匹妇之德怨，天之赏罚也，俾为人上者知所畏也。（上言当由民之意志以知天意，此下言当以天理衡民之意志。）……若夫用民而必慎之者何也？……禹曰无稽言勿听，民之视听，非能有所稽者也。盘庚之诰曰，而胥动以浮，言民之视听而浮游不已者也。……且夫，视而能见，听而能闻，非人之能有之也，天也。天有显道，显之于声色而视听丽焉。天有神化，神以为化，人秉为灵，而聪明启焉。然而天之道广矣，天之神，万化无私矣。……民特其秀者，而固与为缘矣。圣人体其化裁，成其声色，以尽民之性；君子凝其神，审其声色，以立民之则。（此言唯君子圣人乃知天之道、天之理。）而万有不齐之民，未得与焉。于是不度之声，不正之色，物变杂生，以摇动其耳目，而移其初秉之灵。于是眈眈之视，愦愦之听，物气之薰蒸，渐渍其耳目，而遗忘其固有之精，则虽民也，而化于物矣。夫物之视听，亦未尝非天之察也，而固非民之天也。非民之天，则视眩而听荧，曹好而党恶，忘大德、思小怨，一夫唱之，万人和之，不崇朝而喧阗流沔，溢于四海，且喜夕怒，莫能诘其所终。若此者非奉天以观民，孰与定其权衡，而可惟流风之披靡，以诡随哉。故天视听自民视听，而不可忽也；民视听抑必自天视听，而不可不慎也。今夫天，彻乎古今而一也。其运也密，……其化也渐……穆然以感……（言天道有常）然则审民之视听，以贞己之从违者，亦准诸此而已矣。一旦之向背，骛之如不及，已而释然其鲜味矣。一方之风尚，趋之如恐后，徙其地，漠然其已忘矣。一事之愉快，传之而争相歆羡，旋受其害，而固不暇谋矣。教之衰，风之替，民之视听如此者，甚夥也。……民权畸重，则民志不宁。其流既决，挽之者劳，而交受其伤，将焉及哉。民献有十夫，而视无不明矣，听无不聪矣。以民迓天，而以天鉴民。理之所审，情之所协，聪明以宣，好恶以贞，德怨以定，赏罚以裁。民无不宜，天无不宪；则推之天下，推之万世而无敝。故曰天视听自民视听，民视听自天视听，展转绎之，而后辞以达，理以尽也。"

此外船山言为政当重行、不重多议论，言为政重得人，而政治上之人物，不仅应优于德，亦应优于才，且使特殊之才有特殊之用（如《宋论》卷四即评及韩范二公之未善用其才之长，而不免用其短）。不仅应知理之当然，亦应知时势之实然等，皆其哲学之必然结论。船山于各政制，如封建、郡县、考试、选举、学校、兵制、井田、食货之制，亦所论甚多（如《噩梦》于选举、兵制、官制、官职、刑罚、财政、农田、水利，即有系统之论），而精义络绎，此应专论船山之政治哲学者，详之，今所不及。

六　历史之评论

曷言乎一重气，而船山有真正之评论历史之历史哲学也？历史者，实事也。历史之实事者，一一之理之次第实现于气之所成也。一一之理之实现于气，其次第不乱，而成序。序成而先者不能在后，后者不能在先，而每一史事，遂皆为独一无二，一现而永不再现；则每一史事之结果与价值，与他事之结果及价值，不可相混。每一史事，在全部史事之序中，居一特殊之地位，而有其所承以生之特殊史事，有其继以成之特殊之史事。其所以如是承，即如是生，如是继，即如是成；复皆有一一之特殊之理。则欲观理之曲成乎事，事之无不具理，理与事之一一对应，而不相冒，船山所谓凡事皆有理，事异而理异，舍观历史，无由得之矣。吾人论事物之理，必极于论历史之理，亦可知矣。然吾人之论历史，非先知有如何如何之理，即知有如何如何之史事；乃先知有史事，方进而究其有如何如何之理。事已成，而其理吾人容有未知。则在历史学及历史哲学中，事必为首出之概念，而"气"必为首出之概念明矣。此即重气之哲学之恒趋向于重视历史之故也。

凡物皆有历史，而一人之自然生活，亦有历史。然常言之历史，皆言文化之历史。盖文化之历史与现实之文化关系独密也。何以言之？原文化之所以成，皆原于个人精神之表现于客观社会，而社会中之他人受其表现之影响，而蔚成风尚；或受其影响，而复矫偏补正，而另有所表现，另有所影响，以成风尚。个人精神之表现之相影响，成风尚，而有共同之精神表现，为人所共喻，斯即所谓客观之精神表现。而凡文化，皆客观精神之表现也。由个人之精神之表现，而形成客观精神之表现之文化，有各个人之精神内容，各逐渐趋于普遍化之历程焉。必吾人个人之精神之内容，由吾之表现而为一一之人了解而承受，亦一一表现此同一之精神内容，而后文化成。此历程，即历史。是文化经历史而成也。然文化之所以经历史而成者，以吾人之求表现吾人之精神内容，而望其普遍化也，以吾人能了解承受他人之精神内容之表现，而与之俱化也。吾之所以求吾之精神内容之普遍化，吾之所以愿了解承受他人之精神之表现者，以吾既有超现实之个体自我之精神与社会意识，而欲吾之此精神内容，由表现而使他人得继有之，则吾亦即复愿了解承受他人之精神内容之表现，以继有之也。则此社会意识，即一形成文化之客观意识或客观精神也。唯人人皆有此形成文化之精神意识，愿上承他人之精神之表现，下开他人之同一之精神之表现，而后文化乃一依历史而成。则唯有社会意识、形成文化之客观精神之人类，方念念不能忘历史也。由此而过去之同类个体之活动之影响于方来者，乃以人类为独著。此即言人类历史必言文化之故。不属于文化范围之历史，不仅非文化之历史，亦非具充量之历史意义之历史也。具有充量之历史意义之历史，唯文化之历史。盖唯人之形成文化之精神意识、社会意识，乃在开始点即自觉的以形成历史为目的也。上承千古，下开百代，从事文化者之志，必极于此。此形成文化之意识之极致，即历史意识之极致。禽兽能有之乎？无文化意识之个人之苟生苟存之生活中，能有之乎？

上说历史与文化之关连，即是说由人一方愿承受他人之精神表现，一方欲其自己之精神之表现，为人所承受，使人我之精神内容，互相普遍化，而成文化。故历史中，有人物焉（人物包含个人、社团、民族），有人物之互求其精神内容之普遍化，而相感应以成之文化焉，有人物之相互关系所成之史事焉，有一史事所以成之时势、一史事对以后之影响焉。故评论历史，即或为评论历史上之人物应事之方，利或不利于一事之成，而有之此历史上之利害得失之评论，或为评论人物应事之方，合不合道德，而有之历史上人物是非之评论，或为观一史事所由成之时势与影响，而有之对一事之是否合理，与对历史文化之价值之评论，或为观各种文化如学术、宗教、礼乐、政治、经济之制度，在历史上之盛衰显晦，及其盛衰显晦，对当时人群与人类历史文化生活之全，为得为失，于是有世运升降之评论。至于论一史事与创造支持此历史文化之统绪之人群民族之关系，则有历史事件与民族种族之存亡绝续关系之评论。凡此等等历史之评论，皆吾人承认历

史之所以为历史，承认历史构成之成分中，有文化，有史事，有
人物，而吾人又有反省历史批评历史之能力，即必有者也。然除
史家外，中国宋明以来之儒者之评论历史，或偏重历史上人物如
何应付当时之环境，道德上之是非之批评，如朱子《通鉴纲目》。
或偏重人之应事之道之利害得失之批评，如吕东莱、苏氏父子之
论史。司马氏之《资治通鉴》，则初意在由史事以教人君，知是
者之为利，而非者之为害，以寓道德教训，亦兼示人以应付事变
之方者也。凡此等等，皆或未能重视一史事所由成之时势，对整
个历史文化上之影响与价值，或未能真由历史以观文化之流嬗；
或未能以文化为历史之本，以觇世运之升降；或未能以一历史之
事变，与支持此历史文化之民族之存亡绝续之关系，为主题，而
论其得失利害于万世。而船山之论史，则除亦本道德上之原理，
以评论各时代人物之言外行，尤长于论一事所由成之时势中之理，
一事之影响之出乎发起此事之人之意志外之有价值而合理之结果
〔船山所谓"天因化推移斟酌，曲成以制命"（《宋论》卷一第一
页）是也〕及各时代世运之升降、人民生计之裕绌、礼乐之兴衰、
政制之得失、刑律之变迁、学术之隆污、风俗之良窳、教化之兴
替。船山《读通鉴论》后序所谓"君道在焉，国是在焉，民情在
焉，边防在焉，臣谊在焉，臣节在焉，士之行己以无辱者在焉，
学之守正而不陂者在焉"之言是也。而其论史，不乐道古，以为
过情之誉，如宋以来之儒者；亦不执古，以为后世之衡。如《宋
论》卷十四页之斥建一先王之号，而胁持天下之口。谓："治世
当则天之时，因物之变……尧舜周孔之教，初无一成之律则，使
人揭之以号于天下……至于命，而后与时偕行之化，不以一曲而
蔽道之大全。"（《宋论》卷六第九页）并颇论后世文化之进于前
代，以观世运。（如《读通鉴论》卷二十二，十六页，《四部备要》
本。）而于历史中中国民族与夷狄之关系，更随处加意。此即船
山之能真知历史之所以为历史，故得而如其涵义之全，以论之也。

而船山之所以独能如是者，正由其于文化之为客观之精神之表现，其与道德之不同，认识清也；于我之个人外，有千千万万之古往今来之个人，合为大社会大民族之义，认识清也。亦由其知我之所以为我，虽具天地万物之理，此心可涵盖古今六合，而我之所以为我之气，乃被包括于大社会、大民族与天地之气运之中，不能妄同之也。能知此"不能妄同"，则我唯有承此大气之运，而深察此气运之兴衰，见于历史之中者，求复兴起衰，以开来世。此之谓担负历史文化之重任。横渠所谓为往圣继绝学，为万世开太平者，此也。

关于船山之善论历史，由其能重气，重观一史事之特殊性，而于一一之事见一一之理，可由船山之论历史，重论一史事之时势，对时势之观念，特加注重，以证之。势者，理之当然，而不得不然者，将见于气，而为成事之因者也。故船山于《尚书引义》曰，势者，事之所因；事者，势之所就。又曰："……势既然而不得不然，则即此为理矣。……气之成乎治之理为有道，成乎乱之理者为无道。均成乎理，即均成势矣。……势因理成，不但因气。"（《读四书大全说》九卷第四页孟子"天下有道，小德役大德，小贤役大贤"注）故船山之论史重势，主由势以观理，即重由气与理俱运处，以观理也。至于时者，气显一一之理，而成一一之事之形式也。时者，一一之事所居，任一事之所以异其他事，而成一特殊之事者也。重一史事之所在之时，亦即重观一事之异于他事之特殊性。重观时以观史事，即重观一史事在历史中之特殊性之谓也。故船山之重观一史事之时势，即原于船山之重气。船山重观一史事之时势，亦必重观史事之特殊之理，而必求于一一史事，各得其一一之特殊之理，而重观"时异而势异，势异而理亦易"（《宋论》末语）。由是而其善论史也，不亦宜哉。船山之重观时势之意，《读通鉴论》后序之言尤言之最畅。其言曰：

以古之制，治古之天下，而未可概之今日者，君子不以立事；以今之宜，治今之天下，而非可必之后日者，君子不以垂法。……《夏书》之有《禹贡》，实也，而系之以禹；则夏后一代之法，固不行之于商周。《周书》之有《周官》，实也，而系之以周；则成周一代之规，初不上因于商夏。……战国者，古今一大变革之会也。……三王之遗泽，存十一于千百，而可以稍苏，则抑不能预谋汉唐以后之天下。势异局迁，而通变以使民不倦者，奚若。……编中所论，推本得失之原，勉自竭以求合于圣治之本。而就事论法，因其时而酌其宜，即一代而各有弛张，均一事而互有伸诎；宁为无定之言，不敢执一以贼道。

上谓船山之论历史，不只重人之动机善恶之评论，而重论一史事所由成之时势之不得不然，以见理之不得不然，亦重论一事影响之社会价值、文化历史价值，见事之结果之或有超乎人之动机之所料，而合乎天下之公理者。此由其《读通鉴论》第一篇论秦废封建之动机与结果，即可证之。

郡县之制垂二千年，而弗能改矣，合古今上下而安之，势之所趋，岂非理而能然哉。……分之为郡，分之为县，俾才可长民者，皆居民上，以尽其才，而治民之纪，亦何为而非天下之公乎。……郡县者，非天子之利也，国祚所以不长也。而为天下计利害，不如封建之滋也多矣。呜呼，秦以私天下之心，而罢侯置守，而天假其私，以行其大公。存乎神者之不测，有如是夫。

论历史上之事之所以有，与此事之历史价值，必须由整个历史，以观其时势之不得不有此事，与对整个历史之价值。故卷三论汉武帝之辟遐荒之地曰：

> 遐荒之地，有可收为冠带之伦，则以广天地之德，而立
> 人极也。……虽然，此天也，非人之所可强也。天欲开之，
> 圣人成之。圣人不作，则假手于时君及智力之士，以启其
> 渐。以一时之利害言之，则病天下；通古今而计之，则利
> 大而圣道以宏。天者，合往古来今，而成纯者也。……君
> 臣父子之伦，诗书礼乐之化，圣人岂不欲普天率土，而沐
> 浴之乎。时之未至，不能先焉。迨其气之已动，则以不令
> 之君臣，役难堪之百姓，而即其失也以为得，即其罪也以
> 为功，诚有不可测者矣。

武帝之役民拓边，自其个人主观之动机言，船山谓不过为善
马远求耳，好大喜功耳。然此主观动机，与拓边之功之所以成，
乃二而非一；与此事之价值，亦二而非一。拓边之功之所以成，
时势中，有可以广天地而立人极之时势也。而此事之价值在千万
世，亦非汉武帝之所知。此又见论一事历史价值，不同论作此事
之动机之道德价值也。故船山《读通鉴》后序，自言其论历史之
法，固亦重"心"；然其重心，乃重在以此心，知一时之情势，审
一事之成败之结果，以求时措之宜。固非只重在人之一动机纯正
或否之心而已。其言曰：

> 览往代之治而快然，览往代之乱而愀然。知其有以致
> 治而治，则称说其美；知其有以召乱而乱，则诟厉其恶。
> 言已终，卷已掩，好恶之情已竭，颓然若忘，临事而仍用
> 其故心。……夫治之所资，法之所著也；善于彼，未必善
> 于此也。君以柔嘉为则，而汉元帝失制以酿乱；臣以戆直
> 为忠，而刘栖楚碎首以藏奸。攘夷复中原，大义也，而梁

武以败；含怒杀将帅，危道也，而周主以兴。无不可为治
之资者，无不可为乱之媒。然则治之所资者，一心而已矣。
（此心乃能知时势审事之成败之结果，而求时措之宜之心
也。）以心驭政，则凡政皆可以宜民，莫匪治之资；而善取
资者，变通以成乎可久。设身于古之时势，为己之所躬逢；
研虑于古之谋为，为己之所身任。取古人宗社之安危，代
为之忧患；而己之去危以即安者在矣；取古昔之民情之利
病，代为之斟酌，而今之兴利以除害者在矣。得可资，失
亦可资；同可资，异亦可资也。故治之所资，唯在一心，
而史特其鉴也。……故论鉴者，于其得也，……必思易其
迹，而何以亦得；其失也，必思就其偏，而何以救失。乃
可为治之资。

关于船山论历史之重文化，重观文化之流嬗、世运之升降，
重观史事与民族历史文化存亡绝续之关系，除见于《读通鉴论》
《宋论》者外，如《黄书·离合》篇就中国之地理，以论五千年历
史中之治乱离合，《思问录》最后段之论历代南北文运之衰旺，皆
可留意。

七 保民族以保文化之义

曷言乎一重气，则保卫民族之义，与保历史文化之义，不可
分也？夫言民族有文化者，言其人之精神内容之表现，尝依历史
而渐普遍化，而有各共同之精神之表现之谓也。一民族之诸个体
人，固各有其身。其身之时异、所异，固各为一特殊之个体也。
然有共同之精神内容，则人与我之各种特殊之精神活动，交于一
共同之文化与精神内容，而又互知此文化、此精神内容，对方亦
有之；则各个人之特殊精神，相涵摄而凝一。此即文化之共同，

所以为功于民族中诸个人之集合，而成一整体之民族者也。夫然，故舍历史文化之共同之意识，而言民族中诸个人之相集合，则将只有利害之相需，所处之时空之密迩而已。利害相需而结合，则不相需而离。因无文化之共同以维系之，使其人民之精神相涵摄而凝一之故也。循斯以谈，则一民族之文化愈高者，历史愈长远者，其民族之集合，亦宜愈凝固。而一民族之丧失其文化、忘其历史，将不免于瓦解。此即儒者历代相传之保文化以保卫民族之义也。

欲保民族须保文化固矣。然欲保文化，是否必须保卫民族？则理有两端。盖人之欲使其精神内容之普遍化于他人，初非限于我之同族之人。人之欲此精神内容之普遍化，推类至尽，必及于一切人而后可。任何人任何民族之能有此精神内容，吾皆欲之，不必择也。则当吾之民族不足承受此文化，而其他民族能承受之，当我之民族为其他民族所灭亡，而承受我之文化，则亦将无大异于我之民族之承受此文化。此即成离民族之保存，而言文化之保存之说也。中国过去每当夷狄乱中国之际，皆有此类之说，而此说依上文所论，亦有其真理在也。然船山不取此说。其所以不取此说者，正以此说之纯自精神内容得其普遍化上言，亦即纯自文化所以形成之理，得某种普遍继续表现上言；而未能扣紧吾人去形成如此之文化之气，扣紧吾人能有如此之精神内容，支持此文化内容之精神活动而言也。若于此扣紧，则保文化必当同时保民族之义明。唯保文化，复保民族为正义，不得保民族，而只保文化，乃不得已之第二义也。

何言乎扣紧此"形成如此文化之气"，扣紧"有此精神内容支持此文化内容之精神活动"，则须兼保民族也？盖吾人于此一扣紧，则吾人保文化承受文化而传播之，即非只单纯之一使此文化内容之理普遍化于他人之一事，而同时是对"遗我以如是文化之特殊之圣哲祖先之精神"负责之一事。古人往矣，而其精神未尝往也。诵其书，读其书，知其人，则千载之遥，一念通之，而对之负责之念油然生矣。吾之民族之圣哲祖先之遗此文化也，乃遗之于其子孙。则吾为其子孙，亦当继之，而更遗于吾之子孙。若夫人之爱其子孙，爱其族类，固可说为生物之本能。然求文化教泽之继继绳绳，不绝于子孙、于其族类，则非特生物本能也。仁义之施，先及其近，自然之道也。人之慕父母，固亦或为生物本能，然孝父母而欲承其志，承其所受之文化教泽，而上通祖先圣哲之心，亦非特生物本能也。吾身能继父母祖先之生命，而吾之精神不能继其精神，则自罪自责之情，所由奋起也。继之于一己，当先立志于继祖先圣哲之精神，则此一己之全躯之意轻，固矣。然欲继之于后世，则族类子孙之生命之不存，文化教泽又何有？由是而言，则保文化即当保民族之义彰，保民族即所以保文化之理显。吾保卫此民族，此民族固或将忘其若祖若宗之文化。人若如此措念，则人又将以为不如敷化异邦，或任此民族之沦于异族矣。然志士仁人之真欲保文化保民族，决不允此先疑此来者之念之渗入。同此民族，祖先能者，吾当能之，亦能之。吾当能者，亦能者，后世子孙，复当能之，亦能之。诚深信其当能者之必成实能，有理之必可有气，则罪责来者之念绝。吾之保民族以保文化之事，只当自行乎其不容已，且亦将信中国民族不亡，文教终能光大，而来者之必胜于今也。此盖即船山之所以兼言保历史文化与保卫民族之义之故也。船山言保民族之言甚多，其辨有文化之华夏，与无文化之夷狄之别之言亦甚多。船山最痛心于宋明之亡，其所著之《黄书》之全书，皆论华夏求不乱于夷狄之立国建制之道。此书后序，客谓船山之此书，重"功力以为固，法禁以为措"，以保华夏。船山以惩于宋之亡于异族，原于不分兵民，北方无藩辅，故主保华夏，当"分兵民而专其制，列藩辅而制其用"。（《黄书·宰制》五页）而宋之不列藩辅，亡于异族，则原于君主之私天下，专制而多猜忌，而忽夷夏之防。专制始于秦，由秦开之，而宋成之。唯"秦私天下而力克举，宋私天下，而力自绌，致亡于夷狄"。故船山斥秦为孤秦，宋为陋宋。其责孤秦陋宋，即着眼纯在民族与文化之存亡，而不在朝代之更迭之故也。今试引《黄书》中、《读通鉴论》言、《宋论》言宋之亡三段之言，以证其重民族大义、夷夏之辨，与保卫民族以保文化之意。

《黄书·原极》后序曰："人不能自畛以绝物，则天维裂矣；华夏不能自畛以绝夷，则地维裂矣……"又曰："民之初生，自纪其群，远其害沴。……故仁以自爱其类，义以自制其伦。强干自辅，所以凝黄中之絪缊也。今族类不能自固，而何仁义之云云也哉。"《尚书引义》五《立政周官》曰："仁以厚其类，则不私其权；义以正其纪，则不妄于授。保中夏于纲纪之中，交相勉以护人禽之别。"

《读通鉴论》卷十四之言曰：

> 天下之大防二，中国、夷狄也，君子、小人也，非本末有别，而先王强为之防也。夷狄之与华夏，所生异地，其地异，其气异矣。气异而习异，习异而所知所行，蔑不异焉。乃于其中，亦自有贵贱焉。特地界分，天气殊，而不可乱，乱则人极毁。华夏之生民，亦受其吞噬而憔悴。防之于早，所以定人极，而保人之生，因乎天也。……小人之乱君子，无殊于夷狄之乱华夏。……商贾者，于小人之类为巧。……乃其气恒与夷狄而相取，其质恒于夷狄而相得，故夷狄兴而商贾贵。……夷狄资商贾而利，商贾恃夷狄而骄，而人道几于永灭。

船山之言夷狄华夏之当辨，及夷狄与商贾相因之义，今日读之，犹足资启发也。

至《宋论》之末段，则论中国历代之患，皆在北方。故主匡武北方，中夏文化乃得其保。而宋以重文，自太祖赵普起，即猜防武人之割据（卷一，十五页），故未能于边塞置武臣为之守，以致于亡。船山此段之文，为其论史之最后一段，言简意深，亦可具见其重保文化之深意。故节录之于下：

> 汉唐之亡，皆自亡也。宋亡则举黄帝、尧、舜以来，道法相传之天下而亡之也。（自亡者一家一姓之亡，唯如宋之亡，自亡而亡中国之文化，斯可伤痛也。）……古之言治者曰，觌文匿武，匿云者，非其销之之谓也。藏之也固，用之也密，不待觌而自成其用之谓也。（此下即言当匿武，以防北方边塞之患，以保历史文化。）……其外（指北方）之逐水草、工骑射、好战乐杀，以睥睨中土者，地犹是地，人犹是族，自古迄今，岂有异哉。三代之治，千有余岁，天子不以为忧。其制之之道，无所考矣。自春秋以及战国，中国自相争战；而燕赵独以二国之力，控制北陲。秦人外应关东，而以余力，独捍西围。……及秦灭燕代，并六合，率天下之力以防胡，而匈奴始大。汉竭力以御之，而终莫之能抑。至于灵献之世，……曹操起而抚之，鲜卑匈奴皆内徙焉。蜀吴不相闻也。晋兼三国而五胡竞起。垂及于唐，突厥、奚、契丹，相仍内扰。及安史之乱，河北叛臣，各据数州之土，以抗天子；而蓟云之烽燧，不闻者百年。由此言之，合天下以求竞而不竞；控数州以匿武，而竞莫加焉。则中国所以卫此觌文之区者，大略可知矣。……天子有道，守在四夷。言四裔之边臣，各自守而不待天子之守之也。牵帅海内，以守非所自守之地，则漫不关情而自怠。奔走远人，以战非所习战之方，则其力先竭而必颓。然而庸主具臣之谋，固必出于此者；事已迫则不容不疲中国以争，难未形，则惟恐将帅之倚兵而侵上

也。呜呼，宋之所以裂天维，倾地纪，乱人群，贻无穷之祸者，此而已矣。……孰令宋之失道，若斯之愚邪。天地之气，五百余年而必复。周亡而天下一，宋兴而割据绝，后有起者，鉴于斯以立国（言补宋之失道，匡武边塞，以防北方之夷，而保卫民族也），庶有待乎？平其情，公其志，立其义；以奠其维；斯则继轩辕大禹，而允为天地之肖子也夫。

船山之言中国之患自来在北方，即今读之，尤兹启发也。

八　后论

西洋哲学之主要概念有三，曰理性，曰意识，曰存在。存在有物质与生命之自然存在，有精神之存在。中国哲学之主要概念亦有三，曰理，曰心，曰气。气正兼摄自然之物质、生命与人之精神之存在者也。心之知之所对者理，心之所托者气。自发之知，恒以理为的。反求之知，则更知知所依之心。知心者，心之自觉自悟。更行其所知，斯为精神之气。精神之气之所触与所欲运者，物质与生命之自然之气也。故昭人与世界之律则，必尊吾理性；启人生之觉悟，必唤醒吾心；而欲人文之化成乎天下，必资乎作气。理之所尚，心之所往；心之所觉，气之所作。三者固不可分。然理必昭于心之前，气必继于此心之后，则人固皆可反省而知之者也。夫然，故哲学必先论宇宙人性之理，而继以求人生之觉悟，而终于论人文之化成。一人之哲学活动之历程如是，而哲学史各时代之各大哲之哲学之发展相仍之迹，亦大体如是。以希腊哲学而言，则宇宙论时期之哲学，皆重显宇宙之条理。苏氏论善之所以重善之定义，亦重明理也。柏拉图则言理而归本于心矣。亚氏则重理之实现而重存在，重文化而论诗、论政矣。以近代西

洋哲学言之，大陆哲学初期之理性主义，笛卡儿较重理，来布尼
兹更重心。英之经验主义者，洛克之以物之本体为不可知，巴克
来、休谟之唯心论，亦皆更重主观之心也。康德、菲希特、黑格
尔承理性主义之潮流，以心统理，更言客观之心、客观之理。由
康氏至黑氏，则康氏犹偏重于尊理性，菲希特则偏于言超越意识
之心，黑格尔则特重理性之经意识而表现为客观精神与历史文化
矣。而以中国哲学言之，则先秦儒者，孔子立人道之纲纪，言仁
言孝言礼，皆言理之当如是。孟子则善言心性矣。荀子则重以心
化性，而知道行道，而成礼乐刑政之文化矣。汉儒之重文化而重
气，亦荀学之精神之流也。魏晋隋唐之佛学中，僧肇道生独重言
妙理。至于吉藏、智𫖮、玄奘、法藏、惠能，皆重心者也。律宗
之重戒律持身，密宗之即身成佛，与净土宗重佛土之实在性，则
重现实原则，重存在，而重气者也。而以宋明理学之发展言之，
则宋学之成于朱子，重张儒学之轨范，主以理为生气，重理者
也。阳明良知之教，重心者也。王学皆不喜理气为二之说，故于
气之重要性，亦不忽略，盖心固通理而亦通气者也。然在心上言
气，恒只是实现理，以成一人之德之气，未必即充内形外，曲成
人文之气也。宋明哲学中言功利者之一派，如永康永嘉之流，知
重气矣，然不重性与天道，言而无本；知法度食货之为治平之要，
尚未必知礼乐之义之精微；即未必识历史文化之全体大用。宋明
哲学上之旁流也。惟船山生于宋明理学极盛之时期之后，承数百
年理学中之问题，入乎其中，出乎其外，于横渠之重气，独有会
于心。知实现此理此心于行事，以成人文之大盛者，必重此浩然
之气之塞乎两间，而两间之气，亦即皆所以实现此理者。则人道
固贵，而天地亦尊；德义固贵，功利亦尊；心性固贵，才情亦尊。
由是而宗教、礼、乐、政治、经济之人文化成之历史，并为其所
重。而人类之文化历史者，亦即此心此理之实现，而昭著于天地
之间，而天地之气之自示其天地之理、天地之心者也。故船山之

能通过理与心以言气，即船山之所以真能重气，而能善引申发挥气之观念之各方面涵义，以说明历史文化之形成者也。船山同时之黄梨洲，亦能言心言理且重气，而善论历史文化。顾亭林则言经史之学，以论历史文化之学。盖皆与船山同表现一时代之哲学精神。然梨洲于宋学之功不深，亭林则多言明儒之病。二人皆门生故旧满天下，不免以交游之多，泄漏精神。唯船山则知明学之弊，亦能知宋学之长，独穷老荒山，磅礴之思，一一见诸文字，而精光毕露，为结束宋明之学之大哲，与黑格尔之综合西方近代理性主义经验主义之流相类。西方哲学自黑格尔之后，顺黑格尔重现实原则而下之流，变为马克思之重生存、重物质。黄王以后之颜李戴之伦，亦重功利实用，重人欲之得遂。黑氏以后，西方学人乃喜言文化史哲学史。顾黄王以后，清儒皆重读古人书、求古人之师说，考证遗编，皆此一流相接。然舍礼乐文化历史而言生存，言物质，言功利实用，皆不免依人之生物本能说话。但知物质之为存在，及人欲之为气，器物之为气，而不知精神之为存在而亦为气，则其存在与气之义，局狭而猥琐。而西方学人之言文化史哲学史，自黑氏以后者，皆一事于客观之钻研。清儒之考证之学，亦不关自己心身家国事。以此观黑氏与船山之言气言存在，必重精神之存在，文化之存在，言历史能扣紧民族精神之发展而言，以昭苏国魂为己任，则黑氏船山，敻乎尚已。而今之国人，承清儒重功利考证之学风，吸西方唯物思想之流，乃欲以船山侪于颜戴，下比于西方唯物论者，此则凌辱先哲，昧于哲学潮流之进退者也。虽然，言哲学之必极于言存在言气者，势也。势不免不如是，理亦不免如是也。而言存在与气，则易与人之生物本能所肯定之存在与气之观念相滥，亦势之所难免，理之所难免也。如求免于滥，仍不如重言心与理，斯轨则可寻，而清明在躬；依生物本能之滥，无自而入焉。此又言哲学者之不能不重理、重心者也。然处今之世，逆流上溯，在西方欲救黑氏以下以唯物思想以言历史文化者，盖当由黑氏而上溯。而在中国则欲救清儒之失，不以考证遗编、苟裕民生为已足，而欲建立国家民族文化之全体大用，则舍船山之精神，其谁与归。

第二十六章　事势之理在中国思想中之地位及三百年来之中国哲学中"道"之流行（上）

一　天理、性理、义理与事功事势之理及物理

吾论中国哲学中之道之流行，止于王船山。然船山至今已三百年，则人或有此道之流行，至船山而断之印象。然此非吾意。吾此书之论，详于宋明以前，而略于其后，乃意在矫当今论者，详于此三百年之学之偏，以求学术思想之能多返本，而更大开新，乃不得不然。吾固谓中国哲学中之道之流行，绵延不断，而慧命相续。然此三百年中之中国哲学之道之流行，何所进于宋明儒学中之道之流行，则甚难言，亦非我所能尽论。兹唯就我所见大方向略述，以祛读吾书者或不免之印象。

此三百年之中国哲学思想，整个言之，自远不如前此者之开人神智，而恒使人有平庸之感。然吾亦不能谓此三百年人皆如睡如梦，不学无术。大率此三百年之学，乃在求补宋明儒学之偏向。如以一语，言此偏向，则在宋明儒之偏详于天理、性理、义理之当然之理，以成其尽人性成人格之内圣之学；而忽于事理、势理、物理，以成"人文化成于天下"之外王之事功之学。王船山之学，原较能兼重此二面，惜未能传世。至此外学者，则又多偏向于明事理、势理、物理，以成外王之事功之学，而略于宋明儒所详之天理、性理、义理与内圣之学。此则三百年之学之求补偏，而入

于另一偏，仍未得合于内圣外王之学之全也。然吾人依此对全之向往，以观其偏，而纳此三百年学术于宋明儒学，自周濂溪以降本太极而立人极、皇极之思想大流以观，则亦仍当谓其有意无意向在此一全，并见中国哲学慧命未尝不流行于其中也。

此上所言只是一总括之略述。若稍详述，则三百年之学者之求补宋明儒学之偏，至如颜习斋、李塨、戴东原之反对宋明儒学，及后此之经学家之重汉唐之学，更及于先秦诸子之学，与今之重西方之学，其学风亦逐渐次第形成。盖在明末清初，程朱陆王之学之流，固未尝断。黄梨洲疑二溪等所传之阳明之学，而倡史学、论政道，亦仍尊阳明。顾亭林斥王学，仍尊朱子。王船山斥王学，而返于张横渠。是皆于宋明儒之学，各有其所宗也。自梨洲、亭林、船山以降之学者，其疑宋明儒之学，足以修己立德，不足以治人成事功者，其源亦甚远。如王阳明之弟子黄绾，湛甘泉之弟子唐仁卿，即尝谓言良知心性之学者，不能达用，而其人亦未必为君子。由此上溯，则南宋之永康永嘉之学，即不以朱子所定颜、曾、思、孟之内圣之学之道统为然。并以朱子之只言三代圣王之政，而全斥汉唐之事功为非是，遂重经世致用之学。再上溯至北宋，则《宋元学案》后所附述王荆公之新学，正为重事功者。其所附述之苏氏学，则为重事势之理者。再由此上溯至汉唐之儒者，如贾谊、董仲舒、王通及韩愈，亦皆志在以其学为当世之用者。由此更直溯至先秦儒者，则孔子尝大称管仲之事功。孔子弟子，今本《论语》谓有四科之分。其中除德行科之颜渊与其后之曾子之外，亦有言语、政事、文学之科。其中文学之科之子游子夏之学，能言礼乐而传经，为汉人经学之传之所自出。言语科之子贡，则能货殖交际，而恒以博施济众为念。《孔子家语》谓孔子尝言，自吾门有赐，而门人日亲。《史记·仲尼弟子列传》谓子贡一出，而存鲁、乱齐、破吴、强晋，而霸越。此固未必得其实，然子贡固有事功之才者也。而孔子之再传弟子，如吴起、段干木，荀子之弟子李斯、韩非，固急于用世，而失儒学之传。然亦由孔门之学，原有重其学为当世之用而来者也。至于由孔子之学，更上溯至中国之学术文化之本源，则所谓二帝三王之业，明皆在平水土、建邦国、树礼乐、成风教之种种事功。故叶适之以皇极之三德、八政、九畴，为中国原始之道统所在；颜习斋之以《周礼》之格六德、六行、六艺之三物，言格物之本义，亦不能谓其全无当于中国学术文化之原始也。则三百年来之学者，疑于宋明儒之详于天理、性理、义理，而忽事理、势理、物理，重内圣之学，而忽事功之学，其源亦甚远；而可直溯至其对孔门之学，与中国学术文化之本源之契会，而亦初未尝离此本源中之道者也。

然谓此三百年之学者，疑于宋明儒之忽事功之学，亦未离于此本源中之道是一事，至其所疑是否皆当，又是一事。吾人固可谓中国学术文化之本源中之道，初只表现于平水土、建邦国、树礼乐、成风教之立皇极、格三物之事。然此道之流行，则固不止于此，亦不当止于此。孔子之言仁道，颜曾思孟之言内圣之学，以及于性与天道，正是为此立皇极、格三物之事，奠立内圣之根据，为其事功之可能的基础。无此根据与基础，则事功亦终不能长保。此则由汉唐之国力之盛，而终致衰亡，足以证之。由此而有宋明儒之起，以更发明此颜曾思孟之内圣之学、性与天道之义为己任，其志固正在建天下长治久安之基，立千年之人极也。如为后之宋明儒学之宗师之周濂溪，同时以"学颜子之所学"，与"志伊尹之所志"并言，固不可谓其轻事功也。至叶适所重之皇极，则在宋盖始于邵康节之《皇极经世》之书。以生活形态而论，邵康节乃最无经世之业，而一生若无所事事者。然其书，仍名曰皇极经世，则正见宋明儒者，虽极无所事事，亦不忘经世也。至于此外之张横渠，则原有志于兵，其《正蒙》亦兼言治道。其《理窟》一书，更专论治道。横渠亦兼以为往圣继绝学、为万世开太平自任。蓝田吕氏，亦措横渠之学于治乡里之事。横渠又特以关心当世之事称程明道。伊川朱子之一生，自是讲学之功多，然亦有其治事之绩。陆象山兄弟能治其宗族，以为世范。王阳明能治兵平乱。皆非不能治事者也。唯王学之徒，如王龙溪一生，几唯以讲学为事；罗近溪为宰令，人或议其脱略事为；李卓吾乃以著书放言高论为事，而开晚明"无事袖手谈心性"之风。王学乃为亭林船山所深恶痛绝。然谓宋明儒者由周张至程朱陆王言心性之学，全不志在事功，不能治事，有内圣之学，全无外王之学，则非也。

　　然由船山、亭林以降之三百年之学，疑宋明儒之学之有所偏向者，又仍可更有说。此即宋明儒者虽亦志在事功，并能治事，然未必于其所讲之学中，言事功与治事之道；而后之学者，亦不重其事功与治事之道。如以王阳明而论，固能治事。然其《传习录》所记之言，则只及致良知之学，无一语及于如何立事功与治事之道。今存《王阳明全集》，除《传习录》三卷及若干论学之书信及文外，大部为与其所治之事有关之文。然试问于此诸文，今治王学者，有几人加以注意？吾亦于此不加以注意之一人也。盖皆意谓阳明学之精华，不在此也。今吾人之论张程朱陆之学，亦同不重关于其如何应世治事之文也。此固由凡此有关诸贤应世治事之文，时易境迁，则后人更无兴趣。然亦由吾人之意谓：论此诸贤之学，不须更言其如何治事之道，此治事之道，原非其讲学之精华所在也。由宋明儒者所讲之学之精华，不在治事之道，而后人或谓能知天理、性理、义理，以正心诚意，致得良知，则自能治事立功，更不须别论事势事功之理，及与事相关之物理。此则成一学术之偏向。此中之事势事功之理与物理，是否不当别有种种学术，以分别知之，亦原是一哲学思想中当有之问题。宋明儒者之于此所论，亦正有未尽处。此即三百年来之疑及宋明儒学非儒学之全，或非儒学之真，其自觉或不自觉之根本理由所在也。

　　此三百年来学者之疑宋明儒学非儒学之全，或非儒学之真，其所自觉或不自觉之根本理由，上谓在其疑宋明儒学未将事势事功之理、物理，纳之于学术之中。此则初不始于船山、亭林以降之学者，而实始于宋之言事势、事功之理之学者。如北宋之王安石、苏氏父子，及永康、永嘉之诸儒。此中之根本问题，则在事势事功之理以及物理等，是否有独立之于宋明儒者所重言之天理、义理、性理以外的意义。如其无独立的意义，则人能知天理义理性理，以有其正心诚意致其良知之学，便能成得事功。则事功之学不须另讲，而人之学问亦未为不足。然如其有独立的意义，则人徒讲此正心诚意致得良知之学，即未必能致得事功，而事功之学，便必须成一相对独立之学，而后更可合此正心诚意致良知之学，以为儒学之全。然吾人固有理由以谓此事势事功之理以及物理等，对宋明儒者所重言之天理、义理、性理，有一相对独立之意义。由北宋之王安石、苏氏父子至南宋之永康永嘉之学，以及明末之船山、亭林、梨洲，清代之颜习斋、戴东原等，则正皆有见于此事势、事功之理与物理等，有此相对之独立意义，而知于宋明儒所尚之学外，当另有一学术思想之方向，以补其所不足者也。唯其矫偏或又过正，而或不免并宋明儒者之长，而并弃之耳。

二　中国学术中重事势之思想之传与北宋学者之言事势之理

此重事势之理与物理之中国学术思想之传，原在昔之道家、墨家、纵横家、法家、阴阳家之流。儒家之孔子于人所遭遇之事物，其势有必至、理有固然者，固知之，而统之于命之一概念之下。故学者所当为者，乃是于命之所在，见义之所存，以行其义，而畏天命、知命、俟命。孟子虽言"虽有智慧，不如乘势，虽有镃基，不如待时"，亦是乘势待时，以行其义所当然，以尽性而立命。先重在明义理之所当然，既行义亦知命，固儒家之传统

也。然在墨子，则重行义而非命，以改造时势自任，而墨家之流
至于《墨辩》，亦能明物理。至于道家之安命任命，则由知事物之
理，积而成势者，有其自然、必然之运，不必皆合于义理之当然，
亦不可挽而不可变，故或返而求自洁其身，自求其真，以寄情游
心于高远。在道家之流中，如田骈、慎到、彭蒙之伦，皆欲因势
顺应以为功；而老子之言政，重无为以成其无不为，亦因任人心
民情之势，以为帝王之道。纵横家与法家之流，则皆善窥人情之
好恶利害之机势，与今昔时势之异，以求自用于世，以成其个人
之富贵或功业，而更可全不顾其是否合乎义理之当然者也。然儒
家之孟子，则视其时之公孙衍、张仪之纵横之流，不问义与不义，
而徒以迎合时君世主之心，以趋时附势者，为妾妇之道。荀子于
士之只知势利之所在者，视为小人或俗儒之以其学求衣食者。后
儒于法家之李斯、韩非，则责其刻薄寡恩，不合为政之公义。然
此儒者所责之人，亦皆是于人情之好恶利害之机势之所必至，而
理有所固然者，审之甚熟，然后能成其富贵功名于当世。以此类
之人，观儒者之必"进以礼、退以义"，不枉尺而直寻，不违道以
阿世，则皆迂儒不知时变，亦不知事势之理者也。此儒者之守道
抱义者，恒困于时势；而因时乘势，以成其富贵功名之业者，其
行又恒违于道义，则为汉世史家之司马迁之所叹。伯夷叔齐之饿
死，仲尼之菜色于陈蔡，其不同于驺衍、张仪、苏秦之得意于当
时，即守道抱义者与因时乘势者之别也。故《史记》于仲尼之学，
能传于后世，只列之世家，而不以之与因时势取天下之帝王同列。
汉世儒者，乃谓孔子之道虽不行当世，而能为汉世制法，欲通其
经、致其用于当世。董仲舒则有因汉之革秦，更一新世运之想，
而说汉武帝以变法改制之道，得少试儒学于兴学立教之事。汉儒
之言通经致用者尚多，亦未尝不对政治时风，有若干之影响。然
自汉历唐之君主，能本儒学之传，以正心诚意，行义达道于天下
者，则未有闻。盖皆私有天下于一姓，以求保其帝王之业者耳。

为儒业者，自传经博古；主时政者，自因势行权。二者不能相互为用。玄学之徒，则清谈妙理，以自逸于一室之内。佛家之徒，则视为此五浊恶世之所必然，而观一切法之毕竟空，以求出三界。此皆同不能立皇极人极于当世。此即朱子所谓汉唐之世之人，望道未见，仍是牵补过日也。

宋历五代之乱，而有儒学之复兴，舍佛老之空虚，斥申韩之刻薄，亦不屑为曲学以阿世取容，是为宋世儒学共同之方向。此非汉唐传经之儒之所及。自宋初之三先生之讲学，欧阳修为五代史，斥冯道之乡愿之行。范文正之为秀才时，即以天下为己任。而继起之宋代儒者，大皆能有为有守。而所谓为宋明之理学之儒者，则更求探义理之源，于性与天道之精微，以成其内圣之学；更志在由明明德于天下，以开万世太平，立千年人极之业。然此义理性理与天理，与事功事势之理、物理，当分别各有其学以通之，则此理学家之儒者，未必皆能灼见其故。于是为宋明理学之学者，与世之重事势之理与物理之学者，仍相对峙而不能相下。为理学者斥言事势之理与物理之学者为功利之学、逐物之学，而重此事势之理与物理之学者，则疑理学家之学为持论太高，空虚无用，虽斥佛老，终不免邻于佛老。今分而观之，则吾书既已述宋明理学家之学，亦当于宋明至清之能言事功事势物理之学者之所见，足补理学家之流之所见者，毕竟在何处，亦略加以说明。

在中国学术中，重事功事势之理，以及成此事势之人情物理者，乃属史学之流。宋学之初，有经史之学。欧阳修、司马光皆以史学名世；而王安石及苏氏，则初出欧阳修之门。此事势之理，乃“事事之相续，以由微而著，辗转增上，以成一势，以至积重难返，而不极不止”之理。此在个人主观者，为一人之情感习惯之势。此可由个人之正心诚意之内圣之学以化之。其在客观社会与天下者，则为一代之人心之好恶利害之情之所趋向，更互相习染，积为风尚，形为种种政治社会经济礼俗之制度习惯，而见于历史世运时势之中，亦为个人之命运所在者。此则非个人或少数人之正心诚意之功，所能加以转移。若望教泽流行，至于董仲舒所谓"人人有士君子之行"，皆能正心诚意，以存治去乱，则河清难俟，亦只为人在内心中所存之一至高之理想。当宋世之外胁于边疆之患，内苦于民穷财尽之时，人亦不能不求直下有一事功之学，以建制立法，转移世运。此即王安石之学之所以亟亟于欲致君尧舜上，以立新政、倡新学也。历史由世运之积势而成，宜须以雷厉风行之势以转之。故王安石亦不免奋之以意气，以求其新政之推行。此则意在造新势以易旧势，其志固伊尹之志；而不同于昔纵横法家之徒，及曲学阿世，以儒为名而实乡愿者，只欲因利乘便，顺势、因势，以成其个人之富贵功名之业者也。安石之欲以新政变旧俗，其事亦有难于昔之如管仲之治齐，因齐地之俗之所利便，以成其功者。安石自是一政治上之理想主义，而又亟欲加以实现于当世，以求造时势而救天下者。此固非汉之传经之儒所能及，而遥契于孔孟之欲及身而平治天下之精神者也。

然安石之学，知以新政变旧俗、造新势之必要，而又为当时之其他并世而生之贤智之士，如司马光、苏洵、苏轼，以及为理学之二程之所反对。此诸人之所以反对安石之政，其理由盖各不同。大约司马光亦治史，而趋于保守。此盖由其治史而有见于势之成者不可骤变之故。此势之不能骤变，亦是势之理。苏氏父子之学，则善以人情观史势。故苏洵谓安石之为人，不近人情，其雷厉风行，亦不近人情，而终不能有其成功。苏氏之学，固亦宗儒。然观苏洵之为史论，善以人情之好恶利害之机势，揣测古人之情境，而居千载之后，代为划策，其文亦不脱策士气。然善观此机势，亦是有所见于事势之所自始之理。此苏洵之学，乃兼出于纵横家与道家。至于苏轼尤聪明盖世，亦能为史论，而纵横家之色彩稍轻，道家之色彩为重。其意盖谓天下之治平，要在使天下无事，而王荆公之多事，则不如少事。如苏轼《任侠论》，尝谓天下之乱，由为天民之秀杰之智、勇、辩、力之士，不得其养，遂为造乱之人。今能使此智、勇、辩、力之少数人士，皆得其养，则天下自治。此乃老子之"为难于易"，以求事少而功多之旨。此亦由其有所见于"易足治难，少足致多"之事势之理。又如苏轼《大臣论》，论君子与小人争而求胜之之道，不在君子之嫉恶如仇，而在知"小人为君子所疾恶，则其谋不得不深，其交不得不合；交合而谋深，则其致毒也，忿戾而不可解"。故君子之智者，所以待小人之道，在"内以自固其君子之交，而厚集其势；外以阳浮，而不逆小人之意，以待其间。宽之使不吾疾，狃之使不吾虑；啖之以利，以昏其智；顺适其意，以杀其怒"。盖"小人急之则合，宽之则散，是从古以然也。见利不能不争，见患不能不避，无信不能不相诈，无礼不能不相渎。是故其交易间，其党易破也"。此谓小人"急之则合，宽之则散"，故君子与小人争，当"宽之使不吾疾"，即深知小人之情与其聚散之势，言君子之当以道家之宽，以胜小人之道也。大率苏轼之论事势之理，皆类此。其欲求事少而功多，乃近道家。故其言治，亦不以王安石作巨大改革为然。然其重"势之行"，则与安石无异也。

至于二程之不契于安石者，则又不同。盖二程初非反对政治上之改革。其不契于安石者，则初在安石之意气太盛，固执己见。故明道尝谓安石当平气，以听其言。此则意谓安石之内心之涵养不足，无内圣之学，故终必由拗执以偾事。二程之不契于安石，则要在本其义理之学为标准，以为评论。此又大殊于司马光、苏氏，各本其对事势之见之不同，而与安石成政敌者也。

北宋王安石之新政既败，而朝廷之积弱之势已成。金人乃挥兵南下，而运移于南宋。对此安石之新政之所以败，史家议论不一。或谓其新政原不足以成改革之业，其新学亦多荒唐；或谓其新政初未尝不是，唯用人不得其当，行其政者多为小人；或谓若当世之贤者，皆共助成其新政，则亦将不终致败坏。然此皆同本势理为议论。谓之原不足成改革之业者，固是谓其实不应合于时势；谓其政是而行之非其人，不得当世之贤者之助成之力而事败，亦皆自势之必至为论者也。安石固欲以新政造时势，然造时势之事，亦或不合于时势，或坏于小人之势，或扼于君子之势，皆势也。事以势成，亦以势败，则势又何常之有？然势固成败之关键所在也。

三　永嘉永康之学与事势事功之理

南宋为理学之儒者，如朱子陆象山等皆上承周程之学。象山固称安石，朱子亦以新政之败，非安石一人之咎。象山为学，自谓在人情、物理、事势上用功。朱子论史，亦深观事势之所以成之故。然象山之教人，要以发明本心即理之义为主，朱子亦教人先读经后读史，于义理本原，先见得明，而以格物穷理诚意正心之内圣之学为本。朱陆皆同以天下大势，系于人心之所向，人心果皆向在义理而得正，则兴学兴教，固足以兴政，而义理亦足以造势也。然南宋之永康、永嘉之人，仍以承周程之传之朱陆之学为未足，则又不同北宋之王安石之提出一套新政与司马光之保守、苏氏之学求事少而功多者。此永康永嘉之学，据《宋元学案》皆遥承宋初三先生之传，亦有渊源于二程之学者。此诸人皆念在家国，其立身行己与论学，于儒者之重仁义之教，亦初未有违。唯意谓欲立事功、移国运、变时势，除程朱所倡之心性义理之学外，当另有一经国济民之事功之学而已。

此永嘉之学，始于薛季宣，更有叶适与陈傅良。永康之学者，则有陈同甫。此永康、永嘉之学皆重古今之事势。如叶适《水心集·法度总论》，谓古今之法度皆所以维持天下之势。其《上西府书》，谓："古之所谓英雄豪杰，必能见天下之势。故能因人之未定，以收其权；因天下之不足，以成其功。"读《三国志》谓"天下之治乱有候而盛衰有机"，故有《治势》三篇之著。此重观事势，原与朱子之友吕祖谦为近。然永嘉永康之人，则更重其学之为当今之用，则不同于吕祖谦之承中原文献之传，以论述旧史为事者。此中之叶适、陈亮，对程朱皆具敬意。时林栗劾朱子之讲学，而叶适为疏，力为朱子所讲之学辩。陈亮亦谓本朝伊洛诸公，辨析天理人欲，而王霸义利之说，于是大明。又谓："研穷于义理之精微，辨析古今之同异，原心于秒忽，较理于方寸，以积累为工，以涵养为正，睟面盎背，则亮于诸儒，诚有愧焉。"此即自谓于此心此理之学，自愧其不及程朱诸儒也。是见永嘉永康之徒，皆对程朱之理学，原具敬意。其对程朱之学，所视为不足者，则别有在也。

此叶适之不足于宋明程朱之理学之传之意，见于其《习学记言》之书，及其他之文者，盖由朱子《中庸》之序言"道统之传，由尧舜禹之以人心惟危、道心惟微之心法相传，至孔子而有颜曾思孟之传"为道统所存而引起。在叶适之意，孔门之学，不当限于重"吾日三省吾身"，作内心之自修之曾子一脉。此外之子贡之重博施济众等，亦同为孔子之学。孔子之学亦不限于《大学》《中庸》与孟子之学。尧舜禹相传之道，其表现于治历、明时、平水土、建制设官、利用厚生之实事者，为《洪范》之所谓皇极之义所总括。孔子之一贯之道，亦不当限于曾子所言之以忠恕存心。今程朱只重在心性之学之精微，乃意在明儒家亦自有足与佛老之论相抗者。而不知其讲学偏在内心，遂不将事功之学，放在学术之内，其学即势有同于佛老之重内遗外，明体而不能达于用者。故叶适之论儒学，必讲官制、财赋、兵法……之种种经国济民之学。此与由今存《朱子语类》之书，观朱子之讲学之言，十之七八皆只及四书与宋五子之理学之传者，固显有不同。今观叶适之论，亦非无其所见。盖孔子之学原重及身行道，而有达用于当今之一面。故颜渊虽学在"不迁怒、不贰过"，亦尝问为邦。于仲弓，则孔子谓其可使南面，而颜渊仲弓，则皆在孔门之德行科者也。陆象山亦尝谓自颜子殁而孔子之事业无传，亦深叹之也。至于四科中之言语、政事之科，更皆明重在当今之用。由孔子称管仲之功，则子贡之求博施济众，亦自为承孔子之学者。唯子贡之学之内心之功，不及颜曾仲弓耳。此则吾于论孔子之学时已及之。则孔子之一贯之道，虽可始于曾子所谓以忠恕存心，固不当止于此。而尧舜禹之道，亦不能以人心道心之四句之言尽之。盖自历史而观，中国文化之初成，固原在治历、明时、平水土、建制设官之利用厚生之事，对内心之反省之学，乃为后出。《尚书》开始之人心道心四句，亦出伪古文《尚书》，尧舜禹亦原未尝以此心法相传也。今叶适之言二帝三王之道，表现于立皇极，亦更合于历史之真。此亦本书之导言所论及者也。

此中叶适之论之缺点，乃在其不知由二帝三王之只有立皇极之道，至孔子言仁，而以忠恕存心等，正为此皇极之道之进一步之发展。则颜曾思孟当为孔子之正脉所存，而子贡、子游、子夏，则不足以当之。故叶适以其言补朱子之道统之论之所不足则可；欲以其言废朱子之论，而唯言皇极，更不言此颜曾思孟之心性之学，欲以其皇极之道统，废宋之程朱诸儒言心性之学，上承太极立人极之论，则不可。皇极之一极，固不足尽濂溪至朱子之太极、人极之二极也。然今观叶适《习学记言》之文，则不免此偏差。唯由其为林栗之劾朱子之讲学之事辩一文观之，则又见叶适亦未尝以朱子所讲之学为非是。盖亦唯意朱子之道统限在颜曾思孟之心性之学，亦忽二帝三王之立皇极之经国济民之学，故特标此皇极之义，并言孔子之一贯，不必限于以忠恕存心之曾子之学，以补朱子论学之所不足耳。此则又未为非是也。

至于陈亮与朱子之辩汉唐之政，则由不满于朱子言汉唐之政，纯为牵补过日之论。陈亮谓不当以汉唐之千余年中，人"有眼皆盲"，汉唐之政能立功，而德亦当见于功。故不可于汉唐之政功，只存卑视之心。今欲建功立业，亦当有正心诚意以外，如"堂堂之阵、正正之旗"，以鼓舞群伦之学。陈亮谓在汉唐千余年中，非有眼皆盲，及其许汉唐之功，亦原非不可说。汉唐之功之成，自有其所以成功之理。则今欲建功立业，即不取汉唐之帝王之心，亦当取其所以能成功之理。以王道之仁义存心，而以霸道之功业为用，亦正所以成其时之复兴之业，以北定中原者。此陈亮之旨，皆不可非。吾《原道篇》一书专论义理，亦同不谓汉唐之世有眼皆盲，而尝论汉世儒者，亦能建立种种顺天应时之道等；又尝论魏晋之世，人能明玄理，成文学艺术之道；隋唐之为佛者，亦能立佛道。此亦即谓道无不流行之时，人之慧眼无尽盲之日，盲于此则不盲于彼；故亦不以汉唐只为道丧之日。吾之所言与陈亮之所言者虽不同，然其不以汉唐之千余年间，有眼皆盲则一也。

观宋代理学家之起，周张二程初自谓乃承洙泗之绝学，故必跨越汉唐，以提高眼孔。此在宋学之初起之时则可。朱子推尊周程之学，而谓其学迈越汉唐亦可。然后人继之而雷同附和，谓道之晦盲否塞，至千余年，此千余年人有眼皆盲；则无异谓此道全无力以自见，千余年之人心，皆无其智慧之表现。此则不能深信道之有力，亦对千余年之人心，鄙夷过甚。持论过高，即成刻薄。乃使古今历史中间隔断，古今人之慧命，不见其承先启后以流行。凡论史之道，于密接之前代，虽可评其所不足，以便开新，然亦当恶而知其美，就前代之事之足为当世之法者，肯定其价值，以为开今日之新之所据。则陈亮之不同于宋代理学家之只高言二帝三王之政，而不轻视此汉唐之功业，其持论，固更为弘通。后之王船山论史，亦同不于此汉唐之政，一概加以鄙夷，亦正承此义而说。吾人固不可如后之王懋竑之《朱子年谱》等之说，于凡与朱子辩者，皆一一斥之为异学，而谓此永康陈亮与永嘉叶适之所论，皆一无是处也。

四　阳明之学与东林及刘蕺山之学之限制

明代之王阳明之学言致良知，原重致当下之是是非非之良知于事事物物。故不重法古，而重知今日之此时此地之事物，以致其良知。人能知此事物，则赖知识。阳明虽不重以有此知识为教，然阳明自有此知识，方能成就事业。而闻其致良知之教者，如先有对事物之知识，更致良知，以知行合一，亦必能成就事业。阳明学派中之泰州学派之人，多身处民间，又重格身、家、社会之物。如何心隐、颜山农之徒，皆行带游侠，欲即其宗族朋友之交，以成社会之事业，亦以此而见恶于当国之人。然学者若徒讲此致良知与知行合一之义，却又可使人只腾为口说，更知而不行。盖人在其讲此知行合一之义时，固可生一大幻觉，而意此知与行，并在所讲所知之中，而皆已当下具足，即可更只讲说而不行也。此即成清谈良知之学之王学末流之弊。又此致良知之学，在阳明，乃重在致良知之是是非非，于吾人之内心之意念之善恶之事。然其中自亦包括致此良知之是是非非，于他人之言行之善恶之事，以评论古今人物。故当此良知之学，既为天下人所客观的讲述时，则人必重此对古今人物之评论，并互是非其所评论。此则如李卓吾之以其是非，更是非天下人与昔人之是非，而著书不已也。然此人之以其一人之是非，是非天下人之是非，更为后之闻其言者之所是非，则使良知之是非之事，全客观化，而外在化，而成为无定之是非。此即徒使人厌弃此所谓本良知而为之是非之论。此乃吾前文之所论及。吾前文已谓东林之学者惩王学之弊，而重先止善，然后为是非，并重格物以求其应物之是非之得当。此固意在矫此王学之弊。然此善未易明，而人之格物之功，亦容有未至。则亟于本所知之他人之言行之善恶，以为是非者，仍可伤于矫激，而不得是非之正。于是当时人之是非，遂转而还议及东林；而东林所为之是非，亦不能定天下之是非。至刘蕺山之言圣学，遂反而唯重自修作圣之功，更以东林之重对他人之善恶之是非，将入于申韩之刻薄，而不谓然。此固足以矫东林之弊矣。然蕺山之学唯重在自修作圣之功，其《人谱》之归于"敦大伦以凝道，备百行以考旋"者，仍属个人修身之事。蕺山本其作圣之学，而从容殉难，固能成己。然于天下国族之兴亡之势，仍无能为力。此又见事势之自有所必至，自有其理所固然，非蕺山之为义理、天理、性理之学所能挽者也。

此世间之事势有其所必至，非人力所能挽，即人之命运之所存。儒者于此即命见义，以行义，而自尽性以立命，外此无所能为。然任何人于事势之所必至者，亦同不能挽，而外此亦同不能更有所为。儒者于此，能即命见义，乃至殉道而死，以尽性立命，至少可贞人道于永恒。则于儒者之对天下事势，不能更有所为者，亦可不加以苛责。唯以讲学而言，则人之平日所讲之学，是否其中亦包括求端正天下之事势之学，则与学术之偏全有关。如尝讲求此端正天下之事势之学，则虽至事势不可挽回之际，只有行义而殉道而死，人亦可对其平日所讲之学，无愧于心。东林之贤者与刘蕺山之平日，固亦尝讲求挽回事势之学，则其殉道而死，固可无愧于心也。然后之学者于东林与刘蕺山，唯重言其所以成其行义殉道之事之自修作圣之学，而不兼先别求一端正天下之事势之学于平日，并知此学亦有相对之独立之意义，则其学术之方向，仍有所偏，而其为学之志，亦初不能无愧歉于心矣。

第二十七章　事势之理在中国思想中之地位及三百年来之中国哲学中"道"之流行（下）

五　明末之经史经济等实学中之哲学涵义

由上文所述以观，明末之黄梨洲、王船山、顾亭林，于理学之外，更倡经史之学、经济之学，及顾亭林、王船山之非斥王学之论，即可说由于一对前此之学术之大反省而致。盖当天下事势已成，而不可挽，固更无人可奈之何。然正学术之方向，于势未成之先，则人力所能为。依亭林、船山之意，以观阳明之只言致良知，则自始偏在内而遗外。阳明虽自能立功，而不将此事功之学，列于其所讲之学之内，仍是学术有偏。阳明固亦言致良知乃合内外之事，即摄格物之义。后王门之泰州、东林与蕺山，更明重格物，以补单言良知之偏。则在原则上，于阳明与王学之流，亦不可以重内遗外责之。然此中之学术之事，尚非只是一原则性的说"合内外"或兼说"致知与格物"者所可了。言格物必须格种种之物，并致其种种之知，以实成对种种人情、种种物理、种种事势之客观知识，然后能因人情物理事势，以成功业，而端正天下事势之变化之方向。此固非只说一原则性的"合内外"或"致知格物"所能了。只有此原则性之说，仍只是一好听的话头，空虚之道理，而不同于依具体之人情、物理、事势，而论之经史、经济及其他格物致知之实学者也。

此所谓经史、经济及其他之格物致知之实学，可依其特性分为类，而类下更有种别，以下底具体之事物者。故其学问进行之方向，则与由下而上，以约归于一统体性之天理、性理或义理者，自是不同。今可说此种种之实学，亦即今所谓史学、文学、社会或自然之科学，而超出吾人所谓哲学之外者。然言此实学之重要性与价值，与上所谓此实学之某种，乃依某一学术思想方向而成，当如何培养形成此一种学术思想，则此亦属哲学之内之一统体的说话。然此统体的说话，则与以天理、性理、义理，而作之统体的说话者，又不同，而其为哲学的说话亦不同者也。

如以史学而论，其所研治者，乃古今之事势之变。此一一古今之事势固史学所考察之内。然谓史学之思想方向，在于事势之理，则此一言属于哲学。此中之事势之理，亦表一哲学的概念。毕竟事势之理，是否与性理、天理、义理，有相对独立之意义，其为理之意义如何等，即一哲学问题。凡在理学以外之学，由北宋之王安石、苏氏，至南宋之永康、永嘉，以至顾黄王及清之颜元、李塨、戴东原等，则同以一切客观之事势，以及一切客观之物，皆可谓有一独立于当然之义理、内心之性理或形上之天理外之一独立意者。而此亦即诸人之哲学所同也。

依上所述，以观顾、黄、王及清代之不属宋明理学之流之思想家之哲学，则见此诸人对客观之事势之理与物理，亦各有其所特重之义，有可加以分别略加指出者。

一、如以王船山而论，则吾人前论王船山之学，已述其重"即器言道，即势之所往见理"之趋向，故言"有即事以穷理，毋立理以限事"（语见《续春秋左氏传博议》下）。此要皆自客观事势、器物之理而言。船山亦以此而最善论种种人文之理、历史之变，并言因世事之势，以转势，建立安固天下之形势之道，后之学者莫能及。如前文论船山学所已详述。故今不再赘。

二、如以黄梨洲而论，则梨洲为《明儒学案》之学术史，重各家学术之特性，而不如孙奇逢、周海门之为《理学宗传》《圣学宗传》之书，意在归宗于一同者。此即客观的学术史之态度。后万氏兄弟之修《明史》，亦谓依梨洲之史法。由此而开清代之史学之风。《明史》重列传、重人物。此与船山论史，重历史之事变之势者，略不同。船山论安固天下之道，重边塞之防，而主匿武于四方。梨洲论政，则重内政之制度，谓三代有法，后世无法，言君德，重相权，谓明政之败，自高皇帝废宰相制度始。其《明夷待访录》一书，所言之政治制度，世之学者类能道之。然吾尤特重其言仿周之乡校，以学校为议政之所之说。此乃意在使学者本学术之议论，影响及于现实政治；亦使本学术之议论，限在学校，而不致成处士横议，如王学末流之任情为是非；又使议论时政之事，在学校之制度之内，而得其保障，不致如东林之士之议论朝政者之惨遭杀戮。此梨洲之学校，正无异兼为近代西方之议院，为民主政治之基石。故其涵义最为广远。故今特标而出之。其余，亦不赘述。

三、至于顾亭林之《日知录》《天下郡国利病书》等，则皆唯就史事、地理、民物为述。不同船山、梨洲之各有一套对史理政理之议论。此即意在博学于文，藏说理于述事。观亭林所述之事，则知其乃意谓天下安固之道，在地方乡里之自治，在善良风俗之形成。故其述历史之变，亦重在观风俗隆窳之变迁。本此以言春秋及战国之礼教之盛衰，及东汉之风俗之美，而败坏于曹魏等。故潘耒为《日知录序》，既言其书"于凡经义、史学、官方、吏治、财赋、典礼、舆地、艺文之属，一一疏通其源流"，更特言其"叹礼教之衰迟，伤风俗之颓败；则古称先，规切时弊，尤为深切著明"。亭林之《天下郡国利病书》，述各地之山川民风物产，则开后之人文地理之学。其旨则亦在谓天下之安固之道，在因地之宜，以兴利除弊，而不在只求集事权于朝廷与一君，以成其寓封建于郡县之政，其旨皆极宏远。

四、明末清初之儒者，除顾黄王以外，如关中之李二曲、河北之孙夏峰，在当时与黄梨洲，并称三大儒（据全祖望《二曲先生窆石文》）。二曲、夏峰与南方陆桴亭、张杨园讲宋明理学，皆重反身之受用。二曲《四书反身录》尤语语切己。桴亭《思辩录》，更多及治道。杨园有《补农书》之著。皆不同王学末流之清谈良知、空为议论者。除顾黄王之重史理、政理、地理之外，则博物之学，亦兴于此时。耶稣教士传西方之天文、历法、物理之学于中国，亦正与中国学术思想之流，由反虚入实，由重客观之史理、政理、地理，至重种种万物之理，加以分别研治之趋向，互相凑泊。如杨升庵等之为博物之学，尚多只出于求博闻广记之意。宋应星之《天工开物》，则科学技术之专著。至方以智之以研几、质测言物理，则构想与观察实验之法并重，而无异西方之物理科学之论矣。对此晚明之物理之学，乃专家之学，今不拟多及。

五、明末清初之流行于社会民间之思想，尚有一种为昔所未有。此虽不关于专门高深之学术，然以其深入民间，亦不可不一提。此亦足见明末清初之思想，重客观之事势之理之趋向者。此即由袁了凡之功过格，至清初周安士《全书》所代表之善书思想。明末清初流行之此类善书，据一日本学者之研究，不下数十种。此诸善书，乃将一切道德教训格言化，以便人之客观的把握，有类吕坤之《呻吟语》，洪自诚之《菜根谭》。然由袁了凡至周安士之思想，要在就人之日常行为，以规定其善恶功过，进而言因果报应，以勉人为善去恶，积功悔过。此善书中之因果报应思想，固本于佛家，亦与《诗》《书》之"作善降之百祥，作不善降之百殃"，及汉代之天人感应之义相合，而为后之道教徒用以劝世者。故此善书之思想于儒道佛，乃不名一家，亦无甚深微妙之论，又可说之为人之道德观念，与功利观念之结合之产物，而不合于儒者以道德为义所当为，不应计及功利之传统精神者。故为一般学者所不屑道。然刘蕺山则尝特提及袁了凡。其为《人谱》，乃意在以之代了凡之功过格。而周安士之书，其影响尤大。其所重之《太上感应篇》，为三百年来中国民间最普遍流行之一书。或考其发行之数量，过于其时《新旧约书》之在西方。此由袁了凡至周安士之言善恶功过，皆有因果报应，正是视宋明儒所谓性理、天理、义理之当然者，与人之行其所当然之事，皆一一有实然之因果报应，而同于事势之理、物理之有其因果之必然。故此一流之思想，亦同可说为明末清初重客观实在之事理物理之产物也。（此一流思想与明至清，重净土之佛学潮流相连。净土乃客观实在之佛土。带业往生，更仗佛力转业，亦因势理为功也。）

六、由明末至清之思想方向，转向于客观之事势物理，而人除其当前所接之客观事物可直接经验之外，一切历史之事物与他人所经验之事物，无不凭其记载于文字，表现于文物器物者，以为吾人所知。即此吾人之当前所经验之事物，亦须用历史所留之文字加以陈述。吾人对所经验之事物，有所反应，而更制造之器物，亦无非一种文物。由此而人之思想转向于重客观之事势物理者，必然同时转向于重此人类历史社会所遗留之文字器物。由此而必重研究此文字之形音义之训诂音声之学，对文字集成之书籍之校勘、版本、辑佚、注疏之学，历史文物之能长久保存者之金石之学。此即尤为清代之学者之功力之所注，成绩之所在。此诸学则可称为重客观文字文物之理之学。而与上述之史理、政理、地理、自然物之理，及人事之因果报应之理，相对相关，而亦可说为另一种客观之事物之理，而其原，则亦只在人心之思想方向之向在此客观事物之理而已。

六　清初程朱陆王之学

对此上所说之研治史理、政理、地理、因果报应之理与文字文物之理之种种学，皆属专门之学。非吾今之所能论，亦不属于哲学。然吾今之总论其依人心之向在客观之事物之理之思想方向，而次第成此种种专门之学，则为一综合性之哲学的陈述。明清以后之学者，依于此思想方向，而决定之对整个学术教育文化之态度，对人生之态度，对宇宙人生之理之看法，以及其如何处其所在之时代，对其时代依某种态度作回应，则皆属于其哲学。则此明末清初以来之学者，亦多自有其哲学思想，而可分为不同之流别与型态以论之。而此论亦为论哲学思想之哲学也。

由上述之观点，以说此明末清初以来之哲学思想，除上已及者之外，则缘明末诸学者之惩王学之空虚狂放之弊，东林学派与刘蕺山，已重程朱言格物与主敬之义，以补单标致良知一名号之不足。李见罗则出于王学之门而攻王学。陈清澜则承罗整庵之《困知记》，作《学蔀通辨》，兼攻阳明之学，与其邻里之陈白沙之学，谓其皆出陆学，而直攻陆学。上文提及之张杨园，初学于刘蕺山，后专信程朱之学，而践履笃实；亦复深斥阳明之学，并以其同门之黄梨洲之学为不然。上文亦提及之陆桴亭与陆陇其，称江南二陆，亦皆宗程朱。陇其为名吏，排诋王学尤烈。此学术风势之所趋，与朝廷之崇尚程朱之学，互相结纳。而张烈、孙承泽、李光地，并为显宦而排王宗朱。此朝廷之提倡程朱之学，盖亦由程朱之学使人狷介自守，以规矩自持，不易犯上作乱；不似陆王之学教人自信本心，非礼法名教所能羁勒。此孙承泽、张烈、李光地之人品，皆有可议。孙承泽既降李闯再降清，而力攻阳明《朱子晚年定论》之著，实不知其于程朱之理学，果何所得。清初为程朱之学者，唯吕留良能本程朱守道之精神，不甘华夏之沦于夷狄，而著书言民族之义，其学传于其弟子曾静。清帝雍正乃以帝王之威势，作《大义觉迷录》，以折服曾静，更鞭吕留良之尸。此雍正所著之《大义觉迷录》，所据者全是圣经贤传、程朱义理，而所以行之者，则为一帝王之威势。以势行理，何理不摧？以势用理，何势不行？势即是理，何理可讲？故清初程朱之学，依势而行，亦依势而失其生气。唯至清中叶以后，太平天国之乱起，罗泽南、曾国藩讲程朱之学，更本其守道之精神，为守中华文教之统，而治兵平乱，乃重见程朱之学之光彩，亦见程朱之学，能有用于事功之成。然此非谓曾罗等于程朱之义，另大有所发明之谓。曾罗之事功，亦兼由其他方面之达用之学以助成之，亦不可全归功于程朱之学也。

至于清初之为陆王之学者，则初有毛奇龄之崇尚王阳明之古本《大学》，以攻朱子。毛多闻博洽，而好名好胜，行不足称。后有李穆堂言陆王之学，作《陆子学谱》，以辨义利，为陆子之学之宗旨所在，而不侈谈心性。此正在使陆学就实，以用于行践。穆堂刚介不阿，批君逆鳞，而困厄以死。其学亦及身而止。在清中叶之后，有彭尺木、罗台山、汪大绅能言陆王之学，又皆兼信佛学。其中之汪大绅之《二录》《三录》，评论昔贤之学，多有所见。然亦未尝开学术风气。后此之清代学者，则齿及陆王之学亦寡矣。

七　清学与宋明之学

此三百年之学术思想，除承程朱陆王之宋明学之流者外，即为反此宋明理学之流之学术思想，而人恒名之为汉学或清学者。此一反宋明之理学之流之学术思想，毕竟其原如何，则学者多有争论。如清江藩之《汉学师承记》，则谓其原在阎若璩、胡朏明与惠氏祖孙之考据之学，继之乃有戴东原之反理学之论，即是一说。然章实斋，则由戴东原上溯此重考据、重博识之传，谓正出于朱子之学之流。戴东原初受学于江永。江永固为《近思录》注，而兼为朱学者也。然近人则以戴东原，自是亦讲一套义理。其义理之学，应原自其前之义理之学，故胡适之《戴东原哲学》一书，谓戴氏之论，出于其前之颜习斋、李刚主，谓清之反宋之理学之思想，由颜李而开云云。钱宾四先生《近三百年学术史》，则谓于颜李之学最心契者，为王昆绳，而昆绳则为陆王之学。陆王之学归于即知即行，亦正可开颜李之重实行之学。钱书又谓在颜李之反理学之论之先，刘蕺山之门人陈乾初，已疑宋明儒共尊之《大学》，其时之潘用微著《求仁录》，已谓"朱子道，陆子禅，皆非儒学之正宗"。合此二说，与章实斋之说，则清学之传，正当溯原朱陆与刘蕺山之学。惠氏之学，则尝自谓"六经尊孔孟，百行法程朱"，是汉学初亦不反宋之理学也。然若纯从此师友渊原、个人宗尚之言，而说学术思想之原流，或忽此中之种种思想方向之转移，与义理观念之创新，而所成学术型态之不同。今欲自思想方向、义理观念、学术型态而论，此清学之本质，自大别于宋之理学，然此不碍其历史渊原出于宋学，如黄河河套向北而流，仍原出于其初之向东而流也。

此清代之学者之思想方向之转移，可先由其疑宋明儒学之邻于佛老而见。此儒者之互以"邻于佛老"相攻，固亦其原甚远。如朱子屡疑陆象山为禅，而象山与朱子辩《太极图说》，又以朱子之于太极外言无极为禅，叶适并以周程之学之偏重心性为近佛老，刘蕺山以二溪（王龙溪、罗近溪）皆"启瞿昙之秘，而归之儒"是也。然唯至清儒，乃以此程朱陆王之理学之传，皆是佛老。此则除潘用微于清初已有"朱子道、陆子禅"之论外，费密《弘道书》，亦以宋学同佛老，而非真儒。后此之颜李与戴东原，皆同沿此论，以评宋明儒之学。儒者之互以"邻于佛老"相攻，初最无意思。若道之所存，理之所在，虽佛老何害？若凡言稍玄远或涉及心性者，便为佛老，岂必言皆老妪能解，只及事物，全不及心性者，方为儒学？凡为此反宋学之论者，其言又岂皆老妪能解？又岂皆能全不涉及心性？然吾人今可于此诸儒者之一切相攻之言，置诸不理，而可转而观其所以相攻之故。此盖唯在其并世而生，思想各有所向，遂"不见"他人之思想之所向。然吾人居于后世，则可唯观其思想之所向，亦更不见其有此"不见"。则吾人更可于不同之思想之所向，皆无不见；而于此清学之反宋之理学之论，亦不见其为"反"，而唯视之吾人今之观其思想之所向在何处之所资。则吾人于其思想之所向，在一真实之义理者，亦可更表而出之。并对其言之价值加以肯定，以证吾所谓中国之学术思想之慧命之流，未尝断绝之说。吾今即本此以约此清代之学者之反宋之理学者，其思想之所向之真实义理，为宋明之理学者所未详及者，略述之于下节。

八　清学之方向及其七型

此清代学者之思想方向，自其别于宋明理学家之向上向内而言，可说其为向外向下。然此非劣义之向外向下，此乃优义之向外向下。此向外向下之优劣二义之分，如逐物为劣义之向外，则成物为优义之向外。顺私欲为劣义之向下，则由上达而反于下学，由极高明而道中庸，不只求上达，以自成圣成贤，而下同于民之情，以遂人之欲者，为优义之向外向下。整个观之，则清代学者之思想方向，其趣于一优义之向外向下者，略共有七型态之殊。

一、此中之第一型态，为近人梁任公《三百年学术史》所尝推尊之费密《弘道书》、唐甄《潜书》所代表。其中之费密尝问学于孙夏峰，交于李恕谷，唐甄尝与王昆绳、魏冰叔为友。观费唐二人所特重之问题，即儒者之道如何得弘于民间之问题。而唐甄则儒而兼治生业。故更特感于"学与农工商之生业，如何能实相辅为用，以合为一人之整个之生活"之问题。此问题，乃依于一真实义理之真问题，亦非宋明儒者所全未感受。如元之许衡，已谓儒者当以治生为本。陆象山、王阳明皆有四民异业而同道之论。王门之泰州之学，皆与其日常生活相结合，如前所已述及。然实际上，则昔之讲儒学者，虽初亦来自民间，然由科举考试入于仕途，则其在社会之地位，恒上不在天，下不在田，而或为官，或成游荡之知识分子或造乱之人。此即使中国之知识分子，恒不能再转而与民间之为农工商之生业者，再相结合，以由上而下，以成就此四民之业之相互通流。在此点上看，西方之近代化社会，明更有此四民之业之通流，以使知识分子之知识道德，表现于农工商之业之成就。费密、唐甄之书，于三百年前提出此问题，即其识见之不可及者也。

二、其第二型态，即为世所共知之颜习斋李刚主所代表之型态。此颜李之学，如只自其言理不离气，性皆气质之性，气质之性亦非即不善之原等而说，则宋明儒者中论此者甚多。近则王廷相、杨晋庵、孙淇澳、王船山、刘蕺山、黄梨洲，皆同此论。颜李于此所论，无多特殊，而精详不及前人。今欲说颜李学之特色，当说在其言格三物之六德、六行、六艺。但此中之六德、六行，乃宋明儒者所共重。唯重对"礼乐射御书数"之六艺之实行，乃颜李之学之真特色所在。颜习斋尝谓："请画二堂：一堂坐孔子……七十子侍，或习礼，或鼓琴瑟，或羽龠舞文，或问仁孝，或商兵农政事。……一堂坐程子，垂目坐如泥塑，如游、杨、朱、陆者侍，或反观静坐，或执书伊吾，或对谈静敬。此二堂同否？"（《颜氏学记》卷三）此习斋所言之二堂不同，固是显然。吾人前述程子之学，亦引及程子尝言昔人有礼乐以养心，今则唯赖义理自持，故以主敬为功夫之本。则程子亦未尝不于此致憾。然程子毕竟未如颜习斋之以复兴此六艺之学为己任。盖其意谓必义理先立，然后能兴六艺。然由宋明诸儒之讲说义理，则义理固已极精微高明，而无不立矣。再进此一步，固当如颜习斋之重此六艺之实行，而以程子之只主敬读书以穷理之功夫，为未合孔子堂上之风，而加以评论也。

由颜习斋之重礼乐射御书数之实行，而此实行，必待于用此身体，以养成种种之实习。故习斋重身，亦重习，并重身所习之物。此在宋明儒学，则在泰州王门、东林学派，皆重身与物。故言安身、修身为本，亦重言格物。然未尝明以身习六艺之物为格物。于习之一观念，则宋明儒者多以习气之名，指生活习惯之不善者，又多以善习只所以见性，而善习之内容，亦不出乎性之所涵。此义固未为不是。仁义之行之习，固只所以使仁义之性充量表现也。然人之成其礼、乐、射、御、书、数等人文活动之习惯，则别是一种习。此非习气之习。此习亦非只所以表现先天之德性。此乃所以养成此礼乐射御书数之人文活动之习惯，以实有此人文之化成于天下之事之物。此诸人文活动，亦非赖后天之习惯不得成。若无此后天之习惯，则人虽仍可说在德性无亏、人格无亏，然其人文之事业，则可有亏欠。其德性人格即只存诸内，而未能表现于客观外在之人文事业之中，亦即其德性人格，仍未得大成也。习斋之重此习，并自名其斋为习斋，以见此人文之六艺之学，不可不尚此习，缘此而重此习所连身与物。此固亦向在一真实之义理之思想，然凡此习斋所见者，船山多已先言，而弘阔精深，大过之。惜习斋未能读船山书耳。

三、此第三型态，为戴东原所代表之说。此即反对宋明儒之以理，为"得于天而具于心，以天理与人欲相对"，而主"理在于物，而知于心"，以"理为情欲之不爽失"，"自然而合必然之则"，以"同民之情，遂民之欲"为理之说。此戴氏之反对"得于天而具于心"之性理与天理，初无是处。读前文者自知之。如泛言"同民之情，遂民之欲"为理，情欲之不爽失，而合"则"者为理，则宋明儒者皆可如此说。然情欲之自然者，有不合"则"、不合"理"者，便仍有当然之理，与实然之情欲之相对。宋明儒之于此言当存理去欲，又何得为非？戴氏名当然者为必然。此乃"必当"之必，非事实上之"必"，即不能废此当然之理也。至于谓理有在物，当格之穷之而后知之于心，则程朱早有是说。唯更进而言求知此物理，即所以显性理天理耳。故戴氏此类之论，进于宋儒者甚少，更不免于理之所见有偏。此吾于此《原论》第一篇《原理》

已评之。戴氏之谓理在物，并求理之字原，于物上之文理条理，赖"心之察之几微，区以别之，然后见"者，则意在将此心知之活动，导向于外，以细察客观物理；更不由心之自具其性理天理，以专务自尊其心而自大。则亦可谓有一直往向于客观之科学精神，复可去人之"以主观之意见为天理，而更持此天理，由上而下以责人，致以理杀人"之祸。儒者之言义理，原重以之自责，以成贤成圣，而非重在责人。然人能以理自责，亦自可以理责人，而对天下人之事，为是是非非之论。此亦初未尝非合理。然人自责难而责人易。则专尚理而重是非，亦恒导向于多责人。此则王学之末流，如李卓吾与东林学派人，即已有偏向在对人为是非毁誉，以至流于苛刻。故刘蕺山谓东林之弊可流为申韩。此依理为是非，在孟子乃属于四端之末之是非之心，其本乃在前三端之恻隐、羞恶、辞让之心。今以末为本，则与孔孟之旨先恻隐辞让，其羞恶皆先羞恶其己之所为之旨，亦有所不合。清帝崇尚理学，至于雍正，而集政教大权于一身，更依理以与禅宗之弘忍及儒者吕留良之弟子曾静辩；而于弘忍则绝其法嗣；于曾静，则使之叩首认罪，更戮留良尸。由康熙以至雍正之兴天下之文字狱，正东原所谓以理杀人也。东原言"死于法，犹有怜之者；死于理，其谁怜之"。近人章太炎《检论·释戴》一文，谓其正暗指清帝兴文字狱之事，盖得其实。此清帝之据权位，而用理判罪；与昔儒之唯据理以抗势者，正相颠倒，亦昔所未有。东原见此以理杀人之事，本此以谓为政当先同民之欲，遂民之情，将理置于第二义，更谓人当先求客观之理，勿轻言理在吾心，致以吾一人之意见为理，以违之者为大罪，而有以理杀人之祸，则皆不为无见。然宋明儒之言理，原重在内用以自修，外用以折一时之权势。雍正居位势而以理杀人，此乃于理颠倒妄用，不可以此并理学而俱斥之。东原乃自负过甚，以为其书传，而朱子不得食两庑牲牢（章实斋《文史通义》记东原口语），是又不知天地之大者矣。

四、其第四型态，为承戴东原之疏证《孟子》，由训诂以言义理，更谓义理即在古人所传之经传文字之训诂之中，则义理不特不在天，不在心，以至亦不在客观之社会，自然之事物中，而唯存于此客观存在之书卷文字训诂之中，以唯治之者方为实学。此即如阮元之为《经籍纂诂》，集秦汉传记之诂训于一书，而钱大昕序其书，遂明言“训诂明而后义理明”。阮元为《性命古训》，亦即本《诗》《书》中于性命二字之训诂，以言性命之理，唯当于此诂训中求之。焦循之学，不以一般之摭拾、据守、校雠、丛缀之学为然，而务通核（《雕菰楼集·辨学》）。其所谓通核，亦初不出于本训诂以求通核。其为《论语通释》，于孔子之仁、一贯、忠恕等名，皆求通贯全书，为之训释。其作《易通释》，则于《易》中之性命天道之名，亦通贯全书为之训释。由其诂训之功，而对儒家之义理，亦有所发明。如其以通情言仁，亦足补宋儒专依性理言仁之偏是也。阮元之为《性命古训》，与《经籍纂诂》，亦于古训之明，未尝无功。唯若以此而谓义理唯在汉以前人之书籍文字之训诂之中，后此之书籍文字，更无新训诂，无新义理，而除在书籍文字训诂所说之义理之外，更无“尚不为文字所陈述之人心与天地万物之义理”，则万不可说。今若只标“训诂明而后义理明”，而不知必须人先于义理，亦有所明，乃能明训诂，由此而排斥宋儒义理之学，亦无知而妄作。唯其言之意，若只在教人读书，勿望文生义，以一字之今义为古义，当求如实知古人文字所表之意义，以知古人之心思，而即以扩大我人之心思，则其旨亦不可谓非。然若如此，则仍是为明古人心思中之义理，以使我之心思，多具义理，而后为此文字训诂之业。此文字训诂之业，仍只为学之手段，而非目的也。此目的，固仍在文字训诂之外；而此手段，则只作一时之用也。观清世之为经传训诂之业者，再转为王念孙、王引之之《说文》《尔雅》之小学。至清之末，章太炎承此流之学，更由佛学，而知一切名言皆假法。章氏乃自言其学，乃“以分析名相始，以排遣名相终"。章氏之学，于排遣名相之学，达何境地，非今所论。然其能本佛学，以知名言为假法，则固超过于昔之为此文字训诂之学者，视天地间之义理，皆限在此文字训诂之中者矣。

五、其第五型态，为与戴东原等乾嘉诸老同时，而名不闻于当世之章实斋所代表之型态。章实斋之学，要在史学，其史学于史法外，兼言史意及作史之才学识与史德。其辨学术源流，及其言六经皆史，六经皆先王之政典，史学亦应重当今之政典、各地方之方志。此皆为今人所称述。然章实斋为《文史通义》，内篇首为《原道》。其以事理之势之不得不然者观道，固宜于论史。其言"三人居室而道形"，则代表其对道之根本观念。如依宋明儒言道，则外而天地万物中，自有道之形；而言内心之修养之道，则一人独处，亦有慎独之道之形；至言伦理之道，二人相偶，即有道之形。今言"三人居室而道形"，乃以三人为众，三人即合成客观存在之群体之故。此实斋所谓道，即专指人之群居之道而言。群居而有政，则群居之道，以政道为要。实斋正本此而由六经之初掌于王官，谓其皆先王之政典，亦即史官之所执掌，故言六经皆史。其《文史通义》《校雠通义》，论中国学术源流，亦即本刘班之说，而谓中国学术之原于九流六艺，即原于王官。又谓古之学者之言，亦皆为"不离事而言理"之公言。其重各世代之政典，以言时风，重各地方之方志，以观土风，皆意谓唯由此可以见人之群居之道与政道。然此限道于人之群居之道与政道，于道所见者实甚狭。由谓六经皆为政典，为王官所掌，更言九流出于六艺，亦出于王官，尚非探本溯原之论。此六艺九流之学术，初自出于人文学术思想之演进之自然，而后乃有政府王官之掌其典籍。非先有此王官之执掌，乃有此六艺九流之人文学术思想也。六艺九流之学，固可用之助成政事，班固更显有此见，如前所述；然其初非为成政事而有。如诗以道志，礼以导行，乐以道和，自初是养人之性情。人在独居之时，亦自知诵诗为乐。二人相与即有礼。岂必三人群居乃有诗礼乐？亦非有政事，而后有种种人文学术思想也。政事亦人文社会中一端之事耳。即在中国古代，亦必政事与其他之人文学术思想，互相影响，然后有六艺之文，九流之学。不可以六经唯是先王政典，九流只出于王官所掌之六艺也。由实斋以六经为政典，乃更谓唯周公之德位兼备，以政摄教者，为先圣，孔子之承周公以设教于后世，只可称先师。此则不知圣初是成德之名。圣为百世之师，即称师。孔子未得位以政摄教，何伤于其为圣？今必谓周公以政摄教，乃称为圣，即无异尚政而轻教、尚位而贱德。此则生心害事，其言之流弊，可及于今日之祸者。又其论史能知时风土风之要，而志在修史，固高于只以考史为史学者万万。然实斋论史，而不见其重特立独行、出乎其类拔乎其萃之历史人物或伟大人格。此则不如马迁之书，能及此者。凡此等等，皆由实斋所谓道之观念限之。实斋不知天地万物有道，一人亦有道，二人亦有道，只以三人为众，有群居之政道为道，固非知道之大全者也。然实斋之重人之群居之政道，则自表示其重客观存在之群体，而本之以观学术文化之全体之思想态度；此态度，则足以成其言学术源流、言时风土风之史学。则其所得，又足偿其所失者也。

六、其第六型态为清嘉道以后之今文经学家之所代表。此清代之今文经学，乃沿清初学者重注疏之学先上溯至东汉之马郑、贾服之学，再上溯至西汉之今文学家之学而致。庄存与、刘逢禄、宋翔凤之治今文经学，亦初只意在以西汉经师之意说经。然今文经学之传，至龚定庵、魏源，则由说经而重说世事之变，而连于史。故自珍《古史钩沉论》，亦有九流六艺皆出于史之论，颇同章实斋之说。然龚魏论史，而更评论及于当今之政，则与章实斋之只意在成其史学，而未尝评及时政者不同。此龚魏之评及时政，其言不能无忌讳。大约龚之文自谓在观世运之几，故名其书为《壬癸之际胎观》《乙丙之际箸议》等；于世运之几上，见清之由治世而成衰世，更寄其深慨与遥情。龚自珍为蒙古志，有《西域置行省议》，魏源亦注目于中国之边疆，更为《海国图志》，以观中国在世界之处境与形势。此二人之论世变，皆于几先着眼，而不胜其愤与忧（魏源《海国图志》叙语）。此即不同于昔之为奏议者，多就当今之事而言；昔之论史者，多是于事后评论，以资来日之鉴戒。此龚魏之论，则无异开今所谓时评政论之风，而与前此之为公羊学者，尚止于经生之业者，大有不同。由龚魏之承此公羊学，以论时政，再进一步之发展，则为康有为之本公羊之学，以言变法改制。而康之率弟子为公车上书，以求变法改制，亦与昔儒之欲变法改制者，由董仲舒至王安石，皆由自己一人，说服君王一人，而致者，大不同其道。此即欲借一集体之知识分子之力，以变当今之政。此即开后此之知识分子互相结合，以作社会政治文化运动之先声。至于康有为之思想，则由其《大同书》以观之，初盖纯为一慕在未来之政治思想，而以小康之政，为其过渡。此即兼与西方之社会进化之思想相结合。康之受廖平之影响，而作《孔子改制考》《新学伪经考》诸书，则初承清代之考证学之风，而归于谓孔子与先秦诸子之言古代历史政制者，皆是托古改制，又谓为古文学之刘歆，则是造伪经，以助王莽篡汉者。循康氏之说，则古文之经，固非信史；孔子之作六经，亦是托古改制，而非信史。则六经无一为信史，皆孔子、刘歆之各应其政治上之需要而作。此则与章实斋、龚自珍之六经皆史之说，正相对反。然由龚之公羊学至康之公羊学，固一流相接。于是此清之公羊家之学，遂无异以尊经为史始，而以化经为伪史终。此亦清之公羊学之始终自相违，而亦至诡异之事也。由康氏之说，孔子与诸子皆伪造史事，以应其政治上改制之需，则人为当前政治上之改制之需要，即可无妨淆乱一切事实之真相，以达其现实政治上之目标之需要。而康氏之经学之著，亦大可是为其政治上之求变法改制之需要，而托于古之孔子者矣。诚如其说，六经皆孔子之托古，则其经学之著，亦可被人视为托孔子，则皆可疑而不可信。是不待民国以后之疑经废经之论，而康氏已自开此疑经废经之几于先矣。

七、至于清末之为古文经学者，则可称为第七型态。此中如孙诒让为《周礼政要》，亦欲用之于为政。章太炎又驳刘逢禄《春秋左氏传》之著，而以古文之左氏传为信史，以刘歆与孔子，并为信而好古之史家。太炎于晚清，言义理以老庄、佛学、魏晋之名理为宗；并以孔子之功唯在布文籍于民间，以平阶级。以太炎与有为较，有为推尊孔子至于六经皆其改制之著，而孔子之大，遂空前，而前无所承。太炎以布文籍言孔子之功，并本佛学以衡后世之儒学，至以《易》《庸》为外道，以宋儒为乡愿。而自谓其所见，"秦汉以来，未尝睹是也"；则孔子之学遂绝后，而后无能继。此即亦正开薄孔非孔之几，而非太炎始料所及者也。然太炎治史而本明亡之痛史，与孙中山先生共倡言革命，既复汉民族之仇。而五族共和之民国肇造，二千年之君主之制废。此由清代之思想方向，向外之现实政治看，更转而向下求社会民间之力量而成之革命，乃昔所未有，则正为此三百年向外向下之思想方向所获致之一大成果也。

然此清末之古今文之经学家之思想，又兼与佛老之道合流。如俞樾尝注《金刚经》，章大炎虽倡革命，以复汉民族之仇，又依老庄佛学，以言政治之极，当归于无国家、无世界、无众生。康有为之《大同书》，亦言大同世之极，人人皆以学仙学佛为事。康氏弟子谭嗣同，则混融儒佛道之教与西方宗教之论、物理学之以太观念，作《仁学》一书。廖平之经学四变至六变，亦言孔子之天学，以通庄列仙佛之道。此学者信佛之风，近始于龚定庵、魏默深之论时政，而归于信佛学，以为安身立命之地。此佛学之出世之教，与清末之变法改制，及革命之思想相结合，亦一奇怪之结合，为昔所未有。然人能信佛学，则可更不畏一生之死。不畏死则能杀身成仁，舍生取义。谭嗣同之能从容就戮，与民国前革命志士之前仆后继，是儒者之成仁取义之精神之表现，亦未尝无佛家之看破生死之思想观念，为其依据也。然此儒佛之学之为用，仅在为达一时之现实政治之目标，而成仁取义处表现，亦即只为儒佛之道之一向下、向外之运用所成之表现，固不足为儒佛之学之本质所在。然中国近世学术思想中，自有此晚清之儒佛之学之合流之一段，然后更有学者之由佛再归于儒。今由章太炎之崇佛抑孔，至欧阳竟无先生之孔佛并称，再至梁漱溟、熊十力二先生由佛入儒，亦可见中国固有思想之慧命之流之相续不断者也。

至于此由清末至今六十年来，中国思想之慧命之流行，其与现实政治社会之急剧变化，及西方思想之流入中国者，互相错杂，则非今所能及论。然吾于他书，于此已多有概括之评论。因此数十年之时代，为吾生命所在之时代，故吾之评论，亦不能不连于吾之生命之所向往而说，亦皆可只称为吾一人之主观之感应。今书不拟再加重复。然一言以蔽之，则吾固不谓此数十年中中国思想之慧命更不流行，亦不以此数十年中之中国人，有眼皆盲。唯此数十年来中国人之学术思想方向，仍大体是顺清学之所趋，循向外向下之方向而行，乃或唯见客观外在之文物与文字，而不知文化与人物，或只唯重现实之社会政治之问题；乃皆不能如宋明儒之思想方向之向内、向上而用。及今而学弊大著，已至日暮途穷之境。然物极而必反，则今后之中国学术思想之方向，还当更学宋明儒之向上、向内，而上以通于天之所以为天之天理天道，以成其高明；而内求立本于人之所以为人之性理，以有其敦厚；然后其学之见于其教其政之事，而依理造势，以立人道者，得充实而有光辉；以更得重光周秦汉唐之国力与人文之盛，于未来之中国。此亦理有固然，势有必至，而当有之反本更开新之思想之流，自不必全同于昔者。观此中国数十年来之贤智之士，困心衡虑，于其所遇之社会政治文化学术之新问题，及出入于西方思想之迷宫，自求觉悟之途，而有之思想，固自有种种曲折，亦不必皆让古人，而自有其进于古人者。今能以"不薄今人爱古人"之道观之，则更可见中国思想之慧命之流，自上古以至于今日，由今日以至来世，其道皆承先以成其富有，启后以成其日新，而於穆不已，亦必将永不已。人若真识得此一句，则吾今之书之不得不已于此，亦未尝已也。

壬子除夕　唐君毅于南海香州

《原道篇》及《原教篇》后序

　　吾《原道篇》《原教篇》二书既毕，自顾除于清至今之思想中之道，未能详论，于其前思想中之道，亦不能尽及之外，所述者已不少。更加《导论篇》《原性篇》所述，此即使人既觉此中国思想之道之流行不已，其内容之丰富，亦觉此内容之复杂。凡复杂者，皆足为吾人心之纯一之碍；若不得见纯一不已之道，使吾人生命不能成纯一不已之生命。《列子·杨朱》篇曰："大道以多歧亡羊，学者以多方丧身。"凡复杂者，皆如陆象山所谓艰难自己，亦艰难他人。此即与《易传》所谓"易简而天下之理得"，《礼记》所谓"通于一而万事毕"之义，皆不免相违。然此易简与纯一，又当由何而求之？世果有此易简与纯一之道可得乎？若其不可得，则吾心之纯一，又安能与此道之多方多歧之复杂，共处同居，而得其简易也？

　　对此上之问题，似不易答。因此宇宙人生之事物，原是复杂艰难；对之之思想，亦不能不有种种之复杂艰难。然于复杂艰难中，自亦有种种至简易纯一之所以处之之道。然吾对此种种简易纯一之处之之道，则不拟多说，以更化之为复杂艰难。实则其义已皆在此书中。今只略标此诸道如下，以俟读者之直下悟会之于一念。

　　一、世间事物与思想义理，皆原复杂；然就复杂中之一一而观，各归其类，各还其一，各如其一，即自归简易。喻如主人宴客，群贤毕至，少长咸集；而主人一一使之就座，则主人无事。